KB127317

필수 개념과 방법 + 최중요 기출분석 = 14일 완성

Study Plan

이 책을 한 번만 제대로 공부하면 무조건 성적이 오릅니다. 가끔 여러 번 반복했더니 성적이 올랐다는 학생들이 있습니다. 이는 반복에 따른 결과가 아닙니다. 반복하다가 비로소 마지막 한 번을 제대로 본 것입니다.
아래 [14일 공부 계획]은 일반적인 학생을 대상으로 작성한 것입니다. 학생마다 공부하는 속도가 다르기 때문에 제대로 보기 위해 스스로 계획을 조정해도 무방합니다. 자신에게 맞게 조정하여 활용하세요.

1주	1일차 ■■	2일차 ■■	3일차 ■■	4일차 ■■	5일차 ■■	6일차 ■■	7일차 ■■
	I. 읽기만 해도 10점이 오르는 국어영역의 진실			II. 2단계 문제 풀이 해법 : 조커 해결법		III. 정답이 보이는 수능 기출 코드 7	
	{Day 01} 출제 원리를 뒤집으면 정답이 보인다?	{Day 02} 실전독해비법 7 : 일반적인 독서와 수능국어 독해는 다르다	{Day 03} 일치/불일치 판단 : 문제풀이에서 가장 중요한 기초 능력	{Day 04} 조 : 조건 분석	{Day 05} 커 : 근거 축소	{Day 06} 이해의 암기 : 정답이 보이는 수능 기출 코드 1~3	{Day 07} 이해의 암기 : 정답이 보이는 수능 기출 코드 4~5
공부한 날	월 일	월 일	월 일	월 일	월 일	월 일	월 일
2주	8일차 ■■	9일차 ■■	10일차 ■■	11일차 ■■	12일차 ■■	13일차 ■■	14일차 ■■
		IV. 수능 독서, 제재에 따른 적용 연습		V. 수능 문학, 시험 범위를 정해 드립니다			
	{Day 08} 이해의 암기 : 정답이 보이는 수능 기출 코드 6~7	{Day 09} 제재에 따른 적용 연습 : 독서 일반/인문/사회	{Day 10} 제재에 따른 적용 연습 : 과학 · 기술/예술	{Day 11} 운문 문학 : 시험에 나오는 실전 이론	{Day 12} 운문 문학 : 작품 해석과 문제풀이 연습	{Day 13} 산문 문학 : 시험에 나오는 실전 이론	{Day 14} 산문 문학 : 작품 해석과 문제풀이 연습
공부한 날	월 일	월 일	월 일	월 일	월 일	월 일	월 일

❶ 계획표의 '공부한 날'에 해당 Day를 처음 공부한 날짜를 적습니다. 공부를 마친 후에는 □에 체크합니다. 한 번만 제대로 보면 되지만, 만약 반복하여 공부하게 되는 경우에는 두 번째 □에 체크합니다.
❷ 더 어려운 문제를 풀고 싶으면 국어정보원 홈페이지 followright.com에서 추가로 제공하는 **연습문제**와 **고득점 시리즈**를 활용할 수 있습니다.

이 책을 선택해 주셔서 감사합니다.
그러나 이 책을 끝내고 나면 여러분이 저에게 감사하게 될 것입니다.

국정보를 통한 **국어영역 성공 사례**

우선 이 책을 쓴 제가 바로 '국정보식 방법론'을 통해 가장 큰 도움을 받았습니다.

저도 처음에는 수능 국어영역 성적이 좋지 않았습니다.

고3 평가원 모의 60점대, 수능 70점대 성적을 받고 대학 진학에 실패했습니다.

그렇지만 그 이후 세상에 존재하는 모든 국어 방법론을 연구하여

국정보식 공부를 통해

3, 4, 5, 7, 8, 9, 10월 모의고사 모두 90점대, 특히 6월 평가원 모의는 만점을 받았고,

수능에서는 90점대로 전국 최상위 성적을 기록했습니다.

[당시 수능 국어 전국 130등, 참고로 최근 실시된 2020학년도 수능 국어 만점자는 777명(0.16%)]

제 개인적인 재수 성공을 넘어서 다른 사람들에게도 이 방법을 알려 주고 싶었습니다. 나도 고3 때 이런 방법을 알았다면 재수를 안 할 수 있었는데 하는 아쉬움이 너무 컸습니다.

"공부에 대한 열정을 가진 학생들이 방법을 몰라 공부를 어려워하고 노력한 만큼 점수를 얻지 못하는 것이 안타까웠다."며 사이트 제작 동기를 밝혔다. "학생들의 질문에도 세심하게 답하고 제 강의를 통해 점수가 올랐다는 학생들의 댓글을 보면서 보람을 느낀다."라고 말했다. (데일리안)

자신이 터득한 언어영역 학습법을 후배들에게 나눠주기 위해서 이 사이트를 만들었다고 한다. (조선일보)

돈을 벌기 위해 만들어 낸 방법론인가, 아니면 스스로 알려 주고 싶다 보니 책까지 내게 된 것인가.

이 책은 후자에 해당하며, 전자에 속하는 다른 방법론들과는 그 출발부터가 다릅니다.

● 뒤늦은 후기 '6, 9월 3등급 → 수능 1등급' –감사감사

안녕하세요. 저는 이번에 수능을 치른 학생이에요. ㅎㅎ 저는 국정보덕에 대학을 갔다 해도 과언이 아니어서 꼭 감사인사 드려야지, 드려야지, 하다가 이제 쓰네요. 일단 전 국어가 잘 나오는 편이었습니다. 어렸을 때 책을 많이 읽은 덕분이었을까요? 운 좋으면 1등급, 공부하면 2등급, 공부 안 해도 2등급. 그래서 전 '아, 국어는 공부하든 안 하든 똑같네.' 하고 그냥 공부를 하나도 안 했어요. 이과라서 다들 국어 안 하는 분위기였거든요.

그런데..... 고등학교 3학년 6월에 처음으로 맞은 국어 3등급. 헐.. 이게 뭐지?? 그래서 나름 기출문제도 풀고 했는데 9월 모의고사 때 또 3등급. ㅋㅋㅋㅋㅋㅋㅋ 저는 폭풍 멘붕을 했어요. 아, 수학 지금 오르고 있는데 국어를 하면 다시 떨어지지 않을까? 막 생각을 많이 했죠. 그러다 우연히 국정보 발견하고 '그래, 얇고 좋군! 그냥 이걸로 공부하자.' 결심했죠. 그리고 계획표에 따라 (했지만... 조금 미뤄서 원래 3주인데) 한 달 만에 1회독 끝. (하루 한 시간 정도? 하면 그날 학습량 끝 ㅎㅎ) 그러고 나서 친 10월 모의고사는 1등급 나옴. 수능 전에는 국정보도 보고 EBS도 보고 해서 감 유지(?) 같은 거 했어요. 이과 국어가 문과 국어보다 어려웠던 (비문학^^) A형 시험 98점 맞고 백분위 97인가 98에 1등급!!!!!!!!! 이걸로 저는 최저 등급 맞추고. ㅠㅠ 흑흑 감사해요. 정말 ㅠㅠ

세 줄 요약! ❶ 6월 3등급, 9월 3등급에 멘붕 ❷ 9월부터 국정보 시작 ❸ 한 달 만에 1등급 쟁취, 그대로 수능도 1등급!! 국정보 짱♥♥♥♥♥ _followright.com

● 안녕하세요. 너무 늦은 수능 만점 후기입니다. ㅎㅎ –jinjin

수능 끝나고 올리려고 했는데 완전 잊고 있었네요.ㅋ 책장에 있는 국정보 책 보고 생각나서 들어와 봤습니다. 생각보다 후기가 없네요. ㅠㅠ 이건 저처럼 책 잘 써놓고 감사 후기 쓰는 걸 잊고 뒹굴거리는 독자들이 많기 때문이라는 생각이 듭니다. 혹시라도 후기가 다른 책에 비해 없다고 고민하시는 학생들이 있을까 봐 몇 자 적어봅니다. ㅎㅎ 저도 그랬었기 때문에. 일단 이번 2014 수능 국어 B형 만점 받았습니다. 너무 아득하네요.ㅋ

국정보 책 보시면 뭔가 다양한 스킬들을 쓰는 게 아니라, 조커 해결법 거의 이걸로 모든 걸 해결합니다. 그래서 수험생 입장에서는 뭔가 부족하고 더 해야 할 것 같은 기분이 드는데, 그럴 필요 없다는 거 말씀드리고 싶습니다. 수능 보면 넘치도록 머릿속에 쑤셔 넣은 거 기억도 거의 안 나고, 기억할 정신도 없습니다. 국정보에서 말하는 대로 그냥 조건 찾고 근거 찾아서 답 찍으면 그만이죠. 평소에도 어차피 시험 잘 보기 위한 거, 지식을 채우기보다는 꼭 필요한 것만 가져가야겠다는 생각이었는데, 그 생각과 가장 근접한 것이 국정보였던 것 같습니다. 별로 복잡한 걸 요구하지 않기 때문에 정말 한 번만 제대로 보면 성적 오릅니다. 저도 한 번 제대로 보고, 그 다음은 양심상 부분 부분 다시 봤습니다.ㅋ 문학 파트에서 개념 정리해주신 건 여러 번 봤습니다. 정말 수능에서 그 이상은 나오지도 않더군요.

아.. 후기 쓰는 거 진짜 어렵네요. 그냥 수험생분들 이 책 보셨으면 좋겠습니다. 불안한 마음에 이 책 저 책 이 인강 저 인강 기웃거리면서 뻘짓하게 되는데, 그냥 가장 기본적인 원칙에 충실하여 끝까지 해나가셨으면 좋겠네요. 이런 좋은 내용을 책으로 내주신 저자분께 정말 감사합니다. 너무 늦게 감사드려서 죄송하네요. ㅜㅜ _followright.com

● 2021 수능 후기 –whan

안녕하세요? 2021 수능이 무사히 끝났습니다.

90점으로 1등급 받았습니다.

시험은 나중에 다 끝나고 고사장 나오면서 반응을 보니 어려웠다는 이야기가 많이 들렸습니다. 안 어려웠다면 거짓말인 것 같

고요. 다만, 시험 시간 동안 문제를 푸는 사고과정에만 집중했던 것 같습니다.

저는 올해 초부터 나쁜국어 독해기술과 국정보를 정독했고, 책에 있는 문제들은 최대한 원장님이 서술한 사고 흐름을 따라가려고 노력했습니다. 그 결과 어디에 중점을 두고 읽어야 할지를 자연스럽게 깨닫게 됐습니다. 이 감각을 인식한 이후엔 다양한 글에 적용하며 문제를 많이 풀었습니다. 이후 9월경에 또 제 마음대로 글을 읽고 문제를 푸는 게 느껴졌는데, 이때 다시 한 번 국정보를 꺼내서 스스로를 점검하는 지표로 삼았습니다.

마지막까지 국정보를 놓지 않고 문제를 푸는 지표로 삼아서 수능 날 무리 없이 1등급을 달성했다고 생각합니다.

국어 때문에 수능을 몇 번 본 입장에서 말씀드리고 싶은 건, 국정보는 최소한의 생각 도구로 최대한 많은 것을 파악할 수 있게 해 준다는 것입니다. 원리와 원칙을 세분화하면 할수록 더 복잡해지는 것 같습니다. 국정보는 그런 복잡함이 없습니다. 읽고 핵심을 파악하고, 문제를 해결하기 위한 단서를 잡아낼 수 있게 만들어 주신 원장님께 감사의 말씀 드립니다. _followright.com

● 3월 전국연합. 국정보에게 준 신뢰와 노력에 대한 보답 —adella96

2014년 3월 12일, 국어 A형을 본 이과생입니다. 저는 2013년 2학년 6월, 11월 모의고사에서 국어 3등급을 찍었고, 이는 나름 상위권이라고 자부했던 저에게 충격을 안겨주었습니다. 6월 모의고사 때는 실수였을 거라고 별 감흥 없이 대처했습니다. 그런데 그 이후에 문제풀이를 할 때나, 11월 모의고사를 치르고 나서는 저의 실력 부족이 문제라는 생각이 들었습니다.

그 후 서점에 가서 뭐 유명한 선생님 교재도 보고, 여러 출판사에서 나오는 책들을 읽어 보았습니다. 모두 흡족하지 않더군요. 그 때, 국정보가 눈에 들어왔습니다. 워낙 제목도 특이하므로 관심 있게 꺼내서 첫 장을 펼쳤습니다.

그 컵 문제에서 저 굉장히 충격 받았습니다. 틀렸거든요.ㅋㅋㅋ 정말로, 연필꽂이라고 생각한 제가 어처구니없었습니다. 그리고 이렇게 흥미 있게 국어영역을 소개하는 책이 신선하고 감동적이었습니다. 하지만 솔직히! 뒤로 가면서 의심도 들더군요. 과연 이렇게 하면 정말 다 풀릴까? 예. 그렇습니다. 요즘은 다 맞거나 실수로 하나 이렇게 틀립니다. 그리고 어제 시험을 봤죠.

3월 전국연합. 1교시 국어영역에서 저는 정말 희망을 보았습니다. 예전에 그렇게 어려워하던 과학기술 제재 비문학에서까지 답이 다 보이기 시작했습니다! 지문에 다 표시가 되어 있기 때문이죠!(물론 제가 표시한 거지만요.) 문학도 마찬가지였습니다. 전혀 틀릴 수가 없었습니다. 마지막 문제에서 긴장을 풀어버렸는지 대충 답을 찍어서 실수로 틀렸지만, 다시 봤을 때 많이 화날 정도로 틀릴 이유가 없는 문제였습니다. 또, 문법 문제 1개 나갔습니다. 이렇게 95점이 되었죠. 100점은 생각지도 못했던 제가 만점을 향해 가고 있는 느낌입니다. 이건 제가 80점이 나왔다고 해도 같은 말씀을 드릴 수 있을 것입니다. 문제 푸는 방법이 달라졌고 국어영역에 대한 이해도가 생겼기 때문입니다.

'국어는 감으로 푼다.' 이과로서 국어가 싫었던 이유 중 하나입니다. 하지만 이제는 전혀 감으로 풀지 않습니다. 문제 읽고 지문만 봅니다. 정말로 됩니다. 시험이 끝나고 제 시험지를 보는데, 그 순간에도 핵심적인 단어와 문단 구조가 보이더군요. 그게 중요한 것 같습니다.

끝으로 국정보 앞장에 나온 진형석 저자님의 한 마디가 옳았음을 느꼈다는 거 말씀드리고 싶습니다. '이 책을 선택해 주셔서 감사합니다. 그러나 이 책을 끝낸 이후에는 이제 여러분이 저에게 감사할 것입니다.'

고맙습니다. 정말로, 고맙습니다. _followright.com

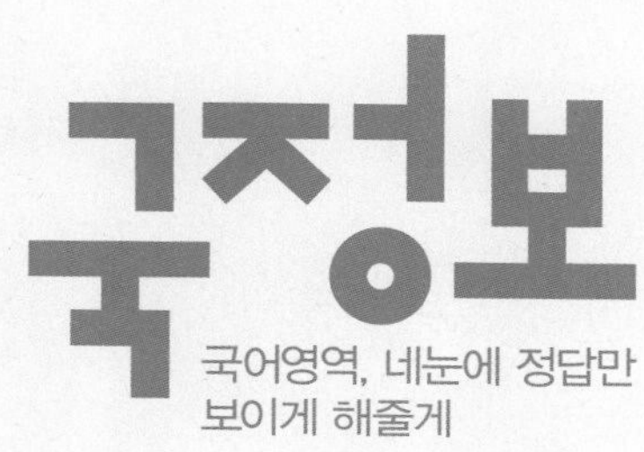
국정보
국어영역, 네눈에 정답만
보이게 해줄게

9판 1쇄 2023년 2월 20일

지은이 진형석
펴낸이 유인생
편집인 우정아 · 김명진
마케팅 박성하 · 심혜영
디자인 NAMIJIN DESIGN
펴낸곳 (주) 쏠티북스
주소 (04037) 서울시 마포구 양화로 7길 20 (서교동, 남경빌딩 2층)
대표전화 070-8615-7800
팩스 02-322-7732
홈페이지 www.saltybooks.com
이메일 saltybooks@naver.com
출판등록 제313-2009-140호

ISBN 979-11-980343-9-7

파본은 교환해 드립니다.
이 책에 실린 모든 내용에 대한 권리는 (주) 쏠티북스에 있으므로 무단으로 전재하거나
복제, 배포할 수 없습니다.

가장 쉽지만 가장 강력한 국어영역 방법론

New Version

국정보

국어영역, 네눈에 정답만 보이게 해줄게

| 진형석 지음 |

쏠티북스

머리말

15번째 개정판을 내면서

이 책이 처음 나온 것이 2008년이었으니 벌써 상당히 오랜 시간이 지났습니다. 그동안 다양한 교재들이 나왔다 사라지기를 반복했는데, 긴 시간 동안 같은 책을 낼 수 있다는 사실이 신기하기도 하고 감사하기도 합니다. 많은 학생들이 이 책을 통해 좋은 결과를 얻었기 때문에 꾸준히 사랑받을 수 있지 않았나 생각합니다.

책을 처음 냈을 때와 지금을 비교하면 전혀 다른 책이라 불러도 지나침이 없습니다. 처음에 등장하는 종이컵 사진을 제외하고 거의 다 바뀌었습니다. 저 역시도 대학생에서 대학원생으로, 다시 어느덧 사회에 진출하여 변호사로 일하며 많은 변화가 있었습니다. 책을 개정할 때마다 항상 예전의 저 자신과 싸우고는 합니다. 처음에 더 잘 써서 개정하는 수고를 줄일 수는 없었나 하는 푸념을 하면서요.

좀 더 신경 써서 개정한 점

❶ 새로 추가한 문제는 가장 최근 2023학년도 수능까지를 범위로 하여 고르고, 실제 학생들이 까다롭게 여긴 문제는 가급적 전부 포함하였습니다.

❷ 좋은 내용이지만 최근 출제되지 않았거나 출제 가능성이 낮은 부분은 공부할 분량을 줄이기 위하여 삭제하거나 축소하였습니다.

❸ 홈페이지를 통해 학생들이 문제 제기한 부분을 고치고, 애매하거나 논란이 있을 법한 부분은 삭제하여 명확하게 공부할 수 있게 하였습니다.

쉽고 단순한 공부의 필요성

쉽고 단순하게 공부해야 합니다. 어렵고 복잡한 기술을 배우면 시험장에서 절대 생각나지 않습니다. 학생들이 열심히 공부하고도 억울한 성적을 받는 이유입니다. 가령 logA+logB=logAB와 같은 로그 공식을 배우면 바로 log2+log3의 답을 구할 수 있습니다. 방금 공식을 배웠기 때문입니다. 그러나 외워야 할 공식이 많다면 막상 시험장에서는 생각나지 않을 수 있습니다. 만약 시험 범위가 logA+logB=logAB 공식 하나만이라면 어떨까요? 잊어버리고 싶어도 잊어버릴 수 없을 것입니다. 이제 여러분의 시험 범위를 줄여 드리고자 합니다. 이 책에서는 단 하나의 방법만으로 쉽고 단순하게 국어영역을 해결할 것입니다. 그렇기 때문에 시험장에서 무조건 생각날 수밖에 없습니다.

한 번만 제대로 해 봅시다!

최근에는 각종 전문대학원, 공무원, NCS 등 취직 시험을 준비하는 사람들도 이 책을 보는 사례가 늘었습니다. 국어 지문을 읽고 문제 푸는 시험은 결국 이 책의 방법으로 해결됩니다. 지금 어설프게 배우면 나중에 취직 준비 등을 하면서 다시 공부해야 합니다. 배울 때 제대로 배워야 나중에 좀 더 바람직한 일에 시간을 쓸 수 있습니다.

마지막으로 이 책을 보며 계속 '고민'하라는 조언을 드리고 싶습니다. 제가 아무리 좋은 내용을 던져 줘도 결국 여러분이 스스로 씹어 삼켜야만 완성될 일입니다. 어떻게 씹어 삼키냐? 잘 이해되지 않는 부분은 다른 사람에게 질문하지 않고 스스로 대체 왜 이렇게 되는지 고민할 수 있어야 합니다. 적어도 '내가 이 책을 봤다.'라고 말할 자격이 되려면, 똑같은 문제를 두고 백지 위에 해설을 썼을 때 이 책의 설명과 비슷한 정도가 되어야 합니다. 그렇게 하면 무조건 성적이 오를 수밖에 없습니다.

2023. 1.

다음에는 사상과 감정이 들어간 책을 내고자 하는

글쓴이 진형석 드림

차례

I

읽기만 해도 10점이 오르는 국어영역의 진실

II

2단계 문제풀이 해법 : 조커 해결법

III

정답이 보이는 수능 기출 코드 7

IV
수능 독서, 제재에 따른 적용 연습

V
수능 문학, 시험 범위를 정해 드립니다

이 책의 특징 및 활용법

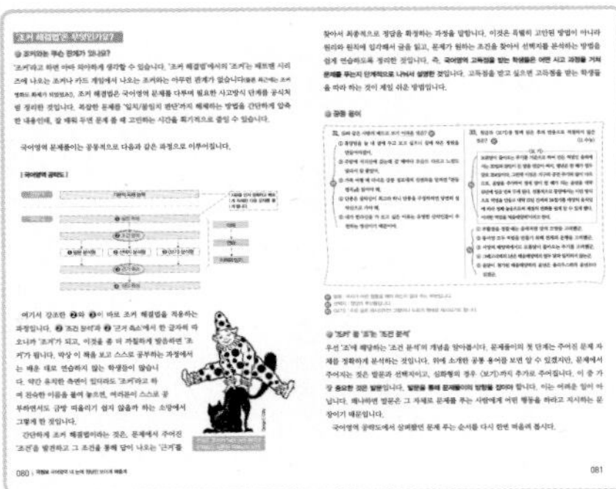

01 국어영역 방법론의 정도(正道)

이 책에서 다루는 방법론은 독창적이거나 기발한 내용이 아닙니다. 첫 수능인 1994학년도부터 가장 최근 실시된 수능까지 고득점을 받았던 학생들의 공통적인 사고 방법을 정리하여 이해하기 쉽게 쓴 것입니다. 시험장에서 어떻게 문제를 푸는지 학생의 입장에서 사고 과정을 보여 주고, 다양한 문제를 통해 이를 연습할 수 있도록 하였습니다.

02 시험에 나올 수 있는 이론만 압축 · 정리

학교에서 배웠던 국어 이론 중 수능 시험에 출제될 만한 부분만 집중적으로 공부해야 합니다. 시험에 나올 내용만 압축하여 계속 반복해야 시험장에서 비로소 써먹을 수 있습니다. 이 책에서는 국어 교과 및 EBS 교재에서 수능에 출제될 수 있는 이론만 뽑아 간결하게 압축하여 시험장까지 가져갈 수 있도록 정리했습니다.

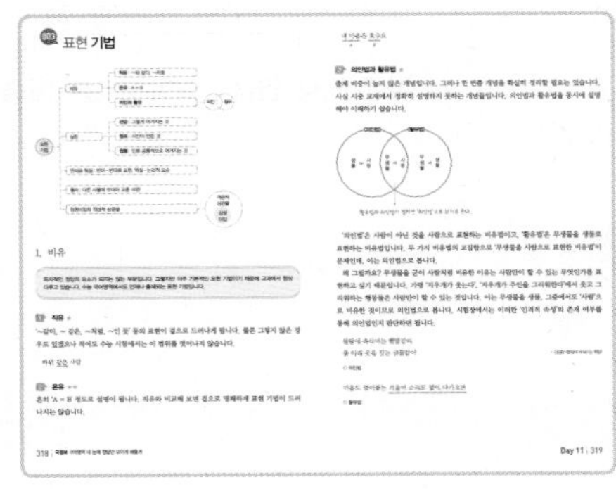

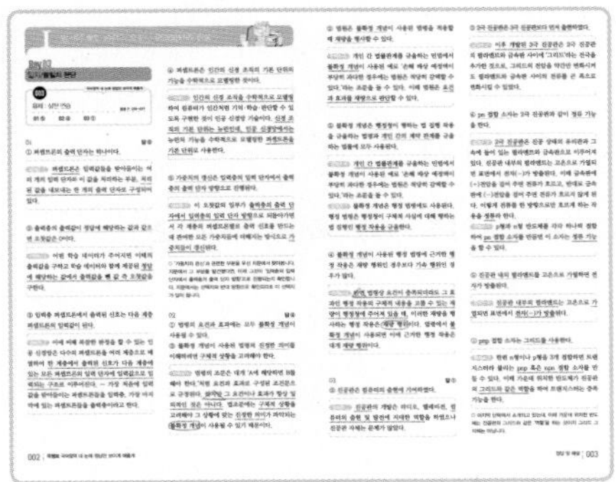

03 쉽고 명쾌한 해설

기존 문제집의 해설은 대개 여러 명이 분야를 나누어 작성합니다. 한 책에 수록된 많은 문제를 혼자 해설할 수는 없기 때문입니다. 그렇기 때문에 기준이 분명하지 않고 일관성이 없어 학생들이 공부하기에는 좋지 않습니다. 그러나 이 책에서는 앞에서 다룬 이론을 토대로 저자가 모든 문제를 직접 풀고 일관성 있게 해설하여 쉽고 명쾌합니다.

01 한 번만 제대로 보면 무조건 성적이 오릅니다.

100번을 반복해도 단 한 번 제대로 보는 것만 못합니다. 물론 한 번 제대로 보기가 상당히 어렵습니다. 예전에 도서관에 공부하러 갔다가 어떤 학생이 제 책으로 공부하고 있어 힐끔힐끔 본 적이 있습니다. 그런데 문제 풀고 답 맞춰 보고 한숨 한 번 쉬고 책을 덮어 버리고 마는 것입니다. 안타까운 생각이 들었습니다. 또 열심히 해도 성적이 오르지 않아 억울하다는 학생을 만난 적도 있습니다. 그 학생의 책에 별표를 해 놓은 문제가 있어 제가 그 문제에 관해 물어보니 잘 대답하지 못했습니다. 결국 한 번을 제대로 못 본 것입니다. 열심히 했다고 성적이 오르는 것은 아닙니다. 제대로 해야 성적이 오릅니다.

이 책을 한 번만 제대로 공부하면 무조건 성적이 오릅니다. 가끔 여러 번 반복했더니 성적이 올랐다는 학생들이 있습니다. 이는 반복에 따른 결과가 아닙니다. 반복하다 비로소 마지막 한 번을 제대로 본 것입니다. 이 책을 공부하며 온전히 이해되지 않는 부분이 있다면 이해가 될 때까지 며칠이 걸리더라도 그 부분을 잡고 늘어져 보세요. 그래야만 성적이 오릅니다. 제대로 보지 않으면 책을 그냥 넘긴 것과 크게 다르지 않습니다.

그럼 어떻게 하는 게 '제대로' 보는 것일까요? 구체적으로 알려 드리겠습니다. 우선 문제를 풀 때 도저히 더 이상 생각할 수 없을 때까지 고민해 봅니다. 만약 답을 맞혔다면 자신이 생각한 내용이 정확한지 해설을 참고해 확인합니다. 그런데 문제를 틀렸다면 절대 해설을 참고해서는 안 됩니다. 답을 ⑤라고 생각했는데 ②가 답이라면, 왜 ②가 답이 되고 ⑤는 답이 될 수 없는지 고민해야 합니다. 도저히 더 이상 고민할 수 없을 때 해설을 참고합니다. 즉, 오히려 문제의 답을 맞혔을 때 해설을 참고하면서 자신의 사고 과정을 되짚어 보는 것이 좋습니다.

02 책을 반복해서 보는 상황이라면 이제 스스로 해설을 쓸 수 있어야 합니다.

정말 해설을 종이에 써 보라는 게 아닙니다. 다만 이 책으로 공부했다고 말할 수 있으려면, 같은 문제를 가지고 스스로 해설을 써 보았을 때 이 책의 해설과 거의 같은 수준이 되어야 한다는 뜻입니다. 그 수준이 안 된다면 이 책을 봤다고 할 수도 없고 성적이 올라야 할 아무런 이유가 없습니다.

돈을 주고 성적을 사고자 한다면 어리석은 일입니다. 그렇게 할 수도 없고 그래서도 안 됩니다. 제대로 공부하지 않아 이 책을 봤다고 할 수도 없는데 성적이 오르기만 바란다면, 책값만큼 돈을 주고 성적을 사겠다는 마음과 같지 않을까요?

03 절대로 학습 분량을 늘리지 마세요.

이 책에서 배운 내용을 연습하기 위해 수능 기출문제나 EBS 교재 등 다른 문제를 푸는 것은 바람직한 태도입니다. 그런데 간혹 자신의 성적이 만족스럽지 못하면 '뭔가 좀 더 알면 좋지 않을까?' 하는 생각에 이것저것 찾아보게 됩니다. 그럴 필요가 없다고 미리 알려 드리고 싶습니다.

이 책보다 더 효율적이고 정확한 국어영역 방법론은 없습니다. 오히려 다른 방법을 찾느라 시간을 낭비하면 공부할 시간이 줄어들어 시험에 실패할 확률이 높아지게 됩니다. 또한 이 책의 내용을 제대로 이해했다면 이제 어떻게 공부해야 할지 훤히 알고 있는 셈입니다. 만약 다른 방법을 찾고 있다면 이 책을 이해하지 못했다고 스스로 인정하는 것입니다.

지피지기(知彼知己)면 백전불태(百戰不殆)라고 하였습니다. 상대를 알고 나를 알면 백 번 싸워도 위태롭지 않다는 뜻이죠. 『손자병법』의 이 문구는 국어영역 공부에도 적용됩니다. 국어영역이 어떤 과목인지 알고 자신의 상태를 정확히 파악해야 합니다. 즉, 자신의 실력에 맞게 공부 전략을 세워야 합니다.

스텝 1 과정	**〈수학영역〉** 기본 개념 및 공식 이해 · 암기	**〈영어영역〉** 기본 단어 및 문장 독해를 위한 문법 익히기	〈국어영역〉 ① 기본적 독해 능력 향상 – 『나쁜국어 **독해기술**』 ② 논리적 사고력 향상

▼

스텝 2 과정	기출문제 분석 및 응용문제 풀이를 통한 개념 이해 및 적용	① 다양한 문제풀이를 통해 독해 및 문제풀이 능력 배양 ② 문법성 판단 문제를 위한 문법 지식	① 기출문제 분석 및 응용 문제 풀이를 통한 사고의 구조화 · 이해의 암기 ② 문학, 문법 등 기타 영역의 이론 공부

▼

스텝 3 과정	오직 시험장만을 위한 실전 문제 연습과 부족한 부분의 계획적 보충

아마 수학, 영어영역은 이미 이렇게 공부를 하고 있으리라 생각합니다. 그러나 많은 학생들이 국어영역에 대해서는 단순히 문제 풀이만을 하고 있거나 아무런 기초도 없이 기출문제를 분석한다고 낑낑대고 있습니다. 이러한 체계 없는 공부로는 원하는 성적을 얻기 어렵습니다.

이 책은 〈**스텝** 1 과정 중 ② 논리적 사고력 향상〉, 〈**스텝** 2 과정 중 독서와 문학〉을 효과적으로 공부할 수 있게 구성되었습니다. 〈**스텝** 1 과정 중 ① 기본적 독해 능력 향상〉은 별도로 『나쁜국어 **독해기술**』을 통해 공부할 수 있도록 하였습니다. 공부의 과정을 정직하게 밟아 가는 차원에서 『나쁜국어 **독해기술**』을 上권, 이 책을 下권으로 하여 공부할 수 있습니다. 기본적인 독해 능력이 갖추어진 상태에서 이 책을 본다면 틀림없이 원하는 성적을 얻게 될 것입니다.

최종적으로는 **스텝** 3 과정을 소화해야만 노력한 만큼 좋은 점수를 받을 수 있습니다. 공부를 열심히 했더라도 시험장을 대비한 연습을 하지 않으면 '열심히 공부하고 억울한 성적을 받는 경우'가 됩니다. 시험장을 대비한 연습이란 무엇일까요? 이 책에서 설명하기는 적절하지 않으니 아래 홈페이지에서 추후 설명하도록 하겠습니다.

공부방법론 등과 관련하여 국어정보원 웹사이트 followright.com에서 좀 더 자세하게 소개하고 있습니다.

국어정보원 followright.com 웹사이트 이용하기

❶ '추천 글 읽기'에서 구체적인 공부 방법론을 배우면 성공 확률을 높일 수 있습니다.

❷ 책을 인쇄한 후에는 오류가 발견되어도 알려 주기 어렵습니다. 공부를 시작하기 전에 먼저 '교재 오류 수정'을 통해 책의 내용 중 고칠 부분이 있는지 확인해 주세요.

❸ 이 책과 함께 풀어 볼 만한 연습문제를 무료로 다운로드할 수 있게 제공하고 있습니다.

❹ 좀 더 어려운 문제들을 별도의 교재로서 참고할 수 있도록 하였습니다. 지금까지는 '고득점시리즈'라는 이름으로 제공하고 있습니다.

❺ 공부 방법, 교재 내용에 대해 서로 질문하고 답변할 수 있습니다.

* 『나쁜국어 **독해기술**』의 저자 직강 동영상 강의를 위 웹사이트에서 제공하고 있습니다.
* 평가원 기출문제를 활용하여 실제 어떻게 고민하며 공부하는지 다룬 동영상 강의도 위 웹사이트에서 제공하고 있습니다.

I

읽기만 해도 **10점**이 오르는 **국어영역의 진실**

{Day 01} 출제 원리를 뒤집으면 정답이 보인다?
{Day 02} 실전독해비법 7 : 일반적인 독서와 수능국어 독해는 다르다
{Day 03} 일치/불일치 판단 : 문제풀이에서 가장 중요한 기초 능력

Day 01

출제 원리를 뒤집으면 **정답이 보인다?**

시작이 반이라고 하였습니다. 이 책을 통해 여러분들을 만날 수 있어 저도 즐겁습니다. 앞으로 이 부분을 통해서 매일매일 중요한 내용을 공지하도록 하겠습니다. 오늘은 이 책에서 가장 중요한 내용을 다루게 됩니다. 완벽하게 알 때까지 계속 반복하면서 파고들어야 합니다.

001 출제자의 **머릿속 연구**

"프로는 모든 문제를 단순하고 명쾌하게 처리한다. 아마추어가 그것을 복잡하게 만들 뿐이다."

– 카를로스 곤(닛산 CEO)

지금부터 출제자가 어떻게 수능 국어영역 문제를 만드는지 알려 드립니다. 출제자가 정확한 문제를 만들기 위해 어떤 것들을 신경 쓰는지 알게 된다면, 우리는 거꾸로 그것들을 주목하여 좀 더 쉽게 문제를 풀 수 있게 됩니다. 출제 원리에 주목해야 한다는 말은 누누이 들었겠지만, 지금까지 어디에서도 그것을 시원하게 논의해 본 적은 없었을 것입니다.

이제 출제자의 머릿속 연구에서부터 수능 국어영역 공부를 시작합시다. 앞으로 수능 국어영역을 공부하기 쉽도록 지금부터 여러분의 사고방식을 재구성하게 될 것입니다. 이른바 '수능 마인드'를 기르는 과정입니다. 복잡하게 생각할 필요 없이 오늘 배울 부분만 정확하게 이해하면 수능 마인드가 바로 여러분의 것입니다. 국어영역은 그 본질에 다가설수록 더욱 쉽습니다. 앞으로 공부를 하면서 어렵다고 느껴질 때마다 오늘 배웠던 내용들을 다시 떠올릴 수 있어야 합니다.

다음 쪽에 있는 사진은 예전에 제가 햄버거를 먹다가 우연히 찍은 사진입니다. 이 책이 나온 지 10여 년도 더 지났으니 꽤 오래된 사진이네요. 10여 년 전이나 지금이나 저는 이 문제가 여러분의 국어 실력 향상에 많은 도움이 될 것이라 믿어 의심치 않습니다. 어떤 학생은 이렇게 말하더군요. "국정보 앞에 있는 맥도날드 컵 사진하고 볼펜 그려져 있는 페이지만 제대로 이해하면 국어는 끝이다. 나머지는 주어진 시간 동안 그것을 빨리 끄집어내는 연습만 하면 된다."(followright.com/26624)

예제 · 01

그림에서 보이는 것은 무엇인가?

① 연필꽂이 ② 종이컵 ③ 화분
④ 휴지 ⑤ 사람

정답은 당연하지만 ② '종이컵'입니다. 아마 문제를 풀면서 많은 학생들이 당황했을 것입니다. 당연히 쉽게 답이 나오는 문제입니다. 그렇지만 지금부터 이어지는 질문들에 스스로 답해 보는 일이 더 중요합니다. 계속 제시되는 다음 질문을 고민해 보는 시간이 여러분을 수능 국어영역의 본질에 좀 더 다가설 수 있게 도와줄 것입니다.

왜 ① '연필꽂이'는 답이 되지 않는지 생각해 봅시다. 가령 어떤 학생은 사진 속 종이컵에 연필을 꽂을 수 있으니 연필꽂이라고 생각했을 수도 있습니다. 연필꽂이도 답이 될 수 있지 않을까요? 또는 ⑤ '사람'은 왜 답이 안 되는 것인지 물어볼 수도 있겠죠. 분명 사진 속에는 기타를 치고 있는 안경 쓴 남자가 보이니까요.

누군가 이렇게 질문하면 여러분은 뭐라고 답변할 것입니까? 그런 엉뚱한 질문은 하지 말라는 답변 말고 좀 더 논리적으로 답변할 수 있습니까? 앞의 질문에 대한 답변을 스스로 생각해 보고, 이어서 다음 문제를 고민해 봅시다.

예제 · 02

0.3mm

그림에서 보이는 것으로 가장 적절한 것은?

① 샤프 ② 펜 ③ 유성 볼펜
④ 빨대 ⑤ 붓

답은 몇 번입니까? 아니, 답을 고르는 것이 가능했습니까? 만약 여러분이 답을 고를 수 있었다면 답을 고르게 한 사고 과정 자체가 잘못되었다고 할 수 있습니다. 바로 그 사고 과정이 여러분들의 국어영역을 망치고 있던 문제점입니다.

수능 국어영역 문제를 접근하는 올바른 방식으로는 이 문제에서 하나의 답을 고르는 일은 불가능합니다. 대체 왜 불가능하다고 하는지 궁금하죠? 궁금하지 않더라도 다음으로 넘어가기 전에 잠깐 시간을 갖고 한번 생각해 봅시다. 생각… 생각…. 주어진 내용에 대해 고민하는 시간을 가지는 태도는 국어영역을 공부하는 데 꼭 필요한 자세입니다. 이 책을 공부하면서 새롭게 배우는 모든 내용들에 대해서 고민하고 의심해 보는 습관을 가지는 것이 가장 중요합니다. 자, 생각해 봤다면 이제 앞에서 본 문제를 약간 변형한 아래의 문제를 가지고 다시 고민해 봅시다.

예제 · 03

그림에서 보이는 것으로 가장 적절한 것은?

① 샤프 ② 펜 ③ 유성 볼펜
④ 빨대 ⑤ 붓

이번에는 답을 고를 수 있었나요? 고를 수 있었다면 이전 문제와 비교하여 어떤 점이 달라졌기 때문입니까? 바로 앞에서 본 문제와 비슷한 형태라도 두 문제의 결론이 다르다면 그 작은 차이에 주목하여 출제의 핵심을 파악할 수 있습니다.

출제 원리 1 주어진 정보를 정확히 파악하는 능력 측정 (사실적 사고)

앞서 다루었던 **예제02**와 **예제03**은 어떤 차이가 있었나요? 그 차이를 파악하면 국어영역 출제자의 머릿속 사고 과정을 엿볼 수 있습니다. **예제03**은 **예제02**와 다르게 필기구 모양 도형 안에 '0.3mm red 〈수성〉'이라는 요소를 넣어 답을 뒷받침하는 근거를 마련해 놓았습니다. '문제를 푼다'는 것은 바로 그 '근거를 발견하는 것'입니다. 즉, **예제03**에서는 '0.3mm red 〈수성〉'이라는 정보를 찾아내는 것이 핵심입니다. 이렇게 수집한 정보를 근거로 하여 비로소 이 도형이 '빨간색 수성펜'이라고 결론 내릴 수 있습니다.

이런 결론이 어떻게 가능한지 단계적으로 하나씩 살펴봅시다.

① '0.3mm'라는 정보만 보고서는 이것이 샤프인지 펜인지 확신할 수 없습니다. 이후 추가되는 'red'라는 정보를 통해 이것은 샤프보다는 펜에 가깝다는 것을 확인할 수 있습니다.

② 그러나 아직 이 펜이 '펜'인지 '유성 볼펜'인지 알 수 없습니다. 수집한 정보를 통해 하나의 답을 고르지 못하는 경우, 아직 하나의 답을 고를 만큼 충분한 정보를 습득하지 못했다는 점을 스스로 알 수 있어야 합니다.

③ 정보를 더 찾아보면, '수성'이라는 요소를 통해서 '유성'이 아니라는 것을 알 수 있습니다. 따라서 ③ '유성 볼펜'이 답이 아니라는 것을 알 수 있습니다. 정확하게 말하면 '수성펜'이 가장 적절하겠지만 선택지에는 '수성펜'이 없으므로 ② '펜'이 정답에 가장 가깝습니다. '수성펜'이 없으니까 답이 없는 것이 아닌지 의문이 들 수 있습니다. 다시 한번 문제를 보면 '가장 적절한 것'을 묻고 있음을 확인할 수 있습니다.

여러분이 지금까지 모의고사 등을 통해 풀었던 문제들을 다시 검토해 보면 '가장 적절한 것'을 고르는 문제들이 많았다는 것을 확인할 수 있습니다. '가장'이라는 작은 요소 하나가 큰 차이를 만들어 냅니다.

출제 원리 2 주어진 정보로부터 새로운 정보를 추론하는 능력 측정 (추리·상상적 사고)

이제 **'문제를 푸는 것'이란 '문제 안의 숨겨진 단서를 찾는 것'**임을 알았습니다. 다시 **예제01**의 사진으로 돌아가 봅시다. 어떤 방법이 과연 우리가 방금 정의했던 '문제를 푸는 것'일까요?

"당연히 '컵'이 '컵'이니까."라고 대답할 수도 있지만, 이렇게 말하는 것은 시험을 보고 "왜 ③이 정답인지 설명해 보세요."라는 질문에 대해서 "③이 정답이니까 정답입니다."라고 하는 것처럼 맥 빠지는 대답입니다. 좀 더 논리적으로 대답하기 위해서는, 아니 좀 더 국어영역을 제대로 공부한 사람답게 대답하려면 어떻게 말해야 할까요?

바로 맥도날드 로고, 코카콜라 로고, 꽂혀 있는 빨대 등에서 컵이라는 정보를 끌어내는 방식으로 대답하는 것입니다. 맥도날드는 패스트푸드 음식점이고, 코카콜라는 음료수 회사이고, 빨대는 음료를 먹기 위한 도구이니, 사진에 보이는 어떤 물체는 바로 '음료를 담는 컵'이라는 결론을 내는 것이 합리적인 생각입니다. 여기서 '맥도날드', '코카콜라', '빨대'와 결론으로 나온 '컵' 사이에는 합리적인 추론이라고 하는 과정이 존재합니다. 이러한 추론을 하는 것은 쉬울 수도 있지만 어떤 이들에게는 정말 곤혹스러운 과정입니다. 여러분이 이 과정을 곤혹스러워한다면 앞으로 이 책을 통해 계속 사고(思考) 연습을 하면서 배워야 합니다. 물론 추론하는 과정에서 맥도날드가 음식점이라는 것과 코카콜라가 음료수 회사라는 것 정도는 알고 있어야 합니다. 또한 빨대는 음료를 마실 때 이용하는 도구라는 점도 미리 알고 있어야 합니다. 미리 알고 있어야 하는 내용들이 그리 어려운 것은 아닙니다. 그러나 만약 이러한 최소한의 배경지식을 모르면 나중에 어려움을 겪을 수 있습니다.

그러면 혹시 '사람'은 답이 될 수 없을까요? 사진에서 보이는 것은 '인쇄된 사람의 모습'이지 '사람'이라고 하기에는 무리가 있습니다. 너무 엉뚱하게 생각하는 것도 다소 곤란할 수 있겠죠?

이제 그림을 통해서 풀이 방법을 한 번 더 생각해 봅시다.

예제 · 04

위 그림에는 국어영역 문제를 푸는 근본 원리가 담겨 있습니다. 여러분이 시험에서 틀렸던 문제들을 검토해 보면, 미리 알아 두었어야 했던 지식을 몰라서 틀렸던 경우는 거의 없을 것입니다. 수학은 공식이 생각나지 않아서, 영어는 외웠던 단어가 생각나지 않아서 틀렸다고 하면, 국어는 어떤 점이 문제일까요? 바로 시험장에서 실제 문제를 다룰 때 온전한 근거를 찾지 못한 점이 가장 큰 문제입니다.

> 물론 사자성어를 모르거나, 단어를 잘 몰라서 내용을 이해하지 못했거나 하여 틀리는 경우도 있지만 그 경우는 따로 특별한 노력이 필요합니다.

한국어를 전혀 모르는 외국인이 아니라면, 우리 모두에게는 국어영역을 잘할 수 있는 능력이 이미 주어져 있습니다. 이미 여러분은 한국어 네이티브이기 때문입니다. 그러나 '수능 국어영역 시험'에 맞춰 생각하고 접근하는 방법을 모르고 있었기 때문에 매일 국어 생활을 하면서도 시험에서 높은 점수를 받을 수 없었던 것입니다.

지금까지 출제 원리를 연구해 봤습니다. 출제자는 온전한 문제를 만들기 위해 중요한 근거를 문제에 꼭 넣어 둔다는 원칙을 배웠습니다. 그러나 우리가 문제를 출제할 필요는 없으니까, 이제부터는 지금까지 배웠던 원리를 바탕으로 어떻게 국어영역 문제에 정확하게 접근할지 고민해 봅시다.

접근 전략 1 문제를 해결했다면 그 이유를 객관적으로 제시할 수 있어야 한다 (객관적 추론)

어떤 문제를 완전하게 해결했다면, 정답은 왜 정답이 되는지, 다른 선택지는 왜 정답이 되지 못하는지 그 이유를 객관적으로 제시할 수 있어야 합니다. 여러분이 풀었던 국어영역 문제를 초등학생도 이해할 수 있게 설명할 수 있습니까? 만약 초등학생도 이해할 수 있게 설명할 수 없다면 그 문제를 완전하게 해결했다고 말할 수 없습니다.

아마도 앞에서 사례로 제시된 맥도날드 문제나 수성펜 문제도 저의 설명이 없었다면, '어떤 이유로 이게 답이 되는 것이지?'라는 질문에 정확하게 대답하지 못한 학생이 많았을 것입니다. '당연히 이거니까 이거지!'와 같은 정도로 대답한다면, 그건 대답하지 못한 것과 다르지 않습니다. 좀 더 냉정히 말하면 '그냥 이거로 찍었다.'라는 대답과 크게 다르지 않다는 말입니다. 물론 앞에서의 저의 설명이 약간 억지스럽다고 생각할 수 있습니다. 그러나 앞으로 계속 공부하다 보면 오히려 치밀하게, 때로는 다소 억지스럽게라도 근거를 찾아야 문제를 정확하게 풀 수 있다는 점을 깨닫게 될 것입니다.

수능 국어도 마찬가지입니다. 수능 시험은 모든 학생들의 수학 능력을 객관적으로 평가하는 시험이기 때문에 앞에서 풀었던 문제들처럼 답이 나오는 근거가 분명히 제시될 수 있어야 합니다. 그렇지 않다면 답이 이거니 저거니 하는 정답 시비에 휘말리게 될 것이고, 인터넷에는 '17번 문제 전원 정답을 위한 카페'가 개설될 것입니다(우습지만 실제 여러 번 이런 경우가 있었습니다.). 문제풀이의 과정은 개개인의 주관적 추론에 근거해서는 안 되고, 객관적 근거를 바탕으로 한 합리적인 추론, 즉 '객관적 추론'에 의해서 이루어져야만 합니다. '객관적 추론'이 과연 무엇인지, 그리고 어떻게 하면 이 능력을 기를 수 있는지에 대해서는 이 책에서 계속 설명할 것입니다. 여러분은 객관적 추론 능력을 기르기 위해 이 책을 만났다고 해도 과언은 아닙니다. '객관적 추론'은 일반적인 일대일 대응이나 추론적 사고보다 한 걸음 더 나아간 심화된 사고방식입니다.

모든 문제는 주어진 '지문', '문제', '선택지', '〈보기〉'에 제시되는 객관적 근거들에 의해서 정답과 오답이 결정됩니다. 문제를 푸는 나 자신은 주어진 근거가 입력되면 '객관적 추론'을 거쳐 결과를 출력하는 '로봇'처럼 판단해야 합니다.

접근 전략 2 초능력이 아닌 능력으로 환원한다

간혹 학원 강의를 듣거나 시중 문제집의 해설을 보다 보면 초능력을 가르치는 경우가 있습니다. 여기서 '초능력'이란 무엇이냐면, 책이나 강의의 설명을 따라가면서 생각해 보면 답이 나오긴 나오는데, 막상 혼자 스스로 문제를 풀 때는 해설지의 설명처럼 답을 도출할 수 없는 것을 말합니다. 노력이 부족했을 수도 있지만, 대개는 해설이 잘못된 경우가 많습니다. 아무리 연습해도 따라 할 수 없는 설명은 '초능력'에 불과할 뿐입니다. '우와~' 하고 바라볼 수는 있지만 내가 따라 할 수 없다면 아무런 의미가 없습니다.

여러분은 이제 이 책에서 초능력을 능력으로 바꾸는 법을 배우게 될 것입니다. 완벽히 이해해도 따라 하지 못하는 초능력과 다르게, 이 책에서 배우게 될 '능력'은 여러분이 연습만 한다면 충분히 얻을 수 있습니다. 이 책에서 다루는 모든 문제를 맥도날드 문제처럼 완벽하게 이해하여 '나도 할 수 있겠다.'라고 생각하게 될 것입니다.

이 책을 통해서 완벽하게 근거를 찾는 훈련을 하고 난 뒤에는 수능 기출문제집이나 일반 문제집에 있는 초능력 같은 해설을 신경 쓰지 않게 됩니다. 아니, 오히려 그러한 해설보다 여러분이 더 정확하게 설명할 수 있습니다. 허황된 말이 아니라 실제 많은 학생들이 그러한 능력을 가지게 되었습니다. 아래의 리뷰를 보면, 이 책을 통해 '객관적 추론'을 익힌 학생은 실력 측면에서는 이미 국내 유명 국어 강사들을 뛰어넘었다는 것을 확인할 수 있습니다. 책을 낸 지 10여 년이 지나니, 이 책을 본 학생이 국어영역 강사가 되거나 책을 쓰는 경우까지 보았습니다. 어려운 일이 아닙니다. 여러분도 이 책을 통해 정확하게 연습한다면 곧 그렇게 될 것입니다.

"기출문제집 해설을 참고하면 안 된다는 것은 항상 듣던 말입니다. 하지만 보지 않고 대체 어떻게 하라는 것인지에 대한 답은 없었습니다. 그런데 이 책에 그 답이 있었습니다. 제가 지금까지 멍청한 짓을 해 왔고 진짜 공부를 하지 않았다는 것을 알았습니다. 이렇게 공부하고 나서는 시중 책들의 해설에서 잘못된 것이 눈에 보이기 시작했습니다. 기출문제집 해설이며 EBS 해설이며 전부 그런 것은 아니라도 잘못된 부분을 찾아낼 때마다 제 자신이 대단하게 느껴졌습니다.
그렇게 꾸준히 '질적으로' 공부했고, 평가원 모의고사를 보았는데 작년 수능에서는 백분위 70대였던 점수가 이제 백분위 98이 되었습니다. 그런 시험이지만 아직 더 파고들어야 할 부분이 많습니다. 참고를 위해서 여러 인터넷 사이트를 뒤지고 다니며 학원 강사들의 해설 강의도 봤는데 딱히 참고할 내용은 없어서 웃음만 나왔습니다."

– followright.com/korean/98459 후기에서 발췌, 게재를 위한 최소한의 수정을 함 –

002 하나를 알면 열을 아는 **리트머스 문제 1**

지금 여러분이 풀어 볼 문제는 아마 이 책에서 가장 어려운 문제 중 하나일 것입니다. 저는 이 문제를 리트머스 문제라고 부릅니다. 리트머스는 산성과 염기성을 판단할 때 쓰이는 지시약인데요, 이제 이 문제를 통해 여러분의 실력을(실력이 있는지 없는지) 판단해 보는 것입니다.

물론 여러분이 답을 정확하게 고르리라 기대하는 것은 아닙니다. 다만 지금까지 배웠던 국어영역의 출제 원리와 접근 전략을 가지고 실제 문제에 부딪혀 보는 과정이 꼭 필요합니다. 꼭 스스로 풀고 설명해 보세요. 앞에서 맥도날드 문제를 설명했던 것처럼 답을 고른 다음 왜 답이 되는지 스스로 설명해 보도록 합니다. 간혹 어떤 학생들은 리트머스 문제만 풀고 나면 바로 1등급이 되기도 합니다.

리트머스 문제를 풀기 전 절대 주의해야 할 점

오늘 다루게 될 리트머스 문제 3개를 풀고 나면 여러분의 성적은 수직 상승하게 됩니다. 다만 여러분이 '문제를 푸는 것'에 완벽하게 집중할 때만 원하는 효과를 얻을 수 있습니다. 앞에서 풀어 봤던 맥도날드, 수성펜 문제에서 배운 원칙만 가지고 이 문제를 '끝까지' 고민해 봐야 합니다. 맥도날드, 수성펜 문제는 초등학생도 이해할 수 있을 정도로 설명할 수 있었습니다. 오늘 다룰 리트머스 문제 역시 초등학생도 이해할 수 있게 설명할 정도로 풀고 해설할 수 있어야 합니다.

① 누가 때려죽인다고 해도 더 이상 생각할 수 없을 정도까지 고민하고 답을 고르세요.
② 처음에는 답만 맞춰 보고 해설은 절대 보지 않습니다.
③ 만약 오답을 골랐다면 왜 틀렸는지, 그리고 왜 답은 답이 되는지 더 이상 생각할 수 없을 정도까지 고민해 봅니다. 문제에는 어떤 오류도 없습니다. 여러분의 사고 과정에만 오류가 있는 상태입니다.
④ 도저히 못하겠어도 절대 먼저 해설을 보면 안 됩니다. 풀이의 실마리가 보일 때까지 고민하세요. 하루 24시간 고민해도 좋습니다. 힌트를 하나 드리자면 문제를 푸는 것은 '지문에서 이러이러하니 답은 이거야.'의 과정입니다.

이 책을 쓴 저 역시 학생 시절에 이 문제를 정확하게 이해하기 위해 해설을 전혀 참고하지 않고 수개월을 몰입한 적이 있었습니다. 고3 9월 평가원 모의고사에서 틀렸던 문제를 재수하며 세 번, 네 번 다시 풀다 보니 몇 개월이 지나서야 비로소 이해할 수 있게 되었습니다. 이와 같은 몰입의 방식으로 이 책을 공부해야 이 책의 진가를 알 수 있습니다.
많은 학생들은 책 처음에 나오는 리트머스 문제가 어렵다고들 합니다. 제가 보기에도 리트머스 문제는 이 책에서 가장 어려운 문제 중 하나입니다. 그러나 또한 실력을 향상시키기에 가장 적합하여 절대 피해 가서는 안 될 문제이기도 합니다.

문제 • 01

살아 생전 내내 어머니는 나에게 써먹지도 못하는 문학은 해서 무엇하느냐는 질문을 던지셨다. 이제서야 당신께 뒤늦은 답을 한다. 문학은 권력에의 지름길이 아니며, 그런 의미에서 문학은 써먹는 것이 아니다. 그러나 역설적이게도 문학은 그 써먹지 못한다는 것을 써먹고 있다. 문학을 함으로써 우리는 배고픈 사람 하나 구하지 못하며, 큰돈을 벌지도 못한다. 그러나 바로 그러한 점 때문에 문학은 인간을 억압하지 않는다. 인간에게 유용한 것은 대체로 그것이 유용하다는 것 때문에 인간을 억압한다. 유용한 것이 결핍되었을 때의 그 답답함을 생각하기 바란다. 그러나 문학은 유용한 것이 아니기 때문에 인간을 억압하지 않는다.

문학은 억압하지 않으므로 그 원초적 느낌의 단계는 쾌락을 동반한다. 지금도 어렸을 때의 어머니의 음성이 들려온다. 어머니는 겨울밤이면 고구마나 감, 하다못해 동치미라도 먹을거리로 내놓으시고, 나직한 목소리로 아벨과 카인의 이야기를, 도적질을 하다 벌을 받은 그녀의 친지 중 한 사람 이야기를 내가 잠들 때까지 계속하신다. 그때에 느낀 공포와 아픔을 나는 생생히 기억한다. 그러나 그 아픔이나 고통 밑에 있는 어머니의 나직한 목소리가 주는 쾌감을 내가 얼마나 즐겨했던가! 그 목소리가 불러일으키는 상상은 얼마나 놀랍고 즐거웠던가! 그 즐거움 안쪽에서 우리는 해서는 안 될 일에 대한 공포감을 느끼며 우리가 해야 할 일에 대한 의무감을 느낀다. 그것은 의무이되 억압이 아니다. 쾌락이 일깨우는 원초적인 반성이자 깨달음이다.

억압하지 않는 문학은 억압하는 모든 것이 인간에게 부정적으로 작용하는 것을 보여 준다. 문학에서의 주장은 인간을 억압하기 때문에 문학은 명백한 길을 제시하지 못한다. 인간은 문학을 통하여 억압하는 것과 억압당하는 것의 정체를 파악하고, 그 부정적 힘을 인지한다. 한 편의 침통한 시는 그것을 읽는 자에게 인간을 억압하고 불행하게 만드는 것에 대한 자각을 불러일으킨다. 한 소설 속에서 진정한 가치를 추구하던 주인공이 끝내 패배를 당할 때, 우리는 고통스럽다. 그 고통을 함께 겪으면서 우리는 우리를 억압하는 세상의 부조리를 바라볼 수 있게 되고, 결국 인간은 자유롭고 행복하게 살지 않으면 안 된다는 것을 깨닫는다. 그래서 우리는 고통스럽게 행복을 생각하는 것이다.

문학은 배고픈 거지를 구하지 못한다. 그러나 문학은 그 배고픈 거지가 있다는 것을 추문(醜聞)으로 만든다. 그리하여 마침내는 인간을 행복으로 이끈다. 고통과 간난(艱難)의 시대에 행복을 생각하는 것은 고통스러운 일이다. 그러나 프랑스 철학자 바슐라르가 말했듯, 인간은 행복스럽게 숨쉴 수 있도록 태어난 존재이다. 숨을 잘 쉬는 것을 어찌 포기할 수 있겠는가. 나는 문학을 포기할 수 없다.

– 김현, 〈한국 문학의 위상〉

윗글로 미루어 볼 때, 필자가 가장 높이 평가할 문학 작품은?

① 한적한 전원 지대에서 연쇄 살인 사건이 발생한다. 셜록 홈즈가 살인 사건의 현장에 파견된다. 그는 경이로운 기지를 발휘해 살인 사건을 해결한다. – 코난 도일, 〈바스커빌가의 사냥개〉

② 아들이 사회주의 운동을 하다가 투옥당한다. 아들에 이어 어머니도 혁명가가 된다. 작가는 모든 사람이 사회주의 운동가가 되어야 모순된 세계를 변화시킬 수 있다고 주장한다.

– 고리키, 〈어머니〉

③ 젊은 변호사 허숭은 농촌 계몽을 위해 안정된 직장을 버리고 농촌으로 간다. 농민들의 무지와 아집에 좌절한다. 그렇지만 불굴의 희생정신으로 농민들에게 밝은 미래의 길을 제시한다.

– 이광수, 〈흙〉

④ 자유를 추구하는 이명준은 경찰서에 끌려가 공포를 경험한다. 이에 환멸을 느껴 북한으로 갔지만 역시 자유를 얻지 못한다. 결국, 남과 북이 아닌 제3국을 택함으로써 그 시대의 모순된 현실을 보여 준다.

– 최인훈, 〈광장〉

⑤ 아버지가 암에 걸리지만, 다른 가족들은 그것을 모른 채 아버지의 무능을 탓한다. 나중에 아버지가 암에 걸렸다는 사실을 알게 된 가족들이 눈물로 용서를 구하는 모습을 그림으로써, 가족의 화해를 감정적으로 호소한다.

– 김정현, 〈아버지〉

※ 이제부터 해설이니 필히 문제를 푼 다음에 참고하도록 합니다.

방금 풀어 본 문제는 평가원 주관의 모의평가 문제입니다. 이 문제는 참 어려운 문제 중 하나라고 생각합니다. 그렇지만 앞서 살펴본 문제 출제 원리를 바탕으로 잘 생각해 보면 간단하게 풀 수 있는 문제입니다. 가장 중요한 것은 무엇을 찾아보아야 할지 파악하는 일입니다.

발문을 통해 문제의 요구 사항 파악하기

윗글로 미루어 볼 때, 필자가 가장 높이 평가할 문학 작품은?

뭔가 어려운 문제인 것은 확실합니다. 저는 고3 때 이 문제를 틀렸던 기억이 납니다. 문제를 풀면서 어찌해야 할지 전혀 느낌이 오지 않았지요. 저는 스스로 국어영역에 재능이 있다고 생각했었는데 그렇지만도 않다는 것을 이때 깨달았습니다. 간혹 감(感, 느낌)으로 문제를 푼다는 사람들이 있습니다. 저는 여기에 대해 의문이 듭니다. 실제 시험장에서 많은 학생들이 극도로 긴장하게 되는데, 그때도 그 '감'이 평소처럼 작동할지 알 수 없는 일입니다. 반면 밤을 새우고 피곤한 상태로 시험장에 도착했더라도, 초조한 마음에 평소보다 떨린다고 해도, 근거를 발견하고 문제에 객관적으로 접근하는 방식으로 공부를 했던 학생이라면 흔들리지 않고 문제를 풀 수 있을 것입니다(출제 원리에 입각한 '객관적 추론'은 결국 시험장을 대비하는 공부 방식입니다).

발문에서 제시한 '필자가 높이 평가'한다는 것이 무엇일지 고민해 봅시다. 높이 평가한다는 것은 그것을 긍정적으로 생각한다는 것이고, 긍정적으로 생각한다는 것은 평소 자기가 가지고 있는 생각과 일치될 때 가능한 것이겠죠? 따라서 '내가 높이 평가 = 내가 그것을 긍정적으로 생각함 = 평소 내 생각과 같음'의 구조입니다.

즉, '필자의 문학에 대한 생각을 반영하는 선택지를 고르라'는 의미로 발문을 바꿔 이해할 수 있습니다. 따라서 지문에서 주의 깊게 찾아봐야 할 것은 필자의 문학에 대한 생각입니다. 그 생각에 부합하는 선택지를 찾는 것이 우리의 목표가 될 것입니다. 이제 좀 '감'이 오나요?

지문을 통해 요구 사항의 근거 찾기

그렇다면 과연 몇 번 선택지가 답이 될까요? 답은 ④가 됩니다. 이 문제는 앞에서 살펴보았던 맥도날드나 수성펜 문제와 전혀 다를 것이 없습니다. 왜 그런지 이제부터 지문을 분석하며 생각해 봅시다. 물론 아직 여러분은 기초 단계에 있기 때문에 지금 설명하는 것처럼 문제를 다룰 수는 없지만 이미 『나쁜국어 **독해기술**』을 통해 지문을 정확하게 독해하는 법을 배웠기 때문에 독해에는 자신이 있을 것이라고 생각합니다. 따라서 우선 '원칙에 입각한 문제풀이란 이런 것이었군!' 정도로만 이해하는 선에서 시작해 봅시다.

잠깐 여기서 앞으로 쓸 표기법을 정리하고 넘어갑시다.

이미 여러분이 공부했던 『나쁜국어 **독해기술**』에서 설명하였지만, 그 책을 보지 않고 이 책으로 처음 공부를 시작하는 학생도 있을 수 있기 때문에, 이 책에서 사용할 표기 방식에 대해서 짧게 설명해 보겠습니다.

앞으로 '그러나', '그렇지만', '하지만' 등과 같은 것들은 '역접접속어'라고 부르고 삼각형 표시(△)를 할 것입니다. 사실 저도 정확히 역접접속어가 무엇인지는 잘 모르겠고 이것들이 진정한 의미에서 접속어인지도 명확하지 않습니다.

그러나 일단 이름을 정해 놓아야 앞으로 쉽게 설명할 수 있으니 그렇다고 약속합시다. 이제 다음의 예를 통해 이것의 실제적인 쓰임을 알아봅시다.

> 예 철수는 잘생기고 키도 크고 멋지고 노래도 잘한다. 그러나 성품이 좋지 않다.

이 문장에서 앞에 보이는 입에 발린 칭찬들은 중요한 내용이 아닙니다. 결국 글쓴이가 말하고 싶은 것은 '철수는 성품이 좋지 않다.'입니다. 즉, '그러나', '그렇지만,' '하지만' 등과 같은 **역접접속어 뒤에는 글쓴이가 하고 싶은 말이 붙는 것**입니다. 따라서 글을 읽을 때 이러한 역접접속어 뒤를 우선 눈여겨볼 필요가 있습니다.

> 예 철수는 잘생기고 키도 크고 멋지고 노래도 잘한다. 그러나 성품이 좋지 않다.

따라서 위와 같이 '그러나'에 삼각형을 그린다든지 해서 눈에 잘 보이게 처리를 하고, 그 뒤의 문장인 '성품이 좋지 않다.'에 밑줄을 그어 놓습니다. 우리는 시각적인 것에 영향을 많이 받기 때문에 이런 식으로 표시를 해 두면, 중요한 문장을 놓치지 않고 체크할 수 있습니다.

반면 역접접속어와는 반대로, 글을 정리해 주거나 결론을 알려 주고자 할 때 쓰이는 등의 성격을 가진 것들이 있습니다.

> 예 철수는 잘생기고 키도 크고 멋지고 노래도 잘한다. 그러므로 철수는 복을 받은 친구다.

이와 같은 경우, 가장 핵심적인 것은 '철수는 복을 받은 친구'라는 것입니다. '잘생기고 키도 크고 멋지고 노래도 잘한다'는 것은 결국 '철수는 복을 받은 친구'라는 것을 이끌어 내기 위한 과정에 불과합니다. 결국 글쓴이가 하고 싶은 말은 그 뒤에 있기 때문입니다.

> 예 철수는 잘생기고 키도 크고 멋지고 노래도 잘한다. 그러므로 철수는 복을 받은 친구다.

위와 같이 '그러므로', '즉', '이와 같이', '그래서'처럼 글의 흐름으로 보아 앞의 내용들을 압축적으로 정리해 주는 표현에는 동그라미를 치고, 이왕이면 그 뒤에 나오는 문장도 강조해 두면 그 부분의 핵심을 파악하기가 용이합니다.

동그라미는 다양한 곳에 활용되는데, 가령 위치 파악형 독해에서는 다음과 같이 합니다.

> 철수의 좋은 점은 여러 가지인데 특히 내가 좋아하는 것은 다음과 같다. 먼저 철수는 정직해서 거짓말을 하지 않는다. 그 다음 철수는 외모도 못생기지 않았다. 마지막으로 철수는 노래도 잘 부른다.

이렇게 해 두면 좀 더 빠르게 위치를 찾아갈 수 있겠죠?(물론 표시를 하지 않는 것이 더 편하다면 표시하지 않아도 됩니다. 다만 이 책에서는 표시를 이용하여 설명할 것입니다.)

지문 독해

살아 생전 내내 어머니는 나에게 써먹지도 못하는 문학은 해서 무엇하느냐는 질문을 던지셨다. 이제서야 당신께 뒤늦은 답을 한다. 문학은 권력에의 지름길이 아니며, 그런 의미에서 문학은 써먹는 것이 아니다. ❶그러나 역설적이게도 문학은 그 써먹지 못한다는 것을 써먹고 있다. 문학을 함으로써 우리는 배고픈 사람 하나 구하지 못하며, 큰돈을 벌지도 못한다. ❷그러나 바로 그러한 점 때문에 문학은 인간을 억압하지 않는다. 인간에게 유용한 것은 대체로 그것이 유용하다는 것 때문에 인간을 억압한다. 유용한 것이 결핍되었을 때의 그 답답함을 생각하기 바란다. ❸그러나 문학은 유용한 것이 아니기 때문에 인간을 억압하지 않는다.

❹문학은 억압하지 않으므로 그 원초적 느낌의 단계는 쾌락을 동반한다. 지금도 어렸을 때의 어머니의 음성이 들려온다. 어머니는 겨울밤이면 고구마나 감, 하다못해 동치미라도 먹을거리로 내놓으시고, 나직한 목소리로 아벨과 카인의 이야기를, 도적질을 하다 벌을 받은 그녀의 친지 중 한 사람 이야기를 내가 잠들 때까지 계속하신다. 그때에 느낀 공포와 아픔을 나는 생생히 기억한다. 그러나 그 아픔이나 고통 밑에 있는 어머니의 나직한 목소리가 ❺주는 쾌감을 내가 얼마나 즐겨했던가! 그 목소리가 불러일으키는 상상은 얼마나 놀랍고 즐거웠던가! 그 즐거움 안쪽에서 우리는 해서는 안 될 일에 대한 공포감을 느끼며 우리가 해야 할 일에 대한 의무감을 느낀다. ❻그것은 의무이되 억압이 아니다. 쾌락이 일깨우는 원초적인 반성이자 깨달음이다.

❼억압하지 않는 문학은 억압하는 모든 것이 인간에게 부정적으로 작용하는 것을 보여 준다. ❽문학에서의 주장은 인간을 억압하기 때문에 문학은 명백한 길을 제시하지 못한다. 인간은 문학을 통하여 억압하는 것과 억압당하는 것의 정체를 파악하고, 그 부정적 힘을 인지한다. 한 편의 침통한 시는 그것을 읽는 자에게 인간을 억압하고 불행하게 만드는 것에 대한 자각을 불러일으킨다. 한 소설 속에서 진정한 가치를 추구하던 주인공이 끝내 패배를 당할 때, 우리는 고통스럽다. 그 고통을 함께 겪으면서 우리는 우리를 억압하는 세상의 부조리를 바라볼 수 있게 되고, 결국 인간은 자유롭고 행복하게 살지 않으면 안 된다는 것을 깨닫는다. 그래서 우리는 고통스럽게 행복을 생각하는 것이다.

문학은 배고픈 거지를 구하지 못한다. 그러나 문학은 그 배고픈 거지가 있다는 것을 추문(醜聞)으로 만든다. 그리하여 마침내는 인간을 행복으로 이끈다. 고통과 간난(艱難)의 시대에 행복을 생각하는 것은 고통스러운 일이다. 그러나 프랑스 철학자 바슐라르가 말했듯, 인간은 행복스럽게 숨쉴 수 있도록 태어난 존재이다. 숨을 잘 쉬는 것을 어찌 포기할 수 있겠는가. 나는 문학을 포기할 수 없다.

– 김현, 〈한국 문학의 위상〉

❶, ❷, ❸을 보면 '그러나' 뒤에 '억압'이라는 말이 많이 나오고 있습니다. 억압이란 무엇일까요? 문학은 억압하지 않는다고 하는데 과연 '억압하지 않는다'는 말이 어떤 의미냐는 말이죠. 단순히 그것만 가지고는 나도 모르고 너도 모르고 옆집 철수도 모릅니다. 모른다는 사실을 아는 것이 진실로 아는 것이라 했습니다. '모른다'는 것을 알고, '모르는 정보를 어디서 찾을 수 있을지' 생각할 수 있어야 합니다. 바꿔 말하면, 우리에게 필요한 정보가 더 있고, 그것을 아직까지 발견하지 못했기 때문에 '모르는 상태'가 계속되는 것입니다. 지문을 좀 더 보면서 문제풀이에 필요한 단서를 찾아야 합니다.

❹는 해당 단락의 중심 문장이 됩니다. 그 뒤에 동그라미 친 ❺ 부분은 ❹에 대한 부가적인 언급이 됩니다. 즉, ❺는 필자의 회상 내지는 우리의 이해를 돕기 위해서 예를 들어 준 부분이라고 볼 수 있습니다. 그러니까 우리가 주의해서 볼 부분은 중심 문장일 뿐이지, 고구마니 뭐니 그런 것들은 이해를 못해도 그만이고 심한 경우에는 안 읽어도 문제풀이에는 지장이 없다고 생각할 수 있습니다. ❻에서는 다시 한번 '문학은 억압하지 않아서 쾌락을 동반한다'고 설명합니다. 아직도 저는 이 말이 이해가 되지 않는데 여러분도 비슷하리라 생각합니다.

이제 ❼을 봅시다. "억압하지 않는 문학은 억압하는 모든 것이 인간에게 부정적으로 작용하는 것을 보여 준다."라고 합니다. 뒤이어 ❽을 보면 그 뜻이 보다 확연하게 다가옵니다. "문학에서의 주장은 인간을 억압하기 때문에 문학은 명백한 길을 제시하지 못한다."라는 말을 보는 순간, '지금껏 억압이니 어쩌니 하는 말의 뜻이 이런 것이었구나!' 하고 깨달을 수 있어야 합니다. 즉, 문학에서 주장을 하면 문학이 인간을 억압하는 꼴이 되어 버리기 때문에 그럴 수 없다는 것입니다. 다시 한번 정리하면,

'명백한 길을 제시하지 못한다'는 것이 무엇인지는 그 부분만 보면 모르지만, 문맥적으로 앞의 내용을 참고하면 '주장하지 못한다'는 것을 의미함을 미루어 알 수 있습니다.

❼에서는 : 부정적으로 작용하는 것을 보여 준다. (이른바 〈조건 1〉)
❽에서는 : 주장하지 못한다. (이른바 〈조건 2〉)

이제 느낌이 오죠? 수학에서 조건을 가지고 문제를 푸는 것과 같이 우리는 지문 속에서 이 문제를 푸는 두 가지 핵심 조건을 발견한 것입니다. 앞에서 맥도날드, 코카콜라 로고를 찾은 것처럼 **문제풀이의 핵심 근거를 발견**했습니다. 즉 문제가 요구하는 '필자의 문학에 대한 생각'을 찾은 셈입니다.

● 선택지 검토를 통해 정답 골라내기

이제 문제를 다시 보며 답을 찾아봅시다. 우리는 〈조건 1, 2〉를 가지고 있으니 이제 선택지를 검토해서 이 조건들을 만족시키는 정답을 찾는 일만 남았습니다.

① 한적한 전원 지대에서 연쇄 살인 사건이 발생한다. 셜록 홈즈가 살인 사건의 현장에 파견된다. 그는 경이로운 기지를 발휘해 살인 사건을 해결한다. – 코난 도일, 〈바스커빌가의 사냥개〉

◎ '셜록 홈즈 에피소드' 중에서 〈바스커빌가의 사냥개〉입니다. 이게 뭐 개가 귀신이다 뭐다 하는 줄거리로 기억나는데 그 작품의 내용을 몰라도 문제풀이에는 아무 지장이 없습니다. 우리가 발견한 조건과 들어맞는 부분을 선택지에서 찾을 수가 없습니다.

② 아들이 사회주의 운동을 하다가 투옥당한다. 아들에 이어 어머니도 혁명가가 된다. 작가는 모든 사람이 사회주의 운동가가 되어야 모순된 세계를 변화시킬 수 있다고 주장한다.
〈조건 1〉(○) 〈조건 2〉(×)
– 고리키, 〈어머니〉

◎ 헷갈리는 선택지일 수 있는데, 왜냐하면 이 선택지는 〈조건 1〉을 충족하는 것이기 때문이죠. '모순된 세계'를 보여 주죠? 그러나 우리는 이 선택지가 〈조건 2〉는 충족하지 않는 것도 파악할 수 있어요. 왜냐하면 작가는 모든 사람이 사회주의 운동을 해야 한다고 '주장'하고 있기 때문이죠. 분명 〈조건 2〉는 문학 작품은 주장할 수 없다는 것인데 말이죠.

③ 젊은 변호사 허숭은 농촌 계몽을 위해 안정된 직장을 버리고 농촌으로 간다. 농민들의 무지와 아집에 좌절한다. 그렇지만 불굴의 희생 정신으로 농민들에게 밝은 미래의 길을 제시한다. 〈조건 2〉(×)

– 이광수, 〈흙〉

◎ 이 선택지도 밝은 미래의 길을 제시하고 있기 때문에 〈조건 2〉에 위배됩니다. 지문에서 길을 제시하지 못한다고 했는데 노골적으로 '길'을 제시하는 선택지는 우리를 우롱하는 거라고 생각할 수도 있죠.

⑤ 아버지가 암에 걸리지만, 다른 가족들은 그것을 모른 채 아버지의 무능을 탓한다. 나중에 아버지가 암에 걸렸다는 사실을 알게 된 가족들이 눈물로 용서를 구하는 모습을 그림으로써, 가족의 화해를 감정적으로 호소한다. 〈조건 2〉(×)

– 김정현, 〈아버지〉

◎ 가족의 화해를 감정적으로 '호소'하고 있다는 점에서 〈조건 2〉를 위배하죠.

④ 자유를 추구하는 이명준은 경찰서에 끌려가 공포를 경험한다. 이에 환멸을 느껴 북한으로 갔지만 역시 자유를 얻지 못한다. 결국, 남과 북이 아닌 제3국을 택함으로써 그 시대의 모순된 현실을 보여 준다. 〈조건 1, 2〉(○)

– 최인훈, 〈광장〉

◎ 이 선택지가 답이 됩니다. 모순된 세계를 보여 준다는 점에서 〈조건 1〉을 충족하고, 거기서 뭔가를 주장하지 않는다는 점에서 '주장하지 못한다'는 〈조건 2〉를 충족하게 되죠. 아주 명확하죠? 뭔가 부가적인 설명을 더해야 책을 쓰는 제가 유식해 보이고 좋은데 가볍게 답이 나오니 제가 따로 쓸 게 없어 안타깝네요. ^^

대다수의 학생들이 선택지 ②~④를 두고 머리 싸매고 헷갈려하다가 감(感)에 따라 아무거나 찍고는 합니다. 그렇지만 적어도 시험 공부를 하는 입장에서는 도박하듯이 답을 찍어서는 안 됩니다. 명확한 근거를 가지고 '여기서 이랬으니까'라고 하면서 ④를 골라야 하겠죠. 왜 다른 선택지는 답이 될 수 없는지도 역시 명확하게 밝힐 수 있어야 합니다.

사실 이 문제와 관련해서는 여담을 좀 하고 싶습니다. 이 문제는 제가 고3 때 봤던 평가원 모의고사에서 가져온 것인데, 앞서 언급한 바와 같이 저는 그때 이 문제를 틀리고 답이 대체 왜 ④인지를 몰라서 답답했던 적이 있습니다. 선생님들께 여쭤봐도 명쾌한 답을 얻지 못했습니다. 그래서 저는 심지어 이 문제에는 오류가 있을지도 모른다는 생각을 하기도 하였습니다. 다음해 재수를 하면서 봄에 한 번 더 이 문제를 풀었는데 그때도 이 문제를 틀리고 말았습니다. 정말 답답한 노릇이었죠. 그 후 공부를 열심히 하고 몇 달이 지나 이 문제를 다시 풀었을 때는 지금과 같이 정확하게 답을 고를 수 있었습니다. 앞에서 설명한 내용들은 책을 쓰려고 굳이 시간을 들여 분석한 내용이 아니라 실제 제가 학생 시절에 문제를 풀면서 자연스럽게 떠올랐던 생각입니다.

가장 본질적인 원리에 입각해서 문제를 푸는 것이 가장 정확한 국어영역 해법입니다. 다행히 여러분은 이제 이 책을 통해 공부하니까 저처럼 시행착오를 겪지 않아도 될 것입니다.

이렇게는 풀지 말자!

그러나 어떤 이들은 필자의 이런 문제풀이에 공감하지 않기도 합니다.

가령 해설지에서 설명하는 식으로 풀어 보면,

> 문학은 억압하지 않는다. → 인간에게 부정적으로 작용하는 것을 보여 준다. → 고통을 느낀다. → 세상의 부조리를 바라볼 수 있게 된다.

이런 식으로 글을 이해한 다음, 세상의 부조리를 보여 준다며 ④가 답이라고 말하는 사람들도 꽤 있습니다. 물론 맞는 말입니다. 그렇지만 저는 그런 식의 풀이는 문제점이 있다고 봅니다. 왜냐하면 실제 그렇게 하면 시험장에서는 정확한 답을 고르지 못할 가능성이 더 크기 때문입니다.

앞에서의 논리와 같은 식이면 ②도 정답의 범주 안에 들어가게 됩니다. '모순된 세계'는 세상의 부조리와 대응하고 그것을 바꾸려는 사회주의는 '진정한 가치'와 대응하게 됩니다. '투옥당한다는 사실' 역시 세상의 부조리와 대응된다고 생각할 여지가 있기 때문입니다. 이렇게 풀 경우엔 ②와 ④ 중 무엇이 정답인지 결정하는 것은 문제 푸는 학생 자신의 감(感)이 되어 버리고 맙니다. 물론 ②는 세상의 부조리와 전혀 연관이 없다고 주장할지 모르겠지만, 문제 푸는 학생이 '세상의 부조리와 연관이 있네!'라고 생각할 여지도 충분합니다. 또한 이렇게 풀기 위해서는 지문을 읽으면서 그 깊은 뜻을 온전하게 이해해야 하는데, 사실 많은 학생들에게는 어려운 일이라고 봅니다.

지금까지 이해한 내용을 그대로 가져갈 수 있도록, 비슷한 난이도의 문제를 하나 더 풀어 보면서 좀 더 생각해 봅시다.

003 하나를 알면 열을 아는 **리트머스 문제 2**

문제 • 02

04 9월 평가원모의

'유럽'이라는 개념은 유럽인들에게 어떻게 형성되었을까? 유럽은 본래 동질성을 찾기 어려워 하나로 정의할 수 없는 실체였다. 중세에 유럽인들은 기독교 세계라는 관념을 가지고 있었으며, 더 세속적인 관념들은 교회가 무너지고 나서야 생겼다.

유럽인은 유럽을 비(非)유럽, 곧 '다른 세계'를 통해 정의하여 왔다. 유럽보다는 '유럽 이외의 사람들'이 언제나 중요한 문제였으며, 이들은 유럽인과 기원이 같지 않기 때문에 무능할 뿐 아니라 영원히 정치적인 혼란을 지속할 것이라고 보았다. 유럽인은 자신들의 기원을 그리스·로마에 두었다. 시간이 지날수록 유럽 이외의 세계는 유럽의 과거를 비추어 준다고 생각하였다. 수세기 동안 유럽이 거쳐 왔던 과거가 다른 세계를 통해 유럽인들에게 더욱 분명하게 인식되었다.

유럽인은 아메리카와 같은 새로운 세계를 발견하면서 선사 시대를 알게 되었다. 아메리카 등은 그리스·로마 시대(고대)에는 알려지지 않았으며, 성서에도 기록되지 않았고, 상상으로만 그려지던 지역이었다. 탐험가들이 석기만을 사용하는 민족들이 아메리카나 태평양 지역에 살고 있다는 사실을 발견하자, 퇴보론(退步論)이라는 관념이 주목받게 되었다. 이것은 유럽이라는 세계 중심지에서 멀리 떨어져 있는 사람들이 예전의 문명 단계에서 더 낮은 단계로 퇴보하였다는 생각이다. 그러나 로크(J. Locke, 1632~1704)가 전세계에 석기 시대가 존재하였고, 아직도 석기를 쓰는 사람들은 퇴보의 산물이라기보다는 그 상태에 머물러 잔존한 사람들이라고 주장하자 로크의 의견을 따르게 되었다.

유럽의 개념과 관련하여 이집트에 대한 유럽인의 생각을 살펴보면 흥미롭다. 유럽인은 이집트를 유럽이 아닌 다른 세계에 귀속시켰다. 그들은 이집트가 문명의 원천이라고는 생각하였지만, 이집트가 지닌 지식은 쓸모없는 것으로 여겼다. 이런 이집트에 그리스 사람들이 들어가 생명력을 불어넣었다고 생각하였다. 따라서 근대에 들어서 유럽이 이집트를 지배한 것을 두고 유럽인들은 유럽의 우수성이 증명된 것으로 보았다. 유럽인들은 '진부한 유럽 밖의 세계'나 이류(二流)를 가리키는 데 '동양'이란 단어를 사용하여, 유럽인의 우수성을 드러내려 하였다. 유럽의 역동성과 비교하면, 동양은 본질적으로 정체된 구조였으며, 열등하고, 감정적이라고 생각하였다.

유럽인은 이런 식으로 '새로운 역사'를 만들어 냄으로써 '유럽'을 창조하였다. 유럽은 언제나 사상이나 전쟁을 통해 도전 받은 실체지만, 유럽이라는 개념은 '다른 세계'라는 거울로 자신을 비추는 데 중요한 역할을 하였다. 여기에서 유럽은 다른 세계를 지배하는 정당성을 찾았다. 유럽에 관한 진보와 우월성의 이미지는 19세기에 절정에 달하였다.

이같이 자기중심적 역사가 바로 오늘날 유럽의 정체(正體)의 중심이 되는 것이다. 유럽인은 외부 세계를 열등한 세계로 파악하였다. 따라서 유럽인들은 다른 세계를 지배하는 것을 권리가 아니라 의무로 여겼다. 그 명분은 문명 사회의 질서 잡힌 이성을 미개인들에게 부여하여, 발전의 가능성을 준다는 것이었다.

윗글의 내용으로 보아, 로크 이후 19세기까지의 유럽인이 생각하였던 유럽과 비유럽의 역사 발전 과정을 그림으로 가장 잘 나타낸 것은?

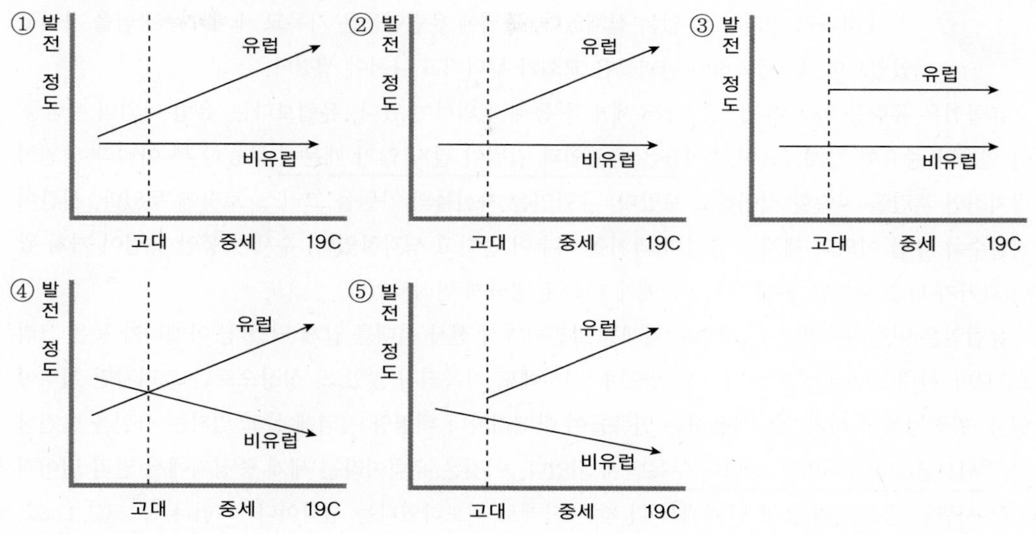

※ 이제부터 해설이니 필히 문제를 푼 다음에 참고하도록 합니다.

풀어 보니 어떻습니까? 앞에서 본 **문제 01**을 이해하고 그 원리를 읽을 수 있었다면, 이번 문제도 역시 글에서 핀셋으로 미세한 뭔가를 집어내듯 근거를 찾는 게 핵심이라는 점을 발견할 수 있었을 것입니다.

발문을 통해 문제의 요구 사항 파악하기

윗글의 내용으로 보아, 로크 이후 19세기까지의 유럽인이 생각하였던 유럽과 비유럽의 역사 발전 과정을 그림으로 가장 잘 나타낸 것은?

이 문제는 '로크 이후 19세기까지의'라는 시간적인 조건이 주어졌습니다. 그렇게 되면 '로크 이전의 유럽인의 생각'이나 '20세기 이후의 유럽인의 생각'과 같은 것들은 문제를 푸는 데 전혀 도움이 되지 않으리라는 판단을 할 수 있습니다.

여기서 하나 생각해 봅시다. 이 문제를 풀 때, 우리는 '로크'와 '유럽인' 중에서 무엇에 더 유념해야 할까요? 우리에게 필요한 것은 '로크'입니다. '유럽인'으로 잡으면 너무 범위가 넓겠죠? 글 전체가 유럽인에 대한 이야기이니까 로크에 초점을 맞춰서 글을 분석하면 답이 좀 더 쉽게 보일 것입니다. 문제에서는 로크 이후 유럽인의 생각을 묻고 있으니 지문에서 로크를 우선 찾아보면서 풀어 가야 하겠습니다.

지문을 통해 요구 사항의 근거 찾기

지문 독해

'유럽'이라는 개념은 유럽인들에게 어떻게 형성되었을까? 유럽은 본래 동질성을 찾기 어려워 하나로 정의할 수 없는 실체였다. 중세에 유럽인들은 기독교 세계라는 관념을 가지고 있었으며, 더 세속적인 관념들은 교회가 무너지고 나서야 생겼다.

유럽인은 유럽을 비(非)유럽, 곧 '다른 세계'를 통해 정의하여 왔다. 유럽보다는 '유럽 이외의 사람들'이 언제나 중요한 문제였으며, ❶이들은 유럽인과 기원이 같지 않기 때문에 무능할 뿐 아니라 영원히 정치적인 혼란을 지속할 것이라고 보았다. 유럽인은 자신들의 기원을 그리스·로마에 두었다. 시간이 지날수록 유럽 이외의 세계는 유럽의 과거를 비추어 준다고 생각하였다. 수세기 동안 유럽이 거쳐 왔던 과거가 다른 세계를 통해 유럽인들에게 더욱 분명하게 인식되었다.

유럽인은 아메리카와 같은 새로운 세계를 발견하면서 선사 시대를 알게 되었다. 아메리카 등은 그리스·로마 시대(고대)에는 알려지지 않았으며, 성서에도 기록되지 않았고, 상상으로만 그려지던 지역이었다. 탐험가들이 석기만을 사용하는 민족들이 아메리카나 태평양 지역에 살고 있다는 사실을 발견하자, ❷퇴보론(退步論)이라는 관념이 주목받게 되었다. 이것은 유럽이라는 세계 중심지에서 멀리 떨어져 있는 사람들이 예전의 문명 단계에서 더 낮은 단계로 퇴보하였다는 생각이다. 그러나 ❸로크(J. Locke, 1632~1704)가 ❹전 세계에 석기 시대가 존재하였고, 아직도 석기를 쓰는 사람들은 퇴보의 산물이라기보다는 그 상태에 머물러 ❺잔존한 사람들이라고 주장하자 ❻로크의 의견을 따르게 되었다.

유럽의 개념과 관련하여 이집트에 대한 유럽인의 생각을 살펴보면 흥미롭다. 유럽인은 이집트를 유럽이 아닌 다른 세계에 귀속시켰다. 그들은 이집트가 문명의 원천이라고는 생각하였지만, 이집트가 지닌 지식은 쓸모없는 것으로 여겼다. 이런 이집트에 그리스 사람들이 들어가 생명력을 불어넣었다고 생각하였다. 따라서 근대에 들어서 유럽이 이집트를 지배한 것을 두고 유럽인들은 유럽의 우수성이 증명된 것으로 보았다. 유럽인들은 '진부한 유럽 밖의 세계'나 이류(二流)를 가리키는 데 '동양'이란 단어를 사용하여, 유럽인의 우수성을 드러내려 하였다. 유럽의 역동성과 비교하면, 동양은 본질적으로 정체된 구조였으며, 열등하고, 감정적이라고 생각하였다.

유럽인은 이런 식으로 '새로운 역사'를 만들어 냄으로써 '유럽'을 창조하였다. 유럽은 언제나 사상이나 전쟁을 통해 도전 받은 실체지만, 유럽이라는 개념은 '다른 세계'라는 거울로 자신을 비추는 데 중요한 역할을 하였다. 여기에서 유럽은 다른 세계를 지배하는 정당성을 찾았다. 유럽에 관한 진보와 우월성의 이미지는 19세기에 절정에 달하였다.

이같이 자기중심적 역사가 바로 오늘날 유럽의 정체(正體)의 중심이 되는 것이다. 유럽인은 외부 세계를 열등한 세계로 파악하였다. 따라서 유럽인들은 다른 세계를 지배하는 것을 권리가 아니라 의무로 여겼다. 그 명분은 문명 사회의 질서 잡힌 이성을 미개인들에게 부여하여, 발전의 가능성을 준다는 것이었다.

지문의 ❸에 로크의 의견이 나옵니다. ❹, ❺가 로크의 생각들이죠. 그리고 ❻을 보면 왜 로크의 의견을 유럽 사람들의 생각이라고 이해할 수 있는지 설명하고 있습니다. 로크의 의견을 보면 ❹ '전 세계에 석기 시대가 존재하였다'고 합니다. 또한 ❺ '아직도 석기를 쓰는 사람들은 퇴보라기보다는 잔존한 것'이라고 합니다. 그리고 ❻ '그 의견을 따랐다'고 합니다. 누가 누구의 의견을 따른 것일까요? 유럽인들이 로크의 의견을 따른 것으로 볼 수 있습니다. '유럽인들은'과 같은 말이 생략되어 있어도 글을 읽은 사람이라면 이 정도는 파악할 수 있어야 하겠습니다. 그렇다면 '로크의 의견 = 유럽 사람들의 생각'으로 연결 지어 생각할 수 있습니다.

또한 로크의 생각이 나온 이후에는 글의 흐름이 바뀌지 않고 '이집트'라는 개별 사례를 소개하고 있는 것을 확인할 수 있습니다. 로크와 로크 이전이 '그러나'를 통해 바뀌고 있는 것과 대조적입니다. ❶, ❷를 보면 '유럽인과 기원이 같지 않다', '퇴보론이 주목받는다'처럼 로크의 의견과는 부합하지 않는 서술을 확인할 수 있는데 이는 출제자가 의도한 함정으로 보입니다. 로크 이전의 생각들을 이렇게 눈에 잘 보이게 해 놓으면 학생들이 많이 속겠죠? 그렇지만 발문을 잘 분석한 학생이라면 로크 이후에만 주목하면 된다고 생각했을 테니 흔들리지 않았을 것입니다. 발문을 통해, 지문에서 로크 이전의 생각은 굳이 읽을 필요가 없고 로크 이후의 생각들에 주목해야겠다는 전략을 세울 수 있습니다. 이후 다시 배우겠지만 이러한 전략을 '근거 축소'라고 부릅니다.

● 선택지 검토를 통해 정답 골라내기

이제 우리가 답을 찾기 위해서는 로크의 의견을 검토해서 그 의견에 부합하는 선택지를 고르면 됩니다. 그럼 정답을 골라 봅시다. 제가 알기로는 많은 학생들이 선택지 ①과 ②를 놓고 고민하다가 ②를 찍고 말았습니다. 어떤 요인이 정답과 오답을 가른 것일까요? 이런 점들을 구체적으로 고민할 수 있어야 합니다. 앞으로 이 책을 통해 공부하며 여러분 스스로 정답과 오답을 명확히 분석할 수 있게 될 것입니다. 그게 바로 제가 여러분에게 가르쳐 주고 싶은 능력입니다.

앞의 문제처럼 이 문제도 조건을 지어서 생각해 보면 재미있습니다.

❹ 전 세계에 석기 시대가 존재하였다. 〈조건 1〉
❺ 아직도 석기를 쓰는 사람들은 '퇴보'가 아닌 '잔존'한 것이다. 〈조건 2〉

먼저 〈조건 2〉를 통해서 선택지를 분석해 봅시다. '아직도 석기를 쓰는 사람들'은 '비유럽'으로 설명할 수 있겠죠? 그러니까 비유럽을 나타내는 그림은 '잔존'을 표현하는 수평선이 되어야 합니다. 하강하는 그림은 '퇴보'에 해당하는 것이라고 생각하면 자연스럽죠. 그러면 선택지 ④, ⑤는 답에서 멀어지게 됩니다.

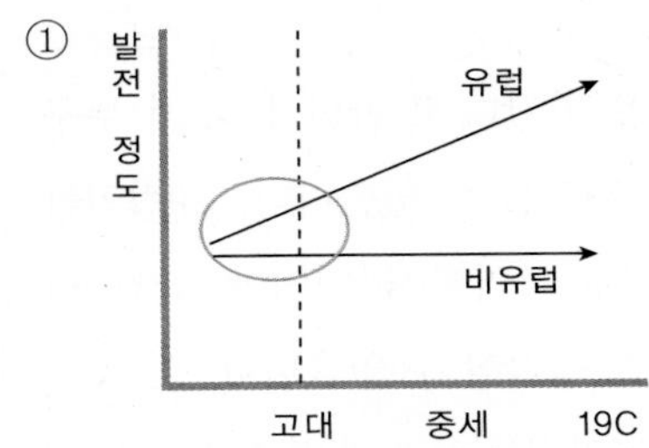

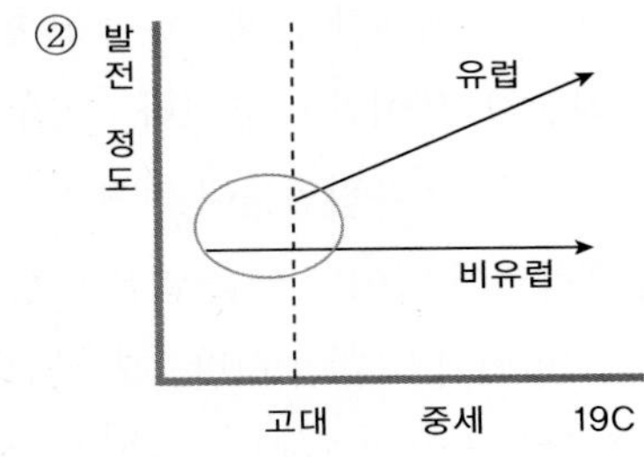

이제 〈조건 1〉을 가지고 답을 맞춰 봅시다. '전 세계'는 '유럽+비유럽'을 가리키는 말입니다. 이 지역들에 석기 시대가 동일하게 존재하였다는 설명에서 역사의 시초에서의 발전 수준은 같았다는(또는 비슷했다는) 점을 알 수 있습니다. 따라서 선택지 ①과 ② 중에서 무엇을 선택할지 고민할 때 〈조건 1〉이 그 해결책이 됩니다.

〈조건 1〉까지 이해가 된다면 확실하게 정답을 ①로 확정할 수 있습니다. 위 선택지 그림에 동그라미 친 부분을 봅시다. 선택지 ②는 시작부터 다르지만 선택지 ①은 '시작은 같은 단계이구나.'라고 생각할 수 있습니다. 생각의 흐름이 여기까지 이르게 되면 더 이상 어떤 고민도 물음도 필요하지 않고 확실하게 정답을 고를 수 있습니다.

제 기억에 많은 학생들이 ②를 답으로 골라서 틀렸습니다. 글 전체에서 유럽 우월주의 등을 설명하고 있기 때문입니다. 근거를 정확하게 잡아내지 못하면 이렇게 함정을 보고 혼동할 여지가 있습니다. 글에서 말하는 논지를 정확하게 파악하고도 문제에서 무엇을 요구하는지 몰랐기 때문에 틀린 것입니다. 그런 학생들이 이 책을 봤다면 시행착오 없이 성공할 수 있었을 텐데 아쉽습니다.

지금까지 봤던 리트머스 문제는 가장 어렵다고 알려진 예전 2003, 2004학년도의 평가원 모의고사 문제였습니다. 최근 다시 수능 국어영역이 어려워지고 있습니다. 2020학년도 수능은 그렇지 않았지만 바로 그 전년도 수능이었던 2019학년도 수능은 어렵다고 난리가 났었습니다. 하지만 제가 보기엔 예전만큼 어렵지는 않았습니다. 1등급 커트라인을 보더라도 예전 수능이 더 까다로웠습니다. 다만 요즘 시험이 너무 쉽게 출제되다 보니 약간만 어려워져도 학생들은 이를 심각하게 받아들이는 경향이 있습니다(공부는 어려웠던 시험을 기준으로 해야 합니다. 어렵게 공부한 사람은 쉬운 시험을 잘 볼 수 있지만 쉽게만 공부한 사람은 어려운 시험에서 무너지기 마련이기 때문입니다.).

자, 이제 마지막으로 2018학년도 6월 평가원 모의고사에서 제일 정답률이 낮았던 문제를 다뤄 보면 어떨까요? 대략 18% 정도의 학생들만 정답을 맞힌 어려운 문제입니다. 이번에는 너무 깊이 다루기보다는 가볍게 핵심만 콕 찍어서 살펴봅시다.

004 하나를 알면 열을 아는 **리트머스 문제 3**

문제 • 03 ◎ 18 6월 평가원모의

통화 정책은 중앙은행이 물가 안정과 같은 경제적 목적의 달성을 위해 이자율이나 통화량을 조절하는 것이다. 대표적인 통화 정책 수단인 '공개 시장 운영'은 중앙은행이 민간 금융 기관을 상대로 채권을 매매해 금융 시장의 이자율을 정책적으로 결정한 기준 금리 수준으로 접근시키는 것이다. 중앙은행이 채권을 매수하면 이자율은 하락하고, 채권을 매도하면 이자율은 상승한다. 이자율이 하락하면 소비와 투자가 확대되어 경기가 활성화되고 물가 상승률이 오르며, 이자율이 상승하면 경기가 위축되고 물가 상승률이 떨어진다. 이와 같이 공개 시장 운영의 영향은 경제 전반에 파급된다.

중앙은행의 통화 정책이 의도한 효과를 얻기 위한 요건 중에는 '선제성'과 '정책 신뢰성'이 있다. 먼저 통화 정책이 선제적이라는 것은 중앙은행이 경제 변동을 예측해 이에 미리 대처한다는 것이다. 기준 금리를 결정하고 공개 시장 운영을 실시하여 그 효과가 실제로 나타날 때까지는 시차가 발생하는데 이를 '정책 외부 시차'라 하며, 이 때문에 선제성이 문제가 된다. 예를 들어 중앙은행이 경기 침체 국면에 들어서야 비로소 기준 금리를 인하한다면, 정책 외부 시차로 인해 경제가 스스로 침체 국면을 벗어난 다음에야 정책 효과가 발현될 수도 있다. 이 경우 경기 과열과 같은 부작용이 수반될 수 있다. 따라서 중앙은행은 통화 정책을 선제적으로 운용하는 것이 바람직하다.

또한 통화 정책은 민간의 신뢰가 없이는 성공을 거둘 수 없다. 따라서 중앙은행은 정책 신뢰성이 손상되지 않게 유의해야 한다. 그런데 어떻게 통화 정책이 민간의 신뢰를 얻을 수 있는지에 대해서는 견해 차이가 있다. 경제학자 프리드먼은 중앙은행이 특정한 정책 목표나 운용 방식을 '준칙'으로 삼아 민간에 약속하고 어떤 상황에서도 이를 지키는 '준칙주의'를 주장한다. 가령 중앙은행이 물가 상승률 목표치를 민간에 약속했다고 하자. 민간이 이 약속을 신뢰하면 물가 불안 심리가 진정된다. 그런데 물가가 일단 안정되고 나면 중앙은행으로서는 이제 경기를 부양하는 것도 고려해 볼 수 있다. 문제는 민간이 이 비일관성을 인지하면 중앙은행에 대한 신뢰가 훼손된다는 점이다. 준칙주의자들은 이런 경우에 중앙은행이 애초의 약속을 일관되게 지키는 편이 바람직하다고 주장한다.

그러나 민간이 사후적인 결과만으로는 중앙은행이 준칙을 지키려 했는지 판단하기 어렵고, 중앙은행에 준칙을 지킬 것을 강제할 수 없는 것도 사실이다. 준칙주의와 대비되는 '재량주의'에서는 경제 여건 변화에 따른 신축적인 정책 대응을 지지하며 준칙주의의 엄격한 실천은 현실적으로 어렵다고 본다. 아울러 준칙주의가 최선인지에 대해서도 물음을 던진다. 예상보다 큰 경제 변동이 있으면 사전에 정해 둔 준칙이 장애물이 될 수 있기 때문이다. 정책 신뢰성은 중요하지만, 이를 위해 중앙은행이 반드시 준칙에 얽매일 필요는 없다는 것이다.

윗글을 바탕으로 〈보기〉를 이해할 때 '경제학자 병'이 제안한 내용으로 가장 적절한 것은?

보기

어떤 가상의 경제에서 20○○년 1월 1일부터 9월 30일까지 3개 분기 동안 중앙은행의 기준 금리가 4%로 유지되는 가운데 다양한 물가 변동 요인의 영향으로 물가 상승률은 아래 표와 같이 나타났다. 단, 각 분기의 물가 변동 요인은 서로 관련이 없다고 한다.

기간	1/1~3/31	4/1~6/30	7/1~9/30
	1분기	2분기	3분기
물가 상승률	2%	3%	3%

경제학자 병은 1월 1일에 위 표의 내용을 예측할 수 있었고 국민들의 생활 안정을 위해 물가 상승률을 매 분기 2%로 유지해야 한다고 주장하였다. 이를 위해 다음 사항을 고려한 선제적 통화 정책을 제안했으나 받아들여지지 않았다.

[경제학자 병의 고려 사항]

기준 금리가 4%로부터 1.5%p* 만큼 변하면 물가 상승률은 위 표의 각 분기 값을 기준으로 1%p 만큼 달라지며, 기준 금리 조정과 공개 시장 운영은 1월 1일과 4월 1일에 수행된다. 정책 외부 시차는 1개 분기이며 기준 금리 조정에 따른 물가 상승률 변동 효과는 1개 분기 동안 지속된다.

*%p는 퍼센트 간의 차이를 말한다. 예를 들어 1%에서 2%로 변화하면 이는 1%p 상승한 것이다.

① 중앙은행은 기준 금리를 1월 1일에 2.5%로 인하하고 4월 1일에도 이를 2.5%로 유지해야 한다.

② 중앙은행은 기준 금리를 1월 1일에 2.5%로 인하하고 4월 1일에는 이를 4%로 인상해야 한다.

③ 중앙은행은 기준 금리를 1월 1일에 4%로 유지하고 4월 1일에는 이를 5.5%로 인상해야 한다.

④ 중앙은행은 기준 금리를 1월 1일에 5.5%로 인상하고 4월 1일에는 이를 4%로 인하해야 한다.

⑤ 중앙은행은 기준 금리를 1월 1일에 5.5%로 인상하고 4월 1일에도 이를 5.5%로 유지해야 한다.

※ 이제부터 해설이니 필히 문제를 푼 다음에 참고하도록 합니다.

이번에는 〈보기〉가 있어 더 복잡한 형태의 문제입니다. 그러나 문제를 풀 때 필요한 근거 찾기는 앞에서 풀어 봤던 두 문제보다 쉽습니다. 왜냐하면 좋든 싫든 기준 금리와 물가 상승률과의 관계를 알아야만 답을 고를 수 있고, 이러한 내용이 〈보기〉에 없으므로 지문을 통해 찾아야만 하기 때문입니다. 물론 대충 풀면 〈보기〉에 그러한 내용이 있는 줄로 착각할 수 있습니다. 그런 경우에는 다시 맥도날드 사진부터 복습해야 합니다.

발문을 통해 문제의 요구 사항 파악하기

윗글을 바탕으로 〈보기〉를 이해할 때 '경제학자 병'이 제안한 내용으로 가장 적절한 것은?

〈보기〉에서는 구체적인 사례를 제시할 것입니다. '경제학자 병'은 〈보기〉에만 나오는 구체적인 사람입니다. 그런데 〈보기〉만 열심히 본다고 문제가 풀리지는 않습니다. 왜냐하면 발문에서 "윗글을 바탕으로 〈보기〉를 이해할 때"라고 했기 때문에, 윗글에 나온 정보를 이용해야 정확하게 문제의 요구 사항을 이행한 셈이 됩니다. 한번 잘 생각해 보세요. 우선 〈보기〉를 보면서 어떤 점을 지문에서 찾아야 할지 고민해 봅시다.

보기

어떤 가상의 경제에서 20○○년 1월 1일부터 9월 30일까지 3개 분기 동안 중앙은행의 기준 금리가 4%로 유지되는 가운데 다양한 물가 변동 요인의 영향으로 물가 상승률은 아래 표와 같이 나타났다. 단, 각 분기의 물가 변동 요인은 서로 관련이 없다고 한다.

기간	1/1~3/31	4/1~6/30	7/1~9/30
	1분기	2분기	3분기
물가 상승률	2%	3%	3%

경제학자 병은 1월 1일에 위 표의 내용을 예측할 수 있었고 국민들의 생활 안정을 위해 물가 상승률을 매 분기 2%로 유지해야 한다고 주장하였다. 이를 위해 다음 사항을 고려한 선제적 통화 정책을 제안했으나 받아들여지지 않았다.

[경제학자 병의 고려 사항]

기준 금리가 4%로부터 1.5%p* 만큼 변하면 물가 상승률은 위 표의 각 분기 값을 기준으로 1%p 만큼 달라지며, 기준 금리 조정과 공개 시장 운영은 1월 1일과 4월 1일에 수행된다. 정책 외부 시차는 1개 분기이며 기준 금리 조정에 따른 물가 상승률 변동 효과는 1개 분기 동안 지속된다.

* %p는 퍼센트 간의 차이를 말한다. 예를 들어 1%에서 2%로 변화하면 이는 1%p 상승한 것이다.

선택지에서 경제학자 병이 제안한 내용을 고르는 문제입니다. 따라서 〈보기〉 중 [경제학자 병의 고려 사항]이 핵심입니다. 그런데 그 내용 중 가령 '공개 시장 운영', '정책 외부 시차'와 같은 용어는 이미 지문에 제시되었기 때문에 별다른 설명이 부가되어 있지 않습니다. 앞으로 이 책에서는 이러한 용어를 '전문 용어'라고 하겠습니다. '전문 용어'는 필히 지문 등에서 한 차례 개념을 설명해 줘야 하는 단어입니다. 즉, 이런 개념이 문제화된다면 필히 지문에서 해당 개념을 설명한 부분을 다시 찾아봐야 합니다. 가령, 여기서 '정책 외부 시차'는 지문에서 "기준 금리를 결정하고 공개 시장 운영을 실시하여 그 효과가 실제로 나타날 때까지는 시차가 발생하는데 이를 '정책 외부 시차'라 하며"라고 설명합니다. 이런 과정을 통해 〈보기〉를 완벽하게 이해해야 합니다.

이제 선택지를 슬쩍 참고해 봅시다.

① 중앙은행은 기준 금리를 1월 1일에 2.5%로 인하하고 4월 1일에도 이를 2.5%로 유지해야 한다.
② 중앙은행은 기준 금리를 1월 1일에 2.5%로 인하하고 4월 1일에는 이를 4%로 인상해야 한다.
③ 중앙은행은 기준 금리를 1월 1일에 4%로 유지하고 4월 1일에는 이를 5.5%로 인상해야 한다.
④ 중앙은행은 기준 금리를 1월 1일에 5.5%로 인상하고 4월 1일에는 이를 4%로 인하해야 한다.
⑤ 중앙은행은 기준 금리를 1월 1일에 5.5%로 인상하고 4월 1일에도 이를 5.5%로 유지해야 한다.

가장 처음에 기준 금리를 1월 1일에 2.5%로 해야 할지, 4%로 해야 할지, 아니면 5.5%로 해야 할지 골라야 합니다. 여기에 해당하는 〈보기〉의 내용은 "기준 금리가 4%로부터 1.5%p만큼 변하면 물가 상승률은 위 표의 각 분기 값을 기준으로 1%p만큼 달라지며"인데, 단순히 달라진다고만 표현했기 때문에 가령 4%에서 5.5%가 되면 물가 상승률이 1% 높아지는지 낮아지는지 알 수 없습니다.

지문을 통해 요구 사항의 근거 찾기

〈보기〉만으로 알 수 없다면 관련 지문을 찾아 내용을 확인해야 합니다. 정확히 독해했다면 어디쯤에서 이 문제를 해결할 수 있는 내용이 나오는지 어렴풋이 찾아갈 수 있습니다.

지문 독해

통화 정책은 중앙은행이 물가 안정과 같은 경제적 목적의 달성을 위해 이자율이나 통화량을 조절하는 것이다. 대표적인 통화 정책 수단인 '공개 시장 운영'은 중앙은행이 민간 금융 기관을 상대로 채권을 매매해 금융 시장의 이자율을 정책적으로 결정한 기준 금리 수준으로 접근시키는 것이다. 중앙은행이 채권을 매수하면 이자율은 하락하고, 채권을 매도하면 이자율은 상승한다. 이자율이 하락하면 소비와 투자가 확대되어 경기가 활성화되고 물가 상승률이 오르며, 이자율이 상승하면 경기가 위축되고 물가 상승률이 떨어진다. 이와 같이 공개 시장 운영의 영향은 경제 전반에 파급된다.

사실 우리가 찾는 내용은 기준 금리와 물가 상승률 사이의 관계입니다. 그런데 지문에서는 기준 금리, 이자율, 물가 상승률 사이의 관계를 다루고 있습니다. 이를 잘 조합하면 결국 기준 금리와 이자율이 같이 가고 물가 상승률은 반대로 간다는 점을 파악할 수 있습니다. 그렇다면 기준 금리가 오르면 물가 상승률은 떨어지겠죠?

● 선택지 검토를 통해 정답 골라내기

앞에서 살펴본 리트머스 문제들의 '조건'처럼 이 문제에서는 '전문 용어'가 풀이의 관건이 됩니다. 지문 독해에서 찾아낸 전문 용어를 다음과 같이 정리하고 선택지를 하나씩 분석해 봅시다.

선택지 분석

④ 중앙은행은 기준 금리를 1월 1일에 5.5%로 인상하고 4월 1일에는 이를 4%로 인하해야 한다.

⑤ 중앙은행은 기준 금리를 1월 1일에 5.5%로 인상하고 4월 1일에도 이를 5.5%로 유지해야 한다.

◎ 기준 금리가 인상되면 물가 상승률이 하락하니까 경제학자 병의 주장대로 2분기 물가 상승률을 2%로 떨어뜨리기 위해서는 기준 금리를 5.5%로 인상해야 합니다. 이때 2분기의 일을 1월 1일에 하는 것은 '정책 외부 시차' 때문이죠?

4월 1일에는 이제 다음 3분기의 물가 상승률을 생각해야 합니다. 경제학자 병이 "물가 상승률을 매 분기 2%로 유지해야 한다"라고 주장하였기 때문에, 이제는 기존 2분기에 2%로 떨어진 물가 상승률을 유지하기만 하면 됩니다. 다만 〈보기〉에서 "기준 금리가 4%로부터 1.5%p만큼 변하면 물가 상승률은 위 표의 각 분기 값을 기준으로 1%p만큼 달라지며"라고 하여 '각 분기 값을 기준'으로 한다는 설명에 주목해야 합니다. 이때 "단, 각 분기의 물가 변동 요인은 서로 관련이 없다고 한다."를 고려하면 2분기 물가를 고려하지 않고 독립적으로 3분기 물가를 계산해야 한다는 점을 알 수 있습니다. 경제학자 병이 예측하는 3분기 물가 상승률은 3%이니 이를 2%로 떨어뜨리기 위해서는 기준 금리가 5.5%가 되어야 합니다. 곧, 1월 1일에 한 것과 같이 4월 1일에도 기준 금리를 5.5%로 하면 물가 상승률을 2%로 유지할 수 있습니다.

⑤ 중앙은행은 기준 금리를 1월 1일에 5.5%로 인상하고 4월 1일에도 이를 5.5%로 유지해야 한다.

이번 문제의 관건은 〈보기〉를 통해 알 수 없는 내용을 지문에서 적극적으로 찾아보는 것이었습니다. 개별 문제마다 요구 사항이 약간씩 다릅니다. 그러나 결국 모든 활동은 지문 속에서 근거를 찾는 일로 수렴하게 됩니다.

리트머스 문제를 통해 가장 어려운 문제도 결국 앞에서 배운 맥도날드 문제와 다르지 않다는 점을 확인했습니다. 다만 아직 익숙하지 않아 주어진 시간 내에 정답을 찾기 어려울 뿐입니다. 그러나 걱정할 필요는 없습니다. 이제 이 책에서는 여러분에게 다양한 도구들을 통해 지문 속에서 빠르고 정확하게 근거를 찾는 방법을 알려 줄 것입니다.

천천히 그러나 꾸준히 앞으로 나갑시다.

Day 02

실전독해비법 7 : 일반적인 독서와 **수능국어 독해는 다르다**

'독해'라고 썼지만, 간단하게 말하면 '글 읽기'로 국어영역에서 가장 기본적인 능력입니다. 그런데 정통 한국인, 토종 한국인인 여러분이 왜 시험 볼 때는 글을 그리 못 읽을까요? 왜냐하면 시험에서는 빠르게 읽으면서도 중요한 부분을 정확하게 파악할 수 있는 독특한 능력을 요구하기 때문입니다.

001 실전독해비법 **개요**

시험장에서의 '글 읽기'란?

우리는 상황에 따른 적절한 방식으로 글을 읽을 수 있어야 합니다. 수능 시험장에서 한정된 시간 동안 촉박하게 지문을 읽는 것과 느긋하게 침대에 누워서 독서하는 것이 같을 수는 없습니다. 또한 시험장에서는 지문을 읽기만 하는 것이 아니라, 내용을 이해하고 문제까지 풀어야 하니 글 읽기를 위한 글 읽기와는 다른 측면에서 접근해야 합니다.

수능 시험장에서의 글 독해는 빠르고 정확하게 이루어져야 합니다. 우선 시간이 정해진 시험이니 빠르게 읽어야 합니다. 또한 문제의 정답을 잘 고르기 위해서는 정확하게 읽어야 합니다. 그러나 빠르게 읽고자 하면 정확하게 읽기 쉽지 않고, 정확하게 읽고자 하면 빠르게 읽기 어려운 것이 사실입니다.

'빠르고 정확한 독해'라는 모순적인 목표를 달성하려면 특별한 연습이 필요합니다. 지금까지 이런 식의 글 읽기 연습을 해 보지 못했다면 처음에는 이 연습이 조금 낯설게 느껴질 수 있습니다. 일반적인 글 읽기에만 익숙한 여러분을 시험을 위한 글 읽기에 익숙하게 만드는 것이 이번 독해 연습의 궁극적인 목적입니다.

수능에 출제되는 '글'이란?

1. 글쓴이의 생각이 드러나는 글(생각글)
2. 글쓴이가 설명만 하는 글(설명글)

➡ 「신속성 + 정확성」 있는 독해

일반적인 글 읽기 연습에서는 '학술 논문', '연설문', '신문 기사' 등과 같이 글의 갈래를 나누어 접근하고는 합니다. 그러나 짧은 시간 동안 시험을 위한 독해를 배우고자 한다면 조금 다른 접근 방식을 택해야 합니다. 글에 '글쓴이의 생각'이 드러나 있는지 아닌지를 기준으로 삼아 분류하고 연습해야 합니다. 왜냐하면 시험장에서 글을 읽는 것은 문제의 정답을 고르기 위함인데, 문제 출제의 방향은 위 분류에 따라 달라지기 때문입니다. 매번 길게 쓰려면 복잡하니 앞으로는 '생각글', '설명글'이라고 쓰고 나누어서 접근하도록 합니다.

● '실전독해비법 7'이란?

이제부터 소개하는 실전독해비법 7은 이미 『나쁜국어 **독해기술**』을 통해 독해 기초를 쌓은 학생들을 대상으로, 정확하고 신속한 독해를 할 수 있도록 도와주는 용도입니다. 따라서 단순하게 이 비법들만 암기해서는 독해를 잘할 수 없습니다. 간혹 제 책을 공부하는 학생들을 보면 이 독해비법을 암기하려고 하는 학생들이 있습니다. 독해비법을 메모지에 써서 책상에 붙여 놓고 외우는 식으로 말입니다. 그러나 비법을 토씨 하나 안 틀리고 암기해서 될 일은 아닙니다.

국어 지문 속에 숨겨진 코드들은 수학 공식처럼 암기해서는 절대로 시험장에서 써먹지 못합니다. 연습을 통해 자연스럽게 몸에 익도록 해야 합니다. 독해비법 자체를 암기할 게 아니라 왜 그러한 독해비법이 나왔는지 이유를 파헤쳐야 합니다. 절대로 독해비법 그 자체를 외우려고 하면 안 됩니다.

대부분의 경우 독해력 향상 프로그램인 『나쁜국어 **독해기술**』을 보고 나서 이 책을 공부하기 시작했을 것입니다. 그렇다고 꼭 『나쁜국어 **독해기술**』을 보아야 이 책을 공부할 수 있는 자격이 생기는 것은 아닙니다. 독해력은 국어영역에서 기초가 되는 능력이니 기본적인 독해력을 갖춘 학생이라면 『나쁜국어 **독해기술**』을 보지 않았어도 괜찮습니다. 하지만 스스로 기본적인 독해력이 부족하다고 생각한다면 반드시 이 책을 시작하기 전에 『나쁜국어 **독해기술**』을 공부해야 합니다.

글 자체를 받아들이고 이해하는 능력을 기르기 위해서는 많은 연습이 필요합니다. 효과적인 연습을 위해서는 최소한의 분량이 필요한데, 그것까지 이 책에서 다루자면 너무 양이 늘어나게 됩니다. 따라서 별도로 『나쁜국어 **독해기술**』을 마련한 것입니다. 악보만 보고 있다고 해서 피아노를 잘 연주할 수 있는 것이 아니듯이, 독해력 향상도 다양한 예제 연습을 통해 이루어져야 합니다.

002 생각글 **독해비법**

예제 • 01

◎ 06 6월 평가원모의

㉮ 최근 미국의 한 대학 총장이 "여성은 선천적으로 수학과 과학 능력이 떨어진다."라고 발언했다가 거센 반발을 샀다. 이처럼 일부 사람들은 아직도 남녀 사이의 특성 차이를 거론한다. 지능 지수의 평균 점수는 차이가 없지만, 검사 결과를 유형별로 분석해 보면 의미 있는 차이가 있다는 것이다. 그들은 여성은 언어적 능력에서, 남성은 수학적 능력과 공간 지각 능력에서 우수하다는 증거들을 제시한다. 그리고 지적인 능력은 아니지만 공격성이라는 특성에서도 성차(性差)가 나타난다고 생각한다.

㉯ 남녀 간에 성차가 존재한다고 보는 이들은 그 원인을 환경적 요인이나 유전적 요인으로 설명한다. 유전적 설명에서는 남녀가 몇 가지 특성에서 차이를 보이는 것은 유전적인 요인 때문이라고 주장한다. 반면에 환경적 설명에서는 성차가 사회적·교육적 환경 때문에 생긴다고 주장하면서 유전적인 설명 자체에 강하게 반발한다.

㉰ 그러나 적어도 평등의 문제와 관련해서는 성차에 대한 유전적 설명이 옳은가 환경적 설명이 옳은가를 따지는 것은 중요하지 않다. 그 대신 이런 설명들이 평등이라는 이상에 대하여 어떤 의미를 가지고 있느냐가 중요한 문제이다. 만약 유전적 설명이 그른 것으로 드러난다면 성차에 근거한 차별은 부당하다고 볼 수 있다. 반면에 유전적 설명이 옳다고 하더라도 이것이 남녀 간의 차별을 옹호하고 평등의 원칙을 거부하는 근거라고 단정할 수는 없다. 물론 유전적 설명이 옳다고 가정한다고 해서 그것이 사실이라고 믿는 것은 아니다. 유전적 설명이 차별을 정당화한다는 이유로 그 시도 자체에 반대할 경우, 뜻밖에도 유전적 증거들이 확인된다면 아주 당황하게 될 것이다. 그래서 유전적 설명이 옳다고 가정해서 그 의미를 검토해 보는 것이다.

㉱ 성차의 원인이 무엇이든 간에 차이는 오직 평균적으로 존재할 뿐이다. 남성의 공간 지각 능력의 우월성을 설명하기 위해 제시된 유전적 가설까지도 여성의 1/4이 남성의 절반보다 공간 지각 능력이 더 뛰어날 것이라고 설명하고 있다. 실제로 주변에서 남성보다 공간 지각 능력이 뛰어난 여성을 쉽게 찾아볼 수 있다. 그러므로 유전적 설명이 맞든 안 맞든 간에, 너는 여자니까 엔지니어가 될 수 없다든지 너는 남자니까 아기를 돌볼 수 없다든지 하는 단정을 해서는 안 된다.

㉲ 우리가 사람들을 제대로 이해하기 위해서는 그들을 '남성'이나 '여성'이라고 한 덩어리로 뭉뚱그려서는 안 된다. ㉠ 우리는 그들 각각을 하나의 개별체로 보고 접근해야 한다. 성차가 유전적으로 존재한다는 과학적인 근거가 입증된다고 해도 그렇다. 하물며 단순히 편견에 의존해서 집단 간에 차이를 부여하는 경우는 더 말할 나위가 없다.

01 윗글은 어떤 질문에 대한 답변으로 볼 수 있는가?

① 성별에 따른 차이가 과연 존재하는가?
② 성별에 따른 차이의 원인은 무엇인가?
③ 성별에 따른 차별이 옹호될 수 있는가?
④ 성별에 따른 차별의 과학적 근거는 무엇인가?
⑤ 성별에 따른 차별은 어떤 결과를 초래하는가?

02 가~마에 대한 설명으로 적절하지 않은 것은?

① 가 : 인용을 통해 문제를 제기하고 있다.
② 나 : 문제에 대한 대립적인 두 견해를 소개하고 있다.
③ 다 : 문제에 대한 새로운 관점을 제시하고 있다.
④ 라 : 반대 사례들을 제시하면서 논지를 전환하고 있다.
⑤ 마 : 주장을 요약하면서 논지를 강화하고 있다.

03 ㉠의 의미로 가장 적절한 것은?

① 개개인의 인격을 동등하게 존중해야 한다.
② 모든 사람은 평등하다는 사실을 인정해야 한다.
③ 소속 집단보다는 개인에 따라 사람을 판단해야 한다.
④ 사람이 어느 한 집단에만 속한다고 보아서는 안 된다.
⑤ 집단은 개별체가 모여 이루어진다는 것을 잊지 말아야 한다.

실전독해비법 01

생각글 도입부의 원칙 : 글쓴이의 생각에만 주목하라.

지문 독해

㉮ 최근 미국의 한 대학 총장이 "여성은 선천적으로 수학과 과학 능력이 떨어진다."라고 발언했다가 거센 반발을 샀다. 이처럼 일부 사람들은 아직도 남녀 사이의 특성 차이를 거론한다. 지능 지수의 평균 점수는 차이가 없지만, 검사 결과를 유형별로 분석해 보면 의미 있는 차이가 있다는 것이다. 그들은 여성은 언어적 능력에서, 남성은 수학적 능력과 공간 지각 능력에서 우수하다는 증거들을 제시한다. 그리고 지적인 능력은 아니지만 공격성이라는 특성에서도 성차(性差)가 나타난다고 생각한다.

◎ 생각글에서는 글쓴이의 생각에 주목해야 합니다. '최근 미국의 한 대학 총장', '일부 사람들', '그들'의 생각과 글쓴이의 생각은 다르다는 것을 알 수 있습니다. 동그라미 쳐 둔 단어들은 이를 알려 주는 표지입니다. 대개 도입부에서 등장하는 이런 내용은 글쓴이가 주장하고 싶은 것과 반대되는 내용입니다. 따라서 이 부분을 지나치게 관심 있게 보는 것은 일종의 에너지 낭비가 됩니다.

㉯ 남녀 간에 성차가 존재한다고 보는 이들은 그 원인을 환경적 요인이나 유전적 요인으로 설명한다. 유전적 설명에서는 남녀가 몇 가지 특성에서 차이를 보이는 것은 유전적인 요인 때문이라고 주장한다. 반면에 환경적 설명에서는 성차가 사회적·교육적 환경 때문에 생긴다고 주장하면서 유전적인 설명 자체에 강하게 반발한다.

◎ 앞 단락을 그대로 받아서 '남녀 간에 성차가 존재한다고 보는 이들'에 대한 설명을 계속하는 단락입니다. 그러나 우리는 이미 글쓴이가 이들에 대해 비판하는 입장일 것이라는 결론에 이르렀습니다. 그러므로 도입부인 단락 ㉮, ㉯는 심각하게 읽지 않아도 됩니다. 그보다는 나중에 나오게 될 글쓴이의 주장에 좀 더 집중하는 것이 바람직합니다.

실전독해비법 02

화제 전환의 원칙 : 역접접속어에 주목하라.

앞의 내용 + 그러나, 그렇지만, 하지만 + 뒤의 내용

우리가 주목해야 할 것은 '그러나' 뒤에 나오는 내용입니다. 글쓴이가 하고 싶은 말이 그곳에 있기 때문입니다. 이를 강조하기 위해 '그러나'에는 세모 표시를 하고, 그 뒤에는 밑줄을 그어 강조합니다. 그 문장이 바로 답과 직결되는 경우가 많습니다.

㉰ 그러나 적어도 평등의 문제와 관련해서는 성차에 대한 유전적 설명이 옳은가 환경적 설명이 옳은가를 따지는 것은 중요하지 않다. 그 대신 이런 설명들이 평등이라는 이상에 대하여 어떤 의미를 가지고 있느냐가 중요한 문제이다. 만약 유전적 설명이 그른 것으로 드러난다면 성차에 근거한 차별

은 부당하다고 볼 수 있다. 반면에 유전적 설명이 옳다고 하더라도 이것이 남녀 간의 차별을 옹호하고 평등의 원칙을 거부하는 근거라고 단정할 수는 없다. 물론 유전적 설명이 옳다고 가정한다고 해서 그것이 사실이라고 믿는 것은 아니다. 유전적 설명이 차별을 정당화한다는 이유로 그 시도 자체에 반대할 경우, 뜻밖에도 유전적 증거들이 확인된다면 아주 당황하게 될 것이다. 그래서 유전적 설명이 옳다고 가정해서 그 의미를 검토해 보는 것이다.

◎ 곧바로 '그러나'가 등장합니다. 앞서 설명하였지만 이러한 역접접속어는 앞의 내용보다 뒤의 내용이 중요하다는 것을 알려 줍니다. 생각글에서는 무엇이 중요할까요? 그렇죠. 글쓴이의 생각, 주장, 의견 등이 중요합니다. "유전적 설명이 옳은가 환경적 설명이 옳은가를 따지는 것은 중요하지 않다."라고 제시되어 있습니다. 이렇게 글쓴이에게 '중요하지 않은' 앞의 내용을 집중해서 읽고 이해하려 했던 학생들은 불필요한 에너지 낭비를 한 것입니다. 에·너·지·낭·비·를·하·지·말·자!

이 단락의 내용을 정확하게 파악하기는 어렵지만, 가장 중요한 문장은 아마도 "그 대신 이런 설명들이 평등이라는 이상에 대하여 어떤 의미를 가지고 있느냐가 중요한 문제이다."이고, 그중 가장 중요한 단어는 '평등'입니다. 독해비법을 정확히 따라오기만 해도 일단 이 정도를 잡아낼 수 있습니다.

그리고 '만약' 이후에 나오는 설명들은 '중요하지 않은' 유전적 설명이 옳은지 환경적 설명이 옳은지 따지는 것과 관련된 내용입니다. 따라서 그 부분에서는 에·너·지·낭·비·를·하·면·안·됩·니·다. 중요한 부분을 중요하게 받아들이는 것이 우리가 추구하는 수능형 독해의 핵심입니다.

실전독해비법 03

화제 정리의 원칙 : 순접접속어에 주목하라.

앞의 내용 + 그러므로, 즉, 그래서, 따라서, 그러니 + 뒤의 내용

글쓴이는 독자들이 자신의 글을 정확하게 파악하기를 원합니다. 이를 위해 '따라서'를 이용해서 앞의 내용을 다시 명확하게 정리해 주고는 합니다. 우리 생각대로 글을 이해하려 하지 말고, 글쓴이가 직접 정리해 놓은 부분을 보는 것이 효율적입니다. 이러한 순접접속어에는 동그라미를 치고 그 뒤에는 밑줄을 그어 강조해 놓도록 합시다. 그 문장이 바로 답과 직결되는 경우가 많습니다.

㉣ 성차의 원인이 무엇이든 간에 차이는 오직 평균적으로 존재할 뿐이다. 남성의 공간 지각 능력의 우월성을 설명하기 위해 제시된 유전적 가설까지도 여성의 1/4이 남성의 절반보다 공간 지각 능력이 더 뛰어날 것이라고 설명하고 있다. 실제로 주변에서 남성보다 공간 지각 능력이 뛰어난 여성을 쉽게 찾아볼 수 있다. 그러므로 유전적 설명이 맞든 안 맞든 간에, 너는 여자니까 엔지니어가 될 수 없다든지 너는 남자니까 아기를 돌볼 수 없다든지 하는 단정을 해서는 안 된다.

◎ 생각글에서는 단락 내용을 빠르게 파악하기 위해 단락 앞뒤를 주목하도록 합니다. 잠깐! 여기서 단락 앞뒤를 주목하자고 하는 것은 글을 읽지 않고 단락의 앞과 뒤만 보자는 것이 아닙니다. 글을 앞부터 뒤까지 순차적으로 읽되, 중요한 곳을 중요하게 보자는 것입니다. 이 단락에서는 "평균적으로 존재할 뿐이다."라는 첫 번째 문장을 뒷받침해 주는 문장이 여러 개 나온 뒤, 단락의 마지막에서 '그러므로'를 사용하여 "단정을 해서는 안 된다."라고 정리하고 있습니다.

가령, 우리가 쓰레기를 아무 곳에나 버리지 말자는 의견을 주장한다고 생각해 봅시다. 이를 설득력 있게 주장하려면, '쓰레기를 아무 곳에나 버리면 안 된다는 주장 → 왜 그러면 안 되는지에 대한 사례 제시 → 다시 한번 주장 정리' 정도의 전개 방향을 고려할 수 있습니다. 생각글에서의 구조를 간략하게 정리하면 대개는 이와 같습니다.

문제 풀이

02번

가~마에 대한 설명으로 적절하지 않은 것은?

① 가 : 인용을 통해 문제를 제기하고 있다.

② 나 : 문제에 대한 대립적인 두 견해를 소개하고 있다.

③ 다 : 문제에 대한 새로운 관점을 제시하고 있다.

④ 라 : 반대 사례들을 제시하면서 논지를 전환하고 있다.

⑤ 마 : 주장을 요약하면서 논지를 강화하고 있다.

논지를 전환하기 위해서는 역접접속어를 사용해야 합니다. 그러나 라에서는 앞의 단락을 그대로 받아서 정리만 하고 있습니다.

답 ④

실전독해비법 04

생각글 종결 단락의 원칙 : 압축된 종결 단락에 주목하라.

대부분의 생각글은 글의 마지막 단락에서 주제를 제시합니다. '대부분'이라는 것은 100% 그렇다는 것은 아니라는 뜻입니다. 어떤 지문은 처음부터 주제를 강조하면서 전개할 수도 있고, 또 어떤 지문은 주제를 중심부에 넣고 끝에서는 이에 덧붙여서 다른 이야기를 꺼낼 수도 있죠. 그러나 지금까지 수능에 출제된 생각글을 보면, 대부분 종결 단락에서 압축된 생각을 제시하였음을 확인할 수 있습니다.

마 우리가 사람들을 제대로 이해하기 위해서는 그들을 '남성'이나 '여성'이라고 한 덩어리로 뭉뚱그려서는 안 된다. ㉠우리는 그들 각각을 하나의 개별체로 보고 접근해야 한다. 성차가 유전적으로 존재한다는 과학적인 근거가 입증된다고 해도 그렇다. 하물며 단순히 편견에 의존해서 집단 간에 차이를 부여하는 경우는 더 말할 나위가 없다.

◎ 생각글의 종결 단락은 주의해서 읽어야 합니다. 수능에 출제되는 글들은 짧지만 하나의 완결된 형태를 취하고 있기 때문에 이러한 접근이 유효합니다.

"한 덩어리로 뭉뚱그려서는 안 된다."라는 것은 결국 각 개인을 개별체로 보고 접근해야 한다는 그 다음 문장과 연결됩니다. 결국 글쓴이가 하고 싶은 말은 "각각을 하나의 개별체로 보고 접근해야 한다."라는 문장으로 압축되었습니다. 이렇게 종결 단락의 문장에서 글 전체를 꿰뚫는 핵심을 발견할 수 있습니다. 따라서 글의 주제나 핵심 내용을 묻는 문제가 나오면 이 부분에 주목하면 답을 쉽게 고를 수 있겠죠.

가령, 어떤 글에서 동물에 관련된 이야기를 하다가 마지막에서는 '우리 사람들도 동물과 다름없이 이러이러하다.'라는 이야기를 할 수도 있습니다. 그런 경우에 글의 대부분을 동물 이야기로 채웠기 때문에 글의 주제나 핵심이 '동물'과 관련된 것이라 오해할 수도 있습니다. 그러나 마지막에 주목한다면 이런 실수를 할 확률이 줄어들게 됩니다. 의식적으로 항상 글의 후반부를 주목해서 그 내용이 내가 생각한 주제와 일치하는지 확인하는 것도 바람직한 태도라 할 수 있습니다.

문제 풀이

01번

윗글은 어떤 질문에 대한 답변으로 볼 수 있는가?

① 성별에 따른 차이가 과연 존재하는가?
② 성별에 따른 차이의 원인은 무엇인가?
③ 성별에 따른 차별이 옹호될 수 있는가?
④ 성별에 따른 차별의 과학적 근거는 무엇인가?
⑤ 성별에 따른 차별은 어떤 결과를 초래하는가?

이 문제는 결국 글쓴이의 생각이 무엇인지 묻는 것입니다. 선택지 ③과 같은 질문에 대해서 글쓴이는 '차별이 옹호될 수 없다. 설사 성별에 대한 차이가 있다고 하더라도 성별로 뭉뚱그려 생각하지 말고 개별체로 접근해야 한다.'라는 대답을 하고 있는 것입니다. **답 ③**

03번

㉠의 의미로 가장 적절한 것은?

① 개개인의 인격을 동등하게 존중해야 한다.
② 모든 사람은 평등하다는 사실을 인정해야 한다.
③ 소속 집단보다는 개인에 따라 사람을 판단해야 한다.
④ 사람이 어느 한 집단에만 속한다고 보아서는 안 된다.
⑤ 집단은 개별체가 모여 이루어진다는 것을 잊지 말아야 한다.

단락의 핵심 문장을 그대로 옮겨 오면 답을 고를 수 있습니다. '남성'이나 '여성'이라는 소속 집단보다는 각각을 하나의 개별체, 즉 개인에 따라 판단해야 한다는 것입니다. **답 ③**

003 설명글 독해비법

예제 • 01

◎ 14 9월 평가원모의 A형

동물은 다양한 방식으로 중요한 장소의 위치를 기억하고 이를 활용하여 자신의 은신처까지 길을 찾아올 수 있다. 동물의 길찾기 방법에는 '장소기억', '재정위', '경로적분' 등이 있다. '장소기억'은 장소의 몇몇 표지만을 영상 정보로 기억해 두었다가 그 영상과의 일치 여부를 확인하며 길을 찾는 방법이다. 기억된 영상은 어떤 각도에서 바라보는지에 따라 달라지기에, 이 방법을 활용하는 꿀벌은 특정 장소를 특정 각도에서 본 영상으로 기억해 두었다가 다시 그곳으로 갈 때는 자신이 보는 영상과 기억된 영상이 일치하도록 비행한다. 장소기억은 곤충과 포유류를 비롯한 많은 동물이 길찾기에 활용한다.

'재정위'는 방향 기억이 헝클어진 상황에서도 장소의 기하학적 특징을 활용하여 방향을 다시 찾는 방법이다. 예를 들어, 직사각형 방에 갇힌 배고픈 흰쥐에게 특정 장소에만 먹이를 두고 찾게 하면, 긴 벽이 오른쪽에 있었는지와 같은 공간적 정보만을 활용하여 먹이를 찾는다. 이런 정보는 흰쥐의 방향 감각을 혼란시킨 상황에서도 보존되는데, 흰쥐는 재정위 과정에서 장소기억 관련 정보를 무시한다. 하지만 최근 연구에 따르면, 원숭이는 재정위 과정에서 벽 색깔과 같은 장소기억 정보도 함께 활용한다는 점이 밝혀졌다.

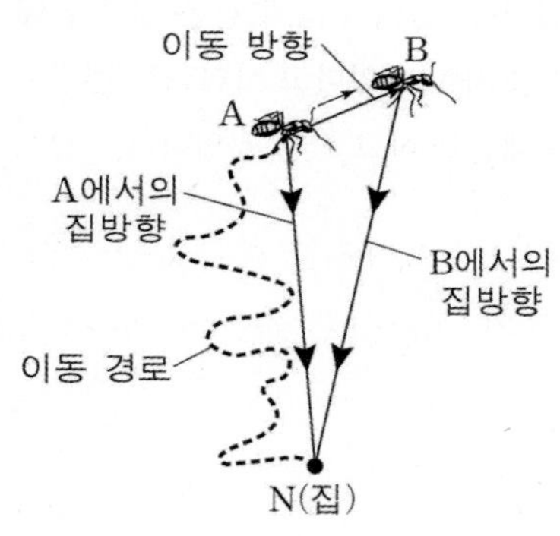

'경로적분'은 곤충과 새의 가장 기본적인 길찾기 방법으로 이를 활용하는 능력은 타고나는 것으로 알려졌다. 예를 들어 먹이를 찾아 길을 나선 ㉠사하라 사막의 사막개미는 집 근처를 이리저리 탐색하다가 일단 먹이를 찾으면 집을 향해 거의 일직선으로 돌아온다. 사막개미는 장소기억 능력이 있지만 눈에 띄는 지형지물이 거의 없는 사막에서는 장소기억을 사용할 수 없기 때문에 경로적분을 활용한다. 사막개미의 이러한 놀라운 집찾기는 집을 출발하여 먹이를 찾아 이동하면서 자신의 위치에서 집 방향을 계속하여 다시 계산함으로써 가능하다. 가령, 그림에서 이동 경로를 따라 A에 도달한 사막개미가 먹이를 찾았다면 그때 파악한 집 방향 $\overrightarrow{AN}$으로 집을 향해 갈 것이다. 만약 A에서 먹이를 찾지 못해 B로 한 걸음 이동했다고 가정하자. 이때 사막개미는 A에서 B로의 이동 방향과 거리에 근거하여 새로운 집 방향 $\overrightarrow{BN}$을 계산한다. 사막개미는 먹이를 찾을 때까지 이러한 과정을 반복하여 매 위치에서의 집 방향을 파악한다.

한편, 이동 경로상의 매 지점에서 사막개미가 방향을 결정하기 위해서는 기준이 있어야 한다. 이 기준을 정하기 위해 사막개미는 태양의 위치와 산란된 햇빛을 함께 이용한다. 태양의 위치는 태양이 높이 떠 있거나 구름에 가려 보이지 않을 때는 유용하지 않다. 이때 결정적 도움을 주는 것이 산란된 햇빛 정보이다. 사막개미는 마치 하늘을 망원경으로 관찰하는 천문학자처럼 하늘을 끊임없이 관찰하고 있는 셈이다.

01 윗글에 대한 이해로 가장 적절한 것은?

① 곤충은 길찾기 과정에서 경로적분을 사용하지 않는다.
② 새는 길찾기 과정에서 장소기억을 기본적으로 사용한다.
③ 흰쥐는 재정위 과정에서 산란된 햇빛 정보를 활용한다.
④ 원숭이는 재정위 과정에서 기하학적 정보도 활용한다.
⑤ 꿀벌은 특정 장소를 여러 각도에서 바라본 영상을 기억하여 길을 찾는다.

02 윗글을 바탕으로 할 때, ㉠의 길찾기에 대한 추론으로 가장 적절한 것은?

① 사막개미는 암흑 속에서도 집 방향을 계산할 수 있겠군.
② 사막개미의 경로적분 능력은 학습을 통해 얻어진 것이겠군.
③ 지형지물이 많은 곳에서 사막개미는 장소기억을 활용하겠군.
④ 사막개미가 먹이를 찾은 후 집으로 되돌아갈 때는 왔던 경로를 따라 가겠군.
⑤ 사막개미는 한 걸음씩 이동하면서 그때마다 집까지의 직선 거리를 다시 계산하겠군.

03 윗글을 바탕으로 할 때, 〈보기〉의 상황에서 병아리가 보일 행동에 대한 추론으로 가장 적절한 것은?

보기

병아리가 재정위 과정에서 기하학적 특징만을 활용한다고 가정하자. 아래 그림의 직사각형 모양의 상자에서 먹이는 A에만 있다. 병아리가 A, B, C, D를 모두 탐색하여 먹이가 어디에 있는지 학습하게 한 후, 상자에서 꺼내 방향을 혼란시킨 다음 병아리를 상자 중앙에 놓고 먹이를 찾도록 한다. 이와 같은 실험을 여러 번 수행하여 병아리가 A, B, C, D를 탐색하는 빈도를 측정한다.

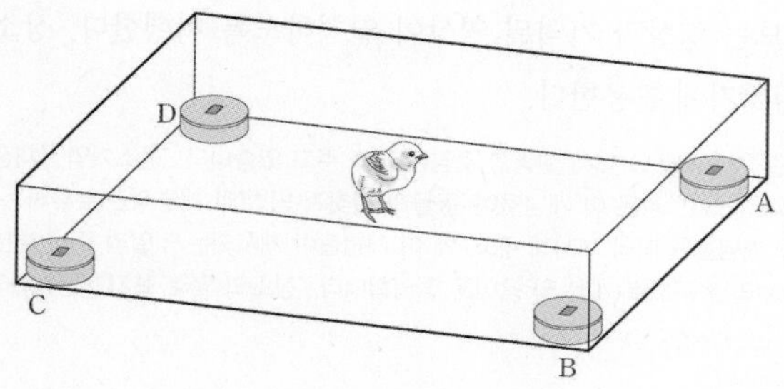

① A를 높은 빈도로 탐색하고 B, C, D를 비슷한 정도의 낮은 빈도로 탐색한다.
② A, B를 비슷한 정도의 높은 빈도로 탐색하고 C, D를 비슷한 정도의 낮은 빈도로 탐색한다.
③ A, C를 비슷한 정도의 높은 빈도로 탐색하고 B, D를 비슷한 정도의 낮은 빈도로 탐색한다.
④ A, D를 비슷한 정도의 높은 빈도로 탐색하고 B, C를 비슷한 정도의 낮은 빈도로 탐색한다.
⑤ A, B, C, D를 비슷한 정도의 빈도로 탐색한다.

실전독해비법 05

열거의 뿌리 캐기 : 흔들리지 않도록 뿌리를 잡아 준다.

다양한 정보가 제시되는 설명글에서는 자칫하면 중심을 잃고 흔들릴 수 있습니다. 다양한 정보들이 어디에서부터 무엇 때문에 제시되는지 그 뿌리를 잡을 수 있어야 합니다.

실전독해비법 06

최소 개념 정리 : 개념 및 용어 정리에 주목하라.

많은 정보 속에서 놓치지 말아야 할 한 가지는 개념 및 용어 정리입니다. 자세한 설명까지 완벽히 이해하기는 어려워도 개념 및 용어 정리 부분은 정확히 확인해 두어야 합니다. 이때는 중요한 키워드 위주로 정리해야 합니다. 가령, '스타벅스는 세계적으로 가장 유명한 커피 전문점 중 하나입니다.'라는 진술에서는 '커피 전문점' 정도가 중요한 키워드가 됩니다.

동물은 다양한 방식으로 중요한 장소의 위치를 기억하고 이를 활용하여 자신의 은신처까지 길을 찾아올 수 있다. 동물의 길찾기 방법에는 '장소기억', '재정위', '경로적분' 등이 있다. '장소기억'은 장소의 몇몇 표지만을 영상 정보로 기억해 두었다가 그 영상과의 일치 여부를 확인하며 길을 찾는 방법이다. 기억된 영상은 어떤 각도에서 바라보는지에 따라 달라지기에, 이 방법을 활용하는 꿀벌은 특정 장소를 특정 각도에서 본 영상으로 기억해 두었다가 다시 그곳으로 갈 때는 자신이 보는 영상과 기억된 영상이 일치하도록 비행한다. 장소기억은 곤충과 포유류를 비롯한 많은 동물이 길찾기에 활용한다.

◎ 단락 초반부에서 '동물의 길찾기 방법'에 대해 설명할 것임을 알려 주고 있습니다. '장소기억', '재정위', '경로적분' 등에 대해서 하나씩 자세하게 설명하게 될 텐데, 중요한 점은 이 개념들이 '동물의 길찾기 방법'의 세부적인 분류라는 것입니다. 이 단락의 첫 번째, 두 번째 문장처럼 앞으로 열거될 개념들을 미리 제시해 주고, 왜 이 개념들이 제시되는지 알려 주는 부분이 바로 '열거의 뿌리'입니다. 이후에는 '장소기억은 ~ 이다.'라는 구조로 개념 및 용어를 정리합니다. '장소의 몇몇 표지', '영상과의 일치 여부 확인'이 중요한 키워드가 될 것입니다.

실전독해비법 07

위치 파악형 스키마 독해 : 기억보다 정확한 우리의 눈

설명글에 대한 문제는 지문의 세세한 부분에서 출제됩니다. 그러나 이런 지엽적인 문제를 대비하려고 지문을 너무 세세하게 읽는 것은 바람직하지 않습니다. 일반적인 학생이라면 복잡한 설명글을 정독한다고 해서 세세한 부분까지 전부 기억할 수 없기 때문입니다.
우리의 눈은 기억보다 정확합니다. 어떤 진술의 참/거짓을 판단할 때, 기억에만 의지하는 사람보다 직접 지문에서 관련 정보를 찾는 사람이 더욱 정확한 판단을 내릴 수 있습니다. 가령 '자전거'에 대한 글을 빠르게 읽었을 때, 그 세세한 내용 모두를 기억하기는 어렵지만, 적어도 지문의 어디쯤에서 '페달'이 나오는지 정도는 찾아갈 수 있을 것입니다. 따라서 독해하면서 나오는 개념을 간단하게 확인하고 위치를 파악해 둔다면, 세세한 내용을 묻는 문제가 나왔을 때 지문으로 돌아가 원하는 정보를 빠르게 다시 찾아볼 수 있을 것입니다.

'재정위'는 방향 기억이 헝클어진 상황에서도 장소의 기하학적 특징을 활용하여 방향을 다시 찾는 방법이다. 예를 들어, 직사각형 방에 갇힌 배고픈 흰쥐에게 특정 장소에만 먹이를 두고 찾게 하면, 긴 벽이 오른쪽에 있었는지와 같은 공간적 정보만을 활용하여 먹이를 찾는다. 이런 정보는 흰쥐의 방향 감각을 혼란시킨 상황에서도 보존되는데, 흰쥐는 재정위 과정에서 장소기억 관련 정보를 무시한다. 하지만 최근 연구에 따르면, 원숭이는 재정위 과정에서 벽 색깔과 같은 장소기억 정보도 함께 활용한다는 점이 밝혀졌다.

◎ '재정위'라는 개념에 대해서 설명하는 단락입니다. '장소의 기하학적 특징'이 중요한 키워드입니다. 문제를 풀기 전에 처음 독해하는 과정에서는 이 정도만 파악하고 넘어갈 수 있어야 합니다.
※ 잠깐! 여기서 이 정도만 파악하고 넘어간다는 것은 다른 부분은 읽지 않는다는 말이 아니라 중요한 부분을 중요하게 확인하고 넘어간다는 것을 강조하는 말입니다.

문제풀이

01번

윗글에 대한 이해로 가장 적절한 것은?

① 곤충은 길찾기 과정에서 경로적분을 사용하지 않는다.
② 새는 길찾기 과정에서 장소기억을 기본적으로 사용한다.
③ 흰쥐는 재정위 과정에서 산란된 햇빛 정보를 활용한다.
④ 원숭이는 재정위 과정에서 기하학적 정보도 활용한다.
⑤ 꿀벌은 특정 장소를 여러 각도에서 바라본 영상을 기억하여 길을 찾는다.

◎ 선택지 ④를 확인하기 위해서는 '재정위'가 나오는 이 단락을 주목해야 합니다. 마지막에 '하지만'을 통해 원숭이 관련 정보를 제시하는데 장소기억 정보도 함께 활용한다고 합니다. 무엇과 함께 활용하는 것인지 찾아봐야 합니다. 당연히 처음 개념 및 용어 정리에서 제시했던 장소의 기하학적 특징과 함께 장소기억 정보도 활용한다는 것입니다. 따라서 원숭이가 재정위 과정에서 기하학적 정보도 활용한다는 것은 적절한 진술입니다. **답** ④

03번

윗글을 바탕으로 할 때, 〈보기〉의 상황에서 병아리가 보일 행동에 대한 추론으로 가장 적절한 것은?

보기

병아리가 재정위 과정에서 기하학적 특징만을 활용한다고 가정하자. 아래 그림의 직사각형 모양의 상자에서 먹이는 A에만 있다. 병아리가 A, B, C, D를 모두 탐색하여 먹이가 어디에 있는지 학습하게 한 후, 상자에서 꺼내 방향을 혼란시킨 다음 병아리를 상자 중앙에 놓고 먹이를 찾도록 한다. 이와 같은 실험을 여러 번 수행하여 병아리가 A, B, C, D를 탐색하는 빈도를 측정한다.

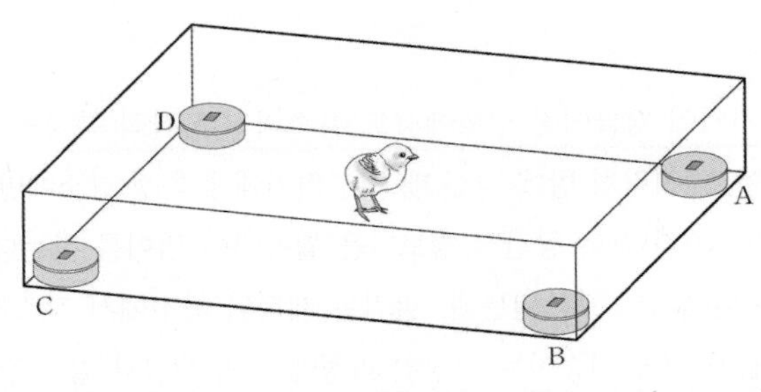

① A를 높은 빈도로 탐색하고 B, C, D를 비슷한 정도의 낮은 빈도로 탐색한다.

② A, B를 비슷한 정도의 높은 빈도로 탐색하고 C, D를 비슷한 정도의 낮은 빈도로 탐색한다.

③ A, C를 비슷한 정도의 높은 빈도로 탐색하고 B, D를 비슷한 정도의 낮은 빈도로 탐색한다.

④ A, D를 비슷한 정도의 높은 빈도로 탐색하고 B, C를 비슷한 정도의 낮은 빈도로 탐색한다.

⑤ A, B, C, D를 비슷한 정도의 빈도로 탐색한다.

〈보기〉에서 "병아리가 재정위 과정에서 기하학적 특징만을 활용한다고 가정하자."라는 문장이 중요합니다. 이 문장을 읽으면서 당연히 지문에서 '재정위'를 찾아보겠다는 생각이 들어야 하고, 그 순간 실제 여러분의 눈은 이 단락을 찾고 있어야 합니다.(연습을 열심히 하면 무의식적으로 이렇게 반응하게 됩니다.) 추후 언급하겠지만 이를 '근거 축소'라고 합니다.

이제 중요한 부분만 중요하게 보는 것이 아니라 이 단락의 모든 부분에서 문제의 단서를 찾아야 합니다. 여기서 "배고픈 흰쥐에게 특정 장소에만 먹이를 두고 찾게 하면, 긴 벽이 오른쪽에 있었는지와 같은 공간적 정보만을 활용하여 먹이를 찾는다."라는 문장은 아주 강력한 단서가 됩니다. 왜냐하면 문제의 〈보기〉에서 정사각형이 아닌 직사각형 형태의 상자가 주어졌고 따라서 '긴 벽'이라는 것이 존재하기 때문입니다. 또한 "흰쥐의 방향 감각을 혼란시킨 상황에서도 보존되는데"라는 정보도 중요합니다. 〈보기〉에서 '상자에서 꺼내 방향을 혼란시킨 다음'이라는 조건이 주어지기 때문입니다.

병아리가 보기에 정면에 짧은 벽, 왼쪽에 긴 벽이 있으면 먹이를 찾게 됩니다. 〈보기〉의 그림상에서도 이와 같은 기하학적 특징이 존재하지만, 병아리가 반대 방향을(C, D쪽 방향) 바라보아도 동일한 기하학적 특징이 존재하게 됩니다.

이를 종합하면, 〈보기〉에서 A의 왼쪽에는 긴 벽이 있는데 C 역시 왼쪽에 긴 벽이 있습니다. 그러나 B, D는 그렇지 않습니다. 따라서 병아리는 왼쪽에 긴 벽이 있는 조건에서 먹이를 찾아볼 것이기 때문에 A, C를 B, D보다 높은 빈도로 탐색하게 됩니다.

답 ③

'경로적분'은 곤충과 새의 가장 기본적인 길찾기 방법으로 이를 활용하는 능력은 타고나는 것으로 알려졌다. 예를 들어 먹이를 찾아 길을 나선 ㉠ 사하라 사막의 사막개미는 집 근처를 이리저리 탐색하다가 일단 먹이를 찾으면 집을 향해 거의 일직선으로 돌아온다. 사막개미는 장소기억 능력이 있지만 눈에 띄는 지형지물이 거의 없는 사막에서는 장소기억을 사용할 수 없기 때문에 경로적분을 활용한다. 사막개미의 이러한 놀라운 집찾기는 집을 출발하여 먹이를 찾아 이동하면서 자신의 위치에서 집 방향을 계속하여 다시 계산함으로써 가능하다. 가령, 그림에서 이동 경로를 따라 A에 도달한 사막개미가 먹이를 찾았다면 그때 파악한 집 방향 $\overrightarrow{AN}$으로 집을 향해 갈 것이다. 만약 A에서 먹이를 찾지 못해 B로 한 걸음 이동했다고 가정하자. 이때 사막개미는 A에서 B로의 이동 방향과 거리에 근거하여 새로운 집 방향 $\overrightarrow{BN}$을 계산한다. 사막개미는 먹이를 찾을 때까지 이러한 과정을 반복하여 매 위치에서의 집 방향을 파악한다.

한편, 이동 경로상의 매 지점에서 사막개미가 방향을 결정하기 위해서는 기준이 있어야 한다. 이 기준을 정하기 위해 사막개미는 태양의 위치와 산란된 햇빛을 함께 이용한다. 태양의 위치는 태양이 높이 떠 있거나 구름에 가려 보이지 않을 때는 유용하지 않다. 이때 결정적 도움을 주는 것이 산란된 햇빛 정보이다. 사막개미는 마치 하늘을 망원경으로 관찰하는 천문학자처럼 하늘을 끊임없이 관찰하고 있는 셈이다.

02번

윗글을 바탕으로 할 때, ㉠의 길찾기에 대한 추론으로 가장 적절한 것은?

① 사막개미는 암흑 속에서도 집 방향을 계산할 수 있겠군.

◎ 사막개미는 태양의 위치와 산란된 햇빛을 기준으로 하여 방향을 결정하는 것이기 때문에, 이러한 기준이 없으면 집 방향을 계산할 수 없을 것입니다.

② 사막개미의 경로적분 능력은 학습을 통해 얻어진 것이겠군.

◎ "이를 활용하는 능력은 타고나는 것으로 알려졌다."를 통해 적절하지 않은 추론임을 알 수 있습니다.

③ 지형지물이 많은 곳에서 사막개미는 장소기억을 활용하겠군.

◎ "사막개미는 장소기억 능력이 있지만 눈에 띄는 지형지물이 거의 없는 사막에서는 장소기억을 사용할 수 없기 때문에 경로적분을 활용한다."를 통해 적절한 추론임을 알 수 있습니다.

④ 사막개미가 먹이를 찾은 후 집으로 되돌아갈 때는 왔던 경로를 따라 가겠군.

◎ "일단 먹이를 찾으면 집을 향해 거의 일직선으로 돌아온다."를 통해 적절하지 않은 추론임을 알 수 있습니다.

⑤ 사막개미는 한 걸음씩 이동하면서 그때마다 집까지의 직선거리를 다시 계산하겠군.

◎ "사막개미는 먹이를 찾을 때까지 이러한 과정을 반복하여 매 위치에서의 집 방향을 파악한다."를 통해 적절하지 않은 추론임을 알 수 있습니다.

답 ③

004 실전독해비법 **연습**

예제 · 01

◎ 15 9월 평가원모의

1 현대 사회가 다원화되고 복잡해지면서 중앙 정부는 물론, 지방 자치 단체 또한 정책 결정 과정에서 능률성과 효과성을 우선시하는 경향이 커져 왔다. 이로 인해 전문적인 행정 담당자를 중심으로 한 정책 결정이 빈번해지고 있다. 그러나 지방 자치 단체의 정책 결정은 지역 주민의 의사와 무관하거나 배치되어서는 안 된다는 점에서 이러한 정책 결정은 지역 주민의 의사에 보다 부합하는 방향으로 보완될 필요가 있다.

2 행정 담당자 주도로 이루어지는 정책 결정의 문제점을 극복하기 위해 그동안 지방 자치 단체 자체의 개선 노력이 없었던 것은 아니다. 지역 주민의 요구를 수용하기 위해 도입한 '민간화'와 '경영화'가 대표적인 사례이다. 이 둘은 모두 행정 담당자 주도의 정책 결정을 보완하기 위해 시장 경제의 원리를 부분적으로 받아들였다는 점에서는 공통되지만, 운영 방식에는 차이가 있다. 민간화는 지방 자치 단체가 담당하는 특정 업무의 운영권을 민간 기업에 위탁하는 것으로, 기업 선정을 위한 공청회에 주민들이 참여하는 등의 방식으로 주민들의 요구를 반영하는 것이다. 하지만 민간화를 통해 수용되는 주민들의 요구는 제한적이므로 전체 주민의 이익이 반영되지 못하는 경우가 많고, 민간 기업의 특성상 공익의 추구보다는 기업의 이익을 우선한다는 한계가 있다. 경영화는 민간화와는 달리, 지방 자치 단체가 자체적으로 민간 기업의 운영 방식을 도입하는 것을 말한다. 주민들을 고객으로 대하며 주민들의 요구를 충족하고자 하는 것이다. 그러나 주민 감시나 주민자치위원회 등을 통한 외부의 적극적인 견제가 없으면 행정 담당자들이 기존의 관행에 따라 업무를 처리하는 경향이 나타나기도 한다.

3 이러한 한계를 해소하고 지방 자치 단체의 정책 결정 과정에서 지역 주민 전체의 의견을 보다 적극적으로 반영하기 위해서는 주민 참여 제도의 활성화가 요구된다. 현재 우리나라의 지방 자치 단체가 채택하고 있는 간담회, 설명회 등의 주민 참여 제도는 주민들의 의사를 간접적으로 수렴하여 정책에 반영하는 방식인데, 주민들의 의사를 더욱 직접적으로 반영하기 위해서는 주민 투표, 주민 소환, 주민 발안 등의 직접 민주주의 제도를 활성화하는 방향으로 주민 참여 제도가 전환될 필요가 있다.

4 직접 민주주의 제도의 활성화를 통해 지역 주민들이 직접적으로 정책 결정에 참여하게 되면, 정책 결정에 대한 주민들의 참여가 지속적이고 안정적으로 이루어질 수 있다. 그리고 각 개인들은 지역 문제에 대한 관심이 높아지고 공동체 의식이 고양되는 효과도 기대된다. 또한 이러한 직접 민주주의 제도를 통해 전체 주민의 의사가 가시적으로 잘 드러날 뿐만 아니라, 이에 따라 행정 담당자들도 정책 결정에서 전체 주민의 의사를 더 적극적으로 고려하게 된다. 아울러 주민들의 직접적인 참여를 통해 정책에 대한 지지와 행정에 대한 신뢰가 높아짐으로써 주민들이 정책 집행에 대해 적극적으로 협조하는 경향이 커지게 될 것이다.

윗글에 대한 설명으로 적절하지 않은 것은?

① 지방 자치 단체의 정책 결정 과정을 중앙 정부와 대비해서 기술하고 있다.
② 지방 자치 단체가 주민 참여 제도를 활성화해야 하는 이유를 제시하고 있다.
③ 지방 자치 단체가 채택하고 있는 주민 참여 제도의 종류를 제시하고 있다.
④ 지방 자치 단체가 직접 민주주의 제도를 활성화했을 때의 효과를 말하고 있다.
⑤ 지방 자치 단체가 자체적으로 도입하고 있는 정책 결정 방식의 개선 노력을 설명하고 있다.

지문 독해

1 현대 사회가 다원화되고 복잡해지면서 중앙 정부는 물론, 지방 자치 단체 또한 정책 결정 과정에서 능률성과 효과성을 우선시하는 경향이 커져 왔다. 이로 인해 전문적인 행정 담당자를 중심으로 한 정책 결정이 빈번해지고 있다. 그러나 지방 자치 단체의 정책 결정은 지역 주민의 의사와 무관하거나 배치되어서는 안 된다는 점에서 이러한 정책 결정은 지역 주민의 의사에 보다 부합하는 방향으로 보완될 필요가 있다.

○ (실전독해비법 01 생각글 도입부의 원칙) '경향'이라고 언급하는 것에서 글쓴이는 이에 대해 비판적인 시각을 가지고 글을 전개하겠다는 예상을 할 수 있습니다(그런 예상을 해야 합니다!). 그렇다면 초점이 무엇인지만 확인하고 빨리 넘어가는 것이 바람직합니다. '능률성, 효과성을 우선시'한다는 것을 확인하고 넘어가면 됩니다. (실전독해비법 02 화제 전환의 원칙) 단락 마지막에서 '그러나'를 통해 글쓴이의 생각을 슬쩍 드러내고 있습니다. '지역 주민의 의사에 보다 부합하는 방향'이 무엇일지 글을 읽어 가며 생각해 보아야 합니다.

2 행정 담당자 주도로 이루어지는 정책 결정의 문제점을 극복하기 위해 그동안 지방 자치 단체 자체의 개선 노력이 없었던 것은 아니다. 지역 주민의 요구를 수용하기 위해 도입한 '민간화'와 '경영화'가 대표적인 사례이다. 이 둘은 모두 행정 담당자 주도의 정책 결정을 보완하기 위해 시장 경제의 원리를 부분적으로 받아들였다는 점에서는 공통되지만, 운영 방식에는 차이가 있다. 민간화는 지방 자치 단체가 담당하는 특정 업무의 운영권을 민간 기업에 위탁하는 것으로, 기업 선정을 위한 공청회에 주민들이 참여하는 등의 방식으로 주민들의 요구를 반영하는 것이다. 하지만 민간화를 통해 수용되는 주민들의 요구는 제한적이므로 전체 주민의 이익이 반영되지 못하는 경우가 많고, 민간 기업의 특성상 공익의 추구보다는 기업의 이익을 우선한다는 한계가 있다. 경영화는 민간화와는 달리, 지방 자치 단체가 자체적으로 민간 기업의 운영 방식을 도입하는 것을 말한다. 주민들을 고객으로 대하며 주민들의 요구를 충족하고자 하는 것이다. 그러나 주민 감시나 주민자치위원회 등을 통한 외부의 적극적인 견제가 없으면 행정 담당자들이 기존의 관행에 따라 업무를 처리하는 경향이 나타나기도 한다.

○ (실전독해비법 05 열거의 뿌리 캐기) 앞에서 문제점을 인식했는데, 지방 자치 단체도 개선 노력이 없었던 것은 아니라고 합니다. 그렇다면 어떤 노력을 했는지 이제 나열할 차례입니다. 어떤 것이 나올지 주목해야 합니다. (실전독해비법 07 위치 파악형 스키마 독해) '민간화'와 '경영화'가 제시됩니다. 깊이 이해할 필요는 없고 각자의 위치를 파악하는 가운데 글쓴이가 어떤 식으로 비판하는지 눈여겨봐야 합니다. (실전독해비법 02 화제 전환의 원칙) 여기서도 '그러나' 다음에 글쓴이가 생각하는 내용들을 담고 있습니다.

3 이러한 한계를 해소하고 지방 자치 단체의 정책 결정 과정에서 지역 주민 전체의 의견을 보다 적극적으로 반영하기 위해서는 주민 참여 제도의 활성화가 요구된다. 현재 우리나라의 지방 자치 단체가 채택하고 있는 간담회, 설명회 등의 주민 참여 제도는 주민들의 의사를 간접적으로 수렴하여 정책

에 반영하는 방식인데, 주민들의 의사를 더욱 직접적으로 반영하기 위해서는 주민 투표, 주민 소환, 주민 발안 등의 직접 민주주의 제도를 활성화하는 방향으로 주민 참여 제도가 전환될 필요가 있다.

◎ 글쓴이는 문단의 앞부분에서 기존 노력들에 대해서 비판을 하고 주민 참여 제도를 활성화하자는 주장을 하고 있습니다. '간접적'보다는 '직접적'으로 주민들의 의사를 반영하자는 것입니다.

4 직접 민주주의 제도의 활성화를 통해 지역 주민들이 직접적으로 정책 결정에 참여하게 되면, 정책 결정에 대한 주민들의 참여가 지속적이고 안정적으로 이루어질 수 있다. 그리고 각 개인들은 지역 문제에 대한 관심이 높아지고 공동체 의식이 고양되는 효과도 기대된다. 또한 이러한 직접 민주주의 제도를 통해 전체 주민의 의사가 가시적으로 잘 드러날 뿐만 아니라, 이에 따라 행정 담당자들도 정책 결정에서 전체 주민의 의사를 더 적극적으로 고려하게 된다. 아울러 주민들의 직접적인 참여를 통해 정책에 대한 지지와 행정에 대한 신뢰가 높아짐으로써 주민들이 정책 집행에 대해 적극적으로 협조하는 경향이 커지게 될 것이다.

◎ (실전독해비법 04 생각글 종결 단락의 원칙) 마지막 단락에서 직접 민주주의 제도의 활성화가 가져오는 장점들을 나열하고 있습니다. 이 단락만 봐도 글쓴이가 어떤 방향을 생각하는지 알 수 있습니다.

문제 풀이

오|답|피|하|기

② 지방 자치 단체가 주민 참여 제도를 활성화해야 하는 이유를 제시하고 있다.

← 3 의 "이러한 한계를 해소하고 지방 자치 단체의 정책 결정 과정에서 지역 주민 전체의 의견을 보다 적극적으로 반영하기 위해서는 주민 참여 제도의 활성화가 요구된다."에서 확인할 수 있습니다.

③ 지방 자치 단체가 채택하고 있는 주민 참여 제도의 종류를 제시하고 있다.

← 3 의 "현재 우리나라의 지방 자치 단체가 채택하고 있는 간담회, 설명회 등의 주민 참여 제도는 주민들의 의사를 간접적으로 수렴하여 정책에 반영하는 방식인데"에서 확인할 수 있습니다.

④ 지방 자치 단체가 직접 민주주의 제도를 활성화했을 때의 효과를 말하고 있다.

← 마지막 단락 전체에서 확인할 수 있습니다.

⑤ 지방 자치 단체가 자체적으로 도입하고 있는 정책 결정 방식의 개선 노력을 설명하고 있다. ← 2 의 "정책 결정의 문제점을 극복하기 위해 그동안 지방 자치 단체 자체의 개선 노력이 없었던 것은 아니다. 지역 주민의 요구를 수용하기 위해 도입한 '민간화'와 '경영화'가 대표적인 사례이다."에서 확인할 수 있습니다.

정|답|확|정

① 지방 자치 단체의 정책 결정 과정을 중앙 정부와 대비해서 기술하고 있다.

← 대비해서 기술하기 위해서는 글에 '중앙 정부의 정책 결정 과정'이 드러나야 합니다. 그러나 이 글 어디에도 이와 관련한 내용이 제시되고 있지 않습니다.

예제 · 02 ◎ 09 6월 평가원모의

1 현대인은 타인의 고통을 주로 뉴스나 영화 등의 매체를 통해 경험한다. 타인의 고통을 직접 대면하는 경우와 비교할 때 그와 같은 간접 경험으로부터 연민을 갖기는 쉽지 않다. 더구나 현대 사회는 사적 영역을 침범하지 않도록 주문한다. 이런 존중의 문화는 타인의 고통에 대한 지나친 무관심으로 변질될 수 있다. 그래서인지 현대 사회는 소박한 연민조차 느끼지 못하는 불감증 환자들의 안락하지만 황량한 요양소가 되어 가고 있는 듯하다.

2 연민에 대한 정의는 시대와 문화, 지역에 따라 가지각색이지만, 다수의 학자들에 따르면 연민은 두 가지 조건이 충족될 때 생긴다. 먼저 타인의 고통이 그 자신의 잘못에서 비롯된 것이 아니라 우연히 닥친 비극이어야 한다. 다음으로 그 비극이 언제든 나를 엄습할 수도 있다고 생각해야 한다. 이런 조건에 비추어 볼 때 현대 사회에서 연민의 감정은 무뎌질 가능성이 높다. 현대인은 타인의 고통을 대부분 그 사람의 잘못된 행위에서 비롯된 필연적 결과로 보며, 자신은 그러한 불행을 예방할 수 있다고 생각하기 때문이다.

3 그러나 현대 사회에서도 연민은 생길 수 있으며 연민의 가치 또한 커질 수 있다. 그 이유를 세 가지로 제시할 수 있다. 첫째, 현대 사회는 과거보다 안전한 것처럼 보이지만 실은 도처에 위험이 도사리고 있다. 둘째, 행복과 불행이 과거보다 사람들의 관계에 더욱 의존하고 있다. 친밀성은 줄었지만 사회·경제적 관계가 훨씬 촘촘해졌기 때문이다. 셋째, 교통과 통신이 발달하면서 현대인은 이전에 몰랐던 사람들의 불행까지도 의식할 수 있게 되었다. 물론 간접 경험에서 연민을 갖기가 어렵다고 치더라도 고통을 대면하는 경우가 많아진 만큼 연민의 필요성이 커져 가고 있다. 이런 정황에서 볼 때 연민은 그 어느 때보다 절실히 요구되며 그만큼 가치도 높다.

4 진정한 연민은 대부분 연대로 나아간다. 연대는 고통의 원인을 없애기 위해 함께 행동하는 것이다. 연대는 멀리하면서 감성적 연민만 외치는 사람들은 은연중에 자신과 고통받는 사람들이 뒤섞이지 않도록 두 집단을 분할하는 벽을 쌓는다. 이 벽은 자신의 불행을 막으려는 방화벽이면서, 고통받는 타인들의 진입을 차단하는 성벽이다. '입구 없는 성'에 출구도 없듯, 이들은 성 바깥의 위험 지대로 나가지 않는다. 이처럼 안전지대인 성 안에서 가진 것의 일부를 성벽 너머로 던져 주며 자족하는 동정도 가치 있는 연민이다. 그러나 진정한 연민은 벽을 무너뜨리며 연대하는 것이다.

윗글을 이해한 내용으로 적절하지 않은 것은?

① 사회가 위험해지면 연민은 많아진다.
② 동정으로 끝나는 연민도 가치가 있다.
③ 현대인은 타인의 고통에 무관심한 경향이 있다.
④ 연민은 가까운 사람에게만 느끼는 것은 아니다.
⑤ 연민은 동양과 서양에서 다르게 규정할 수 있다.

지문 독해

1 현대인은 타인의 고통을 주로 뉴스나 영화 등의 매체를 통해 경험한다. 타인의 고통을 직접 대면하는 경우와 비교할 때 그와 같은 간접 경험으로부터 연민을 갖기는 쉽지 않다. 더구나 현대 사회는 사적 영역을 침범하지 않도록 주문한다. 이런 존중의 문화는 타인의 고통에 대한 지나친 무관심으로 변질될 수 있다. 그래서인지 현대 사회는 소박한 연민조차 느끼지 못하는 불감증 환자들의 안락하지만 황량한 요양소가 되어 가고 있는 듯하다.

◎ (실전독해비법 01 생각글 도입부의 원칙) 특별한 도입부는 아니죠? 이 단락은 현대인이 매체를 통해 타인의 고통을 경험하는데 이러한 간접 경험에서 연민을 갖는 것은 쉽지 않다는 내용이 나오며, '무관심', '불감증' 등의 말들을 언급하고 있습니다. (실전독해비법 03 화제 정리의 원칙) 그리고 '이런', '그래서인지' 등을 통해 앞부분의 내용을 충분히 정리하고 있습니다.

2 연민에 대한 정의는 시대와 문화, 지역에 따라 가지각색이지만, 다수의 학자들에 따르면 연민은 두 가지 조건이 충족될 때 생긴다. 먼저 타인의 고통이 그 자신의 잘못에서 비롯된 것이 아니라 우연히 닥친 비극이어야 한다. 다음으로 그 비극이 언제든 나를 엄습할 수도 있다고 생각해야 한다. 이런 조건에 비추어 볼 때 현대 사회에서 연민의 감정은 무뎌질 가능성이 높다. 현대인은 타인의 고통을 대부분 그 사람의 잘못된 행위에서 비롯된 필연적 결과로 보며, 자신은 그러한 불행을 예방할 수 있다고 생각하기 때문이다.

◎ 이 단락에서는 연민이 생기는 두 가지 조건을 말해 주고 있습니다. (실전독해비법 05 열거의 뿌리 캐기) 첫 문장은 열거의 뿌리를 제시하고 있습니다. (실전독해비법 07 위치 파악형 스키마 독해) 이후 제시되는 두 가지 조건을 찾아서 동그라미를 그려서 강조해야겠고, (실전독해비법 03 화제 정리의 원칙) 또한 '이런' 조건을 통해 현대 사회에서 연민의 감정이 무뎌질 수 있다는 문장에도 주의해야 하겠습니다.

3 그러나 현대 사회에서도 연민은 생길 수 있으며 연민의 가치 또한 커질 수 있다. 그 이유를 세 가지로 제시할 수 있다. 첫째, 현대 사회는 과거보다 안전한 것처럼 보이지만 실은 도처에 위험이 도사리고 있다. 둘째, 행복과 불행이 과거보다 사람들의 관계에 더욱 의존하고 있다. 친밀성은 줄었지만 사회·경제적 관계가 훨씬 촘촘해졌기 때문이다. 셋째, 교통과 통신이 발달하면서 현대인은 이전에 몰랐던 사람들의 불행까지도 의식할 수 있게 되었다. 물론 간접 경험에서 연민을 갖기가 어렵다고 치더라도 고통을 대면하는 경우가 많아진 만큼 연민의 필요성이 커져 가고 있다. 이런 정황에서 볼 때 연민은 그 어느 때보다 절실히 요구되며 그만큼 가치도 높다.

◎ (실전독해비법 02 화제 전환의 원칙) 처음부터 '그러나'를 통해서 무언가 글쓴이가 하고 싶은 말이 등장할 것임을 짐작할 수 있습니다. 역접접속어 뒤를 보면, 현대 사회에서도 연민은 생길 수 있고 그 가치 또한 커질 수 있다고 보는 세 가지 이유를 제시할 것임을 알 수 있습니다. (실전독해비법 07 위치 파악형 스키마 독해) 이유 세 가지는 굳이 이해하려 하지 말고 위치만 찾아서 확인해 놓도록 합시다. (실전독해비법 03 화제 정리의 원칙) 마지막 문장에서 '이런 정황에서 볼 때'를 통해 앞에서 한 설명들을 정리하고 있습니다. "연민은 그 어느 때보다 절실히 요구되며 그만큼 가치도 높다."라는 문장에 주의해야 합니다. (실전독해비법 05 열거의 뿌리 캐기) 물론 열거가 시작되는 문장인 두 번째 문장도 '열거의 뿌리'로 고려해야 합니다.

4 진정한 연민은 대부분 연대로 나아간다. 연대는 고통의 원인을 없애기 위해 함께 행동하는 것이다. 연대는 멀리하면서 감성적 연민만 외치는 사람들은 은연중에 자신과 고통받는 사람들이 뒤섞이지 않도록 두 집단을 분할하는 벽을 쌓는다. 이 벽은 자신의 불행을 막으려는 방화벽이면서, 고통받는 타인들의 진입을 차단하는 성벽이다. '입구 없는 성'에 출구도 없듯, 이들은 성 바깥의 위험 지대로 나가지 않는다. 이처럼 안전지대인 성 안에서 가진 것의 일부를 성벽 너머로 던져 주며 자족하는 동정도

가치 있는 연민이다. 그러나 진정한 연민은 벽을 무너뜨리며 연대하는 것이다.

◎ (실전독해비법 04 생각글 종결 단락의 원칙) 이제 생각글 전체를 정리하는 단락입니다. 중요한 부분들만 확인해 둡시다. 이 단락에서 새롭게 등장한 '연대'라는 개념에 주목할 수 있습니다. (실전독해비법 06 최소 개념 정리) 그러한 개념을 정의하는 부분은 언제나 중요합니다. (실전독해비법 02 화제 전환의 원칙) 특히 마지막에 '그러나'를 통해 '진정한 연민'이 개념적으로는 어떤 것인지 확인할 수 있어야 합니다.

문제 풀이

오|답|피|하|기

② 동정으로 끝나는 연민도 가치가 있다. ← 자족하는 동정도 가치 있는 연민

③ 현대인은 타인의 고통에 무관심한 경향이 있다. ← 타인의 고통에 대한 지나친 무관심

④ 연민은 가까운 사람에게만 느끼는 것은 아니다. ← 에서 "타인의 고통을 직접 대면하는 경우와 비교할 때 그와 같은 간접 경험으로부터 연민을 갖기는 쉽지 않다."라며 이에 대해 언급하고 있고, 3 에서도 "셋째, ~ 현대인은 이전에 몰랐던 사람들의 불행까지도 의식"이라 하여 언급합니다.

⑤ 연민은 동양과 서양에서 다르게 규정할 수 있다. ← 연민에 대한 정의는 시대와 문화, 지역에 따라 가지각색

정|답|확|정

① 사회가 위험해지면 연민은 많아진다.

3-1 (단락 3의 첫 번째 문장)에서 현대 사회에서도 연민이 생길 수 있다고 하였으며 그 가치 또한 커질 수 있다고 했습니다. 그 이유 중 하나로, 3-3 (단락 3의 세 번째 문장)에서 "첫째, 현대 사회는 ~ 실은 도처에 위험이 도사리고 있다."라는 현실을 들고 있습니다.

많은 학생들이 여기에서 '커질 수 있다'는 진술을 오해하여 정답을 고르지 못했습니다. 여기서 '커진다는 것'은 '가치'가 커진다는 말입니다. '연민'이 양적으로 '많아지는 것'과 연민의 '가치'가 '커지는 것'은 분명 다릅니다.

글쓴이는 현대 사회 도처에 위험이 존재하기 때문에 연민의 가치가 커질 수 있다고 했습니다. 또 현대 사회에서 연민이 절실히 요구되기 때문에 그만큼 가치가 높다고 했습니다. 이는 연민이 양적으로 늘어난다는 의미는 아닙니다.

또 '가치'는 영어로 하면 quality(질)요, ①의 '많아진다'는 quantity(양)가 됩니다. 물론 글에서 '연민은 생길 수 있다'라는 표현은 '연민의 양'과도 연결되어 있습니다. 없던 것이 생긴다면 양적으로도 늘어났다고 표현할 수 있기 때문입니다. 그러나 이는 연민이 생길 수도 있다는 의미이지 연민이 양적으로 많아진다고 해석할 수는 없습니다.

또한 사회가 위험해지면 연민은 많아진다고 답할 수 있으려면 위험과 연민 사이에 최소한의 인과 관계가 존재해야 합니다. 그러나 지문에서는 그런 식으로 이 둘 사이를 규정하고 있지는 않습니다.

단정적인 표현은 답이 되기 어렵습니다. 예전 수능에서도 선택지에서 단정적인 표현을 사

용했기 때문에 엄밀하게 보아 지문 내용과 일치하지 않았던 경우가 있었습니다. 국어정보원 홈페이지(followright.com) 중 '교재 오류 수정' 게시판에서 추가적으로 설명하고자 합니다.

예제 · 03 ⊙ 11 수능

1 소프트웨어 개발에서 자료 관리를 위한 구조로는 '배열'과 '연결 리스트'가 흔히 사용된다. 이 구조를 가진 저장소가 실제 컴퓨터 메모리에 구현된 위치를 '포인터'라고 한다.

2 배열은 물리적으로 연속된 저장소들을 사용한다. 배열에서는 흔히 〈그림 1〉과 같이 자료의 논리적 순서와 실제 저장 순서가 일치하도록 자료가 저장된다. 이때 원하는 자료의 논리적인 순서만 알면 해당 포인터 값을 계산할 수 있으므로, 바로 접근하여 읽기와 쓰기를 할 수 있다. 그런데 〈그림 1〉에서 자료 '지리'를 삭제하려면 '한라'를 한 칸 당겨야 하고, 가나다순에 따라 '소백'을 삽입하려면 '지리'부터 한 칸씩 밀어야 한다. 따라서 삽입하거나 삭제하는 자료의 순번이 빠를수록 나머지 자료의 재정렬 시간이 늘어난다.

포인터 :	저장소
0000 :	산 이름
1000 :	백두
1001 :	설악
1002 :	지리
1003 :	한라
1004 :	
⋮	

〈그림 1〉 배열

포인터 :	저장소	
0000 :	산 이름	다음 포인터
1000 :	백두	1008
1002 :	ⓐ	ⓑ
1004 :	지리	1006
1006 :	한라	----
1008 :	설악	ⓒ1004
⋮		

〈그림 2〉 연결 리스트

3 연결 리스트는 저장될 자료와 다음에 올 자료의 포인터인 '다음 포인터'를 한 저장소에 함께 저장한다. 이 구조에서는 〈그림 2〉와 같이 '다음 포인터'의 정보를 담을 공간이 더 필요하지만, 이 정보에 의해 물리적 저장 위치에 상관없이 자료의 논리적 순서를 유지할 수 있다. 또한 자료의 삽입과 삭제는 '다음 포인터'의 내용 변경으로 가능하므로 상대적으로 간단하다. 예를 들어 〈그림 2〉에서 '소백'을 삽입하려면 빈 저장소의 ⓐ에 '소백'을 쓰고 ⓑ와 ⓒ에 논리적 순서에 따라 다음에 올 포인터 값인 '1004'와 '1002'를 각각 써 주면 된다. 하지만 특정 자료를 읽으려면 접근을 시작하는 포인터부터 그 자료까지 저장소들을 차례로 읽어야 하므로 자료의 논리적 순서에 따라 접근 시간에 차이가 있다.

4 한편 '다음 포인터'뿐만 아니라 논리순으로 앞에 연결된 저장소의 포인터를 하나 더 저장하는 '이중 연결 리스트'도 있다. 이 구조에서는 현재 포인터에서부터 앞뒤 어느 방향으로도 연결된 자료에 접근할 수 있어 연결 리스트보다 자료 접근이 용이하다.

윗글을 통해 알 수 있는 사실로 옳지 않은 것은?

① 저장된 자료에 접근할 때는 포인터를 이용한다.

② 자료 접근 과정은 사용하는 자료 관리 구조에 따라 달라진다.

③ '배열'에서는 자료의 논리적 순서에 따라 자료 접근 시간이 달라진다.

④ '연결 리스트'는 저장되는 전체 자료의 개수가 자주 변할 때 편리하다.

⑤ '이중 연결 리스트'의 한 저장소에는 세 가지 다른 정보가 저장된다.

지문 독해

1 소프트웨어 개발에서 자료 관리를 위한 구조로는 '배열'과 '연결 리스트'가 흔히 사용된다. 이 구조를 가진 저장소가 실제 컴퓨터 메모리에 구현된 위치를 '포인터'라고 한다.

◎ (실전독해비법 05 열거의 뿌리 캐기) 도입부에서 앞으로 설명할 개념을 제시하고 있습니다. 사실 이런 글은 국어영역에서 가장 흔히 볼 수 있는 일반적인 종류로서 어떤 식의 구조가 펼쳐질지 미리 짐작할 수 있습니다. 지금 2, 3의 처음을 보세요. 배열, 연결 리스트와 같이 개념들을 설명하고 있습니다. (실전독해비법 07 위치 파악형 스키마 독해) 따라서 이 글은 나열식 구조임을 알 수 있습니다. 우선 위치 파악형 독해를 하고 이후 문제를 통해 다시 필요한 부분에 접근하는 게 효율적인 방법입니다.

2 배열은 물리적으로 연속된 저장소들을 사용한다. 배열에서는 흔히 〈그림 1〉과 같이 자료의 논리적 순서와 실제 저장 순서가 일치하도록 자료가 저장된다. 이때 원하는 자료의 논리적인 순서만 알면 해당 포인터 값을 계산할 수 있으므로, 바로 접근하여 읽기와 쓰기를 할 수 있다. 그런데 〈그림 1〉에서 자료 '지리'를 삭제하려면 '한라'를 한 칸 당겨야 하고, 가나다순에 따라 '소백'을 삽입하려면 '지리'부터 한 칸씩 밀어야 한다. 따라서 삽입하거나 삭제하는 자료의 순번이 빠를수록 나머지 자료의 재정렬 시간이 늘어난다.

◎ 이러한 글의 구조를 파악하면, 개념을 구체적으로 설명해 주는 단락은 '개념 설명 + 개념을 이해시키기 위한 사례 + 정리'로 구성된다는 것을 알 수 있습니다. 물론 구체적인 사례 부분도 이해를 위해 중요하지만, 처음 독해할 때는 가급적 신경 쓰지 말고 이후 그 개념에 해당하는 문제가 나왔을 때 다시 돌아가서 보는 방법이 효율적입니다. (실전독해비법 06 최소 개념 정리) 이렇게 볼 때 '배열'에 대해서는 '물리적 순서 = 실제 저장 순서 = 논리적 순서'와 같이 '순서'가 중요한 내용임을 파악할 수 있습니다.

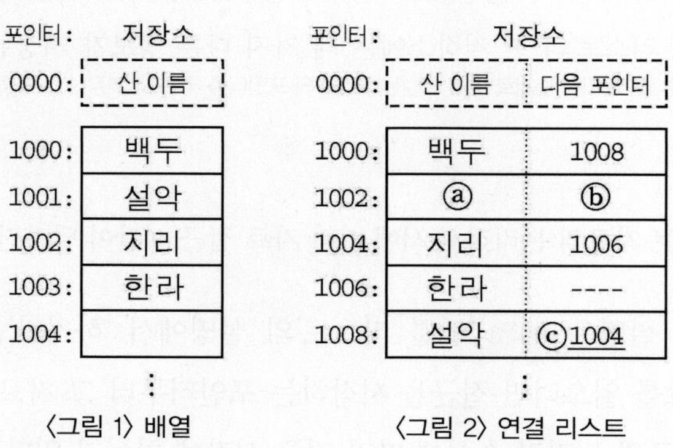

〈그림 1〉 배열 〈그림 2〉 연결 리스트

3 연결 리스트는 저장될 자료와 다음에 올 자료의 포인터인 '다음 포인터'를 한 저장소에 함께 저장한다. 이 구조에서는 〈그림 2〉와 같이 '다음 포인터'의 정보를 담을 공간이 더 필요하지만, 이 정보에 의해 물리적 저장 위치에 상관없이 자료의 논리적 순서를 유지할 수 있다. 또한 자료의 삽입과 삭제는 '다음 포인터'의 내용 변경으로 가능하므로 상대적으로 간단하다. 예를 들어 〈그림 2〉에서 '소백'을 삽입하려면 빈 저장소의 ⓐ에 '소백'을 쓰고 ⓑ와 ⓒ에 논리적 순서에 따라 다음에 올 포인터 값인 '1004'와 '1002'를 각각 써 주면 된다. 하지만 특정 자료를 읽으려면 접근을 시작하는 포인터부터 그 자료까지 저장소들을 차례로 읽어야 하므로 자료의 논리적 순서에 따라 접근 시간에 차이가 있다.

◎ (실전독해비법 06 최소 개념 정리) 각 개념마다 특징적인 핵심어들이 있습니다. 일종의 캐릭터로서 그 특징을 보고 어떤 개념인지 파악할 수 있습니다. 가령, 개그맨 유재석과 강호동을 구분해야 하는 문제가 있다고 합시다. 우선 '안경'과 '몸집'이라는 특징을 생각할 수 있습니다. '안경'을 쓰고 있으면 유재석일 확률이 높고, '몸집'이 크면 강호동일 확률이 높습니다. 다시 지문으로 돌아가면 '물리적 저장 순서≠자료의 논리적 순서'가 핵심적인 내용입니다. 앞에서 설명한 '배열'에서는 물리적 저장 위치가 논리적 순서와 관련 있었다는 점을 리마인드할 수 있습니다. 물론 이는 앞에서도 핵심적 내용으로 다루었습니다. 또 '다음 포인터'라는 것에 주의해야 합니다. 글에서도 작은따옴표를 통해 이것이 새롭게 등장하는 개념임을 알려 주고 있습니다. 지문에서는 그림을 통해 직접 보여 주고 있습니다. 이 역시 신경 써야 합니다.

4 한편 '다음 포인터'뿐만 아니라 논리적 순서로 앞에 연결된 저장소의 포인터를 하나 더 저장하는 '이중 연결 리스트'도 있다. 이 구조에서는 현재 포인터에서부터 앞뒤 어느 방향으로도 연결된 자료에 접근할 수 있어 연결 리스트보다 자료 접근이 용이하다.

◎ (실전독해비법 06 최소 개념 정리) '연결 리스트보다 자료 접근이 용이'하다는 것을 염두에 두어야 합니다.

문제 풀이

오답 피하기

① 저장된 자료에 접근할 때는 포인터를 이용한다. ← 2의 "해당 포인터 값을 계산할 수 있으므로, 바로 접근하여 읽기와 쓰기를 할 수 있다."에서 알 수 있습니다.

② 자료 접근 과정은 사용하는 자료 관리 구조에 따라 달라진다. ← 4의 "이 구조에서는 ~ 연결 리스트보다 자료 접근이 용이하다."에서 알 수 있습니다.

④ '연결 리스트'는 저장되는 전체 자료의 개수가 자주 변할 때 편리하다. ← 3의 "자료의 삽입과 삭제는 '다음 포인터'의 내용 변경으로 가능하므로 상대적으로 간단하다."에서 알 수 있습니다.

⑤ '이중 연결 리스트'의 한 저장소에는 세 가지 다른 정보가 저장된다. ← 4의 "한편 '다음 포인터'뿐만 아니라 논리적 순서로 앞에 연결된 저장소의 포인터를 하나 더 저장하는 '이중 연결 리스트'도 있다."에서 알 수 있습니다.

정답 확정

③ '배열'에서는 자료의 논리적 순서에 따라 자료 접근 시간이 달라진다.

정답이 된 선택지의 설명은 3 '연결 리스트'의 설명에서 '하지만'을 통해 강조되었던 내용입니다. "특정 자료를 읽으려면 접근을 시작하는 포인터부터 그 자료까지 저장소들을 차례로 읽어야 하므로 자료의 논리적 순서에 따라 접근 시간에 차이가 있다."라고 했습니다. '연결 리스트' 뒤에 붙어야 할 설명이 '배열' 뒤에 붙어 있으니 잘못된 설명입니다. 정답뿐만 아니라 다른 모든 선택지 역시 우리가 강조해 놓은 문장들과 직결되는 것을 확인할 수 있습니다.

잠깐!

실전독해비법 **총정리**

(실전독해비법 01 : 생각글 도입부의 원칙) 도입부의 내용을 읽어 보기는 해야 합니다. 그러나 글쓴이의 생각이 드러난 부분보다는 가볍게 접근하는 것이 좋습니다. 왜냐하면 우리의 한정된 주의력을 좀 더 글쓴이의 생각에 집중해야 효율적인 독해가 가능하기 때문입니다.

(실전독해비법 02 : 화제 전환의 원칙) 글쓴이는 '그러나', '그렇지만', '하지만'과 같은 역접접속어 뒤에 자기가 하고 싶은 말을 숨겨 둡니다.

(실전독해비법 03 : 화제 정리의 원칙) 글쓴이는 '그러므로', '즉', '따라서' 뒤에서 복잡하게 펼쳤던 논의나 설명들을 깔끔하게 정리해 줍니다. 이 부분에 주의하면 글쓴이가 강조하는 부분을 확인할 수 있어 글을 이해하기 쉽습니다.

(실전독해비법 04 : 생각글 종결 단락의 원칙) 지금까지 수능 시험에 등장한 생각글 중 99%는 마지막 단락에서 내용을 정리하는 경향이 있었습니다. 물론 100%일 수도 있지만 혹시라도 제가 실수할 수 있으니 99%로 하겠습니다.

(실전독해비법 05 : 열거의 뿌리 캐기) 나열식 전개에서 나열되는 항목 하나하나도 중요하지만, 그것보다도 무엇을, 왜 나열하고 있는지 설명해 주는 나열의 뿌리를 확인하는 일이 더 중요합니다.

(실전독해비법 06 : 최소 개념 정리) 최소한의 개념 및 용어 정리는 해 두어야 합니다. 특히 각 개념의 특징, 즉 가장 중요한 키워드가 무엇인지 파악해야 합니다. 가령 '스타벅스 → 커피전문점'처럼 중요 키워드를 파악할 수 있어야 합니다.

(실전독해비법 07 : 위치 파악형 스키마 독해) 읽고 나서 무슨 말인지 모르는 글이라도 각 개념의 위치를 확인하면서 독해하면 글의 구조를 쉽게 파악할 수 있습니다. 문제를 풀 때 다시 돌아가서 그 부분만 확인하면 됩니다.

Day 03

일치/불일치 판단 : 문제풀이에서 **가장 중요한 기초 능력**

내공이 좀 쌓이다 보면 정답을 고르는 최종 단계는 모두 일치/불일치의 과정이라는 점을 깨닫게 됩니다. 다들 그렇더군요. 그런데 처음 배우는 과정도 오늘 배울 일치/불일치가 가장 기본이 됩니다. 일치/불일치를 정확하게 판단하지 못하면, 앞으로 어려운 내용들을 열심히 공부해도 막상 답을 고르지 못하게 되겠죠.

001 일치/불일치 **개념 이해**

국어영역에서 **가장 중요한 기초 능력은 '주어진 정보의 일치/불일치'를 판단하는 능력**입니다. 일치/불일치 판단은 문제에 등장한 'A'가 지문에도 있는지 확인하는 과정입니다. 지문에도 A가 존재하면 '일치', 그렇지 않으면 '불일치'가 됩니다. 그런데 만약 지문에 'a'나 '*a*'가 등장하면 어떨까요? 이를 'A'라고 볼 수 있는지 판단하는 방법은 앞으로 꾸준히 배울 내용이니 너무 조바심 낼 필요는 없습니다.

일치/불일치 판단은 문제를 풀 때 가장 중요한 과정입니다. 어떤 문제가 복잡하든 간단하든 → 우리의 사고 과정을 지나면 → 일치/불일치의 초보적인 판단만이 남기 때문입니다. 쉽게 말하면 복잡한 함정을 걸어 내고 최종적으로 답을 고르는 순간에 마지막으로 '일치/불일치 판단'을 하게 됩니다.

기초적인 일치/불일치 판단부터 시작하기 위해 다음의 예시를 함께 생각해 봅시다.

〈보기〉의 낱말에 사용되지 <u>않은</u> 철자는? | 08 수능 아랍어 문제 |

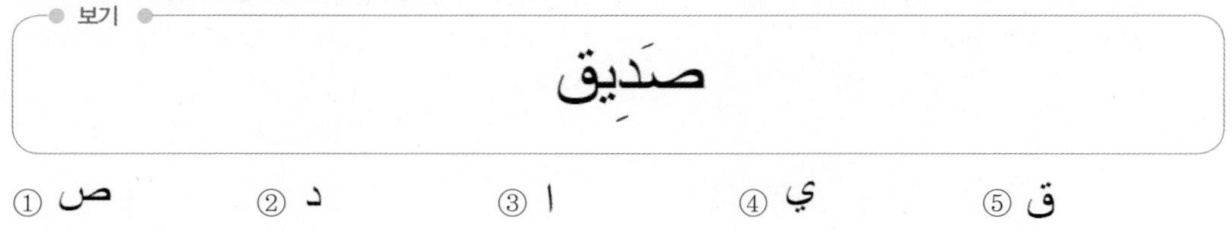

① ص ② د ③ ا ④ ي ⑤ ق

대개의 학생들은 아랍어를 공부한 적이 없지만 이 문제는 오로지 시각적 판독만으로도 답을 고를 수 있습니다. 물론 아랍어를 알고 있다면 좀 더 쉽게 풀 수 있겠으나, 아랍어를 알든 모르든 결국 최종적으로는 눈을 통해 어떤 형태를 받아들이고 선택지와 하나씩 맞춰 보는 과정을 거치게 됩니다. 이 과정이 일치/불일치 판단입니다. 이 문제를 풀 때 어떤 의미를 이해한다든지 하는 과정이 필요하지는 않습니다.(물론 의미를 이해하고 있다면 훨씬 풀기 쉬워지겠죠?) 퍼즐을 찾아서 끼워 맞추는 것과 특별히 다를 게 없습니다. 과연 우리가 공부하는 국어영역도 이렇게 단순한 것일까요? 다음 문제를 풀어 보고 다시 생각해 보도록 합시다.

002 실전문제풀이 **시범**

예제 · 01 07 수능

언어는 배우는 아이들이 있어야 지속된다. 그러므로 성인들만 사용하는 언어가 있다면 그 언어의 운명은 어느 정도 정해진 셈이다. 언어학자들은 이런 방식으로 추리하여 인류 역사에 드리워진 비극에 대해 경고한다. 한 언어학자는 현존하는 북미 인디언 언어의 약 80%인 150개 정도가 빈사 상태에 있다고 추정한다. 알래스카와 시베리아 북부에서는 기존 언어의 90%인 40개 언어, 중앙아메리카와 남아메리카에서는 23%인 160개 언어, 오스트레일리아에서는 90%인 225개 언어, 그리고 전 세계적으로는 기존 언어의 50%인 대략 3,000개의 언어들이 소멸해 가고 있다고 한다. 사용자 수가 10만 명을 넘는 약 600개의 언어들은 비교적 안전한 상태에 있지만, 세계 언어 수의 90%에 달하는 그 밖의 언어는 21세기가 끝나기 전에 소멸할지도 모른다.

언어가 이처럼 대규모로 소멸하는 원인은 중첩적이다. 토착 언어 사용자들의 거주지가 파괴되고, 종족 말살과 동화(同化) 교육이 이루어지며, 사용 인구가 급격히 감소하는 것 외에 '문화적 신경가스'라고 불리는 전자 매체가 확산되는 것도 그 원인이 된다. 물론 우리는 소멸을 강요하는 사회적, 정치적 움직임들을 중단시키는 한편, 토착어로 된 교육 자료나 문학 작품, 텔레비전 프로그램 등을 개발함으로써 언어 소멸을 어느 정도 막을 수 있다. 나아가 소멸 위기에 처한 언어라도 20세기의 히브리어처럼 지속적으로 공식어로 사용할 의지만 있다면 그 언어를 부활시킬 수도 있다.

합리적으로 보자면, 우리가 지구상의 모든 동물이나 식물 종들을 보존할 수 없는 것처럼 모든 언어를 보존할 수는 없으며, 어쩌면 그래서는 안 되는지도 모른다. 여기에는 도덕적이고 현실적인 문제들이 얽혀 있기 때문이다. 어떤 언어 공동체가 경제적 발전을 보장해 주는 주류 언어로 돌아설 것을 선택할 때, 그 어떤 외부 집단이 이들에게 토착 언어를 유지하도록 강요할 수 있겠는가? 또한, 한 공동체 내에서 이질적인 언어가 사용되면 사람들 사이에 심각한 분열을 초래할 수도 있다. 그러나 이러한 문제가 있더라도 전 세계 언어의 50% 이상이 빈사 상태에 있다면 이를 그저 바라볼 수만은 없다.

왜 우리는 위험에 처한 언어에 관심을 가져야 하나? 언어적 다양성은 인류가 지닌 언어 능력의 범위를 보여 준다. 언어는 인간의 역사와 지리를 담고 있으므로 한 언어가 소멸한다는 것은 역사적 문서를 소장한 도서관 하나가 통째로 불타 없어지는 것과 비슷하다. 또 언어는 한 문화에서 시, 이야기, 노래가 존재하는 기반이 되므로, 언어의 소멸이 계속되어 소수의 주류 언어만 살아남는다면 이는 인류의 문화적 다양성까지 해치는 셈이 된다.

윗글의 내용과 일치하지 않는 것은?

① 언어의 소멸 가능성은 사용 인구의 수와 연관이 있다.
② 언어의 소멸은 토착 언어 사용자들의 거주지를 파괴한다.
③ 언어의 소멸에는 전자 매체도 영향을 미친다.
④ 언어의 소멸을 막으려는 노력은 도덕적인 문제와 연관될 수 있다.
⑤ 언어의 소멸은 문화의 손실을 가져온다.

※ 이제부터 해설이니 필히 문제를 푼 다음에 참고하도록 합니다.

각각의 선택지가 지문의 내용과 일치하는지 여부를 판단하는 방법은 아랍어 문제를 푸는 것과 다르지 않습니다. 다만 아랍어 문제와 비교하면 지문과 선택지가 좀 더 길다는 차이가 있습니다. 또한 선택지의 표현 그대로 지문에 제시된 것이 아니기 때문에 어느 정도는 생각하는 과정을 거쳐야 합니다.(가령 선택지에서 A였는데 지문에서 a라면 이 둘이 동일한지 생각해 봐야 합니다.) 따라서 효율적으로 문제를 풀기 위해 '근거 축소'가 필요합니다. ❶ 근거를 찾기 위해 우리가 다시 봐야 할 지문의 범위를 좁히고(축소), ❷ 복잡하게 생각하기보다 눈으로 찾아보면서 문제를 풀어야 합니다. '근거 축소'라는 것은 이후 더 자세히 배우겠지만, 다음 사례를 보면 어느 정도는 이해할 수 있습니다.

윗글의 내용과 일치하지 않는 것은?
① 언어의 소멸 가능성은 사용 인구의 수와 연관이 있다.
② 언어의 소멸은 토착 언어 사용자들의 거주지를 파괴한다.
③ 언어의 소멸에는 전자 매체도 영향을 미친다.
④ 언어의 소멸을 막으려는 노력은 도덕적인 문제와 연관될 수 있다.
⑤ 언어의 소멸은 문화의 손실을 가져온다.

선택지의 특정 부분에 밑줄을 그었습니다. 그 부분이 제가 생각하는 선택지의 핵심 키워드이기 때문입니다. 이렇게 하는 것은 추후 정·오답 판단을 정확하게 하기 위함입니다. 가령 선택지 ⑤가 윗글의 내용과 일치하는지 여부를 판단하는 것은 다음과 같은 순서를 따릅니다.

선택지 ⑤에서 중요한 키워드가 무엇일지 생각하며 '문화의 손실'에 밑줄로 표시

⬇

깊이 생각하는 것이 아니라, 읽어 둔 내용을 생각하며 시각적 활동만으로 지문을 통해 '문화', '손실'의 위치를 확인

⬇

찾은 부분만으로 판단이 어렵다면 앞뒤 1~2문장 정도를 더 보며 그 의미도 적절한지 확인

다시 한번 말하지만 처음에는 생각을 깊이 하면서 단어를 찾는 것이 아닙니다. 아랍어 단어 속에서 아랍어 철자를 찾듯이 온전히 시각적으로만 찾아야 합니다. 물론 '온전히 시각적'이라고 했으나, 실제 아랍어 철자를 찾는 것도 머리를 이용하는 활동인 것이 사실입니다. 국어영역 문제에서도 읽어 둔 지문 내용을 바탕으로 원하는 글자를 시각적으로 찾는 능력이 있어야 합니다. 기본적으로 이런 퍼즐 맞추기 식의 능력이 바탕이 되어야 이후 종합적인 사고력을 이용하여 더욱 빠르게 원하는 정보를 찾을 수 있습니다. 학생들마다 다양한 노하우가 있는데 소개하자면 다음과 같습니다.

글자를 좀 더 빨리 찾는 다양한 방법들

- 어떤 학생들은 단어를 하나의 그림처럼 인식해서 찾거나, '문화'라면 'ㅁㅎ'처럼 그 단어를 인식해서 숨은 그림을 찾는다고 합니다.
- 그리고 단순히 모양만을 찾기 위함이므로 글을 읽듯이 왼쪽에서 오른쪽으로 한 줄씩 보면서 찾는 것이 아니라 글 전체를 한 덩어리로 받아들여서 대각선으로 훑으며 그 단어를 찾는다는 사람들도 있습니다.
- 또한 마음속으로 문장을 발음하면서 찾기보다는 그런 과정 없이 그 형태 자체를 받아들이는 것이 좀 더 효율적이라는 의견도 있습니다.

(학생들마다 각기 의견이 다르니 다양한 방법들을 시도하면서 자신에게 가장 잘 맞는 방법을 택하는 것이 좋겠습니다.)

아랍어 문제를 다시 생각해 보면, 아랍어를 아예 모르는 것이 오히려 좀 더 '시각적인' 문자 검색을 가능하게 합니다. 그러나 우리는 이미 한글을 알고 있기 때문에 분명 특정 단어를 찾으면서 눈과 머리가 함께 움직이게 됩니다. 아무런 생각을 하지 않고 시각적으로만 글자를 찾기는 어렵습니다. 다만 스스로 복잡하게 생각하는 것을 제한할 수 있다면 더 빠르게 글자를 찾을 수 있습니다. 학생들을 만나 본 결과, 원하는 정보를 빠르게 잘 찾지 못하는 학생들은 대개는 여러 가지 생각이 많았습니다. 그런데 처음에는 전혀 그럴 필요가 없습니다. 어느 순간에는 사고 과정을 통해 의미를 판단해야 하는 경우도 있지만, 그것은 일단 시각적으로 글자를 잘 찾을 수 있는 능력을 갖춘 후의 문제입니다.

지문 독해

언어는 배우는 아이들이 있어야 지속된다. 그러므로 성인들만 사용하는 언어가 있다면 그 언어의 운명은 어느 정도 정해진 셈이다. 언어학자들은 이런 방식으로 추리하여 인류 역사에 드리워진 비극에 대해 경고한다. 한 언어학자는 현존하는 북미 인디언 언어의 약 80%인 150개 정도가 빈사 상태에 있다고 추정한다. 알래스카와 시베리아 북부에서는 기존 언어의 90%인 40개 언어, 중앙아메리카와 남아메리카에서는 23%인 160개 언어, 오스트레일리아에서는 90%인 225개 언어, 그리고 전 세계적으로는 기존 언어의 50%인 대략 3,000개의 언어들이 소멸해 가고 있다고 한다. 사용자 수가 10만 명을 넘는 약 600개의 언어들은 비교적 안전한 상태에 있지만, 세계 언어 수의 90%에 달하는 그 밖의 언어는 21세기가 끝나기 전에 소멸할지도 모른다.

언어가 이처럼 대규모로 소멸하는 원인은 중첩적이다. 토착 언어 사용자들의 거주지가 파괴되고, 종족 말살과 동화(同化) 교육이 이루어지며, 사용 인구가 급격히 감소하는 것 외에 '문화적 신경가스'라고 불리는 전자 매체가 확산되는 것도 그 원인이 된다. 물론 우리는 소멸을 강요하는 사회적, 정치적 움직임들을 중단시키는 한편, 토착어로 된 교육 자료나 문학 작품, 텔레비전 프로그램 등을 개발함으로써 언어 소멸을 어느 정도 막을 수 있다. 나아가 소멸 위기에 처한 언어라도 20세기의 히브리어처럼 지속적으로 공식어로 사용할 의지만 있다면 그 언어를 부활시킬 수도 있다.

합리적으로 보자면, 우리가 지구상의 모든 동물이나 식물 종들을 보존할 수 없는 것처럼 모든 언어를 보존할 수는 없으며, 어쩌면 그래서는 안 되는지도 모른다. 여기에는 도덕적이고 현실적인 문제들이 얽혀 있기 때문이다. 어떤 언어 공동체가 경제적 발전을 보장해 주는 주류 언어로 돌아설 것을 선택할 때, 그 어떤 외부 집단이 이들에게 토착 언어를 유지하도록 강요할 수 있겠는가? 또한, 한 공동체 내에서 이질적인 언어가 사용되면 사람들 사이에 심각한 분열을 초래할 수도 있다. 그러나 이러한 문제가 있더라도 전 세계 언어의 50% 이상이 빈사 상태에 있다면 이를 그저 바라볼 수만은 없다.

왜 우리는 위험에 처한 언어에 관심을 가져야 하나? 언어적 다양성은 인류가 지닌 언어 능력의 범위를 보여 준다. 언어는 인간의 역사와 지리를 담고 있으므로 한 언어가 소멸한다는 것은 역사적 문서를 소장한 도서관 하나가 통째로 불타 없어지는 것과 비슷하다. 또 언어는 한 문화에서 시, 이야기, 노래가 존재하는 기반이 되므로, 언어의 소멸이 계속되어 소수의 주류 언어만 살아남는다면 이는 인류의 문화적 다양성까지 해치는 셈이 된다.

'문화' 자체는 글에서 여러 번 언급됩니다. 따라서 '문화'라는 단어 주위의 문장들을 통해 의미를 판단하고 선택지와 일치하는지 살펴볼 차례입니다.

확인된 범위에서 이제 시각뿐만 아니라 의미로도 접근하면서 일치 여부를 확인하는 단계. 실제 '문화의 손실'이 명시적으로 드러나 있지 않은 경우에는 의미적으로 접근하여 확인해야 합니다.

언어의 소멸이 문화의 손실을 가져오는지 판단해야 합니다. '언어의 소멸'을 찾기보다는 '문화의 손실'을 우선적으로 찾아 확인해야 합니다. 왜 '언어의 소멸'보다 '문화의 손실'을 먼저 찾아야 하는 것일까요? 가령 우리가 '엔진 고장'에 대한 내용을 인터넷을 통해 찾아본다고 생각해 봅시다. 딱 두 글자만 입력할 수 있다면 '엔진'을 입력해야 할까요? 아니면 '고장'을 입력해야 할까요? 분명 '엔진'을 입력해야 합니다. 왜냐하면 '엔진'으로 검색했을 때 나오는 결과가 '고장'으로 검색했을 때 나오는 결과보다 좀 더 좁은 범위이기 때문입니다. 만약 '고장'을 검색한다면 세상 모든 물건들의 고장이 다 나와서 우리가 원하는 엔진에 대한 고장을 찾기가 어려울 것입니다.

지문에서 원하는 내용을 찾을 때도 '엔진 고장'에서 '엔진'을 찾는 것처럼 해야 합니다. 지문 전체에서 '언어의 소멸'을 다루고 있기 때문에 '문화의 손실'이 좀 더 구체적이고 부분적인 내용이 됩니다. 그렇기 때문에 우선 '문화의 손실'을 확인해야 바람직합니다. '문화의 손실'이라는 것은 어떤 의미일지 잘은 몰라도 '문화가 사라지거나 없어지거나 그와 유사한 것'이라고 추측할 수 있겠죠.

언어가 이처럼 대규모로 소멸하는 원인은 중첩적이다. 토착 언어 사용자들의 거주지가 파괴되고, 종족 말살과 동화(同化) 교육이 이루어지며, 사용 인구가 급격히 감소하는 것 외에 '문화적 신경가스'라고 불리는 전자 매체가 확산되는 것도 그 원인이 된다. 물론 우리는 소멸을 강요하는 사회적, 정치적 움직임들을 중단시키는 한편, 토착어로 된 교육 자료나 문학 작품, 텔레비전 프로그램 등을 개발함으로써 언어 소멸을 어느 정도 막을 수 있다. 나아가 소멸 위기에 처한 언어라도 20세기의 히브리어처럼 지속적으로 공식어로 사용할 의지만 있다면 그 언어를 부활시킬 수도 있다.

◎ 문화의 손실에 관한 내용이 아니죠?

왜 우리는 위험에 처한 언어에 관심을 가져야 하나? 언어적 다양성은 인류가 지닌 언어 능력의 범위를 보여 준다. 언어는 인간의 역사와 지리를 담고 있으므로 한 언어가 소멸한다는 것은 역사적 문서를 소장한 도서관 하나가 통째로 불타 없어지는 것과 비슷하다. 또 언어는 한 문화에서 시, 이야기, 노래가 존재하는 기반이 되므로, 언어의 소멸이 계속되어 소수의 주류 언어만 살아남는다면 이는 인류의 문화적 다양성까지 해치는 셈이 된다.

◎ 찾아낸 '문화'를 중심으로 해서 그 앞뒤로 범위를 확장하며 의미를 추적해 봅시다. 그 앞에는 "언어가 소멸한다는 것은 역사적 문서를 소장한 도서관 하나가 통째로 불타 없어지는 것과 비슷", 그 뒤에는 "언어의 소멸이 계속되어 소수의 주류 언어만 살아남는다면 이는 인류의 문화적 다양성까지 해치는 셈"이라고 하여 언어의 소멸로 인해 문화의 손실이 일어나게 된다는 것을 판단할 수 있습니다.

이와 같이 선택지의 내용이 지문과 일치하는지 확인할 수 있습니다. 우선 해당 단어가 쓰인 문장을 중심으로 앞뒤부터 확인하면서 범위를 넓혀 가는 방식으로 근거를 추적합니다. 복잡하게 생각하는 것이 아니라, 시각적으로 단어를 찾고 근거를 추적하는 기계적인 과정입니다. 실제 문제를 통해 확인하면서 몇 번만 연습하면 금방 익숙해지리라 생각합니다. 다시 한번 정리해 봅시다.

❶ 판단하게 될 선택지의 핵심 키워드를 강조합니다('문화의 손실').
❷ 지문을 검색하며 원하는 단어를 찾습니다. 이때 무엇을 먼저 찾아야 할지 결정합니다('언어의 소멸'보다는 '문화의 손실').
❸ 일치하는 단어가 있다면 그 앞뒤로 적절히 확장하여 근거를 찾고자 하는 기본 구역을 설정합니다('문화의 손실'의 앞뒤로 적절히 1~2문장 정도를 선택).
❹ 최종적인 판단 범위를 적절히 제한하여 근거를 찾고 정확한 판단이 가능하게 하는 것입니다(선택한 범위에서 '언어의 소멸이 문화의 손실을 가져오는지' 판단).

계속 언급하게 될 '근거 축소'는 위 ❷, ❸의 과정입니다. 분명 우리는 선택지의 키워드를 '지문에서 찾아야 하고(❷) 찾은 이후의 판단은 적절한 범위를 설정하여(❸)' 문제를 해결하고자 하였습니다. 최종적인 판단을 할 범위를 적절히 제한하여 정확하게 판단해 보는 것입니다.

그런데 제가 만나 본 많은 학생들은 먼저 선택지에서 무엇을 강조해야 할지부터 모르는 경우가 많았습니다. 이 부분은 어떤 논리적인 연습을 통해서 해당 선택지에서 무엇이 핵심이고 어떤 것을 찾아야 가장 효율적일지 생각해 볼 수 있어야 합니다.

윗글의 내용과 일치하지 않는 것은?
① 언어의 소멸 가능성은 사용 인구의 수와 연관이 있다.
② 언어의 소멸은 토착 언어 사용자들의 거주지를 파괴한다.
③ 언어의 소멸에는 전자 매체도 영향을 미친다.
④ 언어의 소멸을 막으려는 노력은 도덕적인 문제와 연관될 수 있다.
⑤ 언어의 소멸은 문화의 손실을 가져온다.

상당수의 학생이 이런 식으로 시험지에 표시하고는 합니다. 그러나 이렇게 표시하면 아무런 도움이 안 됩니다. 이렇게 하면 지문에서 '언어의 소멸'이라는 큰 흐름을 인지하는 데 도움이 될 수 있겠지만 답을 찾을 때 효과적이지 못합니다. 불필요하게 문제에 표시하는 시간만 더 드는 셈입니다.

답 ②

1 국가, 지방 자치 단체와 같은 행정 주체가 행정 목적을 실현하기 위해 국민의 권리를 제한하거나 국민에게 의무를 부과하는 '행정 규제'는 국회가 제정한 법률에 근거해야 한다. 그러나 국회가 아니라, 대통령을 수반으로 하는 행정부나 지방 자치 단체와 같은 행정 기관이 제정한 법령인 행정입법에 의한 행정 규제의 비중이 커지고 있다. 드론과 관련된 행정 규제 사항들처럼, 첨단 기술과 관련되거나, 상황 변화에 즉각 대처해야 하거나, 개별적 상황을 반영하여 규제를 달리해야 하는 행정 규제 사항들이 늘어나고 있기 때문이다. 행정 기관은 국회에 비해 이러한 사항들을 다루기에 적합하다.

2 행정입법의 유형에는 위임명령, 행정규칙, 조례 등이 있다. 헌법에 따르면, 국회는 행정 규제 사항에 관한 법률을 제정할 때 특정한 내용에 관한 입법을 행정부에 위임할 수 있다. 이에 따라 제정된 행정입법을 위임명령이라고 한다. 위임명령은 제정 주체에 따라 대통령령, 총리령, 부령으로 나누어진다. 이들은 모두 국민에게 적용되기 때문에 입법예고, 공포 등의 절차를 거쳐야 한다. 위임명령은 입법부인 국회가 자신의 권한의 일부를 행정부에 맡겼기 때문에 정당화될 수 있다. 그래서 특정한 행정 규제의 근거 법률이 위임명령으로 제정할 사항의 범위를 정하지 않은 채 위임하는 포괄적 위임은 헌법상 삼권 분립 원칙에 저촉된다. 위임된 행정 규제 사항의 대강을 위임 근거 법률의 내용으로부터 예측할 수 있어야 한다는 것이다. 다만 행정 규제 사항의 첨단 기술 관련성이 클수록 위임 근거 법률이 위임할 수 있는 사항의 범위가 넓어진다. 한편, 위임명령이 법률로부터 위임받은 범위를 벗어나서 제정되거나, 위임 근거 법률이 사용한 어구의 의미를 확대하거나 축소하여 제정되어서는 안 된다. 위임명령이 이러한 제한을 위반하여 제정되면 효력이 없다.

3 행정규칙은 원래 행정부의 직제나 사무 처리 절차에 관한 행정입법으로서 고시(告示), 예규 등이 여기에 속한다. 일반 국민에게는 직접 적용되지 않기 때문에, 법률로부터 위임받지 않아도 유효하게 제정될 수 있고 위임명령 제정 시와 동일한 절차를 거칠 필요가 없다. 그러나 행정 규제 사항에 관하여 행정규칙이 제정되는 예외적인 경우도 있다. 위임된 사항이 첨단 기술과의 관련성이 매우 커서 위임명령으로는 대응하기 어려워 불가피한 경우, 위임 근거 법률이 행정입법의 제정 주체만 지정하고 행정입법의 유형을 지정하지 않았다면 위임된 사항이 고시나 예규로 제정될 수 있다. 이런 경우의 행정규칙은 위임명령과 달리, 입법예고, 공포 등을 거치지 않고 제정된다.

4 조례는 지방 의회가 제정하는 행정입법으로 지역의 특수성을 반영하여 제정되고 지역에서 발생하는 사안에 대해 적용된다. 제정 주체가 지방 자치 단체의 기관인 지방 의회라는 점에서 행정부에서 제정하는 위임명령, 행정규칙과 구별된다. 조례도 행정 규제 사항을 규정하려면 법률의 위임에 근거해야 한다. 또한 법률로부터 포괄적 위임을 받을 수 있지만 위임 근거 법률이 사용한 어구의 의미를 다르게 사용할 수 없다. 조례는 입법예고, 공포 등의 절차를 거쳐 제정된다.

윗글의 내용과 일치하는 것은?

① 행정입법에 속하는 법령들은 제정 주체가 동일하다.

② 행정입법에 속하는 법령들은 모두 개별적 상황과 지역의 특수성을 반영한다.

③ 행정입법에 속하는 법령들은 모두 정당성을 확보하기 위하여 국회의 위임에 근거한다.

④ 행정 규제 사항에 적용되는 행정입법은 모두 포괄적 위임이 금지되어 있다.

⑤ 행정부가 국회보다 신속히 대응할 수 있는 행정 규제 사항은 행정입법의 대상으로 적합하다.

※ 이제부터 해설이니 필히 문제를 푼 다음에 참고하도록 합니다.

우선 선택지 중 지문에서 확인해야 할 키워드를 찾아 표시해 둡니다. 그 다음 선택지에 표시한 키워드를 중심으로 지문을 검색하여 해당 부분을 찾아 일치 여부를 확인합니다.

① 행정입법에 속하는 법령들은 제정 주체가 동일하다.

1-2 그러나 국회가 아니라, 대통령을 수반으로 하는 행정부나 지방 자치 단체와 같은 행정 기관이 제정한 법령인 행정입법에 의한 행정 규제의 비중이 커지고 있다.

4-2 제정 주체가 지방 자치 단체의 기관인 지방 의회라는 점에서 행정부에서 제정하는 위임명령, 행정규칙과 구별된다.

○ 행정입법에는 다양한 제정 주체가 있습니다.

② 행정입법에 속하는 법령들은 모두 개별적 상황과 지역의 특수성을 반영한다.

1-3 드론과 관련된 행정 규제 사항들처럼, 첨단 기술과 관련되거나, 상황 변화에 즉각 대처해야 하거나, 개별적 상황을 반영하여 규제를 달리해야 하는 행정 규제 사항들이 늘어나고 있기 때문이다.

4-1 조례는 지방 의회가 제정하는 행정입법으로 지역의 특수성을 반영하여 제정되고 지역에서 발생하는 사안에 대해 적용된다.

○ 개별적 상황이나 지역의 특수성을 반영하는 행정입법은 일부분입니다.

③ 행정입법에 속하는 법령들은 모두 정당성을 확보하기 위하여 국회의 위임에 근거한다.

1-1 국가, 지방 자치 단체와 같은 행정 주체가 행정 목적을 실현하기 위해 국민의 권리를 제한하거나 국민에게 의무를 부과하는 '행정 규제'는 국회가 제정한 법률에 근거해야 한다.

3-2 일반 국민에게는 직접 적용되지 않기 때문에, 법률로부터 위임받지 않아도 유효하게 제정될 수 있고 위임명령 제정 시와 동일한 절차를 거칠 필요가 없다.

○ 행정규칙과 같이 법률의 위임 없이 제정되는 행정입법도 있습니다.

④ 행정 규제 사항에 적용되는 행정입법은 모두 포괄적 위임이 금지되어 있다.

4-3 조례도 행정 규제 사항을 규정하려면 법률의 위임에 근거해야 한다. 또한 법률로부터 포괄적 위임을 받을 수 있지만 위임 근거 법률이 사용한 어구의 의미를 다르게 사용할 수 없다.

◎ 조례도 행정입법에 해당하며 행정 규제 사항을 규정할 수 있습니다. 다만 포괄적 위임을 받을 수 있다고 설명합니다.

⑤ 행정부가 국회보다 신속히 대응할 수 있는 행정 규제 사항은 행정입법의 대상으로 적합하다.

1-2 그러나 국회가 아니라, 대통령을 수반으로 하는 행정부나 지방 자치 단체와 같은 행정 기관이 제정한 법령인 행정입법에 의한 행정 규제의 비중이 커지고 있다. 드론과 관련된 행정 규제 사항들처럼, 첨단 기술과 관련되거나, 상황 변화에 즉각 대처해야 하거나, 개별적 상황을 반영하여 규제를 달리해야 하는 행정 규제 사항들이 늘어나고 있기 때문이다. 행정 기관은 국회에 비해 이러한 사항들을 다루기에 적합하다.

◎ 상황 변화에 즉각 대처해야 하는 사항들은 행정 기관이 국회보다 신속하게 대응할 수 있습니다. 신속하게 대응할 수 있다고 지문에 직접적으로 나오지는 않지만, 행정 기관이 국회에 비해 상황 변화에 즉각 대처해야 되는 사항을 다루기에 적합하다는 설명을 통해 어렵지 않게 확인할 수 있습니다.

답 ⑤

003 유제 ◉ 실전 연습

유제 • 01

◎ 17 6월 평가원모의 | 풀이 P. 2

인간의 신경 조직을 수학적으로 모델링하여 컴퓨터가 인간처럼 기억·학습·판단할 수 있도록 구현한 것이 인공 신경망 기술이다. 신경 조직의 기본 단위는 뉴런인데, 인공 신경망에서는 뉴런의 기능을 수학적으로 모델링한 퍼셉트론을 기본 단위로 사용한다.

퍼셉트론은 입력값들을 받아들이는 여러 개의 입력 단자와 이 값을 처리하는 부분, 처리된 값을 내보내는 한 개의 출력 단자로 구성되어 있다. 퍼셉트론은 각각의 입력 단자에 할당된 가중치를 입력값에 곱한 값들을 모두 합하여 가중합을 구한 후, 고정된 임계치보다 가중합이 작으면 0, 그렇지 않으면 1과 같은 방식으로 출력값을 내보낸다.

이러한 퍼셉트론은 출력값에 따라 두 가지로만 구분하여 입력값들을 판정할 수 있을 뿐이다. 이에 비해 복잡한 판정을 할 수 있는 인공 신경망은 다수의 퍼셉트론을 여러 계층으로 배열하여 한 계층에서 출력된 신호가 다음 계층에 있는 모든 퍼셉트론의 입력 단자에 입력값으로 입력되는 구조로 이루어진다. 이러한 인공 신경망에서 가장 처음에 입력값을 받아들이는 퍼셉트론들을 입력층, 가장 마지막에 있는 퍼셉트론들을 출력층이라고 한다.

어떤 사진 속 물체의 색깔과 형태로부터 그 물체가 사과인지 아닌지를 구별할 수 있도록 인공 신경망을 학습시키는 경우를 생각해 보자. 먼저 학습을 위한 입력값들 즉 학습 데이터를 만들어야 한다. 학습 데이터를 만들기 위해서는 사과 사진을 준비하고 사진에 나타난 특징인 색깔과 형태를 수치화해야 한다. 이 경우 색깔과 형태라는 두 범주를 수치화하여 하나의 학습 데이터로 묶은 다음, '정답'에 해당하는 값과 함께 학습 데이터를 인공 신경망에 제공한다. 이때 같은 범주에 속하는 입력값은 동일한 입력 단자를 통해 들어가도록 해야 한다. 그리고 사과 사진에 대한 학습 데이터를 만들 때에 정답인 '사과이다'에 해당하는 값을 '1'로 설정하였다면 출력값 '0'은 '사과가 아니다'를 의미하게 된다.

인공 신경망의 작동은 크게 학습 단계와 판정 단계로 나뉜다. 학습 단계는 학습 데이터를 입력층의 입력 단자에 넣어 주고 출력층의 출력값을 구한 후, 이 출력값과 정답에 해당하는 값의 차이가 줄어들도록 가중치를 갱신하는 과정이다. 어떤 학습 데이터가 주어지면 이때의 출력값을 구하고 학습 데이터와 함께 제공된 정답에 해당하는 값에서 출력값을 뺀 값 즉 오찻값을 구한다. 이 오찻값의 일부가 출력층의 출력 단자에서 입력층의 입력 단자 방향으로 되돌아가면서 각 계층의 퍼셉트론별로 출력 신호를 만드는 데 관여한 모든 가중치들에 더해지는 방식으로 가중치들이 갱신된다. 이러한 과정을 다양한 학습 데이터에 대하여 반복하면 출력값들이 각각의 정답값에 수렴하게 되고 판정 성능이 좋아진다. 오찻값이 0에 근접하게 되거나 가중치의 갱신이 더 이상 이루어지지 않게 되면 학습 단계를 마치고 판정 단계로 전환한다. 이때 판정의 오류를 줄이기 위해서는 학습 단계에서 대상들의 변별적 특징이 잘 반영되어 있는 서로 다른 학습 데이터를 사용하는 것이 좋다.

01 **윗글에 대한 이해로 적절하지 않은 것은?**

① 퍼셉트론의 출력 단자는 하나이다.
② 출력층의 출력값이 정답에 해당하는 값과 같으면 오찻값은 0이다.
③ 입력층 퍼셉트론에서 출력된 신호는 다음 계층 퍼셉트론의 입력값이 된다.
④ 퍼셉트론은 인간의 신경 조직의 기본 단위의 기능을 수학적으로 모델링한 것이다.
⑤ 가중치의 갱신은 입력층의 입력 단자에서 출력층의 출력 단자 방향으로 진행된다.

유제 · 02 23 수능 | 풀이 P. 2

법령의 조문은 대개 'A에 해당하면 B를 해야 한다.'처럼 요건과 효과로 구성된 조건문으로 규정된다. 하지만 그 요건이나 효과가 항상 일의적인 것은 아니다. 법조문에는 구체적 상황을 고려해야 그 상황에 맞는 진정한 의미가 파악되는 불확정 개념이 사용될 수 있기 때문이다. 개인 간 법률관계를 규율하는 민법에서 불확정 개념이 사용된 예로 '손해 배상 예정액이 부당히 과다한 경우에는 법원은 적당히 감액할 수 있다.'라는 조문을 들 수 있다. 이때 법원은 요건과 효과를 재량으로 판단할 수 있다. 손해 배상 예정액은 위약금의 일종이며, 계약 위반에 대한 제재인 위약벌도 위약금에 속한다. 위약금의 성격이 둘 중 무엇인지 증명되지 못하면 손해 배상 예정액으로 다루어진다.

채무자의 잘못으로 계약 내용이 실현되지 못하여 계약 위반이 발생하면, 이로 인해 손해를 입은 채권자가 손해 액수를 증명해야 그 액수만큼 손해 배상금을 받을 수 있다. 그러나 손해 배상 예정액이 정해져 있었다면 채권자는 손해 액수를 증명하지 않아도 손해 배상 예정액만큼 손해 배상금을 받을 수 있다. 이때 손해 액수가 얼마로 증명되든 손해 배상 예정액보다 더 받을 수는 없다. 한편 위약금이 위약벌임이 증명되면 채권자는 위약벌에 해당하는 위약금을 받을 수 있고, 손해 배상 예정액과는 달리 법원이 감액할 수 없다. 이때 채권자가 손해 액수를 증명하면 손해 배상금도 받을 수 있다.

불확정 개념은 행정 법령에도 사용된다. 행정 법령은 행정청이 구체적 사실에 대해 행하는 법 집행인 행정 작용을 규율한다. 법령상 요건이 충족되면 그 효과로서 행정청이 반드시 해야 하는 특정 내용의 행정 작용은 기속 행위이다. 반면 법령상 요건이 충족되더라도 그 효과인 행정 작용의 구체적 내용을 고를 수 있는 재량이 행정청에 주어져 있을 때, 이러한 재량을 행사하는 행정 작용은 재량 행위이다. 법령에서 불확정 개념이 사용되면 이에 근거한 행정 작용은 대개 재량 행위이다.

행정청은 재량으로 재량 행사의 기준을 명확히 정할 수 있는데 이 기준을 재량 준칙이라 한다. 재량 준칙은 법령이 아니므로 재량 준칙대로 재량을 행사하지 않아도 근거 법령 위반은 아니다. 다만 특정 요건하에 재량 준칙대로 특정한 내용의 적법한 행정 작용이 반복되어 행정 관행이 생긴 후에는, 같은 요건이 충족되면 행정청은 동일한 내용의 행정 작용을 해야 한다. 행정청은 평등 원칙을 지켜야 하기 때문이다.

02 윗글의 내용과 일치하지 않는 것은?

① 법령의 요건과 효과에는 모두 불확정 개념이 사용될 수 있다.
② 법원은 불확정 개념이 사용된 법령을 적용할 때 재량을 행사할 수 있다.
③ 불확정 개념이 사용된 법령의 진정한 의미를 이해하려면 구체적 상황을 고려해야 한다.
④ 불확정 개념이 사용된 행정 법령에 근거한 행정 작용은 재량 행위인 경우보다 기속 행위인 경우가 많다.
⑤ 불확정 개념은 행정청이 행하는 법 집행 작용을 규율하는 법령과 개인 간의 계약 관계를 규율하는 법률에 모두 사용된다.

유제 • 03

◎ 12 6월 평가원모의 | 풀이 P. 3

1883년 백열전구를 개발하고 있던 에디슨은 우연히 진공에서 전류가 흐르는 현상을 발견했다. 이것은 플레밍이 2극 진공관을 발명하는 토대가 되었다. 2극 진공관은 진공 상태의 유리관과 그 속에 들어 있는 필라멘트와 금속판으로 이루어져 있다. 진공관 내부의 필라멘트는 고온으로 가열되면 표면에서 전자(−)가 방출된다. 이때 금속판에 (+)전압을 걸어 주면 전류가 흐르고, 반대로 금속판에 (−)전압을 걸어 주면 전류가 흐르지 않게 된다. 이렇게 전류를 한 방향으로만 흐르게 하는 작용을 정류라 한다. 이후 개발된 3극 진공관은 2극 진공관의 필라멘트와 금속판 사이에 '그리드'라는 전극을 추가한 것으로, 그리드의 전압을 약간만 변화시켜도 필라멘트와 금속판 사이의 전류를 큰 폭으로 변화시킬 수 있었다. 이것이 3극 진공관의 증폭 기능이다.

진공관의 개발은 라디오, 텔레비전, 컴퓨터의 출현 및 발전에 지대한 역할을 하였으나 진공관 자체는 문제가 많았다. 진공관은 부피가 컸으며, 유리관은 깨지기 쉬웠고, 필라멘트는 예열이 필요하고 끊어지기도 쉬웠다. 그러다가 1940년대에 이르러 게르마늄(Ge)과 규소(Si)에 불순물을 첨가하면 전류가 잘 흐르게 된다는 사실을 과학자들이 발견하게 되면서 문제 해결의 계기가 마련되었다. 순수한 규소는 원자의 결합에 관여하는 전자인 최외각 전자가 4개이며 최외각 전자들은 원자에 속박되어 있어 전류가 흐르기 힘들다. 그러나 그림 (가)와 같이 최외각 전자가 5개인 비소(As)를 규소에 소량 첨가하면 결합에 참여하지 않는 1개의 잉여 전자가 전류를 더 잘 흐르게 해 준다. 이를 n형 반도체라고 한다.

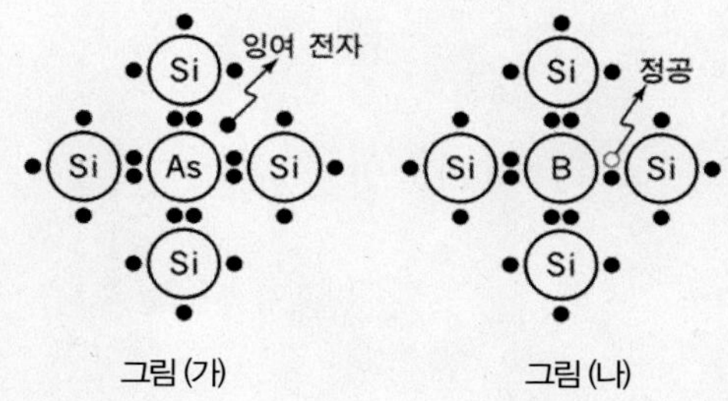

그림 (가) 그림 (나)

한편 그림 (나)와 같이 규소에 최외각 전자가 3개인 붕소(B)를 소량 첨가하면 빈자리인 정공(+)이 생기게 된다. 이 정공은 자유롭게 움직일 수 있어 전류를 더 잘 흐르게 해 준다. 이를 p형 반도체라고 한다.

p형과 n형 반도체를 각각 하나씩 접합하여 pn 접합 소자* 를 만들면 이 소자는 정류 기능을 할 수 있다. 즉 p형에 (+)전압을, n형에 (−)전압을 걸어 주면 전류가 흐르는 반면, 이와 반대로 전압을 걸어 주면 전류가 거의 흐르지 않는다. 한편 n형이나 p형을 3개 접합하면 트랜지스터라 불리는 pnp 혹은 npn 접합 소자를 만들 수 있다. 이때 가운데 위치한 반도체가 진공관의 그리드와 같은 역할을 하여 트랜지스터는 증폭 기능을 한다. 이렇듯 반도체 소자는 진공을 만들거나 필라멘트를 가열하지 않고도 진공관의 기능을 대체했을 뿐 아니라 소형화도 이룰 수 있었다. 이로써 전자 공학 기술의 비약적 발전이 가능해졌다.

* **소자** : 독립된 고유의 기능을 가진 낱낱의 부품

---

03 윗글의 내용과 일치하지 <u>않는</u> 것은?

① pnp 접합 소자는 그리드를 사용한다.
② 진공관은 컴퓨터의 출현에 기여하였다.
③ 2극 진공관은 3극 진공관보다 먼저 출현하였다.
④ pn 접합 소자는 2극 진공관과 같이 정류 기능을 한다.
⑤ 진공관 내의 필라멘트를 고온으로 가열하면 전자가 방출된다.

II

2단계 문제풀이 해법
: **조커 해결법**

● '조커 해결법'은 무엇인가요?

{Day 04} 조 : 조건 분석

{Day 05} 커 : 근거 축소

'조커 해결법'은 무엇인가요?

● 조커와는 무슨 관계가 있나요?

'조커'라고 하면 아마 의아하게 생각할 수 있습니다. '조커 해결법'에서의 '조커'는 배트맨 시리즈에 나오는 조커나 카드 게임에서 나오는 조커와는 아무런 관계가 없습니다(물론 최근에는 조커 영화도 화제가 되었었죠!). 조커 해결법은 국어영역 문제를 다루며 필요한 사고방식 단계를 공식처럼 정리한 것입니다. 복잡한 문제를 '일치/불일치 판단'까지 해체하는 방법을 간단하게 압축한 내용인데, 잘 배워 두면 문제 풀 때 고민하는 시간을 획기적으로 줄일 수 있습니다.

국어영역 문제풀이는 공통적으로 다음과 같은 과정으로 이루어집니다.

| 국어영역 공략도 |

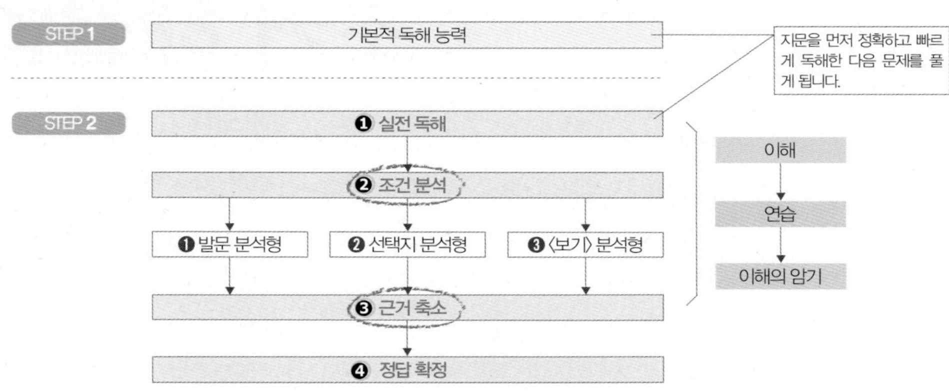

여기서 강조한 ❷와 ❸이 바로 조커 해결법을 적용하는 과정입니다. ❷ **'조건 분석'**과 ❷ **'근거 축소'**에서 한 글자씩 따오니까 '조거'가 되고, 이것을 좀 더 까칠하게 발음하면 '조커'가 됩니다. 막상 이 책을 보고 스스로 공부하는 과정에서는 배운 대로 연습하지 않는 학생들이 많습니다. 약간 유치한 측면이 있더라도 '조커'라고 하여 친숙한 이름을 붙여 놓으면, 여러분이 스스로 공부하면서도 금방 떠올리기 쉽지 않을까 하는 소망에서 그렇게 한 것입니다.

간단하게 조커 해결법이라는 것은, 문제에서 주어진 '조건'을 발견하고 그 조건을 통해 답이 나오는 '근거'를

George E. Coby

우리도 조커가 되어 어떤 어려운 문제라도 사뿐히 뛰어넘어 보자.

찾아서 최종적으로 정답을 확정하는 과정을 말합니다. 이것은 특별히 고안된 방법이 아니라 원리와 원칙에 입각해서 글을 읽고, 문제가 원하는 조건을 찾아서 선택지를 분석하는 방법을 쉽게 연습하도록 정리한 것입니다. 즉, **국어영역 고득점을 받는 학생들은 어떤 사고 과정을 거쳐 문제를 푸는지 단계적으로 나눠서 설명한 것**입니다. 고득점을 받고 싶으면 고득점을 받는 학생들을 따라 하는 것이 제일 쉬운 방법입니다.

공통 용어

31. ⓑ와 같은 사람의 태도로 보기 어려운 것은? #1

#2
① 휴양림을 늘 내 곁에 두고 보고 싶으니 집에 작은 정원을 만들어야겠어.
② 주말에 지리산에 갔는데 갈 때마다 모습도 다르고 느낌도 달라서 참 좋았어.
③ 가족 여행 때 다녀온 강릉 경포대의 진면목을 알려면 『관동별곡』을 읽어야 해.
④ 단풍은 설악산이 최고라 하니 단풍을 구경하려면 당연히 설악산으로 가야 해.
⑤ 내가 한라산을 가 보고 싶은 이유는 유명한 산악인들이 추천하는 명산이기 때문이야.

33. 윗글과 〈보기〉를 함께 읽은 후의 반응으로 적절하지 않은 것은? #1 〈11 수능〉

#3
〈보 기〉
보름달이 돌아오는 주기를 기준으로 하여 만든 역법인 음력에서는 30일과 29일이 든 달을 번갈아 써서, 평년은 한 해가 열두 달로 354일이다. 그런데 이것은 지구의 공전 주기와 많이 다르므로, 윤달을 추가하여 열세 달이 한 해가 되는 윤년을 대략 19년에 일곱 번씩 두게 된다. 전통적으로 동양에서는 이런 방식으로 역법을 만들고 대략 15일 간격의 24절기를 태양의 움직임에 따라 정해 놓음으로써 계절의 변화를 쉽게 알 수 있게 했다. 이러한 역법을 '태음태양력'이라고 한다.

#2
① 부활절을 정할 때는 음력처럼 달의 모양을 고려했군.
② 동서양 모두 역법을 만들기 위해 천체의 운행을 고려했군.
③ 서양의 태양력에서도 보름달이 돌아오는 주기를 고려했군.
④ 그레고리력의 1년은 태음태양력의 열두 달과 일치하지 않는군.
⑤ 윤달이 첨가된 태음태양력의 윤년은 율리우스력의 윤년보다 길겠군.

#1 발문 : 우리가 어떤 행동을 해야 하는지 알려 주는 부분입니다.
#2 선택지 : 정답의 후보들입니다.
#3 〈보기〉 : 주로 글로 제시되지만 그림이나 도표의 형태로 제시되기도 합니다.

'조커' 중 '조'는 '조건 분석'

우선 '조'에 해당하는 '조건 분석'의 개념을 알아봅시다. 문제풀이의 첫 단계는 주어진 문제 자체를 정확하게 분석하는 것입니다. 위에 소개한 공통 용어를 보면 알 수 있겠지만, 문제에서 주어지는 것은 발문과 선택지이고, 심화형의 경우 〈보기〉까지 추가로 주어집니다. 이 중 가장 **중요한 것은 발문**입니다. **발문을 통해 문제풀이의 방향을 잡아야** 합니다. 이는 어려운 일이 아닙니다. 왜냐하면 발문은 그 자체로 문제를 푸는 사람에게 어떤 행동을 하라고 지시하는 문장이기 때문입니다.

국어영역 공략도에서 살펴봤던 문제 푸는 순서를 다시 한번 떠올려 봅시다.

조건 분석 → 근거 축소 → 일치/불일치의 관점으로 돌아가서 정답 확정

위 문제풀이 순서에서 가장 핵심이 되는 것은 ❶ 발문을 분석하여 문제가 요구하는 조건을 발견하고(조건 분석), ❷ 일정한 범위의 지문 안에서 그 조건을 충족하는 근거를 찾는 것입니다(근거 축소). 우리는 이 과정을 줄여서 '조커'라고 부르기로 했습니다.

문제풀이 과정에서 이 ❶과 ❷의 과정을 정확하게 하는 것이 가장 중요합니다. 특히 ❶ 조건 분석, 즉 문제풀이의 첫 관문이 되는 **발문을 정확하게 파악하는 것이 빠르고 정확한 문제풀이를 가능**하게 합니다. 많은 학생들은 답을 고르다 헷갈릴 경우 선택지만 쳐다보며 고민하는 경향이 있습니다. 그러나 이미 리트머스 문제들에서 확인했듯이, 이런 경우에는 발문을 통해 이 문제를 풀 때 필요한 조건이 무엇인지를 다시 파악하는 것이 바람직합니다.

지금부터 발문을 주의 깊게 보도록 합시다. 아무리 지문을 완벽하게 이해했다고 하더라도 결국 문제의 답을 맞혀야만 득점할 수 있습니다. 발문을 분석함으로써 비로소 문제가 무엇을 요구하는지 파악하고 정답에 다가설 수 있습니다. '무엇을 요구하는지 파악'한다는 것은 '무엇에 집중해야 되는지' 정하는 것입니다.

발문을 통해서 무엇에 집중해야 하는지 살펴보면,

❶ 발문 그 자체에 주목해야 하는 경우 (발문 분석형)
❷ 선택지나 〈보기〉에 주목해야 하는 경우 (선택지 분석형, 〈보기〉 분석형)

이렇게 발문, 선택지, 〈보기〉 분석형 세 가지로 구분할 수 있습니다. ❶의 경우에는 발문에서 직접적으로 조건을 도출할 수 있습니다. 그렇지만 ❷의 경우에는 선택지나 〈보기〉에서 조건이 도출되기 때문에 주의해야 합니다. 최근 수능 시험에서는 한두 문제 차이로 등급이 갈리고 있어, 문제를 잘못 해석하면 생각하지도 못했던 등급을 받게 될 수 있습니다.

발문과 선택지, 〈보기〉를 파악하여 어디에서 근거를 찾아야 할지 경험적으로 배우는 과정이 바로 '기출문제 분석'입니다. 여러 연도의 기출문제를 통해 이 작업을 하다 보면 공통된 특징들을 발견할 수 있습니다. 이 책에서는 이런 공통된 특징들을 다루면서 연습할 것입니다.

'조커' 중 '커'는 '근거 축소'

이번에는 '커'에 해당하는 '근거 축소'라는 개념을 살펴봅니다. 조건 분석을 통해 문제가 무엇을 요구하는지 파악했다면, 그 요구를 충족시키기 위해서 어디를 눈여겨봐야 하는지 정하는 과정이 '근거 축소'입니다.

지문이나 주어진 문제, 〈보기〉 중에서 근거가 도출될 수 있는 테두리가 '근거 범위'가 됩니다. 이때 좀 더 효율적으로 근거를 찾을 수 있도록 그 범위를 축소하는 것을 '근거 축소'라고 합니다.

물론 근거 축소는 조건 분석과 연관되어 있기 때문에 정확하게 조건 분석을 하면 저절로 따라오는 것입니다. 그렇지만 매번 처음부터 문제를 분석하며 생각하는 일은 번거로울 수 있습니다. 또한 시간이 많이 드는 일이기도 합니다. 따라서 시험장에서 빠르고 정확하게 문제를 풀기 위해서는 미리 행동 수칙을 정해 놓는 것이 효과적입니다. 이를 위해 이 책에서는 기출문제 분석을 통해 알아낸 네 가지 사고 과정을 소개하고자 합니다.

사실적 사고 / 추론적 사고
부분적 사고 / 전체적 사고

위와 같이 각각 대비되는 사고의 영역이 있습니다. 이러한 사고 영역을 모른다고 문제를 못 푸는 것은 아니나, 이를 정확하게 이해하면 보다 빠르고 정확하게 문제에 접근할 수 있습니다. 다만 공부 순서상 '조건 분석' 이후에 '근거 축소'를 다루고자 하여, 자세한 내용은 나중에 다시 살펴보도록 하겠습니다.

다시 한번 생각해 봅시다

조건 분석 → 근거 축소

조커의 '조'는 '조건 분석'

조커의 '커'는 '근거 축소'

문제를 풀 때는 항상 '조커'로 푼다.

*** 많은 학생들이 문제 푸는 순서에 대해 질문합니다.**

이 책 80쪽 |국어영역 공략도|에서 보듯이, 실전 독해 이후 조건 분석, 근거 축소, 정답 확정의 과정을 거치게 됩니다. 쉽게 얘기하면 지문을 독해한 후, 문제에서 어떤 요구를 하는지 파악하여, 다시 지문에서 그것에 해당하는 근거를 발견하는 과정입니다.

물론 지문 독해 이전에 문제를 먼저 보는 학생들도 있습니다. 문제를 먼저 읽으면 지문에서 어떤 점을 중요하게 다룰지 파악이 되는 경우도 있기 때문입니다.

따라서 원칙적으로 지문 독해 이후 문제를 풀되, 개인 능력에 따라 문제를 먼저 보는 것이 익숙한 학생은 그렇게 푸는 것도 시도해 보시기 바랍니다.

Day 04

조 :
조건 분석

조건 분석을 통해서 문제가 우리에게 무엇을 요구하는지 파악할 수 있습니다. E. H. Carr는 역사란 '현재와 과거의 끊임없는 대화'라고 했습니다. 오늘은 문제, 그중에서도 발문과 끊임없이 대화하며 "나에게 무엇을 원하니?"라고 물어보는 시간입니다. 조건에 집중하다 보면 어느덧 정답이 손을 들고 우리를 부른다는 느낌을 받을 수 있습니다.

001 발문 **분석형**

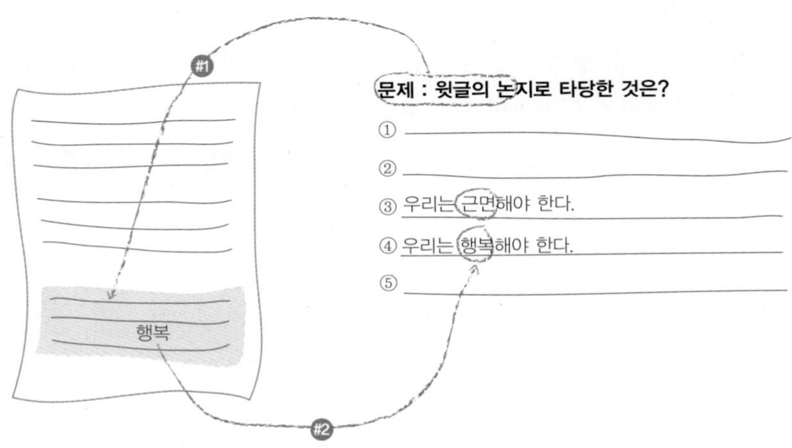

#1 발문에서 문제가 무엇을 요구하는지 파악할 수 있는 경우입니다. 이때는 발문의 요구대로 근거를 찾아봅니다. 제시된 사례에서는 글의 논지를 묻고 있습니다. 지문에서 논지는 마지막에 위치하고 있기 때문에 근거가 나올 수 있는 범위를 그 부분으로 축소하고 있습니다.

#2 축소된 근거에서 가장 핵심이 되는 키워드를 찾고, 이를 선택지와 대조하여 정답을 확정합니다.

'발문 분석형'이라는 것은 발문, 〈보기〉, 선택지 중 발문을 잘 해석해 내는 것이 문제풀이의 관건이 되는 문제 유형을 말합니다.

가령 다음과 같은 발문이 있다고 합시다.

(사례 ①) ㉯의 '사물놀이의 옹호자'가 ㉰의 '사물놀이에 대한 비판적 관점'을 반박할 때의 논거로서 적절하지 않은 것은?

우리가 결국 찾아야 할 것은 무엇인가? 사물놀이 옹호자의 의견인가?

① 예 ② 아니요

(사례 ①에 대한 변형 1) ㉯의 '사물놀이의 옹호자'가 ㉰의 '사물놀이에 대한 비판적 관점'을 반박할 때의 논거로서 적절하지 않은 것은?

이제 좀 더 명료하게 찾아야 할 것을 알 수 있습니다. 적어도 선택지 중에서 '사물놀이의 옹호자'의 의견은 배제해야 하는 것입니다. 이것을 일치/불일치로 바꿔 보면 어떻게 될까요?

(사례 ①에 대한 변형 2) ㉯의 '사물놀이의 옹호자'의 의견으로 적절하지 않은 것은?

이렇게 발문을 간단하게 바꾸면 우리가 무엇을 해야 하는지 명확하게 파악할 수 있습니다. 선택지 중에서 무엇이 ㉯의 '사물놀이의 옹호자'의 의견과 다른지 찾으면 됩니다. 이제 이런 식으로 발문을 통해서 우리가 어떤 근거를 찾아야 하는지 확인해 봅시다. 몇 번만 연습해도 금방 익숙해질 수 있습니다.

예제 23 9월 평가원모의

㉮ 아도르노는 문화 산업에 의해 양산되는 대중 예술이 이윤 극대화를 위한 상품으로 전락함으로써 예술의 본질을 상실했을 뿐 아니라 현대 사회의 모순과 부조리를 은폐하고 있다고 지적했다. 아도르노가 보는 대중 예술은 창작의 구성에서 표현까지 표준화되어 생산되는 상품에 불과하다. 그는 대중 예술의 규격성으로 인해 개인의 감상 능력 역시 표준화되고, 개인의 개성은 다른 개인의 그것과 다르지 않게 된다고 보았다. 특히 모든 것을 상품의 교환 가치로 환원하려는 자본주의 사회에서, 대중 예술은 개인의 정체성마저 상품으로 전락시키는 기제로 작용한다는 것이다.

아도르노는 서로 다른 가치 체계를 하나의 가치 체계로 통일시키려는 속성을 동일성으로, 하나의 가치 체계로의 환원을 거부하는 속성을 비동일성으로 규정하고, 예술은 이러한 환원을 거부하는 비동일성을 지녀야 한다고 주장한다. 그렇기 때문에 예술은 대중이 원하는 아름다운 상품이 되기를 거부하고, 그 자체로 추하고 불쾌한 것이 되어야 한다는 것이다. 그에게 있어 예술은 예술가가 직시한 세계의 본질을 감상자들에게 체험하게 해야 한다. 예술은 동일화되지 않으려는, 일정한 형식이 없는 비정형화된 모습으로 나타남으로써 현대 사회의 부조리를 체험하게 하는 매개여야 한다는 것이다.

아도르노는 쇤베르크의 음악과 같은 전위 예술이 그 자체로 동일화에 저항하면서도, 저항이나 계몽을 직접적으로 드러내지 않는다는 것을 높게 평가한다. 저항이나 계몽을 직접 표현하는 것에는 비동일성을 동일화하려는 폭력적 의도가 내재되어 있다고 보기 때문이다. 불협화음으로 가득 찬 쇤베르크의 음악이 감상자들에게 불쾌함을 느끼게 했던 것처럼 예술은 그것에 드러난 비동일성을 체험하게 함으로써 동일화의 폭력에 저항해야 한다는 것이다.

아도르노에게 있어 예술은 사회적 산물이며, 그래서 미학은 작품에 침전된 사회의 고통스러운 상태를 읽기 위해 존재한다. 그는 비동일성 그 자체를 속성으로 하는 전위 예술을 예술이 추구해야 할 바람직한 모습으로 제시했다.

㉯ 아도르노의 미학은 예술과 사회의 관계를 통해 예술의 자율성을 추구했다는 점에서 긍정적으로 평가된다. 예술은 사회적인 것인 동시에 사회에서 떨어져 사회의 본질을 직시하는 것이어야 한다고 보기 때문이다. 그의 미학은 기존의 예술에 대한 비판적 관점을 제공한다. 가령 사과를 표현한 세잔의 작품을 아도르노의 미학으로 읽어 낸다면, 이 그림은 사회의 본질과 유리된 '아름다운 가상'을 표현한 것에 불과할 것이다.

하지만 세잔의 작품은 예술가의 주관적 인상을 붉은색과 회색 등의 색채와 기하학적 형태로 표현한 미메시스일 수 있다. 미메시스란 세계를 바라보는 주체의 관념을 재현하는 것, 즉 감각될 수 없는 것을 감각 가능한 것으로 구현하는 것을 의미한다. 다시 말해 세잔의 작품은 눈에 보이는 특정의 사과가 아닌 예술가의 시선에 포착된 세계의 참모습, 곧 자연의 생명력과 그에 얽힌 농부의 삶 그리고 이를 응시하는 예술가의 사유를 재현한 것이 된다.

아도르노는 예술이 예술가에게 포착된 세계의 본질을 감상자로 하여금 체험하게 하는 것이어야 한다고 본다. 그러나 그는 이러한 미적 체험을 현대 사회의 부조리에 국한시킴으로써, 진정한 예술을 감각적 대상인 형태 그 자체의 비정형성에 대한 체험으로 한정한다. 결국 아도르노의 미학에서는 주관의 재현이라는 미메시스가 부정되고 있다.

한편 아도르노의 미학은 예술의 영역을 극도로 축소시키고 있다. 즉 그 자신은 동일화의 폭력을 비판하지만, 자신이 추구하는 전위 예술만이 진정한 예술이라고 주장하며 ㉠ 전위 예술의 관점에서 예술의 동일화를 시도하고 있다. 특히 이는 현실 속 다양한 예술의 가치가 발견될 기회를 박탈한다. 실수로 찍혀 작가의 어떠한 주관도 결여된 사진에서조차 새로운 예술 정신을 발견하는 것이 가능하다는 베냐민의 지적처럼, 전위 예술이 아닌 예술에서도 미적 가치를 발견할 수 있다. 또한 대중음악이 사회적 저항의 메시지를 전달하는 사례도 있듯이, 자본의 논리에 편승한 대중 예술이라 하더라도 사회에 대한 비판적 기능을 수행하는 경우도 있다.

㉮의 '아도르노'의 관점을 바탕으로 할 때, ㉠에 대해 반박할 수 있는 말로 가장 적절한 것은?

① 동일화는 애초에 예술과 무관하므로 예술의 동일화는 실현 불가능하다.

② 전위 예술의 속성은 부조리 그 자체를 폭로하는 것이므로 비동일성은 결국 동일성으로 귀결된다.

③ 동일성으로 환원된 대중 예술에서도 비동일성을 발견할 수 있으므로 예술의 동일화는 무의미하다.

④ 전위 예술은 동일성과 비동일성의 구분을 거부하므로 전위 예술로의 동일화는 새로운 차원의 비동일성으로 전환된다.

⑤ 동일화를 거부하는 속성이 전위 예술의 본질이므로 전위 예술을 추구하는 것은 동일화가 아니라 비동일화를 지향하는 것이다.

1. ㉮의 '아도르노'의 관점을 바탕으로 할 때, / 2. ㉠에 대해 반박할 수 있는 말로 / 3. 가장 적절한 것은?

◎ 발문만 분석해도 문제풀이의 방향을 설정할 수 있습니다. 즉, 주어진 형태 그대로의 문제가 아니라, 우리가 당장 무엇을 해야 되는지 알 수 있게 문제를 재구성하는 것입니다. 이 문제를 우리 입장에서 재구성하면,

〈조건1〉 ㉮의 '아도르노'의 관점을 바탕으로
〈조건2〉 ㉠에 대해 반박

즉, 일치/불일치의 관점에서는 ㉮의 '아도르노'의 관점과 일치해야 하고, 내용 측면에서는 ㉠에 대해 반박하는 내용이어야 합니다. 각 선택지를 확인하며 '아도르노'의 관점과 일치하지 않거나 ㉠에 대해 반박하는 내용이 아닌 것을 걸러 내야 합니다. 추상적이던 문제가 좀 더 명확해지고 당장 어디를 찾아봐야 할지 알 수 있습니다.

근거 축소

그렇다면 이 문제를 풀기 위해서는 일단 ㉮의 '아도르노'의 관점을 파악하고 ㉠의 핵심 내용이 무엇인지 확인할 수 있어야 합니다. 이에 맞추어 지문을 독해해 보면 다음과 같습니다.

㉮ 아도르노는 문화 산업에 의해 양산되는 대중 예술이 이윤 극대화를 위한 상품으로 전락함으로써 예술의 본질을 상실했을 뿐 아니라 현대 사회의 모순과 부조리를 은폐하고 있다고 지적했다.(상품으로서의 대중 예술에 대한 비판) 아도르노가 보는 대중 예술은 창작의 구성에서 표현까지 표준화되어 생산되는 상품에 불과하다. 그는 대중 예술의 규격성으로 인해 개인의 감상 능력 역시 표준화되고, 개인의 개성은 다른 개인의 그것과 다르지 않게 된다고 보았다. 특히 모든 것을 상품의 교환 가치로 환원하려는 자본주의 사회에서, 대중 예술은 개인의 정체성마저 상품으로 전락시키는 기제로 작용한다는 것이다.

아도르노는 서로 다른 가치 체계를 하나의 가치 체계로 통일시키려는 속성을 동일성으로, 하나의 가치 체계로의 환원을 거부하는 속성을 비동일성으로 규정하고, 예술은 이러한 환원을 거부하는 비동일성을 지녀야 한다고 주장한다.(아도르노가 추구하는 예술의 속성) 그렇기 때문에 예술은 대중이 원하는 아름다운 상품이 되기를 거부하고, 그 자체로 추하고 불쾌한 것이 되어야 한다는 것이다. 그에게 있어 예술은 예술가가 직시한 세계의 본질을 감상자들에게 체험하게 해야 한다. 예술은 동일화되지 않으려는, 일정한 형식이 없는 비정형화된 모습으로 나타남으로써 현대 사회의 부조리를 체험하게 하는 매개여야 한다는 것이다.

아도르노는 쇤베르크의 음악과 같은 전위 예술이 그 자체로 동일화에 저항하면서도, 저항이나 계몽을 직접적으로 드러내지 않는다는 것을 높게 평가한다.(직접 드러내지 않는 것을 높게 평가) 저항이나 계몽을 직접 표현하는 것에는 비동일성을 동일화하려는 폭력적 의도가 내재되어 있다고 보기 때문이다.(직접 표현하는 것은 폭력적 의도) 불협화음으로 가득 찬 쇤베르크의 음악이 감상자들에게 불쾌함을 느끼게 했던 것처럼 예술은 그것에 드러난 비동일성을 체험하게 함으로써 동일화의 폭력에 저항해야 한다는 것이다.

아도르노에게 있어 예술은 사회적 산물이며, 그래서 미학은 작품에 침전된 사회의 고통스러운 상태를 읽기 위해 존재한다. 그는 비동일성 그 자체를 속성으로 하는 전위 예술을 예술이 추구해야 할 바람직한 모습으로 제시했다.(마지막 단락에서 아도르노 생각의 핵심을 제시합니다.)

㉯에서 ㉠도 아래와 같이 정리합니다.

한편 아도르노의 미학은 예술의 영역을 극도로 축소시키고 있다. 즉 그 자신은 동일화의 폭력을 비판하지만, 자신이 추구하는 전위 예술만이 진정한 예술이라고 주장하며 ㉠ 전위 예술의 관점에서 예술의 동일화를 시도하고 있다. 특히 이는 현실 속 다양한 예술의 가치가 발견될 기회를 박탈한다. 실수로 찍혀 작가의 어떠한 주관도 결여된 사진에서조차 새로운 예술 정신을 발견하는 것이 가능하다는 베냐민의 지적처럼, 전위 예술이 아닌 예술에서도 미적 가치를 발견할 수 있다. 또한 대중음악이 사회적 저항의 메시지를 전달하는 사례도 있듯이, 자본의 논리에 편승한 대중 예술이라 하더라도 사회에 대한 비판적 기능을 수행하는 경우도 있다.

| 일치/불일치 판단 통한 정답 확정 |

① 동일화는 애초에 예술과 무관하므로 예술의 동일화는 실현 불가능하다.

3-3 불협화음으로 가득 찬 쇤베르크의 음악이 감상자들에게 불쾌함을 느끼게 했던 것처럼 예술은 그것에 드러난 비동일성을 체험하게 함으로써 동일화의 폭력에 저항해야 한다는 것이다.

◎ 예술의 동일화가 실현 불가능한 것이라면 위와 같이 ㉮의 아도르노가 동일화의 폭력에 저항해야 한다고 생각할 이유도 없겠습니다.

② 전위 예술의 속성은 부조리 그 자체를 폭로하는 것이므로 비동일성은 결국 동일성으로 귀결된다.

④ 전위 예술은 동일성과 비동일성의 구분을 거부하므로 전위 예술로의 동일화는 새로운 차원의 비동일성으로 전환된다.

3-1 아도르노는 쇤베르크의 음악과 같은 전위 예술이 그 자체로 동일화에 저항하면서도, 저항이나 계몽을 직접적으로 드러내지 않는다는 것을 높게 평가한다. 저항이나 계몽을 직접 표현하는 것에는 비동일성을 동일화하려는 폭력적 의도가 내재되어 있다고 보기 때문이다.

② ㉮의 아도르노는 쇤베르크의 음악과 같은 전위 예술이 저항이나 계몽을 직접적으로 드러내지 않는다는 것을 높게 평가했습니다. 즉, 부조리 그 자체를 폭로하는 방식이 아니라는 것입니다. 앞선 단락에서도 '예술은 ~ 일정한 형식이 없는 비정형화된 모습으로 나타남으로써 현대 사회의 부조리를 체험하게 하는 매개여야 한다는 것이다.'라고 하였는데, 이는 예술이 부조리를 체험하게 하는 매개일 뿐이지 부조리 그 자체를 폭로하는 것은 아님을 알 수 있습니다.
④ 또한 전위 예술은 동일화에 저항한다고 표현되어 있지, 동일성과 비동일성의 구분을 거부한다고 서술되어 있지는 않습니다.

③ 동일성으로 환원된 대중 예술에서도 비동일성을 발견할 수 있으므로 예술의 동일화는 무의미하다.

1-2 아도르노가 보는 대중 예술은 창작의 구성에서 표현까지 표준화되어 생산되는 상품에 불과하다. 그는 대중 예술의 규격성으로 인해 개인의 감상 능력 역시 표준화되고, 개인의 개성은 다른 개인의 그것과 다르지 않게 된다고 보았다.

㉮의 아도르노가 대중 예술에 대해 비동일성을 발견할 수 있다든지 하는 긍정적 서술을 하고 있지 않습니다.

⑤ 동일화를 거부하는 속성이 전위 예술의 본질이므로 전위 예술을 추구하는 것은 동일화가 아니라 비동일화를 지향하는 것이다.

4-1 아도르노에게 있어 예술은 사회적 산물이며, 그래서 미학은 작품에 침전된 사회의 고통스러운 상태를 읽기 위해 존재한다. 그는 비동일성 그 자체를 속성으로 하는 전위 예술을 예술이 추구해야 할 바람직한 모습으로 제시했다.

㉮의 아도르노 생각의 핵심은 가장 마지막에 제시됩니다. 전위 예술이 비동일성 그 자체를 속성으로 한다고 하니, 동일화를 거부하는 속성이 그 본질이라고 할 수 있습니다. 따라서 위와 같은 관점에서 '전위 예술의 관점에서 예술의 동일화를 시도'하고 있다는 ㉠에 대해 반박할 수 있습니다.
답 ⑤

발문을 통해 문제풀이의 방향을 잡으면 ㉮의 '아도르노', ㉯의 ㉠ 등 여러 부분을 확인해야 하는 복잡한 문제도 간단하게 정리할 수 있습니다. ㉮의 '아도르노'의 관점과 일치하는지 여부를 확인하는 것이 1단계, ㉯의 ㉠에 대한 반박으로 적절한지 여부가 2단계입니다. 물론 대개는 1단계에서 답이 되는 경우가 많고 이 문제도 그러했습니다.

언제나 최종적인 문제풀이 단계는 가장 단순한 사고 과정인 일치/불일치 판단입니다. 왜냐하면 정답의 근거는 지문에 있어야 하기 때문에 최종적으로 지문에 어떤 정보가 있는지/없는지 판단하는 과정만 남게 됩니다. 복잡한 형태의 문제라도 최종적인 풀이 과정은 동일하다고 할 수 있습니다. 다만 많은 학생들이 이러한 최종적인 단계까지 가지 못하고 헤매는 점이 문제입니다. 여기에 국어 점수가 오르지 않는 근본적인 이유가 있습니다.

이 문제를 다시 보면 결국 ㉮ 지문에서 '아도르노'의 입장을 정확하게 파악하는 것이 핵심이었습니다. 지문을 정확히 독해하여 아도르노의 입장을 정리하니 그게 곧 답이 되었습니다. 물론 원하는 정보를 바로 찾을 수 있느냐 하는 문제가 남습니다. 이 문제는 독해 실력으로 해결될 수밖에 없습니다. 『나쁜국어 **독해기술**』에서 다루었던 '원하는 정보를 정확하게 찾을 수 있는 독해 방법'이 그래서 중요합니다.

유제1 실전 연습

유제 · 01

◎ 14 6월 평가원모의 | 풀이 P. 4

문화가 발전하려면 저작자의 권리 보호와 저작물의 공정 이용이 균형을 이루어야 한다. 저작물의 공정 이용이란 저작권자의 권리를 일부 제한하여 저작권자의 허락이 없어도 저작물을 자유롭게 이용하는 것을 말한다. 비영리적인 사적 복제를 허용하는 것이 그 예이다. 우리나라의 저작권법에서는 오래전부터 공정 이용으로 볼 수 있는 저작권 제한 규정을 두었다.

그런데 디지털 환경에서 저작물의 공정 이용은 여러 장애에 부딪혔다. 디지털 환경에서는 저작물을 원본과 동일하게 복제할 수 있고 용이하게 개작할 수 있다. 따라서 저작물이 개작되더라도 그것이 원래 창작물인지 이차적 저작물인지 알기 어렵다. 그 결과 디지털화된 저작물의 이용 행위가 공정 이용의 범주에 드는 것인지 가늠하기가 더 어려워졌고 그에 따른 처벌 위험도 커졌다.

이러한 문제를 해소하기 위한 시도의 하나로 포괄적으로 적용할 수 있는 '저작물의 공정한 이용' 규정이 저작권법에 별도로 신설되었다. 그리하여 저작권자의 동의가 없어도 저작물을 공정하게 이용할 수 있는 영역이 확장되었다. 그러나 공정 이용 여부에 대한 시비가 자율적으로 해소되지 않으면 예나 지금이나 법적인 절차를 밟아 갈등을 해소해야 한다. 저작물 이용의 영리성과 비영리성, 목적과 종류, 비중, 시장 가치 등이 법적인 판단의 기준이 된다.

저작물 이용자들이 처벌에 대한 불안감을 여전히 느낀다는 점에서 저작물의 자유 이용 허락 제도와 같은 '저작물의 공유' 캠페인이 주목을 받고 있다. 이 캠페인은 저작권자들이 자신의 저작물에 일정한 이용 허락 조건을 표시해서 이용자들에게 무료로 개방하는 것을 말한다. 누구의 저작물이든 개별적인 저작권을 인정하지 않고 모두가 공동으로 소유하자고 주장하는 사람들과 달리, 이 캠페인을 펼치는 사람들은 기본적으로 자신과 타인의 저작권을 존중한다. 캠페인 참여자들은 저작권자와 이용자들의 자발적인 참여를 통해 자유롭게 활용할 수 있는 저작물의 양과 범위를 확대하려고 노력한다. 이들은 저작물의 공유가 확산되면 디지털 저작물의 이용이 활성화되고 그 결과 인터넷이 더욱 창의적이고 풍성한 정보 교류의 장이 될 것이라고 본다. 그러나 캠페인에 참여한 저작물을 이용할 때 허용된 범위를 벗어난 경우 법적 책임을 질 수 있다.

한편 ㉠다른 시각을 가진 사람들도 있다. 이들은 저작물의 공유 캠페인이 확산되면 저작물을 창조하려는 사람들의 동기가 크게 감소할 것이라고 우려한다. 이들은 결과적으로 활용 가능한 저작물이 줄어들게 되어 이용자들도 피해를 입게 된다고 주장한다. 또 디지털 환경에서는 사용료 지불 절차 등이 간단해져서 '저작물의 공정한 이용' 규정을 별도로 신설할 필요가 없었다고 본다. 이들은 저작물의 공유 캠페인과 신설된 공정 이용 규정으로 인해 저작권자들의 정당한 권리가 침해받고 있으므로 이를 시정하는 것이 오히려 공익에 더 도움이 된다고 말한다.

01 ㉠의 주장에 가장 가까운 것은?

① 이용 허락 조건을 저작물에 표시하면 창작 활동을 더욱 활성화한다.
② 저작권자의 정당한 권리 보호를 위해 저작물의 공유 캠페인이 확산되어야 한다.
③ 비영리적인 경우 저작권자의 동의가 없어도 복제가 허용되는 영역을 확대해야 한다.
④ 저작권자가 자신들의 노력에 상응하는 대가를 정당하게 받을수록 창작 의욕이 더 커진다.
⑤ 자신의 저작물을 자유롭게 이용하도록 양보하는 것은 다른 저작권자의 저작권 개방을 유도하여 공익을 확장시킨다.

유제 • 02

◎ 09 수능 | 풀이 P. 4

음악은 시간 예술이다. 회화나 조각과 같은 공간 예술과는 달리, 음악에서는 시간이 흐르면서 사라지는 음을 기억하기 위한 방법이 필요하다. 작곡가들은 그 방법의 하나로 반복을 활용했다. 즉 반복을 통해 어떤 일이 어떻게 일어났는지를 기억하여 악곡의 전체를 쉽게 파악할 수 있도록 한 것이다. 이러한 반복의 양상과 효과는 〈비행기〉와 같은 동요에서도 확인할 수 있다. 이 동요에서는 반복되는 선율이 노래를 하나로 묶어 주고 있다.

무반주 성악곡을 즐겨 부른 르네상스 시대의 다성 음악 양식에서는 입체적인 효과를 주기 위한 기술적인 방법으로 '모방'을 선택했다. 이때 ㉠모방은 노래의 시작 부분에서 돌림 노래와 비슷한 방식을 적용함으로써 구현된다. 예를 들어 소프라노 성부의 노래에 뒤이어 알토 성부가 시간 차를 두고 같은 선율로 시작하는 반복 기법을 적용하는 것이다. 이렇게 돌림 노래처럼 시작한 후에는 각 성부가 서로 다른 선율로 노래를 이어 간다. 이로써 다성 음악 양식에서는 성부의 독립성을 추구하면서도 통일감을 느끼게 해 주는 짜임새가 만들어졌다.

다성 음악의 시대를 지나 바로크 시대로 들어서면 성악 음악을 구현하는 데 모방은 더 이상 효과적인 기법이 아니었다. 이제 음악가들은 화성을 중시해서, 여러 성부로 이루어진 음악을 연주하기보다 화성 반주에 맞추어 하나의 선율을 노래하는 짜임새를 선호하게 되었다. 화성 반주의 악보 중에는 저음 성부에서 일정한 패턴이 반복되는 경우가 있다. 이때 고음 성부에서는 선율이 반주에 맞춰 변화되는 이른바 장식적 변주가 나타난다. 이로써 반복의 일관성과 변주의 다양성을 통해 조화된 아름다움을 이룰 수 있게 되었다.

고전 시대에는 반복이 악곡의 형식을 결정하는 요소로 사용된다. 이 시대에 널리 쓰인 소나타는 주제가 다른 여러 악장이 음악적 대조를 이루는데, 마지막 악장은 첫 악장에 비해 상대적으로 쉬운 음악으로 구성된다. 마지막 악장의 이런 성격을 표현하는 데에는 론도 형식이 적합하다. 이 형식은 악장의 주제를 주기적으로 반복하는 사이사이에 이와 대조되는 새로운 주제들을 삽입하는 방식이다.

각 시대의 작곡가는 입체적인 모방, 장식적인 변주, 형식적인 반복 등 다양한 방법을 통해, 시간의 흐름 속에 구현된 악곡 전체의 모습을 파악할 수 있게 하였다. 결국 음악은 시대마다 그 양상은 다르지만, 반복을 기본 원리의 하나로 활용하여 만들어진 것이다.

02 ㉠의 방법에 따라 〈보기〉를 사용하여 3성부의 악곡을 만들 때, 도입부의 짜임새로 가장 적절한 것은?

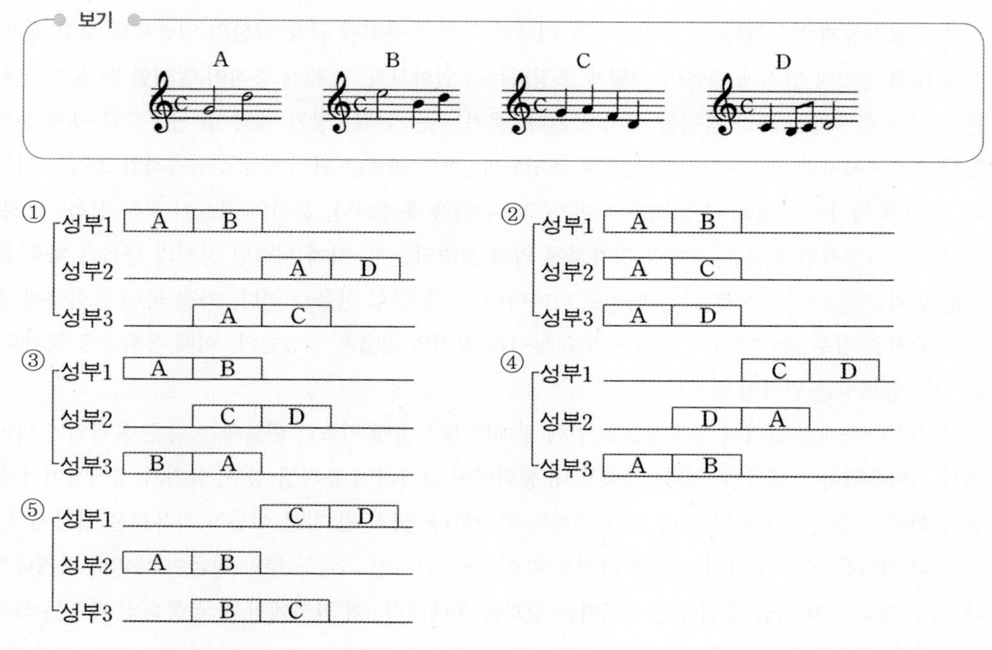

유제 · 03 ◎ 18 수능 | 풀이 P. 5

정부는 국민 생활에 영향을 미치는 활동의 총체인 정책의 목표를 효과적으로 달성하기 위해 정책 수단의 특성을 고려하여 정책을 수행한다. 정책 수단은 강제성, 직접성, 자동성, 가시성의 네 가지 측면에서 다양한 특성을 갖는다. 강제성은 정부가 개인이나 집단의 행위를 제한하는 정도로서, 유해 식품 판매 규제는 강제성이 높다. 직접성은 정부가 공공 활동의 수행과 재원 조달에 직접 관여하는 정도를 의미한다. 정부가 정책을 직접 수행하지 않고 민간에 위탁하여 수행하게 하는 것은 직접성이 낮다. 자동성은 정책을 수행하기 위해 별도의 행정 기구를 설립하지 않고 기존의 조직을 활용하는 정도를 말한다. 전기 자동차 보조금 제도를 기존의 시청 환경과에서 시행하는 것은 자동성이 높다. 가시성은 예산 수립 과정에서 정책을 수행하기 위한 재원이 명시적으로 드러나는 정도이다. 일반적으로 사회 규제의 정도를 조절하는 것은 예산 지출을 수반하지 않으므로 가시성이 낮다.

정책 수단 선택의 사례로 환율과 관련된 경제 현상을 살펴보자. 외국 통화에 대한 자국 통화의 교환 비율을 의미하는 환율은 장기적으로 한 국가의 생산성과 물가 등 기초 경제 여건을 반영하는 수준으로 수렴된다. 그러나 단기적으로 환율은 이와 괴리되어 움직이는 경우가 있다. 만약 환율이 예상과는 다른 방향으로 움직이거나 또는 비록 예상과 같은 방향으로 움직이더라도 변동 폭이 예상보다 크게 나타날 경우 경제 주체들은 과도한 위험에 노출될 수 있다. 환율이나 주가 등 경제 변수가 단기에 지나치게 상승 또는 하락하는 현상을 오버슈팅(overshooting)이라고 한다. 이러한 오버슈팅은 물가 경직성 또는 금융 시장 변동에 따른 불안 심리 등에 의해 촉발되는 것으로 알려져 있다. 여기서 물가 경직성은 시장에서 가격이 조정되기 어려운 정도를 의미한다.

물가 경직성에 따른 환율의 오버슈팅을 이해하기 위해 통화를 금융 자산의 일종으로 보고 경제 충격에 대해 장기와 단기에 환율이 어떻게 조정되는지 알아보자. 경제에 충격이 발생할 때 물가나 환율은 충격을 흡수하는 조정 과정을 거치게 된다. 물가는 단기에는 장기 계약 및 공공요금 규제 등으로 인해 경직적이지만 장기에는 신축적으로 조정된다. 반면 환율은 단기에서도 신축적인 조정이 가능하다. 이러한 물가와 환율의 조정 속도 차이가 오버슈팅을 초래한다. 물가와 환율이 모두 신축적으로 조정되는 장기에서의 환율은 구매력 평가설에 의해 설명되는데, 이에 의하면 장기의 환율은 자국 물가 수준을 외국 물가 수준으로 나눈 비율로 나타나며, 이를 균형 환율로 본다. 가령 국내 통화량이 증가하여 유지될 경우 장기에서는 자국 물가도 높아져 장기의 환율은 상승한다. 이때 통화량을 물가로 나눈 실질 통화량은 변하지 않는다.

그런데 단기에는 물가의 경직성으로 인해 구매력 평가설에 기초한 환율과는 다른 움직임이 나타나면서 오버슈팅이 발생할 수 있다. 가령 국내 통화량이 증가하여 유지될 경우, 물가가 경직적이어서 실질 통화량은 증가하고 이에 따라 시장 금리는 하락한다. 국가 간 자본 이동이 자유로운 상황에서, 시장 금리 하락은 투자의 기대 수익률 하락으로 이어져, 단기성 외국인 투자 자금이 해외로 빠져나가거나 신규 해외 투자 자금 유입을 위축시키는 결과를 초래한다. 이 과정에서 자국 통화의 가치는 하락하고 환율은 상승한다. 통화량의 증가로 인한 효과는 물가가 신축적인 경우에 예상되는 환율 상승에, 금리 하락에 따른 자금의 해외 유출이 유발하는 추가적인 환율 상승이 더해진 것으로 나타난다. 이러한 추가적인 상승 현상이 환율의 오버슈팅인데, 오버슈팅의 정도 및 지속성은 물가 경직성이 클수록 더 크게 나타난다. 시간이 경과함에 따라 물가가 상승하여 실질 통화량이 원래 수준으로 돌아오고 해외로 유출되었던 자금이 시장 금리의 반등으로 국내로 복귀하면서, 단기에 과도하게 상승했던 환율은 장기에는 구매력 평가설에 기초한 환율로 수렴된다.

단기의 환율이 기초 경제 여건과 괴리되어 과도하게 급등락하거나 균형 환율 수준으로부터 장기간 이탈하는 등의 문제가 심화되는 경우를 예방하고 이에 대처하기 위해 정부는 다양한 정책 수단을 동원한다. 오버슈팅의 원인인 물가 경직성을 완화하기 위한 정책 수단 중 강제성이 낮은 사례로는 외환의 수급 불균형 해소를 위해 관련 정보를 신속하고 정확하게 공개하거나, 불필요한 가격 규제를 축소하는 것을 들 수 있다. 한편 오버슈팅에 따른 부정적 파급 효과를 완화하기 위해 정부는 환율 변동으로 가격이 급등한 수입 필수 품목에 대한 세금을 조절함으로써 내수가 급격히 위축되는 것을 방지하려고 하기도 한다. 또한 환율 급등락으로 인한 피해에 대비하여 수출입 기업에 환율 변동 보험을 제공하거나,

외화 차입 시 지급 보증을 제공하기도 한다. 이러한 정책 수단은 직접성이 높은 특성을 가진다. 이와 같이 정부는 기초 경제 여건을 반영한 환율의 추세는 용인하되, 사전적 또는 사후적인 미세 조정 정책 수단을 활용하여 환율의 단기 급등락에 따른 위험으로부터 실물 경제와 금융 시장의 안정을 도모하는 정책을 수행한다.

---

03 미세 조정 정책 수단의 사례로 적절하지 않은 것은?

① 예기치 못한 외환 손실에 대비한 환율 변동 보험을 수출 주력 중소기업에 제공한다.

② 원유와 같이 수입 의존도가 높은 상품의 경우 해당 상품에 적용하는 세율을 환율 변동에 따라 조정한다.

③ 환율의 급등락으로 금융 시장이 불안정할 경우 해외 자금 유출과 유입을 통제하여 환율의 추세를 바꾼다.

④ 환율 급등으로 수입 물가가 가파르게 상승했을 때, 수입 대금 지급을 위해 외화를 빌리는 수입 업체에 지급 보증을 제공한다.

⑤ 수출입 기업을 대상으로 국내외 금리 변동, 해외 투자 자금 동향 등 환율 변동에 영향을 주는 요인들에 대한 정보를 제공한다.

002 선택지 **분석형**

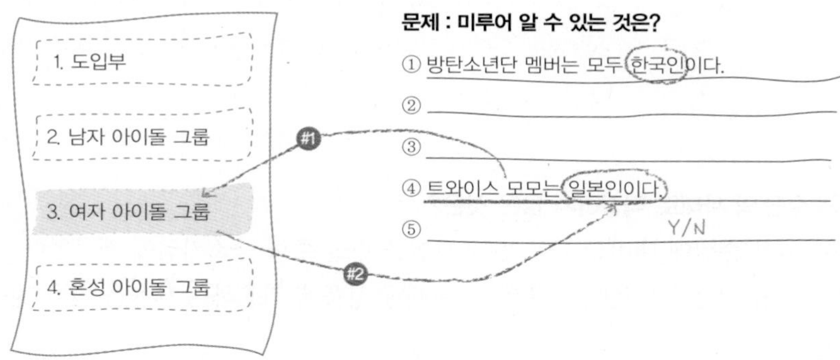

#1 선택지 분석형 문제에서는 각 선택지를 분석하여 조건을 파악하고 주어진 지문에서 각 조건에 맞는 근거를 찾습니다. 주어진 사례는 선택지 ④에서 '트와이스'를 찾은 후에 지문 중 '여자 아이돌 그룹'으로 근거를 축소하였습니다. 정확한 독해를 통해 '여자 아이돌 그룹'이 지문에서 어디에 위치하는지를 빠르게 찾을 수 있어야 합니다.

#2 그리고 좁혀진 범위에서 '(모모가) 일본인인가/아닌가'를 판단하는 근거를 찾아 선택지를 판단합니다.

발문에서 특별한 조건을 주지 않는 경우가 있습니다. '선택지 분석형'은 각 선택지를 통해서 하나씩 조건을 찾아내야 하는 유형을 말합니다. 다시 말하면 발문이나 〈보기〉에 정답의 근거가 되는 조건이 주어지지 않는 경우입니다. 아래 사례를 통해 생각해 봅시다.

> (사례 ①) 윗글에서 언급하지 않은 것은?
> (사례 ②) ㉮~㉰에 대한 설명으로 적절한 것은?

이 경우에는 발문에서 특별한 조건을 발견할 수 없습니다. 따라서 각 선택지를 분석하여 개별 선택지 하나하나에서 조건을 찾아내야 합니다. 그런 다음 각 조건이 지문에 근거하는지 하나씩 찾아서 판단합니다. 앞서 봤던 발문 분석형 문제보다는 조금 번거로운 방식입니다.

많은 학생들이 선택지를 분석할 때 다음 **사례** ③과 같이 불필요한 부분을 강조하여 중요한 부분을 놓치고는 합니다. 이렇게 표시해서는 어떤 부분이 중요한지 판단할 수 없습니다.

> (사례 ③) 윗글에서 언급된 것은?
> ① 보쟁 이외의 화가들의 그림에 대한 자세한 묘사
> ② 보쟁의 작품에 대한 당시의 비평
> ③ 정물화의 재료 및 작업 도구
> ④ 정물화 후원자의 미적 취향
> ⑤ 보쟁의 예술적 생애
> 〈출처 : 08 수능〉

구체적인 선택지 분석은 각 선택지마다 특징 있는 부분을 확인하는 방식으로 이루어져야 합니다. 아래의 **사례** ④를 참고하면서 좀 더 생각해 보도록 합시다.

(사례 ④) 윗글에서 언급된 것은?
① 보쟁 이외의 화가들의 그림에 대한 자세한 묘사
② 보쟁의 작품에 대한 당시의 비평
③ 정물화의 재료 및 작업 도구
④ 정물화 후원자의 미적 취향
⑤ 보쟁의 예술적 생애

이 경우와 같이 각 선택지마다 특징 있는 부분을 선택하여 밑줄로 강조하고 그 부분을 지문에서 찾아봐야 합니다. 결국 답을 고른다는 것은 각 선택지마다 밑줄 쳐 놓은 조건들이 지문에 존재하는지를 확인하는 작업입니다. 지문에 해당 정보가 '있느냐/없느냐'를 찾는 과정은 결국 앞에서부터 계속 강조했던 일치/불일치 판단이 됩니다.

앞서 이야기했던 '엔진 고장'을 다시 생각해 보면 이해가 쉽습니다. '고장'보다는 '엔진'을 검색해야 우리가 원하는 정보에 좀 더 가까이 갈 수 있을 것입니다. 마찬가지로 선택지 ②에서는 '보쟁'보다는 '당시의 비평'을 눈여겨봐야 합니다. '보쟁'은 글 전체에 걸쳐 등장할 수 있지만 '당시의 비평'은 전체 글 중에서 특정 부분일 것이기 때문입니다.

구체적인 일치/불일치 판단은 다음과 같습니다. 가령, 위 사례에서 선택지 ②를 보면 지문에 '당시의 비평'이 존재하는지 여부(있다 or 없다)가 그 선택지가 답이 '되느냐/마느냐'를 결정하는 기준이 됩니다. 마찬가지로 선택지 ③이 답이 '되느냐/마느냐'는 지문에 '재료 및 작업 도구'가 나오는지 여부(있다 or 없다)에 달려 있습니다.

앞서 본 **사례** ③은 실제 제 책을 보고 저에게 질문했던 학생의 선택지 분석을 가져온 것입니다. '보쟁'과 '정물화'는 굳이 강조하지 않아도 됩니다. 그런데 많은 학생들은 이처럼 불필요한 정보를 강조하여 정작 중요한 부분을 보지 못하고 있습니다. 아래 예제를 통해 연습해 봅시다.

예제 17 수능

1 다음 주에 우리 학교에서는 겸재 정선의 산수화전을 관람할 예정입니다. 여러분들이 정선의 산수화를 감상할 때 도움이 되도록 정선의 '관동팔경'을 중심으로 정선의 산수화에 대해 발표하도록 하겠습니다.

2 '관동팔경'은 관동 지방을 소재로 한 여덟 점의 산수화로 정선의 작품 세계가 잘 드러난다고 평가받습니다. 산수화 연구가에 따르면, 산수화 중에는 실제 산수가 가질 수 없는 완전한 아름다움이 형상화된 것들이 있는데 이러한 아름다움을 산수화의 '환'이라고 합니다. 정선의 산수화에서도 이러한

특징을 찾아볼 수 있습니다. 정선은 실제 자연의 모습을 있는 그대로 재현하기보다 생략이나 변형의 방식 등을 통해 자연의 아름다움이나 정취를 부각함으로써 '환'을 실현했습니다. '관동팔경'의 산수화들을 통해 이를 살펴보도록 하죠.

3 (화면을 보여 주며) 이 그림은 〈총석정〉입니다. 정선은 수직으로 죽죽 내려 긋는 수직준법을 사용해 돌기둥을 표현하고 돌기둥 위에 있었던 소나무를 생략함으로써 다른 자연물보다 돌기둥을 더욱 부각했습니다. (화면을 전환하며) 이 그림은 〈삼일포〉입니다. 정선은 그리고자 하는 대상과 같은 높이에서 수평으로 사방을 둘러보며 원근을 표현하는 평원법을 사용하여 호수의 광활함을 부각했습니다.

4 정선의 산수화가 가진 또 다른 특징은 점경 인물이 자주 등장한다는 것입니다. 점경 인물이란 산수화에 등장하는 간단하고 작게 묘사된 인물인데요, 이들은 주로 명승지를 여행하며 자연과 교감하는 친자연적 존재로 표현됩니다. 이러한 점경 인물을 정선이 산수화에 형상화한 것은 인간이 자연과 조화를 이루는 대상이라고 인식했기 때문이라고 합니다. 이러한 특징을 '관동팔경'의 작품 중 〈낙산사〉를 통해 확인해 보겠습니다.

5 (화면을 보여 주며) 이 그림이 바로 〈낙산사〉입니다. 이 점들이 보이시나요? (대답을 기다린 후) 네, 잘 안 보이시죠. 이 점처럼 보이는 것들은 일출의 장관을 즐기는 선비들로 이 그림 속의 점경 인물입니다. 이렇게 정선은 자연을 즐기고 있는 점경 인물을 등장시켜 자연과 인간의 조화를 드러냈습니다.

6 제 발표가 정선의 산수화전을 관람하는 데 도움이 되었으면 좋겠습니다. 이상 발표를 마치겠습니다.

다음은 발표를 들은 학생이 '정선의 산수화'에 대해 소개하는 글을 쓰기 위해 작성한 메모이다. 발표 내용을 고려할 때, 적절하지 않은 것은?

보기

[정선의 산수화의 특징]

○ 정선의 산수화에는 실제 산수가 가질 수 없는 아름다움인 '환'이 실현되었음. ········ ⓐ

○ 정선은 자연과 교감하는 친자연적 존재인 점경 인물을 산수화에 등장시킴. ········ ⓑ

['관동팔경'의 산수화들]

○ 〈총석정〉에서는 일부의 자연물을 생략해서 돌기둥을 더욱 부각함. ········ ⓒ

○ 〈삼일포〉에서는 수직준법을 사용하여 호수의 광활함을 드러냄. ········ ⓓ

○ 〈낙산사〉에서는 일출의 장관을 즐기는 인물을 점경 인물로 형상화했음. ········ ⓔ

① ⓐ　② ⓑ　③ ⓒ　④ ⓓ　⑤ ⓔ

다음은 발표를 들은 학생이 '정선의 산수화'에 대해 소개하는 글을 쓰기 위해 작성한 메모이다. 발표 내용을 고려할 때, 적절하지 않은 것은?

◎ 발문 자체는 길게 구성되어 있으나 특별한 조건을 발견할 수 없습니다. 결국 선택지 하나하나를 지문과 맞춰 보면서 답을 찾아야 하는 성격의 문제입니다.

이 문제에서는 메모에 있는 ⓐ~ⓔ가 실질적인 선택지 역할을 가지고 있습니다.

[정선의 산수화의 특징]

ⓐ 정선의 산수화에는 실제 산수가 가질 수 없는 아름다움인 '환'이 실현되었음.

◎ 지문에서 '환'이라는 개념을 찾아서 밑줄 친 부분과 일치하는지 확인해야 합니다. '실제 산수가 가질 수 없다'는 속성에 주목해야 합니다.

ⓑ 정선은 자연과 교감하는 친자연적 존재인 점경 인물을 산수화에 등장시킴.

◎ 지문에서 '점경 인물'이라는 개념을 찾아서 밑줄 친 부분과 일치하는지 확인해야 합니다. '친자연적'에 주목해야 합니다.

['관동팔경'의 산수화들]

ⓒ 〈총석정〉에서는 일부의 자연물을 생략해서 돌기둥을 더욱 부각함.

◎ 지문에서 〈총석정〉 작품을 찾아서 밑줄 친 특징이 나타나는지 확인해야 합니다. '생략'에 주목해야 합니다.

ⓓ 〈삼일포〉에서는 수직준법을 사용하여 호수의 광활함을 드러냄.

◎ 지문에서 〈삼일포〉 작품을 찾아서 밑줄 친 특징이 나타나는지 확인해야 합니다. '수직준법'에 주목해야 합니다.

ⓔ 〈낙산사〉에서는 일출의 장관을 즐기는 인물을 점경 인물로 형상화했음.

◎ 지문에서 〈낙산사〉 작품을 찾아서 밑줄 친 특징이 나타나는지 확인해야 합니다. '점경 인물'에 주목해야 합니다.

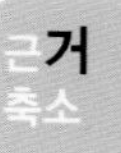

ⓐ 정선의 산수화에는 실제 산수가 가질 수 없는 아름다움인 '환'이 실현되었음.

2-2 산수화 연구가에 따르면, 산수화 중에는 실제 산수가 가질 수 없는 완전한 아름다움이 형상화된 것들이 있는데 이러한 아름다움을 산수화의 '환'이라고 합니다. 정선의 산수화에서도 이러한 특징을 찾아볼 수 있습니다.

ⓑ 정선은 자연과 교감하는 친자연적 존재인 점경 인물을 산수화에 등장시킴.

4-1 정선의 산수화가 가진 또 다른 특징은 점경 인물이 자주 등장한다는 것입니다. 점경 인물이란 산수화에 등장하는 간단하고 작게 묘사된 인물인데요, 이들은 주로 명승지를 여행하며 자연과 교감하는 친자연적 존재로 표현됩니다.

ⓒ 〈총석정〉에서는 일부의 자연물을 생략해서 돌기둥을 더욱 부각함.

3-1 이 그림은 〈총석정〉입니다. 정선은 수직으로 죽죽 내려 긋는 수직준법을 사용해 돌기둥을 표현하고 돌기둥 위에 있었던 소나무를 생략함으로써 다른 자연물보다 돌기둥을 더욱 부각했습니다.

ⓔ 〈낙산사〉에서는 일출의 장관을 즐기는 인물을 점경 인물로 형상화했음.

5-1 이 그림이 바로 〈낙산사〉입니다. 이 점들이 보이시나요? (대답을 기다린 후) 네, 잘 안 보이시죠. 이 점처럼 보이는 것들은 일출의 장관을 즐기는 선비들로 이 그림 속의 점경 인물입니다.

ⓓ 〈삼일포〉에서는 수직준법을 사용하여 호수의 광활함을 드러냄.

3-3 이 그림은 〈삼일포〉입니다. 정선은 그리고자 하는 대상과 같은 높이에서 수평으로 사방을 둘러보며 원근을 표현하는 평원법을 사용하여 호수의 광활함을 부각했습니다.

◎ 지문에서는 '수직준법'이 아닌 '평원법'을 사용했음을 확인할 수 있습니다. 수직준법은 〈총석정〉이라는 작품에서 활용된 기법입니다.

답 ④

유제2 실전 연습

유제 • 01

14 6월 평가원모의 | 풀이 P.7

미켈란젤로는 타원형의 ㉠ 캄피돌리오 광장을 설계하여 로마의 중심부에 새로운 공간을 만들었다. 광장 중앙에는 옛 로마 황제의 기마상이 놓여 있고 기마상 밑의 바닥에는 12개의 꼭짓점을 지닌 별 모양의 장식이 있다. 광장의 바닥은 기마상에서 뻗어 나온 선들이 교차하여 만들어진 문양으로 잘게 나누어져 있다. 이러한 광장의 구성은 기하학적 도형들이 대칭적으로 조합되어 정제된 조형미를 표현하고 있다.

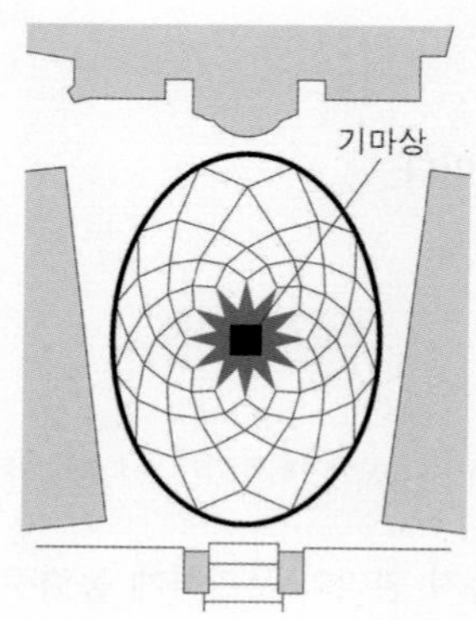

광장의 타원형은 고대 그리스 신전에 놓여 있었던 신성한 돌인 옴팔로스의 형태를 본뜬 것이라 한다. 옴팔로스는 형태가 달걀형이고 그 표면은 여러 선들이 교차하여 만들어진 독특한 다각형 면으로 이루어져 있다. 옴팔로스는 '배꼽'을 가리키는 말로 인체의 중심, 나아가 '세계의 중심'을 뜻한다. 광장의 전체적인 형태가 옴팔로스와 같은 타원형이고 광장 바닥의 다각형이 옴팔로스 표면의 다각형과 유사하다는 점에서 캄피돌리오 광장은 그 자체가 세계의 중심이라는 의미를 지닌다.

캄피돌리오 광장은 원이 갖는 고유의 특성이 구현된 공간이기도 하다. 원은 중심과 둘레로 이루어져 있어 중심을 향하는 집중성과 둘레를 향하는 확산성이라는 두 가지 속성을 동시에 갖고 있다. 그런데 이 광장은 확산성이 아닌 집중성을 강조한 공간이다. 광장의 실제 경계는 타원이지만, 사람들이 광장의 어느 곳에 서 있든 시선은 가운데에 있는 기마상으로 집중하게 되므로 기마상을 광장의 중심으로 인식하게 된다. 광장의 가운데에 배치된 기마상은 타원이 지닌 두 개의 초점을 사라지게 하는 효과를 나타내어 광장을 하나의 중심을 가진 원형 공간처럼 변모시킨 것이다. 타원형의 광장이 집중성을 가진 공간으로 전환되면서 광장에는 중심과 주변이라는 위계가 생기게 된다.

위계의 정점은 기마상이다. 주변을 압도하는 세계 지배자의 기마상을 올려다보는 순간 그 위계감은 한층 더 고조된다. 이렇게 광장을 원형으로 새롭게 인식하면서, 광장의 기마상 아래 놓여 있는 별 장식에 주목하게 되면 광장의 확장된 의미를 읽어 낼 수 있다. 고대인들은 우주를 북극성을 중심으로 별이 회전하며 12개의 구역으로 나누어진 원형의 공간으로 인식했다. 이런 인식은 캄피돌리오 광장에 계승되어 북극성은 기마상이 서 있는 별 장식으로, 하늘의 12개 구역은 별 장식의 꼭짓점 개수로 표현된 것이다. 이로써 로마 황제의 기마상은 우주의 중심에 서게 된다.

01 윗글의 ㉠과 〈보기〉의 ㉮에 대한 설명으로 적절하지 않은 것은?

보기

뉴욕의 ㉮ 구겐하임 미술관의 외부는 위로 올라갈수록 넓어지는 원통형 모양을 하고 있으며, 건물의 내부는 가운데가 텅 비어 있고 둘레에 나선형 경사로가 있다. 관람객은 입구에서 엘리베이터로 최상층까지 올라간 뒤 경사로를 따라 내려오면서 작품을 감상하는데, 사람들의 시선은 자연스럽게 원통형 공간의 벽면에 전시된 작품으로 향하게 된다. 이것은 둘레를 향하는 원의 확산적 속성을 이용한 것으로 볼 수 있다. 경사로에서 바라보이는 원의 중심에 해당하는 원통형 공간은 비어 있으므로 중심을 향하는 위계감은 없다.

① ㉠은 ㉮와 달리, 보는 사람의 시선 방향이 중심을 향한다.
② ㉠은 ㉮와 달리, 원의 중심에서 형성되는 위계감이 강조된다.
③ ㉮는 ㉠과 달리, 원의 주변이 중앙 공간의 집중성을 강화한다.
④ ㉮는 ㉠과 달리, 원의 중심보다 둘레를 강조한 공간 구성을 보인다.
⑤ ㉠과 ㉮는 모두 원의 속성을 바탕으로 한 형상을 채택하였다.

유제 • 02

21 6월 평가원모의 | 풀이 P.8

㉮ 한국, 중국 등 동아시아 사회에서 오랫동안 유지되었던 과거제는 세습적 권리와 무관하게 능력주의적인 시험을 통해 관료를 선발하는 제도라는 점에서 합리성을 갖추고 있었다. 정부의 관직을 두고 정기적으로 시행되는 공개 시험인 과거제가 도입되어, 높은 지위를 얻기 위해서는 신분이나 추천보다 시험 성적이 더욱 중요해졌다.

명확하고 합리적인 기준에 따른 관료 선발 제도라는 공정성을 바탕으로 과거제는 보다 많은 사람들에게 사회적 지위 획득의 기회를 줌으로써 개방성을 제고하여 사회적 유동성 역시 증대시켰다. 응시 자격에 일부 제한이 있었다 하더라도, 비교적 공정한 제도였음은 부정하기 어렵다. 시험 과정에서 익명성의 확보를 위한 여러 가지 장치를 도입한 것도 공정성 강화를 위한 노력을 보여 준다.

과거제는 여러 가지 사회적 효과를 가져왔는데, 특히 학습에 강력한 동기를 제공함으로써 교육의 확대와 지식의 보급에 크게 기여했다. 그 결과 통치에 참여할 능력을 갖춘 지식인 집단이 폭넓게 형성되었다. 시험에 필요한 고전과 유교 경전이 주가 되는 학습의 내용은 도덕적인 가치 기준에 대한 광범위한 공유를 이끌어 냈다. 또한 최종 단계까지 통과하지 못한 사람들에게도 국가가 여러 특권을 부여하고 그들이 지방 사회에 기여하도록 하여 경쟁적 선발 제도가 가져올 수 있는 부작용을 완화하고자 노력했다.

동아시아에서 과거제가 천 년이 넘게 시행된 것은 과거제의 합리성이 사회적 안정에 기여했음을 보여 준다. 과거제는 왕조의 교체와 같은 변화에도 불구하고 동질적인 엘리트층의 연속성을 가져왔다. 그리고 이러한 연속성은 관료 선발 과정뿐 아니라 관료제에 기초한 통치의 안정성에도 기여했다.

과거제를 장기간 유지한 것은 세계적으로 드문 현상이었다. 과거제에 대한 정보는 선교사들을 통해 유럽에 전해져 많은 관심을 불러일으켰다. 일군의 유럽 계몽사상가들은 학자의 지식이 귀족의 세습적 지위보다 우위에 있는 체제를 정치적인 합리성을 갖춘 것으로 보았다. 이러한 관심은 사상적 동향뿐 아니라 실질적인 사회 제도에까지 영향을 미쳐서, 관료 선발에 시험을 통한 경쟁이 도입되기도 했다.

㉯ 조선 후기의 대표적인 관료 선발 제도 개혁론인 유형원의 공거제 구상은 능력주의적, 결과주의적 인재 선발의 약점을 극복하려는 의도와 함께 신분적 세습의 문제점도 의식한 것이었다. 중국에서는 17세기 무렵 관료 선발에서 세습과 같은 봉건적인 요소를 부분적으로 재도입하려는 개혁론이 등장했다. 고염무는 관료제의 상층에는 능력주의적 제도를 유지하되, 지방관인 지현들은 어느 정도의 검증 기간을 거친 이후 그 지위를 평생 유지시켜 주고 세습의 길까지 열어 놓는 방안을 제안했다. 황종희는 지방의 관료가 자체적으로 관리를 초빙해서 시험한 후에 추천하는 '벽소'와 같은 옛 제도를 되살리는 방법으로 과거제를 보완하자고 주장했다.

이러한 개혁론은 갑작스럽게 등장한 것이 아니었다. 과거제를 시행했던 국가들에서는 수백 년에 걸쳐 과거제를 개선하라는 압력이 있었다. 시험 방식이 가져오는 부작용들은 과거제의 중요한 문제였다. 치열한 경쟁은 학문에 대한 깊이 있는 학습이 아니라 합격만을 목적으로 하는 형식적 학습을 하게 만들었고, 많은 인재들이 수험 생활에 장기간 매달리면서 재능을 낭비하는 현상도 낳았다. 또한 학습 능력 이외의 인성이나 실무 능력을 평가할 수 없다는 이유로 시험의 익명성에 대한 회의도 있었다.

과거제의 부작용에 대한 인식은 과거제를 통해 임용된 관리들의 활동에 대한 비판적 시각으로 연결되었다. 능력주의적 태도는 시험뿐 아니라 관리의 업무에 대한 평가에도 적용되었다. 세습적이지 않으면서 몇 년의 임기마다 다른 지역으로 이동하는 관리들은 승진을 위해서 빨리 성과를 낼 필요가 있었기에, 지역 사회를 위해 장기적인 전망을 가지고 정책을 추진하기보다 가시적이고 단기적인 결과만을 중시하는 부작용을 가져왔다. 개인적 동기가 공공성과 상충되는 현상이 나타났던 것이다. 공동체 의식의 약화 역시 과거제의 부정적 결과로 인식되었다. 과거제 출신의 관리들이 공동체에 대한 소속감이 낮고 출세 지향적이기 때문에 세습 엘리트나 지역에서 천거된 관리에 비해 공동체에 대한 충성심이 약했던 것이다.

과거제가 지속되는 시기 내내 과거제 이전에 대한 향수가 존재했던 것은 그 외의 정치 체제를 상상하기 어려웠던 상황에서, 사적이고 정서적인 관계에서 볼 수 있는 소속감과 충성심을 과거제로 확보하기 어렵다는 판단 때문이었다. 봉건적 요소를 도입하여 과거제를 보완하자는 주장은 단순히 복고적인 것이 아니었다. 합리적인 제도가 가져온 역설적 상황을 역사적 경험과 주어진 사상적 자원을 활용하여 보완하고자 하는 시도였다.

02 〈보기〉는 과거제에 대한 조선 시대 선비들의 견해를 재구성한 것이다. ㉮와 ㉯를 읽은 학생이 〈보기〉에 대해 보인 반응으로 적절하지 않은 것은?

보기

- 갑 : 변변치 못한 집안 출신이라 차별받는 것에 불만이 있는 사람들이 많았는데, 과거를 통해 관직을 얻으면서 불만이 많이 해소되어 사회적 갈등이 완화된 것은 바람직하다.
- 을 : 과거제를 통해 조선 사회에 유교적 가치가 광범위하게 자리를 잡아 좋다. 그런데 많은 선비들이 오랜 시간 과거를 준비하느라 자신의 뛰어난 능력을 펼치지 못한다는 점이 안타깝다.
- 병 : 요즘 과거 시험 준비를 위해 나오는 책들을 보면 시험에 자주 나왔던 내용만 정리되어 있어서 학습의 깊이가 없으니 문제이다. 그래도 과거제 덕분에 더 많은 사람들이 공부를 하려는 생각을 가지게 된 것은 다행이라고 생각한다.

① '갑'이 과거제로 인해 사회적 유동성이 증가했다는 점을 긍정적으로 본 것은, 능력주의에 따른 공정성과 개방성이라는 시험의 성격에 주목한 것이겠군.

② '을'이 과거제로 인해 많은 선비들이 재능을 낭비한다는 점을 부정적으로 본 것은, 치열한 경쟁을 유발하는 시험의 성격에 주목한 것이겠군.

③ '을'이 과거제로 인해 사회의 도덕적 가치 기준에 대한 광범위한 공유가 가능해졌다는 점을 긍정적으로 본 것은, 고전과 유교 경전 위주의 시험 내용에 주목한 것이겠군.

④ '병'이 과거제로 인해 심화된 공부를 하기 어렵다는 점을 부정적으로 본 것은, 형식적인 학습을 유발한 시험 방식에 주목한 것이겠군.

⑤ '병'이 과거제로 인해 교육에 대한 동기가 강화되었다는 점을 긍정적으로 본 것은, 실무 능력을 중심으로 평가하는 시험 방식에 주목한 것이겠군.

유제 • 03

14 수능 A형 | 풀이 P. 8

CD 드라이브는 디스크 표면에 조사된 레이저 광선이 반사되거나 산란되는 효과를 이용해 정보를 판독한다. CD의 기록면 중 광선이 흩어짐 없이 반사되는 부분을 랜드, 광선의 일부가 산란되어 빛이 적게 반사되는 부분을 피트라고 한다. CD에는 나선 모양으로 돌아 나가는 단 하나의 트랙이 있는데 트랙을 따라 일렬로 랜드와 피트가 번갈아 배치되어 있다. 피트를 제외한 부분, 즉 이웃하는 트랙과 트랙 사이도 랜드에 해당한다.

CD 드라이브는 디스크 모터, 광 픽업 장치, 광학계 구동 모터로 구성된다. 디스크 모터는 CD를 회전시킨다. CD 아래에 있는 광 픽업 장치는 레이저 광선을 발생시켜 CD 기록면에 조사하고, CD에서 반사된 광선은 광 픽업 장치 안의 광 검출기가 받아들인다. 광선의 경로 상에 있는 포커싱 렌즈는 광선을 트랙의 한 지점에 모으고, 광 검출기는 반사된 광선의 양을 측정하여 랜드와 피트의 정보를 읽어

낸다. 이때 CD의 회전 속도에 맞춰 트랙에 광선이 조사될 수 있도록 광학계 구동 모터가 광 픽업 장치를 CD의 중심부에서 바깥쪽으로 서서히 직선으로 이동시킨다.

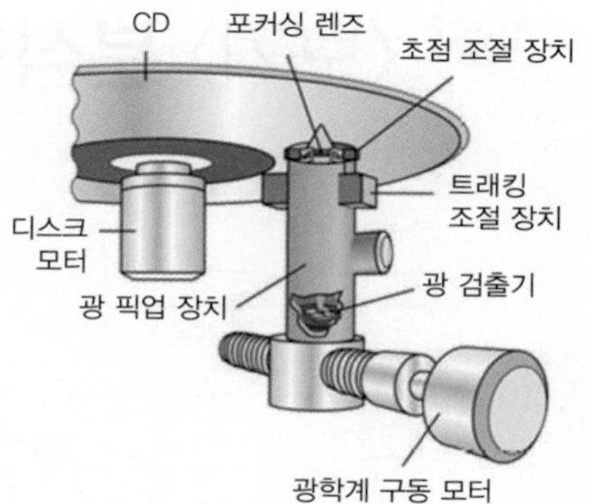

CD의 고속 회전 등으로 진동이 생기면 광선의 위치가 트랙을 벗어나거나 초점이 맞지 않아 데이터를 잘못 읽을 수 있다. 이를 막으려면 트래킹 조절 장치와 초점 조절 장치를 제어해 실시간으로 편차를 보정해야 한다. 편차 보정에는 광 검출기가 사용된다. 광 검출기는 가운데를 기준으로 전후좌우의 네 영역으로 분할되어 있는데, 트랙의 방향과 같은 방향으로 전후 영역이, 직각 방향으로 좌우 영역이 배치되어 있다. 이때 각 영역에 조사되는 빛의 양이 많아지면 그 영역의 출력값도 커지며 네 영역의 출력값의 합을 통해 피트와 랜드를 구별한다.

레이저 광선이 트랙의 중앙에 초점이 맞은 상태로 정확히 조사되면 광 검출기 네 영역의 출력값은 모두 동일하다. 그런데 광선이 피트에 해당하는 지점에 조사될 때 트랙의 중앙을 벗어나 좌측으로 치우치면, 피트 왼편에 있는 랜드에서 반사되는 빛이 많아져 광 검출기의 좌 영역의 출력값이 우 영역보다 커진다. 이 경우 두 출력값의 차이에 대응하는 만큼 트래킹 조절 장치를 작동하여 광 픽업 장치를 오른쪽으로 움직여서 편차를 보정한다. 우측으로 치우쳐 조사된 경우에도 비슷한 과정을 거쳐 편차를 보정한다.

한편 광 검출기에 조사되는 광선의 모양은 초점의 상태에 따라 전후나 좌우 방향으로 길어진다. CD 기록면과 포커싱 렌즈 간의 거리가 가까워져 광선의 초점이 맞지 않으면, 조사된 모양이 전후 영역으로 길어지고 출력값도 상대적으로 커진다. 반면 둘 사이의 거리가 멀어지면, 좌우 영역으로 길어지고 출력값도 상대적으로 커진다. 이때 광 검출기의 전후 영역 출력값의 합과 좌우 영역 출력값의 합을 구한 후, 그 둘의 차이에 해당하는 만큼 초점 조절 장치를 이용해 포커싱 렌즈의 위치를 CD 기록면과 가깝게 또는 멀게 이동시켜 초점이 맞도록 한다.

---

03 **윗글에 나타난 여러 장치에 대한 설명으로 적절하지 않은 것은?**

① 초점 조절 장치는 포커싱 렌즈의 위치를 이동시킨다.
② 포커싱 렌즈는 레이저 광선을 트랙의 한 지점에 모아 준다.
③ 광 검출기의 출력값은 트래킹 조절 장치를 제어하는 데 사용된다.
④ 광학계 구동 모터는 광 픽업 장치가 CD를 따라 회전할 수 있도록 해 준다.
⑤ 광 픽업 장치에는 레이저 광선을 발생시키는 부분과 반사된 레이저 광선을 검출하는 부분이 있다.

003 〈보기〉 분석형

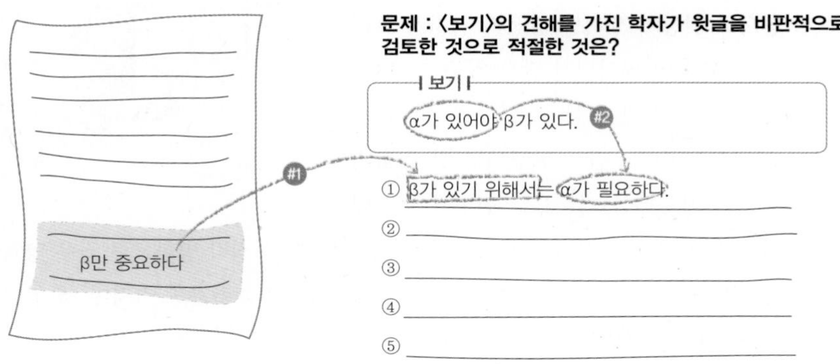

#1 〈보기〉 분석형 문제에서는 〈보기〉를 분석하여 조건을 파악하고 연관된 지문을 통해 답을 고를 수 있습니다. 주어진 사례에서는 〈보기〉의 견해를 가진 학자가 지문을 비판적으로 검토한 것을 고르는 문제입니다. 지문의 마지막에서 논지가 제시되고 있기 때문에 마지막에 주목하였습니다.

#2 〈보기〉 분석형 문제의 근거는 〈보기〉, 그리고 이와 연관된 지문입니다. 이를 통해 선택지를 판단할 수 있습니다.

어떤 문제든지 발문, 〈보기〉, 선택지, 지문을 다 중요하게 생각해야 합니다. 다만 '〈보기〉 분석형' 문제에서는 발문과 선택지보다 〈보기〉를 주목하면 정답의 근거를 보다 효율적으로 발견할 수 있습니다.

(사례 ①) 〈보기〉의 입장에서 '예술의 세속화'에 대해 비판적으로 반응할 때, 적절한 것은? 〈출처 : 09 9월 평가원모의〉
(사례 ②) 윗글을 바탕으로 〈보기〉를 이해한 내용으로 적절하지 않은 것은? 〈출처 : 12 수능〉

사례 ①과 **사례** ② 중에서 어떤 문제가 〈보기〉 분석형 문제인지 생각해 봅시다. 어렵지 않게 **사례** ①이 〈보기〉 분석형인 것을 알 수 있습니다. 왜냐하면 **사례** ②는 문제를 푸는 핵심 조건을 '윗글'에서 찾아야 하기 때문입니다. 곧 '윗글을 바탕으로 〈보기〉를 해석'하는 것입니다. 그렇지만 **사례** ①은 '〈보기〉를 바탕으로 반응'하는 것입니다. 따라서 〈보기〉에서 조건을 발견할 수 있어야 합니다.

〈보기〉 분석형의 경우에는 조건 분석을 통해 〈보기〉를 바탕으로 문제에 접근합니다. 우선 〈보기〉를 분석하여 핵심을 찾고 이를 통해 답을 골라야 합니다. 다음의 사례를 통해서 〈보기〉에서 조건을 찾아보도록 합시다.

(사례 ③) ㉠~㉤ 중 〈보기〉의 촬영 기법을 적용하기에 가장 적절한 것은? 〈출처 : 12 6월 평가원모의〉

보기

앙각(仰角 Low-angle) : 주로 인물의 권위나 위세를 시각적으로 표현하기 위해 카메라를 인물보다 아래쪽에 설치하여 올려 찍는 기법.

이 문제를 풀기 위해서는 '〈보기〉의 촬영 기법'에 대한 이해가 먼저입니다. 이후 그 이해를 바탕으로 조건을 도출하여 답을 찾아 가는 〈보기〉 분석형 문제입니다.

우선 〈보기〉의 촬영 기법을 이해하면, 〈보기〉에서 가장 중요한 것은 '인물의 권위나 위세' 임을 알 수 있습니다. 따라서 〈보기〉를 바탕으로 답을 고르려면 ㉠~㉤을 검토하면서 '인물의 권위나 위세'와 관련 있는 것을 찾아야 합니다.

실제 문제에서는 극본 중 인물의 대사 및 해설에 밑줄을 쳐 ㉠~㉤으로 제시했습니다. 따라서 밑줄 친 ㉠~㉤뿐만 아니라 그 주변을 통해 '인물의 권위나 위세'가 드러나는 장면을 고르면 되겠습니다.

예제 03 수능

하사(下士)* 는 오곡을 보면 중국에도 있는지를 묻고, 중사(中士)* 는 중국 문장이 우리 나라보다 못하다고 여긴다. 상사(上士)* 는 중국에는 이학(理學)이 없다 한다. 과연 그러하다면 중국에는 배울 만한 것이 거의 없다 하겠다.

그러나 이 큰 천하에 무엇인들 없겠는가? 내가 지나가 본 곳은 중국의 한 모퉁이인 유주(幽州), 연주(燕州)이고, 만난 사람도 문인 몇 사람일 뿐이니 도(道)를 물려받은 큰 선비는 실상 보지 못했다. 하지만 반드시 그런 사람이 없다고 감히 말하지 못하는 것은 천하의 서적을 다 읽지 못했고 천하의 지역을 두루 돌아보지 못한 때문이다. 지금 중국에는 뛰어난 학자들과 걸출한 문인들이 있는데도 우리 나라 사람들은 중국의 학문과 문학을 볼 것 없다고 하는데 도대체 무얼 믿고 그러는지 알 수 없다.

대저 서적에 기재된 것은 그 범위가 대단히 넓고 의미가 무궁하다. 그런 까닭에 중국 서적을 읽지 않는 자는 스스로 금을 긋는 것이고, 중국을 다 오랑캐라 하는 것은 남을 속이는 것이다. 중국에 비록 육상산이나 왕양명 같은 사람들의 학설이 있다고 해도 주자학의 적통(嫡統)은 제대로 남아 있다.

우리나라는 사람마다 주자의 학설을 말할 뿐이며 나라 안에 이단이 없으므로 사대부는 감히 육상산이나 왕양명의 학설을 말하지 못한다. 이것이 어찌 도가 하나에서 나와서 그런 것이겠는가? 과거(科擧)로 몰아대고 풍기(風氣)로 구속하니 이와 같이 하지 않으면 몸이 편안하지 않고 그 자손마저 보전하지 못하기 때문이다. 이런 모든 것이 중국의 큰 규모와 같게 되지 못하는 요인이 된다. 무릇 우리나라가 가지고 있는 좋은 기예를 다 발휘해도 중국의 물건 하나에 불과할 터이니 서로 비교하려는 것은 이미 자신을 알지 못함이 심한 자이다.

내가 연경(燕京)에서 돌아오니 국내 사람들이 잇달아 와서 중국 이야기를 들려주기를 청하는 것이었다. 나는 일어나면서,

"그대는 중국 비단을 못 보았나? 꽃과 새, 용 따위의 무늬가 번쩍번쩍하여 살아 있는 듯하며, 가까이 보면 기뻐하는 듯, 슬퍼하는 듯, 모습이 금세 달라진다. 그것을 보는 자는 다 직조 기술이 과연 여기까지 이를 줄은 몰랐다 하는바, 우리 나라의 면포가 날과 씨만으로 짜여 있는 것과 어떠한가? 중국에는 어떤 물건이든지 그렇지 않은 것이 없다. 그 말은 문자를 그대로 사용하며, 집은 금빛과

채색 단장으로 꾸몄고, 통행하는 것은 수레이고, 냄새는 향기로운 냄새뿐이다. 그 도읍, 성곽, 음악의 번화함이며, 무지개다리, 푸른 숲 속에 은은하게 오가는 풍경은 완연히 그림과 같다. 부인네 머리 모습과 긴 저고리는 모두 옛날 제도 그대로이며 멀리서 바라보면 몸매가 날씬하여 우리 나라 부인네의 짧은 저고리와 폭넓은 치마가 아직도 몽고 제도를 이어받은 것과 같지 않다."

하였더니 모두 허황하게 여겨 믿지 않았다. 평소에 생각하던 것과 아주 다르다는 듯이 이상한 표정을 짓고 돌아가면서, "호국(胡國)을 우단(右袒)* 한다."라는 것이었다.

아아, 나를 찾아왔던 사람들은 모두가 장차 이 유도(儒道)를 밝히고 이 백성을 다스릴 사람들인데 그 고루함이 이와 같으니 오늘날 우리 나라 풍속이 진흥하지 못하는 것이 당연하다. 주자는 "의리를 아는 사람이 많기를 원할 뿐이다." 하였는데, 그러므로 나도 이에 대해서 변론하지 않을 수 없다.

– 박제가, 〈북학의〉

* 하사·중사·상사 : 선비를 상·중·하로 나누어 표현한 것 * 우단 : 한쪽 편을 듦.

〈보기〉의 견해를 가진 사람이 윗글의 필자에게 충고한다고 할 때, 그 내용으로 가장 적절한 것은?

보기

지금까지 우리는 위인들이 남긴 업적을 숭배하고 따르는 데에만 관심을 기울였다. 그런데 그렇게 되면 그들의 행동을 우리 행동의 모범으로 미화하게 되어, 주체적 가치관을 형성하지 못하게 될 우려가 있다. 사실 위인이 위인다울 수 있었던 것은 그들이 이룩한 업적이 탁월해서라기보다는, 기존의 권위에 도전하고 갈등과 역경을 극복한 과정이 비범했기 때문이다. 우리는 위인의 삶을 통해 그들이 어떻게 권위에 도전했는지, 어떤 갈등을 겪었는지, 그리고 어떤 과정을 통해 역경을 극복했는지를 배워야 한다.

① 중국을 따르는 일이 역사적 과제임을 깨닫고 중국을 따르는 데 반대하는 사람들을 설득하는 일이 더 중요하다.

② 중국을 배운다면 문물이나 제도를 배우기보다 중국이 스스로 변혁해 온 경로와 그 의지를 배워야 한다.

③ 중국에도 결함이 있으므로 중국의 문물을 따를 때에는 장점만을 선택하는 신중한 태도가 필요하다.

④ 중국 문물을 잘 모르는 일반 백성들이 받을 충격과 혼란도 감안하여 점진적으로 받아들여야 한다.

⑤ 중국은 하나의 참조 대상일 뿐이므로, 우리는 중국과는 다른 우리의 장점을 발전시켜야 한다.

〈보기〉의 견해를 가진 사람이 / 윗글의 필자에게 충고한다고 할 때, / 그 내용으로 가장 적절한 것은?

◎ 발문을 통해 누가 누구에게 충고하는지 확인할 수 있습니다. 결국 '〈보기〉의 견해를 가진 사람(누가)'이 충고한다는 점이 중요합니다. 왜냐하면 〈보기〉의 견해를 가진 사람은 〈보기〉의 견해로만 충고할 수밖에 없기 때문입니다. 즉, 〈보기〉의 견해를 바꿔 쓴 선택지가 정답이 될 것입니다.

조건
분석 –
〈보기〉

보기

지금까지 우리는 위인들이 남긴 업적을 숭배하고 따르는 데에만 관심을 기울였다. 그런데 그렇게 되면 그들의 행동을 우리 행동의 모범으로 미화하게 되어, 주체적 가치관을 형성하지 못하게 될 우려가 있다. 사실 위인이 위인다울 수 있었던 것은 그들이 이룩한 업적이 탁월해서라기보다는, 기존의 권위에 도전하고 갈등과 역경을 극복한 과정이 비범했기 때문이다. 우리는 위인의 삶을 통해 그들이 어떻게 권위에 도전했는지, 어떤 갈등을 겪었는지, 그리고 어떤 과정을 통해 역경을 극복했는지를 배워야 한다.

◎ 〈보기〉 역시 하나의 단락입니다. '그런데' 이후 위인들이 남긴 업적을 숭배하고 따르기만 했던 상황에 의문을 제기합니다. 의문을 제기했으니 자신의 견해를 주장하게 될 것입니다. 결국 단락 마지막에서 위인의 삶에서 어떤 점을 배워야 할 것인지 전달하고 있습니다.

② 중국을 배운다면 문물이나 제도를 배우기보다 중국이 스스로 변혁해 온 경로와 그 의지를 배워야 한다.

기존의 권위에 도전하고 갈등과 역경을 극복한 과정이 비범했기 때문이다. 우리는 위인의 삶을 통해 그들이 어떻게 권위에 도전했는지, 어떤 갈등을 겪었는지, 그리고 어떤 과정을 통해 역경을 극복했는지를 배워야 한다.

◎ 〈보기〉에서 확인한 문장을 조금만 바꿔서 전달하고 있음을 알 수 있습니다. **답 ②**

유제3 실전 연습

유제 • 01

23 수능 | 풀이 P.10

혼례를 마친 후 최척이 아내와 함께 장모를 모시고 집으로 돌아오매 하인들이 기뻐했다. 대청에 오르자 친척들이 축하하여 온 집안에 기쁨이 넘쳤고, 이들을 기리는 소리가 사방의 이웃으로 퍼졌다. 시집에 온 옥영은 소매를 걷고 머리를 빗어 올린 채 손수 물을 긷고 절구질을 했으며, 시아버지를 봉양하고 남편을 대할 때 효와 정성을 다하고, 윗사람을 받들고 아랫사람을 대할 때는 성의와 예의를 두루 갖췄다. 이웃 사람들이 이를 듣고는 모두 양홍의 처나 포선의 아내도 이보다 낫지 않을 것이라고 칭찬했다.

최척은 결혼한 후 구하는 것이 뜻대로 되어 재산이 점차 넉넉히 불었으나, 다만 일찍이 자식이 없는 것이 걱정이었다. 최척 부부는 후사를 염려하여 매월 초하루가 되면 몸과 마음을 깨끗이 하고 함께 만복사에 올라 부처께 기도를 올렸다. 다음 해 갑오년 정월 초하루에도 만복사에 올라 기도를 했는데, 이날 밤 장육금불이 옥영의 꿈에 나타나 말했다.

"나는 **만복사의 부처**로다. 너희 정성이 가상해 기이한 **사내아이**를 점지해 주니, 태어나면 반드시 특이한 징표가 있을 것이다."

옥영은 그달에 바로 잉태해 열 달 뒤 과연 아들을 낳았는데, 등에 어린아이 손바닥만 한 **붉은 점**이 있었다. 그래서 최척은 아들 이름을 몽석(夢釋)이라고 지었다.

최척은 피리를 잘 불었으며, 매양 꽃 피는 아침과 달 뜬 밤이 되면 아내 곁에서 피리를 불곤 했다. 일찍이 날씨가 맑은 어느 봄날 밤이었는데, 어둠이 깊어 갈 무렵 미풍이 잠깐 일며 밝은 달이 환하게 비췄으며, 바람에 날리던 꽃잎이 옷에 떨어져 그윽한 향기가 코끝에 스며들었다. 이에 최척은 옥영과 술을 따라 마신 후, 침상에 기대 피리를 부니 그 여음이 하늘거리며 퍼져 나갔다. 옥영이 한동안 침묵하다 말했다.

"저는 평소 여인이 시 읊는 것을 좋게 여기지 않습니다. 그런데 이처럼 맑은 정경을 대하니 도저히 참을 수가 없군요." / 옥영은 마침내 절구 한 수를 읊었다.

왕자진이 피리를 부니 달도 내려와 들으려는데,
바다처럼 푸른 하늘엔 이슬이 서늘하네.
때마침 날아가는 푸른 난새를 함께 타고서도,
안개와 노을이 가득해 봉도 가는 길 찾을 수 없네.

최척은 애초에 자기 아내가 이리 시를 잘 읊는 줄 모르고 있던 터라 놀라 감탄하였다.

[중략 줄거리] 전란으로 가족과 이별한 최척은 명나라 배를 타고 안남에 이르러 처량한 마음에 피리를 불었다.

최척은 동방이 밝아 오자, 강둑을 내려가 **일본인 배에 이르러 조선말로 물**었다.

"어젯밤 시를 읊던 사람은 조선 사람 아닙니까? 나도 조선 사람이어서 한번 만나 보았으면 합니다. 멀리 다른 나라를 떠도는 사람이 비슷하게 생긴 **고국 사람을 만나**는 것이 어찌 그저 기쁘기만 한 일이겠습니까?"

옥영도 생각하기를 어젯밤 들은 **피리 소리**가 조선의 곡조인데다, 평소 익히 들었던 것과 너무 흡사했다. 그래서 남편 생각에 감회가 일어 절로 시를 읊게 되었던 것이다. 옥영은 자기를 찾는 사람의 목소리를 듣고는 황망히 뛰쳐나와 최척을 보았다. 둘은 서로 마주하고 놀라 **소리를 지르며 끌어안**고 백사장을 뒹굴었다. 목이 메고 기가 막혀 마음을 안정할 수 없었으며, 말도 할 수 없었다. 눈에서는 **눈물이 다하자 피가 흘러내**려 서로를 볼 수도 없을 지경이었다. 양국의 뱃사람들이 저잣거리처럼 모여들어 구경했는데, 처음에는 친척이나 잘 아는 친구인 줄로만 알았다. 뒤에 그들이 부부 사이라는 것을 알고 서로 돌아보며 소리쳐 말했다.

"이상하고 기이한 일이로다! 이것은 하늘의 뜻이요, 사람이 이룰 수 있는 일이 아니로다. 이런 일은 옛날에도 들어 보지 못하였다."

최척은 옥영에게 그간의 소식을 물었다.

"산속에서 붙들려 강가로 끌려갔다는데, 그때 아버지와 장모님은 어찌 되었소?"

옥영이 말했다.

"날이 어두워진 뒤 배에 오른 데다 정신이 없어 서로 잃어버렸으니, 제가 두 분의 안위를 어떻게 알겠습니까?"

두 사람이 손을 붙들고 통곡하자, 옆에서 지켜보던 사람들도 슬퍼하며 눈물을 닦지 않는 이가 없었다.

– 조위한, 〈최척전〉

---

01 〈보기〉를 바탕으로 윗글을 감상한 내용으로 적절하지 않은 것은?

보기

〈최척전〉에는 하나의 문제 상황이 해결되면 또 다른 문제가 확인되는 서사 구조가 나타나고 있다. 이 과정에서 도움을 주는 신이한 존재를 나타나게 하거나, 예언의 실현을 보여주는 특이한 증거를 활용하거나, 문제 해결의 계기가 되는 소재를 제시하거나, 공간적 배경을 확장하여 다양한 국적의 사람들을 등장시키는 등의 서사적 장치들이 확인된다. 이러한 서사 구조와 다양한 서사적 장치는 독자가 이야기에 흥미를 가지고 그것을 자연스럽게 수용하는 데 기여한다.

① 옥영의 꿈에 나타난 '만복사의 부처'는, 옥영이 겪고 있는 현실적인 문제를 해결하는 데 도움을 주는 신이한 존재로서 역할을 한다고 볼 수 있겠군.

② 몽석의 몸에 나타난 '붉은 점'은, '사내아이'의 출생과 관련한 예언이 실제로 이루어졌음을 확인할 수 있는 특이한 증거로 활용된다고 볼 수 있겠군.

③ 최척이 '일본인 배에 이르러 조선말로 물'어보는 것과 '고국 사람을 만나'려 하는 것은, 서사 전개 과정에서 공간적 배경을 조선뿐 아니라 다른 나라로도 확장한 것과 관련이 있겠군.
④ 옥영이 들은 '피리 소리'는, 옥영이 최척을 떠올리게 하여 이별의 상황을 해결하는 계기가 되는 소재로 작용하고 있다고 볼 수 있겠군.
⑤ 최척과 옥영이 '소리를 지르며 끌어안'는 것은 문제의 해결에 따른 기쁨과, '눈물이 다하자 피가 흘러내'리는 것은 또 다른 문제 확인에 따른 인물의 불안감과 관련이 있겠군.

유제 • 02 ◎ 21 6월 평가원모의 | 풀이 P.10

[앞부분 줄거리] 황만근은 마을 사람들에게 바보 취급을 받지만, 외지 출신인 민 씨는 달리 생각한다. 어느 날, 밤늦게 집에 가던 황만근은 토끼 고개에서 거대한 토끼를 만난다.

"그기 뭔 소리라? 내가 내 집에 내 발로 가는데 니가 뭐라꼬 집에 못 간다 카나. 귀신이마 썩 물러가고 토끼마 착 엎디리라. 내가 너를 타고서라도 집에 갈란다."

거대한 토끼는 황만근이 한 번도 맡아 본 적이 없는 비린 냄새를 풍기면서 느릿하고 탁한 음성으로 다시 말했다.

"너는 여기서 죽는다. **너는 여기서 죽는다.** 너는 여기서 죽는다. 너는 집에 못 간다."

황만근은 온몸에 소름이 돋고 털이란 털은 모두 위로 곤두섰다. 그래도 있는 힘을 다해 토끼를 밀치며 "비키라!" 하고 소리를 질렀다. 그런데 토끼를 밀친 황만근의 팔이 토끼의 털에 묻히는가 싶더니 진공청소기에 빨려 드는 파리처럼 쑤욱 안으로 빨려 들어가는 것이었다(황만근이 한 말이 아니라 그 말을 들은 민 씨의 표현이다). 황만근은 한 팔로 옆에 있는 나무를 붙잡으면서 빨려 들어간 팔을 도로 빼려고 안간힘을 썼다. 황만근을 빨아들이려는 공간은 아무것도 잡히지 않을 정도로 넓었고 허전했고 또한 소름끼치도록 차가웠다. 토끼는 토끼대로 쉽게 끌려 들어오지 않는 황만근을 마저 끌어들이기 위해 온몸을 떨면서 뒷발을 든 채 버티고 있었다.

그런 상태로 시간이 하염없이 흘렀다. 어느새 동쪽 하늘이 부옇게 밝아 오기 시작했다. 그러자 토끼는 황만근을 향해 "너는 이제 살았다. 너는 이제 살았다. 너는 이제 살았으니 나를 놓아라" 하고 말했다. 황만근은 오기가 나서 "택도 없는 소리 말거라. 니를 탕으로 끓이서 어무이하고 나하고 마주 앉아서 먹어 치울 끼다. 니 가죽을 빗기서 어무이 목도리를 하고 내 토시를 하고 장갑을 할 끼다. **너는 인자 죽었다**, 자슥아" 하고 소리쳤다. 토끼는 다급하게 물었다. "그럼 어떻게 하면 네 팔을 빼겠느냐." 황만근은 팔을 안 빼는 게 아니라 못 빼고 있는데 토끼가 그렇게 물어 오자 할 말이 없었다. 그래서 되는 대로 "내 소원을 세 가지 들어주기 전에는 니까잇 거는 못 간다" 하고 말했다.

"네 소원이 뭐냐." / "우리 어무이가 팥죽 할마이겉이 오래오래 사는 거다."

(팥죽 할마이란 팥죽을 파는 할머니, 혹은 늘 팥죽을 쑤고 있는 할머니 같은데 그 할머니가 누구인지, 어째서 오래 산다고 하는지 민 씨는 모른다.)

토끼는 마을이 있는 서쪽으로 고개를 기울였다가 몸을 소스라치게 떨고 나서 힘겨운 목소리로 말했다.

"지금 들어주었다. 그 다음은?" / "여우 곁은 마누라가 생기는 거다."

"송편을 세 번 먹으면 네 집으로 올 거다. 다음은 무엇이냐?"

"떡두깨(떡두꺼비) 겉은 아들이다."

"마누라가 들어오면 용왕이 와서 그렇게 해 준다. 이제 나를 놓아라."

"내가 언제 니를 잡았나. 니가 가 뿌리만 되지, **바보 자슥아**."

그러자 토끼는 속았다는 걸 알았는지 얼굴을 무섭게 부풀리더니 황만근의 얼굴에 뜨겁고 매운 김을 내뿜었다. 황만근이 눈을 뜨지 못하고 쩔쩔매다가 간신히 떠 보니 어느새 자신의 팔이 돌아와 있는 것이었다. 황만근의 주변에는 토끼털이 무수히 떨어져 바늘처럼 반짝이고 있었다. 황만근은 제대로 숨 쉴 겨를도 없이 집으로 달려갔다. 동네 곳곳의 닭들이 횃대에서 소리쳐 울고 있었다. 황만근은 밖에서 "어무이, 어무이" 하고 소리치면서 마당으로 뛰어 들어갔지만 방 안에서는 아무 기척이 없었다. 방 안에 들어가 보니 그의 어머니는 그가 나갔을 때의 모습 그대로, 얼굴이 백지장처럼 변해 앉아 있었다.

"어무이, 어무이!" / 그가 어깨를 흔들자 젊은 어머니는 모로 쓰러져 버렸다. 그러면서 "카악!" 하고는 목에서 **주먹밥 덩어리**를 토해 냈다. 황만근이 어머니를 껴안고 통곡을 하다가 손발을 주무르고 온몸을 어루만지자 어머니는 눈을 떴다.

"니 와 인자 왔노?" / "밤새도록 토깨이 귀신하고 씨름을 하다 왔다. 니는 괘않나."

"니 기다리다가 아까 해 뜰 녘에 닭이 울길래 밥 한 덩이를 입에 넣었다가 목이 맥히서 죽을 뻔했다. 움직있다가는 더 맥힐 거 같애서 손가락 하나 까딱 모하고 이래 니가 오기 기다리고 있었니라. 이 문디 겉은 놈의 자슥아, 와 밥만 해 놓고 물은 안 떠다 놨나!"

황만근은 울다가 웃다가 덩실덩실 춤을 추었다. 그러고는 어머니에게 엉덩이를 채어 물을 뜨러 동네 우물로 달려갔다. 그날 우물가에서는 황만근의 기이한 체험이 여러 사람의 입으로 하루 종일 수십 번 되풀이되었고 종내 황만근이 우물가로 초청되어 입이 아프도록 같은 이야기를 늘어놓아야 했다.

송편을 세 번 빚을 만큼의 시간, 곧 세 해가 흐른 뒤에 토끼의 말대로 어떤 처녀가 그의 집으로 들어왔을 때 동네 사람들이 황만근을 보는 눈이 달라졌다.

– 성석제, 〈황만근은 이렇게 말했다〉

---

02 **〈보기〉를 참고하여 윗글을 감상한 내용으로 적절하지 않은 것은?**

보기

윗글은 민담적 요소를 적극 활용한 현대 소설이다. 바보 취급을 받는 황만근이 신이한 존재와 대면했으나 위기를 극복하며 의외의 승리를 거둔다는 비현실적 이야기는 민담적 특징을 잘 보여 준다. 또한 반복적이거나 위협적인 어구 사용, 구성진 입담 등에는 언어의 주술성과 해학성이 잘 드러난다.

① 황만근이 '거대한 토끼'와 겨루는 비현실적인 이야기 전개는 민담의 일반적 특성과 맞닿아 있는 것이겠군.

② 토끼가 '너는 여기서 죽는다.'라는 말을 세 번 반복한 것은 언어의 주술적 특성을 드러내는 것이겠군.
③ 황만근이 '니는 인자 죽었다.'라고 발언하며 위협한 것은 의외의 결과를 가져와 토끼가 황만근의 소원을 들어주기로 하였겠군.
④ '바보 자슥아'라는 말은 황만근에 대한 신이한 존재의 우위가 변했음을 보여 주는 것이겠군.
⑤ 어머니가 '주먹밥 덩어리'를 토해 내는 것은 황만근에게 속은 것을 깨달은 토끼의 주술적 복수라 할 수 있겠군.

유제 · 03

◎ 13 9월 평가원모의 | 풀이 P.11

일상생활에서 흔히 사용하는 컴퓨터, 스마트폰 등에는 반도체 소자가 핵심 부품으로 사용되는데 반도체 소자는 수십에서 수백 나노미터 크기의 패턴으로 이루어져 있다. 반도체 소자의 크기는 패턴의 크기에 달려 있기 때문에 패턴의 크기를 줄여 반도체 소자의 집적도를 높이는 것이 반도체 생산 공정에서는 매우 중요하다. 반도체 소자의 집적도는 매년 꾸준하게 증가하였으며 여기에 가장 핵심적인 역할을 한 것이 바로 포토리소그래피이다.

포토리소그래피는 반도체 기판 위에 패턴을 형성하는 기술을 의미하는데 이는 판화를 만들어 내는 과정과 유사성이 있다. 원판으로부터 수없이 많은 판화를 종이 위에 찍어 낼 수 있듯이 포토리소그래피의 경우 마스크라는 하나의 원판을 제작한 후, 빛을 사용하여 같은 모양의 패턴을 기판 위에 반복 복사하여 패턴을 대량으로 만든다. 판화의 원판은 조각칼을 이용하여 만드는 데 비해, 포토리소그래피의 경우 마스크 패턴의 크기가 매우 작기 때문에 레이저를 이용하여 만든다.

포토리소그래피는 아래 그림과 같이 진행된다.

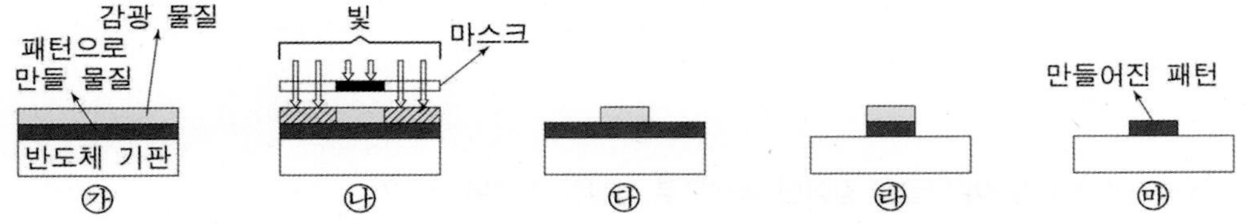

먼저 ㉮와 같이 패턴으로 만들 물질이 코팅된 반도체 기판 위에 감광 물질을 고르게 바른다. 감광 물질이란 빛을 받으면 화학적 성질이 변하는 물질을 말한다. 두 번째로, ㉯와 같이 마스크 위에서 빛을 쏘여 준다. 마스크에는 패턴이 새겨져 있는데, 빛은 마스크의 패턴을 제외한 부분만을 통과할 수 있다. 따라서 마스크의 패턴과 동일한 크기와 모양의 그림자가 감광 물질에 드리우게 되며, 이때 빛을 받은 부분의 감광 물질만 화학적 성질이 변하게 된다. 세 번째로, ㉯에서 빛을 받은 부분만을 현상액으로 제거하면 ㉰와 같이 된다. 이렇게 빛을 받은 부분만을 현상액으로 제거할 때 사용하는 감광 물질을 양성 감광 물질이라 한다. 이와 반대로 빛을 받지 않은 부분만을 현상액으로 제거할 수도 있는데 이때 쓰는 감광 물질을 음성 감광 물질이라고 한다. 네 번째로, ㉰에 남아 있는 감광 물질을 보호층으로 활용하여 감광 물질이 덮여 있지 않은 부분만을 제거하면 ㉣와 같은 모양이 된다. 마지막으로, 더 이상 필요가 없는 감광 물질을 제거하면 반도체 기판에는 ㉤와 같이 마스크에 있던 것과 동일한 패턴이 만들어진다.

한편, 반도체 기판 위에 새길 수 있는 패턴의 크기는 빛의 파장이 짧을수록 작게 만들 수 있기 때문에, 짧은 파장의 광원을 포토리소그래피에 이용하려는 노력과 짧은 파장의 광원에 반응하는 새로운 감광 물질을 개발하려는 연구가 진행되고 있다. 이와 더불어 더욱 정교하고 미세하게 마스크에 패턴을 만드는 기술의 개발 또한 진행되고 있다.

---

03 〈보기〉의 모든 공정을 수행했을 때, 반도체 기판 위에 형성될 패턴으로 적절한 것은?

보기

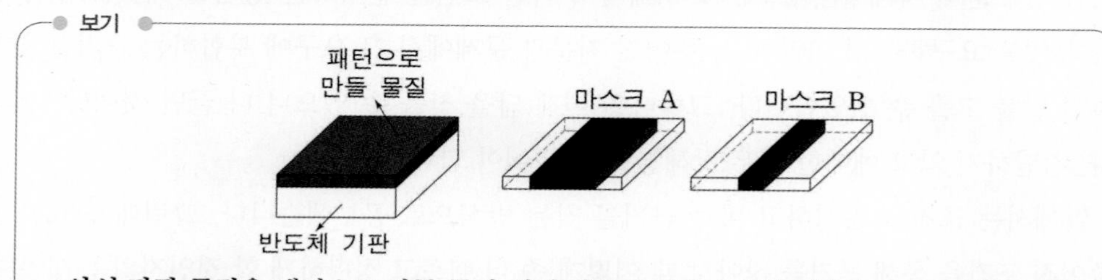

<u>양성 감광 물질</u>을 패턴으로 만들 물질 위에 바르고 마스크 A를 이용하여 포토리소그래피 공정을 수행하여 패턴을 얻은 후, 그 위에 **<u>음성 감광 물질</u>**을 바르고 마스크 B를 이용하여 포토리소그래피 공정을 수행하였다.

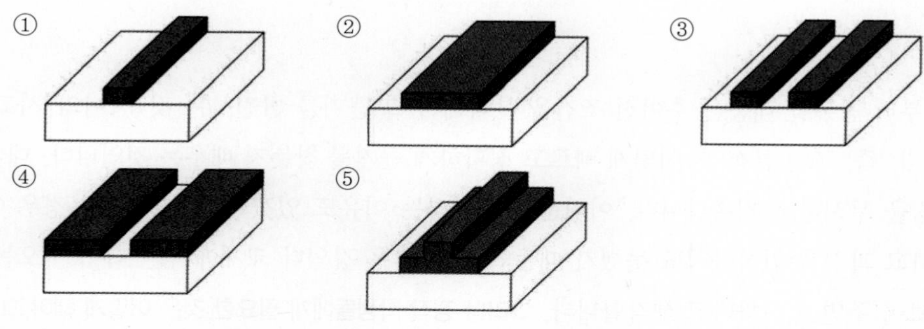

Day 05

커:
근거 축소

근거 축소는 앞에서 배운 조건 분석을 구체화하여 답을 추적해 가는 과정입니다. 국어영역을 못하는 친구들은 감으로만 문제를 다룹니다. 그렇지만 오늘 이후 여러분은 기계적으로 근거를 찾아 정답을 고르는 능력을 가지게 될 것입니다. 오늘 배울 내용까지만 완벽하게 익혀도 친구들에게 국어영역은 이렇게 푼다고 과시하기에 충분합니다. ^^

근거 축소란?

지금까지 문제 자체(발문, 선택지, 〈보기〉)에서 주어진 조건을 분석하는 방법을 배웠습니다. 문제가 무엇을 요구하는지 파악하고, 주어진 지문과 문제에서 그 요구에 부합하는 근거를 찾기만 하면 답을 고를 수 있었습니다. 그렇다면 이제 답을 찾을 수 있으니 다 끝난 것이냐? 아닙니다. 간단하지 않고 애매한 경우도 해결할 수 있어야 합니다.

앞에서는 조건을 분석하고 바로 근거를 찾는 방식으로 공부했습니다. 그런데 중요한 것은 주어진 조건을 통해 근거를 찾아갈 때 어떻게 좀 더 빠르고 정확하게 할 것인지의 문제입니다.

〈우리가 배워야 할 사고 과정〉

지금부터 공부할 내용은 주어진 조건을 분석해서 그 근거를 발견하는 것 '사이의' 사고 과정입니다. 즉, 조건 분석 후 어떻게 빠르고 정확하게 근거를 찾는지 배우는 것입니다. 대개는 이 과정을 무시하고 지나갑니다. 어려운 내용이라는 이유도 있겠지만, 대부분의 경우 아예 이런 사고 과정을 인식하지도 못했기 때문입니다. 많은 강의나 교재에서는 '답이 나오는 근거'만 보여 주면 충분하다고 생각합니다. **그러나 정작 학생들에게 필요한 것은 어떻게 해야 그렇게 근거를 찾아갈 수 있는지 배우는 일입니다.** 물고기를 잡아 주기보다 물고기를 잡는 법을 가르쳐 주는 것이 더 바람직하듯, 근거만 제시해 주기보다는 어떻게 그 근거를 찾을 수 있었는지 가르쳐 주어야 합니다.

여담을 해 보자면 예전에 기출문제집을 내는 유명한 모 출판사를 찾아간 적이 있었는데, 무슨 말을 하다가 제가 그쪽 출판사 책에는 틀린 해설이 너무 많다고 말씀드리니 별다른 변명을 하지 못하시고 수긍하셨던 기억이 납니다. 실제 여러 출판사에서 나온 책이 글자 하나

다르지 않고 똑같이 틀린 해설을 소개하는 경우도 있습니다. 저자가 같은 것도 아닐 텐데 참 이상합니다. 다행히 여러분은 가장 정확한 과정을 택하게 되었으니 안심해도 될 것입니다.

많은 학생들이 국어영역을 어렵다고 느끼는 것은 '근거를 찾는 사고 과정'을 배우지 않고 정답에 대한 근거, 즉 '결과'만 제시된 위와 같은 기출문제 교재나 강의를 통해 공부를 시작하기 때문입니다. 현실적으로 5개년, 10개년 기출문제를 다루는 교재에서는 세세하게 근거를 찾는 사고 과정을 모두 제시할 수 없습니다. 그렇다고 그런 책을 나쁘다고 할 수는 없습니다. 기초를 배운 이후에 훈련하는 목적으로 활용하기에는 충분하기 때문입니다.

그런데 처음 공부하는 학생들은 어떻게 근거를 축소하는지 배워야 하는데 시작부터 기출문제집만 보고 있으면 이를 배울 기회가 없습니다. 물론 저도 스스로 기출문제를 공부하며 방법을 깨달았듯이, 여러분도 기출문제만을 통해 스스로 좋은 방법에 착안할 수도 있습니다. 그러나 얼마나 시간이 걸리는지가 문제입니다. 저는 고3 시절 동안 이를 깨닫지 못해 재수까지 했습니다. 아마도 어떤 경우에는 더 긴 시간 동안 고생할 수도 있을 것입니다.

처음에 정확하게 배워야 시행착오를 최소한으로 줄일 수 있습니다. 이제 '근거 축소'에 대해서 체계적으로 알아보고, 빠르고 정확하게 문제에 접근할 수 있는 능력을 기르도록 하겠습니다. 다른 교재나 강의에서는 배울 수 없었던 부분이라 다소 낯설 수도 있지만, 앞에서 언급했던 것처럼 '물고기를 잡는 법'이라 생각하고 차분히 공부해 봅시다.

국어영역 사고의 네 가지 분류

근거를 축소하는 과정에서 쓰이는 사고방식을 분류하면 다음과 같은 네 가지로 정리됩니다.

사실적 사고 / 추론적 사고
부분적 사고 / 전체적 사고

물론 이러한 분류를 각각 따로 생각해야 하는 것은 아닙니다. '사실적－전체적 사고'라든지 '추론적－부분적 사고'처럼 실제 문제에서는 두 가지가 결합하여 나타나는 형태입니다. 그런데 수능 국어에서 필요한 것은 다음과 같은 세 가지 분류의 사고입니다.

❶ 사실적－부분적 사고
❷ 사실적－전체적 사고
❸ 추론적 사고(추론적－부분적 사고 & 추론적－전체적 사고)

조건 분석 단계에서는 문제를 통해 어떻게 조건을 찾는지 배웠습니다. 이제 분석된 조건을 통해 근거를 찾는 방법을 배울 것입니다. 가장 첫 단추로서 우선 주어진 문제가 위에 제시된 세 가지 분류의 사고들 중 어디에 해당하는지 파악해야 합니다. 왜냐하면 각각의 사고 분류에 따라 요구되는 행동 방식이 다르기 때문입니다.

문제를 어떻게 빨리 푸느냐? 이는 조건 분석 후 얼마나 빠르게 그다음 사고 과정이 진행되는지에 달려 있다고 할 수 있습니다. 각각의 사고 유형별로 접근 방식을 정리하고 다양한 예제를 통해 연습해 봅시다.

*** 주의할 점**

국어영역 문제풀이에서 각 문제에 필요한 사고 유형을 구분하는 것은 배우고 연습하는 단계에서 필요한 것입니다. 어떤 학생들은 이를 착각하여 각 문제마다 어떤 사고인지 분류하는 것에만 집중하는 경우도 있습니다. 그러나 연습을 통해 물 흐르듯이 자연스럽게 문제풀이가 이루어질 수 있도록 해야 합니다. 조건 분석과 근거 축소의 과정은 따로따로 하는 것이 아니라, 자연스럽게 하나의 행동으로 이루어져야 합니다. 배우고 연습하는 과정과 실제 시험장에서 문제 푸는 상황을 똑같이 보면 곤란합니다.

001 사실적 – **부분적 사고**

1 구체적인 사실적 – 부분적 사고

사실적 – 부분적 사고는 **가장 기초적인 일치/불일치 과정**입니다. 제시된 지문 중 부분적인 내용에 대한 사실적 일치 여부를 묻는 문제이기 때문에 지문의 주제와 같은 전체적인 내용을 파악했는지 여부는 크게 중요하지 않습니다. 물론 지문을 먼저 독해한 후 문제를 풀기 때문에 어느 정도 지문에 대한 이해가 바탕이 되겠으나 그보다는 좀 더 지문의 부분적인 내용에 집중한다는 의미입니다. 따라서 사실적 – 부분적 사고에 해당하는 문제에서는 시간을 아끼면서 정확성을 높일 수 있도록 해야 합니다.

물론 앞에서 배운 일치/불일치 연습과 크게 다르지 않기 때문에 아마도 '이걸 왜 또 하지?' 하는 학생들도 있을 것입니다. 그렇지만 지금은 조건 분석 이후 근거를 찾는 사고 과정을 연습하는 과정에서 다루는 것으로 그 의의가 다르기 때문에 다시 한번 연습하는 기분으로 해 보도록 합시다.

*** 주로 이런 식으로 출제됩니다.**

윗글에 나타난 '운동화'의 특징이 아닌 것은?
윗글을 통해 알 수 없는 것은?
윗글을 통해 알 수 있는 것은?
㉠과 ㉡에 대한 설명으로 가장 적절한 것은?
윗글을 읽으면서 다음과 같이 내용을 정리하였다고 할 때, 적절하지 않은 것은?
〈보기〉의 ㉠~㉤ 중, 윗글에서 확인할 수 없는 것은?
윗글의 글쓴이가 상대방을 설득하기 위해 사용한 전략으로 적절하지 않은 것은?
윗글에 대한 설명으로 적절하지 않은 것은?
윗글에서 설명한 '백화 현상'에 대한 설명으로 적절하지 않은 것은?

2 접근 방법

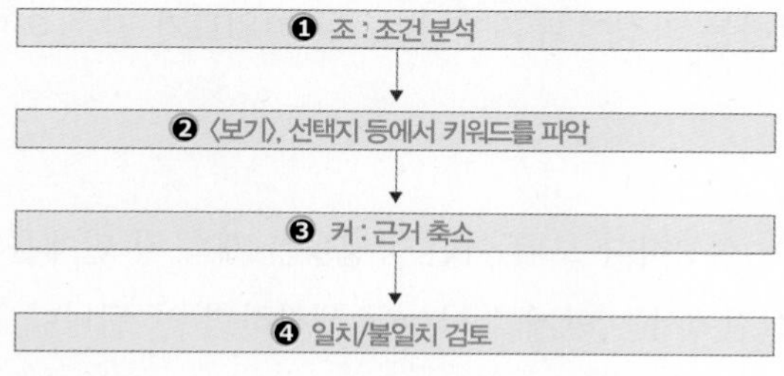

❶ 조 : 조건 분석

조건 분석은 어떤 문제를 다루든 가장 첫 번째가 되어야 할 과정입니다. 물론 앞에서 실컷 배웠습니다. '사실적 – 부분적 사고'는 가장 기본적인 사고방식으로서 몇 가지 유형의 발문이 계속 출제되고 있습니다. 처음 공부할 때는 왜 이렇게 사고하는지 '이해'해야 합니다. 그리고 정확하게 이해하려면 문제를 뜯어봐야 합니다. 그러나 한 번 이해하고 나면 더 이상 문제를 뜯어 가며 볼 필요는 없습니다. 그때부터는 이해한 내용을 '암기'하여 빠르게 문제를 풀어야 합니다. 많은 연습을 통해 '이해를 암기'해야만 시험장에서도 문제를 하나하나 뜯어보며 이해하지 않고도 빠르게 풀 수 있습니다.

❷ 〈보기〉, 선택지 등에서 키워드를 파악

앞에서 살펴보았듯 핵심 키워드를 파악하는 것은 조금만 연습하면 어려운 일이 아닙니다. 각 선택지 등에서 '엔진 고장'의 원리를 생각하면서 근거와 연결되는 핵심 키워드를 확인해야 합니다. 저는 주로 밑줄을 치는 방식으로 표시했던 기억이 납니다. 각자 편한 방식으로 표시하면 좋겠습니다. 물론 표시하지 않아도 큰 상관은 없습니다.

❸ 커 : 근거 축소

'사실적 – 부분적 사고'에서 근거 축소는 시각적인 측면이 강조됩니다. 많은 학생들이 이 부분에서 시간을 많이 소비하게 되는데, 일단 시각적인 능력, 즉 동물적인 문자 판독 능력을 중심으로 이 과정을 수행하는 것이 좋습니다.

❹ 일치/불일치 검토

앞에서 본 '일치/불일치 판단'과 같은 방식으로, 우리가 찾은 키워드가 지문과 일치하는지 아닌지 판단하는 과정입니다. 이때 문제 되는 경우는 지문에 제시된 키워드가 선택지에 제시된 키워드와 정확하게 같지 않을 때입니다. 이때는 시각적 판독에서 약간 더 나아가 두 키워드가 동일한 것인지 판단하는 과정이 추가됩니다. 두 키워드가 같은 의미인지 파악할 수 있는 능력이 요구됩니다.

이처럼 단계를 나누어 설명하다 보니 어떤 학생들은 계속 각 단계를 딱딱 나누어서 연습하고는 합니다. 그러나 실전에서는 단계를 나누어 생각하면 안 됩니다. 이렇게 단계를 나누어 설명하는 것은 연습에서만 의미가 있습니다. 실제 문제를 풀면서 '아, 이제 ❸번 과정에 들어갈 차례인데 ❸번이 뭐더라? 일치였나?'처럼 생각할 필요는 전혀 없습니다.

농구 교본을 보면 슛하는 과정을 여러 단계로 쪼개서 설명하지만, 결국 실제 시합에서 슛을 하는 것은 전체적으로 하나의 동작입니다. 다만 잘 배우게 하기 위해서 한 동작을 여러 단계로 나누어 놓은 것입니다. 정확한 연습을 위해 각 단계를 나누어 생각할 필요가 있지만 나중에는 오히려 유연하게 사고하며 문제를 풀 수 있어야 합니다.

예제 21 수능

1 채권은 어떤 사람이 다른 사람에게 특정 행위를 요구할 수 있는 권리이다. 이 특정 행위를 급부라 하고, 특정 행위를 해 주어야 할 의무를 채무라 한다. 채무자가 채권을 가진 이에게 급부를 이행하면 채권에 대응하는 채무는 소멸한다. 급부는 재화나 서비스 제공인 경우가 많지만 그 외의 내용일 수도 있다.

2 민법상의 권리는 여러 가지가 있는데 계약 없이 법률로 정해진 요건의 충족으로 발생하기도 하지만 대개 계약의 효력으로 발생한다. 계약이란 권리 발생 등에 관한 당사자의 합의로서, 계약이 성립하면 합의 내용대로 권리 발생 등의 효력이 인정되는 것이 원칙이다. 당장 필요한 재화나 서비스는 그 제공을 급부로 하는 계약을 성립시켜 확보하면 되지만 미래에 필요할 수도 있는 재화나 서비스라면 계약을 성립시킬 수 있는 권리를 확보하는 것이 유리하다. 이를 위해 '예약'이 활용된다. 일상에서 예약이라고 할 때와 법적인 관점에서의 예약은 구별된다. 기차 탑승을 위해 미리 돈을 지불하고 승차권을 구입하는 것을 '기차 승차권을 예약했다'고도 하지만 이 경우는 예약에 해당하지 않는 계약이다. 법적으로 예약은 당사자들이 합의한 내용대로 권리가 발생하는 계약의 일종으로, 재화나 서비스 제공을 급부 내용으로 하는 다른 계약인 '본계약'을 성립시킬 수 있는 권리 발생을 목적으로 한다.

[A] 3 예약은 예약상 권리자가 가지는 권리의 법적 성질에 따라 두 가지 유형으로 나뉜다. 첫째는 채권을 발생시키는 예약이다. 이 채권의 급부 내용은 '예약상 권리자의 본계약 성립 요구에 대해 상대방이 승낙하는 것'이다. 회사의 급식 업체 공모에 따라 여러 업체가 신청한 경우 그중 한 업체가 선정되었다고 회사에서 통지하면 예약이 성립한다. 이에 따라 선정된 업체가 급식을 제공하고 대금을 받기로 하는 본계약 체결을 요청하면 회사는 이에 응할 의무를 진다. 둘째는 예약 완결권을 발생시키는 예약이다. 이 경우 예약상 권리자가 본계약을 성립시키겠다는 의사를 표시하는 것만으로 본계약이 성립한다. 가족 행사를 위해 식당을 예약한 사람이 식당에 도착하여 예약 완결권을 행사하면 곧바로 본계약이 성립하므로 식사 제공이라는 급부에 대한 계약상의 채권이 발생한다.

4 예약에서 예약상의 급부나 본계약상의 급부가 이행되지 않는 문제가 생길 수 있는데, 예약의 유형에 따라 발생 문제의 양상이 다르다. 일반적으로 급부가 이행되지 않아 채권자에게 손해가 발생한 경우 채무자는 자신의 고의나 과실에서 비롯된 것이 아님을 증명하지 못하는 한 채무 불이행 책임을 진다. 이로 인해 채무의 내용이 바뀌는데 원래의 급부 내용이 무엇이든 채권자의 손해를 돈으로 물어야 하는 손해 배상 채무로 바뀐다.

5 만약 타인이 고의나 과실로 예약상 권리자가 가진 권리 실현을 방해했다면 예약상 권리자는 그에게도 책임을 물을 수 있다. 법률에 의하면 누구든 고의나 과실에 의해 타인에게 피해를 끼치는 행위를 하고 그 행위의 위법성이 인정되면 불법행위 책임이 성립하여, 가해자는 피해자에게 손해를 돈으로 배상할 채무를 지기 때문이다. 다만 예약상 권리자에게 예약 상대방이나 방해자 중 누구라도 손해배상을 하면 다른 한쪽의 배상 의무도 사라진다. 급부 내용이 동일하기 때문이다.

다음은 [A]에 제시된 예를 활용하여, 예약의 유형에 따라 예약상 권리자가 요구할 수 있는 급부에 대해 정리한 것이다. ㄱ~ㄷ에 들어갈 내용을 올바르게 짝지은 것은?

구분	채권을 발생시키는 예약	예약 완결권을 발생시키는 예약
예약상 급부	ㄱ	ㄴ
본계약상 급부	ㄷ	식사 제공

	ㄱ	ㄴ	ㄷ
①	급식 계약 승낙	없음	급식 대금 지급
②	급식 계약 승낙	없음	급식 제공
③	급식 계약 승낙	식사 제공 계약 체결	급식 제공
④	없음	식사 제공 계약 체결	급식 제공
⑤	없음	식사 제공 계약 체결	급식 대금 지급

기초적인 일치/불일치 판단 문제는 앞에서 많이 다루어 봤습니다. 이번에는 조금 어려운 문제로 공부해 봅시다. 문제 형태만 보면 일치/불일치 판단 문제처럼 생기지 않았지만, 사실적-부분적 사고가 작용하는 일반적인 일치/불일치 판단으로 접근하면 되는 유형입니다.

문제 풀이

❷ 〈보기〉, 선택지 등에서 주요 keyword를 파악

구분	채권을 발생시키는 예약	예약 완결권을 발생시키는 예약
예약상 급부	ㄱ	ㄴ
본계약상 급부	ㄷ	식사 제공

	ㄱ	ㄴ	ㄷ
①	급식 계약 승낙	없음	급식 대금 지급
②	급식 계약 승낙	없음	급식 제공
③	급식 계약 승낙	식사 제공 계약 체결	급식 제공
④	없음	식사 제공 계약 체결	급식 제공
⑤	없음	식사 제공 계약 체결	급식 대금 지급

위와 같이 표와 선택지에 전부 밑줄을 친다든지 강조할 필요는 없습니다. 다만 해설을 위해서 위와 같은 부분이 일치/불일치 판단 요소임을 강조하고자 합니다. 지문의 [A] 부분에서는 예약에 대해 '채권을 발생시키는 예약'과 '예약 완결권을 발생시키는 예약' 두 가지로 구분하여 설명합니다. ㄱ, ㄴ, ㄷ에 무엇이 들어갈지 확인하려면 각 개념의 위치를 정확히 찾아가서 일치/불일치 판단을 해야 합니다.

| ❸ 커(근거 축소) & ❹ 일치/불일치 검토 |

ㄱ은 '채권을 발생시키는 예약'입니다. [A]에서 첫째로 등장하는 유형입니다. 이 문제가 단순 일치/불일치 유형인 이유는 [A]의 예를 그대로 활용하여 문제로 바꾼 것이기 때문입니다. 가령 원리만 [A]를 따르고 다른 예를 활용하면 조금 더 생각할 필요가 있는데, 급식 업체와 식당 예약이라는 예를 그대로 활용하니 잘 찾아보기만 해도 되는 문제입니다. 따라서 원리를 이해하고 스스로 판단하기보다는 지문에 나온 구체적 예를 찾아서 기계적으로 일치/불일치 판단을 해 봅시다.

3-4 회사의 급식 업체 공모에 따라 여러 업체가 신청한 경우 그중 한 업체가 선정되었다고 회사에서 통지하면 예약이 성립한다.

위와 같은 예약 성립에서 발생하는 급부가 무엇인지 확인해야 합니다. 그런데 '급부'가 무엇인지 헷갈린다면 지문을 통해 확실히 확인해야 합니다.

1-1 채권은 어떤 사람이 다른 사람에게 특정 행위를 요구할 수 있는 권리이다. 이 특정 행위를 급부라 하고, 특정 행위를 해 주어야 할 의무를 채무라 한다.

예약이 성립하였다면 어떤 특정 행위를 요구할 수 있었나요?

3-5 이에 따라 선정된 업체가 급식을 제공하고 대금을 받기로 하는 본계약 체결을 요청하면 회사는 이에 응할 의무를 진다.

즉, ㄱ은 '급식 계약 승낙'이 됩니다. 회사가 급식 계약에 응하여야 한다는 의미입니다. ㄴ은 '예약 완결권을 발생시키는 예약'입니다. [A]에서 둘째로 등장하는 유형입니다.

3-7 이 경우 예약상 권리자가 본계약을 성립시키겠다는 의사를 표시하는 것만으로 본계약이 성립한다.

그런데 위와 같이 예약이 성립하지 않고 곧바로 본계약이 성립하게 됩니다. 예약상 급부가 별도로 있지 않습니다. 따라서 ㄴ은 '없음'이 됩니다.

ㄷ은 다시 '채권을 발생시키는 예약'입니다. [A]에서 첫째로 등장하는 유형입니다. 본계약상 급부가 무엇인지 묻고 있으니 본계약에 대해 언급한 부분을 찾아봅니다.

> 3-5 이에 따라 선정된 업체가 급식을 제공하고 대금을 받기로 하는 본계약 체결을 요청하면 회사는 이에 응할 의무를 진다.

위와 같이 본계약은 선정 업체가 급식을 제공하고 대금을 받는 내용입니다. 즉, 급식 업체는 급식을 제공하는 게 자신의 채무이고 이에 따라 대금을 요구하는 게 급부의 내용이 됩니다. 헷갈린다면 급부와 채무를 설명한 첫 단락을 다시 검토해 봅시다.

> 1-1 채권은 어떤 사람이 다른 사람에게 특정 행위를 요구할 수 있는 권리이다. 이 특정 행위를 급부라 하고, 특정 행위를 해 주어야 할 의무를 채무라 한다.

급식 업체 입장에서 자신이 해 주어야 할 의무는 급식 제공이고 상대방에게 그에 따른 대금을 요구할 수 있으니, 급부는 '급식 대금 지급'이 됩니다. **답** ①

유제1 실전 연습

유제 • 01 ◎ 13 수능 | 풀이 P. 12

연금 제도의 목적은 나이가 많아 경제 활동을 못하게 되었을 때 일정 소득을 보장하여 경제적 안정을 도모하는 것이다. 이를 위해서는 보험회사의 사적 연금이나 국가가 세금으로 운영하는 공공부조* 를 활용할 수 있다. 그럼에도 국가가 이 제도들과 함께 공적 연금 제도를 실시하는 까닭은 무엇일까?

그것은 사적 연금이나 공공부조가 낳는 부작용 때문이다. 사적 연금에는 역선택 현상이 발생한다. 안정된 노후 생활을 기대하기 어려운 사람들이 주로 가입하고 그렇지 않은 사람들은 피하므로, 납입되는 보험료 총액에 비해 지급해야 할 연금 총액이 자꾸 커지는 것이다. 이렇게 되면 보험회사는 계속 보험료를 인상하지 않는 한 사적 연금을 유지할 수 없다. 한편 공공부조는 도덕적 해이를 야기할 수 있다. 무상으로 부조가 이루어지므로, 젊은 시절에는 소득을 모두 써 버리고 노년에는 공공부조에 의존하려는 경향이 생길 수 있기 때문이다. 이와 같은 부작용에 대응하기 위해 공적 연금 제도는 소득이 있는 국민들을 강제 가입시켜 보험료를 징수한 뒤, 적립된 연금 기금을 국가의 책임으로 운용하다가, 가입자가 은퇴한 후 연금으로 지급하는 방식을 취하고 있다.

우리나라에서 공적 연금 제도를 운영하는 과정에는 ㉠사회적 연대를 중시하는 입장과 ㉡경제적 성과를 중시하는 입장이 부딪치고 있다. 구체적으로 전자는 이 제도를 계층 간, 세대 간 소득 재분배의 수단으로 이용해야 한다고 주장한다. 소득이 적어 보험료를 적게 낸 사람에게 보험료를 많이 낸 사람과 비슷한 연금을 지급하고, 자녀 세대의 보험료로 부모 세대의 연금을 충당하는 것은 그러한 관점에서 이해될 수 있다. 하지만 후자는 이처럼 사회 구성원 일부에게 희생을 강요하는 소득 재분배는 물가 상승을 반영하여 연금의 실질 가치를 보장할 수 있을 때만 허용되어야 한다고 비판한다. 사회 내의 소득 격차가 커질수록, 자녀 세대의 보험료 부담이 커질수록, 이 비판은 더욱 강해질 수밖에 없다.

이 두 입장은 요사이 연금 기금의 투자 방향에 관해서도 대립하고 있다. 이에 대해서는 원래 후자의 입장에서 연금 기금을 가입자들이 노후의 소득 보장을 위해 맡긴 신탁 기금으로 보고, 안정된 금융 시장을 통해 대기업에 투자함으로써 수익률을 극대화하려는 태도가 지배적이었다. 그러나 최근에는 전자의 입장에서 연금 기금을 국민 전체가 사회 발전을 위해 조성한 투자 자금으로 보고, 이를 일자리 창출에 연계된 사회 경제적 분야에 투자해야 한다는 주장이 힘을 얻고 있다. 이는 지금까지 연금 기금을 일종의 신탁 기금으로 규정해 온 관련 법률을 개정하여, 보험료를 낼 소득자 집단을 확충하는 데 이 막대한 돈을 직접 활용하자는 주장이기도 하다.

* 공공부조 : 생활 능력이 없는 국민에게 사회적 최저 수준의 생활이 가능하도록 국가가 현금 또는 물품을 지원하거나 무료 혜택을 주는 제도

01 **㉠과 ㉡에 대한 이해로 적절한 것은?**

① ㉠에서는 연금 기금을 국민 전체가 사회 발전을 위해 조성한 투자 자금으로 본다.

② ㉠에서는 연금 기금을 안정된 금융 시장을 통해 수익률이 높은 대기업에 투자하려고 한다.

③ ㉠에서는 관련 법률을 개정하여 연금 기금의 법적 성격을 바꾸는 데 반대한다.

④ ㉡에서는 사회 내의 소득 격차가 커질수록 공적 연금 제도를 통한 소득 재분배를 더욱 강하게 요구한다.

⑤ ㉡에서는 보험료를 낼 소득자 집단을 확충하는 데 연금 기금을 직접 활용하자고 주장한다.

유제 • 02

◎ 23 수능 | 풀이 P.13

[A] 중국에서 비롯된 유서(類書)는 고금의 서적에서 자료를 수집하고 항목별로 분류, 정리하여 이용에 편리하도록 편찬한 서적이다. 일반적으로 유서는 기존 서적에서 필요한 부분을 뽑아 배열할 뿐 상호 비교하거나 편찬자의 해석을 가하지 않았다. 유서는 모든 주제를 망라한 일반 유서와 특정 주제를 다룬 전문 유서로 나눌 수 있으며, 편찬 방식은 책에 따라 다른 경우가 많았다. 중국에서는 대체로 왕조 초기에 많은 학자를 동원하여 국가 주도로 대규모 유서를 편찬하여 간행하였다. 이를 통해 이전까지의 지식을 집성하고 왕조의 위엄을 과시할 수 있었다.

고려 때 중국 유서를 수용한 이후, 조선에서는 중국 유서를 활용하는 한편, 중국 유서의 편찬 방식에 따라 필요에 맞게 유서를 편찬하였다. 조선의 유서는 대체로 국가보다 개인이 소규모로 편찬하는 경우가 많았고, 목적에 따른 특정 주제의 전문 유서가 집중적으로 편찬되었다. 전문 유서 가운데 편찬자가 미상인 유서가 많은데, 대체로 간행을 염두에 두지 않고 기존 서적에서 필요한 부분을 발췌, 기록하여 시문 창작, 과거 시험 등 개인적 목적으로 유서를 활용하고자 하였기 때문이었다.

이 같은 유서 편찬 경향이 지속되는 가운데 17세기부터 실학의 학풍이 하나의 조류를 형성하면서 유서 편찬에 변화가 나타났다. 실학자들의 유서는 현실 개혁의 뜻을 담았고, 편찬 의도를 지식의 제공과 확산에 두었다. 또한 단순 정리를 넘어 지식을 재분류하여 범주화하고 평가를 더하는 등 저술의 성격을 드러냈다. 독서와 견문을 통해 주자학에서 중시되지 않았던 지식을 집적했고, 증거를 세워 이론적으로 밝히는 고증과 이에 대한 의견 등 '안설'을 덧붙이는 경우가 많았다. 주자학의 지식을 이어받는 한편, 주자학이 아닌 새로운 지식을 수용하는 유연성과 개방성을 보였다. 광범위하게 정리한 지식을 식자층이 쉽게 접할 수 있어야 한다고 생각했고, 객관적 사실 탐구를 중시하여 박물학과 자연 과학에 관심을 기울였다.

조선 후기 실학자들이 편찬한 유서가 주자학의 관념적 사유에 국한되지 않고 새로운 지식의 축적과 확산을 촉진한 것은 지식의 역사에서 적지 않은 의미를 지닌다.

02 **[A]에 대한 이해로 적절하지 <u>않은</u> 것은?**

① 조선에서 편찬자가 미상인 유서가 많았던 것은 편찬자의 개인적 목적으로 유서를 활용하려 했기 때문이다.

② 조선에서는 시문 창작, 과거 시험 등에 필요한 내용을 담은 유서가 편찬되는 경우가 적지 않았다.

③ 조선에서는 중국의 편찬 방식을 따르면서도 대체로 국가보다는 개인에 의해 유서가 편찬되었다.

④ 중국에서는 많은 학자를 동원하여 대규모로 편찬한 유서를 통해 왕조의 위엄을 드러내었다.

⑤ 중국에서는 주로 서적에서 발췌한 내용을 비교하고 해석을 덧붙여 유서를 편찬하였다.

◎ 22 6월 평가원모의 | 풀이 P.14

유제 • 03

[앞부분의 줄거리] 김 진사의 딸 채봉은 선비 필성과 정혼하나, 우여곡절 끝에 스스로 기녀가 되어 송이로 이름을 바꾼다. 송이의 서화를 눈여겨본 감사가 송이를 데려와 관아에서 살게 한다.

송이는 감사가 있는 별당 건넌방에 가 홀로 살고 지내며 감사가 시키는 일을 처리하고 지내며 마음에 기생을 면함은 다행하나, 주야로 잊지 못하는 바는 부모의 소식과 장필성을 못 봄을 한하고 이 감사가 보는 데는 감히 그 기색을 드러내지 못하니, 혼자 있을 때에는 주야 탄식으로 지내더라.

장필성이 이 소문을 듣고 또한 다행하나, 이때 감사는 송이 있는 별당은 외인 출입을 일절 엄금하니, 다시 만날 길이 없어 수심으로 지내더니, 한 계책을 생각하되,

"나도 감사 앞에서 거행하는 관속이 된다면 채봉을 만나기가 쉬우리라."

하고 여러 가지로 주선하더니, 이때 마침 감사가 문필이 있는 이방을 구하는지라. 필성이 한 길을 얻어 이방이 되어 감사에게 현신하니 감사가 일견 대희하여 칭찬하며 왈,

"가위 여옥기인(如玉其人)이로다. 필성아, 이방이라 하는 것은 승상접하(承上接下)하는 책임이 중대하니, 아무쪼록 일심봉공(一心奉公)하여 민원(民怨)이 없도록 잘 거행하라."

필성이 국궁수명(鞠躬受命)* 하고 차후로 공사 문첩(文牒)* 을 가지고 매일 드나들며 송이의 소식을 알고자 하나 별당이 깊고 깊어 지척이 천 리라 어찌 알리오.

차시 송이는 별당에 있어 이 감사가 들어와 공문을 쓰라면 쓰고 판결문을 내라면 내고 하더니, 하루는 공사 문첩 한 장을 본즉, 필성의 글씨가 완연한지라, 속으로 생각하되,

'이상하다. 필법이 장 서방님 필적 같으니, 혹 공청에를 드나드나.' / 하고 감사더러 묻는다.

"요사이 공사 들어온 것을 보면 전과 글씨가 다르오니 이방이 갈리었습니까?"

"응, 전 이방은 갈고 장필성이란 사람으로 시켰다. 네 보아라, 글씨를 잘 쓰지 않느냐."

송이가 이 말을 듣고 속으로 암암이 기꺼하며, 어떻게 하면 한번 만나 볼까, 그렇지 못하면 편지 왕복이라도 할까, 사람을 시키자니 만일 대감이 알면 무슨 죄벌이 내려올지 몰라 못 하고 무슨 기회를 기다리나 때를 타지 못하여 필성이나 송이나 서로 글씨만 보고 창연히 지내기를 이미 반년이라. 자연 서로 상사병이 될 지경이더라.

이때는 추구월(秋九月) 보름 때라. 월색은 명랑하여 남창에 비치었고, 공중에 외기러기 옹옹한 긴 소리로 짝을 찾아 날아가고, 동산의 송림 간에 두견이 슬피 울어 불여귀를 화답하니, 무심한 사람도 마음

이 상하거든 독수공방에 눈물로 세월을 보내는 송이야 오죽할까. 송이가 모든 심사 잊어버리고 책상머리에 의지하여 잠깐 졸다가 기러기 소리에 놀라 눈을 뜨고 보니, 남창 밝은 달 발허리에 가득하고 쓸쓸한 낙엽성은 심회를 돕는지라. 잊었던 심사가 다시 가슴에 가득하여지며 눈물이 무심히 떨어진다.

송이가 남창을 가만히 열고 달빛을 내다보며 위연탄식하는데,

"달아, 너는 내 심사를 알리라. 작년 이때 뒷동산 명월 아래 우리 님을 만났더니, 달은 다시 보건마는 님은 어찌 못 보는고. 그 옛날 심양강 거문고 뜯던 여인은 만고문장 백낙천(萬古文章白樂天)을 달 아래 만날 적에 마음속에 맺힌 말을 세세히 풀었건만, 나는 어찌 박명하여 명랑한 저 달 아래서 부득설진심중사(不得說盡心中事)하니 가련하지 아니할까. 사람은 없어 말 못하나 차라리 심중사를 종이 위에나 그리리라."

하고 연상을 내어 먹을 흠씬 갈고 청황모 무심필을 덤벅 풀어 백릉화주지를 책상에 펼쳐 놓고 섬섬옥수로 붓대를 곱게 쥐고 장우단탄(長吁短歎)에 맥맥히 앉았다가 고개를 돌리어 벽공의 높은 달을 두세 번 우러러보더니, 서두에 '추풍감별곡(秋風感別曲)' 다섯 자를 쓰고, 상사가 생각 되고 생각이 노래 되고 노래가 글이 되어 붓끝을 따라 나오니 붓대가 쉴 새 없이 쓴다. (중략)

아득한 정신은 기러기 소리를 따라 멀어지고 몸은 책상머리에 엎드렸더니, 잠시간에 잠이 들어 주사야몽(晝思夜夢) 꿈이 되어 장주(莊周)의 나비같이 두 날개를 떨치고 바람 좇아 중천에 떠다니며 사면을 살피니, 오매불망하던 장필성이 적막 공방에 혼자 몸이 전일의 답시(答詩)를 내놓고 보며 울고 울고 보며 전전반측 누웠거늘, 송이가 달려들어 마주 붙들고 울다가 꿈 가운데 우는 소리가 잠꼬대가 되어 아주 내처 울음이 되었더라.

사람이 늙어지면 상하물론(上下勿論)하고 잠이 없는 법이라. 이때 이 감사는 연광도 팔십여 세뿐 아니라, 일도방백(一道方伯)이 되어 밤이나 낮이나 어떻게 하면 백성의 원성이 없을까, 어떻게 하면 국은(國恩)에 보답할까 하며 잠을 이루지 못하고 누웠더니, 홀연히 송이의 방에서 흐느껴 우는 소리가 들리거늘, 깜짝 놀라 속으로 짐작하되,

'지금 송이가 나이 십팔 세라. 필연 무슨 사정이 있어 저리하나 보다.'

하고 가만히 나와 보니, 남창을 열고 책상머리에 누웠는데 불을 돋우어 놓고 책상 위에 무엇을 써서 펼쳐 놓았거늘, 마음에 괴이하여 가만히 들어가 두루마리를 펼치고 본즉 '추풍감별곡'이라.

– 작자 미상, 〈채봉감별곡〉

* 국궁수명 : 존경하는 뜻으로 몸을 굽히며 분부를 받음. * 공사 문첩 : 관청에서 공무상 작성하는 문서.

---

03 윗글의 내용에 대한 이해로 적절하지 <u>않은</u> 것은?

① 송이는 부모의 소식으로 애태우다 감사의 걱정을 산다.

② 송이는 필성이 이방이 되었음을 감사를 통해 알게 된다.

③ 감사는 필성의 문필 능력을 높이 평가하고 기대를 건다.

④ 송이는 필성과 꿈속에서나마 일시적으로 만남을 이룬다.

⑤ 필성은 송이를 그리워하는 마음을 감사에게 숨기고 있다.

002 사실적 – 전체적 사고

사실적 – 전체적 사고 유형은 간단하게 생각하면 '전체적'으로 지문의 핵심적인 내용을 찾으면 되는 문제입니다. 다만 많은 학생들이 문제를 보고 사실적 – 전체적 사고 유형에 해당하는지 잘 모른다는 점이 문제입니다. 많은 연습을 통해서 주어진 문제가 사실적 – 전체적 사고 유형에 해당하는지 빠르게 파악할 수 있어야 합니다. 일단 파악만 된다면 쉽게 해결할 수 있는데 문제 해결의 실마리를 찾지 못한다면 억울한 일이겠죠?

*** 주로 이런 식으로 출제됩니다.**

윗글의 글쓴이가 상정하고 있는 핵심적인 질문으로 가장 적절한 것은?
윗글의 중심 내용은?
㉮~㉲의 중심 화제로 적절하지 않은 것은?
윗글의 표제와 부제로 가장 적절한 것은?
윗글의 제목으로 가장 적절한 것은?
윗글의 논지에 비추어 〈보기〉를 가장 적절하게 해석한 것은?
윗글에서 글쓴이가 다룬 핵심 문제로 알맞은 것은?
윗글의 핵심 주장은?
윗글의 집필 의도로 가장 적절한 것은?

1 접근 방법

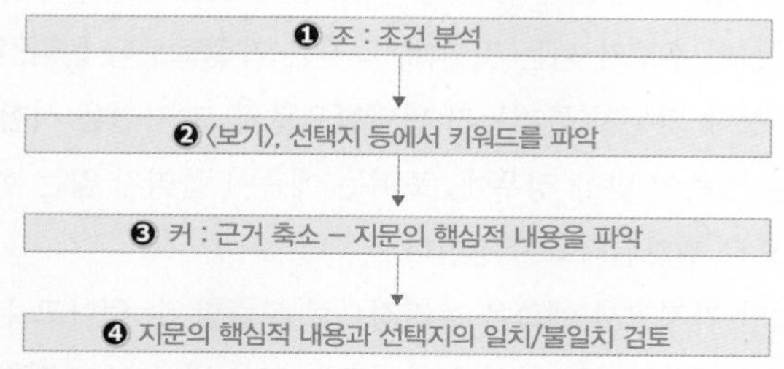

❶ 조건 분석 / ❷ 〈보기〉, 선택지 등에서 키워드를 파악

첫 ❶, ❷ 단계는 앞서 살펴본 '사실적 – 부분적 사고' 문제들과 동일합니다. '사실적 – 전체적 사고'에서 중요한 것은 ❸, ❹입니다. 잠깐 생각해 보면 '근거 축소'를 결국 ❸, ❹의 단계로 쪼개 놓은 것임을 확인할 수 있습니다. 수능 초기부터 이 영역의 문제들은 정형적인 모습을 보이므로 연습을 통해서 빠르게 답을 확정할 수 있도록 해야 합니다.

❸ 커 : 근거 축소 – 지문의 핵심적 내용을 파악

수능에서 제시되는 지문은 글 전체의 핵심 내용이 마지막에 위치하는 경우가 많습니다. 특히 '사실적–전체적 사고'를 물어보는 문제가 포함되어 있다면 여지없이 그러한 모습을 보입니다. 따라서 다소 기계적일지라도 지문의 마지막을 확인할 수 있어야 하겠습니다.

다만, 지문의 마지막을 보는 것을 무슨 법칙처럼 생각해서는 안 됩니다. 우리가 원하는 내용은 지문 어디라도 숨어 있을 수 있습니다. 먼저 지문을 1회 독해하고 문제를 푸는 만큼, 주어진 문제가 사실적–전체적 사고에 해당한다면 지문 어디에서 근거를 찾을 수 있는지 어렴풋이라도 떠올려 봐야 합니다.

❹ 지문의 핵심적 내용과 선택지의 일치/불일치 검토

정확하게 지문을 독해한 경우라도 내가 생각하는 지문의 핵심 내용과 선택지에서 말하는 지문의 핵심 내용이 애매하게 다를 때가 있습니다. 그래도 최대한 정답을 찾고자 노력해야 합니다. 한 가지 팁을 알려 드리자면, 가급적 지문의 핵심 내용을 구성하는 단어가 포함된 선택지를 고르면 정답이 될 확률이 높습니다. 두 개 정도의 선택지 중 무엇을 고를지 고민할 때 떠올려 보면 도움이 될 것입니다.

예제 ○ 17 수능

1 논리실증주의자와 포퍼는 지식을 수학적 지식이나 논리학 지식처럼 경험과 무관한 것과 과학적 지식처럼 경험에 의존하는 것으로 구분한다. 그중 과학적 지식은 과학적 방법에 의해 누적된다고 주장한다. 가설은 과학적 지식의 후보가 되는 것인데, 그들은 가설로부터 논리적으로 도출된 예측을 관찰이나 실험 등의 경험을 통해 맞는지 틀리는지 판단함으로써 그 가설을 시험하는 과학적 방법을 제시한다. 논리실증주의자는 예측이 맞을 경우에, 포퍼는 예측이 틀리지 않는 한, 그 예측을 도출한 가설이 하나씩 새로운 지식으로 추가된다고 주장한다.

2 하지만 콰인은 가설만 가지고서 예측을 논리적으로 도출할 수 없다고 본다. 예를 들어 새로 발견된 금속 M은 열을 받으면 팽창한다는 가설만 가지고는 열을 받은 M이 팽창할 것이라는 예측을 이끌어 낼 수 없다. 먼저 지금까지 관찰한 모든 금속은 열을 받으면 팽창한다는 기존의 지식과 M에 열을 가했다는 조건 등이 필요하다. 이렇게 예측은 가설, 기존의 지식들, 여러 조건 등을 모두 합쳐야만 논리적으로 도출된다는 것이다. 그러므로 예측이 거짓으로 밝혀지면 정확히 무엇 때문에 예측에 실패한 것인지 알 수 없다는 것이다. 이로부터 콰인은 개별적인 가설뿐만 아니라 기존의 지식들과 여러 조건 등을 모두 포함하는 전체 지식이 경험을 통한 시험의 대상이 된다는 총체주의를 제안한다.

3 논리실증주의자와 포퍼는 수학적 지식이나 논리학 지식처럼 경험과 무관하게 참으로 판별되는 분석 명제와, 과학적 지식처럼 경험을 통해 참으로 판별되는 종합 명제를 서로 다른 종류라고 구분한다. 그러나 콰인은 총체주의를 정당화하기 위해 이 구분을 부정하는 논증을 다음과 같이 제시한다. 논리실증주의자와 포퍼의 구분에 따르면 "총각은 총각이다."와 같은 동어 반복 명제와, "총각은 미혼의

성인 남성이다."처럼 동어 반복 명제로 환원할 수 있는 것은 모두 분석 명제이다. 그런데 후자가 분석 명제인 까닭은 전자로 환원할 수 있기 때문이다. 이러한 환원이 가능한 것은 '총각'과 '미혼의 성인 남성'이 동의적 표현이기 때문인데 그게 왜 동의적 표현인지 물어보면, 이 둘을 서로 대체하더라도 명제의 참 또는 거짓이 바뀌지 않기 때문이라고 할 것이다. 하지만 이것만으로는 두 표현의 의미가 같다는 것을 보장하지 못해서, 동의적 표현은 언제나 반드시 대체 가능해야 한다는 필연성 개념에 다시 의존하게 된다. 이렇게 되면 동의적 표현이 동어 반복 명제로 환원 가능하게 하는 것이 되어, 필연성 개념은 다시 분석 명제 개념에 의존하게 되는 순환론에 빠진다. 따라서 콰인은 종합 명제와 구분되는 분석 명제가 존재한다는 주장은 근거가 없다는 결론에 도달한다.

4 콰인은 분석 명제와 종합 명제로 지식을 엄격히 구분하는 대신, 경험과 직접 충돌하지 않는 중심부 지식과, 경험과 직접 충돌할 수 있는 주변부 지식을 상정한다. 경험과 직접 충돌하여 참과 거짓이 쉽게 바뀌는 주변부 지식과 달리 주변부 지식의 토대가 되는 중심부 지식은 상대적으로 견고하다. 그러나 이 둘의 경계를 명확히 나눌 수 없기 때문에, 콰인은 중심부 지식과 주변부 지식을 다른 종류라고 하지 않는다. 수학적 지식이나 논리학 지식은 중심부 지식의 한가운데에 있어 경험에서 가장 멀리 떨어져 있지만 그렇다고 경험과 무관한 것은 아니라는 것이다. 그런데 주변부 지식이 경험과 충돌하여 거짓으로 밝혀지면 전체 지식의 어느 부분을 수정해야 할지 고민하게 된다. 주변부 지식을 수정하면 전체 지식의 변화가 크지 않지만 중심부 지식을 수정하면 관련된 다른 지식이 많기 때문에 전체 지식도 크게 변화하게 된다. 그래서 대부분의 경우에는 주변부 지식을 수정하는 쪽을 선택하겠지만 실용적 필요 때문에 중심부 지식을 수정하는 경우도 있다. 그리하여 콰인은 중심부 지식과 주변부 지식이 원칙적으로 모두 수정의 대상이 될 수 있고, 지식의 변화도 더 이상 개별적 지식이 단순히 누적되는 과정이 아니라고 주장한다.

5 총체주의는 특정 가설에 대해 제기되는 반박이 결정적인 것처럼 보이더라도 그 가설이 실용적으로 필요하다고 인정되면 언제든 그와 같은 반박을 피하는 방법을 강구하여 그 가설을 받아들일 수 있다. 그러나 총체주의는 "A이면서 동시에 A가 아닐 수는 없다."와 같은 논리학의 법칙처럼 아무도 의심하지 않는 지식은 분석 명제로 분류해야 하는 것이 아니냐는 비판에 답해야 하는 어려움이 있다.

윗글의 총체주의에 대한 비판으로 가장 적절한 것은?

① 가설로부터 논리적으로 도출된 예측이 경험과 충돌하더라도 그 충돌 때문에 가설이 틀렸다고 할 수 없다.

② 논리학 지식이나 수학적 지식이 중심부 지식의 한가운데에 위치한다고 해서 경험과 무관한 것은 아니다.

③ 전체 지식은 어떤 결정적인 반박일지라도 피할 수 있기 때문에 수정 대상을 주변부 지식으로 한정하는 것은 잘못이다.

④ 중심부 지식을 수정하면 주변부 지식도 수정해야 하겠지만, 주변부 지식을 수정한다고 해서 중심부 지식을 수정해야 하는 것은 아니다.

⑤ 중심부 지식과 주변부 지식 간의 경계가 불분명하다 해도 중심부 지식 중에는 주변부 지식들과 종류가 다른 지식이 존재한다.

| ❶ 조 : 조건 분석 |

윗글의 총체주의에 대한 비판을 묻고 있습니다. '총체주의'라는 개별적 입장에 대한 비판을 찾는 문제라면 사실적 – 전체적 사고 영역으로 볼 수 없겠으나, 지문을 독해하면 글 전체적으로 총체주의를 소개하고 있음을 확인할 수 있습니다. 대개 새로운 개념을 소개하는 지문에서는 마지막에 비판적인 의견도 소개하고는 합니다.

특히 주어진 지문 전체에서 총체주의를 소개하며, 총체주의가 논리실증주의자와 포퍼의 생각과 다른 점을 소개하고 있습니다. 지문 마지막에 총체주의에 대한 비판적 견해가 등장하는 것이 구조적으로도 자연스럽다고 보입니다.

| ❷ 〈보기〉, 선택지 등에서 키워드를 파악 |

① 가설로부터 논리적으로 도출된 예측이 경험과 충돌하더라도 그 충돌 때문에 가설이 틀렸다고 할 수 없다.

② 논리학 지식이나 수학적 지식이 중심부 지식의 한가운데에 위치한다고 해서 경험과 무관한 것은 아니다.

③ 전체 지식은 어떤 결정적인 반박일지라도 피할 수 있기 때문에 수정 대상을 주변부 지식으로 한정하는 것은 잘못이다.

④ 중심부 지식을 수정하면 주변부 지식도 수정해야 하겠지만, 주변부 지식을 수정한다고 해서 중심부 지식을 수정해야 하는 것은 아니다.

⑤ 중심부 지식과 주변부 지식 간의 경계가 불분명하다 해도 중심부 지식 중에는 주변부 지식들과 종류가 다른 지식이 존재한다.

사실적 – 부분적 사고와 선택지의 키워드를 파악하는 점은 같지만, 앞에서 배웠던 것과는 약간 다릅니다. 사실적 – 부분적 사고 영역에서는 '선택지를 통해서 → 지문의 해당 부분을 찾는 방식'이었습니다. 그런데 이번 사실적 – 전체적 사고 영역에서는 '지문의 핵심 부분을 통해서 → 선택지를 바로 찾는 방식'입니다. 각 선택지의 핵심 키워드를 통해 지문에서 해당하는 부분을 찾아 맞춰 보던 사실적 – 부분적 사고와는 다릅니다.

위와 같이 각 선택지마다 중요 키워드를 표시했지만, 이제 우리가 할 일은 지문으로 돌아가서 전체적으로 '총체주의에 대한 비판'을 찾는 것입니다. 사고를 나누어 접근하는 것이 왜 시간을 절약할 수 있고 논리적으로도 합당한지 생각해 보시기 바랍니다.

| ❸ 커 : 근거 축소 – 지문의 핵심적 내용을 파악 |

5 총체주의는 특정 가설에 대해 제기되는 반박이 결정적인 것처럼 보이더라도 그 가설이 실용적으로 필요하다고 인정되면 언제든 그와 같은 반박을 피하는 방법을 강구하여 그 가설을 받아들일 수 있다. 그러나 총체주의는 "A이면서 동시에 A가 아닐 수는 없다."와 같은 논리학의 법칙처럼 아무도 의심하지 않는 지식은 분석 명제로 분류해야 하는 것이 아니냐는 비판에 답해야 하는 어려움이 있다.

| ❹ 지문의 핵심적 내용과 선택지의 일치/불일치 검토 |

지문의 핵심적 내용만 가지고 논리적으로 답을 추론해 보는 연습이 필요합니다. 지문 마지막 단락의 '그러나' 이후에서 총체주의에 대한 비판을 제시하고 있습니다.

총체주의에서 분석 명제에 대응하는 개념은 경험과 직접 충돌하지 않는 중심부 지식입니다. 지문에서 제시하는 총체주의에 대한 비판적 견해는 '아무도 의심하지 않는 지식'은 분명히 있다는 것입니다. 따라서 중심부 지식 중에는 주변부 지식들과 종류가 다른 지식이 있다는 선택지 ⑤가 답이 됩니다. 가장 마지막 부분만 보고 답을 고르는 연습을 하는 것은 어려울 수 있습니다. 실제 위와 같은 해설을 보고 이해가 안 간다는 학생들도 많이 있었습니다. 그렇지만 논리의 흐름을 정확히 이해하면 위와 같이 답을 고를 수 있으니, 이해가 되지 않으면 일단 넘어가되 나중에 복습하며 다시 생각해 보시기 바랍니다. **답 ⑤**

유제2 실전 연습

유제 · 01

03 수능 | 풀이 P.15

1952년 어느 날, 현대 음악가 존 케이지(J.Cage)는 미국의 한 대학에서 강의를 했다. 그가 강의를 한 곳은 사다리 꼭대기였고, 그 내용은 긴 침묵과 춤이었다. 이 행위는 일반적인 강의 형식과 내용을 뒤집어 놓은 것이어서 커다란 반향을 일으켰다. 또 어떤 작가는 거대한 얼음 덩어리 20개를 길거리에서 녹게 내버려 두어, 사물이 시시때때로 변화하는 과정을 송두리째 보여 주기도 했다. 다른 예로는 빌딩만 한 립스틱이나 전기 플러그 등과 같은 작품을 떠올려도 좋겠다. 친숙한 것을 낯선 것으로, 낯선 것을 친숙한 것으로 보여 주어 인간을 먼 상상의 여행길로 나서게 하는 이런 예술 행위의 본질은 무엇일까?

해프닝(happening)이란 장르는 글자 그대로 '지금 여기에서 일어나고 있는 것'을 보여 준다. 이것은 즉흥적으로 이루어지며, 말보다는 시각적이고 청각적인 소재들을 중요한 표현의 도구로 삼는다. 공연은 폐쇄된 극장이 아니라 화랑이나 길거리, 공원, 시장, 부엌 등과 같은 일상적인 공간에서 이루어지기 때문에 이동성이 뛰어나다. 또한 논리적으로 연결되지 않는 사건과 행동들이 파편적으로 이어져 있어 기이하고 추상적이기도 하다. 대화는 생략되거나 아예 없으며, 때로 불쑥불쑥 튀어나오는 말도 특별한 의미를 지니지 않는 경우가 많다. 이를 통해 해프닝은 우리 삶의 고통이나 희망 등을 논리적인 말로는 더 이상 전달할 수 없다는 것을 내세운다. 이러한 해프닝의 발상은 미술의 콜라주, 영화의 몽타주와 비슷하고, 삶의 부조리를 드러내는 현대 연극, 랩과 같은 대중 음악과도 통한다. 우리의 삶 자체가 일회적이고, 일관된 논리에 의해 통제되지 않는다는 사실이야말로 해프닝과 삶 자체의 밀접한 관계를 보여 주는 것이 아닐까.

다양한 예술 사이의 벽을 무너뜨리는 해프닝은 기존 예술에서의 관객의 역할을 변화시켰다. 행위자들은 관객에게 봉사하는 것이 아니라 고함을 지르거나 물을 끼얹으면서 관객들을 자극하고 희롱하기도 한다. 공연은 정해진 어느 한 곳이 아니라 이곳저곳에서 혹은 동시 다발적으로 이루어지기도 하며, 관객들은 볼거리를 따라 옮겨 다니면서 각기 다른 관점을 지닌 장면들을 보기도 한다. 이것은 관객들을 공연에 참여하게 하려는 의도라고 할 수 있다. 그렇게 함으로써 해프닝은 삶과 예술이 분리되지 않게 하고, 궁극적으로는 일상적 삶에 개입하는 의식(儀式)이 되고자 한다. 나아가 예술 시장에서 상징적 재화로 소수 사람들 사이에서 거래되는 것을 거부한다. 또 해프닝은 박물관에 완성된 작품으로 전시되고 보존되는 기존 예술의 관습에도 저항한다.

이와 같은 예술적 현상은 단순한 운동이 아니라 예술가들의 정신적 모험의 실천이라고 할 수 있다. 인습적인 사회 제도에 순응하는 것을 비판하고 고정된 예술의 개념을 변혁하려고 했던 해프닝은 우연적 사건, 개인의 자의식 등을 강조해서 뭐가 뭔지 알 수 없는 것이라는 비판을 듣기도 했다. 그럼에도 불구하고 현대 사회에서 안락한 감정에 마비되어 있는 우리들을 휘저어 놓으면서 삶과 예술의 관계를 새롭게 모색하는 이러한 예술적 모험은 좀 더 다양한 모습으로 예술의 지평을 넓혀 갈 것이다.

01 **〈보기〉의 시 작품을 활용하여 윗글의 논지를 보강하는 방안에 대하여 논의하였다. 적절하지 않은 것은?**

보기

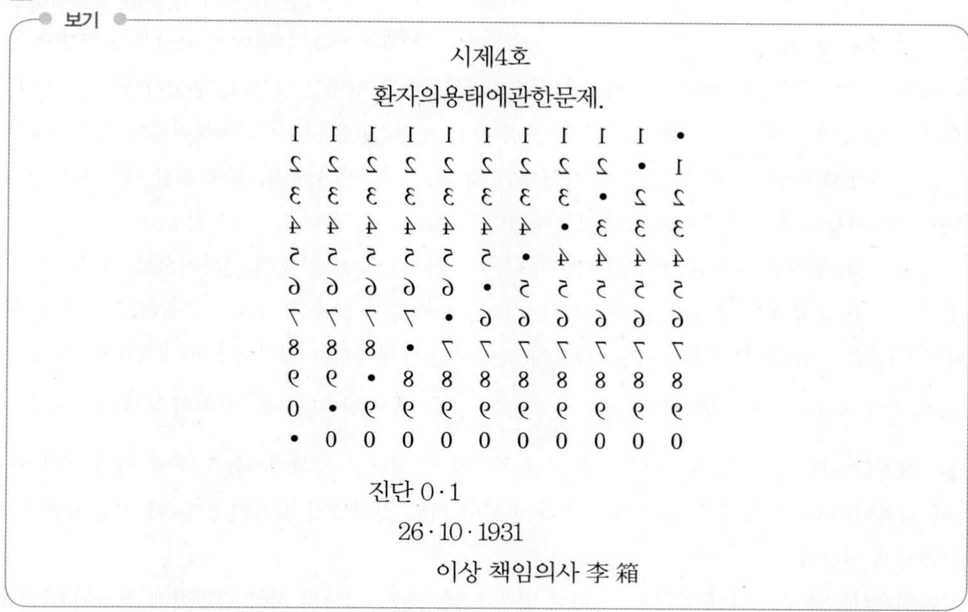

① 이 시가 당시 현대시의 주된 흐름을 반영하고 있다는 비평 자료를 찾아볼 필요가 있겠어.

② 이 시에는 기존의 언어 체계를 불신하는 태도가 드러나 있는데, 그 점에 주목해야 할 거야.

③ 자신을 '미쳤다'고 하는 독자들의 반응에도 불구하고 계속 이런 시를 쓴 시인의 의도도 거론해야겠지.

④ 이 시처럼 상식적으로는 시라고 보기 어려운 작품들을 모아 놓은 선집(選集)이 있다면, 그걸 사례로 들어도 좋지 않을까.

⑤ 이 시를 포함한 연작시가 신문에 연재되다 편집진의 압력으로 중단되었다는 기록이 있다던데, 그것도 유용한 자료가 될 거야.

17세기에 수립된 ㉠뉴턴의 역학 체계는 3차원 공간에서 일어나는 물체의 운동을 취급하였는데 공간 좌표인 x, y, z는 모두 시간에 따라 변하는 것으로 간주하였다. 뉴턴에게 시간은 공간과 무관한 독립적이고 절대적인 것이었다. 즉, 시간은 시작도 끝도 없는 영원한 것으로, 우주가 생겨나고 사라지는 것과 아무 관계없이 항상 같은 방향으로 흘러간다. 시간은 빨라지지도 느려지지도 않는 물리량이며 모든 우주에서 동일한 빠르기로 흐르는 실체인 것이다. 이러한 뉴턴의 절대 시간 개념은 19세기 말까지 물리학자들에게 당연한 것으로 받아들여졌다.

하지만 20세기에 들어 시간의 절대성 개념은 ㉡아인슈타인에 의해 근본적으로 거부되었다. 그는 빛의 속도가 진공에서 항상 일정하다는 사실을 기초로 하여 상대성 이론을 수립하였다. 이 이론에 의하면 시간은 상대적인 개념이 되어, 빠르게 움직이는 물체에서는 시간이 느리게 간다. 광속을 c라 하고 물체의 속도를 v라고 할 때 시간은 $\frac{1}{\sqrt{1-(v/c)^2}}$배 팽창한다. 즉, 광속의 50%의 속도로 달리는 물체에서는 시간이 약 1.15배 팽창하고, 광속의 99%로 달리는 물체에서는 7.09배 정도 팽창한다. v가 c에 비하여 아주 작을 경우에는 시간 팽창 현상이 거의 감지되지 않지만 v가 c에 접근하면 팽창률은 급격하게 커진다.

아인슈타인에게 시간과 공간은 더 이상 별개의 물리량이 아니라 서로 긴밀하게 연관되어 함께 변하는 상대적인 양이다. 따라서 운동장을 질주하는 사람과 교실에서 가만히 바깥 풍경을 보고 있는 사람에게 시간의 흐름은 다르다. 속도가 빨라지면 시간 팽창이 일어나 시간이 그만큼 천천히 흐르는 시간 지연이 생긴다.

02 ㉡의 입장에서 ㉠의 생각을 비판한 것으로 가장 적절한 것은?

① 시간은 모든 공간에서 동일하게 흐르는 것이 아니므로 절대적이지 않다.
② 상대 시간 개념으로는 시간에 따라 계속 변하는 물체의 운동을 설명할 수 없다.
③ 시간은 인간이 만들어 낸 개념이므로 우주를 시작도 끝도 없는 영원한 것으로 보아서는 안 된다.
④ 시간과 공간은 긴밀하게 연관되어 있지만 독립적으로 존재할 수 있으므로 이 둘의 관련성에만 주목하면 안 된다.
⑤ 물체의 속도가 광속에 가까워지면 시간이 반대로 흐를 수 있으므로 시간이 항상 같은 방향으로 흐르는 것은 아니다.

고대 그리스 시대의 사람들은 신에 의해 우주가 운행된다고 믿는 결정론적 세계관 속에서 신에 대한 두려움이나, 신이 야기한다고 생각되는 자연재해나 천체 현상 등에 대한 두려움을 떨치지 못했다. 에피쿠로스는 당대의 사람들이 이러한 잘못된 믿음에서 벗어나도록 하는 것이 중요하다고 보았고, 이를 위해 인간이 행복에 이를 수 있도록 자연학을 바탕으로 자신의 사상을 전개하였다.

에피쿠로스는 신의 존재는 인정하나 신의 존재 방식이 인간이 생각하는 것과는 다르다고 보고, 신은 우주들 사이의 중간 세계에 살며 인간사에 개입하지 않는다는 이신론(理神論)적 관점을 주장한다. 그는 불사하는 존재인 신은 최고로 행복한 상태이며, 다른 어떤 것에게도 고통을 주지 않고, 모든 고통은 물론 분노와 호의와 같은 것으로부터 자유롭다고 말한다. 따라서 에피쿠로스는 인간의 세계가 신에 의해 결정되지 않으며, 인간의 행복도 자율적 존재인 인간 자신에 의해 완성된다고 본다.

한편 에피쿠로스는 인간의 영혼도 육체와 마찬가지로 미세한 입자로 구성된다고 본다. 영혼은 육체와 함께 생겨나고 육체와 상호작용하며 육체가 상처를 입으면 영혼도 고통을 받는다. 더 나아가 육체가 소멸하면 영혼도 함께 소멸하게 되어 인간은 사후(死後)에 신의 심판을 받지 않으므로, 살아 있는 동안 인간은 사후에 심판이 있다고 생각하여 두려워할 필요가 없게 된다. 이러한 생각은 인간으로 하여금 죽음에 대한 모든 두려움에서 벗어나게 하는 근거가 된다.

이러한 에피쿠로스의 자연학은 우주와 인간의 세계에 대한 비결정론적인 이해를 가능하게 한다. 이는 원자의 운동에 관한 에피쿠로스의 설명에서도 명확히 드러난다. 그는 원자들이 수직 낙하 운동이라는 법칙에서 벗어나기도 하여 비스듬히 떨어지고 충돌해서 튕겨 나가는 우연적인 운동을 한다고 본다. 그리고 우주는 이러한 원자들에 의해 이루어졌으므로, 우주 역시 우연의 산물이라고 본다. 따라서 우주와 인간의 세계에 신의 관여는 없으며, 인간의 삶에서도 신의 섭리는 찾을 수 없다고 한다. 에피쿠로스는 이러한 생각을 인간이 필연성에 얽매이지 않고 자신의 삶을 주체적으로 살아갈 수 있게 하는 자유 의지의 단초로 삼는다.

에피쿠로스는 이를 토대로 자유로운 삶의 근본을 규명하고 인생의 궁극적 목표인 행복으로 이끄는 윤리학을 펼쳐 나간다. 결국 그는 인간이 신의 개입과 우주의 필연성, 사후 세계에 대한 두려움에서 벗어날 수 있도록 함으로써, 자신의 삶을 자율적이고 주체적으로 살 수 있는 길을 열어 주었다. 그리고 쾌락주의적 윤리학을 바탕으로 영혼이 안정된 상태에서 행복 실현을 추구할 수 있는 방안을 제시하였다.

03 **윗글의 표제와 부제로 가장 적절한 것은?**

① 에피쿠로스 사상의 성립 배경
   – 인간과 자연의 관계를 중심으로
② 에피쿠로스 사상의 목적과 의의
   – 신, 인간, 우주에 대한 이해를 중심으로
③ 에피쿠로스 사상에 대한 비판과 옹호
   – 사상의 한계와 발전적 계승을 중심으로
④ 에피쿠로스 사상을 둘러싼 논쟁과 이견
   – 당대 세계관과의 비교를 중심으로
⑤ 에피쿠로스 사상의 현대적 수용과 효용성
   – 행복과 쾌락의 상관성을 중심으로

003 추론적 **사고**

1 추론적 사고를 한 번에 설명하는 이유는?

앞서 살펴본 분류에 의하면, 추론적 사고 역시 추론적-부분적 사고, 추론적-전체적 사고로 나누어 볼 수 있습니다. 앞에서 배웠듯이 개별적인 내용을 하나씩 짚어 가는 부분적 사고와 지문 전체 내용을 토대로 답을 찾는 전체적 사고를 생각할 수 있습니다.

그러나 추론적 사고의 영역에서는 그렇게 나누어서 살펴볼 이득이 거의 없습니다. 또한 굳이 그렇게 나누지 않는 이유는 추론적 사고는 문제를 푸는 과정에서 즉각 상황을 파악하고 유연하게 해결 방법을 고민해야 하기 때문입니다. 즉, 미리 정해진 틀을 통해 접근하면 어려움에 빠질 수도 있습니다.

중요한 것은 주관적으로 추론하면 안 되고 객관적인 근거에 의해 추론해야 한다는 점입니다. 문제가 제시하는 방향에 따라 꼬리에 꼬리를 물며 근거가 되는 부분을 찾아야 합니다. 대개 높은 배점의 문제에서 이러한 꼬리물기를 해야 되는데, 이렇게 **'근거 축소'를 하는 과정이 곧 정답과 이어지게 됩니다**(아직 무슨 소리인지 잘 모르겠죠?).

2 문자적 의미의 추론이라는 것은 어렵다!

사실 추론은 논리학 등 학문의 영역에서는 복잡하고 어려운 과정입니다. 예전에 일반적인 논리를 다룬 책을 참고한 적이 있었는데, 우선 용어부터 너무 어렵고 책에서 다루는 여러 가지 추론 방법은 쉽게 익힐 수 없는 복잡한 내용이었습니다. 그러나 똑같은 '추론'이라는 단어를 사용한다고 해서 그런 내용을 다루지는 않으니까 걱정하지 마세요. 그러면 왜 이 책에서도 추론이라고 했느냐? 예전부터 수능 국어에서 이런 문제들을 '추론 문제'라고 해 왔기 때문에 어쩔 수 없이 그리한 것입니다. 일반 수능 문제에서는 원론적인 추론 과정은 다루지 않습니다. 여러분이 그런 것을 배우지도 않았고, 또한 교과과정의 목표도 아니었는데 어찌 그런 내용을 출제할 수 있겠습니까.

하지만 많은 수의 학생이 복잡한 추론의 기술을 알고 있는 것을 확인할 수 있었습니다. 아마도 여러분의 선생님들이나 지금껏 참고했던 교재, 학원 강의를 만든 사람들이 따로 공부를 하면서 그런 내용들을 열심히 배웠는데, 수능 문제에서도 그러한 추론 방법을 적용할 여지가 있다고 보았기 때문이 아닐까 생각합니다. 하지만 이렇게 생각해 봅시다. 대학에서 선형대수학이라는 과목을 수강하면 여러 가지 역행렬 구하는 방법을 배우게 됩니다(저도 배워서 하는 말입니다). 물론 여러분도 고등학교에서 역행렬을 배웁니다. 당연히 대학에서 배운 역행렬 구하는 방법은 고등학교 역행렬 문제에도 적용됩니다. 그렇다고 여러분이 선형대수학의 맛을 볼 필요는 없습니다. 왜냐하면 단순한 2×2행렬을 구하는 것은 고등학교에서 배우는 방법만으로도 충분하니까요.

국어영역에서의 추론이라는 것도 그러합니다. 막상 문제를 풀다 보면 '말만 추론이지 막상 보면 복잡한 추론이 아니구나!'라는 생각을 하게 됩니다. 그렇다면 굳이 여러 가지 복잡한 논리적 기술을 배우면서 여러분의 시간을 낭비할 필요는 없겠죠? 그런데 필요도 없는 복잡한 추론법을 가르치는 사람들이 있으니 안타까울 따름입니다. 자기가 배운 걸 어디엔가는 써 먹어야겠으니 학생들에게 자랑이나 하는 식이죠.

아무튼 추론에 대해 여담이 길었는데, 제가 하고 싶은 말은 이제부터 다룰 추론적 사고는 말이 어려워서 그렇지, 지금껏 배운 내용만을 가지고 생각해 봐도 될 정도로 어렵지 않습니다. 다만 익숙하지 않을 뿐입니다. 그럼 구체적으로 문제를 다루면서 추론적 사고 문제에 대한 풀이 방법을 알아보도록 하겠습니다.

3 수능에서 말하는 '추론'이란?

그러면 기존에는 왜 '추론 문제'라 부른 것일까요? 이런 경우를 생각해 봅시다. 대개 지문에서는 A라는 원론적인 내용(이론)을 제시합니다. 그리고 〈보기〉 등에서 새로운 상황을 제시하고, 그 A를 통해 앞으로 〈보기〉의 상황에서 발생할 결과를 예측하라는 문제가 나옵니다. 가령, 지문에는 자동차는 10년이 되면 엔진에 이상이 올 확률이 높다는 조사 결과가 제시되고, 〈보기〉에는 철수의 자동차가 9년이 되었다는 상황이 제시됩니다. 그리고 '1년 뒤 철수의 자동차는 어떻게 될 것인가?'와 같은 문제가 나오는 식입니다. 즉, A를 통해 〈보기〉의 결과를 '추론'해 보는 것이죠. 당연히 어려운 문제는 아닌데 기존 사실적 사고의 문제와는 약간 다릅니다. 저는 오히려 이를 추론이라고 하기보다는 '변환'이라고 하고 싶습니다. 이 상황을 저 상황으로 변환해서 생각해 본다는 것입니다.

*** 수능에서는 이런 식으로 출제됩니다.**

㉠의 이유로 적절한 것은?
〈보기〉의 관점에 따라 윗글의 사례를 해석한다고 할 때, 적절하지 않은 것은?
밑줄 친 말이 의미하는 바가 일반적 상식에 해당하지 않는 것은?
㉠으로부터 ㉤을 도출하는 과정에서 생략된 전제로 가장 적절한 것은?
㉠의 문맥적 의미와 가장 유사한 것은?
[A]에서 2년 후의 상황을 〈보기〉의 그래프로 설명할 때, 적절하지 않은 것은?

4 접근 방법

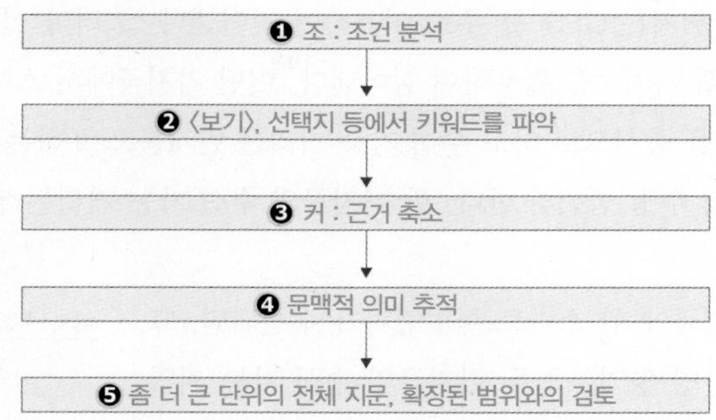

앞에서 배운 내용과 중복되는 내용은 생략하고 중요한 부분만 공부해 봅시다.

❸ 근거 축소

추론적 사고 영역 중 복잡한 형태의 문제에서는 여러 번 근거를 축소하는 경우가 있습니다. 가령, 조건 분석을 통해 지문의 ㉠에서 출발하지만, ㉠이 결국 다른 입장과 연결되어 있어 그 부분까지 봐야 한다면 실질적으로는 두세 번에 걸쳐 근거 축소가 일어나는 셈입니다.

❹ 문맥적 의미 추적

문맥적 의미 추적은 쉽게 말해서 찾아간 부분의 앞뒤를 살펴보는 행위입니다. '하나, 둘, ( ), 넷, 다섯'에서 빈칸에 무엇이 들어갈지를 찾으려면 빈칸만 봐서는 알 수 없고 당연히 빈칸의 앞뒤를 살펴봐서 '셋'을 끌어 내야 합니다. 앞에서 살펴본 '지문의 ㉠에서 출발하나 다른 입장까지 찾아보게 되는 경우'도 역시 이와 유사합니다. 문제에서 ㉠을 참고하라고 했다고 ㉠만 바라보고 있으면 해결되지 않는 경우가 많습니다. 보통 그 앞뒤를 살펴봐서 이와 연결된 다른 부분까지 찾아봐야 해결됩니다.

문제는 대개 우리가 이해할 수 있는 차원에서 출제됩니다. 그런데 간혹 근거로 찾아간 부분이 우리가 이해할 수 없을 정도로 어려운 경우가 있습니다. 이럴 경우 역시 그 앞뒤를 주목하면 더 쉽게 풀이해 주는 부분을 찾아볼 수 있습니다. 이 또한 위와 같은 방식이라 할 수 있습니다.

❺ 좀 더 큰 단위의 전체 지문, 확장된 범위와의 검토

앞에서 배웠던 '사실적 – 전체적 사고'의 경우에는 부분적인 것이 아니라 전체적인 글에 대한 이해가 필요했습니다. **'추론적 사고' 문제**도 '사실적 – 전체적 사고'의 문제처럼 역시 **글의 논지를 중요한 요소로 검토**해야 합니다. 부분적으로는 타당해 보이지만 글의 논지를 고려했을 때 정답으로 적절하지 않다면 다시 한번 생각해 보는 습관이 필요합니다.

◎ 14 5월 예비시행 A형

1 스마트폰에서 현재 위치는 GPS*를 주로 이용하여 찾아낸다. 그러나 실내와 같이 GPS를 이용하기 어려운 곳에서는 인접 기지국을 활용하여 알아낸다. 어떤 기지국에서 스마트폰의 신호가 수신되면, 그 스마트폰은 기지국을 중심으로 하고 수신 가능 거리를 반지름으로 하는 원형 지역 내에 있다고 볼 수 있고 이 영역을 위치 추정 범위라 한다. 한 기지국의 수신 가능 거리는 일반적으로 수백 미터에서 수 킬로미터에 이른다.

2 그런데 만일 두 기지국에 한 스마트폰의 전파가 수신되면, 그 스마트폰은 〈그림 1〉의 음영 영역, 즉 두 기지국의 수신 가능 지역이 중첩되는 지역 내에 위치한다고 할 수 있다. 따라서 하나의 기지국을 사용할 때보다 위치 추정 범위는 상대적으로 줄어든다. 실제 통신사에서는 통화가 끊어지는 현상을 막기 위해 수신 가능 지역이 서로 중첩되게 기지국을 설치한다. 그러나 현실적으로 기지국 수를 늘리는 데는 한계가 있고 기지국의 배치 형태에 따라 중첩 영역이 달라지므로, 이 방법으로는 위치 추정 범위를 일정 수준 이하로 줄이기는 어렵다.

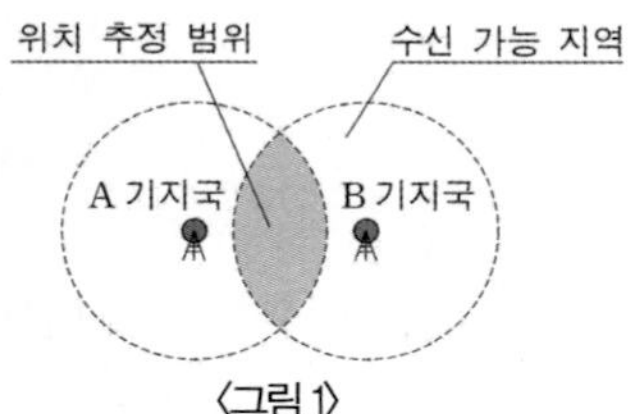

〈그림 1〉

3 전파 세기와 거리의 관계를 이용하면 더 정확하게 위치를 파악할 수 있다. 이상적 상황에서는 전파의 세기는 송신기와 수신기 간 거리의 제곱에 반비례하므로, 수신된 전파의 세기를 알면 기지국과 스마트폰 간의 거리를 알 수 있다. 그러나 대기의 습도 등 전파가 전달되는 환경의 변화에 따라 기지국에 수신되는 전파의 세기가 일정하지 않다. 그러므로 단순히 전파의 세기만으로는 정확한 거리를 추정하기가 어렵다.

4 전파 전달 환경이 같다면, 특정 시간에 두 기지국에 수신된 전파 세기가 거리에 따라 변화하는 비율은 동일하다. 그러므로 그 비율로부터 스마트폰과 각 기지국 간 거리의 비율을 알아낼 수 있다. ㉠이 방법은 전파 수신 여부만을 이용할 때보다 위치 추정 범위를 더욱 줄일 수 있다.

5 예를 들어 두 기지국에 수신된 전파의 세기가 동일하다면, 〈그림 2〉와 같이 스마트폰은 수신 가능 지역이 겹치는 영역 내에서 두 기지국으로부터 거리가 같은 지점에 위치한다. 이 지점들을 연결한 선이 스마트폰의 위치 추정 범위가 된다.

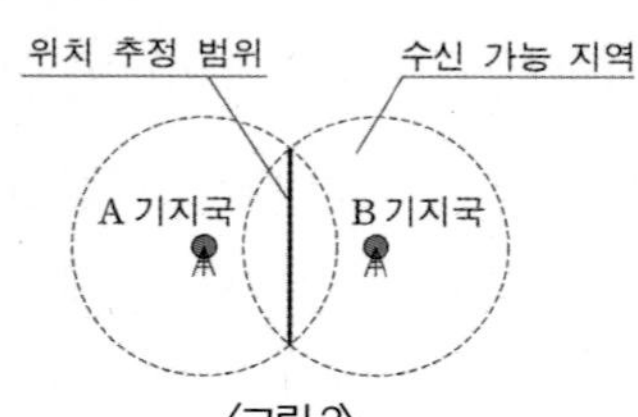

〈그림 2〉

6 이론적으로 기지국이 세 개인 경우, 각 기지국에서 수신한 스마트폰 전파의 비율들과 그에 대응하는 각 기지국과의 상대적 거리의 비율이 같아지는 지점은 한 점이다. 이 점이 스마트폰의 정확한 위치이다. 그러나 실제로는 기지국과 주변 건물의 배치 등의 요인 때문에 수십 미터 정도 오차가 나타난다.

*GPS : 위성을 이용한 위치 추적 시스템

〈보기 1〉의 상황에서, ㉠을 이용하여 추정한 스마트폰의 위치를 〈보기 2〉에서 바르게 찾은 것은?

보기 1

방해물이 없는 평지에서 A, B, C 3개의 기지국이 한 변의 길이가 1km인 정삼각형의 꼭짓점에 위치하고 있다. 각 기지국의 수신 가능 거리는 700m로 동일하다. 특정 시각에 한 스마트폰에서 송신된 신호가 각 기지국에서 동일한 세기로 수신되었다.

보기 2

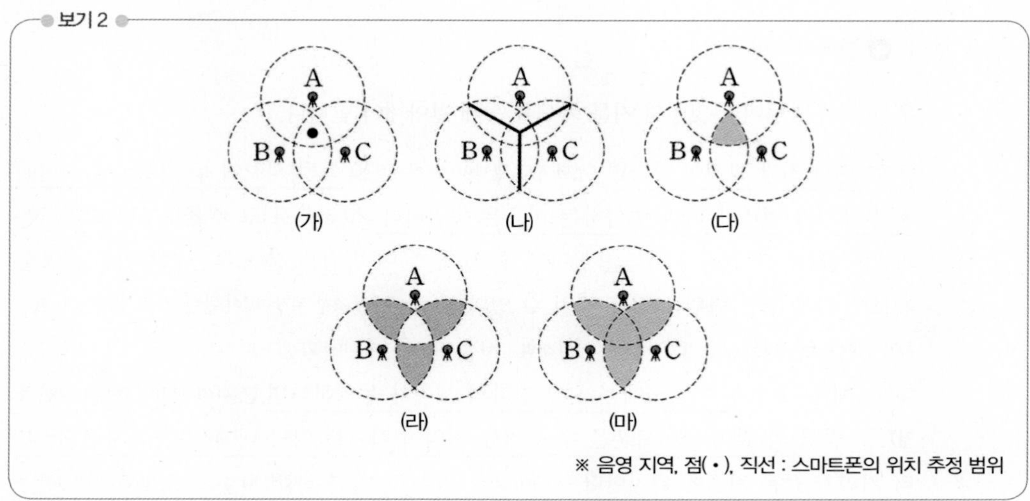

※ 음영 지역, 점(•), 직선 : 스마트폰의 위치 추정 범위

① (가) ② (나) ③ (다)
④ (라) ⑤ (마)

| ❶ 조 : 조건 분석 |

1 : 〈보기 1〉의 상황에서, / 2 : ㉠을 이용하여 / 3 : 추정한 스마트폰의 위치를 / 4 : 〈보기 2〉에서 바르게 찾은 것은?

이와 같이 발문을 네 부분으로 나눌 수 있습니다. 물론 조금 숙련이 되면 3과 4는 하나로 합쳐서 생각할 수 있을 것입니다. 발문은 우리에게 무엇을 요구하고 있습니까? 우선 1의 상황이 배경이 되는데, 그 배경에서 2라는 방법을 이용하여 4에서 3을 찾는 것입니다.

그럼 어디에서 추론적 사고가 나오는 것일까요? 지문에서 2의 방법을 찾는 과정입니다. → 그리고 알아낸 방법을 통해 1의 상황을 분석하면 → 3과 4는 저절로 뒤따를 것입니다. 앞에서 '추론'보다는 '변환'의 과정이라 했습니다. 지문에 나온 ㉠을 〈보기〉의 상황으로 변환하는 과정입니다. 이 과정에 약간의 추론이 있다고 하여 추론 문제라고 부릅니다. 어렵게 생각하지 마세요.

| ❸ 커 : 근거 축소 |

키워드 파악은 간단한 것이니 생략합니다. 앞에서 풀이 전략을 세웠다면 지문을 통해 추론적 사고가 적용될 '㉠의 방법'을 정리해야 합니다. 지문에서 ㉠의 주변 내용이 근거 범위가 되겠죠? 하나씩 따라가면서 앞에서 배운 일치/불일치 판단을 통해 단순하게 생각해 보면 금방 답이 나옵니다.

| ❹ 문맥적 의미 추적 |

우선 ㉠의 방법이 무엇인지 지문 독해를 통해 알아내야 합니다.

4 전파 전달 환경이 같다면,(전파 전달 환경이 같다는 조건) 특정 시간에 두 기지국에 수신된 전파 세기가 거리에 따라 변화하는 비율은 동일하다. 그러므로 그 비율로부터 스마트폰과 각 기지국 간 거리의 비율을 알아낼 수 있다. ㉠이 방법은 전파 수신 여부만을 이용할 때보다 위치 추정 범위를 더욱 줄일 수 있다.(㉠ 앞에서 강조한 문장이 '이 방법'과 연결되는데, 확실하게 어떤 방법이라는 것을 알기 어려우니, 아래의 예시를 통해서 알아내야 되겠다.)

5 예를 들어 두 기지국에 수신된 전파의 세기가 동일하다면,(전파의 세기가 동일하다는 조건) 〈그림 2〉와 같이 스마트폰은 수신 가능 지역이 겹치는 영역 내에서 두 기지국으로부터 거리가 같은 지점에 위치한다.(전파와 거리 사이의 관계를 하나 알게 되었다. 수신된 전파 세기가 동일하면 기지국으로부터의 거리도 같다는 것) 이 지점들을 연결한 선이 스마트폰의 위치 추정 범위가 된다.

6 이론적으로 기지국이 세 개인 경우, 각 기지국에서 수신한 스마트폰 전파의 비율들과 그에 대응하는 각 기지국과의 상대적 거리의 비율이 같아지는 지점은 한 점이다.(기지국이 세 개라면 세 개의 기지국으로부터 거리가 같은 지점은 딱 한 점) 이 점이 스마트폰의 정확한 위치이다. 그러나 실제로는 기지국과 주변 건물의 배치 등의 요인 때문에 수십 미터 정도 오차가 나타난다.(방해물이 있으면 오차가 나타나는구나.)

그리고 알아낸 방법을 통해 1의 상황을 분석하면

보기1

방해물이 없는 평지에서(방해물이 없으니 오차가 나타나지 않겠네?) A, B, C 3개의 기지국이 (기지국이 세 개인 상황) 한 변의 길이가 1km인 정삼각형의 꼭짓점에 위치하고 있다. 각 기지국의 수신 가능 거리는 700m로 동일하다.(전파 전달 환경이 같다는 조건) 특정 시각에 한 스마트폰에서 송신된 신호가 각 기지국에서 동일한 세기로 수신되었다.(전파의 세기가 동일하다는 조건 → 세기가 동일하면 거리도 같고, 세 개의 기지국으로부터 거리가 같은 지점은 딱 한 점이라고 앞에서 이미 언급했어!)

보기 2

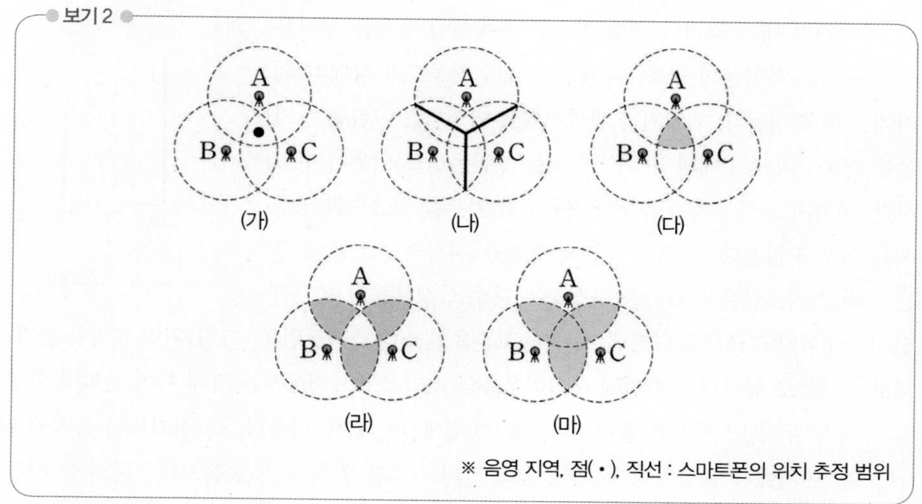

◎ 기지국이 세 개인 상황에서 동일한 세기로 수신된 경우, 스마트폰은 세 기지국으로부터 거리가 같은 지점에 위치하고 있으며, 상대적 거리의 비율이 같아지는 지점은 한 점뿐입니다. 따라서 (나)와 같이 직선의 형태로 나타날 수 없고, (가)와 같이 점의 형태로 표현되어야 합니다.

이 문제에서는 ❺ '좀 더 큰 단위의 전체 지문, 확장된 범위와의 검토'는 굳이 필요 없기 때문에 생략합니다.

답 ①

예제 • 02

◎ 17 6월 평가원모의

1 음악은 소리로 이루어진 예술이다. 예술이 아름다움을 추구한다면 음악 또한 아름다움을 추구해야 할 것이다. 그렇다면 아름다운 음악 작품은 듣기 좋은 소리만으로 만들어질 수 있는 것일까? 음악적 아름다움은 어떻게 구현되는 것일까?

2 음악에서 사용하는 소리라고 해도 대부분의 사람들은 피아노 소리가 심벌즈 소리보다 듣기 좋다고 생각한다. 이 중 전자를 고른음, 후자를 시끄러운음이라고 한다. 고른음은 주기성을 갖지만 시끄러운음은 주기성을 갖지 못한다. 일반적으로 음악에서 '음'이라고 부르는 것은 고른음을 지칭한다. 고른음은 주기성을 갖기 때문에 동일한 파형이 주기적으로 반복된다. 이때 같은 파형이 1초에 몇 번 반복되는가를 진동수라고 한다. 진동수가 커지면 음높이, 즉 음고가 높아진다. 고른음 중에서 파형이 사인파인 음파를 단순음이라고 한다. 사인파의 진폭이 커질수록 단순음은 소리의 세기가 커진다. 대부분의 악기에서 나오는 음은 사인파보다 복잡한 파형을 갖는데 이런 파형은 진동수와 진폭이 다른 여러 개의 사인파가 중첩된 것으로 볼 수 있다. 이런 소리를 복합음이라고 하고 복합음을 구성하는 단순음을 부분음이라고 한다. 부분음 중에서 가장 진동수가 작은 것을 기본음이라 하는데 귀는 복합음 속의 부분음들 중에서 기본음의 진동수를 복합음의 진동수로 인식한다.

3 악기가 내는 소리의 식별 가능한 독특성인 음색은 부분음들로 구성된 복합음의 구조, 즉 부분음들의 진동수와 상대적 세기에 의해 결정된다. 현악기나 관악기에서 발생하는 고른음은 기본음 진동수의 정수배의 진동수를 갖는 부분음들로 이루어져 있지만, 타악기 소리는 부분음들의 진동수가 기본음 진동수의 정수배를 이루지 않는다. 이러한 소리의 특성을 시각적으로 보여 주는 소리 스펙트럼은 복합음을 구성하는 단순음 성분들의 세기를 진동수에 따라 그래프로 나타낸 것이다. 고른음의 소리 스펙트럼은 〈그림〉처럼 일정한 간격으로 늘어선 세로 막대들로 나타나는 반면에 시끄러운음의 소리 스펙트럼에서는 막대 사이 간격이 일정하지 않다.

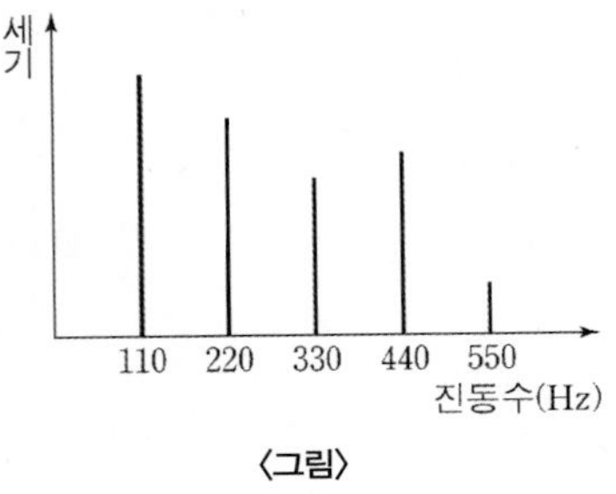

〈그림〉

[A] 4 두 음이 동시에 울리거나 연이어 울릴 때, 음의 어울림, 즉 협화도는 음정에 따라 달라진다. 여기에서 음정이란 두 음의 음고 간의 간격을 말하며 높은 음고의 진동수를 낮은 음고의 진동수로 나눈 값으로 표현된다. 가령, '도'와 '미' 사이처럼 장3도 음정은 5/4이고, '도'와 '솔' 사이처럼 완전5도 음정은 3/2이다. 그러므로 장3도는 완전5도보다 좁은 음정이다. 일반적으로 음정을 나타내는 분수를 약분했을 때 분자와 분모에 들어가는 수가 커질수록 협화도는 작아진다고 본다. 가령, 음정이 2/1인 옥타브, 3/2인 완전5도, 5/4인 장3도, 6/5인 단3도의 순서로 협화도가 작아진다. 서로 잘 어울리는 두 음의 음정을 협화 음정이라고 하고 그렇지 않은 음정을 불협화 음정이라고 하는데 16세기의 음악 이론가인 차를리노는 약분된 분수의 분자와 분모가 1, 2, 3, 4, 5, 6으로만 표현되는 음정은 협화 음정, 그 외의 음정은 불협화 음정으로 보았다.

5 아름다운 음악은 단순히 듣기 좋은 소리를 연이어 배열한다고 해서 만들어지지 않는다. 음악은 다양한 음이 조직적으로 연결되고 구성된 형태로, 음악의 매체인 소리가 시간의 진행 속에 구체화된 것이라 할 수 있다. 19세기 음악 평론가인 한슬리크에 따르면, 음악의 독자적인 아름다움은 음들이 '울리면서 움직이는 형식'에서 비롯되는데, 음악을 구성하는 음악적 재료들이 움직이며 만들어 내는 형식 그 자체를 말한다. 따라서 음악의 가치는 음악이 환기하는 기쁨이나 슬픔과 같은 특정한 감정이나 정서에서 찾으려 해서는 안 된다는 것이다.

6 음악에는 다양한 음악적 요소들이 사용되는데, 여기에는 리듬, 가락, 화성, 셈여림, 음색 등이 있다. 리듬은 음고 없이 소리의 장단이나 강약 등이 반복될 때 나타나는 규칙적인 소리의 흐름이고, 가락은 서로 다른 음의 높낮이가 지속 시간을 가지는 음들의 흐름이다. 화성은 일정한 법칙에 따라 여러 개의 음이 동시에 울려서 생기는 화음과 또 다른 화음이 시간적으로 연결된 흐름이고, 셈여림은 음악에 나타나는 크고 작은 소리의 세기이며, 음색은 바이올린, 플루트 등 선택된 서로 다른 악기가 만들어 내는 식별 가능한 소리의 특색이다.

7 작곡가는 이러한 음악적 요소들을 활용해서 음악 작품을 만든다. 어떤 음악 작품에서 자주 반복되거나 변형되면서 등장하는 소재인 가락을 그 음악 작품의 주제라고 하는데, 작곡가는 자신의 음악적 아이디어를 주제로 구현하고 다양한 음악적 요소들을 사용해서 음악 작품을 완성한다. 예컨대 조성 음악* 에서는 정해진 박자 내에서 질서를 가지고 반복적으로 움직이는 리듬이 음표나 쉼표의 진행으로 나타나고, 어떤 조성의 음계 음들을 소재로 한 가락이 나타나고, 주제는 긴장과 이완을 유발하는

다양한 화성 진행을 통해 반복되고 변화한다. 이렇듯 음악은 다양한 특성을 갖는 음들이 유기적으로 결합한 소리의 예술이라고 볼 수 있다.

* **조성 음악** : 으뜸음 '도'가 다른 모든 음계 음들을 지배하는 음악으로 17세기 이후 대부분의 서양 음악이 이에 해당한다.

[A]를 바탕으로 〈보기〉에 대해 설명한 것으로 적절하지 않은 것은?

보기

바이올린을 연주했을 때 발생하는 네 음 P, Q, R, S의 기본음의 진동수를 측정한 결과가 표와 같았다.

음	P	Q	R	S
기본음의 진동수(Hz)	440	550	660	880

① P와 Q 사이의 음정은 장3도이다.
② P와 Q 사이의 음정은 Q와 R 사이의 음정보다 좁다.
③ P와 R 사이의 음정은 협화 음정이라고 할 수 있다.
④ P와 S의 부분음 중에는 진동수가 서로 같은 것이 있다.
⑤ P와 S 사이의 음정은 Q와 R 사이의 음정보다 협화도가 크다.

문제 풀이

| ❶ 조 : 조건 분석 |

[A]를 바탕으로 / 〈보기〉에 대해 설명한 것으로 / 적절하지 않은 것은?

〈보기〉를 설명하는 데 [A]의 정보들을 적절히 사용해야 하는 문제입니다. 곧, 지문의 [A]를 〈보기〉로 변환시켜 이해하는 문제입니다.

| ❸ 커 : 근거 축소 |

이 문제는 발문에서 [A]라고 근거 범위를 한정하고 있습니다. 따라서 핵심적인 답의 근거는 [A]에서 도출될 것입니다. 다만, 배경을 이루는 용어 설명 등은 [A] 이외의 부분에서도 찾아볼 수 있어야 합니다. 가령 〈보기〉에서 '기본음의 진동수'라고 되어 있는데, '기본음'과 '진동수'는 2 에서 설명하고 있습니다.

| ❹ 문맥적 의미 추적 |

엄밀하게 따져 보면 이 문제는 추론적-부분적 사고 영역에 해당합니다. 왜냐하면 각 선택지 ①~⑤에서 시작하여 [A]를 검토하는 방식이기 때문입니다. 다만 이를 앞서 공부했던 사실적-부분적, 사실적-전체적 사고 영역처럼 미리 발문 등을 통해 파악하기 어렵

기 때문에, 일괄하여 추론적 사고의 영역으로 두는 것입니다.

정답은 ②가 됩니다. 선택지 분석을 통해 '음정보다 좁다'는 의미가 무엇인지 체크해 두어야 합니다. 이를 [A]에서 찾아보면 다음과 같습니다.

4-2 여기에서 음정이란 두 음의 음고 간의 간격(음정에 대해 설명하고 있구나.)을 말하며 높은 음고의 진동수를 낮은 음고의 진동수로 나눈 값으로 표현된다. 가령, '도'와 '미' 사이처럼 장3도 음정은 5/4이고, '도'와 '솔' 사이처럼 완전5도 음정은 3/2이다. 그러므로 장3도는 완전5도보다 좁은 음정이다.(음정끼리 비교해서 좁다는 것이 이런 의미로구나.)

음정이 '두 음의 음고 간의 간격'이라고 하였는데, 여기서 '음고'의 정확한 의미를 파악해야 합니다. 이는 2 에서 설명하고 있습니다.

2-6 이때 같은 파형이 1초에 몇 번 반복되는가를 진동수라고 한다. 진동수가 커지면 음높이, 즉 음고가 높아진다.

즉, 진동수가 커지면 음고가 높아진다고 이해하면 됩니다.

이제 지문에서 확인한 개념을 통해 〈보기〉의 상황을 분석해 봅시다. P는 440, Q는 550, R는 660(진동수, ㎐)입니다. P와 Q 사이의 음정은 높은 음고의 진동수를 낮은 음고의 진동수로 나눈 값으로 표현됩니다. 즉, 550을 440으로 나눈 값으로서 5/4가 됩니다. 같은 식으로 Q와 R 사이의 음정은 6/5이 됩니다. 그러므로 Q와 R 사이의 음정(6/5)이 P와 Q 사이의 음정(5/4)보다 좁습니다. 따라서 ②가 적절하지 않은 진술로서 답이 됩니다.

나머지 선택지도 이와 같이 찾아보고 지문의 정보를 변환하여 〈보기〉에 적용할 수 있습니다. 그런데 선택지 ④는 약간 다릅니다. 사실 [A]를 통해 맞고 틀린 것을 확인하기 쉽지 않습니다. 이렇듯 [A]에서 근거를 끌어오지 못한다는 점에서 문제 구성면에서 볼 때 좋은 선택지는 아닙니다. 따라서 굳이 심각하게 고민하지 않아도 됩니다. 다만 3 의 다음 문장에서 근거를 찾아낼 수 있습니다.

3-2 현악기나 관악기에서 발생하는 고른음은 기본음 진동수의 정수배의 진동수를 갖는 부분음들로 이루어져 있지만, 타악기 소리는 부분음들의 진동수가 기본음 진동수의 정수배를 이루지 않는다.

이를 통해 생각하면, 가령 P의 부분음 중에는 기본음 진동수 440㎐의 정수배인 2배의 880㎐를 가지는 음이 있고, 이는 S의 기본음의 진동수와 같은 점을 확인할 수 있습니다.

답 ②

예제 • 03 ○ 17 수능

1 보험은 같은 위험을 보유한 다수인이 위험 공동체를 형성하여 보험료를 납부하고 보험 사고가 발생하면 보험금을 지급받는 제도이다. 보험 상품을 구입한 사람은 장래의 우연한 사고로 인한 경제적 손실에 대비할 수 있다. 보험금 지급은 사고 발생이라는 우연적 조건에 따라 결정되는데, 이처럼 보험은 조건의 실현 여부에 따라 받을 수 있는 재화나 서비스가 달라지는 조건부 상품이다.

[가] 2 위험 공동체의 구성원이 납부하는 보험료와 지급받는 보험금은 그 위험 공동체의 사고 발생 확률을 근거로 산정된다. 특정 사고가 발생할 확률은 정확히 알 수 없지만 그동안 발생된 사고를 바탕으로 그 확률을 예측한다면 관찰 대상이 많아짐에 따라 실제 사고 발생 확률에 근접하게 된다. 본래 보험 가입의 목적은 금전적 이득을 취하는 데 있는 것이 아니라 장래의 경제적 손실을 보상받는 데 있으므로 위험 공동체의 구성원은 자신이 속한 위험 공동체의 위험에 상응하는 보험료를 납부하는 것이 공정할 것이다. 따라서 공정한 보험에서는 구성원 각자가 납부하는 보험료와 그가 지급받을 보험금에 대한 기댓값이 일치해야 하며 구성원 전체의 보험료 총액과 보험금 총액이 일치해야 한다. 이때 보험금에 대한 기댓값은 사고가 발생할 확률에 사고 발생 시 수령할 보험금을 곱한 값이다. 보험금에 대한 보험료의 비율(보험료/보험금)을 보험료율이라 하는데, 보험료율이 사고 발생 확률보다 높으면 구성원 전체의 보험료 총액이 보험금 총액보다 더 많고, 그 반대의 경우에는 구성원 전체의 보험료 총액이 보험금 총액보다 더 적게 된다. 따라서 공정한 보험에서는 보험료율과 사고 발생 확률이 같아야 한다.

3 물론 현실에서 보험사는 영업 활동에 소요되는 비용 등을 보험료에 반영하기 때문에 공정한 보험이 적용되기 어렵지만 기본적으로 위와 같은 원리를 바탕으로 보험료와 보험금을 산정한다. 그런데 보험 가입자들이 자신이 가진 위험의 정도에 대해 진실한 정보를 알려 주지 않는 한, 보험사는 보험 가입자 개개인이 가진 위험의 정도를 정확히 파악하여 거기에 상응하는 보험료를 책정하기 어렵다. 이러한 이유로 사고 발생 확률이 비슷하다고 예상되는 사람들로 구성된 어떤 위험 공동체에 사고 발생 확률이 더 높은 사람들이 동일한 보험료를 납부하고 진입하게 되면, 그 위험 공동체의 사고 발생 빈도가 높아져 보험사가 지급하는 보험금의 총액이 증가한다. 보험사는 이를 보전하기 위해 구성원이 납부해야 할 보험료를 인상할 수밖에 없다. 결국 자신의 위험 정도에 상응하는 보험료보다 더 높은 보험료를 납부하는 사람이 생기게 되는 것이다. 이러한 문제는 정보의 비대칭성에서 비롯되는데 보험 가입자의 위험 정도에 대한 정보는 보험 가입자가 보험사보다 더 많이 갖고 있기 때문이다. 이를 해결하기 위해 보험사는 보험 가입자의 감춰진 특성을 파악할 수 있는 수단이 필요하다.

4 우리 상법에 규정되어 있는 고지 의무는 이러한 수단이 법적으로 구현된 제도이다. 보험 계약은 보험 가입자의 청약과 보험사의 승낙으로 성립된다. 보험 가입자는 반드시 계약을 체결하기 전에 '중요한 사항'을 알려야 하고, 이를 사실과 다르게 진술해서는 안 된다. 여기서 '중요한 사항'은 보험사가 보험 가입자의 청약에 대한 승낙을 결정하거나 차등적인 보험료를 책정하는 근거가 된다. 따라서 고

지 의무는 결과적으로 다수의 사람들이 자신의 위험 정도에 상응하는 보험료보다 더 높은 보험료를 납부해야 하거나, 이를 이유로 아예 보험에 가입할 동기를 상실하게 되는 것을 방지한다.

5 보험 계약 체결 전 보험 가입자가 고의나 중대한 과실로 '중요한 사항'을 보험사에 알리지 않거나 사실과 다르게 알리면 고지 의무를 위반하게 된다. 이러한 경우에 우리 상법은 보험사에 계약 해지권을 부여한다. 보험사는 보험 사고가 발생하기 이전이나 이후에 상관없이 고지 의무 위반을 이유로 계약을 해지할 수 있고, 해지권 행사는 보험사의 일방적인 의사 표시로 가능하다. 해지를 하면 보험사는 보험금을 지급할 책임이 없게 되며, 이미 보험금을 지급했다면 그에 대한 반환을 청구할 수 있다. 일반적으로 법에서 의무를 위반하게 되면 위반한 자에게 그 의무를 이행하도록 강제하거나 손해 배상을 청구할 수 있는 것과 달리, 보험 가입자가 고지 의무를 위반했을 때에는 보험사가 해지권만 행사할 수 있다. 그런데 보험사의 계약 해지권이 제한되는 경우도 있다. 계약 당시에 보험사가 고지 의무 위반에 대한 사실을 알았거나 중대한 과실로 인해 알지 못한 경우에는 보험 가입자가 고지 의무를 위반했어도 보험사의 해지권은 배제된다. 이는 보험 가입자의 잘못보다 보험사의 잘못에 더 책임을 둔 것이라 할 수 있다. 또 보험사가 해지권을 행사할 수 있는 기간에도 일정한 제한을 두고 있는데, 이는 양자의 법률관계를 신속히 확정함으로써 보험 가입자가 불안정한 법적 상태에 장기간 놓여 있는 것을 방지하려는 것이다. 그러나 고지해야 할 '중요한 사항' 중 고지 의무 위반에 해당되는 사항이 보험 사고와 인과 관계가 없을 때에는 보험사는 보험금을 지급할 책임이 있다. 그렇지만 이때에도 해지권은 행사할 수 있다.

6 보험에서 고지 의무는 보험에 가입하려는 사람의 특성을 검증함으로써 다른 가입자에게 보험료가 부당하게 전가되는 것을 막는 기능을 한다. 이로써 사고의 위험에 따른 경제적 손실에 대비하고자 하는 보험 본연의 목적이 달성될 수 있다.

[가]를 바탕으로 〈보기〉의 상황을 이해한 내용으로 적절한 것은?

보기

사고 발생 확률이 각각 0.1과 0.2로 고정되어 있는 위험 공동체 A와 B가 있다고 가정한다. A와 B에 모두 공정한 보험이 항상 적용된다고 할 때, 각 구성원이 납부할 보험료와 사고 발생 시 지급받을 보험금을 산정하려고 한다.

단, 동일한 위험 공동체의 구성원끼리는 납부하는 보험료가 같고, 지급받는 보험금이 같다. 보험료는 한꺼번에 모두 납부한다.

① A에서 보험료를 두 배로 높이면 보험금은 두 배가 되지만 보험금에 대한 기댓값은 변하지 않는다.

② B에서 보험금을 두 배로 높이면 보험료는 변하지 않지만 보험금에 대한 기댓값은 두 배가 된다.

③ A에 적용되는 보험료율과 B에 적용되는 보험료율은 서로 같다.
④ A와 B에서의 보험금이 서로 같다면 A에서의 보험료는 B에서의 보험료의 두 배이다.
⑤ A와 B에서의 보험료가 서로 같다면 A와 B에서의 보험금에 대한 기댓값은 서로 같다.

문제 풀이

| ❶ 조 : 조건 분석 |

[가]를 바탕으로 / 〈보기〉의 상황을 이해한 내용으로 / 적절한 것은?

이 문제는 발문에서 지문 전체가 아닌 [가] 부분을 바탕으로 〈보기〉의 상황을 판단할 것을 주문하고 있습니다. [가] 부분에서 추상적인 개념 설명이 나오고 〈보기〉에서는 이러한 개념을 이용하여 구체적인 사례를 제시할 것입니다. 〈보기〉를 보면서 우리가 어떤 점을 파악해야 할지 살펴봅시다.

보기

사고 발생 확률이 각각 0.1과 0.2로 고정되어 있는 위험 공동체 A와 B가 있다고 가정한다. A와 B에 모두 공정한 보험이 항상 적용된다고 할 때, 각 구성원이 납부할 보험료와 사고 발생 시 지급받을 보험금을 산정하려고 한다.

단, 동일한 위험 공동체의 구성원끼리는 납부하는 보험료가 같고, 지급받는 보험금이 같다. 보험료는 한꺼번에 모두 납부한다.

〈보기〉에서는 사고 발생 확률을 제시하고 있고, 논의의 전제 조건으로 '공정한 보험'이 적용되고 있음을 알려 줍니다. '보험이 공정하게 적용되는 건가?'라고 막연하게 생각하면 안 됩니다. 이미 지문을 1회 읽은 상태에서 〈보기〉를 보는 것이니 지문 중 '공정한 보험'이라는 전문 용어가 등장했다는 사실은 당연히 알고 있어야 합니다. 물론 그 내용까지 기억하지는 못하니까 지문에서 해당 부분을 다시 찾아봐야 될 것입니다. 이외 선택지에서도 전문 용어들이 등장하는데 문제를 풀 때 지문에서 다시 한번 그 용어들을 찾아봐야 합니다.

| ❷ 커 : 근거 축소 |

지문에서 [가] 부분이 문제가 되고 있으니 그 부분만 가지고 문제가 풀리는지 확인해 봅시다. 만약 부족하다면 [가] 부분 주변으로 독해 범위를 확장하면서 다시 살펴봐야 할 것입니다.

2 ❶위험 공동체의 구성원이 납부하는 보험료와 지급받는 보험금은 그 위험 공동체의 사고 발생 확률을 근거로 산정된다. 특정 사고가 발생할 확률은 정확히 알 수 없지만 그동안 발생된 사고를 바탕으로 그 확률을 예측한다면 관찰 대상이 많아짐에 따라 실제 사고 발생 확률에 근접하게 된다. 본래 보험 가입의 목적은 금전적 이득을 취하는 데 있는 것이 아니라 장래의 경제적 손실을 보상받는 데 있으므로 위험 공동체의 구성원은 자신이 속한 위험 공동체의 위험에 상응하는 보험료를 납부하는 것이 공정할 것이다. 따라서 ❷공정한 보험에서는 구성원 각자가 납부하는 보험료와 그가 지급받을 보험금에 대한 기댓값이 일

치해야 하며 구성원 전체의 보험료 총액과 보험금 총액이 일치해야 한다. 이때 ❸보험금에 대한 기댓값은 사고가 발생할 확률에 사고 발생 시 수령할 보험금을 곱한 값이다. ❹보험금에 대한 보험료의 비율(보험료/보험금)을 보험료율이라 하는데, 보험료율이 사고 발생 확률보다 높으면 구성원 전체의 보험료 총액이 보험금 총액보다 더 많고, 그 반대의 경우에는 구성원 전체의 보험료 총액이 보험금 총액보다 더 적게 된다. 따라서 ❺공정한 보험에서는 보험료율과 사고 발생 확률이 같아야 한다.

다행히 살펴봐야 될 지문의 범위를 확장하지 않고 [가] 부분만으로 정답을 고를 수 있으리라는 생각이 듭니다.

❶에서는 '사고 발생 확률'이 모든 계산의 근거가 되리라는 점을 확인할 수 있습니다. 〈보기〉에서는 직접적 계산을 위해 0.1과 0.2라는 사고 발생 확률을 제시하고 있습니다. 첫 번째 문장 뒤에서는 '사고 발생 확률'을 어떻게 구할 것인지, 이에 따라 어떻게 보험료를 납부해야 공정한지 설명하고 있습니다. 이 문제만을 풀기 위해서는 가볍게 넘어갈 수 있습니다.

❷ 앞에 '따라서'가 등장합니다. ❷는 이미 지문 독해 과정에서 중요하게 체크하고 넘어갔어야 합니다. 또한 '공정한 보험'이라는 전문 용어가 등장하고 있으니 더욱 그러합니다. '공정한 보험'이란 "구성원 각자가 납부하는 보험료와 그가 지급받을 보험금에 대한 기댓값이 일치"하고, "구성원 전체의 보험료 총액과 보험금 총액이 일치"하는 보험입니다. '보험금에 대한 기댓값'이 무슨 소리인지 궁금할 수 있습니다. 당연히 이후 지문에서 이에 대해 설명해 줍니다.

❸은 '보험금에 대한 기댓값'에 대한 설명으로서, 그것이 "사고가 발생할 확률에 사고 발생 시 수령할 보험금을 곱한 값"임을 확인할 수 있습니다. ❹에서는 '보험료율'을 "보험금에 대한 보험료의 비율(보험료/보험금)"이라 설명하고 있습니다.

최종적으로 ❺에서 "공정한 보험에서는 보험료율과 사고 발생 확률이 같아야 한다."라고 말합니다. 〈보기〉에서는 공정한 보험을 언급하고 있었으니 이 문장을 이용한 선택지가 답이 되지 않을까요?

| ❹ 문맥적 의미 추적 |

보기

사고 발생 확률이 각각 0.1과 0.2로 고정되어 있는 위험 공동체 A와 B가 있다고 가정한다. A와 B에 모두 공정한 보험이 항상 적용된다고 할 때, 각 구성원이 납부할 보험료와 사고 발생 시 지급받을 보험금을 산정하려고 한다.

단, 동일한 위험 공동체의 구성원끼리는 납부하는 보험료가 같고, 지급받는 보험금이 같다. 보험료는 한꺼번에 모두 납부한다.

이제 〈보기〉에서 전제하고 있는 '공정한 보험'이 무엇인지 정확한 의미를 알았습니다. "구성원 각자가 납부하는 보험료와 그가 지급받을 보험금에 대한 기댓값이 일치해야 하며 구성원 전체의 보험료 총액과 보험금 총액이 일치"하는 보험이 바로 공정한 보험입니다. 따라서 이를 이용하면 간단하게 선택지 ⑤를 정답으로 고를 수 있습니다. 왜냐하면 선택지 ⑤에서 "A와 B에서의 보험료가 서로 같다면 A와 B에서의 보험금에 대한 기댓값은 서로 같다."라고 하였는데, 〈보기〉는 '공정한 보험'이 항상 적용되고 있어 "구성원 각자가 납부하는 보험료와 그가 지급받을 보험금에 대한 기댓값이 일치"하기 때문입니다.

나머지 선택지들이 왜 오답인지도 한번 분석해 봅시다.

① A에서 보험료를 두 배로 높이면 보험금은 두 배가 되지만 보험금에 대한 기댓값은 변하지 않는다.

◎ 이 경우 보험금에 대한 기댓값은 '0.1×A의 보험금'이 됩니다. 따라서 보험금이 변한다면 보험금에 대한 기댓값도 당연히 변하게 됩니다.

② B에서 보험금을 두 배로 높이면 보험료는 변하지 않지만 보험금에 대한 기댓값은 두 배가 된다.

◎ 앞서 전문 용어를 정리한 내용만 가지고 간단하게 생각해 봅시다. "구성원 전체의 보험료 총액과 보험금 총액이 일치"하기 때문에 '보험금이 두 배로 높아진다면 보험료 역시 두 배로 높아진다.'라고 생각하면 간단합니다. '보험금'과 '보험금에 대한 기댓값'은 다르다는 것도 주의할 필요가 있습니다. 가끔 어떤 학생들은 대충 봐서 이를 비슷하다고 생각하여 혼란스러워하는 경우가 있습니다.

실제 시험에서는 위와 같이 생각하고 풀면 되겠지만, 공부하는 과정에서는 좀 더 심화해서 다음과 같이 생각해 볼 필요도 있습니다. 왜냐하면 언제나 전문 용어를 통해 모든 내용을 완벽하게 정의해 주지 않는 경우도 있기 때문입니다. '공정한 보험'에서는 보험료율과 사고 발생 확률이 동일합니다. 따라서 이 경우 'B의 보험료/B의 보험금 = 0.2'입니다. 여기서 보험금이 두 배 높아지는데 0.2를 유지하려면 보험료도 두 배 높아져야겠죠? 왜 그렇게 되는지 설명하는 것은 여러분의 수학 실력을 의심하는 행위가 될 테니 하지 않겠습니다.

③ A에 적용되는 보험료율과 B에 적용되는 보험료율은 서로 같다.

◎ 공정한 보험에서는 보험료율과 사고 발생 확률이 동일합니다. A와 B의 사고 발생 확률이 다르니 보험료율도 다릅니다.

④ A와 B에서의 보험금이 서로 같다면 A에서의 보험료는 B에서의 보험료의 두 배이다.

◎ 〈보기〉에서는 '공정한 보험'이 항상 적용된다는 조건을 제시하고 있습니다. 따라서 "구성원 각자가 납부하는 보험료와 그가 지급받을 보험금에 대한 기댓값이 일치"한다는 '공정한 보험'에 대한 용어 정리에 주목할 수 있습니다. 보험금에 대한 기댓값을 구해 보면(즉, 보험료를 구해 보면), 공동체 A의 경우 '0.1×A의 보험금', 공동체 B의 경우 '0.2×B의 보험금'입니다. 그런데 선택지에 제시된 대로 보험금이 같다면 당연히 공동체 B쪽의 보험료가 두 배가 됩니다.

답 ⑤

유제3 실전 연습

유제 · 01 ◎ 06 수능 | 풀이 P.18

'옵션(option)'이라면 금융 상품을 떠올리기 쉽지만, 알고 보면 우리 주위에는 옵션의 성격을 갖는 현상이 참 많다. 옵션의 특성을 잘 이해하면 위험과 관련된 경제 현상을 이해하는 데 큰 도움이 된다. 옵션은 '미래의 일정한 시기(행사 시기)에 미리 정해진 가격(행사 가격)으로 어떤 상품(기초 자산)을 사거나 팔 수 있는 권리'로 정의된다.

역사에 등장하는 최초의 옵션은 고대 그리스 시대로 거슬러 올라간다. 기하학의 아버지로 우리에게 친숙한 탈레스는 올리브유 압착기에 대한 옵션을 개발했다고 전해진다. 당시 사람들은 올리브에서 기름을 얻기 위해서 돈을 주고 압착기를 빌려야 했다. 탈레스는 파종기에 미리 조금의 돈을 주고 수확기에 일정한 임대료로 압착기를 빌릴 수 있는 권리를 사 두었다. 만약 올리브가 풍작이면 압착기를 빌리려는 사람이 많아져서 임대료가 상승할 것이다. 이렇게 되면 탈레스는 파종기에 계약한 임대료로 압착기를 빌려서, 수확기에 새로 형성된 임대료로 사람들에게 빌려 줌으로써 큰 이윤을 남길 수 있다. 하지만 ㉠흉작이면 압착기를 빌릴 권리를 포기하면 된다. 탈레스가 파종기에 계약을 통해 사 둔 권리는 그 성격상 '살 권리'라는 옵션임을 알 수 있다.

이처럼 상황에 따라 유리하면 행사하고 불리하면 포기할 수 있는 선택권이라는 성격 때문에 옵션은 수익의 비대칭성을 낳는다. 즉, 미래에 기초 자산의 가격이 유리한 방향으로 변화하면 옵션을 구입한 사람의 수익이 늘어나게 해 주지만, 불리한 방향으로 변화해도 그의 손실이 일정한 수준을 넘지 않도록 보장해 주는 것이다. 따라서 이 권리를 사기 위해 지급하는 돈, 즉 '옵션 프리미엄'은 이러한 보장을 제공 받기 위해 치르는 비용인 것이다.

옵션 가운데 주식을 기초 자산으로 하는 주식 옵션의 사례를 살펴보면 옵션의 성격을 이해하기가 한층 더 쉽다. 가령, 2년 후에 어떤 회사의 주식을 한 주당 1만 원에 살 수 있는 권리를 지금 1천 원에 샀다고 하자. 2년 후에 그 회사의 주식 가격이 1만 원을 넘으면 이 옵션을 가진 사람으로서는 옵션을 행사하는 것이 유리하다. 만약 1만 5천 원이라면 1만 원에 사서 5천 원의 차익을 얻게 되므로 옵션 구입 가격 1천 원을 제하면 수익은 주당 4천 원이 된다. 하지만 1만 원에 못 미칠 경우에는 옵션을 포기하면 되므로 손실은 1천 원에 그친다.

여기서 주식 옵션을 가진 사람의 수익이 기초 자산인 주식의 가격 변화에 의존함을 확인할 수 있다. 회사가 경영자에게 주식 옵션을 유인책으로 지급하는 것은 바로 이 때문이다. 이 경우에는 옵션 프리미엄이 없다고 생각하기 쉽지만, 경영자가 옵션을 지급 받는 대신 포기한 현금을 옵션 프리미엄으로 볼 수 있다.

수익의 비대칭성으로 인해 옵션은 적은 돈으로 기초 자산의 가격 변동에 대응할 수 있게 해 준다. 이 때문에 옵션은 미래의 불확실성에 대처하게 해 주는 위험 관리 수단이 될 수 있다. 하지만 옵션 보유자가 기초 자산의 가격에 영향을 미칠 수 있는 경우, 옵션은 보유자로 하여금 더 큰 위험을 선택하도록 부추기는 측면도 있다. 예컨대 주식을 살 권리를 가진 경영자의 경우에는 기초 자산의 가격을 많이 올릴 가능성이 큰 사업을 선택할 유인이 크지만, 그런 사업일수록 가격을 많이 하락시킬 확률도 높기 때문이다. 옵션의 이러한 특성을 이해하는 것은 주주와 경영자의 행동을 비롯하여 다양한 경제 현상을 이해하는 데 무척 중요하다.

01 **㉠의 이유로 적절한 것은?**

① 압착기의 기능이 떨어지기 때문에
② 압착기를 빌리기 힘들어지기 때문에
③ 압착기에 대한 수요가 늘어나기 때문에
④ 압착기 임대 계약금을 돌려받기 쉬워지기 때문에
⑤ 압착기의 임대료가 계약한 수준보다 낮아지기 때문에

유제 • 02 23 수능 | 풀이 P.19

하루에 필요한 에너지의 양은 하루 동안의 총 열량 소모량인 대사량으로 구한다. 그중 기초 대사량은 생존에 필수적인 에너지로, 쾌적한 온도에서 편히 쉬는 동물이 공복 상태에서 생성하는 열량으로 정의된다. 이때 체내에서 생성한 열량은 일정한 체온에서 체외로 발산되는 열량과 같다. 기초 대사량은 개체에 따라 대사량의 60~75%를 차지하고, 근육량이 많을수록 증가한다.

기초 대사량은 직접법 또는 간접법으로 구한다. 직접법은 온도가 일정하게 유지되고 공기의 출입량을 알고 있는 호흡실에서 동물이 발산하는 열량을 열량계를 이용해 측정하는 방법이다. 간접법은 호흡 측정 장치를 이용해 동물의 산소 소비량과 이산화 탄소 배출량을 측정하고, 이를 기준으로 체내에서 생성된 열량을 추정하는 방법이다.

19세기의 초기 연구는 체외로 발산되는 열량이 체표 면적에 비례한다고 보았다. 즉 그 둘이 항상 일정한 비(比)를 갖는다는 것이다. 체표 면적은 (체중)$^{0.67}$에 비례하므로, 기초 대사량은 체중이 아닌 (체중)$^{0.67}$에 비례한다고 하였다. 어떤 변수의 증가율은 증가 후 값을 증가 전 값으로 나눈 값이므로, 체중이 W에서 2W로 커지면 체중의 증가율은 (2W)/(W)=2이다. 이 경우에 기초 대사량의 증가율은 $(2W)^{0.67}/(W)^{0.67}=2^{0.67}$, 즉 약 1.6이 된다.

1930년대에 클라이버는 생쥐부터 코끼리까지 다양한 크기의 동물의 기초 대사량 측정 결과를 분석했다. 그래프의 가로축 변수로 동물의 체중을, 세로축 변수로 기초 대사량을 두고, 각 동물별 체중과 기초 대사량의 순서쌍을 점으로 나타냈다.

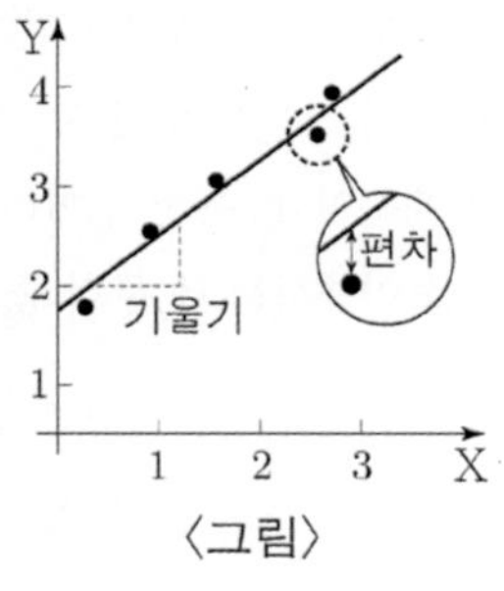

〈그림〉

가로축과 세로축 두 변수의 증가율이 서로 다를 경우, 그 둘의 증가율이 같을 때와 달리, '일반적인 그래프'에서 이 점들은 직선이 아닌 어떤 곡선의 주변에 분포한다. 그런데 순서쌍의 값에 상용로그를 취해 새로운 순서쌍을 만들어서 이를 〈그림〉과 같이 그래프에 표시하면, 어떤 직선의 주변에 점들이 분포하는 것으로 나타난다. 그러면 그 직선의 기울기를 이용해 두 변수의 증가율을 비교할 수 있다. 〈그림〉에서 X와 Y는 각각 체중과 기초 대사량에 상용로그를 취한 값이다. 이런 방식으로 표현한 그래프를 'L-그래프'라 하자.

체중의 증가율에 비해, 기초 대사량의 증가율이 작다면 L-그래프에서 직선의 기울기는 1보다 작으며 기초 대사량의 증가율이 작을수록 기울기도 작아진다. 만약 체중의 증가율과 기초 대사량의 증가율이 같다면 L-그래프에서 직선의 기울기는 1이 된다.

이렇듯 L-그래프와 같은 방식으로 표현할 때, 생물의 어떤 형질이 체중 또는 몸 크기와 직선의 관계를 보이며 함께 증가하는 경우 그 형질은 '상대 성장'을 한다고 한다. 동일 종에서의 심장, 두뇌와 같은 신체 기관의 크기도 상대 성장을 따른다.

한편, 그래프에서 가로축과 세로축 두 변수의 관계를 대변하는 최적의 직선의 기울기와 절편은 최소 제곱법으로 구할 수 있다. 우선, 그래프에 두 변수의 순서쌍을 나타낸 점들 사이를 지나는 임의의 직선을 그린다. 각 점에서 가로축에 수직 방향으로 직선까지의 거리인 편차의 절댓값을 구하고 이들을 각각 제곱하여 모두 합한 것이 '편차 제곱 합'이며, 편차 제곱 합이 가장 작은 직선을 구하는 것이 최소 제곱법이다.

클라이버는 이런 방법에 근거하여 L-그래프에 나타난 최적의 직선의 기울기로 0.75를 얻었고, 이에 따라 동물의 (체중)$^{0.75}$에 기초 대사량이 비례한다고 결론지었다. 이것을 '클라이버의 법칙'이라 하며, (체중)$^{0.75}$을 대사 체중이라 부른다. 대사 체중은 치료제 허용량의 결정에도 이용되는데, 이때 그 양은 대사 체중에 비례하여 정한다. 이는 치료제 허용량이 체내 대사와 밀접한 관련이 있기 때문이다.

02 윗글을 바탕으로 〈보기〉를 탐구한 내용으로 가장 적절한 것은?

보기

농게의 수컷은 집게발 하나가 매우 큰데, 큰 집게발의 길이는 게딱지의 폭에 '상대 성장'을 한다. 농게의 ⓐ 게딱지 폭을 이용해 ⓑ 큰 집게발의 길이를 추정하기 위해, 다양한 크기의 농게의 게딱지 폭과 큰 집게발의 길이를 측정하여 다수의 순서쌍을 확보했다. 그리고 'L-그래프'와 같은 방식으로, 그래프의 가로축과 세로축에 각각 게딱지 폭과 큰 집게발의 길이에 해당하는 값을 놓고 분석을 실시했다.

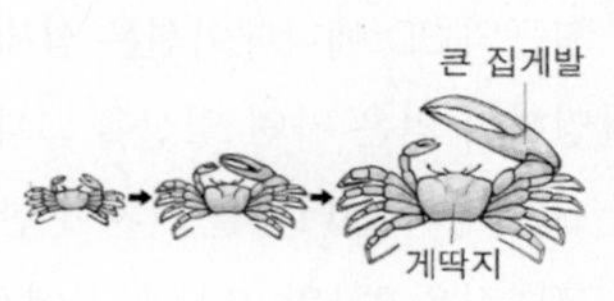

① 최적의 직선을 구한다고 할 때, 최적의 직선의 기울기가 1보다 작다면 ⓐ에 ⓑ가 비례한다고 할 수 없겠군.

② 최적의 직선을 구하여 ⓐ와 ⓑ의 증가율을 비교하려고 할 때, 점들이 최적의 직선으로부터 가로축에 수직 방향으로 멀리 떨어질수록 편차 제곱 합은 더 작겠군.

③ ⓐ의 증가율보다 ⓑ의 증가율이 크다면, 점들의 분포가 직선이 아닌 어떤 곡선의 주변에 분포하겠군.

④ ⓐ의 증가율보다 ⓑ의 증가율이 작다면, 점들 사이를 지나는 최적의 직선의 기울기는 1보다 크겠군.

⑤ ⓐ의 증가율과 ⓑ의 증가율이 같고 '일반적인 그래프'에서 순서쌍을 점으로 표시한다면, 점들은 직선이 아닌 어떤 곡선의 주변에 분포하겠군.

최근의 3D 애니메이션은 섬세한 입체 영상을 구현하여 실물을 촬영한 것 같은 느낌을 준다. 실물을 촬영하여 얻은 자연 영상을 그대로 화면에 표시할 때와 달리 3D 합성 영상을 생성, 출력하기 위해서는 모델링과 렌더링을 거쳐야 한다.

모델링은 3차원 가상 공간에서 물체의 모양과 크기, 공간적인 위치, 표면 특성 등과 관련된 고유의 값을 설정하거나 수정하는 단계이다. 모양과 크기를 설정할 때 주로 3개의 정점으로 형성되는 삼각형을 활용한다. 작은 삼각형의 조합으로 이루어진 그물과 같은 형태로 물체 표면을 표현하는 방식이다. 이 방법으로 복잡한 굴곡이 있는 표면도 정밀하게 표현할 수 있다. 이때 삼각형의 꼭짓점들은 물체의 모양과 크기를 결정하는 정점이 되는데, 이 정점들의 개수는 물체가 변형되어도 변하지 않으며, 정점들의 상대적 위치는 물체 고유의 모양이 변하지 않는 한 달라지지 않는다. 물체가 커지거나 작아지는 경우에는 정점 사이의 간격이 넓어지거나 좁아지고, 물체가 회전하거나 이동하는 경우에는 정점들이 간격을 유지하면서 회전축을 중심으로 회전하거나 동일 방향으로 동일 거리만큼 이동한다. 물체 표면을 구성하는 각 삼각형 면에는 고유의 색과 질감 등을 나타내는 표면 특성이 하나씩 지정된다.

공간에서의 입체에 대한 정보인 이 데이터를 활용하여, 물체를 어디에서 바라보는가를 나타내는 관찰 시점을 기준으로 2차원의 화면을 생성하는 것이 렌더링이다. 전체 화면을 잘게 나눈 점이 화소인데, 정해진 개수의 화소로 화면을 표시하고 각 화소별로 밝기나 색상 등을 나타내는 화솟값이 부여된다. 렌더링 단계에서는 화면 안에서 동일 물체라도 멀리 있는 경우는 작게, 가까이 있는 경우는 크게 보이는 원리를 활용하여 화솟값을 지정함으로써 물체의 원근감을 구현한다. 표면 특성을 나타내는 값을 바탕으로, 다른 물체에 가려짐이나 조명에 의해 물체 표면에 생기는 명암, 그림자 등을 고려하여 화솟값을 정해 줌으로써 물체의 입체감을 구현한다. 화면을 구성하는 모든 화소의 화솟값이 결정되면 하나의 프레임이 생성된다. 이를 화면출력장치를 통해 모니터에 표시하면 정지 영상이 완성된다.

모델링과 렌더링을 반복하여 생성된 프레임들을 순서대로 표시하면 동영상이 된다. 프레임을 생성할 때, 모델링과 관련된 계산을 완료한 후 그 결과를 이용하여 렌더링을 위한 계산을 한다. 이때 정점의 개수가 많을수록, 해상도가 높아 출력 화소의 수가 많을수록 연산 양이 많아져 연산 시간이 길어진다. 컴퓨터의 중앙처리장치(CPU)는 데이터 연산을 하나씩 순서대로 수행하기 때문에 과도한 양의 데이터가 집중되면 미처 연산되지 못한 데이터가 차례를 기다리는 병목 현상이 생겨 프레임이 완성되는 데 오랜 시간이 걸린다. CPU의 그래픽 처리 능력을 보완하기 위해 개발된 그래픽처리장치(GPU)는 연산을 비롯한 데이터 처리를 독립적으로 수행할 수 있는 장치인 코어를 수백에서 수천 개씩 탑재하고 있다. GPU의 각 코어는 그래픽 연산에 특화된 연산만을 할 수 있고 CPU의 코어에 비해서 저속으로 연산한다. 하지만 GPU는 동일한 연산을 여러 번 수행해야 하는 경우, 고속으로 출력 영상을 생성할 수 있다. 왜냐하면 GPU는 한 번의 연산에 쓰이는 데이터들을 순차적으로 각 코어에 전송한 후, 전체 코어에 하나의 연산 명령어를 전달하면, 각 코어는 모든 데이터를 동시에 연산하여 연산 시간이 짧아지기 때문이다.

03 **다음은 3D 애니메이션 제작을 위한 계획의 일부이다. 윗글을 바탕으로 할 때 적절하지 <u>않은</u> 것은?**

	[장면 구상]	[장면 스케치]
장면 1	주인공 '네모'가 얼굴을 정면으로 향한 채 입에 아직 불지 않은 풍선을 물고 있다.	
장면 2	'네모'가 바람을 불어 넣어 풍선이 점점 커진다.	
장면 3	풍선이 더 이상 커지지 않고 모양을 유지한 채, '네모'는 풍선과 함께 하늘로 날아올라 점점 멀어지는 모습이 보인다.	

① 장면 1의 렌더링 단계에서 풍선에 가려 보이지 않는 입 부분의 삼각형들의 표면 특성은 화솟값을 구하는 데 사용되지 않겠군.

② 장면 2의 모델링 단계에서 풍선에 있는 정점의 개수는 유지되겠군.

③ 장면 2의 모델링 단계에서 풍선에 있는 정점 사이의 거리가 멀어지겠군.

④ 장면 3의 모델링 단계에서 풍선에 있는 정점들이 이루는 삼각형들이 작아지겠군.

⑤ 장면 3의 렌더링 단계에서 전체 화면에서 화솟값이 부여되는 화소의 개수는 변하지 않겠군.

대부분의 사람들은 자연 현상이나 사회 현상에 인과 관계가 존재한다고 생각한다. 인과적 사고는 이와 같이 어떤 일이 발생하면 거기에는 원인이 있을 것이라는 생각에서 비롯되었다. 이러한 맥락에서 원인을 찾아내는 방법을 밝혀내고자 한 사람으로 19세기 중엽 영국의 철학자 존 스튜어트 밀이 있다. 그는 원인을 찾아내는 몇 가지 방법을 제안하였는데, 그 가운데 대표적인 것이 일치법과 차이법이다.

㉠ 일치법은 어떤 결과가 발생한 여러 경우들에 공통적으로 선행하는 요소를 찾아 그것을 원인으로 간주하는 방법이다. 가령 수학여행을 갔던 ○○고등학교의 학생 다섯 명이 장염을 호소하였다고 하자. 보건 선생님이 이 학생들을 불러서 먹은 음식이 무엇인지 조사해 보았다. 다섯 명의 학생들이 제출한 자료를 본 선생님은 이 학생들이 공통적으로 먹은 유일한 음식이 돼지고기라는 사실을 알게 되었다. 이때 선생님이 돼지고기가 장염의 원인이라고 결론을 내리는 것이 바로 일치법을 적용한 예이다.

a b c d → X
a c e f → X
a d e f → X
∴ a → X

일치법은 왼쪽과 같은 도식으로 정리할 수 있다. X는 원인을 알고 싶은 결과이고, a, b, c, d, e, f는 여러 가지 선행하는 요소를 뜻한다. a는 X가 일어나는 모든 경우에 공통되는 유일한 요소이므로 a가 X의 원인이라고 결론을 내린다.

차이법은 결과가 나타난 사례와 나타나지 않은 사례를 비교하여 선행하는 요소들 사이의 유일한 차이를 찾아 그것을 원인으로 추론하는 방법이다. 인도네시아의 연구소에 근무하던 에이크만은 사람의 각기병과 유사한 증상을 보이는 닭의 질병을 연구하고 있었다. 어느 날 그는 병에 걸린 닭들 중에서 병이 호전된 한 마리의 닭을 발견하고는 호전의 원인이 무엇인지를 찾아보고자 하였다. 그 결과 병이 호전된 닭과 호전되지 않은 닭들의 모이에서 나머지는 모두 같았으나 유일한 차이가 현미에 있음을 알게 되었다. 즉 병이 호전되지 않은 닭들은 채소, 고기, 백미를 먹었으나 병이 호전된 닭은 추가로 현미를 먹었던 것이다. 이렇게 모이의 차이를 통해 닭의 병이 호전된 원인을 현미에서 찾은 에이크만의 사례는 바로 차이법을 적용한 예이다.

일치법과 차이법은 우리가 일상적으로 많이 사용하는 원인 식별 방법이지만 이 방법을 사용하여 정확한 원인을 찾기 위해서는 몇 가지 점에 주의해야 한다. 즉 선행하는 요소들을 충분히 검토하였는지, 밝혀진 요소 이외에 드러나지 않은 다른 요소는 없는지, 누락된 요소 또는 인식하지 못해 누락시킨 요소는 없는지를 세심하게 검토해야 한다. 아울러 우연히 선후 관계로 일어난 현상을 인과 관계로 오해하거나, 하나의 원인이 야기한 두 가지 현상을 각각 원인과 결과로 오판하지 않도록 하여야 한다.

04 ㉠에 따라 원인을 찾아낸 사례로 가장 적절한 것은?

① 아침에 두꺼비가 우는 소리를 들었는데 그때 장대비가 내렸다. 따라서 두꺼비의 울음이 장대비의 원인이다.

② 아이의 온몸에 붉은 반점이 생겼는데, 반점이 생기기 전에는 열이 있었다. 따라서 열이 붉은 반점의 원인이다.

③ 밤에 잠을 잘 이루지 못한 직장인이 그 원인을 따져 보니 평소와 달리 그날 저녁에만 커피를 마신 것을 알게 되었다. 따라서 커피가 불면의 원인이다.

④ 신장 결석에 걸린 20명의 아기들이 먹은 음식물을 모두 조사해 보았더니 유일한 공통 요소는 A사의 분유였다. 따라서 A사의 분유가 신장 결석의 원인이다.

⑤ 최근 우리나라 청소년의 컴퓨터 게임 시간은 평균 30분 늘어난 것으로 조사되었고, 같은 기간에 학력은 평균 2% 하락한 것으로 나타났다. 따라서 컴퓨터 게임 시간이 증가한 것이 학력 하락의 원인이다.

유제 · 05

회전 운동을 하는 물체는 외부로부터 돌림힘이 작용하지 않는다면 일정한 빠르기로 회전 운동을 유지하는데, 이를 각운동량 보존 법칙이라 한다. 각운동량은 질량이 m인 작은 알갱이가 회전축으로부터 r만큼 떨어져 속도 v로 운동하고 있을 때 mvr로 표현된다. 그런데 회전하는 물체에 회전 방향으로 힘이 가해지거나 마찰 또는 공기 저항이 작용하게 되면, 회전하는 물체의 각운동량이 변화하여 회전 속도는 빨라지거나 느려지게 된다. 이렇게 회전하는 물체의 각운동량을 변화시키는 힘을 돌림힘이라고 한다.

그러면 팽이와 같은 물체의 각운동량은 어떻게 표현할까? 아주 작은 균일한 알갱이들로 팽이가 이루어졌다고 볼 때, 이 알갱이 하나하나를 질량 요소라고 한다. 이 질량 요소 각각의 각운동량의 총합이 팽이 전체의 각운동량에 해당한다. 회전 운동에서 물체의 각운동량은 (각속도)×(회전 관성)으로 나타낸다. 여기에서 각속도는 회전 운동에서 물체가 단위 시간당 회전하는 각이다. 질량이 직선 운동에서 물체의 속도를 변화시키기 어려운 정도를 나타내듯이, 회전 관성은 회전 운동에서 각속도를 변화시키기 어려운 정도를 나타낸다. 즉, 회전체의 회전 관성이 클수록 그것의 회전 속도를 변화시키기 어렵다.

회전체의 회전 관성은 회전체를 구성하는 질량 요소들의 회전 관성의 합과 같은데, 질량 요소들의 회전 관성은 질량 요소가 회전축에서 떨어져 있는 거리가 멀수록 커진다. 그러므로 질량이 같은 두 팽이가 있을 때 홀쭉하고 키가 큰 팽이보다 넓적하고 키가 작은 팽이가 회전 관성이 크다.

각운동량 보존의 원리는 스포츠에서도 쉽게 확인할 수 있다. 피겨 선수에게 공중 회전수는 중요한데 이를 확보하기 위해서는 공중회전을 하는 동안 각속도를 크게 해야 한다. 이를 위해 피겨 선수가 공중에서 팔을 몸에 바짝 붙인 상태로 회전하는 것을 볼 수 있다. 피겨 선수의 회전 관성은 몸을 이루는 질량 요소들의 회전 관성의 합과 같다. 따라서 팔을 몸에 붙이면 팔을 구성하는 질량 요소들이 회전축에 가까워져서 팔을 폈을 때보다 몸 전체의 회전 관성이 줄어들게 된다. 점프 이후에 공중에서 각운동량은 보존되기 때문에 팔을 붙였을 때가 폈을 때보다 각속도가 커지는 것이다. 반대로 착지 직전에는 각속도를 줄여 착지 실수를 없애야 하기 때문에 양팔을 한껏 펼쳐 회전 관성을 크게 만드는 것이 유리하다.

05 윗글을 바탕으로 〈보기〉를 이해한 내용으로 적절한 것은?

보기

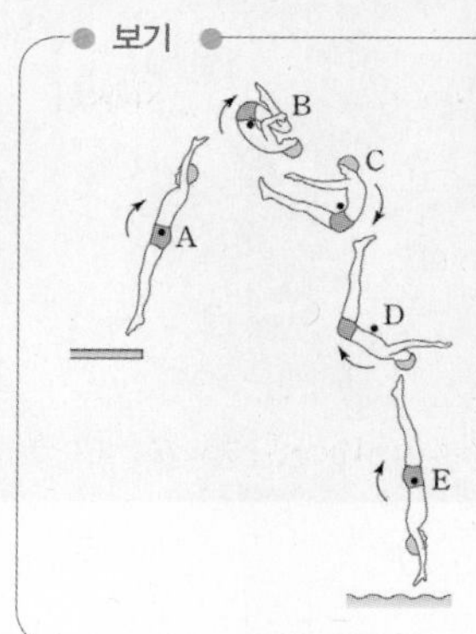

다이빙 선수가 발판에서 점프하여 공중회전하며 A~E 단계를 거쳐 1.5 바퀴 회전하여 입수하고 있다. 여기에서 검은 점은 회전 운동의 회전축을 나타내며 회전 운동은 화살표 방향으로만 진행된다. 단, 다이빙 선수가 공중에 머무는 동안은 외부에서 돌림힘이 작용하지 않는다고 간주한다.

① A보다 B에서 다이빙 선수의 각운동량이 더 크겠군.

② B보다 D에서 다이빙 선수의 질량 요소들의 합은 더 작겠군.

③ A~E의 다섯 단계 중 B 단계에서 다이빙 선수는 가장 작은 각속도를 갖겠군.

④ C에서 E로 진행함에 따라 다이빙 선수의 팔과 다리가 펼쳐지면서 회전 관성이 작아지겠군.

⑤ B 단계부터 같은 자세로 회전 운동을 계속하여 입수한다면 다이빙 선수는 1.5바퀴보다 더 많이 회전하겠군.

III

정답이 보이는 수능 기출 코드 7

Day 06

이해의 암기 : 정답이 보이는 **수능 기출 코드 1~3**

기출문제에 자주 등장하는 '조건 분석 → 근거 축소'의 몇 가지 유형을 암기하기 좋은 형태로 정리했습니다. 물론 수학 공식처럼 외우면 안 되고 반복적인 연습을 통해서 저절로 외워지도록 해야 합니다. 정말 외우겠다고 책상 앞에 붙여 놓거나 하지 맙시다. 제발!

일상 속에서 마주치는 문제를 해결하고자 할 때, 다양한 '틀'을 이용해서 문제 해결을 시도합니다. 가령 구식 텔레비전의 화면이 나오지 않으면 몇 대 때려 보기도 하고, 프로그램이 엉켜서 컴퓨터가 멈추면 다시 부팅하기도 합니다. 또 교통사고가 발생했을 때는 우선 사진을 찍고 경찰을 부른다든지 합니다. 이런 행동 양식들은 누구에게나 어느 정도는 공식처럼 받아들여지는 것들입니다. 특정한 상황에서는 어떻게 대처해야겠다는 지침이 있는 것입니다.

지금까지 국어영역 문제들에 근본적으로 접근하여 이를 풀어내는 방법을 살펴봤습니다. 그렇지만 매번 시험을 볼 때마다 각 문제의 발문을 새롭게 분석하고 풀이 전략을 고민한다면 시간에 쫓길 수밖에 없습니다. 조금 똑똑하게 접근할 수 있어야 합니다. 매 시험마다 전혀 새로운 유형의 문제가 나오는 것이 아닙니다. 따라서 앞에서 언급한 일상의 공식처럼 국어영역도 미리 정해 놓은 일정한 '틀'을 가지고 익숙한 문제를 빠르게 풀 수 있어야 합니다.

문제풀이 사고의 '틀'은 다음과 같이 만들어집니다.

❶ 이해 : '조커 해결법'을 통해 원칙적으로 문제에 접근하며 배우는 사고방식
❷ 연습 : 앞에서 배운 사고방식을 가지고 실제 문제에 적용하며 연습
❸ 이해의 암기 : 이제는 시험장에서의 빠른 문제풀이를 위해 자주 나오는 문제들의 사고방식 자체를 암기

즉, 남들이 제시해 주는 '틀'을 아무 생각 없이 계속 반복한다고 되는 것이 아니라, 우선 '틀'에 대한 자신의 이해와 연습이 필요합니다. 이후 그 이해 자체를 암기하여 더욱 빠르게 문제를 해결하는 것입니다. 이 책에서는 시험에 자주 출제되는 유형들 중 비슷한 '틀'로 풀 수 있는 것들을 7가지로 묶어 분류하고 연습할 수 있도록 했습니다. 최근에는 또한 EBS 교재에서도 수능 문제가 많이 출제되고 있습니다. 해당 교재에서 많이 보이는 특성도 고려하여 설명하겠습니다.

세부 정보의 이해

원리 이해

가장 기본적인 능력을 묻는 패턴입니다. 글에 제시된 세세한 정보들과 선택지의 정보가 일치하는지 판단할 수 있어야 합니다. 지문에서 중요하게 다룬 내용이 선택지로 등장하는 경우가 많습니다. 그러나 중요한 내용이 아니더라도 문제로 출제되고는 하니까, 처음 지문을 독해하면서 **글에 제시되는 정보들이 있다면 그 위치 정도는 파악**해 두는 것이 중요합니다. 특히 여러 가지 정보가 제시되는 과학 지문의 경우에는 이러한 방법이 도움이 됩니다.

또한 기본형에서 조금 변형된 형태로서 '독자들의 반응'을 묻는 유형이 있습니다. 대개 이런 문제는 '사실적-부분적 사고' 영역으로서 세부 정보를 잘 이해했는지 묻게 됩니다. 특히 최근에는 화법 문제에서 강연, 발표 등을 들은 사람의 반응을 묻는 문제로 많이 출제되고 있습니다. 이때 다섯 개의 선택지에서 각각 지문의 특정 부분에 대해 질문하게 됩니다. 주로 출제되는 발문은 ① '윗글을 읽고 질문할 내용으로 적절하지 않은 것은?' 또는 ② '윗글을 읽은 학생들의 반응으로 적절하지 않은 것은?'입니다. 답이 되는 주된 유형을 아래와 같이 그림으로 정리해 봤습니다.

KTX의 평균 속도는 시속 150km이다. 그리고 하루에 약 10만 명 정도가 이용하고 있는데 가격은 거리에 따라 다르게 책정된다. 가장 먼 거리를 다니는 열차 운임은 약 5만 원 정도이다. 앞으로 계속해서 신설 고속열차 전용철도가 개통되기 때문에 좀 더 많은 사람들이 편리하게 이용할 수 있을 것이다.

선택지 분석을 통한 근거 축소

글에서 언급한 내용을 또 질문하면 곤란하다.

글에서 언급한 정보와 일치하지 않으면 곤란하다.

문제 : 질문할 내용으로 적절하지 않은 것은?

① KTX의 평균 속도는?
②
③
④
⑤

문제 : 학생들의 반응으로 적절하지 않은 것은?

① 가격이 10만 원은 너무 비싸!
②
③
④
⑤

대개 이렇게 두 가지 방향에서 정답이 나오게 됩니다. 크게 보아 일치/불일치 문제라고 볼 수 있습니다.

이해의 암기

예제 · 01

10 6월 평가원모의

㉮ 조선 전기 조선군의 전술에서는 기병을 동원한 활쏘기와 돌격, 그리고 이를 뒷받침하는 보병의 다양한 화약 병기 및 활의 사격 지원을 중시했다. 이는 여진족이나 왜구와의 전투에 효과적이었는데, 상대가 아직 화약 병기를 갖추지 못한 데다 전투 규모도 작았기 때문이다. 하지만 이러한 전술적 우위는 일본군의 조총 공격에 의해 상쇄되었다.

㉯ 16세기 중반 일본에 도입된 조총은 다루는 데 특별한 무예나 기술이 필요하지 않았다. 그 결과 신분이 낮은 계층인 조총 무장 보병이 주요한 전투원으로 등장할 수 있었다. 한편 중국의 절강병법은 이러한 일본군에 대응하기 위해 고안된 전술로, 조총과 함께 다양한 근접전 병기를 갖춘 보병을 편성한 전술이었다. 이 전술은 주력이 천민을 포함한 일반 농민층이었는데, 개인의 기량은 떨어지더라도 각각의 병사를 특성에 따라 편제하고 운용하여 전체의 전투력을 높일 수 있었다. 근접 전용 무기도 주변에서 쉽게 구할 수 있는 것이 이용되었다.

㉰ 조선군의 전술은 절강병법을 일부 수용하면서 기병 중심에서 보병 중심으로 급속히 전환되었다. 조총병인 포수와 각종 근접전 병기로 무장한 살수에 전통적 기예인 활을 담당하는 사수를 포함시켜 편제한 삼수병 체제에서 보병 중심 전술이 확립되었음을 볼 수 있다. 17세기 중반 이후 조총의 신뢰성과 위력이 높아지면서 삼수 내의 무기 체계의 분포에도 변화가 시작되었다. 상대적으로 사격 기술을 익히기 어렵고 주요 재료를 구하기 어려웠던 활 대신, 조총이 차지하는 비중이 점점 증가했다.

㉱ 조선에서의 새로운 무기 수용과 전술의 변화는 단순한 군사적 변화에 그치지 않고 정치적, 경제적 변화를 수반하였다. 군의 규모는 관노와 사노 등 천민 계층까지 충원되면서 급격히 커졌고, 군사력을 유지하기 위해 백성에 대한 통제도 엄격해졌다. 성인 남성에게 이름과 군역 등이 새겨진 호패를 차게 하였으며, 거주지의 변동이 있을 때마다 관가에 보고하게 하였다. 대규모 군사력의 운용으로 국가 단위의 재정 수요도 크게 증대했는데, 대동법은 이러한 수요에 부응하는 제도이기도 했다. 선혜청에서 대동법의 운영을 전담하면서 재정권의 중앙 집중화가 시도되었으며, 이에 따라 지방에서 자율적으로 운영하던 재정의 상당 부분이 조정으로 귀속되었다. 한편 가호(家戶)를 단위로 부과하던 공물을 농지 면적에 따라 쌀이나 무명 등으로 납부하게 하여, 논밭이 없거나 적은 농민들의 부담은 줄어들었다.

㉱를 통해 추론한 당시 사람들의 반응으로 적절하지 <u>않은</u> 것은?

① 관노 : 양민들이 담당하던 군역을 이제는 우리도 맡게 되었군.
② 양반 : 집안에서 부리는 종놈은 개인 재산인데, 군대에 끌고 가니 너무한걸.
③ 양민 : 호패를 늘 차야 하는 데다 이사할 때마다 신고해야 하니 귀찮네그려.
④ 지주 : 집집마다 내던 공물을 논밭의 면적에 따라 내도록 하니 우리만 불리해졌어.
⑤ 수령 : 백성들을 단속하는 업무가 늘었지만 고을의 재정 형편은 훨씬 나아지게 되었군.

① **관노** : 양민들이 담당하던 군역을 이제는 우리도 맡게 되었군.

② **양반** : 집안에서 부리는 종놈은 개인 재산인데, 군대에 끌고 가니 너무한걸.

라-2 군의 규모는 관노와 사노 등 천민 계층까지 충원되면서 급격히 커졌고, 군사력을 유지하기 위해 백성에 대한 통제도 엄격해졌다.

③ **양민** : 호패를 늘 차야 하는 데다 이사할 때마다 신고해야 하니 귀찮네그려.

라-3 성인 남성에게 이름과 군역 등이 새겨진 호패를 차게 하였으며, 거주지의 변동이 있을 때마다 관가에 보고하게 하였다.

④ **지주** : 집집마다 내던 공물을 논밭의 면적에 따라 내도록 하니 우리만 불리해졌어.

라-6 한편 가호(家戶)를 단위로 부과하던 공물을 농지 면적에 따라 쌀이나 무명 등으로 납부하게 하여, 논밭이 없거나 적은 농민들의 부담은 줄어들었다.

⑤ **수령** : 백성들을 단속하는 업무가 늘었지만 고을의 재정 형편은 훨씬 나아지게 되었군.

라-5 선혜청에서 대동법의 운영을 전담하면서 재정권의 중앙 집중화가 시도되었으며, 이에 따라 지방에서 자율적으로 운영하던 재정의 상당 부분이 조정으로 귀속되었다.

○ 고을 재정의 상당 부분이 중앙 정부로 귀속되었다면 재정 형편이 나아졌다고 말할 수 없을 것입니다. 이 지문을 읽은 수령님이 지문을 읽다가 깜빡했나 보군요. 중앙에서 가져간다는 것을 말이죠. 따라서 답은 ⑤번이죠. **답 ⑤**

예제 · 02 ○ 03 수능

1 1908년에 아레니우스(S. Arrhenius)는 지구 밖에 있는 생명의 씨앗이 날아와 지구 생명의 기원이 되었다는 대담한 가설인 포자설을 처음으로 주장했다. 그러나 당시 이 주장은 검증할 방법이 없었으므로 과학적 이론으로 받아들여지지 않았다. 그 후 DNA의 이중 나선 구조를 밝혀 노벨상을 받은 크릭(F. Crick)이 1981년에 출판한 〈생명의 출현〉에서 '포자설'을 받아들였지만, 그의 아내조차 그가 상을 받은 이후 약간 이상해진 것이 아니냐고 말할 정도였다.

2 지구 밖에 생명이 있다고 믿을 만한 분명한 근거는 아직까지 없다. 그럼에도 불구하고 일부 과학자들은 외계 생명의 존재를 사실로 인정하려 한다. 그들은, 천문학자들이 스펙트럼으로 별 사이에 있는 성운에서 메탄올과 같은 간단한 유기 분자를 발견하자, 이것이 외계 생명의 증거라고 하였다. 그러나 별 사이 공간은 거의 진공 상태이므로 생명이 존재하기 어렵다. 외계 생명의 가능성을 지지하는 또 한 가지 증거는 운석에서 유기 분자가 추출되었다는 것이다. 1969년에 호주의 머치슨에 떨어진 운석 조각에서 모두 74종의 아미노산이 검출된 데에서도 알 수 있듯이, 유기 분자가 운석에 실려 외계에서 지구로 온다는 것은 분명한 사실이다.

3 한편, 이와는 달리 운석이 오히려 지구상의 생명을 멸종시켰다는 가설도 있다. 한때 지구의 주인이었던 공룡이 중생대 말에 갑자기 멸종했는데, 이에 대해 1980년에 알바레즈(W. Alvarez)는 운석 충돌을 그 원인으로 추정했다. 이때 그는 중생대와 신생대 사이의 퇴적층인 K·T 층이 세계 여러 곳에서 발견된다는 점에 주목했다. 이 K·T 층에는 이리듐이 많이 포함되어 있었기 때문이다. 이리듐은 지구의 표면에 거의 없는 희귀 원소로, 운석에는 상대적으로 많이 포함되어 있다. 이를 바탕으로 그는, 중생대 말에 지름 약 10km 크기의 운석이 지구에 떨어졌고, 그에 따라 엄청나게 많은 먼지가 발생하면서 수십 년 동안 햇빛을 차단한 나머지 기온이 급강하했으며, 이로 말미암아 공룡을 비롯한 대부분의 생명이 멸종되었다고 주장하였다.

4 화석 연구를 통하여 과학자들은 지구 역사상 여러 번에 걸쳐 대규모의 멸종이 있었음을 알아내었다. 예컨대 고생대 말에 삼엽충과 푸줄리나가 갑자기 사라졌다. 이러한 대규모 멸종의 원인에 관해서는 여러 가설이 있는데, 운석의 충돌도 그 중 하나일 가능성을 배제할 수 없다.

5 오늘날에는 생명의 원천이 되는 유기물이 운석을 통하여 외계에서 왔을 가능성과, 운석으로 인해 지구상의 생명이 멸종되었을 가능성을 그대로 받아들이려는 학자들이 많다. 하지만 지구상 유기물의 생성 과정에 대해서는 의견이 일치하지 않고 있다. 그렇기에 세이건(C. Sagan)은 외계에서 온 유기물과 지구에서 만들어진 유기물이 모두 생명의 탄생에 기여했을 것이라는 절충적인 견해를 제시하기도 했다. 결정적인 증거가 발견되기까지 생명의 기원을 설명하는 가설은 앞으로도 계속해서 다양하게 제기될 것이다.

윗글의 내용으로 미루어 알기 어려운 것은?

① 유기 분자는 생명의 탄생에 필요한 성분일 것이다.
② 삼엽충은 운석 충돌에 의해 탄생하고 멸종했을 것이다.
③ 지구상에서 자생적으로 유기물이 생성됐을 가능성이 있다.
④ 포자설을 입증하는 결정적인 증거는 아직 발견되지 않았다.
⑤ 공룡 멸종 이후에 나타난 생물의 화석은 신생대 지층에서 발견될 것이다.

① 유기 분자는 생명의 탄생에 필요한 성분일 것이다.

2-3 그들은, 천문학자들이 스펙트럼으로 별 사이에 있는 성운에서 메탄올과 같은 간단한 유기 분자를 발견하자, 이것이 외계 생명의 증거라고 하였다.

5-1 오늘날에는 생명의 원천이 되는 유기물이 운석을 통하여 외계에서 왔을 가능성과, 운석으로 인해 지구상의 생명이 멸종되었을 가능성을 그대로 받아들이려는 학자들이 많다.

③ 지구상에서 자생적으로 유기물이 생성됐을 가능성이 있다.

5-3 그렇기에 세이건(C. Sagan)은 외계에서 온 유기물과 지구에서 만들어진 유기물이 모두 생명의 탄생에 기여했을 것이라는 절충적인 견해를 제시하기도 했다.

④ 포자설을 입증하는 결정적인 증거는 아직 발견되지 않았다.

5-4 결정적인 증거가 발견되기까지 생명의 기원을 설명하는 가설은 앞으로도 계속해서 다양하게 제기될 것이다.

⑤ 공룡 멸종 이후에 나타난 생물의 화석은 신생대 지층에서 발견될 것이다.

3-2 한때 지구의 주인이었던 공룡이 중생대 말에 갑자기 멸종했는데, 이에 대해 1980년에 알바레즈(W. Alvarez)는 운석 충돌을 그 원인으로 추정했다. 이때 그는 중생대와 신생대 사이의 퇴적층인 K·T 층이 세계 여러 곳에서 발견된다는 점에 주목했다.

② 삼엽충은 운석 충돌에 의해 탄생하고 멸종했을 것이다.

4-2 예컨대 고생대 말에 삼엽충과 푸줄리나가 갑자기 사라졌다. 이러한 대규모 멸종의 원인에 관해서는 여러 가설이 있는데, 운석의 충돌도 그 중 하나일 가능성을 배제할 수 없다.

◎ 지문에서는 '멸종'에 대해서만 언급하고 '탄생'에 대해서는 언급하지 않고 있습니다. 따라서 '탄생'을 은근슬쩍 끼워 넣은 ②가 답이 됩니다. 물론 좀 더 전문적으로 파고 들어가면 이러한 '멸종설'도 하나의 가설이기 때문에, 선택지의 '멸종했을 것이다'라는 표현까지 문제 삼을 수 있습니다. 이를테면 ③처럼 '~했을 가능성이 있다'는 표현에서 주는 느낌이 좀 더 정확하겠죠. 하지만 문제를 풀 때 이러한 미묘한 점까지 신경 쓰는 것은 쉽지 않습니다. 보다 중요한 것은 '삼엽충의 탄생'과 관련된 내용은 지문에 존재하지 않는다는 점입니다. '멸종'이라는 부분적 특징은 지문과 일치하기 때문에 꼼꼼하게 확인하지 않으면 '탄생'도 은근슬쩍 넘어가기 쉽습니다. **답 ②**

예제 · 03 ◎ 18 9월 평가원모의

1 안녕하세요? 영양 성분 표시 제도와 관련해 강연을 하게 된 ○○보건소의 △△△입니다. 2018년부터는 개정된 영양 성분 표시 방법으로 식품의 영양 정보를 표시하게 되는데요, 알고 있나요? (학생들의 대답을 듣고) 모른다는 학생들이 많은데요, 오늘은 이에 대해 알려 드리고자 합니다.

2 식품의약품안전처에서는 일부 가공 식품에 영양 정보를 표시하는 영양 성분 표시 제도를 운영하고 있는데요, 소비자들이 좀 더 쉽게 영양 정보를 확인하고 건강한 식생활을 실천하는 데 도움이 되도록 영양 성분을 표시하는 방법을 개정하였습니다. 개정 전과 후의 표시 도안을 같이 보시죠. (시각 자료를 보여 주며) 함량을 의무적으로 표시해야 하는 대상이 열량, 나트륨, 탄수화물, 당류, 지방, 트랜스지방, 포화지방, 콜레스테롤, 단백질인 점은 이전과 변함이 없습니다. 그러나 이를 표시하는 기준은

달라졌습니다. 개정 전에는 한 번에 섭취할 것으로 예상되는 양인 1회 제공량을 기준으로 영양 성분의 함량을 표시했는데요, 업체마다 1회로 보는 양이 달라서 소비자에게 혼란을 줄 수 있었습니다. 그래서 제품의 총 내용량을 기준으로 영양 성분의 함량을 표시하는 것으로 바뀌었습니다. 단, 한 번에 먹기 힘든 대용량 제품은 별도의 표시 기준을 두기로 했습니다.

3 영양 성분의 표시 순서에도 변화가 있는데요, 개정 전에는 에너지 공급원순으로 표시했는데 소비자의 관심도가 높고 국민 건강상 중요해진 성분들은 순서를 위로 올려 표시하는 것으로 바뀌었습니다. 예로 나트륨의 표시 위치가 개정 전보다 올라가게 되었는데요, 이는 우리나라 국민이 나트륨을 과도하게 섭취하고 있어 1일 나트륨 섭취량의 관리가 시급하기 때문입니다. 질병관리본부 발표 자료에 따르면 우리나라 국민의 1일 나트륨 섭취량은 세계보건기구 권고량의 2배 수준이라고 합니다.

4 또한 열량의 표시 방식도 바뀌었는데요, 열량에 대한 소비자들의 관심이 높은 만큼 이를 확인하기 쉽도록 다른 성분들과 분리해 열량을 표시하게 되었습니다. 그리고 그동안 1일 영양 성분 기준치에 대한 비율을 표시하지 않았던 열량, 당류, 트랜스지방 중에서 당류는 이번에 개정되면서 그 비율을 표시하도록 바뀌었습니다.

강연 내용에 대한 이해를 바탕으로 추가 설명을 요청하는 학생의 질문으로 적절하지 않은 것은?

① 영양 성분 표시 제도가 일부 가공 식품에 적용되고 있다고 하셨는데, 무엇을 기준으로 적용 대상을 결정하나요?

② 식품의약품안전처에서 영양 성분 표시 방법을 바꿨다고 하셨는데, 그 이유는 무엇인가요?

③ 의무적으로 함량을 표시해야 하는 성분들을 말씀해 주셨는데, 비타민이나 칼슘 등은 왜 의무 표시 대상이 아닌가요?

④ 대용량 제품의 경우에는 별도의 표시 기준을 둔다고 하셨는데, 그 기준은 무엇인가요?

⑤ 우리나라 국민의 나트륨 섭취량이 세계보건기구 권고량의 2배 수준이라고 하셨는데, 그 권고량은 얼마인가요?

① 영양 성분 표시 제도가 일부 가공 식품에 적용되고 있다고 하셨는데, 무엇을 기준으로 적용 대상을 결정하나요?

2-1 식품의약품안전처에서는 일부 가공 식품에 영양 정보를 표시하는 영양 성분 표시 제도를 운영하고 있는데요, 소비자들이 좀 더 쉽게 영양 정보를 확인하고 건강한 식생활을 실천하는 데 도움이 되도록 영양 성분을 표시하는 방법을 개정하였습니다.

◎ 강연에 어떤 기준으로 영양 정보를 표시할 일부 가공 식품을 선정하였는지는 나와 있지 않습니다. 따라서 이에 대해 추가 설명을 요청할 수 있습니다.

③ 의무적으로 함량을 표시해야 하는 성분들을 말씀해 주셨는데, 비타민이나 칼슘 등은 왜 의무 표시 대상이 아닌가요?

2-3 함량을 의무적으로 표시해야 하는 대상이 열량, 나트륨, 탄수화물, 당류, 지방, 트랜스지방, 포화지방, 콜레스테롤, 단백질인 점은 이전과 변함이 없습니다.

◎ 비타민이나 칼슘은 강연에서 제시한 함량 의무 표시 대상에 포함되어 있지 않습니다. 강연에서 그 이유에 대해 설명하고 있지 않으므로, 이에 대해 추가 설명을 요청할 수 있습니다.

④ 대용량 제품의 경우에는 별도의 표시 기준을 둔다고 하셨는데, 그 기준은 무엇인가요?

2-7 단, 한 번에 먹기 힘든 대용량 제품은 별도의 표시 기준을 두기로 했습니다.

◎ 강연에서 대용량 제품의 별도 표시 기준에 대해 자세하게 설명하고 있지 않으므로, 이에 대해 추가 설명을 요청할 수 있습니다.

⑤ 우리나라 국민의 나트륨 섭취량이 세계보건기구 권고량의 2배 수준이라고 하셨는데, 그 권고량은 얼마인가요?

3-3 질병관리본부 발표 자료에 따르면 우리나라 국민의 1일 나트륨 섭취량은 세계보건기구 권고량의 2배 수준이라고 합니다.

◎ 강연에서 세계보건기구의 나트륨 섭취 권고량이 얼마인지에 대해 구체적으로 언급하고 있지 않으므로, 이에 대해 추가 설명을 요청할 수 있습니다.

② 식품의약품안전처에서 영양 성분 표시 방법을 바꿨다고 하셨는데, 그 이유는 무엇인가요?

2-1 식품의약품안전처에서는 일부 가공 식품에 영양 정보를 표시하는 영양 성분 표시 제도를 운영하고 있는데요, 소비자들이 좀 더 쉽게 영양 정보를 확인하고 건강한 식생활을 실천하는 데 도움이 되도록 영양 성분을 표시하는 방법을 개정하였습니다.

◎ 식품의약품안전처에서 영양 성분 표시 방법을 바꾼 것은 맞습니다. 그런데 강연에서 "소비자들이 좀 더 쉽게 영양 정보를 확인하고 건강한 식생활을 실천하는 데 도움이 되도록"이라며 그 개정 이유를 밝히고 있습니다. 이렇듯 강연에서 이미 설명한 내용에 대해 또 물어보면 안 됩니다. **답 ②**

002 핵심 내용의 이해 : **표제와 부제**

● 원리 이해

글의 핵심 내용과 관련된 문제는 대개 글 후반부 내용에 주목하면 답이 나옵니다. 만약 쉬운 문제라면 글 후반부에 제시되는 핵심 내용을 반영한 선택지가 바로 답이 되겠으나, 조금 어렵게 출제된다면 핵심 내용 이외에도 각 선택지 내용이 지문과 일치하는지의 여부까지 판단해야 합니다. 물론 전체적으로 글을 이해하고 접근하는 것이 기본이지만, 답을 고를 때는 위에서 말한 포인트에 신경 쓰는 것이 좋습니다. 왜냐하면 글을 이해했더라도 답을 고르면서 헷갈릴 수 있기 때문입니다. 복잡한 선택지들을 검토하다 보면 지문에서 이해한 내용도 헷갈릴 수 있습니다. 그럴 때 답을 선택하는 기준이 명확하다면 헷갈리지 않을 것입니다. 정리하면, **글의 핵심을 묻는 문제에서는 우선 기계적으로 글의 마지막 부분을 주목**할 필요가 있습니다.

그럼 글의 처음과 중간 부분은 읽지 않고 끝부분만 보고도 문제를 풀 수 있을까요? 반드시 그렇다고 단정할 수는 없습니다. 지금까지 평가원 주관의 모의평가, 수능에서는 모두 글의 뒷부분에서 근거가 나왔습니다. 아마 앞으로도 그렇겠지만 꼭 그럴 것이라 장담할 수는 없습니다. EBS 문제집에서는 글의 서두에 근거가 나오는 경우도 꽤 있었다는 점에 주의해야 합니다. 글이 완결된 구조를 가지지 않는 경우에 마지막은 부분적인 내용에서 끝나게 됩니다. 이 경우 지문의 마지막 부분보다는 오히려 앞부분에 어떤 내용이 나오는지 살펴보는 게 좋겠습니다. 보다 정확하게 문제를 풀기 위해서는, 마지막 단락이 과연 글을 정리하는 부분인지 아니면 단순히 글의 일부에 해당하는 부분인지 생각할 필요가 있습니다.

최근 표제와 부제 문제는 '독서'나 '문학'보다는 '작문' 과목에서 주로 출제되고 있으나, 수능 초창기부터 꾸준히 출제되었던 유형이므로 언제 다시 나와도 이상하지 않다는 점에서, 그 원리를 정확히 파악할 수 있어야 하겠습니다.

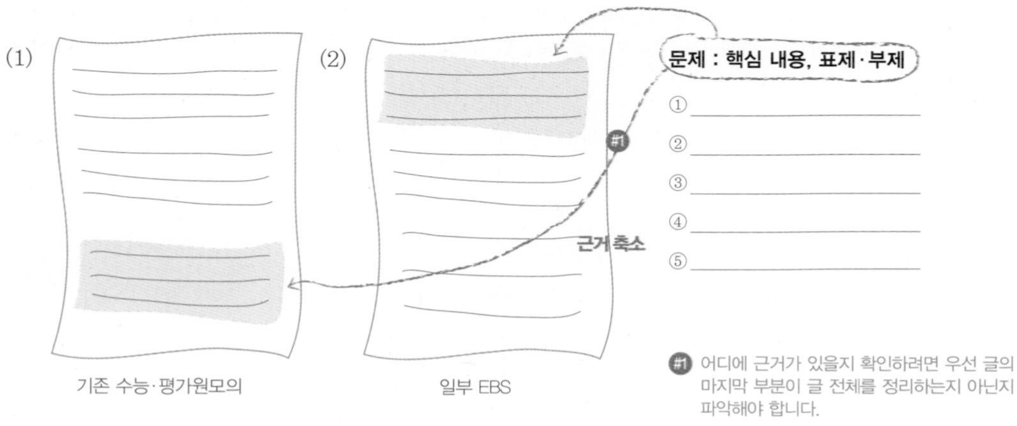

#1 어디에 근거가 있을지 확인하려면 우선 글의 마지막 부분이 글 전체를 정리하는지 아닌지 파악해야 합니다.

● 이해의 암기

예제 • 01 ◎ 09 6월 평가원모의

1 우리의 전통 가옥이나 누정, 사찰, 궁궐의 건축물 등에서 쉽게 볼 수 있는 것이 난간(欄干)이다. 선인들의 작품에 '난간에 기대어'라는 표현이 심심찮게 나올 정도로 난간에는 우리 조상들의 숨결과 미의식이 깃들어 있다. 자칫 소홀하게 여길 수 있는 거주 공간의 끝자락에서도 선인들은 여유와 미감을 찾고자 했던 것이다.

2 난간은 원래 사람들의 추락을 막기 위한 목적으로 마루, 계단, 다리 등에 설치되었다. 우리의 전통 건축물이 대부분 목조 양식을 띠고 있기 때문에 석조 난간보다는 목조 난간이 널리 설치되었다. 목조 난간은 일반 민가에서 쉽게 볼 수 있는 질박하고 수수한 난간에서부터 멋과 미감을 살린 계자(鷄子) 난간으로 발전되어 갔다.

3 민가에서 주로 보이는 보통의 난간이 특별한 장식 없이 널빤지만으로 잇는 소박한 형태였다면, 계자 난간은 궁판(穹板)에 궁창(穹窓)을 만들어 잇기도 하고, 때로는 궁판 대신에 다양한 모양의 살창을 끼워 한껏 멋을 살리기도 했다. 또한 동자(童子)를 짜서 마루와 궁판에 끼워 난간을 튼튼하게 만들면서도 장식미를 드러내고 있다. 난간은 오채(五彩)를 뽐내는 단청의 화려함이나 서까래로 잘 짜 맞춘 대들보의 단단함에는 비길 수 없지만, 그 나름대로 질박하면서도 화사한 멋과 야무진 짜임새를 고루 갖추고 있다.

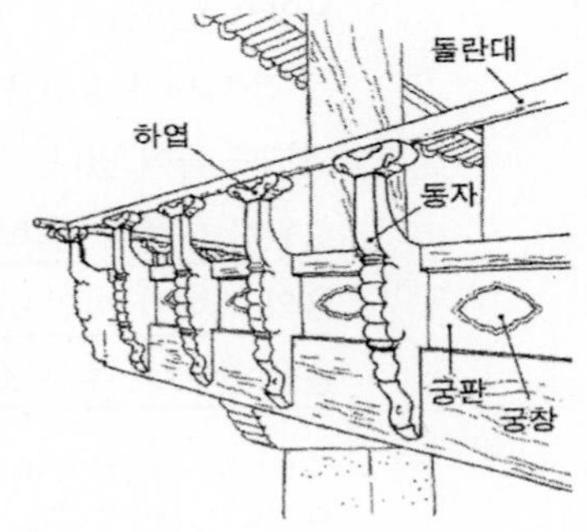

4 목조가 연출하는 난간의 건축 미학은 자연 친화성에서 나온다. 난간은 특히 독특한 색깔과 무늬로 다른 건축 재료와 조화를 이루는 나무 본래의 특성을 잘 살리고 있다. 멀리서 볼 때 주변 환경과 멋들어지게 어울리는 건물의 품새와 잘 짜인 구성미를 살릴 수 있었던 것도 나무로 만든 난간이 바탕이 되었기 때문이다. 난간을 지을 때 하엽(荷葉)과 돌란대를 단단히 고정시키기 위해 박는 국화 모양의 나무못에서도 자연 친화적인 선인들의 미의식을 확인할 수 있다.

5 궁창은 수복강녕(壽福康寧)을 상징하는 거북이나 구름뿐 아니라 연꽃 등 다양한 모양으로 만들어지기도 한다. 여기에는 장식적 목적도 있었지만 답답하게 느껴질 수 있는 건물 내부 공간을 시원스럽게 개방함으로써 자연스레 바깥 세계를 끌어들이기 위한 의도도 들어 있다. 여름날 툇마루나 대청마루의 난간 창살 사이로 살랑살랑 불어오는 시원한 미풍의 감촉도 바로 이러한 난간의 공간 미학적 특징에서 비롯된다. 선인들의 삶의 지혜와 미의식을 곳곳에서 발견할 수 있는 난간이야말로 우리 건축물의 아름다움을 잘 보여 주는 소중한 문화유산이다.

윗글의 제목으로 가장 적절한 것은?

① 난간의 역사와 발달 과정
② 난간의 구성 요소와 기능
③ 난간의 건축 미학과 의의
④ 난간의 재료와 제작 과정
⑤ 난간의 건축 목적과 종류

③ 난간의 건축 미학과 의의

5 궁창은 수복강녕(壽福康寧)을 상징하는 거북이나 구름뿐 아니라 연꽃 등 다양한 모양으로 만들어지기도 한다. 여기에는 장식적 목적도 있었지만 답답하게 느껴질 수 있는 건물 내부 공간을 시원스럽게 개방함으로써 자연스레 바깥 세계를 끌어들이기 위한 의도도 들어 있다. 여름날 툇마루나 대청마루의 난간 창살 사이로 살랑살랑 불어오는 시원한 미풍의 감촉도 바로 이러한 난간의 공간 미학적 특징에서 비롯된다. 선인들의 삶의 지혜와 미의식을 곳곳에서 발견할 수 있는 난간이야말로 우리 건축물의 아름다움을 잘 보여 주는 소중한 문화유산이다.

◎ 전체적인 내용을 파악하려면 항상 논리적 사고가 필요합니다. 글을 이미 읽어 봤다는 전제하에 설명하면, 앞 단락들에서는 난간의 공간 미학적 특징이 제시되었고, 마지막 단락에서는 앞의 여러 가지 효과들이 난간의 공간 미학적 특징에서 나온다고 정리합니다. 가장 마지막 문장에서 '선인들의 삶의 지혜와 미의식을 곳곳에서 발견'할 수 있다고 하여 그 의의를 밝히고 있습니다. 물론 정답과 경쟁하는 매력적인 선택지가 없기 때문에 답을 쉽게 고를 수 있기도 했습니다.

답 ③

예제 • 02 ◎ 10 수능

1 둘 이상의 기업이 자본과 조직 등을 합하여 경제적으로 단일한 지배 체제를 형성하는 것을 '기업 결합'이라고 한다. 기업은 이를 통해 효율성 증대나 비용 절감, 국제 경쟁력 강화와 같은 긍정적 효과들을 기대할 수 있다. 하지만 기업이 속한 사회에는 간혹 역기능이 나타나기도 하는데, 시장의 경쟁을 제한하거나 소비자의 이익을 침해하는 경우가 그러하다. 가령, 시장 점유율이 각각 30%와 40%인 경쟁 기업들이 결합하여 70%의 점유율을 갖게 될 경우, 경쟁이 제한되어 지위를 남용하거나 부당하게 가격을 인상할 수 있는 것이다. 이 때문에 정부는 기업 결합의 취지와 순기능을 보호하는 한편, 시장과 소비자에게 끼칠 폐해를 가려내어 이를 차단하기 위한 법적 조치들을 강구하고 있다. 하지만 기업 결합의 위법성을 섣불리 판단해서는 안 되므로 여러 단계의 심사 과정을 거치도록 하고 있다.

2 이 심사는 기업 결합의 성립 여부를 확인하는 것부터 시작한다. 여기서는 해당 기업 간에 단일 지배 관계가 형성되었는지가 관건이다. 예컨대 주식 취득을 통한 결합의 경우, 취득 기업이 피취득 기업을 경제적으로 지배할 정도의 지분을 확보하지 못하면, 결합의 성립이 인정되지 않고 심사도 종료된다.

3 반면에 결합이 성립된다면 정부는 그것이 영향을 줄 시장의 범위를 획정함으로써, 그 결합이 동일 시장 내 경쟁자 간에 이루어진 수평 결합인지, 거래 단계를 달리하는 기업 간의 수직 결합인지, 이 두 결합 형태가 아니면서 특별한 관련이 없는 기업 간의 혼합 결합인지를 규명하게 된다. 문제는 어떻게 시장을 획정할 것인지인데, 대개는 한 상품의 가격이 오른다고 가정할 때 소비자들이 이에 얼마나 민감하게 반응하여 다른 상품으로 옮겨 가는지를 기준으로 한다. 그 민감도가 높을수록 그 상품들은 서로에 대해 대체재, 즉 소비자에게 같은 효용을 줄 수 있는 상품에 가까워진다. 이 경우 생산자들이 동일 시장 내의 경쟁자일 가능성도 커진다.

4 이런 분석에 따라 시장의 범위가 정해지면, 그 결합이 시장의 경쟁을 제한하는지를 판단하게 된다. 하지만 설령 그럴 우려가 있는 것으로 판명되더라도 곧바로 위법으로 보지는 않는다. 정부가 당사자들에게 결합의 장점이나 불가피성에 관해 항변할 기회를 부여하여 그 타당성을 검토한 후에, 비로소 시정조치 부과 여부를 최종 결정하게 된다.

윗글의 취지로 가장 적절한 것은?

① 기업 결합의 성립 여부는 기업 스스로의 판단에 맡겨야 한다.
② 기업 결합으로 얻은 이익은 사회에 환원하는 것이 바람직하다.
③ 기업 결합을 통한 기업의 확장은 경제 발전에 도움이 되지 않는다.
④ 기업 활동에 대한 위법성 판단에는 소비자의 평가가 가장 중요하다.
⑤ 기업 결합의 순기능을 살리되 그에 따른 부정적 측면을 신중히 가려내야 한다.

근거 축소

⑤ 기업 결합의 순기능을 살리되 그에 따른 부정적 측면을 신중히 가려내야 한다.

1-5 이 때문에 정부는 기업 결합의 취지와 순기능을 보호하는 한편, 시장과 소비자에게 끼칠 폐해를 가려내어 이를 차단하기 위한 법적 조치들을 강구하고 있다. 하지만 기업 결합의 위법성을 섣불리 판단해서는 안 되므로 여러 단계의 심사 과정을 거치도록 하고 있다.

○ 지문에서 1이 핵심적인 단락이고, 1의 "하지만 기업 결합의 위법성을 섣불리 판단해서는 안 되므로 여러 단계의 심사 과정을 거치도록 하고 있다."를 2~4에서 펼쳐 놓은 것입니다. 다만 선택지에서 '부정적 측면을 신중히 가려내야' 되는 것을 좀 더 정확하게 판단하기 위해서 지문의 마지막을 참고할 수 있습니다.

4-2 하지만 설령 그럴 우려가 있는 것으로 판명되더라도 곧바로 위법으로 보지는 않는다.

○ 앞에서 살펴본 '섣불리 판단해서는 안 된다'는 것을, 4의 '하지만' 뒤에서 구체적으로 설명하고 있습니다. '그럴 우려'는 '시장의 경쟁 제한'이고, 이것이 기업 결합의 '부정적 측면'입니다.

답 ⑤

예제 • 03

1 디스토피아 작품의 인기 몰이가 심상치 않다. 디스토피아를 다룬 영화와 드라마가 흥행하면서 '디스토피아 작품, 전 세계를 사로잡다'와 같은 제목의 기사가 쏟아지고 있다. 사전적 정의에 따르면 디스토피아는 부정적 측면이 극단화된 암울한 미래상이다. 유토피아와 마찬가지로 현실 어디에도 존재하지 않는 세계를 뜻하지만, 긍정적 의미를 지니는 유토피아와 반대로 디스토피아는 부정적 의미를 담고 있다.

2 디스토피아 작품의 인기 현상에 대해 부정적인 관점을 지닌 사람들은 작품이 주는 불편함을 이야기한다. 디스토피아 작품에서는 어떤 형태로든 일그러지거나 붕괴된 모습으로 세계가 묘사되기 때문이다. 이와 같이 충격적으로 묘사된 자극적인 장면에 반복적으로 노출되면, 불안 심리가 가중되어 현실을 부정적으로 인식하게 되고 결국 회의주의나 절망에 빠질 수 있다고 우려한다.

3 그러나 디스토피아 작품은 현실의 문제점이 극단화되면 나타날 수 있는 세계를 통해 현실의 문제를 경계하게 하므로 디스토피아 작품의 인기 현상은 긍정적이다. 디스토피아 작품은 과학 기술의 오남용, 핵전쟁, 환경 파괴 등을 소재로, 작가가 기발한 상상력으로 구현한 디스토피아적 세계를 제시한다. 우리는 그러한 세계에 몰입함으로써 암울한 미래상이 도래해서는 안 된다는 점을 깨닫게 된다.

4 물론 디스토피아 작품의 인기 현상 때문에 자극적으로 묘사된 장면이 초래하는 문제가 부각되어 보일 수 있지만, 이러한 장면은 오히려 무감각하게 받아들이고 있는 현실의 문제점을 강렬하게 자각하도록 하는 필수적인 장치로 보아야 한다. 그리고 이는 주제 의식을 드러내는 데 효과적으로 기여한다. 가령, 디스토피아 작품의 고전이라 할 수 있는 「멋진 신세계」에서는 사람들이 과학 기술을 지나치게 신뢰하다가 오히려 이에 종속당하는 충격적인 미래상을 암울하게 그리고 있다. 하지만 이를 통해 과학 기술에 대한 맹신이 현재 우리 사회가 점검해야 할 문제라는 점을 깨닫게 한다.

5 디스토피아 작품의 메시지는 우리가 현실의 문제를 인식하여 그 문제가 극단화되지 않도록 경계하게 한다는 점에서 큰 의미가 있다. 그리고 이러한 디스토피아 작품의 인기 현상은 사회를 개선하는 계기가 될 것이므로 이를 긍정적으로 보아야 한다. 디스토피아 작품들이 인기를 얻고 있는 요즘, 디스토피아 작품을 감상하며 현실의 문제를 성찰해 보는 것은 어떨까.

〈조건〉을 반영하여 윗글의 제목을 작성한 것으로 가장 적절한 것은?

조건

◦ 디스토피아 작품의 주제 의식을 반영하여 글쓴이의 관점을 드러낼 것.
◦ 부제에서 비유적 표현을 활용할 것.

① 디스토피아란 무엇인가
　– 디스토피아 작품의 인기 현상을 진단하다

② 디스토피아, 우리 사회의 자화상
　– 디스토피아 작품에 드러난 우리의 모습

③ 말초 신경을 자극하는 디스토피아 작품
　– 묵직한 메시지를 가볍게 다루다

④ 디스토피아 작품 열풍, 더 나은 사회를 향한 열망
　– 아픈 사회를 들여다보는 거울이 되다

⑤ 어디에도 없지만, 어디에나 있는 디스토피아 세상
　– 디스토피아 작품을 통한 새로운 세상과의 대화

④ 디스토피아 작품 열풍, 더 나은 사회를 향한 열망
　– 아픈 사회를 들여다보는 거울이 되다

5 디스토피아 작품의 메시지는 우리가 현실의 문제를 인식하여 그 문제가 극단화되지 않도록 경계하게 한다는 점에서 큰 의미가 있다. 그리고 이러한 디스토피아 작품의 인기 현상은 사회를 개선하는 계기가 될 것이므로 이를 긍정적으로 보아야 한다. 디스토피아 작품들이 인기를 얻고 있는 요즘, 디스토피아 작품을 감상하며 현실의 문제를 성찰해 보는 것은 어떨까.

◎ 조건 중 '디스토피아 작품의 주제 의식을 반영하여 글쓴이의 관점을 드러낼 것'에서, '글쓴이의 관점'은 지문 마지막에 주목하면 확실하게 파악할 수 있습니다. 디스토피아 작품은 현실의 문제를 인식하고 극단화를 경계하게 한다는 점에서 사회를 개선하는 계기가 됩니다. 이러한 내용이 적절히 반영된 것이 '더 나은 사회를 향한 열망'이라 할 수 있습니다. 또한 조건에서 부제에는 비유적 표현을 활용하라고 하였는데 '아픈 사회'나 '거울'이라는 말에 그러한 표현이 드러납니다.

답 ④

003 반론

원리 이해

반론 등을 물어보는 문제는 사실 예전 교육과정에서 자주 출제되었습니다. 최근에는 많이 출제되지 않고 있지만 한 번씩 3점짜리 문제로 출제되는 것을 확인할 수 있습니다. 고득점을 위해서 충분히 대비해 놓아야 하는 유형입니다.

반면 어려운 3점짜리 문제가 아니라 화법 등에서 이른바 '청중의 반박' 문제가 나오는 경우도 있습니다. 이 경우는 화법 문제의 특징에 맞추어 생각해야 합니다.

아래와 같이 두 가지로 나누어 생각해 봅시다.

① 독서 등에서 출제되는 어려운 반론 문제

어떤 주장에 대해서 반론을 하려면 무엇을 먼저 해야 할까요? ⓐ **우선 그 주장을 찾아야 한다.** ⓑ **주장의 핵심적인 부분을 파악해야 한다.** ⓒ **핵심적인 부분을 반대로 꼬아 본다.**

예를 들어 생각해 봅시다. '노력하면 무조건 성공한다.'라는 주장에 대한 적절한 반론은 '노력하지 않아도 성공한다.'라는 것이 아니라, '노력해도 성공하지 못할 수 있다.'라는 것입니다. 왜 그럴까요? 이 주장의 핵심적인 부분은 '무조건 성공한다.'는 100%의 확신입니다. 그런데 세상에 그런 일은 많지 않겠죠. 따라서 그 핵심을 반대로 꼬아 보면 성공하지 못할 수 있다는 반박이 가능한 것입니다. 여기에서 '노력하면 무조건 성공한다.'는 주장은 '노력하지 않아도 성공한다.'는 말과는 공생할 수 있는 가능성이 있지만, 반론과는 함께 존재할 수 없습니다.

반면 주장의 형태가 '노력해야만 성공한다.'라면 어떨까요? 여기서 핵심적인 부분은 '노력해야만'이라는 단정적인 요건입니다. 따라서 '노력하지 않아도 성공한다.'는 서술이 적절한 반박이 될 수 있습니다. 앞에서와 마찬가지로 여기 두 서술 역시 함께 존재할 수 없습니다. 어떤 공식의 형태로 기억하는 것이 아니라 반론의 대상인 주장에서 무엇이 핵심인지 파악하는 것이 가장 중요합니다.

수능 문제는 아니지만, 잠시 후 **예제 01**을 통해 다시 한번 이해해 보도록 합시다.

② 화법에서 출제되는 청중의 반박 문제

화법에서 출제되는 청중의 반박 문제는 '비판적 듣기'와 연관되어 있습니다. 비판적 듣기는 '근거'를 정확하게 제시하였는지, 또한 그 연결이 적절한지 판단하는 것입니다. 따라서 위에서 제시한 논리 구조에 따르는 것이 아니라, 우선 청중이 어떤 점을 근거로 반박하는지 찾아보고, 일치/불일치의 방식으로 그 근거가 지문 내용과 맞는지 확인할 수 있어야 합니다.

이해의 암기

예제 · 01

와슨(Wason)의 카드 선택 과제(Wason, 1966)

- 한 면에는 알파벳이, 다른 면에는 숫자가 있는 카드가 있다.
- 다음과 같은 규칙을 검증하려 한다. "만약 카드의 한 면에 모음이 있으면 다른 면에는 짝수가 있다."
- 아래의 카드 네 개 중에서 어느 카드를 뒤집어 보아야 하는가?

E와 7을 뒤집어야 합니다. 왜냐하면 E는 모음이라서 그 뒤를 확인해서 홀수가 있다면 주어진 규칙이 거짓이라고 입증할 수 있기 때문이고, 7을 뒤집었는데 그 뒤에 모음이 있다면 역시 모음 뒤에 짝수가 있다는 규칙에 대한 반례가 될 수 있기 때문입니다. 실상 4의 뒤에는 자음이 있어도 됩니다. 자음 뒤에는 짝수가 오지 말라는 법은 없기 때문입니다. K도 마찬가지죠. 그럼 이제 수능에서 다루어지는 반론 예제를 풀어 보도록 합시다.

예제 · 02

11 6월 평가원모의

1 광고에서 소비자의 눈길을 확실하게 사로잡을 수 있는 요소는 유명인 모델이다. 일부 유명인들은 여러 상품의 광고에 중복하여 출연하고 있는데, 이는 광고계에서 관행으로 되어 있고, 소비자들도 이를 당연하게 여기고 있다. 그러나 유명인의 중복 출연은 과연 높은 광고 효과를 보장할 수 있을까? 유명인이 중복 출연하는 광고의 효과를 점검해 볼 필요가 있다.

2 어떤 모델이든지 상품의 특성에 적합한 이미지를 갖는 인물이어야 광고 효과가 제대로 나타날 수 있다. 예를 들어, 자동차, 카메라, 공기 청정기, 치약과 같은 상품의 경우에는 자체의 성능이나 효능이 중요하므로 대체로 전문성과 신뢰성을 갖춘 모델이 적합하다. 이와 달리 상품이 주는 감성적인 느낌이 중요한 보석, 초콜릿, 여행 등과 같은 상품은 매력성과 친근성을 갖춘 모델이 잘 어울린다. 그런데 유명인이 그들의 이미지에 상관없이 여러 유형의 상품 광고에 출연하면 모델의 이미지와 상품의 특성이 어울리지 않는 경우가 많아 광고 효과가 나타나지 않을 수 있다.

3 유명인의 중복 출연이 소비자가 모델을 상품과 연결시켜 기억하기 어렵게 한다는 점도 광고 효과에 부정적인 영향을 미친다. 유명인의 이미지가 여러 상품으로 분산되면 광고 모델과 상품 간의 결합력이 약해질 것이다. 이는 유명인 광고 모델의 긍정적인 이미지를 광고 상품에 전이하여 얻을 수 있는 광고 효과를 기대하기 어렵게 만든다.

4 또한 유명인의 중복 출연 광고는 광고 메시지에 대한 신뢰를 얻기 힘들다. 유명인 광고 모델이 여러 광고에 중복하여 출연하면, 그 모델이 경제적인 이익만을 추구한다는 이미지가 소비자에게 강하게 각인된다. 그러면 소비자들은 유명인 광고 모델의 진실성을 의심하게 되어 광고 메시지가 객관성을 결여하고 있다고 생각하게 될 것이다.

5 유명인 모델의 광고 효과를 높이기 위해서는 유명인이 자신과 잘 어울리는 한 상품의 광고에만 지속적으로 나오는 것이 좋다. 이렇게 할 경우 상품의 인지도가 높아지고, 상품을 기억하기 쉬워지며, 광고 메시지에 대한 신뢰도가 제고된다. 유명인의 유명세가 상품에 전이되고 소비자가 유명인이 진실하다고 믿게 되기 때문이다.

6 여러 광고에 중복 출연하는 유명인이 많아질수록 외견상으로는 중복 출연이 광고 매출을 증대시켜 광고 산업이 활성화되는 것으로 보일 수 있다. 하지만 모델의 중복 출연으로 광고 효과가 제대로 나타나지 않으면 광고비가 과다 지출되어 결국 광고주와 소비자의 경제적인 부담으로 이어진다. 유명인을 비롯한 광고 모델의 적절한 선정이 요구되는 이유가 여기에 있다.

윗글의 핵심 주장에 대한 반론의 근거로 가장 적절한 것은?

① 신문, 잡지, 텔레비전 등 광고를 전달하는 매체가 광고하는 상품의 특성에 적합해야 광고 효과가 극대화된다는 연구 결과가 있다.

② 유명인을 등장시킨 광고의 효과가 기대 이하여서 광고 횟수를 지속적으로 늘렸으나 광고 효과의 상승으로 이어지지 않은 사례가 있다.

③ 유명인 광고 모델이 현실에서의 비리나 추문으로 부정적인 이미지를 갖게 되면 광고하는 상품의 매출에도 영향을 미치는 사례가 있다.

④ 광고를 많이 하는 특정 상품에 대해 유명인 모델이 등장하는 광고와 일반인 모델이 등장하는 광고를 동시에 할 경우 광고의 효과가 커졌다는 사례가 있다.

⑤ 특정 상품과 관련하여 유명인이 등장하는 광고를 자주 하면, 그 유명인이 등장하는 다른 상품들의 광고는 상대적으로 광고 횟수가 적어도 효과는 커진다는 연구 결과가 있다.

윗글의 핵심 주장에 대한 반론의 근거로 가장 적절한 것은?

핵심 주장에 대한 반론의 근거를 찾는 것이기 때문에 우선 핵심 주장을 이해하고 우리가 배운 논리적인 사고를 통해서 반론의 근거를 찾을 수 있어야 되겠습니다. 핵심 주장을 찾는 법은 이미 우리가 '글의 제목, 표제와 부제, 핵심 내용의 이해'에서 배운 그대로입니다. 글의 뒷부분에서 핵심 주장을 찾을 수 있습니다.

5 유명인 모델의 광고 효과를 높이기 위해서는 유명인이 자신과 잘 어울리는 한 상품의 광고에만 지속적으로 나오는 것이 좋다. 이렇게 할 경우 상품의 인지도가 높아지고, 상품을 기억하기 쉬워지며, 광고 메시지에 대한 신뢰도가 제고된다. 유명인의 유명세가 상품에 전이되고 소비자가 유명인이 진실하다고 믿게 되기 때문이다.

6 여러 광고에 중복 출연하는 유명인이 많아질수록 외견상으로는 중복 출연이 광고 매출을 증대시켜 광고 산업이 활성화되는 것으로 보일 수 있다. 하지만 모델의 중복 출연으

로 광고 효과가 제대로 나타나지 않으면 광고비가 과다 지출되어 결국 광고주와 소비자의 경제적인 부담으로 이어진다. 유명인을 비롯한 광고 모델의 적절한 선정이 요구되는 이유가 여기에 있다.

◎ 핵심 주장을 좀 더 간단하게 정리해 보면, '유명인은 한 상품의 광고에만 지속적으로 출연해야 한다.'입니다. 즉, 유명인은 여러 상품의 광고에 중복해서 출연하지 않아야 한다는 말인데, 왜냐하면 모델의 중복 출연은 광고 효과가 제대로 나타나지 않기 때문이라고 했습니다.

◎ 한 상품만 광고해야 → 광고 효과 높다.

◎ 중복 출연하면 → 광고 효과 낮다.

이 주장에 대한 적절한 반론은 선택지를 확인하지 않고도 생각할 수 있습니다.

◎ 한 상품만 광고하지 않아도 & 중복 출연해도 → 광고 효과가 높을 수 있다.

결국 선택지 ⑤'특정 상품과 관련하여 유명인이 등장하는 광고를 자주 하면, 그 유명인이 등장하는 다른 상품들의 광고는 상대적으로 광고 횟수가 적어도 효과는 커진다는 연구 결과가 있다.'가 바로 이것과 연결됩니다. 이러한 반례가 있으면 앞의 주장은 깨지게 되는 것입니다. 따라서 답은 ⑤입니다. **답 ⑤**

예제 · 03 ◎ 16 수능 B형

[연설 의뢰서]

저는 20××년 세계 □□ 사이클 대회 A시 유치 위원회 위원장입니다. 지난 대회 우승자인 ○○○ 선수께 개최지 결선 투표를 위한 지지 연설을 부탁드리고자 합니다. 투표단은 대부분 사이클에 애정을 지닌 선수 출신들로, 전문 지식을 갖추고 있으며 개최지가 대회 취지에 잘 부합하는지를 중시한다는 점을 고려해 주시기 바랍니다.

[연설]

1 여러분, 안녕하세요? 사이클 선수 ○○○ 입니다. 새로운 역사를 만드는 자리에 섰다고 생각하니 무척 설렙니다.

2 여러분도 아시다시피 세계 □□ 사이클 대회의 취지는 전 세계적으로 사이클을 활성화하는 데 있습니다. 하지만 그동안 개최된 마흔두 번의 대회 중 사이클 강국인 유럽과 북미가 아닌 곳에서 개최된 적은 단 두 번뿐이었습니다. 우리 A시는 사이클 비인기 지역인 아시아의 도시이고 경쟁 도시는 유럽의 도시입니다. 흔히 사이클 비인기 지역의 도시가 대회를 개최하는 것이 대회의 취지를 실현하는 데 부적합하다고 합니다. 하지만 달리 생각해 보면 대회를 통해 사이클에 대한 A시의 시민들, 나아가 아시아 각국 시민들의 관심을 증폭할 수 있으므로 사이클 활성화에 기여할 수 있습니다.

3 우리는 개최지로서 좋은 여건을 갖췄습니다. 사이클에 대한 시민들의 관심이 높아지고 있고 사이클 인구도 빠르게 늘어나고 있습니다. 경쟁 도시는 시민의 지지가 낮지만 우리는 90퍼센트가 넘는 시민의 합의를 이끌어 냈고 정부도 재정 지원을 약속했습니다. 사이클 전용 경기장에 비해 도로 경기장이 노후화됐다는 우려도 있지만, 선수로 출전해 본 제 경험에 비추어 볼 때 A시의 도로 경기장은 천혜의 자연조건을 갖추고 있어 정비만 하면 최적의 경기장이 될 것이라 자신합니다.

4 이미 많은 분들이 인정하신 것처럼 우리는 각종 국제 대회를 성공리에 개최하여 전 세계인의 찬

사를 받은 바 있습니다. 이러한 경험은 이번 대회도 충분히 잘 치를 수 있는 능력이 있다는 사실을 뒷받침하는 것입니다.

5 우리는 그동안 사이클 회원국과의 친선을 도모하고 사이클 활성화에 앞장서면서 세계 사이클 협회와의 약속을 지켜 왔습니다. 이전 대회의 유치에는 성공하지 못했지만, 세계 우호 증진에 힘쓰겠다는 당시의 공약대로 사이클 전용 경기장이 없는 해외 도시들의 청소년을 초청하여 지도하는 프로그램을 운영해 왔습니다. 개최지로 확정되면 이러한 신뢰를 바탕으로 대회 준비에 매진하겠습니다.

6 여러분처럼 저도 사이클을 사랑합니다. 여러분과 마찬가지로 사이클 없는 제 삶은 상상할 수 없습니다. 이제 제 꿈은 A시에서 열리는 대회에 전 세계 젊은이들이 참가하는 모습을 보는 것입니다. 이것은 A시 모든 시민들의 꿈이기도 합니다. 이 꿈이 꼭 실현될 수 있도록 지지를 부탁드립니다. 감사합니다.

A시의 경쟁 도시를 지지하는 청중이 위 연설을 반박한 내용으로 가장 적절한 것은?

① A시의 경쟁 도시 시민의 지지가 낮다고 한 것은 근거를 제시하지 않았으므로 타당하지 않습니다.

② A시가 국제 대회 개최 경험이 많다고 한 것은 성공 여부를 밝히지 않았으므로 높은 점수를 줄 수 없습니다.

③ 정부의 지원 여부를 밝히지 않고 지지를 호소한 것은 재원 마련에 대한 확신을 주지 못하므로 신뢰할 수 없습니다.

④ 해외 청소년 대상 사이클 프로그램 운영에 대해 언급한 것은 사이클 활성화의 사례가 되므로 A시의 지지자를 늘리는 결과를 가져올 것입니다.

⑤ A시에서 사이클이 비인기 종목이라고 언급한 것은 대회 개최에 대한 주민들의 무관심을 보여 주므로 A시가 자격이 없음을 증명하는 것입니다.

3 우리는 개최지로서 좋은 여건을 갖췄습니다. 사이클에 대한 시민들의 관심이 높아지고 있고 사이클 인구도 빠르게 늘어나고 있습니다. 경쟁 도시는 시민의 지지가 낮지만 우리는 90퍼센트가 넘는 시민의 합의를 이끌어 냈고 정부도 재정 지원을 약속했습니다. 사이클 전용 경기장에 비해 도로 경기장이 노후화됐다는 우려도 있지만, 선수로 출전해 본 제 경험에 비추어 볼 때 A시의 도로 경기장은 천혜의 자연조건을 갖추고 있어 정비만 하면 최적의 경기장이 될 것이라 자신합니다.

◎ 반박 논리에 따라 문제에 접근하는 것이 아니라, 선택지 진술이 지문에 근거하는 정확한 것인지 일치/불일치 관점에서 검토하면 됩니다.

정답은 ①이 됩니다. 왜냐하면 [연설]에서 "경쟁 도시는 시민의 지지가 낮지만 우리는 90퍼센트가 넘는 시민의 합의를 이끌어 냈고 정부도 재정 지원을 약속했습니다."라고 별다른 근거 없이 언급했는데, ①에서 경쟁 도시는 시민의 지지가 낮다는 진술이 근거가 없어 타당하지 않다고 지적했기 때문입니다.

이외 오답을 검토하면, ② 4-1의 "이미 많은 분들이 인정하신 것처럼 우리는 각종 국제 대회를 성공리에 개최하여 전 세계인의 찬사를 받은 바 있습니다."라는 언급을 통해 확인할 수 있는 내용입니다. ③ 3-3의 "경쟁 도시는 시민의 지지가 낮지만 우리는 90퍼센트가 넘는 시민의 합의를 이끌어 냈고 정부도 재정 지원을 약속했습니다."라는 언급을 통해 확인할 수 있는 내용입니다. ④ 경쟁 도시를 지지하는 청중이 연설을 반박하는 것인데, A시를 유리하게 하는 것은 적절한 반박이 되지 못합니다. ⑤ 3-3에서 '90퍼센트가 넘는 시민의 합의'를 이끌어 냈다고 언급했기 때문에, 주민들이 대회 개최에 무관심하다는 반박은 적절하지 않습니다. 2-5에서 "사이클에 대한 A시의 시민들, 나아가 아시아 각국 시민들의 관심을 증폭할 수 있으므로 사이클 활성화에 기여할 수 있습니다."를 제시했다 하여 이를 근거로 사용할 수는 없습니다. 왜냐하면 청중의 반박은 '주민의 무관심'을 그 근거로 하고 있기 때문에, 이에 한정되어 [연설]에서 이를 언급하는지 찾아봐야 하기 때문입니다. **답 ①**

예제 · 04 ○ 00 수능

1 루소의 사상은 인간이 자연 상태에서는 선하고 자유롭고 행복했으나, 사회와 문명이 들어서면서 악해지고 자유를 상실하고 불행해졌다는 전제에서 출발한다. 그는 〈에밀〉의 첫머리에서 이렇게 말하고 있다.

2 이 세상 만물은 조물주의 손에서 나올 때는 선하지만, 인간의 손에 와서 타락한다. 인간은 어떤 땅에다 다른 땅에서 나는 산물을 재배하려 드는가 하면, 어떤 나무에 다른 나무의 열매를 열리게 하려고 애를 쓴다. 인간은 기후·환경·계절을 뒤섞어 놓기도 한다. 무엇 하나 자연이 만들어 놓은 상태 그대로 두지 않는다.

3 루소에 의하면, 자연 상태에서 인간은 필요한 만큼의 욕구가 충족되면 그 이상 아무것도 취하지 않았으며, 타인에게 해악을 끼치지도 않았다. 심지어 타인에게 도움을 주려는 본능적인 심성까지 지니고 있었다. 그러나 인지(認知)가 깨어나면서 인간의 욕망은 필요로 하는 것 이상으로 확대되었다. 이 이기적인 욕망 때문에 사유 재산 제도가 형성되고, 그 결과 불평등한 사회가 등장하게 되었다. 즉 이기적 욕망으로 인해 인간은 타락하게 되었고, 사회는 인간 사이의 대립과 갈등으로 가득 차게 되었다.

4 이러한 인간과 사회의 병폐에 대한 처방을 내리기 위해 쓰여진 것이 〈에밀〉로서, 그 처방은 한마디로 인간에게 잃어버린 자연을 되찾아 주는 것이다. 즉 인간에게 자연 상태의 원초의 무구(無垢)함을 되돌려 주어, 선하고 자유롭고 행복하게 살 수 있는 사회를 만들게 하는 것이다. 루소는 이것이 교육을 통해서 가능하다고 보았다.

5 그 교육의 실체는 가공(架空)의 어린이 '에밀'이 루소가 기획한 교육 프로그램에 따라 이상적인 인간으로 성장해 가는 과정을 통해 엿볼 수 있다. ㉠이 교육은 자연 상태의 인간이 본래의 천진무구함을 유지하면서 정신적·육체적으로 스스로를 도야해 가는 과정을 따르는 것을 원리로 삼는다. 그래서 지식은 실제 생활에 필요한 정도만 배우게 하고, 심신의 발달 과정에 따라 어린이가 직접 관찰하거나 자유롭게 능동적인 경험을 하도록 하는 것이다. 그럼으로써 자유로우면서도 정직과 미덕을 가진 도덕적 인간으로 성장해 나갈 수 있게 된다. 이것은 자연 상태의 인간을 중시하는 그의 인간관이 그대로 반영된 것이다.

6 루소의 자연으로 돌아가자는 주장은 공허한 외침으로 들리기도 한다. 루소가 말하는 자연으로 돌아가기에는 이미 인류의 역사가 너무 많이 진행되었기 때문이다. 그러나 인간이 본래 무구한 존재

라고 본 그의 인간관과 인간 사이의 유대를 도모하고 평등을 실천할 수 있는 인간상을 추구했던 그의 이상은 인간을 탐욕의 노예로 몰고 가는 오늘날에 더욱 빛을 발한다.

㉠에 제시된 교육 방법에 대해 반박하는 내용으로 가장 적절한 것은?

① 아는 것이 병이라는 말처럼, 쓸데없는 것을 너무 많이 알게 되면 해롭지 않을까?

② 매를 아끼면 아이를 버린다는 말도 있듯이, 아이들을 제멋대로 내버려 두면 버릇이 나빠지지 않겠어?

③ 세 살 버릇 여든까지 간다는 말도 있듯이, 어려서 이루어진 성격은 평생을 좌우하지 않을까?

④ 서당 개 삼 년이면 풍월을 읊는다는 말처럼, 아이들에게는 무엇보다 교육 환경이 중요한 것이 아닐까?

⑤ 하나를 배우면 열을 아는 아이도 있는데, 뛰어난 아이들에 대해서는 별도의 교육을 시켜야 하지 않을까?

㉠에 제시된 교육 방법에 대해 반박하는 내용으로 가장 적절한 것은?

◎ ㉠에 제시된 교육 방법에 대해 치밀하게 분석해서 그 논리의 구조를 파악할 수 있어야겠습니다.

5-2 ㉠ 이 교육은 자연 상태의 인간이 본래의 천진무구함을 유지하면서 정신적·육체적으로 스스로를 도야해 가는 과정을 따르는 것을 원리로 삼는다. 그래서 지식은 실제 생활에 필요한 정도만 배우게 하고, 심신의 발달 과정에 따라 어린이가 직접 관찰하거나 자유롭게 능동적인 경험을 하도록 하는 것이다. 그럼으로써 자유로우면서도 정직과 미덕을 가진 도덕적 인간으로 성장해 나갈 수 있게 된다. 이것은 자연 상태의 인간을 중시하는 그의 인간관이 그대로 반영된 것이다.

◎ ㉠에 제시된 교육 방법은, 지식은 최소로 배우게 하고 스스로 경험하며 배우는 것을 중시하는 방식이라고 정리할 수 있습니다. 그럼으로써 정직과 미덕을 가진 도덕적 인간으로 성장해 나갈 수 있다는 주장입니다. 좀 더 간단하게 생각해 봅시다.

◉ 지식 최소 주입 & 스스로 경험 → 정직과 미덕 가진 도덕적 인간

선택지를 미리 검토하지 않고도 이 논리에 대한 반론을 생각해 볼 수 있습니다. 자, 이 논리를 반박하려면 어떤 반론이 필요할까요? 지식을 최소로 주입하고 스스로 경험에 의해 배우도록 하면, 제대로 성장할 수 없다거나 또는 도덕적 인간이 아니라 비도덕적 인간이 된다는 정도의 논리를 생각할 수 있습니다. 혹시 '열심히 지식을 주입해도 도덕적 인간이 될 수 있다.' 정도가 적절한 반론이 아니겠느냐고 생각한 학생이 있다면, 앞에서 공부한 와슨(Wason)의 카드 선택 과제의 논리를 아직 이해하지 못한 것입니다. 열심히 지식을 주입해도 도덕적 인간이 될 수 있다는 주장은 위의 주장과 함께 존재할 수 있습니다. 적절한 반론이라면 반론의 대상이 되는 주장과 함께 존재할 수 없어야 합니다.

답은 정확히 선택지 ②'매를 아끼면 아이를 버린다는 말도 있듯이, 아이들을 제멋대로 내버려 두면 버릇이 나빠지지 않겠어?'가 됩니다.

답 ②

Day 07

이해의 암기 : 정답이 보이는 **수능 기출 코드 4~5**

기출문제에 자주 등장하는 '조건 분석 → 근거 축소'의 몇 가지 유형을 암기하기 좋은 형태로 정리했습니다. 물론 수학 공식처럼 외우면 안 되고 반복적인 연습을 통해서 저절로 외워지도록 해야 합니다. 정말 외우겠다고 책상 앞에 붙여 놓거나 하지 맙시다. 제발!

004 추론적 사고

원리 이해

최근 수능 시험을 확인하면, 정답률이 높지 않은 문제라도 그 문제 자체가 어렵다기보다는 자칫 놓칠 수 있는 지문 내용에 대해 물어보았고, 학생들이 이런 부분을 까다롭게 느꼈다는 점을 알 수 있었습니다. 다만 계속해서 같은 방식으로 어려운 문제를 출제하리라 예상할 수는 없습니다. 공부하는 과정에서는 지금까지 수능에 출제되었던 어려운 문제들을 공부하고, 유사한 방식으로 문제가 구성된다면 잘 풀 수 있도록 준비해야 하겠습니다.

이번 단원은 앞에서 공부했던 '추론적 사고'를 정확하게 연습하자는 목적에서 마련했습니다. 어려운 문제(3점 문제 등)는 대부분 이 단원에서 연습한 방식으로 해결됩니다.

문제풀이의 핵심은 '무엇'을 지문에서 찾아야 하는지 정하는 것입니다. 문제를 푸는 관건이 되는 '무엇'을 어디에서 어떻게 확정할지 판단한 다음 이를 지문에서 효율적으로 확인할 수 있어야 합니다. 여러 번 반복하여 정확하게 이해하고 관련 문제들을 다룰 수 있어야 합니다.

대표적인 추론적 사고 문제 유형은 선택지나 〈보기〉에서 주어지는 어떤 상황을 설명하기 위해서 지문을 이용하는 경우입니다. 앞에서는 이를 '변환 과정'이라 설명했습니다.

이를 해결하기 위해서는 우선 문제에 주어진 상황을 파악해야 합니다. 대표적으로 발문에서 '지문을 통해 〈보기〉를 해석'한다든지 '지문을 통해서 〈보기〉를 이해한 것'을 고르는 유형이 있습니다. 이러한 문제는 선택지와 〈보기〉가 긴밀하게 연관됩니다. 주로 선택지의 설명이 지문에 근거하지 않을 때 적절하지 않은 설명이 됩니다.

다음 그림을 통해서 좀 더 확실하게 이해해 봅시다.

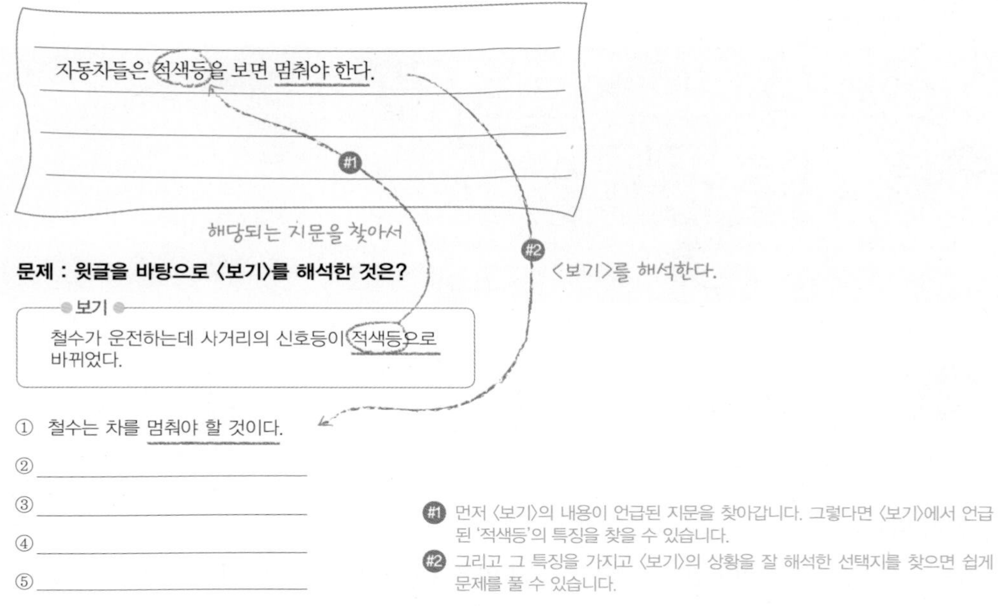

이러한 패턴을 다루면서 가장 주의해야 할 점은 '무엇'을 지문에서 찾아볼 것인지 선택하는 것입니다. 위에서는 '적색등'이 '무엇'에 해당합니다. '무엇'이 정해지면 그다음에는 지문에서 그 '무엇'을 찾아 읽어 보게 되는데, 이때 항상 '무엇'의 주변을 주의해야 합니다. 주변에 있는 표현들 하나하나를 선택지와 맞춰 볼 수 있어야 합니다. 물론 이 과정에서도 확실한 지문 독해가 되면 '무엇'을 어느 정도 범위에서 찾아볼지 판단할 수 있습니다. 특정 단락만 찾아볼 것인지, 아니면 지문 전체적으로 찾아볼 것인지 판단할 수 있어야 하겠습니다.

이해의 암기

예제 · 01

◎ 16 9월 평가원모의 B형

1 '왜?'라는 질문에 대한 답으로 제시되는 '설명'이 무엇인지를 분명히 하고자 과학철학에서는 여러 가지 설명 이론을 제시해 왔다.

2 처음으로 체계적인 설명 이론을 제시한 헴펠에 따르면 설명은 몇 가지 요건을 충족하는 논증이어야 한다. 기본적으로 논증은 전제로부터 결론이 논리적으로 도출되는 형식을 띤다. 따라서 설명을 하는 부분인 설명항은 전제에 해당하며 설명되어야 하는 부분인 피설명항은 결론에 해당한다. 헴펠에 따르면 설명은 세 가지 조건을 모두 충족해야 한다. 첫째, 설명항에는 '모든 사람은 죽는다.'처럼 보편 법칙 또는 보편 법칙의 역할을 하는 명제가 하나 이상 있어야 한다. 둘째, 보편 법칙이 구체적으로 적용되는 맥락을 나타내는 '소크라테스는 사람이다.'와 같은 선행 조건이 설명항에 하나 이상 있어야 한다. 셋째, 피설명항은 설명항으로부터 '건전한 논증'을 통해 도출되어야 한다. 이때 건전한 논증은 '논

증의 전제가 모두 참'이라는 조건과 '논증의 전제가 모두 참이라면 결론도 반드시 참'이라는 조건을 모두 만족하는 논증이다. 이처럼 헴펠의 설명 이론은 피설명항이 보편 법칙의 개별 사례로서 마땅히 일어날 만한 일이었음을 보여 주기 위한 설명의 요건을 제시했다는 점에서 의의가 있다.

3 하지만 헴펠의 설명 이론은 설명에 대한 우리의 일상적 직관, 즉 경험적으로 파악할 수 없는 추상적 문제에 대해 대부분의 사람들이 공유하는 상식적 판단과 충돌하기도 하는 문제가 있다. 먼저 일상적 직관에 따르면 설명으로 인정되지만, 헴펠에 따르면 설명이 아니라고 판단해야 하는 경우가 있다. 또 일상적 직관에 따르면 설명이 되지 못하지만, 헴펠에 따르면 설명으로 분류해야 하는 경우가 있다. 이는 헴펠의 이론이 설명을 몇 가지 요건을 충족하는 논증으로 국한했기 때문에 이들 요건을 충족하는 논증이기만 하면 모두 설명으로 인정해야 하는 동시에, 그렇지 않으면 모두 설명에서 배제해야 하는 데서 비롯된 것이다.

4 헴펠과 달리 샐먼은 설명이 논증은 아니라고 판단하여 인과 개념에 주목했다. 피설명항을 결과로 보고 이를 일으키는 원인을 밝히는 것이 설명이라는 샐먼의 인과적 설명 이론은 헴펠의 이론보다 우리의 일상적 직관에 더 부합한다는 장점이 있다. 하지만 어떤 설명 이론이라도 인과 개념을 도입하는 순간 원인과 결과 사이의 관계가 분명하지 않다는 철학적 문제를 해결해야 한다. 왜냐하면 결과를 일으키는 원인은 무수히 많고 연쇄적으로 서로 얽혀 있기 때문이다. 예를 들어 소크라테스가 죽게 된 원인은 독을 마신 것이지만, 독을 마시게 된 원인은 사형 선고를 받은 것이고, 사형 선고를 받게 된 원인도 여러 가지를 떠올릴 수 있다. 이에 결과를 일으킨 원인을 골라내는 문제는 결국 원인과 결과가 시공간적으로 어떻게 연결되는가에 대한 철학적 분석을 필요로 한다. 그것이 없다면, 설명을 인과로 이해하려는 시도는 설명이라는 불명료한 개념을 인과라는 또 하나의 불명료한 개념으로 대체하는 것에 불과할 수 있기 때문이다. 이에 현대 철학자들은 현대 과학의 성과를 반영하는 철학적 탐구를 통해 새로운 설명 이론을 제시하기 위한 고민을 계속하고 있다.

〈보기〉의 [물음]에 대해 헴펠의 이론에 따라 [설명]을 한다고 할 때, (가)~(다)에 들어갈 [명제]를 바르게 고른 것은?

보기

[물음] 평면거울 A에 대한 광선 B의 반사각은 왜 30°일까?

[설명]

설명항 ┌ 보편 법칙 : (가)
　　　 └ 선행 조건 : (나)

피설명항 : (다)

[명제]

ㄱ. A는 광선을 잘 반사하는 평면거울이다.
ㄴ. 평면거울 A에 대한 광선 B의 입사각은 30°이다.
ㄷ. 평면거울 A에 대한 광선 B의 반사각은 30°이다.
ㄹ. 광선을 반사하는 평면에 대한 광선의 반사각은 입사각과 같다.

	(가)	(나)	(다)
①	ㄱ, ㄴ	ㄷ	ㄹ
②	ㄱ, ㄹ	ㄴ	ㄷ
③	ㄴ, ㄷ	ㄱ	ㄹ
④	ㄹ	ㄱ, ㄴ	ㄷ
⑤	ㄹ	ㄱ, ㄷ	ㄴ

〈보기〉의 [물음]에 대해 / 헴펠의 이론에 따라 [설명]을 한다고 할 때, / (가)~(다)에 들어갈 [명제]를 바르게 고른 것은?

◎ 여기서 눈여겨봐야 할 것은 무엇입니까? 〈보기〉의 물음, '설명'과 관련한 헴펠의 이론(2)입니다. 이런 부분이 근거 범위가 될 것이라는 점을 확인할 수 있습니다.

결국 이 문제는 〈보기〉의 빈칸을 채우는 것입니다. 빈칸이 어떤 맥락에서 나왔는지 파악하려면, 빈칸이 어떤 분류 아래 있는지 확인해야 합니다.

| 〈보기〉 |

설명항 ┌ 보편 법칙 : (가)
　　　 └ 선행 조건 : (나)
피설명항 : (다)

(가)는 '보편 법칙', (나)는 '선행 조건', (다)는 '피설명항'에 각각 해당하는 것을 확인할 수 있습니다. 가령 (나)에 무엇이 들어갈지 파악하는 것은, '선행 조건'이 무엇인지 정확하게 찾아보는 것에서부터 시작해야 합니다. 이 과정이 바로 문제를 푸는 과정입니다.

발문에서 '헴펠의 이론에 따라 [설명]을 한다'라고 하였습니다. 따라서 이에 해당하는 2 에서 '선행 조건'을 찾을 수 있습니다.

2-6 둘째, 보편 법칙이 구체적으로 적용되는 맥락을 나타내는 '소크라테스는 사람이다.'와 같은 선행 조건이 설명항에 하나 이상 있어야 한다.

이에 따르면 '선행 조건'은 '보편 법칙이 구체적으로 적용되는 맥락'입니다. 〈보기〉의 명제 ㄱ~ㄹ 중 '구체적으로 적용된다'는 것에 적합한 것은 무엇일까요? 〈보기〉에 제시된 구체적인 사례 'A', 'B'와 같은 경우를 말합니다. ㄱ~ㄷ 중 이에 해당하는 것을 찾는 행동이 바로 이 문제를 푸는 것입니다.

같은 방식으로 나머지를 검토하면, '보편 법칙'은 "첫째, 설명항에는 '모든 사람은 죽는다.'처럼 보편 법칙 또는 보편 법칙의 역할을 하는 명제가 하나 이상 있어야 한다."에서 찾을 수 있습니다. 앞서 살펴본 선행 조건과의 맥락에서 이는 구체적으로 특정되지 않은 법칙을 제시하는 것임을 알 수 있습니다. 이에 해당하는 것은 〈보기〉의 [명제] 중 ㄹ. '광선을 반사하는 평면에 대한 광선의 반사각은 입사각과 같다.'입니다.

'피설명항'은 지문에서 "설명되어야 하는 부분인 피설명항은 결론에 해당한다."라고 합니다. 설명되어야 하는 것은 〈보기〉의 [물음]에서 도출할 수 있습니다. '평면거울 A에 대한 광선 B의 반사각은 왜 30°일까?'라는 물음이 바로 그것입니다. 이를 결론 형태로 바꾼 ㄷ'평면거울 A에 대한 광선 B의 반사각은 30°이다.'가 이에 해당합니다.

어려운 문제가 아닙니다. 이 문제를 푸는 핵심은 '보편 법칙', '선행 조건', '피설명항'을 지문에서 찾아야겠다고 생각하는 것입니다. 그 생각을 얼마나 빨리 하는지가 이 문제를 얼마나 빨리 풀 수 있는지 결정하는 것입니다. **답 ④**

다음 문제는 몇 년 전 수능에서 많은 이들이 어렵다고 한 '슈퍼문' 문제입니다. 그러나 방금 다룬 문제와 핵심적인 풀이 방향은 같습니다. '무엇'을 지문에서 찾아보느냐가 바로 문제풀이의 관건이 됩니다. 그 점에 주목하여 문제를 다뤄 보기 바랍니다.

15 수능 B형

예제 • 02

1 우리는 가끔 평소보다 큰 보름달인 '슈퍼문(supermoon)'을 보게 된다. 실제 달의 크기는 일정한데 이러한 현상이 발생하는 까닭은 무엇일까? 이 현상은 달의 공전 궤도가 타원 궤도라는 점과 관련이 있다.

2 타원은 두 개의 초점이 있고 두 초점으로부터의 거리를 합한 값이 일정한 점들의 집합이다. 두 초점이 가까울수록 원 모양에 가까워진다. 타원에서 두 초점을 지나는 긴지름을 가리켜 장축이라 하는데, 두 초점 사이의 거리를 장축의 길이로 나눈 값을 이심률이라 한다. 두 초점이 가까울수록 이심률은 작아진다.

3 달은 지구를 한 초점으로 하면서 이심률이 약 0.055인 타원 궤도를 돌고 있다. 이 궤도의 장축 상에서 지구로부터 가장 먼 지점을 '원지점', 가장 가까운 지점을 '근지점'이라 한다. 지구에서 보름달은 약 29.5일 주기로 세 천체가 '태양－지구－달'의 순서로 배열될 때 볼 수 있는데, 이때 보름달이 근지점이나 그 근처에 위치하면 슈퍼문이 관측된다. 슈퍼문은 보름달 중 크기가 가장 작게 보이는 것보다 14% 정도 크게 보인다. 이는 지구에서 본 달의 겉보기 지름이 달라졌기 때문이다. 지구에서 본 천체의 겉보기 지름을 각도로 나타낸 것을 각지름이라 하는데, 관측되는 천체까지의 거리가 가까워지면 각지름이 커진다. 예를 들어, 달과 태양의 경우 평균적인 각지름은 각각 0.5° 정도이다.

4 지구의 공전 궤도에서도 이와 같은 현상이 나타난다. 지구 역시 태양을 한 초점으로 하는 타원 궤도로 공전하고 있으므로, 궤도 상의 지구의 위치에 따라 태양과의 거리가 다르다. 달과 마찬가지로 지구도 공전 궤도의 장축 상에서 태양으로부터 가장 먼 지점과 가장 가까운 지점을 갖는데, 이를 각각 원일점과 근일점이라 한다. 지구와 태양 사이의 이러한 거리 차이에 따라 일식 현상이 다르게 나타난

다. 세 천체가 '태양－달－지구'의 순서로 늘어서고, 달이 태양을 가릴 수 있는 특정한 위치에 있을 때, 일식 현상이 일어난다. 이때 달이 근지점이나 그 근처에 위치하면 대부분의 경우 태양 면의 전체 면적이 달에 의해 완전히 가려지는 개기 일식이 관측된다. 하지만 일식이 일어나는 같은 조건에서 달이 원지점이나 그 근처에 위치하면 대부분의 경우 태양 면이 달에 의해 완전히 가려지지 않아 태양 면의 가장자리가 빛나는 고리처럼 보이는 금환 일식이 관측될 수 있다.

5 이러한 원일점, 근일점, 원지점, 근지점의 위치는 태양, 행성 등 다른 천체들의 인력에 의해 영향을 받아 미세하게 변한다. 현재 지구 공전 궤도의 이심률은 약 0.017인데, 일정한 주기로 이심률이 변한다. 천체의 다른 조건들을 고려하지 않을 때 지구 공전 궤도의 이심률만이 현재보다 더 작아지면 근일점은 현재보다 더 멀어지며 원일점은 현재보다 더 가까워지게 된다. 이는 달의 공전 궤도 상에 있는 근지점과 원지점도 마찬가지이다. 천체의 다른 조건들을 고려하지 않을 때 천체의 공전 궤도의 이심률만이 현재보다 커지면 반대의 현상이 일어난다.

윗글을 바탕으로 할 때, 〈보기〉의 ㉠에 들어갈 말로 가장 적절한 것은?

보기

북반구의 A 지점에서는 약 12시간 25분 주기로 해수면이 높아졌다 낮아졌다 하는 현상이 관측된다. 이 현상에서 해수면이 가장 높은 때와 가장 낮은 때의 해수면의 높이 차이를 '조차'라고 한다. 이 조차에 영향을 미치는 한 요인이 지구와 달, 지구와 태양 사이의 '거리'인데, 그 거리가 가까울수록 조차가 커진다. 지구와 태양 사이의 거리가 조차에 미치는 영향만을 고려하면, 조차는 북반구의 겨울인 1월에 가장 크고 7월에 가장 작다.

천체의 다른 모든 조건들은 고정되어 있고, 다만 지구 공전 궤도의 이심률과 지구와 달, 지구와 태양 사이의 거리만이 조차에 영향을 준다고 가정하자. 이 경우에 (㉠)

① 지구 공전 궤도의 이심률에 변화가 없다면, 1월에 슈퍼문이 관측되었을 때보다 7월에 슈퍼문이 관측되었을 때, A 지점에서의 조차가 더 크다.
② 지구 공전 궤도의 이심률에 변화가 없다면, 보름달이 관측된 1월에 달이 근지점에 있을 때보다 원지점에 있을 때, A 지점에서의 조차가 더 크다.
③ 지구 공전 궤도의 이심률에 변화가 없다면, 7월에 슈퍼문이 관측될 때보다 7월에 원지점에 위치한 보름달이 관측될 때, A 지점에서의 조차가 더 크다.
④ 지구 공전 궤도의 이심률만이 더 커지면, 달이 근지점에 있을 때 A 지점에서 1월에 나타나는 조차가 이심률 변화 전의 1월의 조차보다 더 커진다.
⑤ 지구 공전 궤도의 이심률만이 더 커지면, 달이 원지점에 있을 때 A 지점에서 7월에 나타나는 조차가 이심률 변화 전의 7월의 조차보다 더 커진다.

조건 분석

윗글을 바탕으로 할 때, 〈보기〉의 ㉠에 들어갈 말로 가장 적절한 것은?

◎ 지문의 정보를 바탕으로 〈보기〉를 해석하는 유형에 해당합니다. '이심률'이니 '지구와 달 사이 거리'니 하는 것은 지문에 주어진 정보입니다.
다만, '조차'는 지문에 직접 제시된 정보는 아닙니다. 따라서 '조차'가 어떤 것인지는 〈보기〉를 통해 파악해야 합니다. 이후 지문에서 언급한 내용들과 '조차' 사이에 어떤 관계가 있는지 분석할 수 있어야 합니다. 문제를 보며 '무엇'을 지문에서 찾을지 판단할 수 있어야 합니다.

근거 축소

④ 지구 공전 궤도의 이심률만이 더 커지면, 달이 근지점에 있을 때 A 지점에서 1월에 나타나는 조차가 이심률 변화 전의 1월의 조차보다 더 커진다.

'지구 공전 궤도의 이심률만이 더 커진다'는 것은 어떤 의미일까요? 이것을 지문에서 찾아보는 것이 바로 이번 문제 풀이의 관건입니다. 앞에서 '선행 조건'을 지문에서 찾아보는 것과 동일한 사고 과정인 것입니다. 얼마나 빠르게 이를 찾아보느냐가 바로 문제 푸는 시간을 좌우하는 것입니다.

5-2 현재 지구 공전 궤도의 이심률은 약 0.017인데, 일정한 주기로 이심률이 변한다. 천체의 다른 조건들을 고려하지 않을 때 지구 공전 궤도의 이심률만이 현재보다 더 작아지면(작아질 때 어떤 효과가 일어나는지 다음의 내용들을 눈여겨봅시다.) 근일점은 현재보다 더 멀어지며 원일점은 현재보다 더 가까워지게 된다. 이는 달의 공전 궤도 상에 있는 근지점과 원지점도 마찬가지이다. 천체의 다른 조건들을 고려하지 않을 때 천체의 공전 궤도의 이심률만이 현재보다 커지면 반대의 현상이 일어난다.(반대가 되면 현상도 반대가 됩니다.)

◎ 지구 공전 궤도의 이심률만이 더 커진다는 것은, 근일점이 현재보다 더 가까워지며 원일점은 현재보다 더 멀어진다는 의미입니다. 이 내용을 찾는 것이 바로 문제를 푸는 핵심입니다.

〈보기〉의 '조차'와 지문은 어떤 관계를 가지고 있나요?

| 〈보기〉 | 이 조차에 영향을 미치는 한 요인이 지구와 달, 지구와 태양 사이의 '거리'인데, 그 거리가 가까울수록 조차가 커진다.(지구와 달 사이 거리, 지구와 태양 사이 거리가 조차에 영향을 주는데, 그 거리가 가까울수록 조차가 커집니다.)

3-2 …… 가장 가까운 지점을 '근지점'이라 한다. 지구에서 보름달은 약 29.5일 주기로 세 천체가 '태양 – 지구 – 달'의 순서로 배열될 때 볼 수 있는데, 이때 보름달이 근지점이나 그 근처에 위치하면 슈퍼문이 관측된다.(지구와 달 사이 가장 가까우면 '근지점')

4-3 달과 마찬가지로 지구도 공전 궤도의 장축 상에서 태양으로부터 가장 먼 지점과 가장 가까운 지점을 갖는데, 이를 각각 원일점과 근일점이라 한다.(지구와 태양 사이 가장 가까우면 '근일점')

|〈보기〉| 지구와 태양 사이의 거리가 조차에 미치는 영향만을 고려하면, 조차는 북반구의 겨울인 1월에 가장 크고 7월에 가장 작다.(A 지점에서 지구와 태양 사이가 가장 가까운 것은 1월이라는 결론에 이르게 됩니다. 그런데 지구와 달 사이 거리도 영향을 미치게 되면 조차가 어떻게 될지는 출제자도 모릅니다. 가령 1월의 원지점과 7월의 근지점에서 조차 크기 비교는 이 지문의 내용만으로 알 수 없습니다. 그래서 일단 다른 값은 고정되고 지구-태양 사이의 거리 영향만을 고려한 서술이 되어 있는 것입니다.)

그리고 빈칸 부분의 내용을 끌어내려면 빈칸 근처를 봐야 합니다.(항상 주변에 힌트가 있습니다.)

|〈보기〉| 천체의 다른 모든 조건들은 고정되어 있고, 다만 지구 공전 궤도의 이심률과 지구와 달, 지구와 태양 사이의 거리만이 조차에 영향을 준다고 가정하자.(그러니까 이심률, 지구와 달 사이 거리, 지구와 태양 사이의 거리만 조건이 됩니다. 조건은 이 3개만 신경씁니다.) 이 경우에 (㉠)

그렇다면 선택지에서 '지구 공전 궤도의 이심률만이 더 커진다는 것'이 무슨 뜻인지 지문에서 찾으면!(바로 이 문제의 관건) '근일점이 더 가까워지는 것'을 의미하는 것이고, 선택지에서 또한 '달이 근지점에 있을 때'라고 하니 달과 지구 사이는 가장 가까운 상태에서 태양과의 사이가 더 가까워져서 조차가 더 커지는 것입니다.

그러면 이제 결론을 지어 봅시다. 앞서 언급한 세 가지 조건 중 '지구와 달 사이의 거리'는 근지점으로 고정되어 있으므로, '이심률'과 '이심률에 따른 지구 공전 궤도의 변화'만 고려하면 됩니다. 이심률이 커진 후 1월의 근일점에서, 이심률 변화 이전보다 지구와 태양 사이 거리가 더욱 가까워지게 됩니다. 따라서 이심률이 변하기 전 1월 A 지점의 조차보다, 이심률이 커진 후 1월 A 지점의 조차가 더 크다는 결론을 얻을 수 있습니다.

물론 이 문제를 설명하기 위해서 타원도 그려 보고, 우주과학 강사라도 된 것처럼 지구도 그리고 달도 그리고 하면 더 이해가 쉬울 수는 있는데 시험장에서 그렇게 할 수는 없습니다.

좀 더 심화해서 한 번 생각해 볼까요? '달이 근지점에 있을 때'라는 것은 대체 무슨 의미일까요? 이는 '지구와 태양 사이의 거리가 조차에 미치는 영향만을 고려하면'이라는 〈보기〉의 조건을 맞춰 주기 위한 서술입니다. 왜냐하면 지구와 달 사이 거리를 근지점 조건에 맞춰서 고정해 버리면, 지구와 태양 사이 거리에 따라서 '조차'의 크기가 어떻게 바뀌는지 상대적인 비교가 가능하기 때문입니다.(만약 지구와 달 사이 거리가 같이 변화하면 어찌 될지 모르는 일입니다.) 선택지 ⑤에서 '달이 원지점에 있을 때'라고 조건을 달아 주는 것도 같은 이유입니다.

분명 〈보기〉에서 '지구와 태양 사이의 거리가 조차에 미치는 영향만을 고려하면, 조차는 북반구의 겨울인 1월에 가장 크고 7월에 가장 작다.'라고 하였습니다. '지구－태양 사이의 거리 영향만'이라고 하였고, 따라서 조건 3개가 모두 움직여 버리면 어떤 결과가 나올지 출제자도 알 수 없기 때문에 선택지들에서는 조건들 일부를 고정시켜서 물어보고 있습니다.

조금 더 심화해 보겠습니다. 정답의 '달이 근지점에 있을 때'라는 조건은 '달이 원지점에 있을 때'로 바꿔도 아무 상관이 없습니다. 왜 그럴까요? 이유는 위에 다 있으니 스스로 한 번 생각해 보세요. 분명 다른 해설들은 이 조건을 간과한 것이 많을 것입니다.

① 지구 공전 궤도의 이심률에 변화가 없다면, 1월에 슈퍼문이 관측되었을 때보다 7월에 슈퍼문이 관측되었을 때, A 지점에서의 조차가 더 크다.

◎ 지구 공전 궤도의 이심률에 변화가 없으면 근일점, 원일점의 거리 정도는 〈보기〉의 정도와 같습니다. 그렇다면 슈퍼문 이야기를 하는 것은 1월, 7월 모두 근지점이라는 것이고 그 말은 지구와 달 사이가 가장 가까울 때로 고정된다는 이야기입니다. 그러면 이심률과 지구와 달 사이 거리는 고정되어 있으니까 지구와 태양 사이 거리에만 영향을 받겠죠? 그런데 이심률이 같아서 〈보기〉와 달라진 점이 없이 그대로니까 그냥 그대로 1월의 조차가 더 큽니다.

② 지구 공전 궤도의 이심률에 변화가 없다면, 보름달이 관측된 1월에 달이 근지점에 있을 때보다 원지점에 있을 때, A 지점에서의 조차가 더 크다.

◎ 이번에는 지구와 달 사이 거리 조건을 조정하는 것입니다. 이심률은 그대로니까 지구와 태양 사이의 거리 조건은 〈보기〉에서 변함이 없습니다. 그리고 1월로 고정하니까 7월에 지구와 태양 사이 거리가 멀어지는 것은 신경 쓰지 않아도 됩니다. 달이 근지점에 있을 때 달과 지구 사이 거리가 가까우니 조차가 더 커야 합니다.

③ 지구 공전 궤도의 이심률에 변화가 없다면, 7월에 슈퍼문이 관측될 때보다 7월에 원지점에 위치한 보름달이 관측될 때, A 지점에서의 조차가 더 크다.

◎ 앞과 같이 달 조건만 변화시키는 것입니다. 슈퍼문은 근지점이니까 근지점에서 거리가 가까우니 조차가 더 커야 합니다.

⑤ 지구 공전 궤도의 이심률만이 더 커지면, 달이 원지점에 있을 때 A 지점에서 7월에 나타나는 조차가 이심률 변화 전의 7월의 조차보다 더 커진다.

◎ 앞에서 논의했던 것과 같이, 지구 공전 궤도의 이심률이 더 커지면 원일점은 더 멀어지게 됩니다. 그렇다면 지구와 태양 사이가 더 멀어지게 되니 조차는 더 작아지게 됩니다.

답 ④

*** 다시 한번 문제를 검토해 봅시다.**

예제01과 예제02는 결국 같은 방식으로 풀리게 됩니다. 예제01에서는 결국 '보편 법칙', '선행 조건', '피설명항'을 지문에서 찾는 것이, 예제02에서는 '지구 공전 궤도의 이심률만이 더 커지면'이라는 말이 무슨 뜻인지 지문에서 찾아보는 것이 핵심입니다.
이를 간략하게 도식화하여 설명하면 다음과 같습니다.

예제01

따라서 설명을 하는 부분인 설명항은 전제에 해당하며 설명되어야 하는 부분인 피설명항은 결론에 해당한다. 헴펠에 따르면 설명은 세 가지 조건을 모두 충족해야 한다. 첫째, 설명항에는 '모든 사람은 죽는다.'처럼 보편 법칙 또는 보편 법칙의 역할을 하는 명제가 하나 이상 있어야 한다. 둘째, 보편 법칙이 구체적으로 적용되는 맥락을 나타내는 '소크라테스는 사람이다.'와 같은 선행 조건이 설명항에 하나 이상 있어야 한다. 셋째, 피설명항은 설명항으로부터 '건전한 논증'을 통해 도출되어야 한다.

보기

설명항 ┌ 보편 법칙 : (가)
　　　 └ 선행 조건 : (나)

푸는 방법이 동일!

예제02

이러한 원일점, 근일점, 원지점, 근지점의 위치는 태양, 행성 등 다른 천체들의 인력에 의해 영향을 받아 미세하게 변한다. 현재 지구 공전 궤도의 이심률은 약 0.017인데, 일정한 주기로 이심률이 변한다. 천체의 다른 조건들을 고려하지 않을 때 지구 공전 궤도의 이심률만이 현재보다 더 작아지면 근일점은 현재보다 더 멀어지며 원일점은 현재보다 더 가까워지게 된다. 이는 달의 공전 궤도 상에 있는 근지점과 원지점도 마찬가지이다. 천체의 다른 조건들을 고려하지 않을 때 천체의 공전 궤도의 이심률만이 현재보다 커지면 반대의 현상이 일어난다.

④ 지구 공전 궤도의 이심률만이 더 커지면, 달이 근지점에 있을 때 A 지점에서 1월에 나타나는 조차가 이심률 변화 전의 1월의 조차보다 더 커진다.

이를 앞에서 설명한 188쪽의 그림과 비교해 보세요. 결국 동일한 방식으로 두 문제를 해결할 수 있습니다. 중요한 것은 여러분이 이를 정확하게 느끼는 것입니다.

예제 • 03

20 수능

1 국제법에서 일반적으로 조약은 국가나 국제기구들이 그들 사이에 지켜야 할 구체적인 권리와 의무를 명시적으로 합의하여 창출하는 규범이며, 국제 관습법은 조약 체결과 관계없이 국제 사회 일반이 받아들여 지키고 있는 보편적인 규범이다. 반면에 경제 관련 국제기구에서 어떤 결정을 하였을 경우, 이 결정 사항 자체는 권고적 효력만 있을 뿐 법적 구속력은 없는 것이 일반적이다. 그런데 국제 결제은행 산하의 바젤위원회가 결정한 BIS 비율 규제와 같은 것들이 비회원의 국가에서도 엄격히 준수되는 모습을 종종 보게 된다. 이처럼 일종의 규범적 성격이 나타나는 현실을 어떻게 이해할지에 대한 논의가 있다. 이는 위반에 대한 제재를 통해 국제법의 효력을 확보하는 데 주안점을 두는 일반적 경향을 되돌아보게 한다. 곧 신뢰가 형성하는 구속력에 주목하는 것이다.

2 BIS 비율은 은행의 재무 건전성을 유지하는 데 필요한 최소한의 자기자본 비율을 설정하여 궁극적으로 예금자와 금융 시스템을 보호하기 위해 바젤위원회에서 도입한 것이다. 바젤위원회에서는 BIS 비율이 적어도 규제 비율인 8%는 되어야 한다는 기준을 제시하였다. 이에 대한 식은 다음과 같다.

$$\text{BIS 비율(\%)} = \frac{\text{자기자본}}{\text{위험가중자산}} \times 100 \geq 8(\%)$$

여기서 자기자본은 은행의 기본자본, 보완자본 및 단기후순위채무의 합으로, 위험가중자산은 보유 자산에 각 자산의 신용 위험에 대한 위험 가중치를 곱한 값들의 합으로 구하였다. 위험 가중치는 자산 유형별 신용 위험을 반영하는 것인데, OECD 국가의 국채는 0%, 회사채는 100%가 획일적으로 부여되었다. 이후 금융 자산의 가격 변동에 따른 시장 위험도 반영해야 한다는 요구가 커지자, 바젤위원회는 위험가중자산을 신용 위험에 따른 부분과 시장 위험에 따른 부분의 합으로 새로 정의하여 BIS 비율을 산출하도록 하였다. 신용 위험의 경우와 달리 시장 위험의 측정 방식은 감독 기관의 승인하에 은행의 선택에 따라 사용할 수 있게 하여 '바젤Ⅰ' 협약이 1996년에 완성되었다.

3 금융 혁신의 진전으로 '바젤Ⅰ' 협약의 한계가 드러나자 2004년에 '바젤 Ⅱ' 협약이 도입되었다. 여기에서 BIS 비율의 위험가중자산은 신용 위험에 대한 위험 가중치에 자산의 유형과 신용도를 모두 고려하도록 수정되었다. 신용 위험의 측정 방식은 표준 모형이나 내부 모형 가운데 하나를 은행이 이용할 수 있게 되었다. 표준 모형에서는 OECD 국가의 국채는 0%에서 150%까지, 회사채는 20%에서 150%까지 위험 가중치를 구분하여 신용도가 높을수록 낮게 부과한다. 예를 들어 실제 보유한 회사채가 100억 원인데 신용 위험 가중치가 20%라면 위험가중자산에서 그 회사채는 20억 원으로 계산된다. 내부 모형은 은행이 선택한 위험 측정 방식을 감독 기관의 승인하에 그 은행이 사용할 수 있도록 하는 것이다. 또한 감독 기관은 필요시 위험가중자산에 대한 자기자본의 최저 비율이 규제 비율을 초과하도록 자국 은행에 요구할 수 있게 함으로써 자기자본의 경직된 기준을 보완하고자 했다.

4 최근에는 '바젤 Ⅲ' 협약이 발표되면서 자기자본에서 단기후순위채무가 제외되었다. 또한 위험가중자산에 대한 기본자본의 비율이 최소 6%가 되게 보완하여 자기자본의 손실 복원력을 강화하였다. 이처럼 새롭게 발표되는 바젤 협약은 이전 협약에 들어 있는 관련 기준을 개정하는 효과가 있다.

5 바젤 협약은 우리나라를 비롯한 수많은 국가에서 채택하여 제도화하고 있다. 현재 바젤위원회에는 28개국의 금융 당국들이 회원으로 가입되어 있으며, 우리 금융 당국은 2009년에 가입하였다. 하지만 우리나라는 가입하기 훨씬 전부터 BIS 비율을 도입하여 시행하였으며, 현행 법제에도 이것이 반영되어 있다. 바젤 기준을 따름으로써 은행이 믿을 만하다는 징표를 국제 금융 시장에 보여 주어야 했던 것이다. 재무 건전성을 의심받는 은행은 국제 금융 시장에 자리를 잡지 못하거나, 심하면 아예 발을 들이지 못할 수도 있다.

6 바젤위원회에서는 은행 감독 기준을 협의하여 제정한다. 그 헌장에서는 회원들에게 바젤 기준을 자국에 도입할 의무를 부과한다. 하지만 바젤위원회가 초국가적 감독 권한이 없으며 그의 결정도 법적 구속력이 없다는 것 또한 밝히고 있다. 바젤 기준은 100개가 넘는 국가가 채택하여 따른다. 이는 국제기구의 결정에 형식적으로 구속을 받지 않는 국가에서까지 자발적으로 받아들여 시행하고 있다는 것인데, 이런 현실을 말랑말랑한 법(soft law)의 모습이라 설명하기도 한다. 이때 조약이나 국제 관습법은 그에 대비하여 딱딱한 법(hard law)이라 부르게 된다. 바젤 기준도 장래에 딱딱하게 응고될지 모른다.

윗글을 참고할 때, 〈보기〉에 대한 반응으로 적절하지 않은 것은?

보기

갑 은행이 어느 해 말에 발표한 자기자본 및 위험가중자산은 아래 표와 같다. 갑 은행은 OECD 국가의 국채와 회사채만을 자산으로 보유했으며, 바젤 Ⅱ 협약의 표준 모형에 따라 BIS 비율을 산출하여 공시하였다. 이때 회사채에 반영된 위험 가중치는 50%이다. 그 이외의 자본 및 자산은 모두 무시한다.

항목	자기자본		
	기본자본	보완자본	단기후순위채무
금액	50억 원	20억 원	40억 원

항목	위험 가중치를 반영하여 산출한 위험가중자산		
	신용 위험에 따른 위험가중자산		시장 위험에 따른 위험가중자산
	국채	회사채	
금액	300억 원	300억 원	400억 원

① 갑 은행이 공시한 BIS 비율은 바젤위원회가 제시한 규제 비율을 상회하겠군.

② 갑 은행이 보유 중인 회사채의 위험 가중치가 20%였다면 BIS 비율은 공시된 비율보다 높았겠군.

③ 갑 은행이 보유 중인 국채의 실제 규모가 회사채의 실제 규모보다 컸다면 위험 가중치는 국채가 회사채보다 낮았겠군.

④ 갑 은행이 바젤Ⅰ 협약의 기준으로 신용 위험에 따른 위험가중자산을 산출한다면 회사채는 600억 원이 되겠군.

⑤ 갑 은행이 위험가중자산의 변동 없이 보완자본을 10억 원 증액한다면 바젤Ⅲ 협약에서 보완된 기준을 충족할 수 있겠군.

조건 분석

윗글을 참고할 때, / 〈보기〉에 대한 반응으로 / 적절하지 않은 것은?

문제 유형은 전형적으로 많이 출제되는 방식입니다. 각 선택지에서 사용하는 용어들을 지문에서 찾아보고 〈보기〉를 맞게 해석했는지 판단하면 됩니다.

① 갑 은행이 공시한 BIS 비율은 바젤위원회가 제시한 규제 비율을 상회하겠군.

〈보기〉의 값을 가지고 BIS 비율을 구해야 합니다. 2 에서 BIS 비율은 위험가중자산 대비 자기자본 비율임을 알 수 있습니다. 〈보기〉의 위험가중자산을 전부 더하면 1,000억 원이고 자기자본은 110억 원입니다. 11%의 비율이라는 점을 알 수 있는데 이는 8%를 상회하니까 옳은 서술입니다.

② 갑 은행이 보유 중인 회사채의 위험 가중치가 20%였다면 BIS 비율은 공시된 비율보다 높았겠군.

◎ 〈보기〉에서 "이때 회사채에 반영된 위험 가중치는 50%"라고 알려 줍니다. 또한 300억 원은 "위험 가중치를 반영하여 산출한 위험가중자산"임을 알 수 있습니다. 위험 가중치를 반영하는 건 어떻게 하는 거였죠? 3 에서 "예를 들어 실제 보유한 회사채가 100억 원인데 신용 위험 가중치가 20%라면 위험가중자산에서 그 회사채는 20억 원으로 계산된다."라고 알려 줍니다. 즉, 액수에 위험 가중치를 곱하면 됩니다. 그러면 〈보기〉의 300억 원은 50%를 곱해서 나온 결과이니 원래는 600억 원이 되겠죠. 여기에 20%를 곱하면 300억 원보다 적어지니까 당연히 BIS 비율은 공시된 비율보다 높아졌으리라 생각할 수 있습니다(분모가 작아지니까).

③ 갑 은행이 보유 중인 국채의 실제 규모가 회사채의 실제 규모보다 컸다면 위험 가중치는 국채가 회사채보다 낮았겠군.

◎ 회사채의 실제 규모는 600억 원이었습니다. 그런데 50%를 곱해서 300억 원으로 계산되었죠. 국채도 300억 원으로 계산되었는데 국채에 대한 위험 가중치는 얼마인지 나와 있지 않습니다. 가령 국채의 실제 규모가 1,000억 원이라고 생각해 봅시다. 그러면 위험 가중치 30%를 곱했을 때 300억 원이 됩니다. 국채의 위험 가중치가 회사채보다 낮아야 국채의 실제 규모가 회사채의 실제 규모보다 커질 수 있습니다.

④ 갑 은행이 바젤 I 협약의 기준으로 신용 위험에 따른 위험가중자산을 산출한다면 회사채는 600억 원이 되겠군.

◎ 바젤I 협약을 설명한 2 를 찾아봐야 합니다. "위험 가중치는 자산 유형별 신용 위험을 반영하는 것인데, OECD 국가의 국채는 0%, 회사채는 100%가 획일적으로 부여되었다."를 찾아볼 수 있죠. 〈보기〉에 대입해 보면, 국채는 0%니까 0원이고 회사채는 100%니까 600억 원입니다. 원래 600억 원이라고 앞에서 구했던 걸 생각해 보면 됩니다.

⑤ 갑 은행이 위험가중자산의 변동 없이 보완자본을 10억 원 증액한다면 바젤 Ⅲ 협약에서 보완된 기준을 충족할 수 있겠군.

◎ 바젤Ⅲ 협약 기준으로 〈보기〉를 해석할 수 있어야 합니다. 일단 "자기자본에서 단기후순위채무가 제외"되었고 "위험가중자산에 대한 기본자본의 비율이 최소 6%"라고 하였습니다. 〈보기〉에서 자기자본은, 단기후순위채무를 제외하면 70억 원이 되니까 BIS 비율이 7%가 됩니다. 보완자본을 10억 원 증액하면 총 80억 원이 돼서 BIS 비율은 8%가 됩니다. 그러나 위험가중자산에 대한 기본자본의 비율이 6%가 되어야 하는데, 기본자본은 50억 원으로 동일하므로 1,000억 원 대비 5%에 그쳐서 바젤Ⅲ 협약 기준을 충족할 수 없습니다. 틀린 서술이므로 답이 됩니다. **답 ⑤**

이 문제가 2020학년도 수능에서 가장 어려웠던 문제라고 합니다. 그런데 앞에서 다뤘던 문제에 비하면 그리 어려운 문제는 아니었죠?

예제 • 04 ◎ 16 수능 A형

1 광통신은 빛을 이용하기 때문에 정보의 전달은 매우 빠를 수 있지만, 광통신 케이블의 길이가 증가함에 따라 빛의 세기가 감소하기 때문에 원거리 통신의 경우 수신되는 광신호는 매우 약해질 수 있다. 빛은 광자의 흐름이므로 빛의 세기가 약하다는 것은 단위 시간당 수신기에 도달하는 광자의 수가 적다는 뜻이다. 따라서 광통신에서는 적어진 수의 광자를 검출하는 장치가 필수적이며, 약한 광신호를 측정이 가능한 크기의 전기 신호로 변환해 주는 반도체 소자로서 애벌랜치 광다이오드가 널리 사용되고 있다.

2 애벌랜치 광다이오드는 크게 흡수층, 애벌랜치 영역, 전극으로 구성되어 있다. 흡수층에 충분한 에너지를 가진 광자가 입사되면 전자(−)와 양공(+) 쌍이 생성될 수 있다. 이때 입사되는 광자 수 대비

생성되는 전자－양공 쌍의 개수를 양자 효율이라 부른다. 소자의 특성과 입사광의 파장에 따라 결정되는 양자 효율은 애벌랜치 광다이오드의 성능에 영향을 미치는 중요한 요소 중 하나이다.

3 흡수층에서 생성된 전자와 양공은 각각 양의 전극과 음의 전극으로 이동하며, 이 과정에서 전자는 애벌랜치 영역을 지나게 된다. 이곳에는 소자의 전극에 걸린 역방향 전압으로 인해 강한 전기장이 존재하는데, 이 전기장은 역방향 전압이 클수록 커진다. 이 영역에서 전자는 강한 전기장 때문에 급격히 가속되어 큰 속도를 갖게 된다. 이후 충분한 속도를 얻게 된 전자는 애벌랜치 영역의 반도체 물질을 구성하는 원자들과 충돌하여 속도가 줄어들며 새로운 전자－양공 쌍을 만드는데, 이 현상을 충돌 이온화라 부른다. 새롭게 생성된 전자와 기존의 전자가 같은 원리로 전극에 도달할 때까지 애벌랜치 영역에서 다시 가속되어 충돌 이온화를 반복적으로 일으킨다. 그 결과 전자의 수가 크게 늘어나는 것을 '애벌랜치 증배'라고 부르며 전자의 수가 늘어나는 정도, 즉 애벌랜치 영역으로 유입된 전자당 전극으로 방출되는 전자의 수를 증배 계수라고 한다. 증배 계수는 애벌랜치 영역의 전기장의 크기가 클수록, 작동 온도가 낮을수록 커진다. 전류의 크기는 단위 시간당 흐르는 전자의 수에 비례한다. 이러한 일련의 과정을 거쳐 광신호의 세기는 전류의 크기로 변환된다.

4 한편 애벌랜치 광다이오드는 흡수층과 애벌랜치 영역을 구성하는 반도체 물질에 따라 검출이 가능한 빛의 파장 대역이 다르다. 예를 들어 실리콘은 300~1,100nm*, 저마늄은 800~1,600nm 파장 대역의 빛을 검출하는 것이 가능하다. 현재 다양한 사용자의 요구와 필요를 만족시키기 위해 여러 종류의 애벌랜치 광다이오드가 제작되어 사용되고 있다.

* nm : 나노미터. 10억 분의 1미터.

윗글을 바탕으로 〈보기〉의 '본 실험' 결과를 예측한 것으로 적절하지 않은 것은?

보기

- 예비 실험 : 일정한 세기를 가지는 800nm 파장의 빛을 길이가 1m인 광통신 케이블의 한쪽 끝에 입사시키고, 다른 쪽 끝에 실리콘으로 만든 애벌랜치 광다이오드를 설치하여 전류를 측정하였다. 이때 100nA의 전류가 측정되었고 증배 계수는 40이었다. 작동 온도는 0℃, 역방향 전압은 110V였다. 제품 설명서에 따르면 750~1,000nm 파장 대역에서는 파장이 커짐에 따라 양자 효율이 작아진다.
- 본 실험 : 동일한 애벌랜치 광다이오드를 가지고 작동 조건을 하나씩 달리하며 성능을 시험한다. 이때 나머지 작동 조건은 예비 실험과 동일하게 유지한다.

① 역방향 전압을 100V로 바꾼다면 증배 계수는 40보다 작아지겠군.

② 역방향 전압을 120V로 바꾼다면 더 약한 빛을 검출하는 데 유리하겠군.

③ 작동 온도를 20℃로 바꾼다면 단위 시간당 전극으로 방출되는 전자의 수가 늘어나겠군.

④ 광통신 케이블의 길이를 100m로 바꾼다면, 측정되는 전류는 100nA보다 작아지겠군.

⑤ 동일한 세기를 가지는 900nm 파장의 빛이 입사된다면 측정되는 전류는 100nA보다 작아지겠군.

조건
분석

윗글을 바탕으로 / 〈보기〉의 '본 실험' 결과를 예측한 것으로 / 적절하지 않은 것은?

◎ 〈보기〉와 선택지를 검토하여 '무엇'을 지문에서 찾을지 확인해야 합니다. 선택지에 나온 내용 중 일부를 지문에서 확인하여 양자가 동일하게 서술되어 있는지 비교합니다.

근거
축소

① 역방향 전압을 100V로 바꾼다면 증배 계수는 40보다 작아지겠군.

3-2 이곳에는 소자의 전극에 걸린 역방향 전압으로 인해 강한 전기장이 존재하는데, 이 전기장은 역방향 전압이 클수록 커진다.

3-7 증배 계수는 애벌랜치 영역의 전기장의 크기가 클수록, 작동 온도가 낮을수록 커진다.

◎ 예비 실험보다 역방향 전압이 낮아지는 점에 주목합니다. 역방향 전압 크기와 증배 계수와의 관계를 지문에서 찾아봅니다. 3-2 와 3-7 에서 확인할 수 있듯이 역방향 전압이 낮아지면 전기장이 작아지고, 증배 계수도 작아지게 됩니다.

② 역방향 전압을 120V로 바꾼다면 더 약한 빛을 검출하는 데 유리하겠군.

1-3 따라서 광통신에서는 적어진 수의 광자를 검출하는 장치가 필수적이며, 약한 광신호를 측정이 가능한 크기의 전기 신호로 변환해 주는 반도체 소자로서 애벌랜치 광다이오드가 널리 사용되고 있다.

3-6 …… 즉 애벌랜치 영역으로 유입된 전자당 전극으로 방출되는 전자의 수를 증배계수라고 한다.

◎ 예비 실험보다 역방향 전압을 높이는 경우 더 약한 빛을 검출하는 데 유리한 것인지 지문에서 찾아봅니다. 1-3 에서 보듯 애벌랜치 광다이오드의 역할은 약한 광신호를 측정 가능하게 만들어 주는 것인데, 선택지와 같이 역방향 전압이 예비 실험보다 올라가면, 증배 계수가 커지게 됩니다(앞 선택지 ① 설명 참고). 또한 3-6 에서 증배 계수와 관련한 부분을 찾을 수 있는데, 증배 계수가 커진다는 것은 유입된 전자당 전극으로 방출되는 전자의 수가 많아진 것입니다. 따라서 더 약한 빛을 검출하는 데 유리합니다.

④ 광통신 케이블의 길이를 100m로 바꾼다면, 측정되는 전류는 100nA보다 작아지겠군.

1-1 광통신은 빛을 이용하기 때문에 정보의 전달은 매우 빠를 수 있지만, 광통신 케이블의 길이가 증가함에 따라 빛의 세기가 감소하기 때문에 원거리 통신의 경우 수신되는 광신호는 매우 약해질 수 있다.

◎ 예비 실험보다 광통신 케이블의 길이를 늘린 경우 전류가 작아지는지 지문에서 확인해야 합니다. 1-1 에서 보듯 ④는 적절한 진술입니다.

⑤ 동일한 세기를 가지는 900nm 파장의 빛이 입사된다면 측정되는 전류는 100nA보다 작아지겠군.

3-8 전류의 크기는 단위 시간당 흐르는 전자의 수에 비례한다.

◎ 〈보기〉에서 '제품 설명서에 따르면 750~1,000nm 파장 대역에서는 파장이 커짐에 따라 양자 효율이 작아진다.'라고 하였습니다. 그렇다면 지문에 따라 입사되는 광자 수 대비 생성되는 전자-양공 쌍의 개수가 적어지게 됩니다. 따라서 흡수층에서 기존보다 적은 입력이 있게 되면 전류도 기존보다 작아지게 됩니다.

③ 작동 온도를 20℃로 바꾼다면 단위 시간당 전극으로 방출되는 전자의 수가 늘어나겠군.

3-7 증배 계수는 애벌랜치 영역의 전기장의 크기가 클수록, 작동 온도가 낮을수록 커진다.

3-6 …… 즉 애벌랜치 영역으로 유입된 전자당 전극으로 방출되는 전자의 수를 증배 계수라고 한다.

◎ 예비 실험보다 작동 온도를 높인 것입니다. 작동 온도를 높이면 전자의 수가 늘어나는지 지문에서 확인해야 합니다. 3-7에서 보듯 예비 실험보다 작동 온도가 올라가는 것이니, 본 실험에서는 증배 계수가 작아지게 됩니다. 즉, 본 실험에서는 예비 실험보다 유입되는 전자당 전극으로 방출되는 전자의 수가 적어졌음을 확인할 수 있습니다. 따라서 선택지의 진술과는 반대된다 할 수 있습니다. **답 ③**

예제 · 05 ◎ 16 수능 B형

1 현대 사회에서 지식의 중요성이 커지면서 기업에서도 지식 경영을 강조하는 목소리가 높다. 지식 경영은 기업 경쟁력의 원천이 조직적인 학습과 혁신 능력, 즉 기업의 지적 역량에 있다고 보아 지식의 활용과 창조를 강조하는 경영 전략이다.

2 지식 경영론 중에는 마이클 폴라니의 '암묵지' 개념을 활용하는 경우가 많다. 폴라니는 명확하게 표현되지 않고 주체에게 체화된 암묵지 개념을 통해 모든 지식이 지적 활동의 주체인 인간과 분리될 수 없다는 것을 강조했다. 그에 따르면 우리의 일상적 지각뿐만 아니라 고도의 과학적 지식도 지적 활동의 주체가 몸담고 있는 구체적인 현실로부터 유리된 것이 아니다. 어떤 지각 활동이나 관찰, 추론 활동에도 우리의 몸이나 관찰 도구, 지적 수단이 항상 수반되고 그에 의해 이러한 활동이 암묵적으로 영향을 받기 때문이다. 요컨대 모든 지식에는 암묵적 요소들과 이들을 하나로 통합하는 '인간적 행위'가 전제되어 있다는 것이다. "우리는 우리가 말할 수 있는 것보다 훨씬 더 많이 알고 있다."라는 폴라니의 말은 모든 지식이 암묵지에 기초하고 있음을 강조한다.

3 노나카 이쿠지로는 지식에 대한 폴라니의 탐구를 실용적으로 응용하여 지식 경영론을 펼쳤다. 그는 폴라니의 '암묵지'를 신체 감각, 상상 속 이미지, 지적 관심 등과 같이 객관적으로 표현하기 어려운 주관적 지식으로 파악했다. 또한 '명시지'를 문서나 데이터베이스 등에 담긴 지식과 같이 객관적이고 논리적으로 형식화된 지식으로 파악하고, 이것이 암묵지에 비해 상대적으로 지식의 공유 가능성이 높다고 보았다.

4 암묵지와 명시지의 분류에 기초하여, 노나카는 개인, 집단, 조직 수준에서 이루어지는 지식 변환과정을 네 가지로 유형화하였다. 암묵지가 전달되어 타자의 암묵지로 변환되는 것은 대면 접촉을 통한 모방과 개인의 숙련 노력에 의해 이루어지는 것으로서 '공동화'라 한다. 암묵지에서 명시지로의 변환은 암묵적 요소 중 일부가 형식화되어 객관화되는 것으로서 '표출화'라 한다. 또 명시지들을 결합하여 새로운 명시지를 형성하는 것은 '연결화'라 하고, 명시지가 숙련 노력에 의해 암묵지로 전환되는

것은 '내면화'라 한다. 노나카는 이러한 변환 과정이 원활하게 일어나 기업의 지적 역량이 강화되도록 기업의 조직 구조도 혁신되어야 한다고 주장하였다.

5 이러한 주장대로 지식 경영이 실현되기 위해서는 지식 공유 과정에 대한 구성원들의 참여가 전제되어야 한다. 하지만 인간에게 체화된 무형의 지식을 공유하는 것은 쉬운 일이 아니다. 단순한 정보와 유용한 지식을 구분하기도 쉽지 않고, 이를 계량화하여 평가하는 것도 어렵다. 따라서 지식 경영의 성패는 지식의 성격에 대한 정확한 이해에 기초하여 구성원들이 지식 공유와 확산 과정에 자발적으로 참여하도록 하는 방안을 마련하는 것에 달려 있다고 할 수 있다.

윗글을 바탕으로 〈보기〉에 나타난 F사의 문제를 해결하기 위해 제시할 만한 방안으로 적절하지 않은 것은?

보기

F사는 회사에 도움이 되는 지식의 산출을 독려하고 이를 체계적인 지식 데이터베이스에 축적하였다. 보고서와 제안서 등의 가시적인 지식의 산출에 대해서는 보상했지만, 경험적 지식이나 창의적 아이디어 같은 무형의 지식에 대한 평가 및 보상 제도는 갖추지 않았다. 그 결과, 유용성이 낮은 제안서가 양산되었고, 가시적인 지식을 산출하지 못하는 직원들의 회사에 대한 애착과 헌신은 감소했으며, 경험 많은 직원들이 퇴직할 때마다 해당 부서의 업무 공백이 발생했다.

① 창의적 아이디어가 문서 형태로 표현되기 어려울 수 있음을 감안하여 다양한 의견 제안 방식을 마련할 필요가 있다.

② 직원들이 회사에서 사용할 논리적이고 형식화된 지식을 제안하도록 권장하고 이를 데이터베이스에 축적할 필요가 있다.

③ 숙련된 직원들의 노하우를 공유할 수 있도록 면대면 훈련 프로그램을 도입하여 집단적 업무 역량을 키울 필요가 있다.

④ 직원들의 체화된 무형의 지식이 보상받을 수 있도록 평가 제도를 개선하여 회사에 대한 직원들의 헌신성을 높일 필요가 있다.

⑤ 직원들 각자가 지닌 업무 경험과 기능을 존중하고 유·무형의 노력과 능력을 평가하기 위한 조직 문화와 동기 부여 시스템을 발전시킬 필요가 있다.

윗글을 바탕으로 / 〈보기〉에 나타난 F사의 문제를 해결하기 위해 / 제시할 만한 방안으로 적절하지 않은 것은?

◎ 〈보기〉에 특정한 F사의 문제 상황이 제시될 것입니다. (1) 이 문제가 어떤 문제 유형에 해당하는지 파악하고, (2) 드러난 문제 유형에 해당하는 지문 내용을 근거로 하여, (3) 선택지를 하나하나 맞춰 보는 전략을 세울 수 있습니다.

근거 축소

|〈보기〉| F사는 회사에 도움이 되는 지식의 산출을 독려하고 이를 체계적인 지식 데이터베이스에 축적하였다. 보고서와 제안서 등의 가시적인 지식의 산출에 대해서는 보상했지만, 경험적 지식이나 창의적 아이디어 같은 무형의 지식에 대한 평가 및 보상 제도는 갖추지 않았다.(문제의 원인) 그 결과, 유용성이 낮은 제안서가 양산되었고, 가시적인 지식을 산출하지 못하는 직원들의 회사에 대한 애착과 헌신은 감소했으며, 경험 많은 직원들이 퇴직할 때마다 해당 부서의 업무 공백이 발생했다.(문제 상황 발생)

〈보기〉에서 '문제의 원인'은 "무형의 지식에 대한 평가 및 보상 제도는 갖추지 않았다."라는 점임을 확인할 수 있습니다. 이러한 문제의 원인을 통해, F사에 문제가 되는 부분이 어떤 유형인지 가려내기 위해서는 3을 참고해야 합니다.

3 노나카 이쿠지로는 지식에 대한 폴라니의 탐구를 실용적으로 응용하여 지식 경영론을 펼쳤다. 그는 폴라니의 암묵지를 신체 감각, 상상 속 이미지, 지적 관심 등과 같이 객관적으로 표현하기 어려운 주관적 지식으로 파악했다. 또한 명시지를 문서나 데이터베이스 등에 담긴 지식과 같이 객관적이고 논리적으로 형식화된 지식으로 파악하고, 이것이 암묵지에 비해 상대적으로 지식의 공유 가능성이 높다고 보았다.

3의 지식 경영론의 분류에 의하면, '암묵지'와 '명시지' 개념을 검토할 수 있습니다. '명시지'는 형식화된 지식이므로, 이와 대비되는 '암묵지'는 무형의 지식이라 추론할 수 있습니다. 이를 지문에서는 '객관적으로 표현하기 어려운 주관적 지식'이라 표현하고 있습니다. 앞에서 살펴본 〈보기〉에서 F사의 '문제의 원인'과 일치하는 것을 확인할 수 있습니다.

따라서 F사는 '암묵지'를 활용하는 방식으로 문제를 해결해야 합니다. 그런데 선택지 ②는 '직원들이 회사에서 사용할 논리적이고 형식화된 지식을 제안하도록 권장하고 이를 데이터베이스에 축적할 필요가 있다.'라고 하였습니다. 이는 '암묵지'를 활용하는 것이 아니라, '명시지'를 활용하는 것과 관련된 해결 방안이므로 적절하지 않습니다.

정답 이외의 선택지를 검토하여 '암묵지'를 활용하기 위한 방안이 드러나 있나 확인하면, ①은 '문서 형태로 표현되기 어려울 수 있음을 감안'한 해결 방안입니다. ③에서는 '숙련된 직원들의 노하우를 공유할 수 있도록 면대면 훈련 프로그램을 도입'을 제안하는데, 지문에서 "암묵지가 전달되어 타자의 암묵지로 변환되는 것은 대면 접촉을 통한 모방과 개인의 숙련 노력에 의해 이루어지는 것"이라 하여 활용법이 일치하고 있습니다. ④에서의 '체화된 무형의 지식이 보상받을 수 있도록 평가 제도를 개선'하자는 방안은, 〈보기〉에서 '창의적 아이디어 같은 무형의 지식에 대한 평가 및 보상 제도는 갖추지 않았다. 가시적인 지식을 산출하지 못하는 직원들의 회사에 대한 애착과 헌신은 감소'한다는 문제 상황이 제시되었기 때문에 적절한 대처로 볼 수 있습니다. ⑤에서의 '업무 경험과 기능을 존중하고 유·무형의 노력과 능력을 평가하기 위한 조직 문화와 동기 부여 시스템을 발전'시키는 것은, 지문에서의 "구성원들이 지식 공유와 확산 과정에 자발적으로 참여하도록 하는 방안을 마련"과 대응하는 것이라 볼 수 있습니다.

답 ②

○ 10 수능

예제 · 06

1 음악은 연주를 통해 소리로 표현되는 예술이다. 18세기의 바흐 음악을 현재에도 들을 수 있게 된 것은 음악을 전달하고 보존하는 악보가 있기 때문이다.

2 오늘날 악보에서 기본적으로 읽어야 할 기호는 음높이를 나타내는 5선과 음자리표, 음길이를 나타내는 음표와 박자표이다. 음높이와 음길이는 음악이 표현해야 하는 본질적인 요소이다.

3 선은 음높이를 표시하는 실용적인 기호이다. 그런데 9세기경에는 선을 사용하지 않고 가사 위에 간단한 기호로 음들 간의 상대적인 높낮이를 표시했기 때문에 정확한 높낮이는 재현할 수 없었다. 이후 11세기경부터 2선이나 4선 위에 음을 기록했고, 현재 사용하는 5선 악보는 14세기 무렵에 완성되었다. 또한 11세기경부터 사용된 음자리표는 고정된 음높이를 명시하는 기능을 해, 음의 높낮이를 명확하게 재현할 수 있게 되었다.

4 음길이를 표시하는 기호는 13세기 말 '프랑코 기보법'에서 본격적으로 사용되었다. 이 기보법에서는 네 종류의 음길이를 정하고, 이를 가장 긴 두플렉스롱가부터 가장 짧은 세미브레비스까지 네 가지의 음표로 표기했다. 이런 길이를 나타내는 음표를 사용하여 음의 장단을 나타내는 리듬의 표현이 다양해졌다. 특히 다성 음악이 발달하기 시작하는 이 시기에는 선율들이 서로 다른 리듬으로 구별되었는데, 여러 가지 음길이의 음표는 이를 표시하는 데 유용했다.

이름	두플렉스롱가	롱가	브레비스	세미브레비스
음표	▬╕	■╕	■	◆

5 음길이의 표현인 리듬이 일정한 패턴의 강약을 규칙적으로 반복하면 박자가 형성되며, 이를 표기한 것이 박자표이다. 음악의 흐름에는 강과 약의 박이 있다. '강－약', '강－약－약'의 박이 규칙적으로 반복될 때 이것을 묶은 것이 각각 2박자, 3박자이다. 이렇게 규칙적인 박의 묶음을 표시하는 박자의 개념은 새로운 리듬 양상을 보여 주는 14세기에 시작되었다. 14세기 이전까지는 그리스도교의 삼위일체를 의미하는 3이라는 수를 '완전하다'고 인식했기 때문에 음길이를 셋으로 분할하는 완전 분할을 사용하였는데, 14세기가 되면서 불완전 분할인 2분할도 동등하게 사용되었다. 이러한 ㉠3분할과 2분할은 3박자와 2박자 계통의 기초가 되었다.

6 이와 같이 음높이는 5선과 음자리표로 정확하게 표시되고 음길이는 음표와 박자표로 다양한 리듬과 규칙적인 박을 보여 주면서, 소리는 악보를 통해 그 의미를 기록하고 전달할 수 있게 되었다.

〈보기〉는 '프랑코 기보법'을 활용하여 ㉠을 표현한 것이다. 이를 이해한 내용으로 적절하지 않은 것은?

보기

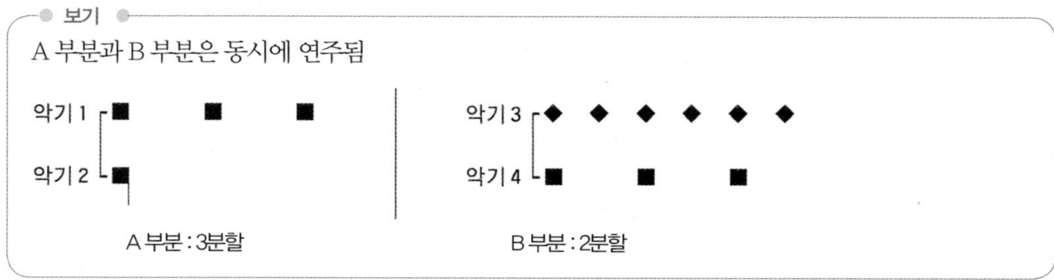

① 음높이보다는 음길이에 관한 표현이군.
② A 부분은 완전 분할된 리듬을 보여 주는군.
③ A와 B 부분에서 악기 3의 리듬이 가장 빠르겠군.
④ A는 '강－약'으로, B는 '강－약－약'으로 연주될 수 있겠군.
⑤ A의 롱가 1개는 B의 세미브레비스 6개와 연주 시간이 같겠군.

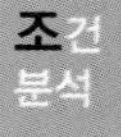

〈보기〉는 '프랑코 기보법'을 활용하여 ㉠을 표현한 것이다. 이를 이해한 내용으로 적절하지 않은 것은?

◎ 이번에는 〈보기〉를 해석하기 위해 지문의 정보가 필요한 것이 아니라, ㉠을 표현하기 위해 프랑코 기보법을 활용하는 것입니다. 선택지에 나타난 구체적 상황을 지문에 대응시켜서 푸는 것입니다. 앞에서 다룬 문제들과 크게 다르지 않습니다. '무엇'을 지문에서 찾아볼지 하나하나 체크하여 확인해 봐야 합니다.

① 음높이보다는 음길이에 관한 표현이군.

4-1 음길이를 표시하는 기호는 13세기 말 '프랑코 기보법'에서 본격적으로 사용되었다. 이 기보법에서는 네 종류의 음길이를 정하고, 이를 가장 긴 두플렉스롱가부터 가장 짧은 세미브레비스까지 네 가지의 음표로 표기했다.

◎ 발문에서 언급한 '프랑코 기보법'과 관련된 지문의 내용과 일치합니다.

② A 부분은 완전 분할된 리듬을 보여 주는군.

5-5 14세기 이전까지는 그리스도교의 삼위일체를 의미하는 3이라는 수를 '완전하다'고 인식했기 때문에 음길이를 셋으로 분할하는 완전 분할을 사용하였는데, 14세기가 되면서 불완전 분할인 2분할도 동등하게 사용되었다.

◎ 〈보기〉의 A 부분은 3분할이라고 설명되어 있는데, 지문에 의하면 이는 완전 분할입니다.

③ A와 B 부분에서 악기 3의 리듬이 가장 빠르겠군.
⑤ A의 롱가 1개는 B의 세미브레비스 6개와 연주 시간이 같겠군.

4-2 이 기보법에서는 네 종류의 음길이를 정하고, 이를 가장 긴 두플렉스롱가부터

가장 짧은 세미브레비스까지 네 가지의 음표로 표기했다.

이름	두플렉스롱가	롱가	브레비스	세미브레비스
음표	▬	▪	■	◆

◎ 악기 3은 음길이가 가장 짧은 세미브레비스로 이루어져 있고 A 부분과 B 부분은 동시에 연주되기 때문에, 당연히 악기 3의 리듬이 가장 빠를 것이라고 생각할 수 있습니다. 또한 〈보기〉에서 롱가 1개는 브레비스 3개와 대응하고 브레비스 3개는 세미브레비스 6개와 대응하기 때문에, 롱가 1개가 세미브레비스 6개와 대응하는 것을 알 수 있습니다. 따라서 이 둘의 연주 시간은 같습니다.

④ A는 '강 – 약'으로, B는 '강 – 약 – 약'으로 연주될 수 있겠군.

5 음길이의 표현인 리듬이 일정한 패턴의 강약을 규칙적으로 반복하면 박자가 형성되며, 이를 표기한 것이 박자표이다. 음악의 흐름에는 강과 약의 박이 있다. '강 – 약', '강 – 약 – 약'의 박이 규칙적으로 반복될 때 이것을 묶은 것이 각각 2박자, 3박자이다. 이렇게 규칙적인 박의 묶음을 표시하는 박자의 개념은 새로운 리듬 양상을 보여 주는 14세기에 시작되었다. 14세기 이전까지는 그리스도교의 삼위일체를 의미하는 3이라는 수를 '완전하다'고 인식했기 때문에 음길이를 셋으로 분할하는 완전 분할을 사용하였는데, 14세기가 되면서 불완전 분할인 2분할도 동등하게 사용되었다. 이러한 3분할과 2분할은 3박자와 2박자 계통의 기초가 되었다.

◎ 3분할은 3박자의 기초가 되는데, '강 – 약 – 약' 박의 규칙적 반복을 묶은 것이 3박자입니다. A 부분은 3분할이라서 3박자가 되어야 하는데 '강 – 약'은 지문에서도 언급하고 있듯이 2박자입니다. 따라서 ④가 답입니다. **답 ④**

예제 · 07 ◎ 18 수능

1 디지털 통신 시스템은 송신기, 채널, 수신기로 구성되며, 전송할 데이터를 빠르고 정확하게 전달하기 위해 부호화 과정을 거쳐 전송한다. 영상, 문자 등인 데이터는 기호 집합에 있는 기호들의 조합이다. 예를 들어 기호 집합 {a, b, c, d, e, f}에서 기호들을 조합한 add, cab, beef 등이 데이터이다. 정보량은 어떤 기호가 발생했다는 것을 알았을 때 얻는 정보의 크기이다. 어떤 기호 집합에서 특정 기호의 발생 확률이 높으면 그 기호의 정보량은 적고, 발생 확률이 낮으면 그 기호의 정보량은 많다. 기호 집합의 평균 정보량*을 기호 집합의 엔트로피라고 하는데 모든 기호들이 동일한 발생 확률을 가질 때 그 기호 집합의 엔트로피는 최댓값을 갖는다.

2 송신기에서는 소스 부호화, 채널 부호화, 선 부호화를 거쳐 기호를 부호로 변환한다. 소스 부호화는 데이터를 압축하기 위해 기호를 0과 1로 이루어진 부호로 변환하는 과정이다. 어떤 기호가 110과 같은 부호로 변환되었을 때 0 또는 1을 비트라고 하며 이 부호의 비트 수는 3이다. 이때 기호 집합의 엔트로피는 기호 집합에 있는 기호를 부호로 표현하는 데 필요한 평균 비트 수의 최솟값이다. 전송된 부호를 수신기에서 원래의 기호로 복원하려면 부호들의 평균 비트 수가 기호 집합의 엔트로피보다 크

거나 같아야 한다. 기호 집합을 엔트로피에 최대한 가까운 평균 비트 수를 갖는 부호들로 변환하는 것을 엔트로피 부호화라 한다. 그중 하나인 '허프만 부호화'에서는 발생 확률이 높은 기호에는 비트 수가 적은 부호를, 발생 확률이 낮은 기호에는 비트 수가 많은 부호를 할당한다.

3 채널 부호화는 오류를 검출하고 정정하기 위하여 부호에 잉여 정보를 추가하는 과정이다. 송신기에서 부호를 전송하면 채널의 잡음으로 인해 오류가 발생하는데 이 문제를 해결하기 위해 잉여 정보를 덧붙여 전송한다. 채널 부호화 중 하나인 '삼중 반복 부호화'는 0과 1을 각각 000과 111로 부호화한다. 이때 수신기에서는 수신한 부호에 0이 과반수인 경우에는 0으로 판단하고, 1이 과반수인 경우에는 1로 판단한다. 즉 수신기에서 수신된 부호가 000, 001, 010, 100 중 하나라면 0으로 판단하고, 그 이외에는 1로 판단한다. 이렇게 하면 000을 전송했을 때 하나의 비트에서 오류가 생겨 001을 수신해도 0으로 판단하므로 오류는 정정된다. 채널 부호화를 하기 전 부호의 비트 수를, 채널 부호화를 한 후 부호의 비트 수로 나눈 것을 부호율이라 한다. 삼중 반복 부호화의 부호율은 약 0.33이다.

4 채널 부호화를 거친 부호들을 채널을 통해 전송하려면 부호들을 전기 신호로 변환해야 한다. 0 또는 1에 해당하는 전기 신호의 전압을 결정하는 과정이 선 부호화이다. 전압의 결정 방법은 선 부호화 방식에 따라 다르다. 선 부호화 중 하나인 '차동 부호화'는 부호의 비트가 0이면 전압을 유지하고 1이면 전압을 변화시킨다. 차동 부호화를 시작할 때는 기준 신호가 필요하다. 예를 들어 차동 부호화 직전의 기준 신호가 양(+)의 전압이라면 부호 0110은 '양, 음, 양, 양'의 전압을 갖는 전기 신호로 변환된다. 수신기에서는 송신기와 동일한 기준 신호를 사용하여, 전압의 변화가 있으면 1로 판단하고 변화가 없으면 0으로 판단한다.

* **평균 정보량** : 각 기호의 발생 확률과 정보량을 서로 곱하여 모두 더한 것.

윗글을 바탕으로 〈보기〉를 이해한 내용으로 적절한 것은?

보기

날씨 데이터를 전송하려고 한다. 날씨는 '맑음', '흐림', '비', '눈'으로만 분류하며, 각 날씨의 발생 확률은 모두 같다. 엔트로피 부호화를 통해 '맑음', '흐림', '비', '눈'을 각각 00, 01, 10, 11의 부호로 바꾼다.

① 기호 집합 {맑음, 흐림, 비, 눈}의 엔트로피는 2보다 크겠군.

② 엔트로피 부호화를 통해 4일 동안의 날씨 데이터 '흐림비맑음흐림'은 '01001001'로 바뀌겠군.

③ 삼중 반복 부호화를 이용하여 전송한 특정 날씨의 부호를 '110001'과 '101100'으로 각각 수신하였다면 서로 다른 날씨로 판단하겠군.

④ 날씨 '비'를 삼중 반복 부호화와 차동 부호화를 이용하여 부호화하는 경우, 기준 신호가 양(+)의 전압이면 '음, 양, 음, 음, 음, 음'의 전압을 갖는 전기 신호로 변환되겠군.

⑤ 삼중 반복 부호화와 차동 부호화를 이용하여 특정 날씨의 부호를 전송할 경우, 수신기에서 '음, 음, 음, 양, 양, 양'을 수신했다면 기준 신호가 양(+)의 전압일 때 '흐림'으로 판단하겠군.

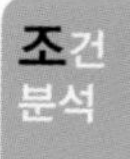

윗글을 바탕으로 〈보기〉를 이해한 내용으로 적절한 것은?

◎ 〈보기〉를 보면 날씨 데이터라고 하는 구체적인 사례를 제시하고 있습니다. 선택지를 보면서 지문의 어떤 정보가 필요한지 확인하고 그때그때 필요한 정보를 찾아서 문제를 풀어야 합니다. 즉, 선택지의 구체적 상황–지문의 추상적 정보를 하나씩 대응시키면서 맞춰 나가야 합니다.

① 기호 집합 {맑음, 흐림, 비, 눈}의 엔트로피는 2보다 크겠군.

1-6 기호 집합의 평균 정보량* 을 기호 집합의 엔트로피라고 하는데 모든 기호들이 동일한 발생 확률을 가질 때 그 기호 집합의 엔트로피는 최댓값을 갖는다.

*평균 정보량 : 각 기호의 발생 확률과 정보량을 서로 곱하여 모두 더한 것.

1-4 정보량은 어떤 기호가 발생했다는 것을 알았을 때 얻는 정보의 크기이다.

◎ 우선 지문에서 엔트로피에 대해 다룬 부분을 살펴보면 위와 같습니다. 그런데 〈보기〉에서 "각 날씨의 발생 확률은 모두 같다."라고 알려 주는데, 정보량에 대해 명확한 지식을 설명하고 있지는 않습니다. 물론 대략 00, 01이니까 2가 아닐까 하고 생각할 수도 있겠지만 정확하지는 않습니다. 그렇다면 분명 다른 근거가 존재할 것입니다.

2-3 어떤 기호가 110과 같은 부호로 변환되었을 때 0 또는 1을 비트라고 하며 이 부호의 비트 수는 3이다. 이때 기호 집합의 엔트로피는 기호 집합에 있는 기호를 부호로 표현하는 데 필요한 평균 비트 수의 최솟값이다.

◎ 위 지문 내용을 바탕으로 보면, 〈보기〉와 같이 네 가지 날씨를 표현할 때에는 최소 2비트가 필요합니다. 만약 1비트라면 0, 1 두 가지만 표현할 수 있겠죠? 따라서 기호 집합에 있는 날씨(기호)를 부호로 표현하는 데 필요한 평균 비트 수는 최소 2가 됩니다. 곧, 기호 집합의 엔트로피가 2가 되는 것입니다. 그런데 앞서 확인한 지문에서 "모든 기호들이 동일한 발생 확률을 가질 때 그 기호 집합의 엔트로피는 최댓값을 갖는다."라고 하였는데, 〈보기〉에서 "각 날씨의 발생 확률은 모두 같다."라고 하였으니 기호 집합 {맑음, 흐림, 비, 눈}의 엔트로피의 최댓값 역시 2입니다. 최댓값이 2이므로 기호 집합의 엔트로피가 2보다 크다는 선택지의 이해는 잘못된 것입니다.

② 엔트로피 부호화를 통해 4일 동안의 날씨 데이터 '흐림비맑음흐림'은 '01001001'로 바뀌겠군.

◎ 특별한 어려움 없이 〈보기〉를 이용하여 '01100001'임을 알 수 있습니다.

③ 삼중 반복 부호화를 이용하여 전송한 특정 날씨의 부호를 '110001'과 '101100'으로 각각 수신하였다면 서로 다른 날씨로 판단하겠군.

3-3 채널 부호화 중 하나인 '삼중 반복 부호화'는 0과 1을 각각 000과 111로 부호화한다. 이때 수신기에서는 수신한 부호에 0이 과반수인 경우에는 0으로 판단하고, 1이 과

반수인 경우에는 1로 판단한다. 즉 수신기에서 수신된 부호가 000, 001, 010, 100 중 하나라면 0으로 판단하고, 그 이외에는 1로 판단한다.

◎ 삼중 반복 부호화를 이해하고 '110001'과 '101100'을 판단하면, '110001'은 '10'이고 '101100'도 역시 '10'임을 확인할 수 있습니다. 따라서 '110001'과 '101100'은 서로 같은 날씨로 판단될 것입니다.

⑤ 삼중 반복 부호화와 차동 부호화를 이용하여 특정 날씨의 부호를 전송할 경우, 수신기에서 '음, 음, 음, 양, 양, 양'을 수신했다면 기준 신호가 양(+)의 전압일 때 '흐림'으로 판단하겠군.

4-4 선 부호화 중 하나인 '차동 부호화'는 부호의 비트가 0이면 전압을 유지하고 1이면 전압을 변화시킨다. 차동 부호화를 시작할 때는 기준 신호가 필요하다. 예를 들어 차동 부호화 직전의 기준 신호가 양(+)의 전압이라면 부호 0110은 '양, 음, 양, 양'의 전압을 갖는 전기 신호로 변환된다.

◎ 앞에서 삼중 반복 부호화에 대해서는 이해했으니, 이번에는 차동 부호화에 대해서 확인해야 합니다. 기준 신호가 필요하고 부호의 비트가 1이면 전압이 달라진다는 점을 확인하면 충분합니다.
기준 신호가 양의 전압이니, 처음에는 '음 → 양' 변화가 있어 '1', 그 다음에는 '음'을 유지하니 '0', '0', 그 다음에는 '음 → 양' 변화가 있어 '1', 그 다음에는 '양'을 유지하니 '0', '0'입니다. 즉, '100100'이 되고, 이는 삼중 반복 부호화를 적용하면 '00'이 되니 '맑음'으로 판단할 것입니다.

④ 날씨 '비'를 삼중 반복 부호화와 차동 부호화를 이용하여 부호화하는 경우, 기준 신호가 양(+)의 전압이면 '음, 양, 음, 음, 음, 음'의 전압을 갖는 전기 신호로 변환되겠군.

◎ '비'의 부호는 '10'입니다. 앞에서 배운 삼중 반복 부호화를 거치면 이는 '111000'이 됩니다. 이를 다시 차동 부호화를 거쳐 부호화하면, 기준 신호가 양의 전압이므로 처음 '1'은 전압이 변화하여 '음', 그 다음 역시 '1'이므로 '음 → 양'의 변화가 있어 '양', 그 다음도 '1'이므로 '양 → 음'의 변화가 있어 '음'입니다. 이후에는 모두 '0'으로 전압의 변화가 없어 '음'이 유지됩니다. 곧, '111000'이 차동 부호화를 거치면 '음, 양, 음, 음, 음, 음'의 전압을 갖는 전기 신호로 변환됩니다.

이 문제가 2018학년도 수능에서 가장 어려운 문제 중 하나였다고 합니다. 아마 설명하는 사람마다 다른 방식으로 설명하리라 생각합니다. 그러나 위와 같이 풀어야 정확한 풀이입니다. 모르는 단어를 지문에서 찾아 그 의미를 확인하고, 지문에 나오지 않은 방식으로는 추측하지 않아야(가령 선택지 ①을 정보량을 통해 판단하지 않기!) 합니다. **답** ④

잠깐! 정말 **어려운 문제**였을까?

2019학년도 수능에서 많은 학생들이 만유인력과 관련한 31번 문제를 어려워했습니다. 이례적으로 언론 보도가 쏟아지고 각종 인터넷 커뮤니티마다 이 문제를 두고 논란이 많았습니다. 당연히 많은 학생들이 틀린 문제라서 정답률은 매우 낮습니다. 그런데 과연 이 문제가 정말 그렇게 어려운 문제였을까요? 함께 문제를 풀어 보고 생각해 봅시다(지문은 문제에서 필요한 부분만 발췌해서 제시합니다.).

19 수능 31번 문제

[A] 17세기 후반에 뉴턴은 태양 중심설을 역학적으로 정당화하였다. 그는 만유인력 가설로부터 케플러의 행성 운동 법칙들을 성공적으로 연역했다. 이때 가정된 만유인력은 두 질점*이 서로 당기는 힘으로, 그 크기는 두 질점의 질량의 곱에 비례하고 거리의 제곱에 반비례한다. 지구를 포함하는 천체들이 밀도가 균질하거나 구 대칭*을 이루는 구라면 천체가 그 천체 밖 어떤 질점을 당기는 만유인력은, 그 천체를 잘게 나눈 부피 요소들 각각이 그 천체 밖 어떤 질점을 당기는 만유인력을 모두 더하여 구할 수 있다. 또한 여기에서 지구보다 질량이 큰 태양과 지구가 서로 당기는 만유인력이 서로 같음을 증명할 수 있다. 뉴턴은 이 원리를 적용하여 달의 공전 궤도와 사과의 낙하 운동 등에 관한 실측값을 연역함으로써 만유인력의 실재를 입증하였다.

* **질점** : 크기가 없고 질량이 모여 있다고 보는 이론상의 물체.

* **구 대칭** : 어떤 물체가 중심으로부터 모든 방향으로 같은 거리에서 같은 특성을 갖는 상태.

〈보기〉를 참고할 때, [A]에 대한 이해로 적절하지 않은 것은? [3점]

보기

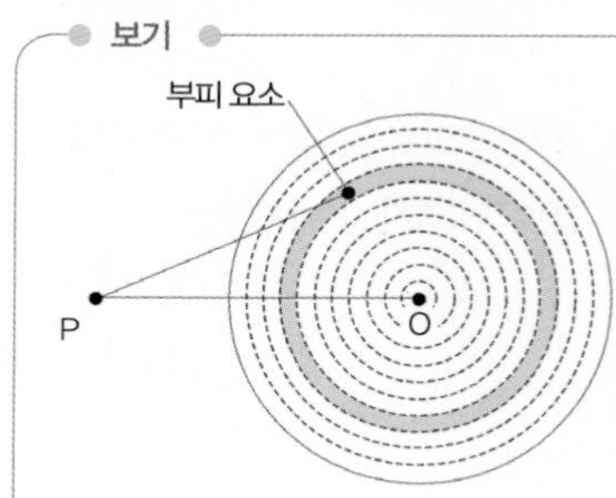

구는 무한히 작은 부피 요소들로 이루어져 있다. 그 부피 요소들이 빈틈없이 한 겹으로 배열되어 구 껍질을 이루고, 그런 구 껍질들이 구의 중심 O 주위에 반지름을 달리하며 양파처럼 겹겹이 싸여 구를 이룬다. 이때 부피 요소는 그것의 부피와 밀도를 곱한 값을 질량으로 갖는 질점으로 볼 수 있다.

(1) 같은 밀도의 부피 요소들이 하나의 구 껍질을 구성하면, 이 부피 요소들이 구 외부의 질점 P를 당기는 만유인력들의 총합은, 그 구 껍질과 동일한 질량을 갖는 질점이 그 구 껍질의 중심 O에서 P를 당기는 만유인력과 같다.

(2) (1)에서의 구 껍질들이 구를 구성할 때, 그 동심의 구 껍질들이 P를 당기는 만유인력들의 총합은, 그 구와 동일한 질량을 갖는 질점이 그 구의 중심 O에서 P를 당기는 만유인력과 같다.

(1), (2)에 의하면, 밀도가 균질하거나 구 대칭인 구를 구성하는 부피 요소들이 P를 당기는 만유인력들의 총합은, 그 구와 동일한 질량을 갖는 질점이 그 구의 중심 O에서 P를 당기는 만유인력과 같다.

① 밀도가 균질한 하나의 행성을 구성하는 동심의 구 껍질들이 같은 두께일 때, 하나의 구 껍질이 태양을 당기는 만유인력은 그 구 껍질의 반지름이 클수록 커지겠군.

② 태양의 중심에 있는 질량이 m인 질점이 지구 전체를 당기는 만유인력은, 지구의 중심에 있는 질량이 m인 질점이 태양 전체를 당기는 만유인력과 크기가 같겠군.

③ 질량이 M인 지구와 질량이 m인 달은, 둘의 중심 사이의 거리만큼 떨어져 있으면서 질량이 M, m인 두 질점 사이의 만유인력과 동일한 크기의 힘으로 서로 당기겠군.

④ 태양을 구성하는 하나의 부피 요소와 지구 사이에 작용하는 만유인력은, 지구를 구성하는 모든 부피 요소들과 태양의 그 부피 요소 사이에 작용하는 만유인력들을 모두 더하면 구해지겠군.

⑤ 반지름이 R, 질량이 M인 지구와 지구 표면에서 높이 h에 중심이 있는 질량이 m인 구슬 사이의 만유인력은, $R+h$의 거리만큼 떨어져 있으면서 질량이 M, m인 두 질점 사이의 만유인력과 크기가 같겠군.

※ 먼저 문제를 정확히 푼 다음, 아래의 내용을 확인하도록 합시다.

〈보기〉를 참고할 때, [A]에 대한 이해로 적절하지 않은 것은?

◎ 지문의 [A]를 이해하기 위해 〈보기〉를 참고하여 하나씩 맞춰 봐야 하는 문제입니다.

② 태양의 중심에 있는 질량이 m인 질점이 지구 전체를 당기는 만유인력은, 지구의 중심에 있는 질량이 m인 질점이 태양 전체를 당기는 만유인력과 크기가 같겠군.

지문의 [A]에서 다음 두 부분을 주목해 봅시다.

[A] 17세기 후반에 뉴턴은 태양 중심설을 역학적으로 정당화하였다. 그는 만유인력 가설로부터 케플러의 행성 운동 법칙들을 성공적으로 연역했다. ㉮이때 가정된 만유인력은 두 질점이 서로 당기는 힘으로, 그 크기는 두 질점의 질량의 곱에 비례하고 거리의 제곱에 반비례한다. 지구를 포함하는 천체들이 밀도가 균질하거나 구 대칭을 이루는 구라면 천체가 그 천체 밖 어떤 질점을 당기는 만유인력은, 그 천체를 잘게 나눈 부피 요소들 각각이 그 천체 밖 어떤 질점을 당기는 만유인력을 모두 더하여 구할 수 있다. ㉯또한 여기에서 지구보다 질량이 큰 태양과 지구가 서로 당기는 만유인력이 서로 같음을 증명할 수 있다. 뉴턴은 이 원리를 적용하여 달의 공전 궤도와 사과의 낙하 운동 등에 관한 실측값을 연역함으로써 만유인력의 실재를 입증하였다.

㉮는 만유인력 공식을 풀어 쓰고 있습니다. ㉯는 지구와 태양이 서로 당기는 만유인력이 같다고 밝히고 있습니다. 많은 학생들이 이 문제를 틀린 이유는 ㉯와 선택지 ②가 같다고 착각했기 때문입니다.

선택지 ②에서는 '질량이 m인 질점이 지구 전체를 당기는 만유인력'과 '질량이 m인 질점이 태양 전체를 당기는 만유인력'을 구분하고 있습니다. 즉, [A]의 ㉯와 같이 '지구와 태양이 서로 당기는 만유인력'이 아닙니다. 이 두 문장이 다르다는 점을 파악했다면 즉시 답을 고를 수 있습니다. 복잡한 추론 과정 없이 정답을 명쾌하게 설명할 수 있습니다.

좀 더 구체적으로 살펴볼까요? [A]의 ㉮에서는 '(만유인력의) 크기는 두 질점의 질량의 곱에 비례'한다고 하였습니다. 선택지 ②에서는 '질량이 m인 질점'은 같으나 '지구 전체'와 '태양 전체'의 질량이 다릅니다. 이는 지문에서도 정확히 지적하고 있습니다. ㉯를 보면 '지구보다 질량이 큰 태양'이라고 서술하고 있습니다. 만약 이 부분을 지문에서 짚어 주지 않았다면 불완전한 문제였을 것입니다. 그러나 수능에서는 이렇게 보이지 않는 곳에서 완벽한 근거를 짚어 주고 있습니다. 지금쯤은 여러분도 이를 정확히 찾아냈으리라 생각합니다.

답 ②

그런데 〈보기〉는요?

이 문제는 앞에서 살펴본 다른 추론 문제들과는 다르게 〈보기〉를 전혀 고려하지 않고도 지문과 선택지만으로 답을 정확히 해설할 수 있습니다. 지문의 소재가 조금 어렵고 문제에서 학생들의 착각을 유도하여 정답률이 낮았지만, 근본적으로 어려운 문제라고는 볼 수 없습니다. 복잡한 방식으로만 정답을 정확히 설명할 수 있었던 앞의 추론 문제들과 비교하면 어떤가요?

정말 쉬운 문제였나요?

수능을 출제한 평가원에서는 2018년 11월 26일에 31번 문제에 대한 학생들의 이의 제기에 대해 공식적으로 다음과 같이 답변하였습니다(밑줄 등 강조는 제가 하였습니다.).

> (1) **"답지 ②가 옳은 진술이므로 정답이 아니다."는 이의 제기에 대하여**
> (1)의 주장은, 태양과 지구의 중심에 있는 질점이란 태양과 지구의 질량과 같은 질량을 갖는 질점이어야 하므로 답지 ②의 진술이 옳다는 것입니다. 답지 ②에서 '태양의 중심에 있는 질량이 m인 질점', '지구의 중심에 있는 질량이 m인 질점'이라고 하였으므로 '태양의 중심'과 '지구의 중심'은 질점의 위치를 표시한 것이며, 질점의 질량은 태양이나 지구의 질량이 아닌 m입니다. 이러한 질점과 상대 천체 사이에 작용하는 만유인력은, 두 질점의 질량이 같고 각 질점과 상대 천체 사이의 거리가 같다 하더라도 상대 천체가 질량이 다르기 때문에 같을 수 없으므로 답지 ②는 틀린 진술입니다.

위의 평가원 답변을 살펴보면, 핵심은 지구와 태양의 질량이 다르기 때문에 각 만유인력이 같을 수 없다는 것입니다. 결국 앞에서 제가 해설했던 내용과 같이 정답의 근거를 지문에서 찾았고 〈보기〉의 정보는 이용하지 않았습니다(참고로, 저는 수능 시험 종료 후 몇 시간 뒤에 followright.com/66335로 위와 같은 해설을 제시하였습니다.).

그런데 평가원에서는 위의 답변에 다음과 같은 내용을 덧붙였습니다.

> 한편, 이 문항의 오류 가능성이 아니라, 문항의 난도가 지나치게 높다는 의견이 있습니다. 이 문항은 EBS 연계 문항으로서, 『2019학년도 수능 대비 EBS 수능특강 국어영역 독서』, 『2019학년도 수능 대비 EBS 수능완성 국어영역 국어』라는 두 권의 연계 교재에 제시된 뉴턴의 만유인력 관련 지문을 활용하여 지문 및 문항을 구성하였으며, 문제 해결에 필요한 정보는 지문과 〈보기〉를 통해 제시하였습니다. 수능-EBS 연계 정책에 따라 수능을 준비하는 대다수의 수험생들이 상기 교재를 공부한다는 점을 고려하여 문항의 난이도를 설정하였으나, 수험생의 기대와 달랐던 부분에 대해 유감스럽게 생각합니다. 감사합니다.

평가원 생각과는 다르게 많은 학생들이 이 문제를 어렵다고 하여 화제가 되니까 위와 같은 내용을 추가로 덧붙인 것입니다.

정리하면?

평가원 공식 답변을 통해 이 문제의 정답만을 고르기 위해서는 〈보기〉의 정보를 이용할 필요가 없었다는 점을 확인했습니다. 앞에서 다룬 추론 문제들과는 다르게 답이 단순하게 나오는 셈입니다. 그런데 수능-EBS 연계 정책으로 인해 학생들이 다루어 본 글이어서 겉보기 난이도를 약간 어렵게 만드니 많은 학생들이 대략 난감한 상황에 빠지고 만 것입니다. 결국 정답률만을 놓고 보면 어려운 문제가 맞습니다. 그런데 3점 문제와 같은 추론 실력을 요하지 않는다는 점에서 진짜 어려운 문제였는지는 생각해 볼 여지가 있다고만 말씀드리고 마무리하겠습니다.

005 단어 의미 추론

원리 이해

언어적 감각이 있는 학생이라면 쉬운 문제일 수도 있으나 구체적인 근거가 없는 경우가 많아 시험장에서 당황하면 답을 찾기 어려운 문제입니다. 밑줄 친 단어만 가지고 고민할 일이 아니고, **밑줄 친 단어 전후 관계를 분석하고 입체적으로 단어를 조망**하여 유사한 선택지를 고를 수 있어야 합니다. '입체적으로 단어를 조망'한다는 것은 내 마음속에서 문제 된 단어와 그 주변의 관계를 이미지로 그려 본다는 의미입니다. 무슨 말인지는 직접 문제를 다루면서 생각해 봅시다.

이해의 암기

예제 · 01 10 수능

1 어떤 장비의 '신뢰도'란 주어진 운용 조건하에서 의도하는 사용 기간 중에 의도한 목적에 맞게 작동할 확률을 말한다. 복잡한 장비의 신뢰도는 한 번에 분석하기가 힘든 경우가 많으므로, 장비를 분해하여 몇 개의 하부 시스템으로 나누어서 생각하는 것이 합리적인 접근 방법이다. 직렬과 병렬 구조는 하부 시스템에 자주 나타나는 구조로서, 그 결과를 통합한다면 복잡한 장비의 신뢰도를 구할 수 있다.

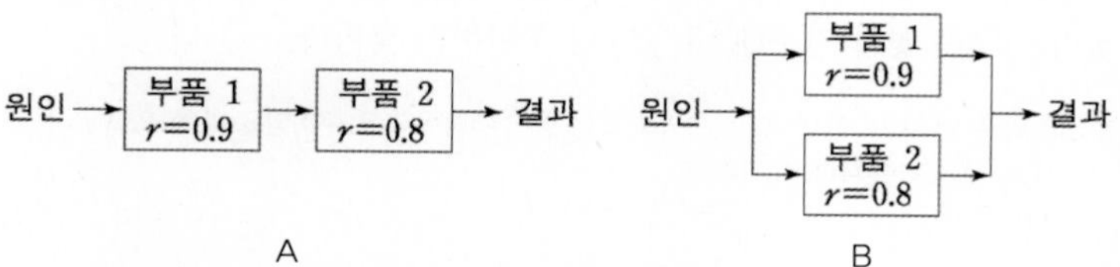

2 A와 같은 직렬 구조는 원인에서 결과에 이르는 경로가 하나인 가장 간단한 신뢰도 구조이다. 직렬 구조에서 시스템이 정상 가동하기 위해서는 모든 부품이 다 정상 작동해야 한다. 어떤 하나의 부품이 고장 나면 형성된 경로가 차단되므로 시스템이 고장 나게 된다. 만약 어떤 부품의 고장이 다른 부품의 수명에 영향을 주지 않는다면 A의 신뢰도는 부품 1의 신뢰도($r = 0.9$)와 부품 2의 신뢰도($r = 0.8$)를 곱한 0.72로 계산되며, 이것은 100번 ⓐ <u>가운데</u> 72번은 고장 없이 작동한다는 것을 의미한다. 고장 없이 영원히 작동하는 부품은 없기 때문에 직렬 구조의 신뢰도는 항상 가장 약한 부품의 신뢰도보다도 낮을 수밖에 없다.

3 한편, B와 같은 병렬 구조는 원인에서 결과에 이르는 여러 개의 경로가 있고, 그 중에 몇 개가 차단되어도 나머지 경로를 통해 결과에 이를 수 있는 구조이다. 병렬 구조에서는 부품이 모두 고장이어야 시스템이 고장이므로 시스템이 작동한다는 의미의 값인 1에서 두 개의 부품이 모두 고장 날 확률($0.1^{*} \times 0.2 = 0.02$)을 빼서 얻은 0.98이 B의 신뢰도가 된다. 한 부품의 고장이 다른 부품의 신뢰도에 영향을 준다면 이 값 역시 달라진다. 〈후략〉

* 어떤 부품이 고장 날 확률 = 1−(그 부품의 신뢰도)

문맥상 ⓐ의 의미와 가장 가까운 것은?

① 장미는 많은 꽃들 가운데 내가 제일 좋아하는 꽃이다.
② 어떤 아이가 두 사람 가운데로 불쑥 끼어들었다.
③ 민희는 어려운 가운데서도 남을 돕고 산다.
④ 진수는 반에서 키가 가운데는 된다.
⑤ 호수 가운데 조각배가 떠 있다.

| ⓐ를 입체적으로 조망 |

2-4 만약 어떤 부품의 고장이 다른 부품의 수명에 영향을 주지 않는다면 A의 신뢰도는 부품 1의 신뢰도(r=0.9)와 부품 2의 신뢰도(r=0.8)를 곱한 0.72로 계산되며, 이것은 100번 ⓐ가운데 72번은 고장 없이 작동한다는 것을 의미한다.

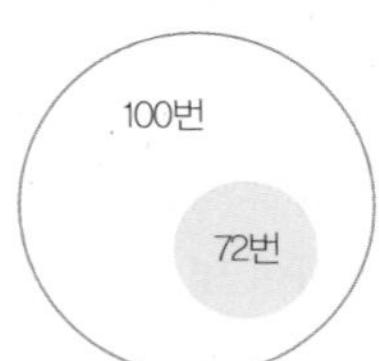

◎ 이 문제를 풀고자 지문 전체를 다 읽지는 않겠죠. 해당 단어의 전후를 살펴봐서 그 단어가 어떤 역할을 하는지 알아봐야 합니다. 100번 가운데 72번이라는 것은 전체 100번을 시도한다면 72번 정도는 가능하다는 것이니까, 그림으로 생각해 보면 72번은 부분이 되고 그것이 '가운데'를 통해 매개되고 있는 것을 알 수 있습니다.

| 선택지를 입체적으로 조망 |

① 장미는 많은 꽃들 가운데 내가 제일 좋아하는 꽃이다.

◎ 답이 되는 선택지도 입체적으로 조망해 보면 앞의 것과 똑같은 구조임을 알 수 있습니다. 그래서 답은 분명하게 ①이죠.

연습 삼아 다른 선택지도 한 번 생각해 봅시다. 가령, ② '어떤 아이가 두 사람 가운데로 불쑥 끼어들었다.'의 경우에는

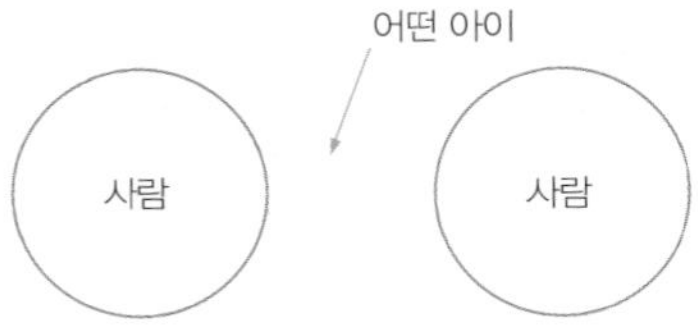

이렇게 생각할 수 있습니다. 이런 식으로 단어를 가지고 주변과의 관계를 고려하여 머릿속에서 그림을 그리면 좀 더 수월하게 답을 찾을 수 있습니다. 바로 이것이 문제의 취지인 '문맥적' 접근임을 확인할 수 있습니다. **답** ①

예제 · 02　　09 수능

1 컴퓨터에서 동영상을 본 사람은 한 번쯤 '어떻게 작은 파일 안에 수십만 장이 넘는 화면들이 들어갈 수 있을까?' 하는 의문을 가진 적이 있을 것이다. 동영상 압축은 막대한 크기의 동영상 데이터에서 필요한 정보만 남김으로써 화질의 차이는 거의 없이 데이터의 양을 수백 분의 일까지 줄이는 기술이다. 동영상 압축에서는 일반적으로 화면 간 중복, 화소 간 중복, 통계적 중복 등을 이용한다.

2 동영상은 연속적인 화면의 모음인데, 화면 간 중복은 물체가 출현, 소멸, 이동하는 영역을 제외하고는 현재 화면과 이전 화면이 비슷한 것을 말한다. 스튜디오를 배경으로 아나운서가 뉴스를 보도하는 동영상을 생각해 보자. 현재 화면을 이전 화면과 비교하면 아나운서가 움직인 부분만 다르고 나머지는 동일하다. 따라서 현재 화면을 모두 저장하지 않고 변화된 영역에 해당하는 정보만 저장하면 데이터의 양을 크게 줄일 수 있다.

3 하나의 화면은 수많은 점들로 구성되는데, 이를 화소라 한다. 각각의 화소는 밝기와 색상을 나타내는 화소 값을 가진다. 화소 간 중복은 한 화면 안에서 서로 가까이 있는 화소들끼리 화소 값의 차이가 별로 없거나 변화가 규칙적인 것을 말한다. 동영상 압축에서는 원래의 화소 값들을 여러 개의 성분들로 형태를 변환한 다음, 화질에 거의 영향을 미치지 않는 성분들을 제거하고 나머지 성분들만을 저장한다. 이때 압축 전후의 화소들의 개수에는 변화가 없으나 변환된 성분들을 저장하는 개수가 줄어들기 때문에 화질의 차이가 별로 없이 데이터의 양을 크게 줄일 수 있다. 그런데 화면이 단순할수록 또 규칙적일수록 화소 간 중복이 많아서, 제거 가능한 성분들이 많아진다. 다만 이들 성분을 너무 많이 제거하면 화면이 흐려지거나 얼룩이 ⓐ지는 등 동영상의 화질이 나빠진다. 이러한 과정은, 우유에서 수분을 없애 전지분유를 만들면 부피는 크게 줄어들지만 원래 우유의 맛이 거의 보존되는 것과 비슷하다.

4 압축된 동영상에 저장해야 하는 여러 가지의 데이터는 위의 과정을 거쳐 이미 많은 부분이 제거된 상태이다. 통계적 중복은 이들 데이터에서 몇몇 특정한 값이 나오는 빈도가 통계적으로 매우 높은 것을 말한다. 이때 자주 나오는 값일수록 더 짧은 코드로 변환하여 저장하면, 데이터 값을 그대로 저장할 때보다 저장하는 양을 크게 줄일 수 있다.

밑줄 친 단어의 문맥적 의미가 ⓐ와 거리가 먼 것은?

① 돌을 던지자 고요한 호수에 파문이 일었다.
② 눈 내린 마당에 강아지 발자국이 나 있다.
③ 주머니에 구멍이 생겨 동전을 잃어버렸다.
④ 새로 산 차에 흠이 가서 속상하다.
⑤ 그는 나이가 차 장가를 들었다.

| ⓐ를 입체적으로 조망 |

3-7 다만 이들 성분을 너무 많이 제거하면 화면이 흐려지거나 얼룩이 ⓐ지는 등 동영상의 화질이 나빠진다.

◎ 원래 동영상의 상태에서 어떠한 이유로 인해 얼룩이 추가된 새로운 상태가 되었다는 내용입니다. 이것을 우리가 입체적으로 생각해 보면 아래와 같습니다.

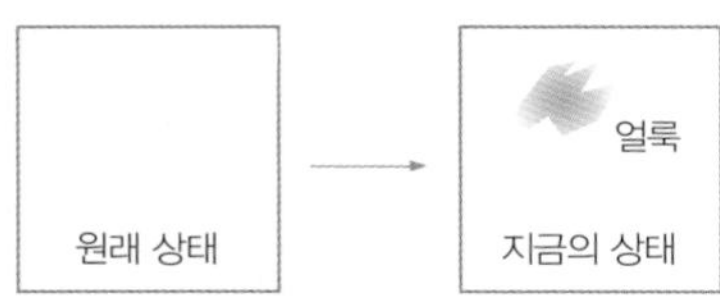

| 선택지를 입체적으로 조망 |

③ 주머니에 구멍이 생겨 동전을 잃어버렸다. & ④ 새로 산 차에 흠이 가서 속상하다.

◎ 나머지 선택지도 같은 구조입니다. 그렇지만 ⑤ '그는 나이가 차 장가를 들었다.'에서의 '장가'는 원래의 상태에 추가된 요소라고 생각하기는 어렵겠죠? 그래서 답은 ⑤입니다.

답 ⑤

예제 · 03

◎ 17 9월 평가원모의

1 18세기에는 열의 실체가 칼로릭(caloric)이며 칼로릭은 온도가 높은 쪽에서 낮은 쪽으로 흐르는 성질을 갖고 있는, 질량이 없는 입자들의 모임이라는 생각이 받아들여지고 있었다. 이를 칼로릭 이론이라 ㉠부르는데, 이에 따르면 찬 물체와 뜨거운 물체를 접촉시켜 놓았을 때 두 물체의 온도가 같아지는 것은 칼로릭이 뜨거운 물체에서 차가운 물체로 이동하기 때문이라는 것이다. 이러한 상황에서 과학자들의 큰 관심사 중의 하나는 증기 기관과 같은 열기관의 열효율 문제였다.

2 열기관은 높은 온도의 열원에서 열을 흡수하고 낮은 온도의 대기와 같은 열기관 외부에 열을 방출하며 일을 하는 기관을 말하는데, 열효율은 열기관이 흡수한 열의 양 대비 한 일의 양으로 정의된다. 19세기 초에 카르노는 열기관의 열효율 문제를 칼로릭 이론에 기반을 두고 ㉡다루었다. 카르노는 물레방아와 같은 수력 기관에서 물이 높은 곳에서 낮은 곳으로 ㉢흐르면서 일을 할 때 물의 양과 한 일의 양의 비가 높이 차이에만 좌우되는 것에 주목하였다. 물이 높이 차에 의해 이동하는 것과 흡사하게 칼로릭도 고온에서 저온으로 이동하면서 일을 하게 되는데, 열기관의 열효율 역시 이러한 두 온도에만 의존한다는 것이었다. 〈중략〉

3 열과 일에 대한 이러한 이해는 카르노의 이론에 대한 과학자들의 재검토로 이어졌다. 특히 톰슨은 칼로릭 이론에 입각한 카르노의 열기관에 대한 설명이 줄의 에너지 보존 법칙에 위배된다고 지적하였다. 카르노의 이론에 의하면, 열기관은 높은 온도에서 흡수한 열 전부를 낮은 온도로 방출하면서

일을 한다. 이것은 줄이 입증한 열과 일의 등가성과 에너지 보존 법칙에 ㉣어긋나는 것이어서 열의 실체가 칼로릭이라는 생각은 더 이상 유지될 수 없게 되었다. 하지만 열효율에 관한 카르노의 이론은 클라우지우스의 증명으로 유지될 수 있었다. 그는 카르노의 이론이 유지되지 않는다면 열은 저온에서 고온으로 흐르는 현상이 ㉤생길 수도 있을 것이라는 가정에서 출발하여, 열기관의 열효율은 열기관이 고온에서 열을 흡수하고 저온에 방출할 때의 두 작동 온도에만 관계된다는 카르노의 이론을 증명하였다. 〈후략〉

윗글의 ㉠~㉤과 같은 의미로 사용된 것은?

① ㉠ : 웃음은 또 다른 웃음을 부르는 법이다.
② ㉡ : 그는 익숙한 솜씨로 기계를 다루고 있었다.
③ ㉢ : 이야기가 엉뚱한 방향으로 흐르고 있다.
④ ㉣ : 그는 상식에 어긋나는 일을 한 적이 없다.
⑤ ㉤ : 하늘을 보니 당장이라도 비가 오게 생겼다.

| ⓐ를 입체적으로 조망 |

이번에는 답이 되는 ㉣만 살펴보도록 하겠습니다.

3-4 이것은 줄이 입증한 열과 일의 등가성과 에너지 보존 법칙에 ㉣어긋나는 것이어서 열의 실체가 칼로릭이라는 생각은 더 이상 유지될 수 없게 되었다.

○ 문맥적으로 '어긋나는'은 그 앞의 '열과 일의 등가성과 에너지 보존 법칙'과 뒤의 '것'을 연결하고 있습니다. 뒤에 나오는 '것'이 앞에 나오는 법칙 등에 위배된다는 의미입니다. 이미지로 생각해 보면 다음과 같은 관계입니다.

열과 일의 등가성 & 에너지 보존 법칙

것

| 선택지를 입체적으로 조망 |

④ ㉣ : 그는 상식에 어긋나는 일을 한 적이 없다.

○ 주어진 '어긋나는'은 그 앞의 '상식'과 뒤의 '일'을 연결하고 있습니다. 뒤에 나오는 '일'은 '상식'에서 벗어나는 것입니다. 이미지로 생각해 보면 다음과 같은 관계입니다.

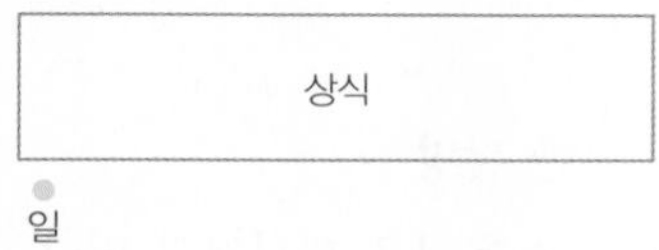

답 ④

Day 08

이해의 암기 : 정답이 보이는 **수능 기출 코드 6~7**

기출문제에 자주 등장하는 '조건 분석 → 근거 축소'의 몇 가지 유형을 암기하기 좋은 형태로 정리했습니다. 물론 수학 공식처럼 외우면 안 되고 반복적인 연습을 통해서 저절로 외워지도록 해야 합니다. 정말 외우겠다고 책상 앞에 붙여 놓거나 하지 맙시다. 제발!

006 내용 전개 **방식**

원리 이해

수능에 항상 출제되는 유형입니다. 글의 세부 내용에서 답이 나올 수도 있고, 글 전체를 크게 봤을 때 답이 나올 수도 있는 유형입니다. 독해 과정에서 글의 구조를 파악하되 각 세부적인 내용을 물었을 때 빠르게 찾아갈 수 있어야 하겠습니다.

지금까지 수능에 출제된 문제를 살펴보면 이러한 유형의 문제를 해결하기 위해서는 가장 먼저 선택지 중 어느 것의 일치/불일치를 판단할지 선택해야 합니다. 가령 '권위 있는 학자의 의견을 통해 글쓴이의 주장을 강화하고 있다.'라는 선택지를 판단하는 경우를 생각해 봅시다. 선택지를 나누어 생각하면 '권위 있는 학자의 의견 + 글쓴이의 주장 강화' 이렇게 두 개로 분리됩니다. 둘 중 무엇에 집중해야 할까요? 먼저 1단계는 '권위 있는 학자의 의견이 등장하는지' 여부입니다. 지문에 권위 있는 학자 및 그의 의견이 등장하는지 여부는 글을 정확히 이해하지 못했더라도 판단하기 쉽습니다. 그러나 그다음 2단계인 '글쓴이의 주장이 강화되었는지' 여부는 글을 이해하여야 판단할 수 있는 문제입니다.

대개는 1단계에서 답이 나오게 되어 있습니다. 따라서 2단계까지 끌고 가지 말고 **1단계에 제시된 요소들이 지문에 '있느냐/없느냐'를 확인하는 것이 간편**합니다.

아래는 수능에 자주 출제되는 내용 전개 방식에 대한 선택지들입니다. 미리 알아 두면 좋을 전개 방식과 더불어 표시해 두었습니다.

[정의] – 범위 규정, 본질에 대한 설명

① 소비자의 개념을 정의하고 그 유형을 제시하고 있다.

② 근대 도시와 영화의 개념을 정의한 후, 근대 도시의 복합적 특성을 밝힌 벤야민의 견해에

대해 그 의의와 한계를 평가하고 있다.

④ 작가주의의 개념을 설명한 뒤 구체적인 사례와 관련지어 그 의의를 소개하고 있다.

[비교, 대조] – 둘 이상의 사물의 비슷한 점 또는 다른 점을 견주어 설명

③ 작가주의와 그에 대립하는 비평 이론을 구체적인 예를 통해 서로 비교하고 있다.

② 후대 작가의 작품과의 비교를 통해 작품에 대한 이해를 확장하고 있다.

* 주의할 점

④ 소비자 권익 실현을 위한 두 정책에 대해 소개하면서 각각의 기능을 밝히고 있다.

◎ 두 가지 이상의 사물이 제시되더라도 이들의 비슷한 점이나 다른 점을 견주어 설명하는 것이 아니라, 단순히 병렬적으로 나열하거나 각각을 소개하는 방식이라면 이를 비교, 대조했다고 할 수 없습니다.

[유추] – 둘 이상의 사물이 여러 측면에서 비슷하다는 점을 근거로 다른 속성도 유사할 것이라 추론하여 설명

③ 소비자와 기업의 관계를 유사한 사례에 빗대어 기술하고 있다.

[통시] – 시간의 흐름에 따른 설명

① 작가주의에서 쟁점이 되는 부분을 시간의 흐름에 따라 설명하고 있다.

③ 귀납의 위상이 격상되어 온 과정을 역사적으로 고찰하고 있다.

⑤ (나)와 달리 (가)는 특정한 철학적 방법의 통시적인 변화 과정을 적용하여 철학사를 단계적으로 설명하고 있다.

[예시] – 구체적인 예를 들어 일반적, 추상적 진술의 타당성을 뒷받침하는 설명

① 구체적인 작품을 사례로 제시하며 작가의 삶과 작품 세계를 설명하고 있다.

⑤ 특정한 국제적 기준의 설정 주체가 바뀐 사례를 서술하며 국제 사회에서 규범 설정 주체가 지닌 특징을 분석하고 있다.

[인과] – 어떤 현상의 원인과 결과를 설명

⑤ 동양과 서양의 지식인들이 서로 영향을 주고받으며 인체관을 정립하는 과정을 인과적으로 설명하고 있다.

[한계, 대안 제시] – 특정 사물의 한계를 설명하거나 그 뒤 대안을 제시하는 설명

⑤ 대상의 단점을 나열하고 새로운 방식의 필요성을 제기하고 있다.

⑤ 귀납에 내재된 논리적 한계와 그에 대한 해소 방안을 검토하고 있다.

② 근대 도시와 영화의 개념을 정의한 후, 근대 도시의 복합적 특성을 밝힌 벤야민의 견해에 대해 그 의의와 한계를 평가하고 있다.

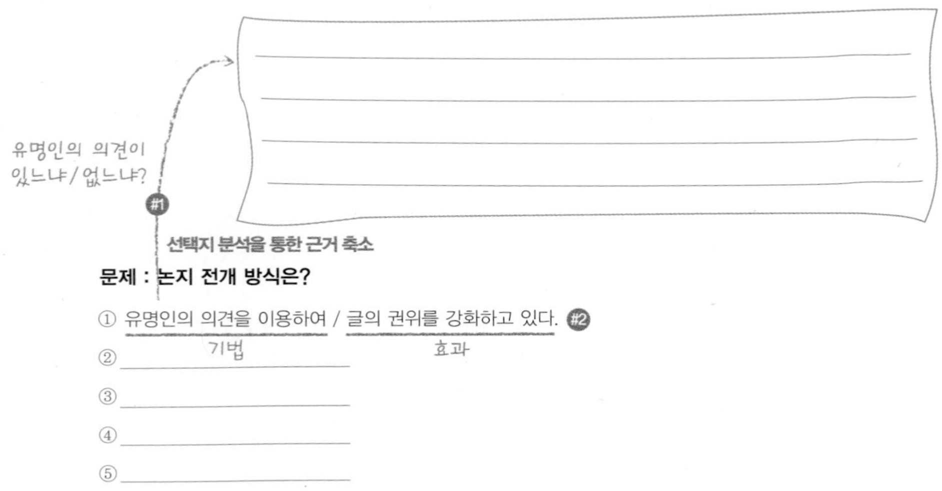

#1 선택지는 대개 '기법 + 효과'의 구성으로 이루어지는데, 우리는 기법만을 체크해서 이것이 글에 있느냐/없느냐만 판단하면 됩니다.

#2 선택지에 제시된 기법이 모두 지문에 존재한다면 그 이후 2단계로서 효과도 검토해야 되지만, 그런 상황은 거의 생기지 않습니다.

이해의 암기

예제 · 01

22 9월 평가원모의

가 1 광고는 시장의 형태 중 독점적 경쟁 시장에서 그 효과가 크다. 독점적 경쟁 시장은, 유사하지만 차별적인 상품을 다수의 판매자가 경쟁하며 판매하는 시장이다. 각 판매자는 자신이 공급하는 상품을 구매자가 차별적으로 인지하고 선호할 수 있도록 하기 위해 광고를 이용한다. 판매자에게 그러한 차별적 인지와 선호가 중요한 이유는, 이를 통해 판매자가 자신의 상품을 원하는 구매자에 대해 누리는 독점적 지위를 강화할 수 있기 때문이다.

2 일반적으로 독점적 지위를 누린다는 것은 상품의 가격을 결정할 수 있는 힘이 있다는 의미이다. 그럼에도 불구하고 판매자는 구매자의 수요를 고려해야 한다. 대체로 구매자는 상품의 물량이 많을 때보다 적을 때 높은 가격을 지불하고자 하기 때문에, 판매자는 공급량을 감소시킴으로써 더 높은 가격을 책정할 수 있다. 독점적 경쟁 시장의 판매자도 이러한 지위 덕분에 상품에 차별성이 없는 경우를

가정할 때보다 다소 비싼 가격에 상품을 판매하는 경향이 있다. 그러나 그 결과 독점적 경쟁 시장의 판매자가 단기적으로 이윤을 보더라도, 그 이윤이 지속되리라 기대할 수는 없다. 이윤을 보는 판매자가 있으면 그러한 이윤에 이끌려 약간 다른 상품을 공급하는 신규 판매자의 수가 장기적으로 증가하고, 그 결과 기존 판매자가 공급하던 상품에 대한 수요는 감소하여 이윤이 줄어들 것이기 때문이다.

3 판매자가 광고를 통해 상품의 차별성을 알리는 대표적인 방법은 상품에 대한 정보를 전달하는 것이다. 하지만 많은 비용을 들인 것으로 보이는 광고만으로도 상품의 차별성을 부각할 수 있다. 판매자가 경쟁력에 자신 없는 상품에 많은 광고 비용을 지출하지 않을 것이라는 구매자의 추측을 유도하는 것이 이 광고 방법의 목적이다. 가격이 변화할 때 구매자의 상품 수요량이 변하는 정도를 수요의 가격 탄력성이라 하는데, 구매자가 자신이 선호하는 상품이 차별화되었다고 느낄수록 수요의 가격 탄력성은 감소한다. 이처럼 구매자가 특정 상품에 갖는 충성도가 높아지면, 판매자의 독점적 지위는 강화된다. 판매자는 이렇게 광고가 경쟁을 제한하는 효과를 노린다. 독점적 경쟁 시장에 진입하는 신규 판매자도 상품의 차별성을 강조함으로써 독점적 지위를 확보하고자 광고를 빈번하게 이용한다.

(나) 1 광고는 광고주인 판매자의 이윤 추구 수단으로 기획되지만, 그러한 광고가 광고주의 의도와 상관없이 시장에 영향을 끼치기도 한다. 우선 광고가 독점적 경쟁 시장의 판매자 간 경쟁을 촉진할 수 있다. 이러한 효과는 광고를 통해 상품 정보에 노출된 구매자가 상품의 품질이나 가격에 예민해질 때 발생한다. 특히 구매자가 가격에 민감하게 수요량을 바꾼다면, 판매자는 경쟁 상품의 가격을 더욱 고려하게 되어 가격 경쟁에 돌입하게 된다. 또한 경쟁은 신규 판매자가 광고를 통해 신상품을 쉽게 홍보하고 시장에 진입할 수 있게 됨으로써 촉진된다. 더 많은 판매자가 시장에서 경쟁하게 되면 각 판매자의 독점적 지위는 약화되고, 구매자는 더 다양한 상품을 높지 않은 가격에 구매할 수 있게 된다.

2 광고가 특정한 상품에 대한 독점적 경쟁 시장을 넘어서 경제와 사회 전반에 영향을 주기도 한다. 개별 광고가 구매자의 내면에 잠재된 필요나 욕구를 환기하여 대상 상품에 대한 소비를 촉진하는 효과가 합쳐지면 경제 전반에 선순환을 기대할 수 있다. 경제에 광고가 없는 상황을 가정할 때와 비교하면 광고는 쓰던 상품을 새 상품으로 대체하고 싶은 소비자의 욕구를 강화하고, 신상품이 인기를 누리는 유행 주기를 단축하여 소비를 증가시킬 수 있다. 촉진된 소비는 생산 활동을 자극한다. 상품의 생산에는 근로자의 노동, 기계나 설비 같은 생산 요소가 들어가므로, 생산 활동이 증가하면 결과적으로 고용이나 투자가 증가한다. 고용 및 투자의 증가는 근로자이거나 투자자인 구매자의 소득을 증가시킬 수 있다. 경제 전반의 소득이 증가할 때 소비가 증가하는 정도를 한계 소비 성향이라고 하는데, 한계 소비 성향은 양(+)의 값이어서, 경제 전반의 소득 수준이 향상되면 소비가 증가하게 된다.

3 하지만 광고의 소비 촉진 효과는 환경 오염을 우려하는 사람들에게 비판의 대상이 되기도 한다. 소비뿐만 아니라 소비로 촉진된 생산 활동에서도 환경 오염이 발생하기 때문이다. 환경 오염을 적절한 수준으로 줄이기에 충분한 비용을 판매자나 구매자가 지불할 가능성은 낮으므로, 대부분의 경우에 환경 오염은 심할 수밖에 없다.

가, 나에 대한 설명으로 가장 적절한 것은?

① 가는 광고의 개념을 정의하고 광고가 시장에서 차지하는 위상을 소개하고 있다.

② 가는 광고가 판매자에게 중요한 이유를 제시하고 판매자가 광고를 통해 얻으려는 효과를 설명하고 있다.

③ 나는 광고의 영향에 대한 다양한 견해를 소개하고 각각의 견해가 안고 있는 한계점을 지적하고 있다.

④ 나는 광고가 구매자에게 수용되는 과정을 제시하고 구매자가 광고를 수용할 때의 유의점을 나열하고 있다.

⑤ 가와 나는 모두 구매자가 상품을 선택하는 기준을 제시하고 광고와 관련된 제도 마련의 필요성을 강조하고 있다.

② 가는 광고가 판매자에게 중요한 이유를 제시하고 판매자가 광고를 통해 얻으려는 효과를 설명하고 있다.

가 1-3 각 판매자는 자신이 공급하는 상품을 구매자가 차별적으로 인지하고 선호할 수 있도록 하기 위해 광고를 이용한다. 판매자에게 그러한 차별적 인지와 선호가 중요한 이유는, 이를 통해 판매자가 자신의 상품을 원하는 구매자에 대해 누리는 독점적 지위를 강화할 수 있기 때문이다.

◎ 판매자가 광고를 하는 것은 구매자가 상품을 차별적으로 인지하고 선호할 수 있도록 하기 위함이고, 판매자에게 그러한 차별적 인지와 선호가 중요하다고 서술합니다. 따라서 판매자에게 광고가 중요하다는 점을 알 수 있고 그 이유는 차별적 선호와 인지를 통한 독점적 지위 강화에 있음을 알 수 있습니다.

가 3-5 이처럼 구매자가 특정 상품에 갖는 충성도가 높아지면, 판매자의 독점적 지위는 강화된다. 판매자는 이렇게 광고가 경쟁을 제한하는 효과를 노린다. 독점적 경쟁 시장에 진입하는 신규 판매자도 상품의 차별성을 강조함으로써 독점적 지위를 확보하고자 광고를 빈번하게 이용한다.

◎ 기존 독점적 지위에 있는 판매자뿐만 아니라 신규 판매자가 광고를 통해 얻고자 하는 효과가 무엇인지에 대해 서술합니다.

최근에는 두 지문을 연계하여 출제하는 문제에서 각 전개 방식을 비교하여 제시하는 문제가 출제되고 있습니다. 정확한 독해를 통해 전개 방식을 파악했다면 어렵지 않은 문제로 보입니다. 이외 나머지 선택지들은 키워드만 확인하고 넘어가도록 합시다. 각 키워드에 해당하는 내용이 각 지문에 존재하지 않기 때문에 답이 될 수 없습니다.

다시 한번 말하지만, 가령 선택지 ①의 경우에는 '광고의 개념 정의'가 존재하는지 여부(있느냐/없느냐)를 우선 판단해야 합니다.

① 가는 광고의 개념을 정의하고 광고가 시장에서 차지하는 위상을 소개하고 있다.

③ 나는 광고의 영향에 대한 다양한 견해를 소개하고 각각의 견해가 안고 있는 한계점을 지적하고 있다.

④ 나는 광고가 구매자에게 수용되는 과정을 제시하고 구매자가 광고를 수용할 때의 유의점을 나열하고 있다.

⑤ 가와 나는 모두 구매자가 상품을 선택하는 기준을 제시하고 광고와 관련된 제도 마련의 필요성을 강조하고 있다.

답 ②

예제 · 02

15 수능 B형

1 사회 이론은 사회 구조나 사회적 상호 작용을 연구하는 이론들을 통칭한다. 사회 이론은 과학적 방법을 적용하면서도 연구 대상뿐 아니라 이론 자체가 사회 상황이나 역사적 조건에 긴밀히 연관된다는 특징을 지닌다. 19세기의 시민 사회론을 이야기할 때 그 시대를 함께 살펴보게 되는 것도 바로 이와 같은 이유 때문이다.

2 시민 사회라는 용어는 17세기에 등장했지만, 19세기 초에 이를 국가와 구분하여 개념적으로 정교화한 인물이 헤겔이다. 그가 활동하던 시기에 유럽의 후진국인 프러시아에는 절대주의 시대의 잔재가 아직 남아 있었다. 산업 자본주의도 미성숙했던 때여서, 산업화를 추진하고 자본가들을 육성하며 심각한 빈부 격차나 계급 갈등 등의 사회 문제를 해결해야 하는 시대적 과제가 있었다. 그는 사익의 극대화가 국부(國富)를 증대해 준다는 점에서 공리주의를 긍정했으나, 그것이 시민 사회 내에서 개인들의 무한한 사익 추구가 일으키는 빈부 격차나 계급 갈등을 해결할 수는 없다고 보았다. 그는 시민 사회가 개인들이 사적 욕구를 추구하며 살아가는 생활 영역이자 그 욕구를 사회적 의존 관계 속에서 추구하게 하는 공동체적 윤리성의 영역이어야 한다고 생각했다. 특히 시민 사회 내에서 사익 조정과 공익 실현에 기여하는 직업 단체와 복지 및 치안 문제를 해결하는 복지 행정 조직의 역할을 설정하면서, 이 두 기구가 시민 사회를 이상적인 국가로 이끌 연결 고리가 될 것으로 기대했다. 하지만 빈곤과 계급 갈등은 시민 사회 내에서 근원적으로 해결될 수 없는 것이었다. 따라서 그는 국가를 사회 문제를 해결하고 공적 질서를 확립할 최종 주체로 설정하면서 시민 사회가 국가에 협력해야 한다고 생각했다.

3 한편 1789년 프랑스 혁명 이후 프랑스 사회는 혁명을 이끌었던 계몽주의자들의 기대와는 다른 모습을 보이고 있었다. 사회는 사익을 추구하는 파편화된 개인들의 각축장이 되어 있었고 빈부 격차와 계급 갈등은 격화된 상태였다. 이러한 혼란을 극복하기 위해 노동자 단체와 고용주 단체 모두를 불법으로 규정한 르 샤플리에 법이 1791년부터 약 90년간 시행되었으나, 이 법은 분출되는 사익의 추구를 억제하지도 못하면서 오히려 프랑스 시민 사회를 극도로 위축시켰다. 뒤르켐은 이러한 상황을 아노미, 곧 무규범 상태로 파악하고 최대 다수의 최대 행복을 표방하는 공리주의가 사실은 개인의 이기

심을 전제로 하고 있기에 아노미를 조장할 뿐이라고 생각했다. 그는 사익을 조정하고 공익과 공동체적 연대를 실현할 도덕적 개인주의의 규범에 주목하면서, 이를 수행할 주체로서 직업 단체의 역할을 강조하였다. 국가의 역할을 강조한 헤겔의 영향을 받았음에도 불구하고, 뒤르켐은 직업 단체가 정치적 중간 집단으로서 구성원의 이해관계를 국가에 전달하는 한편 국가를 견제해야 한다고 보았던 것이다.

4 헤겔과 뒤르켐은 시민 사회를 배경으로 직업 단체의 역할과 기능을 연구했다는 공통점이 있었다. 하지만 직업 단체에 대한 두 사람의 생각은 달랐다. 이러한 차이는 두 학자의 시민 사회론이 철저하게 시대의 산물이라는 점을 보여 준다. 이들의 이론은 과학적 연구로서 객관적으로 타당하다는 평가를 받기도 하지만, 이론이 갖는 객관적 속성은 그 이론이 마주 선 현실의 문제 상황이나 이론가의 주관적인 문제의식으로부터 근본적으로 자유로울 수는 없는 것이다.

윗글의 내용 전개 방식에 대한 설명으로 가장 적절한 것은?

① 논지를 제시한 후, 대표적인 사례를 검토하는 과정을 통해 주제를 명료화하고 있다.
② 화제를 소개한 후, 예외적인 사례를 배제하는 과정을 통해 주제를 일반화하고 있다.
③ 주장을 제시한 후, 예상되는 반증 사례를 검토하는 과정을 통해 주제를 강화하고 있다.
④ 쟁점을 도출한 후, 각 주장의 근거 사례를 비교 평가하는 과정을 통해 주제를 정당화하고 있다.
⑤ 주제를 제시한 후, 동일한 사례를 다른 관점에서 분석하는 과정을 통해 주제를 초점화하고 있다.

일단 답이 아닌 선택지가 왜 답이 아닌지 생각해 봅시다.

② 예외적인 사례를 제시하고 있지 않다.
③ 예상되는 반증 사례가 없다.
④ '각 주장'이라고 말하려면 적어도 하나 이상의 주장이 있어야 하는데 그렇지 않다.
⑤ 동일한 사례가 아니라 다른 사례이다.

앞 문제에서 언급했던 것처럼, 1차적으로 객관적 판단이 가능한 부분을 우선 검토한 후, 2차적으로 그것에 따라 얻어지는 효과를 판단합니다. 가령 선택지 ②의 경우, 일단 예외적인 사례가 있어야 그것을 배제하든 주제를 일반화하든 하게 될 것인데, 지문에서 예외적인 사례를 제시하고 있지 않으니 1차적 판단에서부터 차단되는 것입니다.

① 논지를 제시한 후, 대표적인 사례를 검토하는 과정을 통해 주제를 명료화하고 있다.

해당 지문은 『나쁜국어 **독해기술**』에서 언급한 글의 전개 방식 중 글의 흐름이 바뀌지 않는 형태입니다. 논지가 바뀌지 않는 전개 방식 중 주장을 앞에서 한 번 하고, 예시나 설명 등을 통해서 근거를 제시하다가 마지막에 다시 한번 정리해 주는 형식입니다.

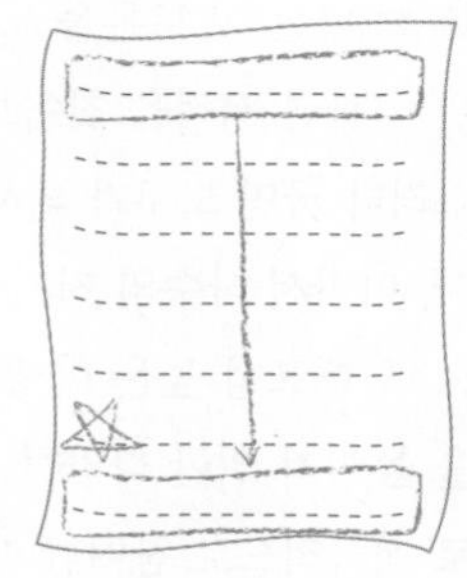

가장 앞에서 먼저 "사회 이론은 과학적 방법을 적용하면서도 연구 대상뿐 아니라 이론 자체가 사회 상황이나 역사적 조건에 긴밀히 연관된다는 특징을 지닌다."라고 논지를 제시하고 → 헤겔 사례, 뒤르켐 사례 → "이론이 갖는 객관적 속성은 그 이론이 마주 선 현실의 문제 상황이나 이론가의 주관적인 문제의식으로부터 근본적으로 자유로울 수는 없는 것이다."라고 하여 가장 앞에서 제시한 논지를 다시 반복합니다. 대개는 주장을 뒤에서 다시 반복해 주면, 앞의 주장을 '강조하게' 되고, '심화하게' 되고, '명료하게' 합니다(당연한 속성).

그렇지만 이 선택지에 손이 가는 것은 '대표적인 사례 검토'가 바로 보이기 때문입니다. 객관적으로 판단 가능한 부분이 우선 만족된다면 그것에 따른 효과는 크게 틀린 점이 없는지 정도만 확인하면 됩니다.

답 ①

예제 · 03 ◎ 19 9월 평가원모의

1 이번 토론회는 대표성 높은 학생회장을 선출하기 위해 개최된 것이다. 토론에 대한 의견을 밝혀 학교의 중요한 의사 결정에 참여하고자 한다.

2 찬성 측은 입론에서 결선 투표제를 도입하면 과반을 득표한 사람이 학생회장으로 선출되므로 대표성을 갖게 된다고 주장한다. 그런데 사회 시간에 배운 A 나라는 결선 투표제를 실시했지만 1차 투표율보다 결선 투표율이 낮아 당선자의 득표율은 전체 유권자의 34%였다. 결국 당선자는 전체 유권자의 34%만의 대표성을 얻은 것이다. 따라서 투표율이 낮은 경우, 찬성 측의 근거는 타당하지 않다고 생각한다. 한편, 반대 측은 입론에서 단순 다수제가 1회만 투표하므로 더 신중하게 투표권을 행사하는 민주적 절차라고 주장하나, 주장과 근거의 관련성이 입증되지 않아 설득력이 부족하다. 또한 우리 학교는 현재 이 제도를 시행하고 있지만 투표율이 낮은 문제 상황이 발생하여 이 토론이 시작된 것이다. 반대 측은 투표율이 낮은 문제 상황은 인식하고 있지만 현 제도를 유지할 때 문제 상황을 해결할 방안을 제시하지 않아 자신의 주장을 뒷받침할 근거를 보여 주지 못하였다.

3 토론 단계에 따른 발언의 적합성에 대해 살펴보면, 입론 단계에서 반대 측은 상대측의 주장을 반박하며 자신의 주장을 강화할 수 있다. 이 토론에서 반대 측은 상대측이 주장하는 투표 제도를 도입할 때 발생할 수 있는 문제점을 지적하고 있다. 이는 상대측의 주장을 반박하며 자신의 주장을 강화하는 것이므로 입론 단계에 적합하다. 한편, 반론 단계에서 반대 측은 찬성 측이 제시한 투표 제도의 도입으로 생기는 담합의 가능성을 문제점으로 제시한다. 그런데 상대측과는 달리 사례나 증거를 들어 자신의 주장을 입증하지 못하고 있으므로 적합하지 않다.

4 나는 이 토론을 보면서 '대표성은 어떻게 생기는 것일까?'에 대한 의문이 들었다. 이를 해결하기 위해 관련 서적을 찾아보니 국민은 국가의 의사를 최종적으로 결정하는 주권을 가지고 있다고 한다. 그러나 국민 모두가 의사 결정에 직접 참여할 수 없으므로 선거를 통해 의사 결정을 할 사람을 선출한다. 따라서 다수의 지지를 받을수록 당선자의 대표성은 높아진다.

5 대표성 높은 학생회장을 선출하기 위해서는 선거 방식 개선에 대한 논쟁도 중요하지만 투표율을 높이기 위한 다양한 해결 방안의 모색이 필요하다고 생각한다. 투표는 권리이자 의무라는 생각으로 적극적으로 참여할 때, 우리는 대표성 높은 후보자를 선출하게 될 것이다.

6 이번 토론회는 토론 참여자와 청중 모두에게 민주적 의사 결정의 과정을 경험하게 해 준 의미 있는 시간이었다. 학교의 중요한 문제 해결을 위해 논쟁하고 공동체의 일원으로서 의견을 나누는 것은 민주적 의사소통의 첫걸음이라고 생각한다.

다음은 윗글을 쓰기 위한 글쓰기 계획이다. 윗글에 반영되지 않은 것은?

- 토론회가 개최된 목적과 관련하여 글을 쓴 동기를 밝히며 글을 시작해야겠어. ······ ①
- 찬성 측의 발언 내용에 대해 배경지식을 가지고 판단한 내 생각을 써야겠어. ······ ②
- 토론을 들으며 생긴 의문점에 대해 자료를 찾아 정리한 내 생각을 써야겠어. ······ ③
- 찬반 양측의 입장 중 내 입장을 선택하고, 내 입장과 반대되는 주장에 대한 비판의 내용을 담아야겠어. ······ ④
- 토론회의 의의에 대해 내 생각을 밝히고, 문제 해결의 과정에서 토론의 필요성을 제시하며 글을 마무리해야겠어. ······ ⑤

④ 찬반 양측의 입장 중 내 입장을 선택하고, 내 입장과 반대되는 주장에 대한 비판의 내용을 담아야겠어.

3 토론 단계에 따른 발언의 적합성에 대해 살펴보면, 입론 단계에서 반대 측은 상대 측의 주장을 반박하며 자신의 주장을 강화할 수 있다. 이 토론에서 반대 측은 상대측이 주장하는 투표 제도를 도입할 때 발생할 수 있는 문제점을 지적하고 있다. 이는 상대측의 주장을 반박하며 자신의 주장을 강화하는 것이므로 입론 단계에 적합하다. 한편, 반론 단계에서 반대 측은 찬성 측이 제시한 투표 제도의 도입으로 생기는 담합의 가능성을 문제점으로 제시한다. 그런데 상대측과는 달리 사례나 증거를 들어 자신의 주장을 입증하지 못하고 있으므로 적합하지 않다.

선택지에서는 찬반 양측 중 입장을 선택하고 반대 입장을 비판한다는 두 가지 방향을 제시하고 있습니다. 그런데 우선 지문에서 글쓴이는 찬반 양측 중 어떤 입장을 선택하고 있지 않으니, 선택지 ④는 지문에 반영되지 않은 글쓰기 계획으로 정답이 됩니다. 발췌한 지문 앞부분에서도 글쓴이는 찬반 양측을 균형 있는 관점에서 비판하며 어떤 한 입장을 선택하고 있지 않습니다.

① 토론회가 개최된 목적과 관련하여 글을 쓴 동기를 밝히며 글을 시작해야겠어.

1 이번 토론회는 대표성 높은 학생회장을 선출하기 위해 개최된 것이다. 토론에 대한 의견을 밝혀 학교의 중요한 의사 결정에 참여하고자 한다.

② 찬성 측의 발언 내용에 대해 배경지식을 가지고 판단한 내 생각을 써야겠어.

2-1 찬성 측은 입론에서 결선 투표제를 도입하면 과반을 득표한 사람이 학생회장으로 선출되므로 대표성을 갖게 된다고 주장한다. 그런데 사회 시간에 배운 A 나라는 결선 투표제를 실시했지만 1차 투표율보다 결선 투표율이 낮아 당선자의 득표율은 전체 유권자의 34%였다. 결국 당선자는 전체 유권자의 34%만의 대표성을 얻은 것이다. 따라서 투표율이 낮은 경우, 찬성 측의 근거는 타당하지 않다고 생각한다.

③ 토론을 들으며 생긴 의문점에 대해 자료를 찾아 정리한 내 생각을 써야겠어.

4 나는 이 토론을 보면서 '대표성은 어떻게 생기는 것일까?'에 대한 의문이 들었다. 이를 해결하기 위해 관련 서적을 찾아보니 국민은 국가의 의사를 최종적으로 결정하는 주권을 가지고 있다고 한다. 그러나 국민 모두가 의사 결정에 직접 참여할 수 없으므로 선거를 통해 의사 결정을 할 사람을 선출한다. 따라서 다수의 지지를 받을수록 당선자의 대표성은 높아진다.

⑤ 토론회의 의의에 대해 내 생각을 밝히고, 문제 해결의 과정에서 토론의 필요성을 제시하며 글을 마무리해야겠어.

6 이번 토론회는 토론 참여자와 청중 모두에게 민주적 의사 결정의 과정을 경험하게 해 준 의미 있는 시간이었다. 학교의 중요한 문제 해결을 위해 논쟁하고 공동체의 일원으로서 의견을 나누는 것은 민주적 의사소통의 첫걸음이라고 생각한다.

답 ④

007 관점 : 지문의 관점 & 〈보기〉의 관점

원리 이해

관점 문제는 두 가지 방향으로 생각의 틀을 조직할 수 있습니다. (1) 지문의 관점을 통해서 문제를 바라보는 경우와, (2) 문제에서 새로운 관점을 제시해 주고 그 관점을 통해 지문을 바라보는 경우입니다. 그렇다면 선택지는 무엇을 따라가게 될까요? Ⓐ 관점으로 Ⓑ를 바라볼 때 적절한 것을 묻게 된다면 분명 Ⓐ 관점을 대변해 주는 선택지가 답이 되게 됩니다. 나머지 선택지는 Ⓑ의 관점이거나 전혀 관련이 없는 내용이거나 할 것입니다. 조금만 논리적으로 생각하면 어려울 것이 없습니다.

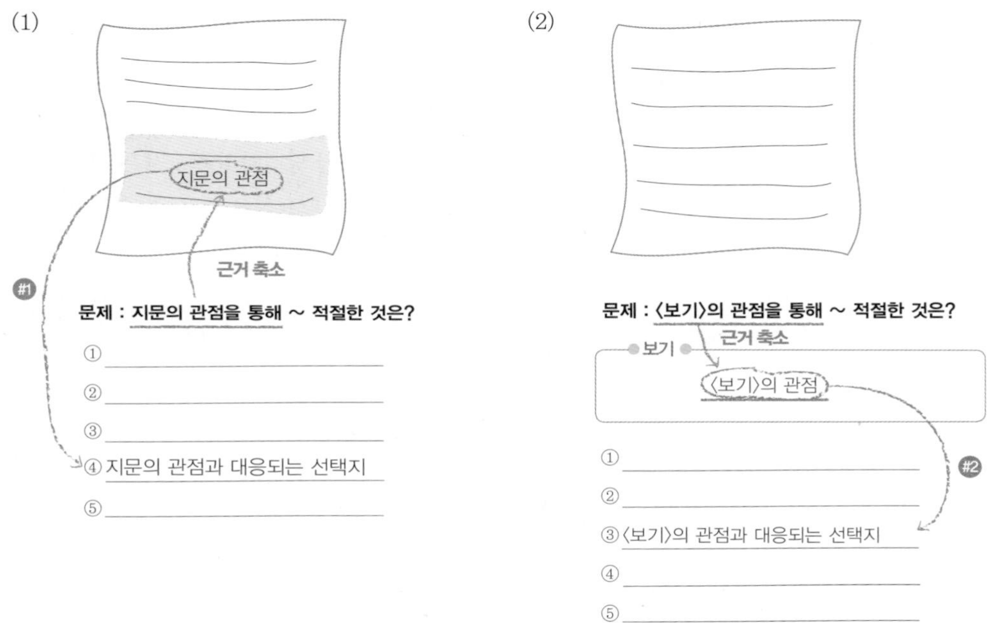

#1 이 경우에 근거는 '지문의 관점'이 됩니다. 지문의 관점을 통해 〈보기〉를 비판하든 국을 끓여 먹든(?) 답이 되는 선택지는 '지문의 관점'과 필히 대응되어야 합니다.

#2 이 경우는 이제 '〈보기〉의 관점'을 (1)의 '지문의 관점'과 같이 생각하면 됩니다.

이해의 암기

예제 • 01

11 수능

1 거센 바람이 불고 화재가 잇따르자 정(鄭)나라의 재상 자산(子産)에게 측근 인사가 하늘에 제사를 지내라고 요청했지만, 자산은 "천도(天道)는 멀고, 인도(人道)는 가깝다."라며 거절했다. 그가 보기에 인간에게 일어나는 일은 더 이상 하늘의 뜻이 아니었고, 자연 변화 또한 인간의 화복(禍福)과는 거리가 멀었다. 인간이 자연 변화를 파악하면 얼마든지 재난을 대비할 수 있고, 인간사는 인간 스스로 해결할

문제라 생각한 것이다. 이러한 생각에 기초하여 그는 인간의 문제 해결 범위를 확대했고, 정나라의 현실 문제를 극복하고자 하였다.

2 그가 살았던 정나라는 요충지에 위치한 작은 나라였기 때문에 춘추 초기부터 제후국의 쟁탈 대상이었고, 실제로 다른 나라의 침략을 받기도 하였다. 춘추 중기에는 귀족 간의 정치 투쟁이 벌어져 자산이 집정(執政)하기 직전까지도 정변이 이어졌다. 따라서 귀족 정치의 위기를 수습하고 부국강병을 통해 강대한 제후국의 지배를 받지 않는 것이 정나라와 자산에게 부여된 과제였다. 그래서 그는 집권과 동시에 귀족에게 집중됐던 정치적, 경제적 특권을 약화시키는 데 초점을 맞춰 개혁을 추진하였다.

3 그는 귀족이 독점하던 토지를 백성들도 소유할 수 있게 하였고, 이것을 문서화하여 세금을 부과하였다. 이에 따라 백성들은 개간(開墾)을 통해 경작지를 늘려 생산을 증대하였고, 국가는 경작지를 계량하고 등록함으로써 민부(民富)를 국부(國富)로 연결시켰다. 아울러 그는 중간 계급도 정치 득실을 논할 수 있도록 하여 귀족들의 정치 기반을 약화시키는 한편, 중국 역사상 처음으로 형법을 성문화하여 정(鼎)* 에 새김으로써 모든 백성이 법을 알고 법에 따라 처신하게 하는 법치의 체계를 세웠다. 성문법 도입은 귀족의 임의적인 법 제정과 집행을 막아 그들의 지배력을 약화시키는 조치였으므로 당시 귀족들은 이 개혁 조치에 반발하였다.

4 귀족의 반대를 무릅쓰고 단행한 자산의 개혁 조치에 따라 정나라는 부국강병을 이루었다. 그리고 법을 알려면 글을 알아야 하기 때문에, 성문법 도입은 백성들도 교육을 받을 수 있는 계기가 되는 등 그의 개혁 조치는 이전보다 상대적으로 백성의 위상(位相)을 높였다. 하지만 그의 개혁은 힘에만 의존하여 다스리는 역치(力治)의 가능성이 농후(濃厚)하였고, 결국 국가의 엄한 형벌과 과중한 세금 수취로 이어지는 폐단을 낳기도 했다.

* 정 : 발이 셋이고 귀가 둘 달린 솥.

<보기>의 입장에서 윗글의 자산을 평가한 것으로 가장 적절한 것은?

보기

노자(老子)는, 만물의 생성과 변화는 자연스럽고 무의지적이지만, 스스로의 작용에 의해 극대화된다고 보았다. 인간도 이러한 자연의 원리에 따라 삶을 영위해야 한다고 보아 통치자의 무위(無爲)를 강조하였다. 또한 사회의 도덕, 법률, 제도 등은 모두 인간의 삶을 인위적으로 규정하는 허위라 파악하고, 그것의 해체를 주장하였다.

① 인간의 문제를 스스로 해결하겠다는 시도는 결국 현실 사회를 허위로 가득 차게 할 것이다.
② 자연이 인간의 화복을 주관하지 않는다는 생각은 자연의 의지에 반하는 것이다.
③ 현실주의적 개혁은 궁극적으로 백성들에게 안정과 혜택을 줄 것이다.
④ 사회 제도에 의거하는 정치 개혁은 사회 발전을 극대화할 것이다.
⑤ 사회 규범의 법제화는 자발적인 도덕의 실현으로 이어질 것이다.

조건 분석

Ⓐ〈보기〉의 입장에서 Ⓑ윗글의 자산을 평가한 것으로 가장 적절한 것은?

◎ 지문 속 자산의 입장에서 생각하는 것이 아니라 〈보기〉의 노자 입장에서 생각하는 것입니다. 이런 경우 대개 지문의 인물과 〈보기〉의 인물은 반대되는 생각을 가지고 있고, 〈보기〉의 인물이 지문의 인물을 비판하는 식의 선택지가 답이 되는 경우가 많습니다.

근거 축소

① 인간의 문제를 스스로 해결하겠다는 시도는 결국 현실 사회를 허위로 가득 차게 할 것이다.

[Ⓐ 〈보기〉의 노자] 노자(老子)는, 만물의 생성과 변화는 자연스럽고 무의지적이지만, 스스로의 작용에 의해 극대화된다고 보았다. 인간도 이러한 자연의 원리에 따라 삶을 영위해야 한다고 보아 통치자의 무위(無爲)를 강조하였다. 또한 사회의 도덕, 법률, 제도 등은 모두 인간의 삶을 인위적으로 규정하는 허위라 파악하고, 그것의 해체를 주장하였다.

[Ⓑ 지문의 자산] 1-2 그가 보기에 인간에게 일어나는 일은 더 이상 하늘의 뜻이 아니었고, 자연 변화 또한 인간의 화복(禍福)과는 거리가 멀었다. 인간이 자연 변화를 파악하면 얼마든지 재난을 대비할 수 있고, 인간사는 인간 스스로 해결할 문제라 생각한 것이다. 이러한 생각에 기초하여 그는 인간의 문제 해결 범위를 확대했고, 정나라의 현실 문제를 극복하고자 하였다.

◎ 통치자는 가만히 있어야 좋다는 것이 노자의 생각입니다. 따라서 노자가 볼 때 '인간사는 인간 스스로 해결할 문제'라고 생각하는 자산의 행동은 결국 현실 사회를 '허위'로 가득 차게 할 것입니다. 선택지의 문구들은 모두 해당 지문에서 하나씩 가져온 것입니다. 이렇게 지문에 나오는 어휘를 많이 사용한 선택지를 답으로 골라야 합니다.
결국 답이 되는 선택지는 〈보기〉의 관점을 그대로 담아내고 있습니다. **답 ①**

예제 · 02 ◎ 09 6월 평가원모의

1 나는 전에 관동 지방에 유람을 간 일이 있었습니다. 가는 도중에 강 너머 물가를 바라보니 인가가 물가의 산기슭에 자리 잡고 있고, 단풍나무와 떡갈나무가 서 있는데, 그 사이로 초가지붕이 보이고, 아침 햇살이 비쳐드니 서리 내린 나뭇잎이 노랗기도 하고 붉기도 하였습니다. 땔나무를 실은 작은 배와 소금 실은 조각배가 서로 바라보며 오가고, 채소밭과 논두렁이 보였다가 사라졌다 하더군요. 또한 지팡이를 짚고 밭두둑에 멈추어 서 있는 사람, 빗자루를 들고 마당을 쓰는 사람, 어린애를 데리고 동이를 머리에 이고 있는 사람, 나란히 쟁기를 끄는 사람도 있었으며, 닭과 개가 여기저기 나다니고 밥 짓는 연기가 간간이 일어났지요. 자신도 모르게 정신이 내달리고 흥취가 일어나 '훗날 식구들을 데리고 멀리 떠나오면 근심을 잊고 노년을 마칠 수 있겠다.'라고 생각했지요. 돌아오자마자 서둘러 이 이야기를 내 친구인 포원자에게 하였더니, 포원자는 웃으며 이렇게 말했답니다.

2 "그곳은 내가 예전에 몸소 가 보았던 곳이라네. 내가 거기에 가 보니, 마을 앞에는 메마른 자갈밭만 보이고 채소의 싹도 듬성듬성하게만 돋아나 있고 집은 낮은 데다가 비좁아 구부정하게 몸을

구부려야 했었네. 마을 사람이 나에게 이런 말을 했다네. '여름에 장마가 져 강물이 불어나면 전답이 어김없이 물바다가 되어 한 해 동안 애써 농사지은 작물을 서쪽 물결에 보내 버리게 됩지요. 오래도록 가뭄이 계속되면 자갈땅이 후끈 달아올라 온갖 곡식이 바싹 말라 버린답니다. 오직 비와 햇볕이 때에 맞고 들판과 습지의 곡식이 모두 잘 익어야 우리 마을에서는 느긋하게 숨을 내쉬며 근심이 없을 수 있지요.' 그곳에서 하룻밤을 머물렀는데, 아침과 낮에는 그럭저럭 지낼 만하였지만, 어스름이 내린 뒤에는 문을 나가면 호랑이에게 물려가기 때문에 문에 들어서자마자 곧장 호랑이 그물을 친다네. 빗장을 걸어 잠그지 않은 집이 없었고, 이가 없는 집이 없었네. 가려운 데를 긁어대느라 부스럼이 되었고, 밤새도록 잠도 제대로 자지 못하였지. 그때는 정말이지 미친 듯 고함을 지르고 싶었네. 앞서 말한 땔나무와 소금 실은 작은 배, 채소밭과 논둑을 몽땅 다 나에게 주면서 하룻밤을 더 머물라고 부탁해도 나는 머리를 내저으며 서둘러 도망갔을 걸세."

3 이 말은 시골 생활의 괴로움을 깊이 생각하게 할 뿐만 아니라, 실로 먼 곳과 가까운 곳의 차이에 대해 알 수 있게 했습니다.

– 이학규, 〈어떤 사람에게(與某人)〉

윗글을 이해한 학생이 〈보기〉의 서술자에게 할 수 있는 말로 가장 적절한 것은?

보기

도심의 한복판에서 매연과 소음 속에 살아가는 데 지쳤어. 지난여름에 한 번 들렀다가 마음에 품었던 능수산이 생각나는군. 이곳을 떠나 능수산의 울창한 숲과 강물을 보며 여유롭게 살고 싶어.

① 능수산이 정말 여유로운 생활을 보장해 줄까요? 그곳은 그곳대로 당신이 생각지 못했던 문제들이 도사리고 있을 겁니다.

② 섣불리 그곳으로 이주했다가는 나중에 후회할 수 있습니다. 먼저 당신이 진정으로 원하는 삶이 어떤 것인지 생각해 보세요.

③ 누구나 삶의 과정에서 시련의 시기를 거치게 마련입니다. 몸이 머무는 곳이 바뀐다고 해서 당신의 마음까지 변화될 수 있을까요?

④ 현실을 벗어난다고 해서 지금보다 더 나은 삶을 보장받을 수 있을까요? 현실 도피는 당신의 지친 삶을 치유하는 최선책이 아닙니다.

⑤ 사람은 누구나 자신이 살고 있는 곳보다 더 나은 곳을 지향합니다. 당신이 능수산에 가서 살게 되더라도 분명 또 다른 이상향을 꿈꿀 것입니다.

윗글을 이해한 학생이 〈보기〉의 서술자에게 할 수 있는 말로 가장 적절한 것은?

◎ 이번에는 지문의 관점을 〈보기〉에 적용하는 것입니다. 다만 문제 형태가 '윗글을 이해한 학생'이라고 제시된 것입니다.

① 능수산이 정말 여유로운 생활을 보장해 줄까요? 그곳은 그곳대로 당신이 생각지 못했던 문제들이 도사리고 있을 겁니다.

2-11 앞서 말한 땔나무와 소금 실은 작은 배, 채소밭과 논둑을 몽땅 다 나에게 주면서 하룻밤을 더 머물라고 부탁해도 나는 머리를 내저으며 서둘러 도망갔을 걸세."

3 이 말은 시골 생활의 괴로움을 깊이 생각하게 할 뿐만 아니라, 실로 먼 곳과 가까운 곳의 차이에 대해 알 수 있게 했습니다.

| 〈보기〉 분석 |

도심의 한복판에서 매연과 소음 속에 살아가는 데 지쳤어. 지난여름에 한 번 들렀다가 마음에 품었던 능수산이 생각나는군. 이곳을 떠나 능수산의 울창한 숲과 강물을 보며 여유롭게 살고 싶어.

◎ 지문의 '나'는 예전에 관동 지방을 유람하며 '훗날 식구들을 데리고 멀리 떠나오면 근심을 잊고 노년을 마칠 수 있겠다.'라고 생각했습니다. 그래서 돌아오자마자 친구인 포원자에게 이런 이야기를 했고, 이에 대해 포원자가 대답한 내용을 통해 글쓴이는 '시골 생활의 괴로움'을 비로소 생각해 보게 되었습니다. 지문의 핵심적인 내용은 후반부에 위치하고 있습니다. 따라서 이러한 글쓴이의 생각을 이해한 학생은 시골에 대해서 낙관적인 부분만 생각하고 있는 〈보기〉의 서술자에게 시골 생활의 괴로움과 같은 문제점을 생각해 보라고 말할 것입니다. **답** ①

예제 • 03

◎ 11 9월 평가원모의

1 전통적 공리주의는 세 가지 요소에 기초하여 성립하는 대표적 윤리 이론이다. 첫째, 공리주의는 행동의 윤리적 가치가 행동의 결과에 의존한다는 결과주의이다. 행동은 전적으로 예상되는 결과에 의해서 선하거나 악한 것으로 판단된다. 둘째, 행동의 결과를 평가할 때의 유일한 기준은 바로 행동의 결과가 산출할, 계산 가능한 '행복의 양'이다. 이에 따르면 불행과 대비하여 행복의 양을 많이 산출할수록 선한 행동이 되며, 가장 선한 행동은 최대 다수의 최대 행복을 산출하는 것이다. 셋째, 행동을 하기 전 발생할 행복의 양을 계산할 때 개개인의 행복을 모두 동일하게 중요한 것으로 간주하므로 어느 누구의 행복도 다른 누구의 행복보다 더 중요하지는 않다. 그래서 두 사람의 행복을 비교할 때 오로지 그 둘에게 산출될 행복의 양들만을 고려한다. 이는 공리주의가 전형적인 공평주의라는 사실을 보여 준다.

2 이러한 공리주의에 대하여 반공리주의자가 제기하는 가장 심각한 문제는 공리주의가 때때로 정의의 개념을 배제하는 결과를 초래한다는 것이다. 그는 위의 세 요소들을 실천하는 공리주의자인 민우가 집단 A와 집단 B 간의 갈등이 심각하게 진행되고 있는 나라를 방문했다고 가정한다. 민우는 집단 A의 한 사람이 집단 B의 한 사람을 심하게 폭행하는 장면을 우연히 목격하게 되었다. 민우가 만약 진실을 증언하면 두 집단의 갈등을 더 악화시켜 유혈 사태를 야기할 수 있지만, 집단 B의 무고한 한 사람을 지목하여 거짓 증언을 하면 집단 간의 충돌을 막을 수 있다. 증언하지 않을 때 생기는 불확실성은 더 위험하다. ㉠이 상황에서 전통적 공리주의자인 민우는 어떤 행동을 할 것인가?

3 이와 같은 정의 배제 상황에 대한 공리주의자들의 몇 가지 대응 중 가장 주목할 만한 하나는 공리주의 또한 정의의 개념을 포함할 수 있다는 것이다. 이것은 진실을 증언하는 사회와 그렇지 않은 사

회를 먼저 가정하고 과연 어느 사회가 결과적으로 더 많은 행복을 산출하는 사회인가를 검토하는 것이다. 장기적인 관점에서 전자의 사회가 더 많은 행복을 산출하기 때문에 좋은 사회라는 결론이 도출된다. 그래서 행복을 더 많이 산출하는 진실을 증언함으로써 정의를 바로 세우는 규칙을 만들고 그에 따라 행동하도록 개인의 행동을 제약한다. 이와 같은 대응을 하는 공리주의자들을 규칙 공리주의자라고 한다.

㉠에 대해 반공리주의자가 예상하는 답으로 가장 적절한 것은?

① 피해자를 적극적으로 설득하여 가해자를 용서하도록 할 것이다.
② 증언의 결과가 미칠 파장을 우려하여 묵비권을 행사할 것이다.
③ B 집단의 무고한 한 사람을 범인으로 지목할 것이다.
④ 가해자와 피해자를 적극적으로 화해시킬 것이다.
⑤ 가해자에 관한 진실을 증언할 것이다.

㉠에 대해 반공리주의자가 예상하는 답으로 가장 적절한 것은?

◎ 이번에도 여러분의 유연한 사고를 측정해 보기 위한 문제입니다. 최종적인 풀이 과정은 같겠지만 겉으로 드러나는 문제 형태가 약간씩 다르죠? 그렇지만 '반공리주의자'의 입장에서 중요한 부분을 파악하고 그 내용을 그대로 선택지에 적용시키는 방법은 동일합니다.

③ B 집단의 무고한 한 사람을 범인으로 지목할 것이다.

2-1 이러한 공리주의에 대하여 반공리주의자가 제기하는 가장 심각한 문제는 공리주의가 때때로 정의의 개념을 배제하는 결과를 초래한다는 것이다. 그는(결국 다음의 사례는 반공리주의자가 말하는 것입니다.) 위의 세 요소들을 실천하는 공리주의자인 민우가 집단 A와 집단 B 간의 갈등이 심각하게 진행되고 있는 나라를 방문했다고 가정한다. 민우는 집단 A의 한 사람이 집단 B의 한 사람을 심하게 폭행하는 장면을 우연히 목격하게 되었다.

(1) 민우가 만약 진실을 증언하면 두 집단의 갈등을 더 악화시켜 유혈 사태를 야기할 수 있지만(정의의 개념에서),
(2) 집단 B의 무고한 한 사람을 지목하여 거짓 증언을 하면 집단 간의 충돌을 막을 수 있다(정의의 개념을 배제하는 결과).
(3) 증언하지 않을 때 생기는 불확실성은 더 위험하다(더 위험한 경우).
㉠이 상황에서 전통적 공리주의자인 민우는 어떤 행동을 할 것인가?

◎ 지문을 잘 분석하면 답이 그대로 드러납니다. 민우가 선택할 수 있는 행동 중 (2)를 선택하리라는 것이 반공리주의자의 예상입니다. 왜냐하면 최대 다수의 최대 행복을 선택하는 것이 전통적 공리주의자의 행동이기 때문입니다. 그런데 이는 정의의 개념을 배제하는 결과를 초래하게 된다는 것이 반공리주의자의 입장입니다.

답 ③

IV

수능 독서,
제재에 따른 적용 연습

독서 일반 이론 – 독서의 본질과 방법

최근 수능에서는 1~3번 문제로 독서 일반 제재를 다루고 있습니다. 물론 지금까지의 기출문제를 확인하면 독서 이론을 몰라도 풀 수 있도록 쉽게 출제되었다는 점을 알 수 있습니다. 따라서 시험에 대비하여 독서 일반 이론을 다시 공부할 필요는 없지만, 아래 소개하는 내용 정도는 점검하는 차원에서 확인하도록 합시다.

1. 독서의 본질

가. 좋은 글을 선택하는 요령

1) 독서 목적

- 실용적인 목적 : 문제 해결, 타인과의 관계 형성 및 유지, 학업 성취 등을 위한 실용적인 독서가 있습니다.
- 비실용적인 목적 : 여가나 교양을 위한 독서로서 자신의 흥미에 맞는 다양한 분야의 글을 읽는 것이므로, 비실용적 목적의 독서 분야에는 제한이 없습니다.

2) 가치 있는 글

명확히 정의할 수는 없어도 공동체가 지향하는 바람직한 가치를 담고 있는 내용, 개인 생각의 폭을 넓혀 주는 내용 등이 바람직하다 할 수 있습니다.

나. 독서의 생활화

1) 스스로 읽기

바람직한 독서 습관을 기르려면 독서 계획, 독서 기록장 등을 활용합니다.

2) 더불어 읽기

- 타인 또는 독서 공동체와 교류하며 독서 활동 결과를 공유함으로써 책 속 다양한 삶의 방식과 세계관을 더욱 풍부하게 이해하고 수용할 수 있습니다.
- 인터넷을 비롯한 각종 매체의 도움으로 시공간의 한계를 벗어나 책 정보에 접근할 수 있게 되었을 뿐 아니라 다양한 독서 공동체를 통해 독서 경험을 공유하기 쉬워졌습니다.

2. 독서의 방법

가. 사실적 읽기

1) 개념

글의 표면에 드러난 의미를 있는 그대로 이해하며 읽는 것으로 가장 기본적인 글 읽기입니다.

2) 방법

- 중심 내용과 주제 파악하기 : 여러 정보들 중 더 중요한 것과 그렇지 않은 것을 가려서 중심 내용과 주제를 파악하는 단계입니다. 문단 내에서는 각 문장 사이 중요도 차이에 주의하고, 문단 사이에서는 중요 문단(핵심 주장이나 주요 정보를 담은)과 그렇지 않은 문단(중복, 부연 또는 사소한 내용을 담은)을 구분하여 읽어야 합니다.
- 글의 구조적 특성 파악하기 : 글 내용의 중요도 구분, 중심 내용과 세부 내용의 구분, 각 내용 사이 관계 등의 분석을 통해 글의 전체적 구조와 부분적 구성 방식을 파악하면 글의 핵심을 더욱 정확하게 알 수 있습니다.

나. 추론적 읽기

1) 개념

글의 의미를 정확히 구성하기 위해 제시된 내용 이외 생략되거나 숨겨진 내용도 짐작하며 읽는 것입니다.

2) 방법

- 생략된 내용 추론하기 : 배경지식, 경험, 표지, 문맥 등을 적극적으로 활용해야 합니다.
- 숨겨진 주제나 글을 쓴 목적, 의도 추론하기 : 우선 글의 종류 및 내용을 파악하여 글쓴이의 의도나 목적을 추론할 수 있어야 합니다. 또한 어떤 배경에서 누가 어떤 목적으로 쓴 글인지를 고려하면서 읽고, 글의 구조나 편집 방식 등의 내용 제시 방식에 의해 글쓴이의 의도가 드러나기도 한다는 점에 주의합니다.

다. 비판적 읽기

1) 개념

내용이 정확하지 않거나 적절하지 않은 글도 있고 의도적인 왜곡을 담고 있는 글도 있습니다. 따라서 독서 과정에서 글의 내용을 무조건적으로 수용하기보다는 합리적이고 객관적인 근거에 따라 판단해 보는 비판적인 독서가 필요합니다.

2) 방법

- 내용이나 표현 방법 비판 : 글에 드러난 내용이 사실에 부합하는지, 자료의 출처가 믿을 수 있는지, 내용이 합리적이고 일관적인지 판단할 수 있어야 합니다. 또한 글의 형식에 있어서도 전개 방식, 단어나 문장의 사용 등이 적절하고 효과적인지 판단할 수 있어야 합니다.
- 가치관이나 이념 비판 : 글에 담겨 있는 글쓴이의 가치관이 우리 사회에서 용인하는 범위인지, 글에 드러나거나 전제된 이념이 인류 보편적 정서나 가치에 부합하는지 살펴보고 이에 동의할 수 있는지 생각해 보아야 합니다.

라. 감상적 읽기

1) 개념

글에서 공감하거나 감동적인 부분을 찾아 그 내용을 감상하는 글 읽기입니다.

2) 방법

- 공감하거나 감동적인 부분 찾기 : 설명문이라면 내용의 정확성이나 풍부함에, 논설문이라면 논리적인 전개나 명쾌한 주장 및 반박에, 소설이라면 동일시 가능한 인물의 심리나 상황 등에 공감할 수 있습니다.
- 감상의 비교와 내면화 : 독서를 통해 얻은 가치, 태도 등을 자신의 것으로 내면화할 수 있습니다. 특히 여럿이서 서로의 감상을 비교하면 더욱 풍부하고 폭넓은 감상이 가능하고 자신의 감상을 더욱 심화시킬 수 있습니다.

마. 창의적 읽기

1) 개념

글의 내용과 관련해 새로운 생각을 펼치며 읽는 것으로, 능동적이고 적극적인 태도로 새로운 가치를 창조하는 글 읽기입니다.

2) 방법

- 새로운 생각의 덧붙임 : 앞서 사실적 읽기, 추론적 읽기, 비판적 읽기 이후 새로운 생각, 유연한 사고, 발상의 전환을 통해 글쓴이가 생각하지 못한 부분이나 독자들이 동의하지 않는 부분 등에 대해 새로운 생각을 정리할 수 있습니다.
- 문제 해결하기 : 새로운 문제 상황에서는 글 속의 정보만 가지고는 해결이 어렵기 때문에 창의적 읽기를 통해 문제 해결 방안을 도출할 수 있습니다.

Day 09

제재에 따른 적용 연습 : 독서 일반 / 인문 / 사회

지금까지 배웠던 내용들을 모두 적용해서 독서 문제를 다뤄 봅시다. 아직도 문제를 풀면서 근거를 잘 찾지 못한다면 스스로 반성해야 합니다. 여러분을 나무라는 것이 아닙니다. 왜 점수가 안 오르는지 고민하는 과정이 매우 중요합니다.

실전문제풀이 **시범**

예제 • 01~03　　23 수능

1 사람들이 지속적으로 책을 읽는 이유 중 하나는 즐거움이다. 독서의 즐거움에는 여러 가지가 있겠지만 그 중심에는 '소통의 즐거움'이 있다.

2 독자는 독서를 통해 책과 소통하는 즐거움을 경험한다. 독서는 필자와 간접적으로 대화하는 소통 행위이다. 독자는 자신이 속한 사회나 시대의 영향 아래 필자가 속해 있거나 드러내고자 하는 사회나 시대를 경험한다. 직접 경험하지 못했던 다양한 삶을 필자를 매개로 만나고 이해하면서 독자는 더 넓은 시야로 세계를 바라볼 수 있다. 이때 같은 책을 읽은 독자라도 독자의 배경지식이나 관점 등의 독자 요인, 읽기 환경이나 과제 등의 상황 요인이 다르므로, 필자가 보여 주는 세계를 그대로 수용하지 않고 저마다 소통 과정에서 다른 의미를 구성할 수 있다.

[A] 3 이러한 소통은 독자가 책의 내용에 대해 질문하고 답을 찾아내는 과정에서 가능해진다. 독자는 책에서 답을 찾는 질문, 독자 자신에게서 답을 찾는 질문 등을 제기할 수 있다. 전자의 경우 책에 명시된 내용에서 답을 발견할 수 있고, 책의 내용들을 관계 지으며 답에 해당하는 내용을 스스로 구성할 수도 있다. 또한 후자의 경우 책에는 없는 독자의 경험에서 답을 찾을 수 있다. 이런 질문들을 풍부히 생성하고 주체적으로 답을 찾을 때 소통의 즐거움은 더 커진다.

4 한편 독자는 ㉠ <u>다른 독자와 소통하는 즐거움</u>을 경험할 수도 있다. 책과의 소통을 통해 개인적으로 형성한 의미를 독서 모임이나 독서 동아리 등에서 다른 독자들과 나누는 일이 이에 해당한다. 비슷한 해석에 서로 공감하며 기존 인식을 강화하거나 관점의 차이를 확인하고 기존 인식을 조정하는 과정에서, 독자는 자신의 인식을 심화 · 확장할 수 있다. 최근 소통 공간이 온라인으로 확대되면서 독서를 통해 다른 독자들과 소통하며 즐거움을 누리는 양상이 더 다양해지고 있다. 자신의 독서 경험을 담은 글이나 동영상을 생산 · 공유함으로써, 책을 읽지 않은 타인이 책과 소통하도록 돕는 것도 책을 통한 소통의 즐거움을 나누는 일이다.

01 윗글의 내용과 일치하지 않는 것은?

① 같은 책을 읽은 독자라도 서로 다른 의미를 구성할 수 있다.

② 다른 독자와의 소통은 독자가 인식의 폭을 확장하도록 돕는다.

③ 독자는 직접 경험해 보지 못했던 다양한 삶을 책의 필자를 매개로 접할 수 있다.

④ 독자의 배경지식, 관점, 읽기 환경, 과제는 독자의 의미 구성에 영향을 주는 독자 요인이다.

⑤ 독자는 책을 읽을 때 자신이 속한 사회나 시대의 영향을 받으며 필자와 간접적으로 대화한다.

02 다음은 학생이 독서 후 작성한 글의 일부이다. [A]를 바탕으로 ⓐ~ⓔ를 이해한 내용으로 가장 적절한 것은?

> ⓐ '음악 시간에 들었던 베토벤의 교향곡 「합창」이 위대한 작품인 이유는 무엇일까?' 하는 생각에, 베토벤에 대한 책을 빌렸다. 책에서는 기악만으로 구성됐던 교향곡에 성악을 결합해 개성을 드러냈다는 점에서 ⓑ 이 곡이 낭만주의 음악의 특징을 보여 준다고 했다.
>
> 「합창」을 해설한 부분에 이어, 베토벤의 생애에 관한 뒷부분도 읽었는데, ⓒ 이 내용들을 종합해, 절망적 상황에서도 열정적으로 자신이 좋아하는 일을 했기에 교향곡 구성의 새로움을 보여 준 명작이 탄생했음을 알게 됐다. 이후 ⓓ 내가 진정으로 좋아하는 일이 무엇인지 나에게 묻게 되었다. ⓔ 글 쓰는 일에서 가장 큰 행복을 느꼈던 나를 발견할 수 있었고, 나도 어떤 상황에서든 좋아하는 일을 계속해야겠다고 생각했다.

① ⓐ와 ⓑ에는 모두 '독자 자신에게서 답을 찾는 질문'이 나타난다.

② ⓒ와 ⓓ에는 모두 '책에 명시된 내용'에서 질문의 답을 찾아내는 모습이 나타난다.

③ ⓐ에는 '책에서 답을 찾는 질문'이, ⓔ에는 그에 대한 답을 '독자의 경험'에서 찾아내는 모습이 나타난다.

④ ⓑ에는 '책에서 답을 찾는 질문'이, ⓒ에는 그에 대한 답을 '책의 내용들을 관계 지으며' 찾아내는 모습이 나타난다.

⑤ ⓓ에는 '독자 자신에게서 답을 찾는 질문'이, ⓔ에는 그에 대한 답을 '독자의 경험'에서 찾아내는 모습이 나타난다.

03 윗글을 읽고 ㉠에 대해 보인 반응으로 적절하지 않은 것은?

① 스스로 독서 계획을 세우고 자신에게 필요한 책을 찾아 개인적으로 읽는 과정에서 경험할 수 있겠군.

② 독서 모임에서 서로 다른 관점을 확인하고 자신의 관점을 조정하는 과정에서 경험할 수 있겠군.

③ 개인적으로 형성한 의미를, 독서 동아리를 통해 심화하는 과정에서 경험할 수 있겠군.

④ 자신의 독서 경험을 담은 콘텐츠를 생산하고 공유하는 과정에서 경험할 수 있겠군.

⑤ 오프라인뿐 아니라 온라인 공간에서 해석을 나누는 과정에서도 경험할 수 있겠군.

지문 독해

1 사람들이 지속적으로 책을 읽는 이유 중 하나는 즐거움이다. 독서의 즐거움에는 여러 가지가 있겠지만 그 중심에는 '소통의 즐거움'이 있다.

○ 독서의 즐거움 중 소통의 즐거움에 대해 이야기할 것임을 알 수 있습니다. 아래에서 어떤 방식의 소통들이 있는지 확인할 수 있어야 합니다.

2 독자는 독서를 통해 책과 소통하는 즐거움을 경험한다.(책과의 소통) 독서는 필자와 간접적으로 대화하는 소통 행위이다. 독자는 자신이 속한 사회나 시대의 영향 아래 필자가 속해 있거나 드러내고자 하는 사회나 시대를 경험한다. 직접 경험하지 못했던 다양한 삶을 필자를 매개로 만나고 이해하면서 독자는 더 넓은 시야로 세계를 바라볼 수 있다. 이때 같은 책을 읽은 독자라도 독자의 배경지식이나 관점 등의 독자 요인, 읽기 환경이나 과제 등의 상황 요인이 다르므로, 필자가 보여 주는 세계를 그대로 수용하지 않고 저마다 소통 과정에서 다른 의미를 구성할 수 있다.(같은 책을 읽은 독자가 저마다 다른 의미를 구성하는 것에 대한 원인과 결과 확인)

○ 책과 소통하는 즐거움에 대해 이야기합니다. 독서를 하면서 필자와 간접적으로 대화하며 여러 경험을 한다는 것입니다.

[A] 3 이러한 소통은 독자가 책의 내용에 대해 질문하고 답을 찾아내는 과정에서 가능해진다.(원활한 소통의 전제) 독자는 책에서 답을 찾는 질문, 독자 자신에게서 답을 찾는 질문 등을 제기할 수 있다. 전자의 경우 책에 명시된 내용에서 답을 발견할 수 있고, 책의 내용들을 관계 지으며 답에 해당하는 내용을 스스로 구성할 수도 있다. 또한 후자의 경우 책에는 없는 독자의 경험에서 답을 찾을 수 있다. 이런 질문들을 풍부히 생성하고 주체적으로 답을 찾을 때 소통의 즐거움은 더 커진다.

○ 독자의 질문을 두 가지로 소개합니다. 하나는 책에서 답을 찾는 것이고 또 하나는 독자 자신에게서 답을 찾는 것입니다.

4 한편 독자는 ㉠ 다른 독자와 소통하는 즐거움을 경험할 수도 있다.(다른 독자와의 소통) 책과의 소통을 통해 개인적으로 형성한 의미를 독서 모임이나 독서 동아리 등에서 다른 독자들과 나누는 일이 이에 해당한다. 비슷한 해석에 서로 공감하며 기존 인식을 강화하거나 관점의 차이를 확인하고 기존 인식을 조정하는 과정에서, 독자는 자신의 인식을 심화·확장할 수 있다. 최근 소통 공간이 온라인으로

확대되면서 독서를 통해 다른 독자들과 소통하며 즐거움을 누리는 양상이 더 다양해지고 있다. 자신의 독서 경험을 담은 글이나 동영상을 생산 · 공유함으로써, 책을 읽지 않은 타인이 책과 소통하도록 돕는 것도 책을 통한 소통의 즐거움을 나누는 일이다.

◎ 다른 독자들과의 소통에도 여러 종류가 있습니다. 독서 모임 등을 통한 소통, 온라인에서 글이나 동영상을 통해 나누는 소통 등을 소개하고 있습니다.

문제 풀이

01번 지문에서는 '독자의 배경지식이나 관점 등의 독자 요인, 읽기 환경이나 과제 등의 상황 요인'이라고 설명합니다. 따라서 읽기 환경, 과제도 독자 요인이라고 설명한 것은 지문 내용과 일치하지 않습니다.

답 ④

02번 지문의 [A]에서는 독자가 제기할 수 있는 질문을 '책에서 답을 찾는 질문', '독자 자신에게서 답을 찾는 질문'으로 나누어 설명합니다. 이를 바탕으로 학생이 독서 후 작성한 글의 일부를 보면 ⓓ는 독자 자신에게서 답을 찾는 질문임을 알 수 있습니다. 또 지문에서 '또한 후자의 경우 책에는 없는 독자의 경험에서 답을 찾을 수 있다.'라고 하였는데, ⓔ는 자신의 경험에서 답을 찾고 있습니다.

오|답|피|하|기

③ 지문에서 '책에서 답을 찾는 질문'에 대한 답은 '책에 명시된 내용'에서 발견하거나 '책의 내용들을 관계 지으며 답에 해당하는 내용을 스스로 구성'할 수 있다고 합니다. 따라서 책 내용이 아닌 '독자의 경험'에서 '책에서 답을 찾는 질문'에 대한 답을 찾는 것은 적절한 설명이 아닙니다.

답 ⑤

03번 다른 독자와 소통하는 즐거움이 아니라 개인적인 독서에 대한 내용이므로 적절하지 않습니다.

답 ①

예제 · 04~07

21 수능

가 1 18세기 북학파들은 청에 다녀온 경험을 연행록으로 기록하여 청의 문물제도를 수용하자는 북학론을 구체화하였다. 이들은 개인적인 학문 성향과 관심에 따라 주목한 영역이 서로 달랐기 때문에 이들의 북학론도 차이를 보였다. 이들에게는 동아시아에서 문명의 척도로 여겨진 중화 관념이 청의 현실에 대한 인식에 각각 다르게 반영된 것이다. 1778년 함께 연행길에 올라 동일한 일정을 소화했던 박제가와 이덕무의 연행록에서도 이러한 차이가 확인된다.

[A] 2 북학이라는 목적의식이 강했던 박제가가 인식한 청의 현실은 단순한 현실이 아니라 조선이 지향할 가치 기준이었다. 그가 쓴 『북학의』에 묘사된 청의 현실은 특정 관점에 따라 선택 및 추상화된 것이었으며, 그런 청의 현실은 그에게 중화가 손상 없이 보존된 것이자 조선의 발전 방향이기도 하였다. 중화 관념의 절대성을 인정하였기 때문에 당시 조선은 나름의 독자성을 유지하기보다 중화와 합치되는 방향으로 나아가야 한다는 생각이 그의 북학론의 밑바탕이 되었다. 명에 대한 의리를 중시하는 당시 주류의 견해에 대해 그는 의리 문제는 청이 천하를 차지한 지 백여 년이 지나며 자연스럽게 소멸된 것으로 여기고, 청 문물제도의 수용이 가져다주는 이익을 논하며 북학론의 당위성을 설파하였다. 대체로 이익 추구에 대해 부정적이었던 주자학자들과 달리, 이익 추구를 인간의 자연스러운 욕망으로 긍정하고 양반도 이익을 추구하자는 등 실용적인 입장을 보였다.

3 이덕무는 『입연기』를 저술하면서 청의 현실을 객관적 태도로 기록하고자 하였다. 잘 정비된 마을의 모습을 기술하며 그는 황제의 행차에 대비하여 이루어진 일련의 조치가 민생과 무관하다고 지적하였다. 하지만 청 문물의 효용을 도외시하지 않고 박제가와 마찬가지로 물질적 삶을 중시하는 이용후생에 관심을 보였다. 스스로 평등견이라 불렀던 인식 태도를 바탕으로 그는 당시 청에 대한 찬반의 이분법에서 벗어나 청과 조선의 현실적 차이뿐만 아니라 양쪽 모두의 가치를 인정하였다. 이런 시각에서 그는 청과 조선은 구분되지만 서로 배타적이지 않다고 보았다. 즉 청을 배우는 것과 조선 사람이 조선 풍토에 맞게 살아가는 것은 서로 모순되지 않는다는 것이다. 하지만 그는 중국인들의 외양이 만주족처럼 변화된 것을 보고 비통한 감정을 토로하며 중화의 중심이라 여겼던 명에 대한 의리를 중시하는 등 자신이 제시한 인식 태도에서 벗어나는 모습을 보이기도 하였다.

나 1 18세기 후반의 중국은 명대 이래의 경제 발전이 정점에 달해 있었다. 대부분의 주민들이 접근할 수 있는 향촌의 정기 시장부터 인구 100만의 대도시의 시장에 이르는 여러 단계의 시장들이 그물처럼 연결되어 국내 교역이 활발하게 이루어지고 있었다. 장거리 교역의 상품이 사치품에 한정되지 않고 일상적 물건으로까지 확대되었다. 상인 조직의 발전과 신용 기관의 확대는 교역의 질과 양이 급변하고 있었음을 보여 준다. 대외 무역의 발전과 은의 유입은 중국의 경제적 번영에 영향을 미친 외부적 요인이었다. 은의 유입, 그리고 이를 통해 가능해진 은을 매개로 한 과세는 상품 경제의 발전을 자극하였다. 은과 상품의 세계적 순환으로 중국 경제가 세계 경제와 긴밀하게 연결되었다.

2 그러나 청의 번영은 지속되지 않았고, 19세기에 접어들 무렵부터는 심각한 내외의 위기에 직면해 급속한 하락의 시대를 겪게 된다. 북학파들이 연행을 했던 18세기 후반에도 이미 위기의 징후들이 나타나고 있었다. 급격한 인구 증가로 인한 여러 문제는 새로운 작물 재배, 개간, 이주, 농경 집약화 등 민간의 노력에도 불구하고 해결되지 않았다. 인구 증가로 이주 및 도시화가 진행되는 가운데 전통적인 사회

적 유대가 약화되거나 단절된 사람들이 상호 부조 관계를 맺는 결사 조직이 성행하였다. 이런 결사 조직은 불법적인 활동으로 연결되곤 했고 위기 상황에서는 반란의 조직적 기반이 되었다. 인맥에 기초한 관료 사회의 부정부패가 심화된 것 역시 인구 증가와 무관하지 않았다. 교육받은 지식인들이 늘어났지만 이들을 흡수할 수 있는 관료 조직의 규모는 정체되어 있었고, 경쟁의 심화가 종종 불법적인 행위로 연결되었다. 이와 같이 18세기 후반 청의 화려한 번영의 그늘에는 심각한 위기의 씨앗들이 뿌려지고 있었다.

3 통치자들도 번영 속에서 불안을 느끼고 있었다. 조정에는 외국과의 접촉으로부터 백성들을 차단하려는 경향이 있었으며, 서양 선교사들의 선교 활동 확대로 인해 이런 경향이 강화되기도 하였다. 이 때문에 18세기 후반에 청 조정은 서양에 대한 무역 개방을 축소하는 모습을 보였다. 그러나 그때까지는 위기가 본격화되지는 않았고, 소수의 지식인들만이 사회 변화의 부정적 측면을 염려하거나 개혁 방안을 모색하였다.

---

04 **㉮, ㉯에 대한 설명으로 가장 적절한 것은?**

① ㉮는 18세기 중국에 대한 학자들의 견해를 제시하면서 그러한 견해의 형성 배경 및 견해 간의 차이를 설명하고 있다.

② ㉮는 18세기 중국을 바라보는 사상적 관점을 제시하면서 각 관점이 지닌 역사적 의의와 한계를 서로 비교하고 있다.

③ ㉯는 18세기 중국의 사회상을 제시하면서 다양한 사회상을 시대별 기준에 따라 분류하여 서술하고 있다.

④ ㉯는 18세기 중국의 사상적 변화를 제시하면서 그러한 변화가 지니는 긍정적 측면과 부정적 측면을 분석하고 있다.

⑤ ㉮와 ㉯는 모두 18세기 중국의 현실을 제시하면서 그러한 현실이 다른 나라에 미친 영향을 예를 들어 설명하고 있다.

05 **㉮의 '박제가'와 '이덕무'에 대한 이해로 적절하지 않은 것은?**

① 박제가는 청의 문물을 도입하는 것이 중화를 이루는 방도라고 간주하였다.

② 박제가는 자신이 파악한 청의 현실을 조선을 평가하는 기준이라고 생각하였다.

③ 이덕무는 청의 현실을 관찰하면서 이면에 있는 민생의 문제를 간과하지 않았다.

④ 이덕무는 청 문물의 효용성을 긍정하면서 청이 중화를 보존하고 있음을 인정하였다.

⑤ 박제가와 이덕무는 모두 중화 관념 자체에 대해서는 긍정적인 태도를 견지하였다.

06 평등견에 대한 이해로 가장 적절한 것은?

① 조선의 풍토를 기준으로 삼아 청의 제도를 개선하자는 인식 태도이다.
② 조선의 고유한 삶의 방식을 청의 방식에 따라 개혁해야 한다는 인식 태도이다.
③ 청과 조선의 가치를 평등하게 인정하고 풍토로 인한 차이를 해소하려는 인식 태도이다.
④ 중국인의 외양이 변화된 모습을 명에 대한 의리 문제와 관련지어 파악하려는 인식 태도이다.
⑤ 청에 대한 배타적 태도를 지양하고 청과 구분되는 조선의 독자성을 유지하자는 인식 태도이다.

07 〈보기〉는 ㉮에 제시된 『북학의』의 일부이다. [A]와 ㉯를 참고하여 〈보기〉에 대해 비판적 읽기를 수행한 학생의 반응으로 적절하지 않은 것은?

보기

우리나라에서는 자기가 사는 지역에서 많이 나는 산물을 다른 데서 산출되는 필요한 물건과 교환하여 풍족하게 살려는 백성이 많으나 힘이 미치지 못한다. … 중국 사람은 가난하면 장사를 한다. 그렇더라도 정말 사람만 현명하면 원래 가진 풍류와 명망은 그대로다. 그래서 유생이 거리낌 없이 서점을 출입하고, 재상조차도 직접 융복사 앞 시장에 가서 골동품을 산다. … 우리나라는 해마다 은 수만 냥을 연경에 실어 보내 약재와 비단을 사 오는 반면, 우리나라 물건을 팔아 저들의 은으로 바꿔 오는 일은 없다. 은이란 천년이 지나도 없어지지 않는 물건이지만, 약은 사람에게 먹여 반나절이면 사라져 버리고 비단은 시신을 감싸서 묻으면 반년 만에 썩어 없어진다.

① 〈보기〉에 제시된 중국인들의 상업에 대한 인식은 [A]에서 제시한 실용적인 입장에 부합하는 것이라 볼 수 있어.
② 〈보기〉에 제시된 조선의 산물 유통에 대한 서술은 [A]에서 제시한 북학론의 당위성을 뒷받침하는 근거라 볼 수 있어.
③ 〈보기〉에 제시된 중국인들의 상행위에 대한 서술은 ㉯에 제시된 중국 국내 교역의 양상과 상충되지 않는다고 볼 수 있어.
④ 〈보기〉에 제시된 은에 대한 평가는 ㉯에 제시된 중국의 경제적 번영에 기여한 요소를 참고할 때, 은의 효용적 측면을 간과한 평가라 볼 수 있어.
⑤ 〈보기〉에 제시된 중국의 관료에 대한 묘사는 ㉯에 제시된 관료 사회의 모습을 참고할 때, 지배층의 전체 면모가 드러나지 않는 진술이라 볼 수 있어.

지문 독해

㉮ 1 18세기 북학파들은 청에 다녀온 경험을 연행록으로 기록하여 청의 문물제도를 수용하자는 북학론을 구체화하였다. 이들은 개인적인 학문 성향과 관심에 따라 주목한 영역이 서로 달랐기 때문에 이들의 북학론도 차이를 보였다.(청의 문물제도를 수용하자는 면에서는 같은 북학론이지만, 구체적으로는 북학파들 사이에 차이가 있다는 말입니다. 왜 그럴지 의문을 가져야 합니다.) 이들에게는 동아시아에서 문명의 척도로 여겨진 중화 관념이 청의 현실에 대한 인식에 각각 다르게 반영된 것이다.(앞에서 가진 의문, 왜 그럴까에 대한 이유죠.) 1778년 함께 연행길에 올라 동일한 일정을 소화했던 박제가와 이덕무의 연행록에서도 이러한 차이가 확인된다.

◎ 북학론을 소개하고 있는데, 구체적으로는 북학파들 사이에 차이가 있으며, 이어서 박제가와 이덕무를 순차적으로 소개할 것임을 알 수 있습니다.

[A] 2 북학이라는 목적의식이 강했던 박제가가 인식한 청의 현실은 단순한 현실이 아니라 조선이 지향할 가치 기준이었다. 그가 쓴 『북학의』에 묘사된 청의 현실은 특정 관점에 따라 선택 및 추상화된 것이었으며, 그런 청의 현실은 그에게 중화가 손상 없이 보존된 것이자 조선의 발전 방향이기도 하였다.(청의 현실에 대해 긍정적으로 평가하고 있습니다.) 중화 관념의 절대성을 인정하였기 때문에 당시 조선은 나름의 독자성을 유지하기보다 중화와 합치되는 방향으로 나아가야 한다는 생각이 그의 북학론의 밑바탕이 되었다. 명에 대한 의리를 중시하는 당시 주류의 견해에 대해 그는 의리 문제는 청이 천하를 차지한 지 백여 년이 지나며 자연스럽게 소멸된 것으로 여기고, 청 문물제도의 수용이 가져다주는 이익을 논하며 북학론의 당위성을 설파하였다. 대체로 이익 추구에 대해 부정적이었던 주자학자들과 달리, 이익 추구를 인간의 자연스러운 욕망으로 긍정하고 양반도 이익을 추구하자는 등 실용적인 입장을 보였다.

◎ 박제가의 북학론을 다루고 있습니다. 청에 대해 어떻게 생각하는지, 조선은 어떻게 나아가야 한다고 보았는지 등 특징적인 부분을 확인하면서 독해할 수 있어야 합니다.

3 이덕무는 『입연기』를 저술하면서 청의 현실을 객관적 태도로 기록하고자 하였다. 잘 정비된 마을의 모습을 기술하며 그는 황제의 행차에 대비하여 이루어진 일련의 조치가 민생과 무관하다고 지적하였다.(박제가와는 다른 관점이지요.) 하지만 청 문물의 효용을 도외시하지 않고 박제가와 마찬가지로 물질적 삶을 중시하는 이용후생에 관심을 보였다.(앞에서 지적한 부분도 있었지만 긍정적으로 평가한 부분도 확인해 둡니다.) 스스로 평등견이라 불렀던 인식 태도를 바탕으로 그는 당시 청에 대한 찬반의 이분법에서 벗어나 청과 조선의 현실적 차이뿐만 아니라 양쪽 모두의 가치를 인정하였다.(평등견이라는 개념이 나오는데 이를 문맥적으로 파악합니다. 둘 다 가치 있다는 생각에 주목합니다.) 이런 시각에서 그는 청과 조선은 구분되지만 서로 배타적이지 않다고 보았다. 즉 청을 배우는 것과 조선 사람이 조선 풍토에 맞게 살아가는 것은 서로 모순되지 않는다는 것이다. 하지만 그는 중국인들의 외양이 만주족처럼 변화된 것을 보고 비통한 감정을 토로하며 중화의 중심이라 여겼던 명에 대한 의리를 중시하는 등 자신이 제시한 인식 태도에서 벗어나는 모습을 보이기도 하였다.

◎ 이덕무의 북학론입니다. 박제가와 다른 점에 주목하며 독해할 수 있어야 합니다. 평등견이라는 개념을 바탕으로 청과 조선 양쪽 모두의 가치를 인정하고 있습니다. 서로 배타적이지 않기에, 청을 배우는 것과 조선 사람이 조선 풍토에 맞게 살아가는 것이 모순되지 않는다는 것입니다.

(나) 1 18세기 후반의 중국은 명대 이래의 경제 발전이 정점에 달해 있었다.(긍정적인 서술입니다. 이후 어떤 식으로 정점에 달해 있었는지 구체적인 예가 나올 것입니다.) 대부분의 주민들이 접근할 수 있는 향촌의 정기 시장부터 인구 100만의 대도시의 시장에 이르는 여러 단계의 시장들이 그물처럼 연결되어 국내 교역이 활발하게 이루어지고 있었다. 장거리 교역의 상품이 사치품에 한정되지 않고 일상적 물건으로까지 확대되었다. 상인 조직의 발전과 신용 기관의 확대는 교역의 질과 양이 급변하고 있었음을 보여 준다. 대외 무역의 발전과 은의 유입은 중국의 경제적 번영에 영향을 미친 외부적 요인이었다. 은의 유입, 그리고 이를 통해 가능해진 은을 매개로 한 과세는 상품 경제의 발전을 자극하였다. 은과 상품의 세계적 순환으로 중국 경제가 세계 경제와 긴밀하게 연결되었다.

◎ 첫 단락은 화제를 제시한다고 볼 수 있는데 여기에서는 18세기 후반 중국의 경제 발전이 정점이었다는 긍정적인 서술이 나옵니다. 다만 하고 싶은 얘기는 이게 아니고 다음 단락부터 본격적으로 나옵니다.

2 그러나 청의 번영은 지속되지 않았고, 19세기에 접어들 무렵부터는 심각한 내외의 위기에 직면해 급속한 하락의 시대를 겪게 된다.(어떤 내외의 위기가?) 북학파들이 연행을 했던 18세기 후반에도 이미 위기의 징후들이 나타나고 있었다. 급격한 인구 증가로 인한 여러 문제는 새로운 작물 재배, 개간, 이주, 농경 집약화 등 민간의 노력에도 불구하고 해결되지 않았다.(인구 증가로 인한 여러 문제가 이어서 제시될 것입니다.) 인구 증가로 이주 및 도시화가 진행되는 가운데 전통적인 사회적 유대가 약화되거나 단절된 사람들이 상호 부조 관계를 맺는 결사 조직이 성행하였다. 이런 결사 조직은 불법적인 활동으로 연결되곤 했고 위기 상황에서는 반란의 조직적 기반이 되었다. 인맥에 기초한 관료 사회의 부정부패가 심화된 것 역시 인구 증가와 무관하지 않았다. 교육받은 지식인들이 늘어났지만 이들을 흡수할 수 있는 관료 조직의 규모는 정체되어 있었고, 경쟁의 심화가 종종 불법적인 행위로 연결되었다. 이와 같이 18세기 후반 청의 화려한 번영의 그늘에는 심각한 위기의 씨앗들이 뿌려지고 있었다.

◎ 심각한 내외의 위기에 대해 설명하는데 급격한 인구 증가로 인해 여러 가지 문제가 나타났다고 합니다.

3 통치자들도 번영 속에서 불안을 느끼고 있었다.(구체적인 예가 제시될 것입니다.) 조정에는 외국과의 접촉으로부터 백성들을 차단하려는 경향이 있었으며, 서양 선교사들의 선교 활동 확대로 인해 이런 경향이 강화되기도 하였다. 이 때문에 18세기 후반에 청 조정은 서양에 대한 무역 개방을 축소하는 모습을 보였다. 그러나 그때까지는 위기가 본격화되지는 않았고, 소수의 지식인들만이 사회 변화의 부정적 측면을 염려하거나 개혁 방안을 모색하였다.

◎ 이번에는 통치 측면에서 서술하고 있습니다.

04번 글의 전개 방식을 묻는 문제입니다. (가)에서 박제가, 이덕무의 견해를 제시하고 어떤 생각이 기초가 되어 견해 차이가 생기는지 보여 줍니다. [ ]에서 "이들은 개인적인 학문 성향과 관심에 따라 주목한 영역이 서로 달랐기 때문에 이들의 북학론도 차이를 보였다."라고 설명하는데, 글 전체를 압축적으로 잘 보여 주는 문장입니다.

오|답|피|하|기

빠르게 확인할 수 있는 요소가 있는지 없는지만 파악합니다.

② 역사적 의의와 한계가 나오지 않습니다.

③ 시대별 기준이 나오지 않습니다.

④ 사상적 변화가 나오지 않습니다.

⑤ 다른 나라에 미친 영향이 나오지 않습니다. **답 ①**

05번 각 학자들에 대해 다루는 단락을 근거 범위로 하여 빠르게 찾아볼 수 있어야 합니다. 이덕무에 대한 3 중 마지막 문장인 "하지만 그는 중국인들의 외양이 만주족처럼 변화된 것을 보고 비통한 감정을 토로하며 중화의 중심이라 여겼던 명에 대한 의리를 중시하는 등 자신이 제시한 인식 태도에서 벗어나는 모습을 보이기도 하였다."를 참고하면, 청이 중화를 보존하고 있다고 인정하지 않았음을 확인할 수 있습니다.

오|답|피|하|기

② 지문에서 직접적으로 '평가하는 기준'이라고 언급하지 않았기 때문에 헷갈릴 수 있습니다. 다만 2에서 "그런 청의 현실은 그에게 중화가 손상 없이 보존된 것이자 조선의 발전 방향이기도 하였다. 중화 관념의 절대성을 인정하였기 때문에 당시 조선은 나름의 독자성을 유지하기보다 중화와 합치되는 방향으로 나아가야 한다는 생각이 그의 북학론의 밑바탕이 되었다."를 확인하면 의미상 그러한 것임을 확인할 수 있습니다. **답 ④**

06번 독해 과정에서 이에 대해 설명했습니다. 평등견 개념의 주위 문맥을 통해서 어떤 의미인지 파악해야 합니다. 3에서 '청과 조선은 서로 배타적이지 않다.', '청을 배우는 것과 조선 사람이 조선 풍토에 맞게 살아가는 것은 서로 모순되지 않는다.'라는 내용을 종합하면 정답을 찾을 수 있습니다.

오|답|피|하|기

① 청의 제도를 개선하자는 주장은 아닙니다.

②, ③ 조선 사람은 조선 풍토에 맞게 살아간다는 태도입니다.

④ 마지막에 "자신이 제시한 인식 태도에서 벗어나는 모습을 보이기도 하였다."라고 언급합니다. 이는 평등견에서 어긋난 모습이라는 서술입니다. **답 ⑤**

07번

| 조 : 조건 분석 |

〈보기〉는 ㉮에 제시된 『북학의』의 일부이다. / [A]와 ㉯를 참고하여 / 〈보기〉에 대해 비판적 읽기를 수행한 학생의 반응으로 적절하지 않은 것은?

◎ 먼저 『북학의』가 박제가의 작품인 것을 확인해야 합니다. [A]와 ㉯를 참고하여 비판적 읽기를 수행하라는 문제입니니

다. 그런데 사실 [A]가 박제가에 대한 내용이므로 박제가의 관점에서 박제가의 글을 비판적으로 읽으라는 것은 좀 이상합니다. 아마도 ㉯와 관련된 내용에서 답을 찾을 수 있지 않을까요?

| 커 : 근거 축소 |

〈보기〉에서는 "은이란 천년이 지나도 없어지지 않는 물건이지만, 약은 사람에게 먹여 반나절이면 사라져 버리고 비단은 시신을 감싸서 묻으면 반년 만에 썩어 없어진다."라고 합니다. 즉, 약이나 비단에 비하여 은을 긍정적으로 보고 있습니다. ㉯에서도 은을 긍정적으로 보고 있습니다.

1-5 은의 유입은 중국의 경제적 번영에 영향을 미친 외부적 요인이었다. 은의 유입, 그리고 이를 통해 가능해진 은을 매개로 한 과세는 상품 경제의 발전을 자극하였다. 은과 상품의 세계적 순환으로 중국 경제가 세계 경제와 긴밀하게 연결되었다.

그런데 선택지에서는 이러한 〈보기〉에 대하여 은의 효용적 측면을 간과한 평가라고 하니 적절하지 않습니다.

오|답|피|하|기

⑤ ㉯에 제시된 관료 사회의 모습에서는 부정적 측면도 나타납니다.

2-6 인맥에 기초한 관료 사회의 부정부패가 심화된 것 역시 인구 증가와 무관하지 않았다.

〈보기〉에서는 "재상조차도 직접 융복사 앞 시장에 가서 골동품을 산다."고 하여 관료에 대해 긍정적 서술을 하고 있으므로, 이를 두고 지배층의 전체 면모가 드러나지 않는 진술이라 하는 것은 적절합니다. **답 ④**

08 수능

예제 · 08~10

1 정부나 기업이 사업에 투자할 때에는 현재에 투입될 비용과 미래에 발생할 이익을 비교하여 사업의 타당성을 진단한다. 이 경우 물가 상승, 투자 기회, 불확실성을 포함하는 할인의 요인을 고려하여 미래의 가치를 현재의 가치로 환산한 후, 비용과 이익을 공정하게 비교해야 한다. 이러한 환산을 가능케 해 주는 개념이 할인율이다. 할인율은 이자율과 유사하지만 역으로 적용되는 개념이라고 생각하면 된다. 현재의 이자율이 연 10%라면 올해의 10억 원은 내년에는 (1+0.1)을 곱한 11억 원이 되듯이, 할인율이 연 10%라면 내년의 11억 원의 현재 가치는 (1+0.1)로 나눈 10억 원이 된다.

2 공공사업의 타당성을 진단할 때에는 대개 미래 세대까지 고려하는 공적 차원의 할인율을 적용하는데, 이를 사회적 할인율이라고 한다. 사회적 할인율은 사회 구성원이 느끼는 할인의 요인을 정확하게 파악하여 결정하는 것이 바람직하나, 이것은 현실적으로 매우 어렵다. 그래서 시장 이자율이나 민간 자본의 수익률을 사회적 할인율로 적용하자는 주장이 제기된다.

3 시장 이자율은 저축과 대출을 통한 자본의 공급과 수요에 의해 결정되는 값이다. 저축을 하는 사람들은 원금을 시장 이자율에 의해 미래에 더 큰 금액으로 불릴 수 있고, 대출을 받는 사람들은 시장 이자율만큼 대출금에 대한 비용을 지불한다. 이때의 시장 이자율은 미래의 금액을 현재 가치로 환산할 때의 할인율로도 적용할 수 있으므로, 이를 사회적 할인율로 간주하자는 주장이 제기되는 것이다. 한편 민간 자본의 수익률을 사회적 할인율로 적용하자는 주장은, 사회 전체적인 차원에서 공공사업에 투입될 자본이 민간 부문에서 이용될 수도 있으므로, 공공사업에 대해서도 민간 부문에서만큼 높은 수익률을 요구해야 한다는 것이다.

4 그러나 시장 이자율이나 민간 자본의 수익률을 사회적 할인율로 적용하자는 주장은 수용하기 어려운 점이 있다. 우선 ㉠ 공공 부문의 수익률이 민간 부문만큼 높다면, 민간 투자가 가능한 부문에 굳이 정부가 투자할 필요가 있는가 하는 문제가 제기될 수 있다. 더욱 중요한 것은 시장 이자율이나 민간 자본의 수익률이, 비교적 단기적으로 실현되는 사적 이익을 추구하는 자본 시장에서 결정된다는 점이다. 반면에 사회적 할인율이 적용되는 공공사업은 일반적으로 그 이익이 장기간에 걸쳐 서서히 나타난다. 이러한 점에서 공공사업은 미래 세대를 배려하는 지속 가능한 발전의 이념을 반영한다. 만일 사회적 할인율이 시장 이자율이나 민간 자본의 수익률처럼 높게 적용된다면, 미래 세대의 이익이 저평가되는 셈이다. 그러므로 사회적 할인율은 미래 세대를 배려하는 공익적 차원에서 결정되는 것이 바람직하다.

---

08 윗글의 글쓴이가 상정하고 있는 핵심적인 질문으로 가장 적절한 것은?

① 시장 이자율과 사회적 할인율은 어떻게 관련되는가?
② 자본 시장에서 미래 세대의 몫을 어떻게 고려해야 하는가?
③ 사회적 할인율이 민간 자본의 수익률에 어떤 영향을 미치는가?
④ 공공사업에 적용되는 사회적 할인율은 어떤 수준에서 결정되어야 하는가?
⑤ 공공 부문이 수익률을 높이기 위해서는 민간 부문과 어떻게 경쟁해야 하는가?

09 ㉠이 전제하고 있는 것은?

① 민간 투자도 공익성을 고려해서 이루어져야 한다.
② 정부는 공공 부문에서 민간 투자를 선도하는 역할을 해야 한다.
③ 공공 투자와 민간 투자는 동등한 투자 기회를 갖는 것이 바람직하다.
④ 정부는 공공 부문에서 민간 자본의 수익률을 제한하는 것이 바람직하다.
⑤ 정부는 민간 기업이 낮은 수익률로 인해 투자하기 어려운 공공 부문을 보완해야 한다.

10 윗글로 보아 〈보기〉의 ⓐ에 대한 판단으로 타당한 것은?

보기

한 개발 업체가 어느 지역의 자연 환경을 개발하여 놀이동산을 건설하려고 한다. 해당 지역 주민들은 자연 환경의 가치를 중시하여 놀이동산의 건설에 반대하는 사람들과 지역 경제 활성화를 중시하여 찬성하는 사람들로 갈리어 있다. 그래서 개발 업체와 지역 주민들은 ⓐ놀이동산으로부터 장기간 파급될 지역 경제 활성화의 이익을 추정하고, 이를 현재 가치로 환산한 값을 계산해 보기로 하였다.

① 사업의 전망이 불확실하다고 판단하는 주민들은 낮은 할인율을 적용할 것이다.

② 후손을 위한 환경의 가치를 중시하는 주민들은 높은 할인율을 적용할 것이다.

③ 개발 업체는 놀이동산 개발의 당위성을 확보하기 위해 높은 할인율을 적용할 것이다.

④ 놀이동산이 소득 증진의 좋은 기회라고 생각하는 주민들은 높은 할인율을 적용할 것이다.

⑤ 지역 경제 활성화의 효과가 나타나는 데 걸리는 시간이 길다고 판단되면 낮은 할인율을 적용할 것이다.

지문 독해

1 정부나 기업이 사업에 투자할 때에는 현재에 투입될 비용과 미래에 발생할 이익을 비교하여 사업의 타당성을 진단한다. 이 경우 물가 상승, 투자 기회, 불확실성을 포함하는 할인의 요인을 고려하여 미래의 가치를 현재의 가치로 환산한 후, 비용과 이익을 공정하게 비교해야 한다. 이러한 환산을 가능케 해 주는 개념이 할인율이다. 할인율은 이자율과 유사하지만 역으로 적용되는 개념이라고 생각하면 된다. 현재의 이자율이 연 10%라면 올해의 10억 원은 내년에는 (1+0.1)을 곱한 11억 원이 되듯이, 할인율이 연 10%라면 내년의 11억 원의 현재 가치는 (1+0.1)로 나눈 10억 원이 된다.

○ 첫 단락에서는 '할인율'이라는 개념을 설명하고 있습니다. 경제 상식은 잘 모르더라도 지문 안에서 해당 개념을 파악할 수 있으니 자신 있게 접근해야 합니다.
단락의 마지막 문장이 중요합니다. 할인율이 현재 가치와 어떻게 관련되어 있는지 제시해 주고 있습니다. 할인율로 미래의 가치를 나누어서 현재 가치가 나오는 것입니다. 따라서 할인율이 높아지면 더 큰 수로 나누게 되니까 현재의 가치가 더 낮아지겠죠.

2 공공사업의 타당성을 진단할 때에는 대개 미래 세대까지 고려하는 공적 차원의 할인율을 적용하는데, 이를 사회적 할인율이라고 한다. 사회적 할인율은 사회 구성원이 느끼는 할인의 요인을 정확하게 파악하여 결정하는 것이 바람직하나, 이것은 현실적으로 매우 어렵다. 그래서 시장 이자율이나 민간 자본의 수익률을 사회적 할인율로 적용하자는 주장이 제기된다.

○ 공공사업의 타당성을 진단하는 공적 차원의 할인율, 즉 '사회적 할인율'이란 개념을 제시하고 있습니다. 이것의 구체적인 수치는 어떻게 측정해야 될지 판단하기 어렵다는 말이 나옵니다. 이는 곧 사회적 할인율을 어떻게 결정해야 하는지 정하는 문제입니다. 마지막에 시장 이자율이나 민간 자본의 수익률을 사회적 할인율로 적용하자는 주장도 있다는 설명이 나옵니다.

3 시장 이자율은 저축과 대출을 통한 자본의 공급과 수요에 의해 결정되는 값이다. 저축을 하는 사람들은 원금을 시장 이자율에 의해 미래에 더 큰 금액으로 불릴 수 있고, 대출을 받는 사람들은 시장 이자율만큼 대출금에 대한 비용을 지불한다. 이때의 시장 이자율은 미래의 금액을 현재 가치로 환산할 때의 할인율로도 적용할 수 있으므로, 이를 사회적 할인율로 간주하자는 주장이 제기되는 것이다. 한편 민간 자본의 수익률을 사회적 할인율로 적용하자는 주장은, 사회 전체적인 차원에서 공공사업에 투입될 자본이 민간 부문에서 이용될 수도 있으므로, 공공사업에 대해서도 민간 부문에서만큼 높은 수익률을 요구해야 한다는 것이다.

◎ 앞 단락의 마지막에 제시되었던 주장에 대해 설명하고 있습니다. 계속 무슨 소리인지 이해하기 좀 어렵죠? 저 역시도 어렵습니다. 다만 이번 단락이 2 의 마지막 문장에 대한 설명이라는 점만 파악한다면 완전하게 이해하지 못해도 문제풀이에 지장이 없습니다.

4 그러나 시장 이자율이나 민간 자본의 수익률을 사회적 할인율로 적용하자는 주장은 수용하기 어려운 점이 있다. ❶우선 ㉠공공 부문의 수익률이 민간 부문만큼 높다면, 민간 투자가 가능한 부문에 굳이 정부가 투자할 필요가 있는가 하는 문제가 제기될 수 있다. ❷더욱 중요한 것은 시장 이자율이나 민간 자본의 수익률이, 비교적 단기적으로 실현되는 사적 이익을 추구하는 자본 시장에서 결정된다는 점이다. 반면에 사회적 할인율이 적용되는 공공사업은 일반적으로 그 이익이 장기간에 걸쳐 서서히 나타난다. 이러한 점에서 공공사업은 미래 세대를 배려하는 지속 가능한 발전의 이념을 반영한다. 만일 사회적 할인율이 시장 이자율이나 민간 자본의 수익률처럼 높게 적용된다면, 미래 세대의 이익이 저평가되는 셈이다. 그러므로 사회적 할인율은 미래 세대를 배려하는 공익적 차원에서 결정되는 것이 바람직하다.

◎ 처음부터 '그러나'가 등장합니다. 긴장해서 독해해야 합니다. 역접 접속어를 통해서 "시장 이자율이나 민간 자본의 수익률을 사회적 할인율로 적용하자는 주장은 수용하기 어려운 점이 있다."라는 말로 앞 단락에 제시되었던 주장을 수용할 수 없다는 취지를 밝히고 있습니다.
이어지는 내용은 왜 그렇게 생각하는지와 사회적 할인율은 어떻게 책정되어야 하는지에 대한 설명입니다. 공공사업의 이익은 장기간에 걸쳐 서서히 나타나니까 공익적 차원에서 사회적 할인율을 결정하는 것이 옳다고 주장하고 있습니다. 글쓴이가 '그러므로' 이후 제시한 "사회적 할인율은 ~ 공익적 차원에서 결정되는 것이 바람직하다."를 주목할 수 있습니다.

08번 지문을 잘 읽었다면 쉽게 답을 찾을 수 있습니다. 결국 글쓴이가 말하고자 하는 내용은 4 에 제시됩니다. 글쓴이는 4 에서 '그러나'를 통해 앞의 내용들을 뒤집고 '사회적 할인율은 공익적 차원에서 결정되는 것이 바람직하다.'라는 주장을 하게 됩니다. 이 주장을 대답이라고 한다면 그 대답을 이끌어 낼 질문으로는 선택지 ④ '사회적 할인율은 어떤 수준에서 결정되어야 하는가?'가 적절하겠습니다. 나머지 선택지들은 지문의 부분적인 내용이거나 지문의 내용과 그다지 상관이 없는 내용들입니다. **답 ④**

09번 ㉠이 전제하고 있는 것은 굳이 지문을 읽지 않고도 답을 생각할 수 있습니다.
논리적으로 접근해 보면,

- '수익률이 높은 곳에는 → 민간 투자 발생 → 굳이 정부가 투자할 필요가 없다.'

정도로 정리할 수 있습니다.

이러한 논리에서 정부가 투자할 필요가 있는 곳은 어느 곳인지 생각해 봅시다. 다음과 같은 논리를 통해 결론을 이끌어 낼 수 있습니다.

• '수익률이 낮은 곳 → 민간 투자 × → 따라서 정부가 투자해야 한다.'

이러한 생각을 가지고 있기 때문에 수익률이 높은 곳에는 굳이 정부가 투자할 필요가 없다고 하는 것이겠죠. 선택지 ⑤에 같은 생각이 제시되어 있습니다. 이와 같은 생각이 전제되어 있으니까 ㉠과 같이 생각해 볼 수 있는 것이죠.

또한 문맥적으로 ㉠을 이해해 보면, 공공 부문의 수익률이 민간 부문만큼 높다면 민간 투자가 발생하니 굳이 정부가 나서서 투자할 필요가 없다는 말이 됩니다. 밑줄 친 부분의 앞뒤를 살펴보면, 앞에 제시된 "수용하기 어려운 점이 있다."라는 말을 통해 ㉠은 실제로 공공 부문의 수익률이 민간 부문만큼 높지 않아 정부가 투자해야 한다는 의미로 이해할 수 있습니다.

답 ⑤

10번

| **조 : 조건 분석** |

윗글로 보아 〈보기〉의 ⓐ에 대한 판단으로 타당한 것은?

◎ 발문과 〈보기〉에서 근거를 축소하기 어렵습니다. 그렇다면 선택지를 분석해서 문제가 우리에게 어떤 것을 요구하는지 파악할 수 있어야 합니다.

① 사업의 전망이 불확실하다고 판단하는 주민들은 낮은 할인율을 적용할 것이다.
② 후손을 위한 환경의 가치를 중시하는 주민들은 높은 할인율을 적용할 것이다.
③ 개발 업체는 놀이동산 개발의 당위성을 확보하기 위해 높은 할인율을 적용할 것이다.
④ 놀이동산이 소득 증진의 좋은 기회라고 생각하는 주민들은 높은 할인율을 적용할 것이다.
⑤ 지역 경제 활성화의 효과가 나타나는 데 걸리는 시간이 길다고 판단되면 낮은 할인율을 적용할 것이다.

◎ 우리가 이 문제를 풀기 위해서는 지문에 등장한 '할인율'이란 개념을 파악해야 한다는 것을 알 수 있습니다. 이 개념을 가지고 〈보기〉의 ⓐ에 대해 판단해야 합니다. 지문에서 할인율 개념을 설명한 부분을 근거로 해야 합니다.

| **커 : 근거 축소** |

1-4 할인율은 이자율과 유사하지만 역으로 적용되는 개념이라고 생각하면 된다. 현재의 이자율이 연 10%라면 올해의 10억 원은 내년에는 (1+0.1)을 곱한 11억 원이 되듯이, 할인율이 연 10%라면 내년의 11억 원의 현재 가치는 (1+0.1)로 나눈 10억 원이 된다.

◎ '할인율이 높아질수록 현재의 가치는 하락'한다는 관계를 생각해 낼 수 있습니다. 가령, 할인율이 연 20%라면 내년의 11억 원의 현재 가치는 (1+0.2)로 나눈 값이 되는데, 이것은 10억 원보다 낮은 값입니다.

4-6 만일 사회적 할인율이 시장 이자율이나 민간 자본의 수익률처럼 높게 적용된다면, 미래 세대의 이익이 저평가되는 셈이다.

◎ 여기서도 할인율과 가치 평가 간의 관계를 짐작할 수 있습니다. 할인율이 높으면 '저평가'라는 마이너스 이미지와 연결시킬 수 있는 것이죠. 굳이 다른 예시를 들면서 할인율과 현재 가치를 복잡하게 생각하지 않아도 지문의 내용들만 가지고 위와 같이 생각할 수 있어야 합니다.

그렇다면 이제 답을 확정할 수 있습니다.

① 사업의 전망이 불확실하다고 믿는 주민들은 놀이동산으로부터 나올 이익을 '저평가'할 것입니다. 따라서 높은 할인율을 적용하겠죠.

③ 개발 업체가 놀이동산 개발의 당위성을 확보하려면 '가치를 고평가'해야 되니 낮은 할인율을 적용하겠죠.

④ 놀이동산이 소득 증진의 좋은 기회라고 생각한다면 역시 '가치를 고평가'해야 되니 낮은 할인율을 적용하겠죠.

⑤ 지역 경제 활성화의 효과가 나타나는 데 걸리는 시간이 길다고 판단한다면 개발의 가치를 '저평가'하는 것이니까 높은 할인율을 적용하겠죠.

여기서 선택지 ⑤를 좀 다른 방식으로 생각해 볼 수도 있습니다. 만약 4-4 와 연관지어, 지역 경제 활성화를 중시하여 개발을 찬성하는 사람들이 이를 공공사업이라고 생각한다면 '사회적 할인율'을 적용하게 될 것입니다. 지문에서 사회적 할인율은 높고 낮고의 문제를 떠나서 '공익적 차원'에서 결정되어야 한다고 말합니다. 따라서 높은 할인율이나 낮은 할인율을 적용한다고 말할 수는 없습니다.

②가 답이 됩니다. 환경의 가치를 중시한다면 개발의 가치를 '저평가'해야 되니 높은 할인율을 적용하겠죠.

혹시 할인율과 가치 평가 사이의 관계를 발견하지 못했다면?

지문을 정확하게 파악하지 못한 경우입니다. 하지만 어찌되었든 답을 찍어야만 한다면, 선택지들 사이의 논리를 비교해서 답을 고를 수도 있어야 합니다.

그 경우에도 답을 제외한 선택지는,

- 사업에 대해 긍정적 → 높은 할인율(③, ④)
- 사업에 대해 부정적 → 낮은 할인율(①, ⑤)

이와 같이 묶일 수 있으니 역시 ②가 답이 됩니다. 단순한 논리로도 선택지 네 개와 하나를 구분해서 답을 찾을 수 있습니다.

답 ②

002 유제 실전 연습

유제 · 01~03 22 수능 | 풀이 P.24

어떤 독서 이론도 이 한 장의 사진만큼 독서의 위대함을 분명하게 말해 주지 못할 것이다. 사진은 제2차 세계 대전 당시 처참하게 무너져 내린 런던의 한 건물 모습이다. ㉠ 폐허 속에서도 사람들이 책을 찾아 서가 앞에 선 이유는 무엇일까? 이들은 갑작스레 닥친 상황에서 독서를 통해 무언가를 구하고자 했을 것이다.

독서는 자신을 살피고 돌아볼 계기를 제공함으로써 어떻게 살 것인가의 문제를 생각하게 한다. 책은 인류의 지혜와 경험이 담겨 있는 문화유산이며, 독서는 인류와의 만남이자 끝없는 대화이다. 독자의 경험과 책에 담긴 수많은 경험들의 만남은 성찰의 기회를 제공함으로써 독자의 내면을 성장시켜 삶을 바꾼다. 이런 의미에서 독서는 자기 성찰의 행위이며, 성찰의 시간은 깊이 사색하고 스스로에게 질문을 던지는 시간이어야 한다. 이들이 책을 찾은 것도 혼란스러운 현실을 외면하려 한 것이 아니라 자신의 삶에 대한 숙고의 시간이 필요했기 때문이다.

또한 ㉡ 독서는 자신을 둘러싼 현실을 올바로 인식하고 당면한 문제를 해결할 논리와 힘을 지니게 한다. 책은 세상에 대한 안목을 키우는 데 필요한 지식을 담고 있으며, 독서는 그 지식을 얻는 과정이다. 독자의 생각과 오랜 세월 축적된 지식의 만남은 독자에게 올바른 식견을 갖추고 당면한 문제를 해결할 방법을 모색하도록 함으로써 세상을 바꾼다. 세상을 변화시킬 동력을 얻는 이 시간은 책에 있는 정보를 이해하는 데 그치는 것이 아니라 그 정보가 자신의 관점에서 문제를 해결할 수 있는 타당한 정보인지를 판단하고 분석하는 시간이어야 한다. 서가 앞에 선 사람들도 시대적 과제를 해결할 실마리를 책에서 찾으려 했던 것이다.

독서는 자기 내면으로의 여행이며 외부 세계로의 확장이다. 폐허 속에서도 책을 찾은 사람들은 독서가 지닌 힘을 알고, 자신과 현실에 대한 이해를 구하고자 책과의 대화를 시도하고 있었던 것이다.

01 윗글을 바탕으로 할 때, ㉠의 답으로 적절하지 않은 것은?

① 인류의 지혜와 경험을 배우기 위해
② 현실로부터 도피할 방법을 구하기 위해
③ 시대적 과제를 해결할 실마리를 찾기 위해
④ 자신의 삶에 대해 숙고할 시간을 갖기 위해
⑤ 세상에 대한 안목을 키우는 지식을 얻기 위해

02 〈보기〉는 ㉡과 같이 독서하기 위해 학생이 찾은 독서 방법이다. 이에 대한 반응으로 적절하지 <u>않은</u> 것은?

보기

해결하려는 문제와 관련하여 관점이 다른 책들을 함께 읽는 것은 해법을 찾는 한 방법이다. 먼저 문제가 무엇인지를 명확히 하고, 이와 관련된 서로 다른 관점의 책을 찾는다. 책을 읽을 때는 자신의 관점에서 각 관점들을 비교·대조하면서 정보의 타당성을 비판적으로 검토하고 평가한 내용을 통합한다. 이를 통해 문제를 다각적·심층적으로 이해하게 됨으로써 자신의 관점을 분명히 하고, 나아가 생각을 발전시켜 관점을 재구성하게 됨으로써 해법을 찾을 수 있다.

① 읽을 책을 선택하기 전에 해결하려는 문제가 무엇인지를 명확하게 인식해야겠군.
② 서로 다른 관점을 비교·대조하면서 검토함으로써 편협한 시각에서 벗어나 문제를 폭넓게 보아야겠군.
③ 문제의 해결을 위해 서로 다른 관점을 비판적으로 통합하여 문제에 대한 생각을 새롭게 구성할 수 있어야겠군.
④ 정보를 이해하는 수준을 넘어, 각 관점의 타당성을 검토하고 평가 내용을 통합함으로써 문제를 깊이 이해해야겠군.
⑤ 문제에 대한 여러 관점을 다각도로 검토하고, 비판적 판단을 유보함으로써 자신의 관점이 지닌 타당성을 견고히 해야겠군.

03 다음은 윗글을 읽은 학생의 독서 기록장 일부이다. 이에 대한 설명으로 가장 적절한 것은?

나의 독서 대부분은 정보 습득을 위한 것이었다. 책의 내용이 그대로 내 머릿속으로 옮겨져 지식이 쌓이기만을 바랐지 내면의 성장을 생각하지 못했다. 윤동주 평전을 읽으며 스스로에게 질문을 던지는 이 시간이 나에 대해 사색하며 삶을 가꾸는 소중한 시간임을 새삼 느낀다. 오늘 나는 책장을 천천히 넘기며 나에게로의 여행을 떠나 보려 한다.

① 삶을 성찰하게 하는 독서의 가치를 깨닫고 이를 실천하려는 모습을 보이고 있다.
② 문학 분야에 편중되었던 독서 습관을 버리고 다양한 분야의 책을 읽으려는 노력을 보이고 있다.
③ 독서를 지속적으로 실천하지 못한 태도를 반성하고 문제 해결을 위해 장기적인 독서 계획을 세우고 있다.
④ 내면적 성장을 위한 도구로서의 독서의 중요성을 인식하고 다양한 매체를 활용한 독서의 방법을 제안하고 있다.
⑤ 개인의 지적 성장에 머무는 독서의 한계를 지적하고 타인과 경험을 공유하는 독서 토론의 필요성을 강조하고 있다.

글을 읽는 동안 독자의 사고 과정을 밝힐 수 있는 방법 중 하나가 눈동자 움직임 분석 방법이다. 이것은 사고 과정이 눈동자의 움직임에 반영된다고 보고 그 특성을 분석하는 방법이다.

[A] 눈동자 움직임에 주목한 연구에 따르면, 글을 읽을 때 독자는 자신이 중요하다고 판단한 단어나 생소하다고 생각한 단어를 중심으로 읽는다. 글을 읽을 때 독자는 눈동자를 단어에 멈추는 고정, 고정과 고정 사이에 일어나는 도약을 보였는데, 도약은 한 단어에서 다음 단어로 이동하는 짧은 도약과 단어를 건너뛰는 긴 도약으로 구분된다. 고정이 관찰될 때는 단어의 의미 이해가 이루어졌지만, 도약이 관찰될 때는 건너뛴 단어의 의미 이해가 이루어지지 않았다. 글을 읽을 때 독자가 생각하는 단어의 중요도나 친숙함에 따라 눈동자의 고정 시간과 횟수, 도약의 길이와 방향도 달랐다. 독자가 중요하거나 생소하다고 생각한 단어일수록 고정 시간이 길었다. 이러한 단어는 독자가 글의 진행 방향대로 읽어 가다가 되돌아와 다시 읽는 경우도 있어 고정 횟수도 많았고, 이때의 도약은 글의 진행 방향과는 다르게 나타났다. 중요한 단어나 생소한 단어가 연속될 때는 그 단어마다 눈동자가 멈추면서 도약의 길이가 짧았다.

눈동자 움직임의 양상은 독자의 읽기 능력이 발달하면서 변화한다. 읽기 능력이 발달하면 이전과 같은 수준의 글을 읽거나 전에 읽었던 글을 다시 읽을 때, 단어마다 눈동자를 고정하지는 않게 되어 ㉠ 이전보다 고정 횟수와 고정 시간이 줄어들고 단어를 건너뛰는 긴 도약이 자주 일어나는 모습이 관찰된다. 학습 경험과 독서 경험이 쌓이면서 글의 구조에 대한 지식과 아는 단어, 배경지식이 늘어나기 때문이다. 또한 읽기 목적을 분명하게 인식하게 되면서 글에서 중요한 단어를 정확하게 선택할 수 있게 되는 것도 그 이유 중의 하나이다. 이때 문맥을 파악하기 위해 이미 읽은 단어를 다시 확인하려는 도약, 앞으로 읽을 단어를 먼저 탐색하는 도약 등이 빈번하게 나타난다.

04 윗글에 대한 이해로 가장 적절한 것은?

① 글을 읽을 때 눈동자의 움직임은 독자의 사고 과정에 영향을 받는다.
② 눈동자 움직임 분석 방법을 사용하지 않으면 독자의 사고 과정을 밝힐 수 없다.
③ 독자가 느끼는 글의 어려움의 정도는 독자의 눈동자 움직임의 양상에 영향을 주지 않는다.
④ 눈동자 움직임 분석 방법에 따르면 독자는 자신에게 친숙한 단어일수록 중요하다고 판단한다.
⑤ 글을 읽을 때 독자가 중요하다고 생각하는 단어의 빈도는 눈동자의 움직임에 영향을 주지 않는다.

05 **다음은 학생이 자신의 읽기 과정을 기록한 글이다. [A]를 바탕으로 ⓐ~ⓔ를 분석한 내용으로 적절하지 않은 것은?**

〈독서의 새로운 공간〉이라는 글을 읽으며 우선 글 전체에서 ⓐ 중요하다고 생각하는 단어만 확인하는 읽기를 했다. 이를 통해 '도서관'에 대한 내용이라는 것을 확인하고 ⓑ 글의 진행 방향에 따라 읽어 나갔다. '장서'의 의미를 알 수 없어서 ⓒ 앞에 읽었던 부분으로 돌아가서 다시 읽고 나니 문맥을 통해 '도서관에 소장된 책'이라는 의미임을 알게 되었다. 이후 도서관의 등장과 역할 변화가 글의 주제라는 것을 파악하고서 ⓓ 그와 관련된 단어들에 집중하며 읽어 나갔다. '파피루스를 대신하여 양피지가 사용되었다.'라는 문장을 읽을 때 ⓔ '대신하여'와 달리 '파피루스'와 '양피지'처럼 생소한 단어는 하나씩 확인하며 읽었다.

① ⓐ : 중요하다고 생각하는 단어에서는 고정이 일어났을 것이다.
② ⓑ : 도약이 진행되는 동안에는 건너뛴 단어의 의미 이해가 이루어지지 않았을 것이다.
③ ⓒ : 글이 진행되는 방향과 반대 방향의 도약이 나타났을 것이다.
④ ⓓ : 글의 주제와 관련이 없는 단어들을 읽을 때보다 고정 시간이 짧고 고정 횟수가 적었을 것이다.
⑤ ⓔ : 중요하지 않고 익숙한 단어들로만 이루어진 동일한 길이의 문장을 읽을 때보다 고정 시간이 길었을 것이다.

06 **다음은 윗글을 읽은 학생이 ㉠에 대해 보인 반응이다. [가]에 들어갈 내용으로 적절하지 않은 것은?**

읽기 능력이 발달하면, [가] 나에게도 이러한 현상이 나타날 수 있겠군.

① 글을 깊이 있게 이해하기 위해 꼼꼼히 읽을 때
② 글과 관련된 배경지식을 적극적으로 활용하여 읽을 때
③ 다양한 글을 읽어서 글의 구조를 잘 이해할 수 있을 때
④ 배우고 익힌 내용이 쌓여 글에 아는 단어가 많아졌을 때
⑤ 읽기 목적에 따라 중요한 단어를 정확하게 고를 수 있을 때

두 명제가 모두 참인 것도 모두 거짓인 것도 가능하지 않은 관계를 모순 관계라고 한다. 예를 들어, 임의의 명제를 P라고 하면 P와 ~P는 모순 관계이다.(기호 '~'은 부정을 나타낸다.) P와 ~P가 모두 참인 것은 가능하지 않다는 법칙을 무모순율이라고 한다. 그런데 "다보탑은 경주에 있다."와 "다보탑은 개성에 있을 수도 있었다."는 모순 관계가 아니다. 현실과 다르게 다보탑을 경주가 아닌 곳에 세웠다면 다보탑의 소재지는 지금과 달라졌을 것이다. 철학자들은 이를 두고, P와 ~P가 모두 참인 혹은 모두 거짓인 가능세계는 없지만 다보탑이 개성에 있는 가능세계는 있다고 표현한다.

'가능세계'의 개념은 일상 언어에서 흔히 쓰이는 필연성과 가능성에 관한 진술을 분석하는 데 중요한 역할을 한다. 'P는 가능하다'는 P가 적어도 하나의 가능세계에서 성립한다는 뜻이며, 'P는 필연적이다'는 P가 모든 가능세계에서 성립한다는 뜻이다. "만약 Q이면 Q이다."를 비롯한 필연적인 명제들은 모든 가능세계에서 성립한다. "다보탑은 경주에 있다."와 같이 가능하지만 필연적이지는 않은 명제는 우리의 현실세계를 비롯한 어떤 가능세계에서는 성립하고 또 어떤 가능세계에서는 성립하지 않는다.

가능세계를 통한 담론은 우리의 일상적인 몇몇 표현들을 보다 잘 이해하는 데 도움이 된다. 다음 상황을 생각해 보자. 나는 현실에서 아침 8시에 출발하는 기차를 놓쳤고, 지각을 했으며, 내가 놓친 기차는 제시간에 목적지에 도착했다. 그리고 나는 "만약 내가 8시 기차를 탔다면, 나는 지각을 하지 않았다."라고 주장한다. 그런데 전통 논리학에서는 "만약 A이면 B이다."라는 형식의 명제는 A가 거짓인 경우에는 B의 참 거짓에 상관없이 참이라고 규정한다. 그럼에도 ⓐ <u>내가 만약 그 기차를 탔다면 여전히 지각을 했을 것이라고 주장하지는 않는 이유는 무엇일까?</u> 내가 그 기차를 탄 가능세계들을 생각해 보면 그 이유를 알 수 있다. 그 가능세계 중 어떤 세계에서 나는 여전히 지각을 한다. 가령 내가 탄 그 기차가 고장으로 선로에 멈춰 운행이 오랫동안 지연된 세계가 그런 예이다. 하지만 내가 기차를 탄 세계들 중에서, 내가 기차를 타고 별다른 이변 없이 제시간에 도착한 세계가 그렇지 않은 세계보다 우리의 현실세계와의 유사성이 더 높다. 일반적으로, A가 참인 가능세계들 중에 비교할 때, B도 참인 가능세계가 B가 거짓인 가능세계보다 현실세계와 더 유사하다면, 현실세계의 나는 A가 실현되지 않은 경우에, 만약 A라면 ~B가 아닌 B이라고 말할 수 있다.

가능세계는 다음의 네 가지 성질을 갖는다. 첫째는 가능세계의 일관성이다. 가능세계는 명칭 그대로 가능한 세계이므로 어떤 것이 가능하지 않다면 그것이 성립하는 가능세계는 없다. 둘째는 가능세계의 포괄성이다. 이것은 어떤 것이 가능하다면 그것이 성립하는 가능세계는 존재한다는 것이다. 셋째는 가능세계의 완결성이다. 어느 세계에서든 임의의 명제 P에 대해 "P이거나 ~P이다."라는 배중률이 성립한다. 즉 P와 ~P 중 하나는 반드시 참이라는 것이다. 넷째는 가능세계의 독립성이다. 한 가능세계는 모든 시간과 공간을 포함해야만 하며, 연속된 시간과 공간에 포함된 존재들은 모두 동일한 하나의 세계에만 속한다. 한 가능세계 W1의 시간과 공간이, 다른 가능세계 W2의 시간과 공간으로 이어질 수는 없다. W1과 W2는 서로 시간과 공간이 전혀 다른 세계이다.

가능세계의 개념은 철학에서 갖가지 흥미로운 질문과 통찰을 이끌어 내며, 그에 관한 연구 역시 활발히 진행되고 있다. 나아가 가능세계를 활용한 논의는 오늘날 인지 과학, 언어학, 공학 등의 분야로 그 응용의 폭을 넓히고 있다.

07 윗글의 내용과 일치하는 것은?

① 배중률은 모든 가능세계에서 성립한다.
② 모든 가능한 명제는 현실세계에서 성립한다.
③ 필연적인 명제가 성립하지 않는 가능세계가 있다.
④ 무모순율에 의하면 P와 ~P가 모두 참인 것은 가능하다.
⑤ 전통 논리학에 따르면 "만약 A이면 B이다."의 참 거짓은 A의 참 거짓과 상관없이 결정된다.

08 윗글을 바탕으로 할 때, ⓐ에 대한 답으로 가장 적절한 것은?

① 내가 그 기차를 타지 않은 가능세계들끼리 비교할 때 지각을 한 가능세계와 지각을 하지 않은 가능세계가 현실세계와의 유사성의 정도가 다르기 때문이다.
② 내가 그 기차를 타지 않은 가능세계들끼리 비교할 때 기차 고장이 자주 일어나지 않는 가능세계가 현실세계와의 유사성이 높기 때문이다.
③ 내가 그 기차를 탄 가능세계들끼리 비교할 때 내가 지각을 한 가능세계가 내가 지각을 하지 않은 가능세계에 비해 현실세계와의 유사성이 더 낮기 때문이다.
④ 내가 그 기차를 탄 가능세계들끼리 비교할 때 그 가능세계들의 대다수에서 내가 지각을 하지 않았기 때문이다.
⑤ 내가 그 기차를 탄 것이 현실세계에서 거짓이기 때문이다.

09 윗글을 참고할 때, 〈보기〉를 이해한 내용으로 적절한 것은?

보기

명제 "모든 학생은 연필을 쓴다."와 "어떤 학생도 연필을 쓰지 않는다."는 반대 관계이다. 이 말은, 두 명제 다 참인 것은 가능하지 않지만, 둘 중 하나만 참이거나 둘 다 거짓인 것은 가능하다는 뜻이다.

① 가능세계의 완결성과 독립성에 따르면, 모든 학생이 연필을 쓰는 가능세계가 존재한다는 것과 어떤 학생도 연필을 쓰지 않는 가능세계가 존재한다는 것 중 하나는 반드시 참이고, 그중 한 세계의 시간과 공간이 다른 세계로 이어질 수 없겠군.
② 가능세계의 포괄성과 독립성에 따르면, "어떤 학생도 연필을 쓰지 않는다."가 성립하면서 그 세계에 속한 한 명의 학생이 연필을 쓰는 가능세계들이 존재하고, 그 세계들의 시간과 공간은 서로 단절되어 있겠군.
③ 가능세계의 완결성에 따르면, 어느 세계에서든 "어떤 학생은 연필을 쓴다."와 "어떤 학생은 연필을 쓰지 않는다." 중 하나는 반드시 참이겠군.
④ 가능세계의 포괄성에 따르면, '"모든 학생은 연필을 쓴다."가 참이거나 "어떤 학생도 연필을 쓰지 않는다."가 참'인 가능세계들이 있겠군.
⑤ 가능세계의 일관성에 따르면, 학생들 중 절반은 연필을 쓰고 절반은 연필을 쓰지 않는 가능세계가 존재하겠군.

우리 삶에서 운이 작용해서 결과가 달라지는 일은 흔하다. 그러나 외적으로 드러나는 행위에 초점을 맞추는 '의무 윤리'든 행위의 기반이 되는 성품에 초점을 맞추는 '덕의 윤리'든, 도덕의 문제를 다루는 철학자들은 도덕적 평가가 운에 따라 달라져서는 안 된다고 생각한다. 이들의 생각처럼 도덕적 평가는 스스로가 통제할 수 있는 것에 대해서만 이루어져야 한다. 운은 자신의 의지에 따라 통제할 수 없어서, 운에 따라 누구는 도덕적이게 되고 누구는 아니게 되는 일은 공평하지 않기 때문이다.

그런데 ㉠어떤 철학자들은 운에 따라 도덕적 평가가 달라지는 일이 실제로 일어난다고 주장하고, 그런 운을 '도덕적 운'이라고 부른다. 그들에 따르면 세 가지 종류의 도덕적 운이 거론된다. 첫째는 태생적 운이다. 우리의 행위는 성품에 의해 결정되며 이런 성품은 태어날 때 이미 결정되므로, 성품처럼 우리가 통제할 수 없는 요인이 도덕적 평가에 개입되는 불공평한 일이 일어난다는 것이다.

둘째는 상황적 운이다. 똑같은 성품이더라도 어떤 상황에 처하느냐에 따라 그 성품이 발현되기도 하고 안 되기도 한다는 것이다. 가령 남의 것을 탐내는 성품을 똑같이 가졌는데 결핍된 상황에 처한 사람은 그 성품이 발현되는 반면에 풍족한 상황에 처한 사람은 그렇지 않다면, 전자만 비난하는 것은 공평하지 못하다는 것이다. 어떤 상황에 처하느냐는 통제할 수 없는 요인이기 때문이다.

셋째는 우리가 통제할 수 없는 결과에 의해 도덕적 평가가 좌우되는 결과적 운이다. 어떤 화가가 자신의 예술적 이상을 달성하기 위해 가족을 버리고 멀리 떠났다고 해 보자. 이 경우 그가 화가로서 성공했을 때보다 실패했을 때 그의 무책임함을 더 비난하는 것을 '상식'으로 받아들이는 경우가 많다. 그러나 도덕적 운을 인정하는 철학자들은 그가 가족을 버릴 당시에는 예측할 수 없었던 결과에 의해 그의 행위를 달리 평가하는 것 역시 불공평하다고 생각한다.

그들의 주장에 따라 도덕적 운의 존재를 인정하면 불공평한 평가만 할 수 있을 뿐인데, 이는 결국 도덕적 평가 자체가 불가능해짐을 의미한다. ㉡도덕적 평가가 불가능한 대상은 강제나 무지와 같이 스스로가 통제할 수 없는 요인에 의해 결정되는 것에만 국한되어야 한다. 그런데 도덕적 운의 존재를 인정하면 그동안 도덕적 평가의 대상이었던 성품이나 행위에 대해 도덕적 평가를 내릴 수 없는 난점에 직면하게 되는 것이다.

하지만 관점을 바꾸어 도덕적 운의 존재를 부정하고 도덕적 평가가 불가능한 경우를 강제나 무지에 의한 행위에 국한한다면 이와 같은 난점에서 벗어날 수 있다. 도덕적 운의 존재를 부정하기 위해서는 도덕적 운이라고 생각되는 예들이 실제로는 도덕적 운이 아님을 보여 주면 된다. 우선 행위는 성품과는 별개의 것이므로 태생적 운의 존재가 부정된다. 또한 나쁜 상황에서 나쁜 행위를 할 것이라는 추측만으로 어떤 사람을 폄하하는 일은 정당하지 못하므로 상황적 운의 존재도 부정된다. 끝으로 어떤 화가가 결과적으로 성공을 했든 안 했든 무책임함에 대해서는 똑같이 비난받아야 하므로 결과적 운의 존재도 부정된다. 실패한 화가를 더 비난하는 '상식'이 통용되는 것은 화가의 무책임한 행위가 그가 실패했을 때보다 성공했을 때 덜 부각되기 때문이다.

10 ㉠과 글쓴이의 견해에 대한 설명으로 가장 적절한 것은?

① ㉠과 달리 글쓴이는 도덕적 평가는 '상식'을 존중해야 한다고 생각한다.
② ㉠은 글쓴이와 달리 운은 우리가 통제할 수 없는 것이라고 생각한다.
③ ㉠과 글쓴이는 모두 같은 성품을 가진 사람은 같은 행위를 한다고 생각한다.
④ ㉠과 글쓴이는 모두 도덕의 영역에서는 운에 따라 도덕적 평가가 달라지는 일은 없다고 생각한다.
⑤ ㉠과 글쓴이는 모두 도덕적 운의 존재를 인정하는 것은 도덕적 평가를 불공평하게 만든다고 생각한다.

11 ㉡의 관점에 따를 때, '도덕적 평가'의 대상으로 볼 수 있는 것만을 〈보기〉에서 있는 대로 고른 것은?

보기

ㄱ. 거친 성격의 사람이 자신의 성격을 억누르고 주위 사람들을 다정하게 대했다.
ㄴ. 복잡한 지하철에서 누군가에게 떠밀린 사람이 어쩔 수 없이 앞 사람의 발을 밟게 되었다.
ㄷ. 글을 모르는 어린아이가 바닥에 떨어진 중요한 서류가 실수로 버려진 것인 줄 모르고 찢으며 놀았다.
ㄹ. 풍족한 나라의 한 종교인이 가난한 나라로 발령을 받자 자신의 종교적 신념에 따라 가난한 사람들을 돕는 활동을 했다.

① ㄱ, ㄹ ② ㄴ, ㄷ ③ ㄷ, ㄹ ④ ㄱ, ㄴ, ㄷ ⑤ ㄱ, ㄴ, ㄹ

12 윗글에 근거하여 〈보기〉를 설명한 내용으로 가장 적절한 것은?

보기

동료 선수와 협동하지 않고 무모한 공격을 감행한 축구 선수 A와 B가 있다. A는 상대팀 골키퍼가 실수를 하여 골을 넣었는데, B는 골키퍼가 실수를 하지 않아 골을 넣지 못했다. 두 사람은 무모하고 독선적인 성품이나 행위와 동기는 같은데도, 통상 사람들은 A보다 B를 도덕적으로 더 비난한다.

① 도덕적 운의 존재를 인정하지 않는 철학자는 A는 B에 비해 무모함과 독선이 사람들에게 덜 부각되었을 뿐이라고 본다.
② 도덕적 운의 존재를 인정하는 철학자는 A가 B의 처지라면 골을 넣지 못했으리라는 추측만으로 A를 비난하는 것은 정당하지 못하다고 본다.
③ 태생적 운의 존재를 인정하는 철학자는 B가 A에 비해 무모하고 독선적인 성품을 천부적으로 더 가지고 있으므로 더 비난받아야 한다고 본다.
④ 상황적 운의 존재를 인정하지 않는 철학자는 A가 B의 상황이라면 무모함과 독선이 발현되지 않을 것이기 때문에 똑같이 비난받아서는 안 된다고 본다.
⑤ 결과적 운의 존재를 인정하는 철학자는 A보다 B가 더 무모한 공격을 했기 때문에 더 비난받아야 한다고 본다.

권리와 의무의 주체가 될 수 있는 자격을 권리 능력이라 한다. 사람은 태어나면서 저절로 권리 능력을 갖게 되고 생존하는 내내 보유한다. 그리하여 사람은 재산에 대한 소유권의 주체가 되며, 다른 사람에 대하여 채권을 누리기도 하고 채무를 지기도 한다. 사람들의 결합체인 단체도 일정한 요건을 갖추면 법으로써 부여되는 권리 능력인 법인격을 취득할 수 있다. 단체 중에는 사람들이 일정한 목적을 갖고 결합한 조직체로서 구성원과 구별되어 독자적 실체로서 존재하며, 운영 기구를 두어, 구성원의 가입과 탈퇴에 관계없이 존속하는 단체가 있다. 이를 사단(社團)이라 하며, 사단이 갖춘 이러한 성질을 사단성이라 한다. 사단의 구성원은 사원이라 한다. 사단은 법인(法人)으로 등기되어야 법인격이 생기는데, 법인격을 가진 사단을 사단 법인이라 부른다. 반면에 사단성을 갖추고도 법인으로 등기하지 않은 사단은 '법인이 아닌 사단'이라 한다. 사람과 법인만이 권리 능력을 가지며, 사람의 권리 능력과 법인격은 엄격히 구별된다. 그리하여 사단 법인이 자기 이름으로 진 빚은 사단이 가진 재산으로 갚아야 하는 것이지 ⓐ사원 개인에게까지 ⓑ책임이 미치지 않는다.

회사도 사단의 성격을 갖는 법인이다. 회사의 대표적인 유형이라 할 수 있는 주식회사는 주주들로 구성되며 주주들은 보유한 주식의 비율만큼 회사에 대한 지분을 갖는다. 그런데 2001년에 개정된 상법은 한 사람이 전액을 출자하여 일인 주주로 회사를 설립할 수 있도록 하였다. ⓒ사단성을 갖추지 못했다고 할 만한 형태의 법인을 인정한 것이다. 또 여러 주주가 있던 회사가 주식의 상속, 매매, 양도 등으로 말미암아 모든 주식이 한 사람의 소유로 되는 경우가 있다. 이런 '일인 주식회사'에서는 일인 주주가 회사의 대표 이사가 되는 사례가 많다. 이처럼 일인 주주가 회사를 대표하는 기관이 되면 경영의 주체가 개인인지 회사인지 모호해진다. 법인인 회사의 운영이 독립된 주체로서의 경영이 아니라 마치 ⓓ개인 사업자의 영업처럼 보이는 것이다.

구성원인 사람의 인격과 법인으로서의 법인격이 잘 분간되지 않는 듯이 보이는 경우에는 간혹 문제가 일어난다. 상법상 회사는 이사들로 이루어진 이사회만을 업무 집행의 의결 기관으로 둔다. 또한 대표 이사는 이사 중 한 명으로, 이사회에서 선출되는 기관이다. 그리고 이사의 선임과 이사의 보수는 주주 총회에서 결정하도록 되어 있다. 그런데 주주가 한 사람뿐이면 사실상 그의 뜻대로 될 뿐, 이사회나 주주 총회의 기능은 퇴색하기 쉽다. 심한 경우에는 회사에서 발생한 이익이 대표 이사인 주주에게 귀속되고 회사 자체는 ⓔ허울만 남는 일도 일어난다. 이처럼 회사의 운영이 주주 한 사람의 개인 사업과 다름없이 이루어지고, 회사라는 이름과 형식은 장식에 지나지 않는 경우에는, 회사와 거래 관계에 있는 사람들이 재산상 피해를 입는 문제가 발생하기도 한다. 이때 그 특정한 거래 관계에 관련하여서만 예외적으로 회사의 법인격을 일시적으로 부인하고 회사와 주주를 동일시해야 한다는 '법인격 부인론'이 제기된다. 법률은 이에 대하여 명시적으로 규정하고 있지 않지만, 법원은 권리 남용의 조항을 끌어들여 이를 받아들인다. 회사가 일인 주주에게 완전히 지배되어 회사의 회계, 주주 총회나 이사회 운영이 적법하게 작동하지 못하는데도 회사에만 책임을 묻는 것은 법인 제도가 남용되는 사례라고 보는 것이다.

13 윗글을 통해 알 수 있는 내용으로 적절하지 않은 것은?

① 사단성을 갖춘 단체는 그 단체를 운영하기 위한 기구를 둔다.
② 주주가 여러 명인 주식회사의 주주는 사단의 사원에 해당한다.
③ 법인격을 얻은 사단은 재산에 대한 소유권의 주체가 될 수 있다.
④ 사단 법인의 법인격은 구성원의 가입과 탈퇴에 관계없이 존속한다.
⑤ 사람들이 결합한 단체에 권리와 의무를 누릴 수 있는 자격을 주는 제도가 사단이다.

14 ⓐ~ⓔ의 문맥상 의미에 대한 이해로 적절하지 않은 것은?

① ⓐ : 법인에 속해 있지만 법인격과는 구별되는 존재
② ⓑ : 사단이 진 빚을 갚아야 할 의무
③ ⓒ : 여러 사람이 결합한 조직체로서의 성격
④ ⓓ : 회사라는 법인격을 가진 독자적인 실체로서 운영되지 않는 경영
⑤ ⓔ : 회사의 자산이 감소하여 권리 능력을 누릴 수 없게 된 상태

15 윗글에서 설명한 주식회사에 대한 이해로 가장 적절한 것은?

① 대표 이사는 주식회사를 대표하는 기관이다.
② 일인 주식회사는 대표 이사가 법인격을 갖는다.
③ 주식회사의 이사회에서 이사의 보수를 결정한다.
④ 주식회사에서는 주주 총회가 업무 집행의 의결 기관이다.
⑤ 여러 주주들이 모여 설립된 주식회사가 일인 주식회사로 바뀔 수 없다.

유제 · **16~19** 14 수능 | 풀이 P. 38

요즘 시청자들은 자신도 모르는 사이에 간접 광고에 수시로 노출되어 광고와 더불어 살아가는 환경에 놓이게 됐다. 방송 프로그램의 앞과 뒤에 붙어 방송되는 직접 광고와 달리 PPL(product placement)이라고도 하는 간접 광고는 프로그램 내에 상품을 배치해 광고 효과를 거두려 하는 광고 형태이다. 간접 광고는 직접 광고에 비해 시청자가 리모컨을 이용해 광고를 회피하기가 상대적으로 어려워 시청자에게 노출될 확률이 더 높다.

광고주들은 광고를 통해 상품의 인지도를 높이고 상품에 대한 호의적 태도를 확산시키려 한다. 간접 광고에서는 이러한 광고 효과를 거두기 위해 주류적 배치와 주변적 배치를 활용한다. 주류적 배치는 출연자가 상품을 사용·착용하거나 대사를 통해 상품을 언급하는 것이고, 주변적 배치는 화면 속의 배경을 통해 상품을 노출하는 것인데, 시청자들은 주변적 배치보다 주류적 배치에 더 주목하게 된다. 또 간접 광고를 통해 배치되는 상품이 자연스럽게 활용되어 프로그램의 맥락에 잘 부합하면 해당 상품에 대한 광고 효과가 커지는데 이를 맥락 효과라 한다.

우리나라는 1990년대 중반부터 극히 제한된 형태의 간접 광고만을 허용하는 ㉠협찬 제도를 운영해 왔다. 이 제도는 프로그램 제작자가 협찬 업체로부터 경비, 물품, 인력, 장소 등을 제공받아 활용하고 프로그램이 종료될 때 협찬 업체를 알리는 협찬 고지를 허용했다. 그러나 프로그램의 내용이 전개될 때 상품명이나 상호를 보여 주거나 출연자가 이를 언급해 광고 효과를 주는 것은 법으로 금지했다. 협찬받은 의상의 상표를 보이지 않게 가리는 것은 그 때문이다.

우리나라는 협찬 제도를 그대로 유지하면서 광고주와 방송사 등의 요구에 따라 방송법에 '간접 광고'라는 조항을 신설하여 2010년부터 시행하였다. ㉡간접 광고 제도가 도입된 취지는 프로그램 내에서 광고를 하는 행위에 대해 법적인 규제를 완화하여 방송 광고 산업을 활성화하겠다는 것이었다. 이로써 프로그램 내에서 상품명이나 상호를 보여 주는 것이 허용되었다. 다만 시청권의 보호를 위해 상품명이나 상호를 언급하거나 구매와 이용을 권유하는 것은 금지되었다. 또 방송이 대중에게 미치는 영향력이 크기 때문에 객관성과 공정성이 요구되는 보도, 시사, 토론 등의 프로그램에서는 간접 광고가 금지되었다. 그럼에도 불구하고 간접 광고 제도를 비판하는 사람들은 간접 광고로 인해 광고 노출 시간이 길어지고 프로그램의 맥락과 동떨어진 억지스러운 상품 배치가 빈번해 프로그램의 질이 떨어지고 있다고 주장한다.

이처럼 시청자의 인식 속에 은연중 파고드는 간접 광고에 적절히 대응하기 위해서는 시청자들에게 간접 광고에 대한 주체적 해석이 요구된다. 미디어 이론가들에 따르면, 사람들은 외부의 정보를 주체적으로 해석할 수 있는 자기 나름의 프레임을 갖고 있어서 미디어의 콘텐츠를 수동적으로만 받아들이는 것은 아니다. 이것이 간접 광고를 분석하고 그것을 비판적으로 수용하는 미디어 교육이 필요한 이유이다.

---

16 윗글에 대한 설명으로 적절하지 않은 것은?

① 간접 광고의 개념과 특성을 밝히고 있다.
② 간접 광고와 관련된 제도를 소개하고 있다.
③ 간접 광고를 배치 방식에 따라 구분하고 있다.
④ 간접 광고 제도에 대한 비판적 견해를 소개하고 있다.
⑤ 간접 광고에 관한 이론의 발전 과정을 분석하고 있다.

17 윗글을 통해 알 수 있는 내용으로 적절한 것은?

① 간접 광고에서 주변적 배치가 주류적 배치보다 더 시청자의 주목을 받는다.
② 간접 광고는 직접 광고에 비해 시청자가 즉각적으로 광고를 회피하기가 더 쉽다.
③ 간접 광고가 삽입된 프로그램을 시청할 때에는 수용자 개인의 프레임이 작동하지 않는다.
④ 직접 광고와 간접 광고는 광고가 시청자들에게 주는 효과의 정도에 따라 구분한 것이다.
⑤ 간접 광고가 광고인 것을 시청자가 알아차리지 못하는 동안에도 광고 효과는 발생할 수 있다.

18 ㉠과 ㉡에 대하여 추론한 내용으로 적절하지 않은 것은?

① ㉠이 시행되면서, 프로그램 내용이 전개될 때 상표를 노출할 수 있게 되어 방송 광고업계는 이 제도를 환영했겠군.

② ㉠에 따라 경비를 제공한 협찬 업체는 프로그램이 종료될 때의 협찬 고지를 통해서 광고 효과를 거둘 수 있겠군.

③ ㉡이 도입된 이후에는 프로그램 내용이 전개될 때 작위적으로 상품을 노출시키는 장면이 많아졌겠군.

④ ㉡을 도입할 때 보도와 토론 프로그램에서 간접 광고를 허용하지 않은 것은 방송의 공적 특성을 고려한 것이겠군.

⑤ ㉠에 따른 광고와 ㉡에 따른 광고 모두 맥락 효과를 얻을 수 있겠군.

19 윗글을 바탕으로 〈보기〉를 이해한 내용으로 적절하지 않은 것은?

보기

다음은 최근 인기 절정의 남녀 출연자가 등장한, 우리나라 방송 프로그램의 한 장면에 대한 설명이다.

연인 관계로 설정된 두 남녀가 세련되고 낭만적인 분위기의 커피 전문점에 앉아 있다. 남자가 사용하고 있는 휴대 전화는 상표가 선명하게 보인다. 여자가 입고 있는 의상의 상표가 가려져서 시청자들은 상표를 알아볼 수 없다. 남자는 창밖에 보이는 승용차의 상품명을 언급하며 소음이 없는 좋은 차라고 칭찬한다.

커피 전문점, 휴대 전화, 의상, 승용차는 이를 제공한 측과 방송사 측의 사전 계약에 의해 활용된 것이다. 커피 전문점의 이름과 의상을 제공한 업체의 이름은 이 프로그램이 종료될 때 고지되었다.

① 남자가 사용하는 휴대 전화의 제조 회사는 간접 광고의 주류적 배치를 활용하고 있군.

② 여자가 입고 있는 의상을 제공한 의류 회사는 간접 광고의 주변적 배치를 활용하고 있군.

③ 이 프로그램에는 협찬 제도에 따른 광고와 간접 광고 제도에 따른 광고가 모두 활용되고 있군.

④ 남자가 승용차에 대해 말하는 내용으로 보아 이 방송 프로그램은 현행 국내법을 위반하고 있군.

⑤ 방송 후 화면 속의 배경이 된 커피 전문점에 가려고 그 위치를 문의하는 전화가 방송사에 쇄도했다면 간접 광고의 맥락 효과가 발생한 것이군.

Day 10

제재에 따른 적용 연습 : **과학 · 기술 / 예술**

오늘도 어제처럼 문제를 다루면서 종합 연습을 해 보는 시간입니다. 과학·기술과 예술 제재를 다루는 날이지만 어떤 제재든 그냥 읽으면 되니까 크게 의미 있는 분류는 아닙니다. 과학·기술 지문을 특히 어려워하는 학생들이 많습니다. 그러나 문학이든 비문학이든 과학·기술이든 예술이든 풀이 방식은 똑같습니다.

001 실전문제풀이 **시범**

예제 • 01~04

22 수능 예시문항

1 충전과 방전을 통해 반복적으로 사용할 수 있는 충전지는 충전기를 통해 충전하는데, 충전기는 적절한 전류와 전압을 제어하기 위한 충전 회로를 가지고 있다. 충전지는 양극에 사용되는 금속 산화 물질에 따라 납 충전지, 니켈 충전지, 리튬 충전지로 나눌 수 있다. 충전지가 방전될 때 양극 단자와 음극 단자 간에 전위차, 즉 전압이 발생하는데, 방전이 진행되면서 전압이 감소한다. 이렇게 변화하는 단자 전압의 평균을 공칭 전압이라 한다. 충전지를 크게 만들면 충전 용량과 방전 전류 세기를 증가시킬 수 있으나 전극의 물질을 바꾸지 않는 한 공칭 전압은 변하지 않는다. 납 충전지의 공칭 전압은 2V, 니켈 충전지는 1.2V, 리튬 충전지는 3.6V이다.

2 충전지는 최대 용량까지 충전하는 것이 효율적이며 이러한 상태를 만충전이라 한다. 최대 용량을 넘어서 충전하는 과충전이나 방전 하한 전압 이하까지 방전시키는 과방전으로 인해 충전지의 수명이 줄어들기 때문에 충전 양을 측정·관리하는 것이 중요하다. 특히 과충전 시에는 발열로 인해 누액이나 폭발의 위험이 있다. 니켈 충전지의 일종인 니켈카드뮴 충전지는 다른 충전지와 달리 메모리 효과가 있어서 일부만 방전한 후 충전하는 것을 반복하면 충·방전할 수 있는 용량이 줄어든다.

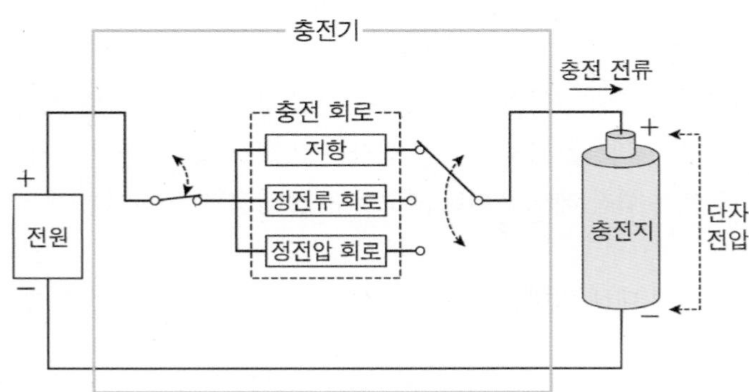

3 충전에 사용하는 충전기의 전원 전압은 충전지의 공칭 전압보다 높은 전압을 사용하고 충전지로 유입되는 전류를 저항으로 제한한다. 그러나 충전이 이루어지면서 충전지의 단자 전압이 상승하여 유입되는 전류의 세기가 점점 줄어들게 된다. 그러므로 이를 막기 위해 충전기에는 충전 전류의 세기가 일정하도록 하는 정전류 회로가 사용된다. 또한 정전압 회로를 사용하기도 하는데, 이는 회로에 입력되는 전압이 변해도 출력되는 전압이 일정하도록 해 준다. 리튬 충전지를 충전할 경우, 정전류 회로를 사용하여 충전하다가 만충전 전압에 이르면 정전압 회로로 전환하여 정해진 시간 동안 충전지에 공급하는 전압을 일정하게 유지함으로써 충전지 내부에 리튬 이온이 고르게 분포될 수 있게 한다.

4 충전지의 ㉠ 만충전 상태를 추정하여 충전을 중단하는 방식에는 몇 가지가 있다. 최대 충전 시간 방식에서는, 충전이 시작된 후 완전 방전에서 만충전될 때까지 소요될 것으로 추정되는 시간이 경과하면 무조건 충전 전원을 차단한다. 전류 적산 방식에서는 일정한 시간 간격으로 충전 전류의 세기를 측정하여, 각각의 값에 측정 시간 간격을 곱한 것을 모두 더한 값이 충전지의 충전 용량에 이르면 충전 전원을 차단한다. 충전 상태 검출 방식에서는 충전지의 단자 전압과 충전지 표면의 온도를 측정하여 만충전 여부를 판정한다. 충전지에 충전 전류가 유입되면 충전이 시작되어 단자 전압과 온도가 서서히 올라간다. 충전 양이 만충전 용량의 약 80%에 이르면 발열량이 많아져 단자 전압과 온도가 급격히 올라간다. 만충전 상태에 가까워지면 단자 전압이 다소 감소하는데 일정 수준으로 감소한 시점을 만충전에 도달했다고 추정하여 충전 전원을 차단한다. 니켈카드뮴 충전지의 경우는 단자 전압의 강하를 검출할 수 있으나 다른 충전지들의 경우는 이러한 전압 강하가 검출이 가능할 만큼 크게 나타나지 않기 때문에 최대 단자 전압, 최대 온도, 온도 상승률 등의 기준을 정하고 측정된 값이 그 기준들을 넘어서지 않도록 하여 과충전을 방지한다.

---

01 윗글의 내용과 일치하는 것은?

① 과충전은 충전지의 수명에 영향을 끼치지 않는다.
② 방전 시 충전지의 단자 전압은 공칭 전압보다 낮을 수 있다.
③ 정전압 회로에서는 입력되는 전압이 변하면 출력되는 전압이 변한다.
④ 전극의 물질을 바꾸어도 충전지의 평균적인 단자 전압은 변하지 않는다.
⑤ 니켈카드뮴 충전지는 일부만 방전한 후 충전하기를 반복해도 방전할 수 있는 용량이 줄어들지 않는다.

02 **다음은 리튬 충전지의 사용 설명서 중 일부이다. 윗글에서 근거를 찾을 수 없는 것은?**

유의 사항

- 충전지에 표시된 전압보다 전원 전압이 높은 충전기를 사용해야 합니다. …… ①
- 충전지에 표시된 충전 허용 전류보다 충전 전류의 세기가 강하면 충전지의 수명이 줄어듭니다. …… ②
- 충전지의 온도가 과도하게 상승하면 충전을 중지해야 합니다. …… ③
- 충전지를 사용하다가 수시로 충전해도 무방합니다. …… ④
- 과도하게 방전시키면 충전지의 수명이 줄어듭니다. …… ⑤

03 **〈보기〉는 윗글을 읽은 발명 동아리 학생들이 새로운 충전기 개발을 위해 진행한 회의의 일부이다. ㉠에 대한 의견으로 적절하지 않은 것은?**

보기

부장 : 충전기에 적용할 수 있는 충전 중단 방식이 지닌 장점에 대한 의견 잘 들었습니다. 이제 각 방식을 사용할 경우 발생할 수 있는 문제점을 생각해 보시고 의견을 말씀해 주십시오.

부원 1 : 최대 충전 시간 방식을 사용할 경우, 완전 방전이 되지 않은 상태에서 충전을 시작하면 과충전 상태에 이르는 한계가 있습니다.

부원 2 : 전류 적산 방식을 사용할 경우, 충전 전류가 변할 때보다 충전 전류가 일정할 경우에, 추정한 충전 양과 실제 충전 양의 차이가 커질 수 있다는 단점이 있습니다.

부장 : 충전 상태 검출 방식에 대한 의견을 말씀해 주십시오.

부원 3 : 충전 상태 검출 방식 중 전압 강하를 검출하는 방식은 여러 종류의 충전지를 두루 충전하는 충전기에 사용하기에는 적절하지 않습니다.

부원 4 : 충전 상태 검출 방식 중 온도로 상태를 파악하는 방식에서는 주변 환경이 충전지 표면 온도에 영향을 준다면 충전 완료 시점을 정확하게 추정하기 어렵습니다.

부원 5 : 지금까지 논의한 방식은 모두 충전 전원을 차단하는 장치가 없다면 과충전을 방지할 수 없다는 한계가 있습니다.

① 부원 1의 의견
② 부원 2의 의견
③ 부원 3의 의견
④ 부원 4의 의견
⑤ 부원 5의 의견

04 **다음은 어떤 충전지를 충전할 때의 단자 전압과 충전 전류를 나타낸 그래프이다. 윗글을 참고할 때, ㉮~㉰에 대한 이해로 적절하지 않은 것은?**

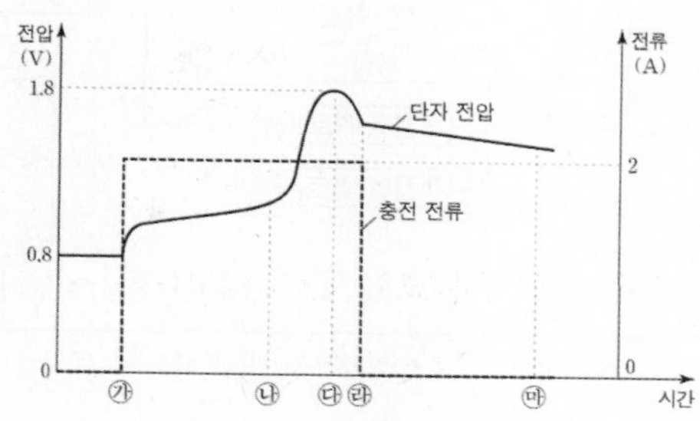

① ㉮ : 단자 전압이 공칭 전압 이하인 상태에서 충전이 시작되는군.
② ㉯ : 충전 전류에 의해 온도가 상승하고 정전류 회로가 작동하고 있군.
③ ㉰ : 단자 전압이 최대에 도달했으므로 만충전에 이르렀군.
④ ㉱ : 정전류 회로가 작동을 멈추고 전원이 차단되었군.
⑤ ㉲ : 충전 전류가 흐르지 않는 상태에서 방전이 되고 있군.

지문 독해

1 충전과 방전을 통해 반복적으로 사용할 수 있는 충전지는 충전기를 통해 충전하는데, 충전기는 적절한 전류와 전압을 제어하기 위한 충전 회로를 가지고 있다.(충전지에 대한 글) 충전지는 양극에 사용되는 금속 산화 물질에 따라 납 충전지, 니켈 충전지, 리튬 충전지로 나눌 수 있다. 충전지가 방전될 때 양극 단자와 음극 단자 간에 전위차, 즉 전압이 발생하는데, 방전이 진행되면서 전압이 감소한다.(전압의 개념 등) 이렇게 변화하는 단자 전압의 평균을 공칭 전압이라 한다. 충전지를 크게 만들면 충전 용량과 방전 전류 세기를 증가시킬 수 있으나 전극의 물질을 바꾸지 않는 한 공칭 전압은 변하지 않는다. 납 충전지의 공칭 전압은 2V, 니켈 충전지는 1.2V, 리튬 충전지는 3.6V이다.

◎ 충전지의 특징을 설명하고 그 종류, 전압의 개념, 공칭 전압 등을 설명하고 있습니다.

2 충전지는 최대 용량까지 충전하는 것이 효율적이며 이러한 상태를 만충전이라 한다. 최대 용량을 넘어서 충전하는 과충전이나 방전 하한 전압 이하까지 방전시키는 과방전으로 인해 충전지의 수명이 줄어들기 때문에 충전 양을 측정·관리하는 것이 중요하다.(과충전, 과방전은 좋지 않다는 점) 특히 과충전 시에는 발열로 인해 누액이나 폭발의 위험이 있다. 니켈 충전지의 일종인 니켈카드뮴 충전지는 다른 충전지와 달리 메모리 효과가 있어서 일부만 방전한 후 충전하는 것을 반복하면 충·방전할 수 있는 용량이 줄어든다. (니켈카드뮴 충전지의 특별한 속성)

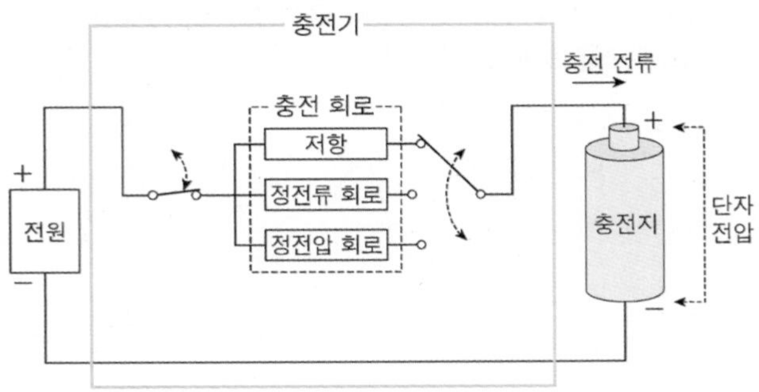

○ 충전 양을 관리해야 하는 이유를 여러 개념과 함께 설명하고 있습니다.

3 충전에 사용하는 충전기의 전원 전압은 충전지의 공칭 전압보다 높은 전압을 사용하고 충전지로 유입되는 전류를 저항으로 제한한다.(충전기에 대한 설명) 그러나 충전이 이루어지면서 충전지의 단자 전압이 상승하여 유입되는 전류의 세기가 점점 줄어들게 된다.(문제점) 그러므로 이를 막기 위해 충전기에는 충전 전류의 세기가 일정하도록 하는 정전류 회로가 사용된다.(해결책) 또한 정전압 회로를 사용하기도 하는데, 이는 회로에 입력되는 전압이 변해도 출력되는 전압이 일정하도록 해 준다. 리튬 충전지를 충전할 경우, 정전류 회로를 사용하여 충전하다가 만충전 전압에 이르면 정전압 회로로 전환하여 정해진 시간 동안 충전지에 공급하는 전압을 일정하게 유지함으로써 충전지 내부에 리튬 이온이 고르게 분포될 수 있게 한다.

○ 충전기가 어떻게 작동하는지, 충전에서 발생하는 문제점은 어떻게 해결하는지 설명하고 있습니다.

4 충전지의 ㉠만충전 상태를 추정하여 충전을 중단하는 방식에는 몇 가지가 있다.(여러 가지를 설명할 것입니다.) 최대 충전 시간 방식에서는, 충전이 시작된 후 완전 방전에서 만충전될 때까지 소요될 것으로 추정되는 시간이 경과하면 무조건 충전 전원을 차단한다. 전류 적산 방식에서는 일정한 시간 간격으로 충전 전류의 세기를 측정하여, 각각의 값에 측정 시간 간격을 곱한 것을 모두 더한 값이 충전지의 충전 용량에 이르면 충전 전원을 차단한다. 충전 상태 검출 방식에서는 충전지의 단자 전압과 충전지 표면의 온도를 측정하여 만충전 여부를 판정한다. 충전지에 충전 전류가 유입되면 충전이 시작되어 단자 전압과 온도가 서서히 올라간다. 충전 양이 만충전 용량의 약 80%에 이르면 발열량이 많아져 단자 전압과 온도가 급격히 올라간다. 만충전 상태에 가까워지면 단자 전압이 다소 감소하는데 일정 수준으로 감소한 시점을 만충전에 도달했다고 추정하여 충전 전원을 차단한다. 니켈카드뮴 충전지의 경우는 단자 전압의 강하를 검출할 수 있으나 다른 충전지들의 경우는 이러한 전압 강하가 검출이 가능할 만큼 크게 나타나지 않기 때문에 최대 단자 전압, 최대 온도, 온도 상승률 등의 기준을 정하고 측정된 값이 그 기준들을 넘어서지 않도록 하여 과충전을 방지한다.

○ 충전지의 만충전 상태를 추정하여 충전을 중단하는 여러 방법들을 설명하고 있습니다.

문제 풀이

01번 일치/불일치 문제입니다. 각 선택지에 나오는 개념들을 지문에서 확인하면서 답을 찾아야 합니다. 헷갈릴 경우 개념을 다시 확인하는 식으로 해결해야 합니다.

② 방전 시 충전지의 단자 전압은 공칭 전압보다 낮을 수 있다.

1-3 충전지가 방전될 때 양극 단자와 음극 단자 간에 전위차, 즉 전압이 발생하는데, 방전이 진행되면서 전압이 감소한다. 이렇게 변화하는 단자 전압의 평균을 공칭 전압이라 한다.

◎ 지문에서 공칭 전압을 찾아보면, 충전지 방전 시 변화하는 단자 전압의 평균을 뜻하는 개념임을 알 수 있습니다. 단자 전압의 평균이 공칭 전압이라면, 어떤 경우 단자 전압은 평균보다 낮을 수 있습니다. 평균 개념은 일반 상식으로 볼 수 있으니 별도로 설명하지는 않겠습니다.

아래 오답들은 보다 직접적으로 일치/불일치 판단이 가능합니다. 실제 시험장이라면 오답을 제거하면서 정답을 찾을 수도 있는 문제입니다.

① 과충전은 충전지의 수명에 영향을 끼치지 않는다.

2-2 최대 용량을 넘어서 충전하는 과충전이나 방전 하한 전압 이하까지 방전시키는 과방전으로 인해 충전지의 수명이 줄어들기 때문에 충전 양을 측정·관리하는 것이 중요하다.

③ 정전압 회로에서는 입력되는 전압이 변하면 출력되는 전압이 변한다.

3-4 또한 정전압 회로를 사용하기도 하는데, 이는 회로에 입력되는 전압이 변해도 출력되는 전압이 일정하도록 해 준다.

④ 전극의 물질을 바꾸어도 충전지의 평균적인 단자 전압은 변하지 않는다.

1-5 충전지를 크게 만들면 충전 용량과 방전 전류 세기를 증가시킬 수 있으나 전극의 물질을 바꾸지 않는 한 공칭 전압은 변하지 않는다. 납 충전지의 공칭 전압은 2V, 니켈 충전지는 1.2V, 리튬 충전지는 3.6V이다.

⑤ 니켈카드뮴 충전지는 일부만 방전한 후 충전하기를 반복해도 방전할 수 있는 용량이 줄어들지 않는다.

2-4 니켈 충전지의 일종인 니켈카드뮴 충전지는 다른 충전지와 달리 메모리 효과가 있어서 일부만 방전한 후 충전하는 것을 반복하면 충·방전할 수 있는 용량이 줄어든다.

답 ②

02번 앞의 문제와 형태는 다르지만 일반적인 일치/불일치 관점으로 접근하면 됩니다. 발문에서 리튬 충전지를 언급하고 있기 때문에 지문에서 해당 부분을 먼저 찾아볼 수 있는데, 특별히 문제와 연관이 있어 보이지는 않습니다.

② 충전지에 표시된 충전 허용 전류보다 충전 전류의 세기가 강하면 충전지의 수명이 줄어듭니다.

2-2 최대 용량을 넘어서 충전하는 과충전이나 방전 하한 전압 이하까지 방전시키는 과방전으로 인해 충전지의 수명이 줄어들기 때문에 충전 양을 측정·관리하는 것이 중요하다.

○ 지문에서 충전지의 수명이 줄어드는 경우를 제시한 것은 위 문장입니다. 그런데 충전 전류의 세기와는 관련이 없습니다.

3-1 충전에 사용하는 충전기의 전원 전압은 충전지의 공칭 전압보다 높은 전압을 사용하고 충전지로 유입되는 전류를 저항으로 제한한다.

3-3 그러므로 이를 막기 위해 충전기에는 충전 전류의 세기가 일정하도록 하는 정전류 회로가 사용된다.

○ 충전 전류를 저항으로 제한하고 세기를 일정하게 한다고 하니 충전 전류의 세기가 문제가 될 수 있어 보이지만, 구체적으로 이러한 이유로 인해 충전지의 수명이 줄어드는지는 나와 있지 않습니다.

아래 오답들은 보다 직접적으로 일치/불일치 판단이 가능합니다. 실제 시험장이라면 오답을 제거하면서 정답을 찾을 수도 있는 문제입니다.

① 충전지에 표시된 전압보다 전원 전압이 높은 충전기를 사용해야 합니다.

3-1 충전에 사용하는 충전기의 전원 전압은 충전지의 공칭 전압보다 높은 전압을 사용하고 충전지로 유입되는 전류를 저항으로 제한한다.

③ 충전지의 온도가 과도하게 상승하면 충전을 중지해야 합니다.

2-3 특히 과충전 시에는 발열로 인해 누액이나 폭발의 위험이 있다.

④ 충전지를 사용하다가 수시로 충전해도 무방합니다.

1-1 충전과 방전을 통해 반복적으로 사용할 수 있는 충전지는 충전기를 통해 충전하는데, 충전기는 적절한 전류와 전압을 제어하기 위한 충전 회로를 가지고 있다.

2-4 니켈 충전지의 일종인 니켈카드뮴 충전지는 다른 충전지와 달리 메모리 효과가 있어서 일부만 방전한 후 충전하는 것을 반복하면 충·방전할 수 있는 용량이 줄어든다.

○ 문제는 리튬 충전지에 대한 것이니 니켈카드뮴 충전지와 같은 문제가 발생하지 않을 것입니다.

⑤ 과도하게 방전시키면 충전지의 수명이 줄어듭니다.

2-2 최대 용량을 넘어서 충전하는 과충전이나 방전 하한 전압 이하까지 방전시키는 과방전으로 인해 충전지의 수명이 줄어들기 때문에 충전 양을 측정·관리하는 것이 중요하다.

답 ②

03번 ㉠은 결국 단락 4 전체를 아우르는 문장입니다. 근거 범위를 해당 단락으로 하여 각 부원들의 말이 맞는지 확인해야 합니다.

② **부원 2 :** 전류 적산 방식을 사용할 경우, 충전 전류가 변할 때보다 충전 전류가 일정할 경우에, 추정한 충전 양과 실제 충전 양의 차이가 커질 수 있다는 단점이 있습니다.

4-3 전류 적산 방식에서는 일정한 시간 간격으로 충전 전류의 세기를 측정하여, 각각의 값에 측정 시간 간격을 곱한 것을 모두 더한 값이 충전지의 충전 용량에 이르면 충전 전원을 차단한다.

◎ 충전 전류가 일정하면 각각의 값에 시간을 곱할 때 비교적 정확한 충전 양이 측정될 수 있습니다. 그런데 충전 전류가 변할 때는 일정한 시간 간격으로 측정한 충전 전류의 세기가 충전 전류의 변화를 모두 반영하지 못하므로, 추정한 충전 양과 실제 충전 양의 차이가 좀 더 커질 것입니다.

① **부원 1 :** 최대 충전 시간 방식을 사용할 경우, 완전 방전이 되지 않은 상태에서 충전을 시작하면 과충전 상태에 이르는 한계가 있습니다.

4-2 최대 충전 시간 방식에서는, 충전이 시작된 후 완전 방전에서 만충전될 때까지 소요될 것으로 추정되는 시간이 경과하면 무조건 충전 전원을 차단한다.

◎ 완전 방전부터 만충전까지 필요한 시간을 무조건 충전하게 되니, 충전 시작 시의 충전지 상태가 완전 방전이 아니라면 과충전에 이르게 됩니다.

③ **부원 3 :** 충전 상태 검출 방식 중 전압 강하를 검출하는 방식은 여러 종류의 충전지를 두루 충전하는 충전기에 사용하기에는 적절하지 않습니다.

4-8 니켈카드뮴 충전지의 경우는 단자 전압의 강하를 검출할 수 있으나 다른 충전지들의 경우는 이러한 전압 강하가 검출이 가능할 만큼 크게 나타나지 않기 때문에 최대 단자 전압, 최대 온도, 온도 상승률 등의 기준을 정하고 측정된 값이 그 기준들을 넘어서지 않도록 하여 과충전을 방지한다.

④ **부원 4 :** 충전 상태 검출 방식 중 온도로 상태를 파악하는 방식에서는 주변 환경이 충전지 표면 온도에 영향을 준다면 충전 완료 시점을 정확하게 추정하기 어렵습니다.

⑤ **부원 5 :** 지금까지 논의한 방식은 모두 충전 전원을 차단하는 장치가 없다면 과충전을 방지할 수 없다는 한계가 있습니다.

◎ 그 자체로 맞는 이야기로 보입니다.

답 ②

04번

| 조 : 조건 분석 |

다음은 어떤 충전지를 충전할 때의 단자 전압과 충전 전류를 나타낸 그래프이다. 윗글을 참고할 때, ㉮~㉲에 대한 이해로 적절하지 않은 것은?

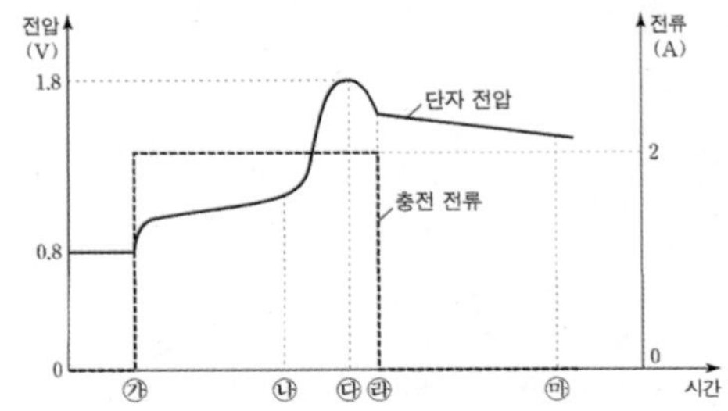

◎ 발문에서 특별한 조건을 찾아볼 수 없습니다. 함께 주어진 그래프도 그 자체로 어떤 조건이 붙어 있지 않습니다. 개별 선택지 분석으로 접근하여 문제를 풀어야 합니다.

| 커 : 근거 축소 |

③ ㉰ : 단자 전압이 최대에 도달했으므로 만충전에 이르렀군.

4-7 만충전 상태에 가까워지면 단자 전압이 다소 감소하는데 일정 수준으로 감소한 시점을 만충전에 도달했다고 추정하여 충전 전원을 차단한다.

◎ 만충전 상태에 가까워지면 단자 전압이 다소 감소합니다. 그래프에서는 ㉱ 부분 정도가 이에 해당할 것입니다.

① ㉮ : 단자 전압이 공칭 전압 이하인 상태에서 충전이 시작되는군.

◎ 변화하는 단자 전압의 평균이 공칭 전압입니다. 그래프에서 ㉮ 부분은 가장 전압이 낮은 부분입니다. 당연히 평균보다 전압이 낮은 상태일 것입니다.

② ㉯ : 충전 전류에 의해 온도가 상승하고 정전류 회로가 작동하고 있군.

◎ 정전류 회로는 충전 전류의 세기가 일정하도록 합니다. 그래프에서 충전 전류는 2A를 유지하므로 정전류 회로가 작동한다고 볼 수 있습니다. 또한 지문에서 충전지에 충전 전류가 유입되면 충전이 시작되어 단자 전압과 온도가 서서히 올라간다고 하므로 온도 상승도 맞는 말입니다.

④ ㉱ : 정전류 회로가 작동을 멈추고 전원이 차단되었군.

◎ 지문에서 만충전에 도달했다고 추정하면 충전 전원을 차단한다고 하므로, 전원이 차단되었다고 할 수 있습니다.

⑤ ㉲ : 충전 전류가 흐르지 않는 상태에서 방전이 되고 있군.

◎ 그 자체로 맞는 이야기로 보입니다.

답 ③

예제 · 05~08 ◎ 13 수능

1 전통적 의미에서 영화적 재현과 만화적 재현의 큰 차이점 중 하나는 움직임의 유무일 것이다. 영화는 사진에 결여되었던 사물의 운동, 즉 시간을 재현한 예술 장르이다. 반면 만화는 공간이라는 차

원만을 알고 있다. 정지된 그림이 의도된 순서에 따라 공간적으로 나열된 것이 만화이기 때문이다. 만일 만화에도 시간이 존재한다면 그것은 읽기의 과정에서 독자에 의해 사후에 생성된 것이다. 독자는 정지된 이미지에서 상상을 통해 움직임을 끌어낸다. 그리고 인물이나 물체의 주변에 그어져 속도감을 암시하는 효과선은 독자의 상상을 더욱 부추긴다.

2 만화는 물리적 시간의 부재를 공간의 유연함으로 극복한다. 영화 화면의 테두리인 프레임과 달리, 만화의 칸은 그 크기와 모양이 다양하다. 또한 만화에는 한 칸 내부에 그림뿐 아니라, ⓐ말풍선과 인물의 심리나 작중 상황을 드러내는 언어적·비언어적 정보를 모두 담을 수 있는 자유로움이 있다. 그리고 그것이 독자의 읽기 시간에 변화를 주게 된다. 하지만 영화에서는 이미지를 영사하는 속도가 일정하여 감상의 속도가 강제된다.

3 영화와 만화는 그 이미지의 성격에서도 대조적이다. 영화가 촬영된 이미지라면 만화는 수작업으로 만들어진 이미지이다. 빛이 렌즈를 통과하여 필름에 착상되는 사진적 원리에 따른 영화의 이미지 생산 과정은 기술적으로 자동화되어 있다. 그렇기에 영화 이미지 내에서 감독의 체취를 발견하기란 쉽지 않다. 그에 비해 만화는 수작업의 과정에서 자연스럽게 세계에 대한 작가의 개인적인 해석을 드러내게 된다. 이것은 그림의 스타일과 터치 등으로 나타난다. 그래서 만화 이미지는 '서명된 이미지'이다.

4 촬영된 이미지와 수작업에 따른 이미지는 영화와 만화가 현실과 맺는 관계를 다르게 규정한다. 영화는 실제 대상과 이미지가 인과 관계로 맺어져 있어 본질적으로 사물에 대한 사실적인 기록이 된다. 이 기록의 과정에는 촬영장의 상황이나 촬영 여건과 같은 제약이 따른다. 그러나 최근에는 촬영된 이미지들을 컴퓨터상에서 합성하거나 그래픽 이미지를 활용하는 ㉠디지털 특수 효과의 도움을 받는 사례가 늘고 있는데, 이를 통해 만화에서와 마찬가지로 실재하지 않는 대상이나 장소도 만들어 낼 수 있게 되었다.

5 만화의 경우는 구상을 실행으로 옮기는 단계가 현실을 매개로 하지 않는다. 따라서 만화 이미지는 그 제작 단계가 작가의 통제에 포섭되어 있는 이미지이다. 이 점은 만화적 상상력의 동력으로 작용한다. 현실과 직접적으로 대면하지 않기에 작가의 상상력에 이끌려 만화적 현실로 향할 수 있는 것이다.

---

05 윗글의 내용과 일치하는 것은?

① 영화는 사물의 움직임을 재현한 예술이다.
② 만화는 물리적 시간 재현이 영화보다 충실하다.
③ 영화에서 이미지를 영사하는 속도는 일정하지 않다.
④ 만화 이미지는 사진적 원리에 따라 만들어진다.
⑤ 만화는 사물을 영화보다 더 사실적으로 기록한다.

06 ㉠에 대한 반응으로 적절한 것은?

① 제작 주체가 이미지를 의도대로 만들기가 더 어려워지겠군.
② 영화 촬영장의 물리적 환경이 미치는 영향이 더 커지겠군.
③ 촬영된 이미지에만 의존하는 제작 방식의 비중이 늘겠군.
④ 실제 대상과 영화 이미지 간의 인과 관계가 약해지겠군.
⑤ 영화에 만화적 상상력을 도입하기가 더 힘들어지겠군.

07 윗글을 바탕으로 〈보기〉에 대해 설명할 때, 적절하지 않은 것은?

보기

① 칸 **1**부터 칸 **6**에 이르기까지 각 칸에 독자의 시선이 머무는 시간은 유동적이다.
② 칸 **2**는 언어적·비언어적 정보를 모두 활용하여 작중 상황을 부각하고 있다.
③ 칸 **4**에서 효과선을 지우면 인물의 움직임을 상상하게 하는 요소가 모두 사라진다.
④ 인물들의 얼굴과 몸의 형태를 통해 만화 이미지가 '서명된 이미지'임을 확인할 수 있다.
⑤ 다양한 크기와 모양의 칸을 통해 영화의 프레임과 차별화된 만화 칸의 유연함을 알 수 있다.

08 〈보기〉를 바탕으로 할 때, 윗글의 ⓐ와 같은 방식으로 이루어진 것은?

보기

ⓐ는 '만화에서 주고받는 대사를 써넣은 풍선 모양의 그림'을 뜻한다. 원래 '풍선'에는 공기만이 담길 수 있을 뿐, '말'은 담길 수 없다. 따라서 ⓐ는 서로 담고 담길 수 없는 것들이 한데 묶인 단어이다.

① 국그릇　② 기름통　③ 꾀주머니
④ 물병　⑤ 쌀가마니

지문 독해

1 전통적 의미에서 영화적 재현과 만화적 재현의 큰 차이점 중 하나는 움직임의 유무일 것이다. 영화는 사진에 결여되었던 사물의 운동, 즉 시간을 재현한 예술 장르이다. 반면 만화는 공간이라는 차원만을 알고 있다. 정지된 그림이 의도된 순서에 따라 공간적으로 나열된 것이 만화이기 때문이다. // 만일 만화에도 시간이 존재한다면 그것은 읽기의 과정에서 독자에 의해 사후에 생성된 것이다. 독자는 정지된 이미지에서 상상을 통해 움직임을 끌어낸다. 그리고 인물이나 물체의 주변에 그어져 속도감을 암시하는 효과선은 독자의 상상을 더욱 부추긴다.

◎ 영화적 재현과 만화적 재현의 가장 큰 차이점으로 '움직임의 유무'를 들고 있습니다. 영화는 시간, 만화는 공간이라고 하는 부분에 주목해야 합니다. 주목해야 할 부분에 동그라미를 친다든지 하여 강조하는 식으로 독해하는 것이 바람직합니다.
'만일' 이후는 다른 차원에서 다룰 수 있습니다. '독자'가 등장하게 되는데, 결국 독자가 만화를 읽으면서 시간 개념을 끌어들이며 상상을 통해 움직임을 생성한다는 것입니다.

2 만화는 물리적 시간의 부재를 공간의 유연함으로 극복한다. 영화 화면의 테두리인 프레임과 달리, 만화의 칸은 그 크기와 모양이 다양하다. 또한 만화에는 한 칸 내부에 그림뿐 아니라, ⓐ말풍선과 인물의 심리나 작중 상황을 드러내는 언어적·비언어적 정보를 모두 담을 수 있는 자유로움이 있다. 그리고 그것이 독자의 읽기 시간에 변화를 주게 된다. 하지만 영화에서는 이미지를 영사하는 속도가 일정하여 감상의 속도가 강제된다.

◎ 이전 단락에서 다루었던 '만화에 있어서 물리적 시간의 부재'를 극복하는 방법에 대해 설명합니다. '공간의 유연함'으로 이를 극복한다는 것인데, 정확한 의미를 확인해 두어야 합니다. 단락 마지막에서는 '감상의 속도' 차원에서 영화와 비교하고 있는데, 이 부분도 역시 확인할 수 있어야 합니다.

3 영화와 만화는 그 이미지의 성격에서도 대조적이다. 영화가 촬영된 이미지라면 만화는 수작업으로 만들어진 이미지이다. 빛이 렌즈를 통과하여 필름에 착상되는 사진적 원리에 따른 영화의 이미지 생산 과정은 기술적으로 자동화되어 있다. 그렇기에 영화 이미지 내에서 감독의 체취를 발견하기란 쉽지 않다. 그에 비해 만화는 수작업의 과정에서 자연스럽게 세계에 대한 작가의 개인적인 해석을 드러내게 된다. 이것은 그림의 스타일과 터치 등으로 나타난다. 그래서 만화 이미지는 '서명된 이미지'이다.

◎ 이번에는 영화와 만화를 '이미지의 성격'으로 대조하고 있습니다.

4 촬영된 이미지와 수작업에 따른 이미지는 영화와 만화가 현실과 맺는 관계를 다르게 규정한다. 영화는 실제 대상과 이미지가 인과 관계로 맺어져 있어 본질적으로 사물에 대한 사실적인 기록이 된다. 이 기록의 과정에는 촬영장의 상황이나 촬영 여건과 같은 제약이 따른다. 그러나 최근에는 촬영된 이미지들을 컴퓨터상에서 합성하거나 그래픽 이미지를 활용하는 ㉠디지털 특수 효과의 도움을 받는 사례가 늘고 있는데, 이를 통해 만화에서와 마찬가지로 실재하지 않는 대상이나 장소도 만들어 낼 수 있게 되었다.

◎ 만화와 영화의 이러한 차이점은 결국 '영화와 만화가 현실과 맺는 관계'를 다르게 규정하게 됩니다. 그런데 '그러나' 이후 영화도 기술 발전으로 인해 만화와 같은 효과를 가질 수 있다고 설명하고 있습니다. 문제로 출제될 수도 있는 부분이니 눈여겨봐야 할 것입니다.

5 만화의 경우는 구상을 실행으로 옮기는 단계가 현실을 매개로 하지 않는다. 따라서 만화 이미지는 그 제작 단계가 작가의 통제에 포섭되어 있는 이미지이다. 이 점은 만화적 상상력의 동력으로 작용한다. 현실과 직접적으로 대면하지 않기에 작가의 상상력에 이끌려 만화적 현실로 향할 수 있는 것이다.

◎ 이 단락의 중요한 포인트는 '현실 매개하지 않음', '작가의 통제', '만화적 상상력'입니다. 지금까지 설명했던 만화의 특성들을 정리하고 있으니 눈여겨봐야 할 것입니다.

문제 풀이

05번

① 영화는 사물의 움직임을 재현한 예술이다.

1-1 전통적 의미에서 영화적 재현과 만화적 재현의 큰 차이점 중 하나는 움직임의 유무일 것이다. 영화는 사진에 결여되었던 사물의 운동, 즉 시간을 재현한 예술 장르이다. 반면 만화는 공간이라는 차원만을 알고 있다.

답 ①

06번

| 조 : 조건 분석 |

㉠에 대한 반응으로 적절한 것은?

◎ ㉠에 대한 반응을 물어보는 문제입니다. 결국 ㉠을 근거로 하여 문제에 접근해야 합니다. 발문 분석형으로 볼 수 있는 문제로서 여기서는 어떤 식으로 근거를 찾을지 전략을 세워 접근해야 합니다. ㉠만 봐서는 아무것도 알 수 없습니다. 결국 계속 해 왔던 것처럼 문맥적으로, 즉 ㉠의 앞뒤를 잘 살펴봐야 합니다.

| 커 : 근거 축소 |

4-2 영화는 실제 대상과 이미지가 인과 관계로 맺어져 있어 본질적으로 사물에 대한 사실적인 기록이 된다. 이 기록의 과정에는 촬영장의 상황이나 촬영 여건과 같은 제약이 따른다. 그러나 최근에는 촬영된 이미지들을 컴퓨터상에서 합성하거나 그래픽 이미지를 활용하는 ㉠디지털 특수 효과의 도움을 받는 사례가 늘고 있는데, 이를 통해 만화에서와 마찬가지로 실재하지 않는 대상이나 장소도 만들어 낼 수 있게 되었다.

㉠의 주변을 보면 결국 최근 기술 발전으로 영화도 만화적 성격을 가질 수 있다는 이야기를 전달하고 있습니다. 따라서 선택지를 영화/만화 두 갈래로 구분하여 나누면, 아마도 영화가 4개, 만화가 1개 나올 것이고, 그중 만화에 해당하는 것을 고르면 됩니다. 실제로 아예 지문의 내용을 반대로 서술한 선택지가 존재합니다. ④ '실제 대상과 영화 이미지 간의 인과 관계가 약해지겠군.'이 바로 그것입니다.

답 ④

07번 패턴 연습에서부터 열심히 공부한 유형입니다. '지문을 바탕으로 〈보기〉를 설명'하는 것입니다. 생각이 잘 안 나면 앞부분을 다시 보고 오세요.

① 칸 1부터 칸 6에 이르기까지 각 칸에 독자의 시선이 머무는 시간은 유동적이다.

2-3 또한 만화에는 한 칸 내부에 그림뿐 아니라, ⓐ말풍선과 인물의 심리나 작중 상황을 드러내는 언어적·비언어적 정보를 모두 담을 수 있는 자유로움이 있다. 그리고 그것이 독자의 읽기 시간에 변화를 주게 된다.

② 칸 2는 언어적·비언어적 정보를 모두 활용하여 작중 상황을 부각하고 있다.

2-3 또한 만화에는 한 칸 내부에 그림뿐 아니라, ⓐ말풍선과 인물의 심리나 작중 상황을 드러내는 언어적·비언어적 정보를 모두 담을 수 있는 자유로움이 있다. 그리고 그것이 독자의 읽기 시간에 변화를 주게 된다.

④ 인물들의 얼굴과 몸의 형태를 통해 만화 이미지가 '서명된 이미지'임을 확인할 수 있다.

3-6 이것은 그림의 스타일과 터치 등으로 나타난다. 그래서 만화 이미지는 '서명된 이미지'이다.

⑤ 다양한 크기와 모양의 칸을 통해 영화의 프레임과 차별화된 만화 칸의 유연함을 알 수 있다.

2-1 만화는 물리적 시간의 부재를 공간의 유연함으로 극복한다. 영화 화면의 테두리인 프레임과 달리, 만화의 칸은 그 크기와 모양이 다양하다.

③ 칸 4에서 효과선을 지우면 인물의 움직임을 상상하게 하는 요소가 모두 사라진다.

1-5 만일 만화에도 시간이 존재한다면 그것은 읽기의 과정에서 독자에 의해 사후에 생성된 것이다. 독자는 정지된 이미지에서 상상을 통해 움직임을 끌어낸다. 그리고 인물이나 물체의 주변에 그어져 속도감을 암시하는 효과선은 독자의 상상을 더욱 부추긴다.

○ 효과선은 상상을 부추기는 요소입니다. 하지만 독자는 정지된 이미지에서도 상상을 통해 움직임을 끌어냅니다. 따라서 효과선이 없다 하더라도 독자는 스스로 상상을 통해 인물의 움직임을 끌어낼 수 있습니다. **답 ③**

08번 설명이 필요합니까? '주머니'에 원래 '꾀'를 담을 수는 없는 것입니다. **답 ③**

002 유제 · 실전 연습

유제 · 01~04

◎ 19 6월 평가원모의 | 풀이 P.38

건강 상태를 진단하거나 범죄의 현장에서 혈흔을 조사하기 위해 검사용 키트가 널리 이용된다. 키트 제작에는 다양한 과학적 원리가 적용되는데, 적은 비용으로 쉽고 빠르고 정확하게 검사할 수 있는 키트를 제작하는 것이 요구된다. 이러한 필요에 따라 항원–항체 반응을 응용하여 시료에 존재하는 성분을 분석하는 다양한 형태의 키트가 개발되고 있다. 항원–항체 반응은 항원과 그 항원에만 특이적으로 반응하는 항체가 결합하는 면역 반응을 말한다. 항체 제조 기술이 발전하면서 휴대성이 높고 분석 시간이 짧은 측면유동면역분석법(LFIA)을 이용한 다양한 종류의 키트가 개발되고 있다.

LFIA 키트를 이용하면 키트에 나타나는 선을 통해, 액상의 시료에서 검출하고자 하는 목표 성분의 유무를 간편하게 확인할 수 있다. LFIA 키트는 가로로 긴 납작한 막대 모양인데, 시료 패드, 결합 패드, 반응막, 흡수 패드가 순서대로 나란히 배열된 구조로 되어 있다. 시료 패드로 흡수된 시료는 결합 패드에서 복합체와 함께 반응막을 지나 여분의 시료가 흡수되는 흡수 패드로 이동한다. 결합 패드에 있는 복합체는 금–나노 입자 또는 형광 비드 등의 표지 물질에 특정 물질이 붙어 이루어진다. 표지 물질은 발색 반응에 의해 색깔을 내는데, 이 표지 물질에 붙어 있는 특정 물질은 키트 방식에 따라 종류가 다르다. 일반적으로 한 가지 목표 성분을 검출하는 키트의 반응막에는 항체들이 띠 모양으로 두 가닥 고정되어 있는데, 그중 시료 패드와 가까운 쪽에 있는 가닥이 검사선이고 다른 가닥은 표준선이다. 표지 물질이 검사선이나 표준선에 놓이면 발색 반응에 의해 반응선이 나타난다. 검사선이 발색되어 나타나는 반응선을 통해서는 목표 성분의 유무를 판정할 수 있다. 표준선이 발색된 반응선이 나타나면 검사가 정상적으로 진행되었음을 알 수 있다.

LFIA 키트는 주로 ㉠ 직접 방식 또는 ㉡ 경쟁 방식으로 제작되는데, 방식에 따라 검사선의 발색 여부가 의미하는 바가 다르다. 직접 방식에서 복합체에 포함된 특정 물질은 목표 성분에 결합할 수 있는 항체이다. 시료에 목표 성분이 포함되어 있다면 목표 성분은 이 항체와 일차적으로 결합하고, 이후 검사선의 고정된 항체와 결합한다. 따라서 검사선이 발색되면 시료에서 목표 성분이 검출되었다고 판정한다. 한편 경쟁 방식에서 복합체에 포함된 특정 물질은 목표 성분에 대한 항체가 아니라 목표 성분 자체이다. 만약 시료에 목표 성분이 포함되어 있으면 시료의 목표 성분과 복합체의 목표 성분이 서로 검사선의 항체와 결합하려 경쟁한다. 이때 시료에 목표 성분이 충분히 많다면 시료의 목표 성분은 복합체의 목표 성분이 검사선의 항체와 결합하는 것을 방해하므로 검사선이 발색되지 않는다. 직접 방식은 세균이나 분자량이 큰 단백질 등을 검출할 때 이용하고, 경쟁 방식은 항생 물질처럼 목표 성분의 크기가 작은 경우에 이용한다.

한편, 검사용 키트는 휴대성과 신속성 외에 정확성도 중요하다. 키트의 정확성을 측정하기 위해서는 키트를 이용해 여러 번의 검사를 실시하고 그 결과를 분석한다. 키트가 시료에 목표 성분이 들어 있다고 판정하면 이를 양성이라고 한다. 이때 시료에 목표 성분이 실제로 존재하면 진양성, 시료에 목표 성분이 없다면 위양성이라고 한다. 반대로 키트가 시료에 목표 성분이 들어 있지 않다고 판정하면 음성이라고 한다. 이 경우 실제로 목표 성분이 없다면 진음성, 목표 성분이 있다면 위음성이라고 한다. 현실에서 위양성이나 위음성을 배제할 수 있는 키트는 없다.

여러 번의 검사 결과를 통해 키트의 정확도를 구하는데, 정확도란 시료를 분석할 때 올바른 검사 결과를 얻을 확률이다. 정확도는 민감도와 특이도로 나뉜다. 민감도는 시료에 목표 성분이 존재하는 경우에 대해 키트가 이를 양성으로 판정한 비율이다. 특이도는 시료에 목표 성분이 없는 경우에 대해 키트가 이를 음성으로 판정한 비율이다. 민감도와 특이도가 모두 높아 정확도가 높은 키트가 가장 이상적이지만 현실에서는 그렇지 않은 경우가 많아서 상황에 따라 민감도나 특이도를 고려하여 키트를 선택해야 한다.

---

01 윗글을 읽고 알 수 있는 내용으로 적절하지 않은 것은?

① LFIA 키트에서 시료 패드와 흡수 패드는 모두 시료를 흡수하는 역할을 한다.
② LFIA 키트를 통해 검출하려고 하는 목표 성분은 항원-항체 반응의 항원에 해당한다.
③ LFIA 키트를 사용할 때 정상적인 키트에서 검사선이 발색되지 않으면 표준선도 발색되지 않는다.
④ LFIA 키트에 표지 물질이 없다면 시료에 목표 성분이 있더라도 이를 시각적으로 확인할 수 없다.
⑤ LFIA 키트를 이용하여 검사할 때, 시료에 목표 성분이 포함되어 있지 않더라도 검사선이 발색될 수 있다.

02 ㉠과 ㉡에 대한 이해로 가장 적절한 것은?

① ㉠은 ㉡과 달리, 시료에 들어 있는 목표 성분은 검사선에 도달하기 이전에 항체와 결합을 하겠군.
② ㉠은 ㉡과 달리, 시료에서 목표 성분을 검출했다면 검사선에서 항체와 목표 성분의 결합이 존재하지 않겠군.
③ ㉡은 ㉠과 달리, 시료가 표준선에 도달하기 이전에 검사선에 먼저 도달하겠군.
④ ㉡은 ㉠과 달리, 정상적인 검사로 시료에서 목표 성분을 검출했다면 반응막에 아무런 반응선도 나타나지 않았겠군.
⑤ ㉠과 ㉡은 모두 시료에 들어 있는 목표 성분이 표지 물질과 항원-항체 반응으로 결합하겠군.

03 윗글을 참고할 때, 〈보기〉의 A와 B에 들어갈 말을 올바르게 짝지은 것은?

보기

검사용 키트를 가지고 여러 번의 검사를 실시하여 키트의 정확성을 측정하였을 때, 검사 결과 (A)인 경우가 적을수록 민감도는 높고, (B)인 경우가 많을수록 특이도는 높다.

	A	B
①	진양성	진음성
②	진양성	위음성
③	위양성	위음성
④	위음성	진음성
⑤	위음성	위양성

04 윗글을 바탕으로 〈보기〉를 이해한 반응으로 적절하지 않은 것은?

보기

살모넬라균은 집단 식중독을 일으키는 대표적인 병원성 세균이다. 기존의 살모넬라균 분석법은 정확도는 높으나 3~5일의 시간이 소요되어 질병 발생 시 신속한 진단 및 예방에 어려움이 있었다. 살모넬라균은 감염 속도가 빠르므로 다량의 시료 중 오염이 의심되는 시료부터 신속하게 골라낸 후에 이 시료만을 대상으로 더 정확한 방법으로 분석하여 오염 여부를 확정 짓는 것이 효과적이다. 최근에 기존 방법보다 정확도는 낮으나 저렴한 비용으로 살모넬라균만을 신속하게 검출할 수 있는 ⓐ LFIA 방식의 새로운 키트가 개발되었다고 한다.

① ⓐ를 개발하기 전에 살모넬라균과 결합하는 항체를 제조하는 기술이 개발되었겠군.
② ⓐ의 결합 패드에는 표지 물질에 살모넬라균이 붙어 있는 복합체가 들어 있겠군.
③ ⓐ를 이용하여 음식물의 살모넬라균 오염 여부를 검사하려면 시료를 액체 상태로 만들어야겠군.
④ ⓐ를 이용하여 현장에서 살모넬라균 오염 의심 시료를 선별하기 위해서는 특이도보다 민감도가 높은 것이 더 효과적이겠군.
⑤ ⓐ를 이용하여 살모넬라균이 검출되었다고 키트가 판정한 경우에도 기존의 분석법으로는 균이 검출되지 않을 수 있겠군.

고전 역학은 20세기 초까지 물리학자들이 세계를 기술하던 기본 이론으로, 다음과 같은 두 가지 가정을 포함한다. ⓐ물리적 속성에 대한 측정은 측정 대상의 다른 물리적 속성을 변화시키지 않고 이루어질 수 있다는 가정과 ⓑ물리적 영향은 빛의 속도를 넘지 않고 공간을 거쳐 전파된다는 가정이 그것이다. 예를 들어 어떤 돌의 단단한 정도를 측정한다고 해서 그 돌의 색깔이 변하는 것은 아니며, 돌이 유리창을 향해 날아가는 순간 유리창이 '미리 알고' 깨질 수는 없다는 것이다. 이러한 고전 역학의 가정은 우리들에게 자연스럽게 받아들여진다.

양자 역학은 고전 역학보다 더 많은 현상을 정확하게 예측함으로써 고전 역학을 대체하여 현대 물리학의 근간이 되었다. 그럼에도 불구하고 양자 역학이 예측하는 현상들 중에는 매우 불가사의한 것이 있다. 다음의 예를 살펴보자. 양자 역학에 따르면, 같은 방향에 대한 운동량의 합이 0인 한 쌍의 입자는 아무리 멀리 떨어져도 그 연관을 유지한다. 이제 이 두 입자 중 하나는 지구에 놓아두고 다른 하나는 금성으로 보냈다고 가정하자. 만약 지구에 있는 입자의 수평 방향 운동량을 측정하여 +1을 얻었다면, 금성에 있는 입자의 수평 방향 운동량이 −1이 된다. 도대체 그렇게 멀리 떨어진 입자가 어떻게 순간적으로 지구에서 일어난 측정의 결과에 영향을 받을 수 있을까?

또한 양자 역학에 따르면 서로 다른 방향의 운동량도 연관되어 있다. 예컨대 수평 방향 운동량과 수직 방향 운동량은 하나를 측정하면 다른 하나가 영향을 받는다. 그 결과 지구 입자의 수평 운동량을 측정하여 +1을 얻은 후 연이어 수직 운동량을 측정하고 다시 수평 운동량을 측정하면, 이제는 +1만 나오는 것이 아니라 +1과 −1이 반반의 확률로 나온다. ⓒ두 번째 수직 방향 측정이 수평 운동량 값을 불확정적으로 만들어 버린 것이다. 게다가 지구 입자는 금성 입자와 연결되어 있으므로, 금성 입자의 수평 운동량을 측정하여 −1을 얻은 후 지구 입자의 수직 운동량을 측정하면, 그 순간 금성 입자의 수평 운동량 값 역시 불확실해진다. 그래서 수평 운동량을 다시 측정하면 −1과 +1이 반반의 확률로 나온다. 어떻게 지구에서 이루어진 측정이 엄청나게 멀리 떨어져 있는 입자의 물리적 속성에 순간적으로 영향을 줄 수 있을까? 이 현상에 대해 고전 역학의 가정을 만족시키면서 인과적으로 설명하는 것은 불가능해 보인다.

이처럼 불가사의한 양자 현상을 실험적으로 검증하기는 매우 어렵다. 하지만 1980년대에 이루어진 아스펙의 일련의 실험 이후, 이러한 양자 현상이 미시적인 세계에서 실제로 존재한다는 사실은 부인할 수 없게 되었다. 양자 역학은 이 현상을 정확하게 예측하기는 하지만 우리가 이해할 수 있도록 인과적으로 설명해 주지는 못한다. 이러한 양자 역학의 한계에 대해 물리학자들은 대체로 두 가지 반응을 보인다. 첫째는 양자 역학을 자연에 적용할 때 매우 성공적이었으므로, 이러한 양자 현상이 우리에게 이상하게 보인다는 점은 별로 문제될 것이 없다는 입장이다. 둘째는 양자 역학은 미래에 더 나은 이론으로 대체될 것이고, 그때가 되면 불가사의한 양자 현상도 어떤 형태로든 설명될 것이라는 입장이다.

05 **윗글의 제목으로 가장 적절한 것은?**

① 현대 물리학의 계보
② 불가사의한 양자 현상
③ 양자 역학의 운동량 측정
④ 고전 역학의 두 가지 가정
⑤ 고전 역학과 양자 역학의 만남

06 **ⓐ, ⓑ, ⓒ 사이의 관계를 바르게 서술한 것은?**

① ⓒ는 ⓐ가 맞다면 당연한 결과이다.
② ⓒ는 ⓑ가 맞다면 당연한 결과이다.
③ ⓒ는 ⓐ가 맞다면 불가능한 결과이다.
④ ⓒ는 ⓑ가 맞다면 불가능한 결과이다.
⑤ ⓒ는 ⓐ와 ⓑ가 동시에 맞는 경우에만 당연한 결과이다.

07 **〈보기 1〉의 A와 B에 들어갈 수 있는 말을 〈보기 2〉에서 모두 고르면?**

보기

양자 구슬 한 쌍을 생각하자. 이 두 구슬은 뜨겁거나 차갑고, '딩' 소리나 '댕' 소리가 난다. 구슬의 온도와 소리라는 두 물리적 속성은 윗글에서 소개된 양자적 특징을 갖는다. 이제 구슬 하나는 내가 가지고, 다른 구슬은 친구에게 주어 멀리 보냈다고 하자. 내가 구슬을 두드려 보니 '딩' 소리가 났다. 그런 후 내 구슬을 만져 보니 뜨거웠다. 그리고 구슬을 다시 두드려 보니 (A) 소리가 났다. 그 순간 멀리 있는 친구가 구슬을 두드린다면 (B) 소리가 날 것이다.

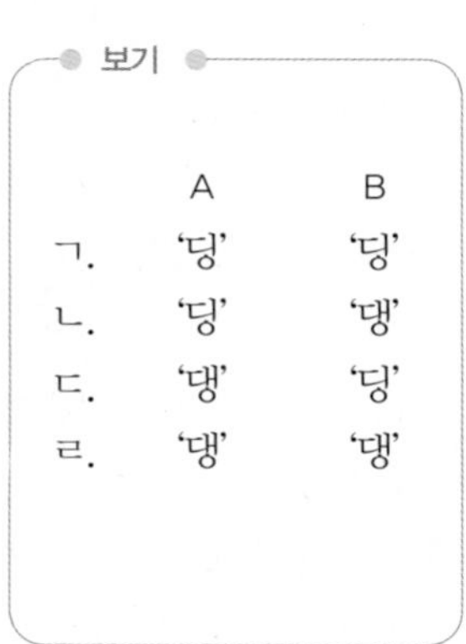
보기

	A	B
ㄱ.	'딩'	'딩'
ㄴ.	'딩'	'댕'
ㄷ.	'댕'	'딩'
ㄹ.	'댕'	'댕'

① ㄱ, ㄴ　② ㄱ, ㄹ　③ ㄴ, ㄷ　④ ㄴ, ㄹ　⑤ ㄷ, ㄹ

08 **윗글을 읽고 보인 반응으로 적절하지 않은 것은?**

① 일상적으로 경험하는 현상들은 고전 역학의 가정과 잘 어울리는 것 같아.
② 물리학자들은 고전 역학이 양자 역학보다 예측력이 뛰어나다고 생각하는 것 같아.
③ 양자 역학의 경우에서도 알 수 있듯이, 정확한 예측과 인과적 설명은 구별할 필요가 있어.
④ 양자 현상은 이상하기는 하지만, 실험을 통해 검증되었으니 실재하는 것으로 받아들여야 할 것 같아.
⑤ 돌이 날아가서 유리창을 깨는 현상과 지구 입자와 금성 입자가 서로 연관되어 있는 현상은 근본적으로 다른 것 같아.

㉠ 전통적인 철학적 미학은 세계관, 인간관, 정치적 이념과 같은 심오한 정신적 내용의 미적 형상화를 예술의 소명으로 본다. 반면 현대의 ㉡ 체계 이론 미학은 내용적 구속성에서 벗어난 예술을 진정한 예술로 여긴다. 이는 예술이 미적 유희를 통제하는 모든 외적 연관에서 벗어나 하나의 자기 연관적 체계로 확립되어 온 과정을 관찰하고 분석함으로써 얻은 결론이다. 이 이론은 자율성을 참된 예술의 조건으로 보는 이들이 선호할 만하다. 그렇다면 현대의 새로운 예술 장르인 뮤지컬은 어떻게 진술될 수 있을까?

뮤지컬은 여러 가지 형식적 요소로 구성되는데, 이것들은 내용, 즉 작품의 줄거리나 주제를 실질적으로 구현하는 역할을 한다. 전통적인 철학적 미학에 따르면 참된 예술은 훌륭한 내용과 훌륭한 형식이 유기적으로 조화될 때 달성된다. 이러한 고전적 기준을 수용할 때, 훌륭한 뮤지컬 작품은 어느 한 요소라도 소홀히 한다면 만들어지기 어렵다. 뮤지컬은 기본적으로 극적 서사를 지니기에 훌륭한 극본이 요구되고, 그 내용이 노래와 춤으로 표현되기에 음악과 무용도 핵심이 되며, 이것들의 효과는 무대 장치, 의상과 소품 등을 통해 배가되기 때문이다.

그런데 찬사를 받는 뮤지컬 중에는 전통적 기준의 충족과는 거리가 먼 사례가 적지 않다. 가령 A. L. 웨버는 대표작 〈캐츠〉의 일차적 목표를 다양한 형식의 볼거리와 들을 거리로 관객을 즐겁게 하는 데 두었다. 〈캐츠〉는 고양이들을 주인공으로 한 T. S. 엘리엇의 우화집에서 소재를 빌렸지만, 이 작품의 핵심은 내용의 충실한 전달에 있는 것이 아니라 어떤 기발한 무대에서 얼마나 다채롭고 완성도 있는 춤과 노래가 펼쳐지는가에 있다. 뮤지컬을 '레뷰(revue)', 즉 버라이어티 쇼로 바라보는 최근의 관점은 바로 이 점에 근거한다.

체계 이론 미학의 기준을 끌어들일 때, 레뷰로서의 뮤지컬은 예술로서의 예술의 한 범례로 꼽힐 수 있다. 물론 이러한 유형의 미학이 완전히 주류로 확립된 것은 아니다. 전통적인 철학적 미학도 여전히 지지를 얻는 예술관의 하나이기 때문이다. 이 입장에 준거할 때 체계 이론 미학의 예술관은 예술을 명예롭게 하는 숭고한 가치 지향성을 아예 포기하는 형식 지상주의적 예술관으로 해석될 수 있다.

09 ㉠과 ㉡에 대한 이해로 적절한 것은?

① ㉠은 내용적 요소와 형식적 요소를 모두 중시한다.
② ㉡은 자율적 예술의 탄생을 주도적으로 이끈 이론이다.
③ ㉠과 ㉡이 적용되는 예술 장르는 서로 다르다.
④ ㉡은 ㉠을 대체할 수 있는 새로운 주류 이론이다.
⑤ ㉡은 ㉠에 비해 더 진지한 정신적 가치를 지향한다.

10 **〈캐츠〉에 대한 감상 중 최근의 관점에 가장 가까운 것은?**

① 멋진 춤과 노래가 어우러진 공연이 충분한 볼거리를 제공했기 때문에, 원작과 관계없이 만족했어요.

② 감독이 고양이들의 등장 장면에 채택한 연출 방식이 작품의 주제 구현을 오히려 방해해서 실망했어요.

③ 늙은 암고양이의 회한이 담긴 노래의 가사는 들을 때마다 소외된 사람들에 대한 연민을 불러일으켜요.

④ 기발한 조명과 의상이 사용된 것을 보고, 원작의 심오한 주제에 걸맞은 연출 방식이구나 하며 감탄했어요.

⑤ 의인화된 고양이들의 삶과 내면이 노래들 속에 녹아들어 있어서, 인간을 진지하게 성찰하는 기회가 되었어요.

11 **윗글을 바탕으로 〈보기〉의 ㉮와 ㉯를 이해한 것으로 적절한 것은?**

보기

종합 예술의 기원인 ㉮그리스 비극은 형식적 측면에서 높은 수준에 이르렀을 뿐만 아니라, 세계와 삶에 대한 당대인들의 인식을 이끌었다. 반면 ㉯근대의 오페라는 그 발전 과정에서 점차 아리아 위주로 편성됨으로써, 심오한 지적·도덕적 관심이 아니라 음악 내적 요소에 지배되는 경향을 띠었다.

① ㉮는 즐거움의 제공을, ㉯는 교훈의 제공을 목표로 삼고 있군.

② ㉮는 자기 연관적이지만, ㉯는 외적 연관에 의해 지배되는군.

③ ㉮는 정신적 내용의 미적 형상화를, ㉯는 미적 유희를 추구하는군.

④ ㉮와 ㉯는 모두 고전적 기준에 따라 높이 평가될 수 있군.

⑤ ㉮와 ㉯는 모두 각각의 시대에 걸맞은 '레뷰'라고 볼 수 있군.

한 떨기 흰 장미가 우리 앞에 있다고 하자. 하나의 동일한 대상이지만 그것을 받아들이는 방식은 다양하다. 그것은 이윤을 창출하는 상품으로 보일 수도 있고, 식물학적 연구 대상으로 보일 수도 있다. 또한 어떤 경우에는 나치에 항거하다 죽어 간, 저항 조직 '백장미'의 젊은이들을 떠올리게 할 수도 있다. 그런데 이런 경우들과 달리 우리는 종종 그저 그 꽃잎의 모양과 순백의 색깔이 아름답다는 이유만으로 충분히 만족을 느끼기도 한다.

가끔씩 우리는 이렇게 평소와는 매우 다른 특별한 순간들을 맛본다. 평소에 중요하게 여겨지던 것들이 이때에는 철저히 관심 밖으로 밀려나고, 오직 대상의 내재적인 미적 형식만이 관심의 대상이 된다. 이러한 마음의 작동 방식을 가리키는 개념어가 '미적 무관심성'이다. 칸트가 이 개념의 대표적인 대변자인데, 그에 따르면 미적 무관심성이란 대상의 아름다움을 판정할 때 요구되는 순수하게 심미적인 심리 상태를 뜻한다. 즉 'X는 아름답다.'라고 판단할 때 우리의 관심은 오로지 X의 형식적 측면이 우리의 감수성에 쾌·불쾌를 주는지를 가리는 데 있으므로 '무관심적 관심'이다. 그리고 무언가를 실질적으로 얻거나 알고자 하는 모든 관심으로부터 자유로운 X의 존재 가치는 '목적 없는 합목적성'에 있다.

㉠ 대상의 개념이나 용도 및 현존으로부터의 완전한 거리 두기를 통해 도달할 수 있는 순수 미적인 차원에 대한 이러한 이론적 정당화는, 쇼펜하우어에 이르러서는 예술미의 관조를 ㉡ 인간의 영적 구원의 한 가능성으로 평가하는 사상으로까지 발전하였다. 불교에 심취한 그는 칸트의 '미적 무관심성' 개념에서 더 나아가 '미적 무욕성'을 주창했다. 그에 따르면 이 세계는 '맹목적 의지'가 지배하는 곳으로, 거기에 사는 우리는 ㉢ 욕구와 결핍의 부단한 교차 속에서 고통받지만, 예술미에 도취하는 그 순간만큼은 해방을 맛본다. 즉 '의지의 폭정'에서 벗어나 ㉣ 잠정적인 열반에 도달한다.

미적 무관심성은 예술의 고유한 가치를 옹호하는 데 큰 역할을 하는 개념이다. 그러나 우리는 그것이 극단적으로 추구될 경우에 가해질 수 있는 비판을 또한 존중하지 않을 수 없다. 왜냐하면 독립 선언이 곧 ㉤ 고립 선언은 아니기 때문이다. 예술의 고유한 가치는 진리나 선과 같은 가치 영역들과 유기적인 조화를 이룰 때 더욱 고양된다. 요컨대 예술은 다른 목적에 종속되는 한갓된 수단이 되어서도 안 되겠지만, 그것의 지적·실천적 역할이 완전히 도외시되어서도 안 된다.

12 ㉠~㉤의 의미에 대한 해석으로 적절하지 않은 것은?

① ㉠ : 대상에 대한 지식이나 대상의 유용성, 실재 여부 등에 대한 관심을 철저히 도외시하는 심리적 태도

② ㉡ : 개별적 취향의 만족에서 나아가 궁극적으로는 인간 정신의 구원으로까지 고양되는 경지

③ ㉢ : 끊임없이 무엇을 얻고자 하나, 완전한 만족 대신에 부족함만이 지배하는 상태의 지속

④ ㉣ : 예술미에 침잠하여 잠시나마 모든 집착과 고통에서 벗어나는 기쁨의 상태

⑤ ㉤ : 예술가들이 작품 창조를 위해 세속으로부터 고립된 별도의 작업 공간을 요구하는 선언

13 **영화에 대한 감상 중, 윗글의 칸트의 입장에 가장 가까운 것은?**

① 이 영화는 그 시대의 모순 고발과 전망 제시라는 두 가지 숙제를 훌륭히 해내고 있는 우수작이야.

② 영화에 세상일을 개입시키려는 태도는 잘못이야. 영화는 보고 즐기는 생활의 활력소 역할을 하면 되지 않겠니?

③ 이 영화의 색채 묘사나 카메라의 시점 처리 같은 대담한 형식 실험은 상식을 뛰어넘은 독특한 심미적 가능성을 열어 줘.

④ 이 영화의 흥행 가능성에 대해 난 매우 부정적이야. 주인공만 해도 어른들이나 좋아할 스타일이지, 우리가 보기엔 좀 어색하지 않니?

⑤ 영화가 의미를 가지려면 어떤 새로운 깨달음을 우리에게 줘야 하는 것이 아닐까? 이미 소설을 통해서 다 알고 있는 내용을 영화로 만드는 것은 낭비야.

14 **윗글의 주요 개념을 사용하여 〈보기〉의 '쇤베르크의 음악'을 평가할 때, 가장 적절한 것은?**

보기

쇤베르크의 음악은 음의 높낮이와 리듬만으로 구성된 작은 단위들의 변형과 발전을 통해 구현되지만, 주음－부음 관계를 파괴하는 불협화음 전략에는 억압적 사회 구조로 인한 고통, 이에 대한 폭로와 저항 등이 오묘하게 함축되어 있다.

① '미적 무관심성'에서 '미적 무욕성'으로 이행하는 음악의 발전 과정을 잘 보여 준다.

② '미적 무관심성'과 '미적 무욕성'이라는 조화되기 힘든 두 이념을 조화롭게 구현한다.

③ '미적 무관심성'과 예술의 '지적·실천적 역할'이라는 두 측면 모두에서 예술의 가치를 잘 드러낸다.

④ '미적 무관심성'에서 탈피하여 현실에 대한 직접적인 저항을 추구함으로써 음악의 '지적·실천적 역할'을 수행한다.

⑤ '미적 무관심성'을 극한까지 밀고 간 작품으로, '지적·실천적 역할' 같은 음악 외적 요소의 개입을 절대적으로 거부한다.

DNS(도메인 네임 시스템) 스푸핑은 인터넷 사용자가 어떤 사이트에 접속하려 할 때 사용자를 위조 사이트로 접속시키는 행위를 말한다. 이는 도메인 네임을 IP 주소로 변환해 주는 과정에서 이루어진다.

인터넷에 연결된 컴퓨터들이 서로를 식별하고 통신하기 위해서 각 컴퓨터들은 IP(인터넷 프로토콜)에 따라 만들어지는 고유 IP 주소를 가져야 한다. 프로토콜은 컴퓨터들이 연결되어 서로 데이터를 주고받기 위해 사용하는 통신 규약으로 소프트웨어나 하드웨어로 구현된다. 현재 주로 사용하는 IP 주소는 '***.126.63.1'처럼 점으로 구분된 4개의 필드에 숫자를 사용하여 나타낸다. 이 주소를 중복 지정하거나 임의로 지정해서는 안 되고 공인 IP 주소를 부여받아야 한다.

공인 IP 주소에는 동일한 번호를 지속적으로 사용하는 고정 IP 주소와 번호가 변경되기도 하는 유동 IP 주소가 있다. 유동 IP 주소는 DHCP라는 프로토콜에 의해 부여된다. DHCP는 IP 주소가 필요한 컴퓨터의 요청을 받아 주소를 할당해 주고, 컴퓨터가 IP 주소를 사용하지 않으면 주소를 반환받아 다른 컴퓨터가 그 주소를 사용할 수 있도록 해 준다. 한편, 인터넷에 직접 접속은 안 되고 내부 네트워크에서만 서로를 식별할 수 있는 사설 IP 주소도 있다.

인터넷은 공인 IP 주소를 기반으로 동작하지만 우리가 인터넷을 사용할 때는 IP 주소 대신 사용하기 쉽게 'www.***.***' 등과 같이 문자로 이루어진 도메인 네임을 이용한다. 따라서 도메인 네임을 IP 주소로 변환해 주는 DNS가 필요하며 DNS를 운영하는 장치를 네임서버라고 한다. 컴퓨터에는 네임서버의 IP 주소가 기록되어 있어야 하는데, 유동 IP 주소를 할당받는 컴퓨터에는 IP 주소를 받을 때 네임서버의 IP 주소가 자동으로 기록되지만, 고정 IP 주소를 사용하는 컴퓨터에는 사용자가 네임서버의 IP 주소를 직접 기록해 놓아야 한다. 인터넷 통신사는 가입자들이 공동으로 사용할 수 있는 네임서버를 운영하고 있다.

㉮ 사용자가 어떤 사이트에 정상적으로 접속하는 과정을 살펴보자. 웹 사이트에 접속하려고 하는 컴퓨터를 클라이언트라 한다. 사용자가 방문하고자 하는 사이트의 도메인 네임을 주소창에 직접 입력하거나 포털 사이트에서 그 사이트를 검색해 클릭하면 클라이언트는 기록되어 있는 네임서버에 도메인 네임에 해당하는 IP 주소를 물어보는 질의 패킷을 보낸다. 네임서버는 해당 IP 주소가 자신의 목록에 있으면 클라이언트에 이 IP 주소를 알려 주는 응답 패킷을 보낸다. 응답 패킷에는 어느 질의 패킷에 대한 응답인지가 적혀 있다. 만일 해당 IP 주소가 목록에 없으면 네임서버는 다른 네임서버의 IP 주소를 알려 주는 응답 패킷을 보내고, 클라이언트는 다시 그 네임서버에 질의 패킷을 보내는 단계로 돌아가 같은 과정을 반복한다. 클라이언트는 이렇게 알아낸 IP 주소로 사이트를 찾아간다. 네임서버와 클라이언트는 UDP라는 프로토콜에 맞추어 패킷을 주고받는다. UDP는 패킷의 빠른 전송 속도를 확보하기 위해 상대에게 패킷을 보내기만 할 뿐 도착 여부는 확인하지 않으며, 특정 질의 패킷에 대해 처음 도착한 응답 패킷을 신뢰하고 다음에 도착한 패킷은 확인하지 않고 버린다. DNS 스푸핑은 UDP의 이런 허점들을 이용한다.

㉯ DNS 스푸핑이 이루어지는 과정을 알아보자. 악성 코드에 감염되어 DNS 스푸핑을 행하는 컴퓨터를 공격자라 한다. 클라이언트가 네임서버에 특정 IP 주소를 묻는 질의 패킷을 보낼 때, 공격자에도

패킷이 전달되고 공격자는 위조 사이트의 IP 주소가 적힌 응답 패킷을 클라이언트에 보낸다. 공격자가 보낸 응답 패킷이 네임서버가 보낸 응답 패킷보다 클라이언트에 먼저 도착하고 클라이언트는 공격자가 보낸 응답 패킷을 옳은 패킷으로 인식하여 위조 사이트로 연결된다.

---

15 〈보기〉는 ㉮ 또는 ㉯에서 이루어지는 클라이언트의 동작을 나타낸 것이다. 이에 대한 이해로 적절한 것은?

보기

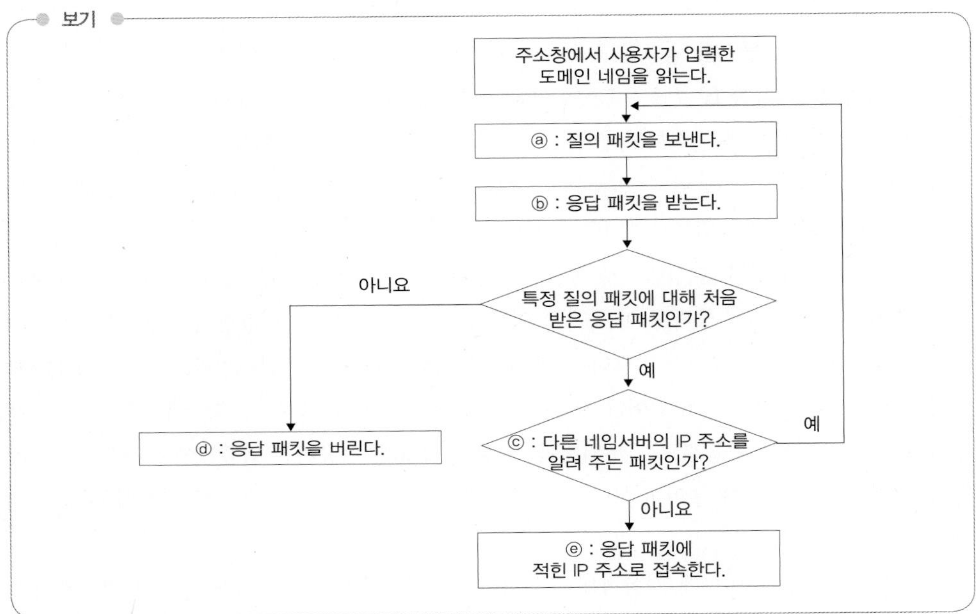

① ㉮ : ⓐ가 두 번 동작했다면, 두 질의 내용이 동일하고 패킷을 받는 수신 측도 동일하다.
② ㉮ : ⓑ가 두 번 동작했다면, 두 응답 내용이 서로 다르고 패킷을 보낸 송신 측은 동일하다.
③ ㉮ : ⓒ는 ⓐ에서 질의한 도메인 네임에 해당하는 IP 주소를 네임서버가 찾았는지 여부를 확인하는 절차이다.
④ ㉯ : ⓓ의 응답 패킷에는 공격자가 보내 온 IP 주소가 포함되어 있다.
⑤ ㉯ : ⓔ의 IP 주소는 ⓐ에서 질의한 도메인 네임에 해당하는 IP 주소이다.

16 **윗글을 바탕으로 알 수 있는 것은?**

① DNS는 도메인 네임을 사설 IP 주소로 변환한다.
② 동일한 내부 네트워크에 연결된 컴퓨터들의 사설 IP 주소는 서로 달라야 한다.
③ 유동 IP 주소 방식의 컴퓨터들에는 동시에 동일한 공인 IP 주소를 할당할 수 있다.
④ 고정 IP 주소 방식의 컴퓨터들에는 동시에 동일한 공인 IP 주소를 부여할 수 있다.
⑤ IP 주소가 서로 다른 컴퓨터들은 각각에 기록되어 있는 네임서버의 IP 주소도 서로 달라야 한다.

17 **윗글과 〈보기〉를 참고할 때, DNS 스푸핑을 피하기 위한 방법으로 적절한 것은?**

보기

DNS가 고안되기 전에는 특정 컴퓨터의 사용자가 'hosts'라는 파일에 모든 도메인 네임과 그에 해당하는 IP 주소를 적어 놓았고, 클라이언트들은 이 파일을 복사하여 사용하였다. 네임서버를 사용하는 현재에도 여전히 클라이언트는 질의 패킷을 보내기 전에 hosts 파일의 내용을 확인한다. 클라이언트가 이 파일에서 원하는 도메인 네임의 IP 주소를 찾으면 그 주소로 바로 접속하고, IP 주소를 찾지 못했을 때 클라이언트는 네임서버에 질의 패킷을 보낸다.

① 클라이언트에서 사용자가 hosts 파일을 찾아 삭제하면 되겠군.
② 클라이언트의 IP 주소를 사용자가 클라이언트의 hosts 파일에 적어 놓으면 되겠군.
③ 클라이언트에 hosts 파일이 없더라도 사용자가 주소창에 도메인 네임만 입력하면 되겠군.
④ 네임서버의 도메인 네임과 IP 주소를 사용자가 클라이언트의 hosts 파일에 적어 놓으면 되겠군.
⑤ 접속하려는 사이트의 도메인 네임과 IP 주소를 사용자가 클라이언트의 hosts 파일에 적어 놓으면 되겠군.

유제 • 18~19

신체의 세포, 조직, 장기가 손상되어 더 이상 제 기능을 하지 못할 때에 이를 대체하기 위해 이식을 실시한다. 이때 이식으로 옮겨 붙이는 세포, 조직, 장기를 이식편이라 한다. 자신이나 일란성 쌍둥이의 이식편을 이용할 수 없다면 다른 사람의 이식편으로 '동종 이식'을 실시한다. 그런데 우리의 몸은 자신의 것이 아닌 물질이 체내로 유입될 경우 면역 반응을 일으키므로, 유전적으로 동일하지 않은 이식편에 대해 항상 거부 반응을 일으킨다. 면역적 거부 반응은 면역 세포가 표면에 발현하는 주조직적합복합체(MHC) 분자의 차이에 의해 유발된다. 개체마다 MHC에 차이가 있는데 서로 간의 유전적 거리가 멀수록 MHC에 차이가 커져 거부 반응이 강해진다. 이를 막기 위해 면역 억제제를 사용하는데, 이는 면역 반응을 억제하여 질병 감염의 위험성을 높인다.

이식에는 많은 비용이 소요될 뿐만 아니라 이식이 가능한 동종 이식편의 수가 매우 부족하기 때문에 이를 대체하는 방법이 개발되고 있다. 우선 인공 심장과 같은 '전자 기기 인공 장기'를 이용하는 방법이 있다. 하지만 이는 장기의 기능을 일시적으로 대체하는 데 사용되며, 추가 전력 공급 및 정기적 부품 교체 등이 요구되는 단점이 있고, 아직 인간의 장기를 완전히 대체할 만큼 정교한 단계에 이르지는 못했다.

다음으로는 사람의 조직 및 장기와 유사한 다른 동물의 이식편을 인간에게 이식하는 '이종 이식'이 있다. 그런데 이종 이식은 동종 이식보다 거부 반응이 훨씬 심하게 일어난다. 특히 사람이 가진 자연항체는 다른 종의 세포에서 발현되는 항원에 반응하는데, 이로 인해 이종 이식편에 대해서 초급성 거부 반응 및 급성 혈관성 거부 반응이 일어난다. 이런 거부 반응을 일으키는 유전자를 제거한 형질 전환 미니돼지에서 얻은 이식편을 이식하는 실험이 성공한 바 있다. 미니돼지는 장기의 크기가 사람의 것과 유사하고 번식력이 높아 단시간에 많은 개체를 생산할 수 있다는 장점이 있어, 이를 이용한 이종 이식편을 개발하기 위한 연구가 진행되고 있다.

이종 이식의 또 다른 문제는 내인성 레트로바이러스이다. 내인성 레트로바이러스는 생명체의 DNA의 일부분으로, 레트로바이러스로부터 유래된 것으로 여겨지는 부위들이다. 이는 바이러스의 활성을 가지지 않으며 사람을 포함한 모든 포유류에 존재한다. 레트로바이러스는 자신의 유전 정보를 RNA에 담고 있고 역전사 효소를 갖고 있는 바이러스로서, 특정한 종류의 세포를 감염시킨다. 유전 정보가 담긴 DNA로부터 RNA가 생성되는 전사 과정만 일어날 수 있는 다른 생명체와는 달리, 레트로바이러스는 다른 생명체의 세포에 들어간 후 역전사 과정을 통해 자신의 RNA를 DNA로 바꾸고 그 세포의 DNA에 끼어들어 감염시킨다. 이후에는 다른 바이러스와 마찬가지로 자신이 속해 있는 생명체를 숙주로 삼아 숙주 세포의 시스템을 이용하여 복제, 증식하고 일정한 조건이 되면 숙주 세포를 파괴한다.

그런데 정자, 난자와 같은 생식 세포가 레트로바이러스에 감염되고도 살아남는 경우가 있었다. 이런 세포로부터 유래된 자손의 모든 세포가 갖게 된 것이 내인성 레트로바이러스이다. 내인성 레트로바이러스는 세대가 지나면서 돌연변이로 인해 염기 서열의 변화가 일어나며 해당 세포 안에서는 바이러스로 활동하지 않는다. 그러나 내인성 레트로바이러스를 떼어 내어 다른 종의 세포 속에 주입하면 이는 레트로바이러스로 변환되어 그 세포를 감염시키기도 한다. 따라서 미니돼지의 DNA에 포함된 내인성 레트로바이러스를 효과적으로 제거하는 기술이 개발 중에 있다.

그동안의 대체 기술과 관련된 연구 성과를 토대로 ⓐ이상적인 이식편을 개발하기 위해 많은 연구가 수행되고 있다.

---

18 **ⓐ가 갖추어야 할 조건으로 적절하지 않은 것은?**

① 이식편의 비용을 낮추어서 정기 교체가 용이해야 한다.
② 이식편은 대체를 하려는 장기와 크기가 유사해야 한다.
③ 이식편과 수혜자 사이의 유전적 거리를 극복해야 한다.
④ 이식편은 짧은 시간에 대량으로 생산이 가능해야 한다.
⑤ 이식편이 체내에서 거부 반응을 유발하지 않아야 한다.

19 **다음은 신문 기사의 일부이다. 윗글을 참고할 때, 기사의 ㉮에 대한 반응으로 적절하지 않은 것은?**

> **○○ 신문** ○○○○년 ○월 ○일
>
> 최근에 줄기 세포 연구와 3D 프린팅 기술이 급속도로 발전하고 있다. 줄기 세포는 인체의 모든 세포나 조직으로 분화할 수 있다. 그러므로 수혜자 자신의 줄기 세포만을 이용하여 3D 바이오 프린팅 기술로 제작한 ㉮세포 기반 인공 이식편을 만들 수 있을 것으로 전망된다. 이미 미니 폐, 미니 심장 등의 개발 성공 사례가 보고되었다.

① 전자 기기 인공 장기와 달리 전기 공급 없이도 기능을 유지할 수 있겠군.
② 동종 이식편과 달리 이식 후 면역 억제제를 사용할 필요가 없겠군.
③ 동종 이식편과 달리 내인성 레트로바이러스를 제거할 필요가 없겠군.
④ 이종 이식편과 달리 유전자를 조작하는 과정이 필요하지는 않겠군.
⑤ 이종 이식편과 달리 자연항체에 의한 초급성 거부 반응이 일어나지 않겠군.

V

수능 문학, 시험 범위를 정해 드립니다

● 시험에 나오는 것들만 '실전 이론'으로 범위를 정하자!

시험에 나오는 것들만 '실전 이론'으로 범위를 정하자!

'실전 이론'이라고 이름을 붙인 것은 '실전', 즉 시험장에서 출제될 수 있는 것들만 공부하자는 의도에서입니다. 가령, 시의 '운율'을 공부할 때 힙합 음악에서의 랩 가사 등을 가지고 접근하는 경우가 있습니다. 랩에서의 운율은 문장 끝부분을 비슷한 음으로 맞추는 각운(rhyme)을 특징으로 합니다. 그러나 각운은 우리말로 쓰인 시에서는 거의 찾아볼 수가 없고 한시(漢詩)라든지 영미 문학에서나 찾아볼 수 있습니다. 흥미에만 호소하려고 써먹을 수 없는 내용들을 가르치고 있는 현실입니다. 결국 안 배워도 될 내용을 시간 낭비를 하면서 배우고 있는 상황입니다.

지금까지 여러분들은 학교나 학원에서 엄청나게 많은 문학 이론을 배웠습니다. 문학 이론만이 아니라 청록파 등 한국 현대 문학의 흐름까지 배웠을 것입니다. 그런데 그중에서 정작 시험에 출제될 만한 내용은 한정되어 있습니다. 또한 수능이 시행된 지 벌써 20년이 넘었기 때문에 이미 어떤 내용들이 출제되는지 대략적으로 파악이 된 상태입니다. 이 책에서는 시험에 나올 만한 이론들만 압축적으로 정리할 것입니다. 압축적이기 때문에 다소 짧고 거칠게 보일 수 있습니다. 그러나 압축적이기 때문에 시험을 앞둔 순간에 빠르게 반복하여 복습하고 시험장에 가져갈 수 있습니다. 만약 여기에서 다루는 내용들이 이해되지 않는다면 기존에 배웠던 기본 교재나 강의를 찾아서 확실하게 복습할 수 있어야 합니다. 다시 한번 말씀드리는데, 이 책은 수험생을 대상으로 하여, 지금까지 배웠던 문학 이론을 압축적으로 정리하여 시험장에 가져갈 수 있게 만드는 것이 목적입니다. 따라서 처음 문학 공부를 시작한다면 필히 기본 교재를 통해 연습하고 이 책을 통해 공부해야 합니다.

문학은 이렇게 접근합니다

| 문학 공략도 |

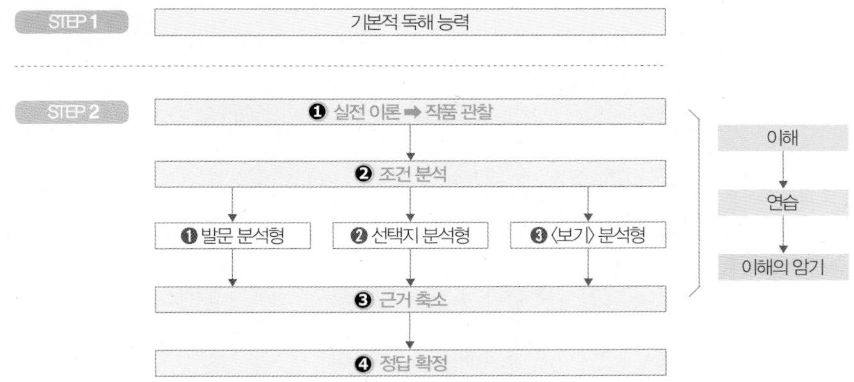

앞에서 봤던 표와 거의 동일합니다. 그런데 달라진 점은 '실전 이론 → 작품 관찰'이 '지문 독해' 대신 들어가 있는 것입니다. 우리가 배우는 '실전 이론'으로 문학 작품을 제대로 '관찰'하는 것입니다. 왜 '감상' 대신 '관찰'이라는 용어를 사용했을까요? 사실 작품을 감상하는 것은 국어국문학과를 다니는 학생도 어려운 부분이기 때문입니다. 시험을 위해서는 조금 다른 개념으로 다가가고자 감상 대신 관찰이라 제시해 보았습니다.

어린 시절 과학 시간에 곤충을 관찰한다든지 했던 경험이 있을 것입니다. 관찰을 통해서 대자연의 오묘한 신비에 감탄하는 것이 목적이 아니었습니다. 그것보다는 수업 시간에 배웠던 이론을 실제로 확인하는 것이 목적이었습니다. 수업 시간에 곤충은 '머리-가슴-배'로 이루어져 있다고 배웠으면 실제 그러한지 관찰을 통해 확인하는 것입니다.

마찬가지로 생각할 수 있습니다. 작품 관찰은 우리가 배우는 이론들을 실제 작품에서 확인하는 것이 목표입니다. 비유법을 배웠다면 실제 작품 속에서 어떻게 비유가 활용되는지, 역설은 어떤 식으로 활용되는지 관찰하는 것입니다.

운문 문학은 6가지만 배웁니다

우선 운문 문학을 배우고 산문 문학을 다루게 됩니다. 운문 문학은 딱 아래 여섯 가지에 대해서만 확실하게 공부하도록 합니다. 아래의 항목들은 수능 운문 문학을 대비하기 위해 핵심적으로 알아야 하는 개념들입니다.

❶ 운율	❷ 이미지(심상)	❸ 표현 방법
❹ 전개 방법	❺ 시어의 함축성	❻ 작품 감상의 관점

이 정도만 확실하게 알고 있으면 적어도 이론을 몰라서 문제를 틀리는 일은 없습니다. 물론 교과서나 EBS 교재에서는 청록파와 같은 문학사(文學史)를 소개하고 있습니다. 그러나 문학사만을 묻는 문제가 수능에 나올 가능성은 거의 없습니다. 만약 문학사 관련 내용이 출제된다 하더라도, 문학사를 알아야만 풀 수 있는 문제라기보다 기존 이론과 연관되어 설령 문학사를 모르더라도 풀 수 있게 출제될 것입니다. 이전 수능 시험을 검토해 보면 이러한 점을 확인할 수 있고, 모든 문제는 앞서 지정해 놓은 범위를 넘어서지 않는다는 것 역시 확인할 수 있습니다.

물론 기본적으로 고등학교에서 배우는 문학 지식이나 필수 작품들을 학습하는 것이 도움이 됩니다. 가끔 이 책에서 정한 범위 외에도 중요한 내용들이 있지 않을까 하는 마음에 다른 책을 보는 학생들도 있습니다. 그러나 수능은 여기서 정해 놓은 범위를 벗어날 수 없다는 점을 깨닫고 이 책을 다시 펼치고는 합니다. 어떤 강의를 듣거나 어떤 교재를 본다고 해도 결국 수능 기출을 분석하다 보면 이 책에서 정해 놓은 범위로 돌아오게 됩니다. 즉, 수험생이라면 시행착오 없이 이 책에서 지정해 놓은 범위를 반복하여 공부해야 합니다. 다른 책은 보조적으로 이 책의 이론을 이해하기 위해서 활용하면 될 것입니다.

● 이론을 배울 때는 사례를 통해 이해하도록 하자

은유니 직유니 하는 표현보다는 사례를 통해 이론을 이해할 수 있어야 합니다. 왜냐하면 시험은 사례를 통해 출제되기 때문입니다. '직유법을 사용한 것을 찾아보시오.'라고 묻는 것이 아니라, 가령 '바위처럼 굳건한 결심'이라는 표현을 주고 이것과 같은 표현을 사용한 선택지를 고르게 합니다. 이 책에서는 이론만 소개하지 않고 사례를 항상 제시하여 이해를 돕고자 하였습니다. 복습할 때는 오히려 사례를 먼저 보면서 어떤 표현 기법이 사용되었는지 거꾸로 생각해 보는 것도 좋은 공부 방법이 될 수 있습니다.

Day 11

운문 문학 : 시험에 나오는 실전 이론

제가 수험생 시절에 애매했던 것은 대체 시험을 위해 문학 이론을 어디까지 배우고 알아야 하는지였습니다. 그때는 몰랐는데 어찌되었든 지금은 알고 있습니다. 다른 이론은 몰라도 이 정도만 확실하게 알고 있으면, 시험을 볼 때 이론을 몰라서 문제를 틀릴 일은 없다는 점을 보여 드리고자 합니다.

001 운율

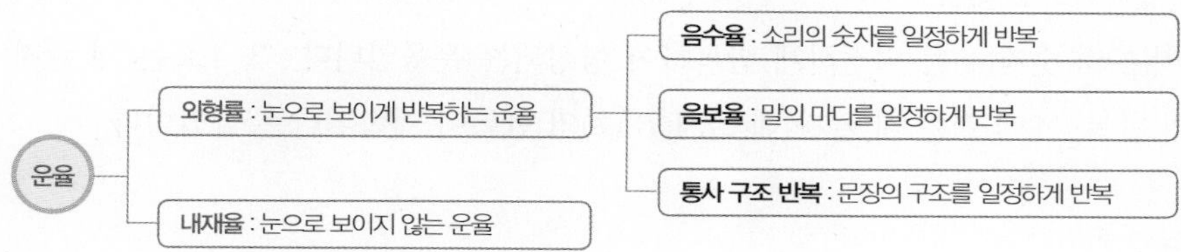

1. 외형률(外形律) – 눈으로 보이는 운율

수능 국어영역과 관련해서는 운율, 그중에서도 외형률은 운문 문학의 중요 개념 중 하나입니다. 음보율, 음수율 등 외형률에 대해 확실하게 알고 넘어가도록 합니다.

객관적 성질을 가진 운율입니다. '객관적 성질'이란 시각적으로 노출되어 관찰할 수 있는 운율이라는 뜻입니다. 운율의 가장 기본은 '반복'입니다. **무언가를 일정하게 반복하면 리듬이 형성**됩니다. 지금 앞에 있는 책상을 드럼을 치듯이 반복해서 두드려 보세요. 리듬이 생기는 것이 느껴지나요? 마찬가지로 시에서의 운율도 반복을 통해 생성됩니다.

물론 영미 문학이나 팝송에서는 각운이라 하여 끝말 맞추기식의 운율이 등장합니다. 그러나 국문학, 그리고 수능에서는 위와 같은 운율을 가진 작품은 거의 등장하지 않습니다. 따라서 각운을 이용한 작품은 국문학의 운율을 설명하는 사례로 적절하지 않습니다. 물론 수능에 간혹 출제되기도 하는 한시(漢詩)에서는 이러한 끝말 맞추기가 등장합니다.

淸江一曲抱村流(청강일곡포촌류)	長夏江村事事幽(장하강촌사사유)
自去自來堂上燕(자거자래당상연)	相親相近水中鷗(상친상근수중구)
老妻畵紙爲碁局(노처화지위기국)	稚子敲針作釣鉤(치자고침작조구)
多病所須唯藥物(다병소수유약물)	微軀此外更何求(미구차외갱하구)

– 두보, 〈강촌〉

위와 같은 작품에서는 끝말 맞추기식이니 쉽게 운율을 찾을 수 있습니다. 그런데 우리나라 시 작품에서 운율을 찾으려면 '무엇'이 반복되었는가를 찾아야 합니다. 끝말 맞추기식이 아니니까 무엇이 반복되었는지 찾는 것입니다. 무엇이 반복되었느냐에 따라 아래와 같이 개념이 구분됩니다.

1 음수율 ★ (출제 빈도 및 중요도에 따라 ★~★★★로 표시)

음수율이란 소리(음)의 숫자(수)를 일정하게 반복하여 형성되는 운율입니다. '3·4조'는 세 글자 네 글자(3·4조)의 반복, '4·4조'는 네 글자 네 글자(4·4조)의 반복이 계속된다는 말입니다.

강호에 병이 깊어 죽림에 누었더니 (3·4·3·4)
관동 팔백니에 방면을 맛디시니 (2·4·3·4)
어와 셩은이야 가디록 망극하다 (2·4·3·4)

– 정철, 〈관동별곡〉

'7·5조'는 일곱 글자 다섯 글자의 반복이 연속된다는 말입니다.

가시는 걸음 걸음 (7)
놓인 그 꽃을 (5)
사뿐이 즈려 밟고 (7) 가시옵소서. (5)

나 보기가 역겨워 (7)
가실 때에는 (5)
죽어도 아니 눈물 (7) 흘리오리다. (5)

– 김소월, 〈진달래꽃〉

2 음보율 ★★★

음보율은 한 번에 끊어 읽는 말마디(보(步)–걸음)를 일정하게 반복하여 형성되는 운율입니다. 예를 들면 '4음보'란 한 번에 네 마디씩 끊어 읽기가 반복되는 것입니다. 한 음보씩 밟고 지나가면 네 걸음이면 되겠죠?

강호에 / 병이 깊어 / 죽림에 / 누엇더니 (4)
관동 / 팔백니에 / 방면을 / 맛디시니 (4)
어와 / 셩은이야 / 가디록 / 망극하다 (4)

– 정철, 〈관동별곡〉

'3음보'는 한 번에 세 마디씩 끊어 읽는 것이 반복됩니다.

가시는 / 걸음 걸음 / 놓인 그 꽃을 (3)
사뿐이 / 즈려 밟고 / 가시옵소서. (3)

나 보기가 / 역겨워 / 가실 때에는 (3)
죽어도 / 아니 눈물 / 흘리오리다. (3)

– 김소월, 〈진달래꽃〉

따라서 앞으로 이러한 작품이 나오면 음수율과 음보율을 구분하여 분석할 수 있어야 합니다. 음수율이 3·4조이고 음보율은 4음보라든지, 또는 음수율이 7·5조이고 음보율은 3음보라든지 이런 식으로 작품을 관찰할 수 있어야 합니다.

3 통사 구조 반복 : 문장 구조를 반복 ★★

그런데 외형률에서 또 하나 주의할 것이 있습니다. 그것은 동일 통사 구조(=문장 구조)의 반복에서 오는 운율입니다. 선택지에서 이런 말이 나오면 문장 구조가 반복되는지 확인하면 됩니다. 여러분이 잘 알고 있는 〈청산별곡〉의 'AABA 구조'를 통해 공부해 봅시다. 여기서 간혹 헷갈리는 학생들을 위해 보충 설명하면, A가 반복된다고 통사 구조가 반복되는 것이 아니라, AABA 구조가 통째로 반복되어 통사 구조가 반복된다고 하는 것입니다. A만 반복하면 한 단어 정도가 반복되는 것이지 문장 구조가 반복된다고 보기 어렵습니다.

참고로 통사 구조의 반복이 내재율에 해당하는 것이 아니냐는 물음이 있어 설명합니다. 바로 다음에 설명할 내용이지만 내재율은 대개 '독창적이고 시인의 개성적인 운율, 주관적 운율'이라고 말합니다. 통사 구조의 반복이 독창적이고 개성적이고 주관적인 것인가요? 아니면 통사 구조의 반복이 겉으로는 드러나지 않는 것인가요? 통사 구조의 반복이 외형률인지 아닌지 물어보는 문제는 절대 출제되지 않습니다. 통사 구조의 반복은 통사 구조의 반복으로만 이해하면 충분합니다.

살어리(A) 살어리랏다(A) 청산애(B) 살어리랏다(A)
우러라(A) 우러라 새여(A) 자고 니러(B) 우러라 새여(A)

– 작자 미상, 〈청산별곡〉

4 기타

위에서 소개한 반복 이외에도 자음이나 모음을 반복하는 방식으로 운율감을 살리는 기법이 있습니다. 가령 '갈래갈래 갈린 길'의 경우는 자음 'ㄱ'의 반복을 통해 운율을 만들어 냅니다. 다만 그다지 많이 쓰이는 방식은 아니므로 크게 신경 쓸 필요는 없습니다.

2. 내재율(內在律) – 눈으로 보이지 않는 운율

수능에서 중요하게 다루지는 않습니다. 다만 외형률과 대조되는 개념으로 이해하면 충분합니다. 개념 정도만 알아두는 차원에서 공부하는 것이 바람직합니다.

주로 자유시나 산문시에서 느껴지는 운율을 '내재적 운율'이라고 말합니다. 겉으로 드러난 일정한 규칙이 없으면서 은근한 리듬감을 느끼게 하는 운율, 곧 작품에 깃들어 있는 운율입니다. 평가원 시험에서도 "이야기시와 산문시는 여전히 함축성과 음악성을 지닌다는 점에서 서사나 산문과 구별된다."라고 말합니다.(2022학년도 수능 예시문항) 선택지로도 출제될 수 있으니 잘 알아 두어야 하겠습니다.

바람도 없는 공중에 수직의 파문을 내며 고요히 떨어지는 오동잎은 누구의 발자취입니까?

지리한 장마 끝에 서풍에 몰려가는 무서운 검은 구름의 터진 틈으로, 언뜻언뜻 보이는 푸른 하늘은 누구의 얼굴입니까?

꽃도 없는 깊은 나무에 푸른 이끼를 거쳐서, 옛 탑 위의 고요한 하늘을 스치는 알 수 없는 향기는 누구의 입김입니까?

근원은 알지도 못할 곳에서 나서 돌부리를 울리고, 가늘게 흐르는 작은 시내는 굽이굽이 누구의 노래입니까?

연꽃 같은 발꿈치로 가이 없는 바다를 밟고, 옥 같은 손으로 끝없는 하늘을 만지면서, 떨어지는 해를 곱게 단장하는 저녁놀은 누구의 시입니까?

타고 남은 재가 다시 기름이 됩니다. 그칠 줄 모르고 타는 나의 가슴은 누구의 밤을 지키는 약한 등불입니까?

– 한용운, 〈알 수 없어요〉

위 작품은 형식상 자유시입니다. 이런 작품에서는 내부적으로 운율을 가지게 되는데, 수능 문제에서는 이를 '내재적 운율(내재율)' 또는 '겉으로는 드러나지 않는 운율'을 가진 작품이라 부릅니다. 중요한 것은 운율이 없는 것이 아니라 운율이 겉으로 드러나지 않는 것입니다. 가령 위 작품에서도 물음이 반복되며 은은한 운율감을 느낄 수 있습니다. 얼핏 봐서 운율이 드러나지 않아도 내재적 운율을 떠올릴 수 있어야 합니다. 현실적으로 교육과정을 통해 자유시, 산문시를 여럿 배울 수 있으니 평소 공부하면서 어떤 느낌인지 느껴 보도록 합시다.

예제 • 01 ◎ 99 수능

나 보기가 역겨워
가실 때에는
말없이 고이 보내 드리오리다.

영변(寧邊)에 약산(藥山)
진달래꽃,
아름 따다 가실 길에 뿌리오리다.

가시는 걸음 걸음
놓인 그 꽃을
사뿐히 즈려 밟고 가시옵소서.

나 보기가 역겨워
가실 때에는
죽어도 아니 눈물 흘리오리다.

– 김소월, 〈진달래꽃〉

위 작품의 3연은 처음 발표되었을 때 〈보기〉와 같았다. 고쳐 쓰기를 통해 얻은 시적 효과를 가장 적절하게 평한 것은?

보기

가시는길 발거름마다
ᄲᅮ려노흔 그ᄭᅩᆺ을
고히나 즈러밟고 가시옵소서.

① 어휘를 바꾸니 시적 대상이 바뀌었군.
② 피동 표현을 첨가하니 화자가 바뀌었어.
③ 시행의 길이를 줄여서 고독의 의미를 강조했군.
④ 심상을 다양화하여 자연과의 친화를 보여 주었군.
⑤ 시어를 바꾸고 글자 수를 조절해 운율상의 배려를 했군.

문제 풀이

〈보기〉의 시구는 위 작품의 기본적인 율격과는 다릅니다. 위 작품은 '7·5조의 3음보 율격, 비슷한 시구의 반복'을 통해 운율을 형성하고 있습니다. 물론 고쳐 쓰기를 통해서 가장 뚜렷하게 바뀐 점은 '가시는 걸음 걸음'이라고 하여 '걸음'을 반복한 것입니다. 평소 운율이 '반복'을 통해 생긴다는 개념을 확실히 알고 있었다면 어렵지 않았을 것입니다. **답 ⑤**

예제 • 02

㉮ 샤갈의 마을에는 3월(三月)에 눈이 온다.
봄을 바라고 섰는 사나이의 관자놀이에
새로 돋은 정맥(靜脈)이
바르르 떤다
바르르 떠는 사나이의 관자놀이에
새로 돋은 정맥(靜脈)을 어루만지며
눈은 수천수만의 날개를 달고
하늘에서 내려와 샤갈의 마을의
지붕과 굴뚝을 덮는다.
3월(三月)에 눈이 오면
샤갈의 마을의 쥐똥만한 겨울 열매들은
다시 올리브빛으로 물이 들고
밤에 아낙들은
그 해의 제일 아름다운 불을
아궁이에 지핀다.

– 김춘수, 〈샤갈의 마을에 내리는 눈〉

㉯ 해가 졌는데도 어두워지지 않는다
겨울 저물녘 광화문 네거리
맨몸으로 돌아가 있는 가로수들이
일제히 불을 켠다 나뭇가지에
수만 개 꼬마전구들이 들러붙어 있다
불현듯 불꽃나무! 하며 손뼉을 칠 뻔했다

어둠도 이젠 병균 같은 것일까
밤을 끄고 휘황하게 낮을 켜 놓은 권력들
내륙 한가운데에 서 있는
해군 장군의 동상도 잠들지 못하고
문 닫은 세종문화회관도 두 눈 뜨고 있다

엽록소를 버린 겨울나무들
한밤중에 이상한 광합성을 하고 있다
광화문은 광화문(光化門)
뿌리로 내려가 있던 겨울나무들이
저녁마다 황급히 올라오고

겨울이 교란당하고 있는 것이다
밤에도 잠들지 못하는 사람들
광화문 겨울나무 불꽃나무들
다가오는 봄이 심상치 않다

– 이문재, 〈광화문, 겨울, 불꽃, 나무〉

가와 나의 공통점으로 다음이 적절한가?

유사한 통사 구조를 반복해서 시적 의미가 심화되고 있다. (○ | ×)

5지 선다형 객관식 문제는 결국 ○×문제를 다섯 개 푸는 것과 같습니다. 이 작품들은 학업성취도평가에 출제된 적이 있는데, 출제된 문제의 선택지 하나를 ○×문제로 변형해 보았습니다.

이 문제에서는 '통사 구조'라는 개념을 다루고 있습니다. 앞에서 통사 구조의 반복을 통한 운율을 다루었기 때문에 어떤 의미인지 잘 알고들 있겠죠? 위의 각 작품에서 통사 구조의 반복은 나타나지 않습니다. 따라서 통사 구조의 반복이 두 작품의 공통점이라는 설명은 적절하지 않습니다.

답 ×

14 5월 예비시행 A형

우는 것이 뻐꾸긴가 푸른 것이 버들숲인가
  이어라 이어라
어촌(漁村) 두어 집이 내* 속에 나락들락
  지국총 지국총 어사와
말갛고 깊은 소(沼)에 온갖 고기 뛰노누나 〈춘(春) 4〉

연잎에 밥 싸 두고 반찬일랑 장만 마라
  닻 들어라 닻 들어라
청약립(青篛笠)은 써 있노라 녹사의(綠蓑衣) 가져오냐
  지국총 지국총 어사와
무심(無心)한 백구(白鷗)는 내 좇는가 제 좇는가 〈하(夏) 2〉

수국(水國)에 가을이 드니 고기마다 살져 있다
  닻 들어라 닻 들어라
만경징파(萬頃澄波)*에 실컷 용여(容與)하자*
  지국총 지국총 어사와
인간(人間)을 돌아보니 멀수록 더욱 좋다 〈추(秋) 2〉

물가에 외로운 솔 혼자 어이 씩씩한고
  배 매어라 배 매어라
머흔* 구름 한(恨)치 마라 세상(世上)을 가리운다
  지국총 지국총 어사와
파랑성(波浪聲)*을 염(厭)치* 마라 진훤(塵喧)*을 막는도다 〈동(冬) 8〉

– 윤선도, 〈어부사시사(漁父四時詞)〉

* **내** : 바닷가에 자주 나타나는 안개와 같은 현상 * **만경징파** : 넓게 펼쳐진 맑은 물결 * **용여하자** : 느긋한 마음으로 여유 있게 놀자
* **머흔** : 험하고 사나운 * **파랑성** : 물결 소리 * **염치** : 싫어하지 * **진훤** : 속세의 시끄러움

위 작품에 대한 설명으로 다음이 적절한가?

음보를 규칙적으로 사용하여 리듬감을 형성하고 있다. (○ | ×)

문제 풀이 이 작품은 '우는 것이 / 뻐꾸긴가 / 푸른 것이 / 버들숲인가', '물가에 / 외로운 솔 / 혼자 어이 / 씩씩한고'와 같이 4음보의 운율을 보여 주고 있습니다. **답** ○

002 이미지(심상)

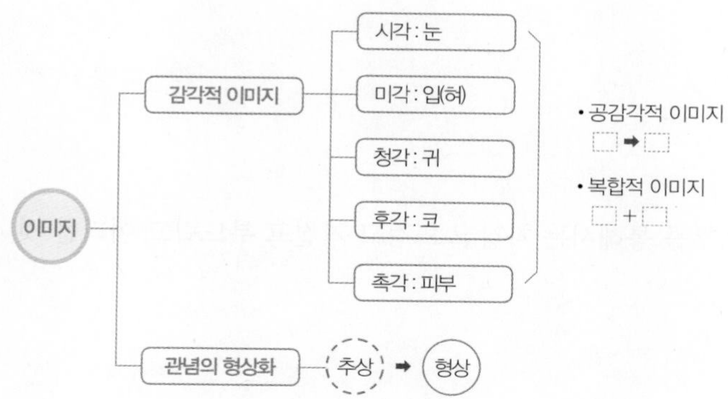

1. 감각적 이미지

이미지(심상)는 국어 교과에서 중요하게 다루는 개념입니다. 수능 국어영역에서도 비중 있게 출제되고 있습니다. 따라서 개념을 확실하게 이해하고 작품에서 확인할 수 있어야 합니다. 특히 공감각적 이미지가 만들어지는 원리를 알고 '○○의 ○○화'와 같은 적용 형태를 관찰할 수 있도록 합니다.

1 시각적 이미지 ★★

눈을 통해 느끼는 감각입니다. 모양이라든지 색깔 등을 나타내는 것이 이에 해당합니다.

구름은 / 보랏빛 색지 위에 / 마구 칠한 한 다발 장미

– 김광균, 〈데생〉

2 미각적 이미지 ★★

혀를 통해 느끼는 감각입니다. 쓰다든지 맵다든지 달콤하다든지 등 맛과 관련되어 있는 것이 이에 해당합니다.

어린 시절에 불던 풀피리 소리 아니 나고 / 메마른 입술이 쓰디쓰다.

– 정지용, 〈고향〉

3 청각적 이미지 ★★

귀를 통해 느끼는 감각입니다. 귀를 통해서 무슨 감각을 느끼죠? 그렇죠. 소리를 듣습니다.

뜰에는 반짝이는 금모래 빛 / 뒷문 밖에는 갈잎의 노래

– 김소월, 〈엄마야 누나야〉

4 후각적 이미지 ★★

코를 통해 느끼는 감각입니다. 코를 통해서는 냄새(향기)를 맡습니다.

꽃 피는 사월이면 진달래 향기,
밀 익는 오월이면 보리 내음새 — 김동환, 〈산 너머 남촌에는〉

5 촉각적 이미지 ★★

피부를 통해 느끼는 감각입니다. 피부를 통해서는 차갑고 뜨겁고 거칠고 부드럽고 이러한 것들을 느낄 수 있습니다.

내 볼에 와 닿던 네 입술의 뜨거움 — 신경림, 〈가난한 사랑 노래〉

6 공감각적 이미지와 복합적 이미지 ★★★

공감각적 이미지는 어떤 감각이 다른 감각으로 전이되어 표현된 이미지입니다. 특히 감각이 '전이'되었다는 점에 주의해야 합니다(□ ➡ □). '전이되지 않은 것'은 단순한 덧셈의 개념으로 '복합적 이미지'라고 합니다(□ + □). '전이'되었다는 것이 무엇인지 아래의 예시를 보며 생각해 봅시다.

분수처럼 흩어지는 푸른 종소리 — 김광균, 〈외인촌〉

◎ 현실에 존재하는 것은 '종소리'입니다. '소리'라는 청각적인 감각을 시각적인 감각 – '분수처럼 흩어지는', '푸른' – 으로 표현했습니다. '종소리'라는 청각적인 감각이 시각적 감각으로 전이된 것입니다(청각의 시각화).

나는 향기로운 님의 말소리에 귀먹고 — 한용운, 〈님의 침묵〉

◎ 청각의 후각화

구렁에 물소리가
몸에 감겨 스며드는 — 이태극, 〈삼월은〉

◎ 청각의 촉각화

술 익는 마을마다 타는 저녁놀 — 박목월, 〈나그네〉

◎ 이 경우는 공감각적 이미지로 볼 수 없습니다. 두 가지 감각적 이미지가 '전이'되어 표현된 것이 아니라 단순히 '나열'되어 있기 때문입니다('술 익는 마을' – 후각, '타는 저녁놀' – 시각). 이런 경우를 일컬어 '복합적 이미지'라고 합니다. 하나의 감각이 아니라 복합적인 감각이 있는 이미지이기 때문입니다. 만약 출제자가 이와 관련하여 문제를 낸다면 '전이'의 개념을 물어볼 것입니다. 구체적인 표현들이 전이된 이미지인지 아닌지 구분할 수 있어야 합니다.

2. 관념의 형상화 ★★

문학에서는 내용 – 형식 – 태도를 중요하게 생각합니다. 이를 엮어 주는 개념이 바로 '관념의 형상화'입니다. 대상에 대해 작가가 독창적으로 인식한 것을 언어를 통해 심미적으로 표현한 기법입니다. 사실 추상적 이론으로는 이해하기 어렵고, 개별 작품에서 구체적으로 다루어야 할 부분입니다. 수능 국어영역에서도 중요하게 다루고 있기 때문에 특정 시어가 어떤 감정을 표현하는지, 어떤 의미를 가지고 있는지 파악할 수 있어야 하겠습니다.

'구체화', '구상화', '감각화'라고 하기도 합니다. '관념의 형상화'는 눈에 보이지 않는 추상적인 것, 즉 형체로 나타나 있지 않은 것을 **구체적이고 명확한 형상으로 나타내는 기법**입니다. 추상적 관념이나 정서 등을 비유, 서술, 묘사 등을 통해 독자가 감각적으로 인지할 수 있도록 만드는 것입니다.

부지런한 계절이 피어선 지고
큰 강물이 비로소 길을 열었다.

– 이육사, 〈광야〉

◎ '계절'이라는 추상적인 관념을 '피어선 지고'라 하여 시각적 이미지로 표현하였습니다.

내 마음은 낙엽(落葉)이요,
잠깐 그대의 뜰에 머무르게 하오.
이제 바람이 일면 나는 또 나그네같이, 외로이
그대를 떠나오리다.

– 김동명, 〈내 마음은〉

◎ '마음'이라는 추상적인 관념을 '낙엽'이라 하여 시각적 이미지로 표현하였습니다.

'주관적 변용'과의 구분

많은 학생들이 관념의 형상화를 주관적 변용과 헷갈리고 있습니다. 다음의 작품을 통해서 생각해 봅시다.

茅簷(모첨) 비쵠 히를	초가집 처마에 비친 해를
玉樓(옥루)의 올리고져.	옥루에 올리고 싶구나. – 정철, 〈사미인곡〉

'초가집 처마에 비친 해'를 옥루(의미는 '임이 있는 대궐')에 올리고 싶다는 말입니다. 그러나 사실 따뜻한 햇볕을 그렇게 가져다가 바친다는 것은 불가능합니다. 햇볕은 그렇게 다룰 수 없는 속성을 가지고 있는데, 이러한 속성을 작가가 주관적으로 변용하여 사용하고 있음을 알 수 있습니다.
쉬운 사례를 생각해 보면, '새로 구매한 자동차를 접어서 책상 서랍 속에 넣어 놔야지.'라는 문장이 있다고 합시다. 이것 역시 자동차라는 물건이 접혀서 책상 서랍에 들어갈 수 있는 속성이 아님을 감안하면 주관적 변용이 나타난다고 할 수 있습니다. 여기서의 자동차나 앞서 살펴본 햇볕이 추상적인 것은 아니죠? 이와 대조적으로 관념의 형상화는 '추상적 → 구체적 형상'이라는 개념이기 때문에 차이가 있습니다. 이 차이를 정확하게 이해해야 합니다.

예제 · 01

수행 평가 과제로 장래의 명함을 만들고자 한다. [A]에 들어갈 문구로 〈보기〉의 조건이 모두 충족된 것은?

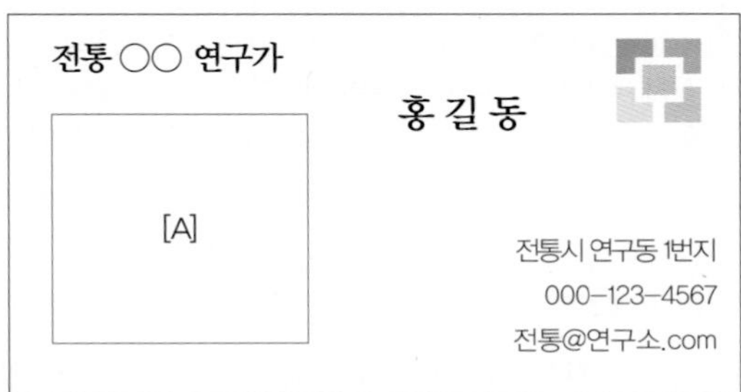

보기

- 전통문화를 언급할 것
- 공감각적 표현을 활용할 것
- 청유형 문장을 사용할 것

① 여기 있습니다, 달콤한 햇살의 속삭임이 머무는 집. 우리의 몸과 마음을 쉬게 합시다.

② 우리 부엌으로 오세요. 진정한 우리의 맛을 느껴봅시다. 고향의 된장 뚝배기가 당신을 기다립니다.

③ 옷이 아닌 멋을 입는다. 저고리, 마고자, 외씨버선, 우리 맵시 찾아 10년. 이제 당신의 것이 됩니다.

④ 가야금 곡조 따라 광한루까지. 춘향의 마음과 어우러지는 옥빛 소리 한 자락, 우리 연구소에서 즐겨봅시다.

⑤ 학을 품은 달 항아리, 자라 모양 청자연적. 둥근 곡선 따라 흐르는 영롱한 빛을 당신의 마음에 새겨드립니다.

문제 풀이

'공감각적 표현'에 주목하여 문제를 풀어 보면, ①에서는 '달콤한 햇살'(→ 시각의 미각화), 또는 '햇살의 속삭임'(→ 시각의 청각화)에, ④에서는 '옥빛 소리'(→ 청각의 시각화)에 주목할 수 있습니다. 그중 ④에서 전통문화를 언급하고 있어 답을 고르기는 어렵지 않습니다.

이제는 수능에 쓰기 문제가 출제되지 않지만, '작품 창작' 활동이 국어 교과에 수록되어 있어 위와 같은 형식의 문제도 충분히 출제될 수 있습니다.

답 ④

까마득한 날에
하늘이 처음 열리고
어디 닭 우는 소리 들렸으랴.

모든 산맥(山脈)들이
바다를 연모(戀慕)해 휘달릴 때에도
차마 이 곳을 범(犯)하던 못하였으리라.

㉮ 끊임없는 광음(光陰)을
부지런한 계절(季節)이 피어선 지고
큰 강물이 비로소 길을 열었다.

지금 눈 내리고
매화 향기(梅花香氣) 홀로 아득하니
내 여기 가난한 노래의 씨를 뿌려라.

다시 천고(千古)의 뒤에
백마(白馬) 타고 오는 초인(超人)이 있어
이 광야(曠野)에서 목놓아 부르게 하리라.

– 이육사, 〈광야〉

윗글의 ㉮와 〈보기〉의 표현상 공통점을 바르게 설명한 것은?

보기

冬至(동지)달 기나긴 밤을 한 허리를 버혀 내여
春風(춘풍) 니불 아레 서리서리 너헛다가
어론님 오신 날 밤이여든 구뷔구뷔 펴리라.

– 황진이

① 중의적인 표현을 사용하고 있다.
② 공감각적 이미지를 사용하고 있다.
③ 자연물에 의탁하여 자신의 정서를 드러내고 있다.
④ 추상적 개념을 구체적 이미지로 변용하여 표현하고 있다.
⑤ 대비적 소재를 활용하여 자신의 심정을 부각시키고 있다.

문제 풀이

지문의 ㉮에서는 '계절'이라는 추상적인 개념을 '피어선 지고'와 같이 꽃이 피고 지는 것처럼 구체적으로 표현하였고, 〈보기〉에서는 '기나긴 밤'으로 표현한 '시간'이라는 추상적인 개념을 마치 실체가 있는 물건처럼 한 허리를 잘라 낸다고 구체적으로 표현하였습니다.

답 ④

예제 · 03 ◎ 00 수능

넓은 벌 동쪽 끝으로
옛 이야기 지줄대는 실개천이 휘돌아 나가고,
얼룩백이 황소가
해설피 **금빛 게으른 울음**을 우는 곳,

— 그 곳이 차마 꿈엔들 잊힐 리야.

질화로에 재가 식어지면
비인 밭에 밤바람 소리 말을 달리고,
엷은 졸음에 겨운 늙으신 아버지가
짚벼개를 돋아 고이시는 곳,

— 그 곳이 차마 꿈엔들 잊힐 리야.

흙에서 자란 내 마음
파아란 하늘 빛이 그리워
함부로 쏜 화살을 찾으러
풀섶 이슬에 함추름 휘적시던 곳,

— 그 곳이 차마 꿈엔들 잊힐 리야.

전설(傳說) 바다에 춤추는 밤물결 같은
검은 귀밑머리 날리는 어린 누이와
아무렇지도 않고 예쁠 것도 없는
사철 발 벗은 아내가
따가운 햇살을 등에 지고 이삭 줍던 곳,

— 그 곳이 차마 꿈엔들 잊힐 리야.

하늘에는 성근 별
알 수도 없는 모래성으로 발을 옮기고,
서리 까마귀 우지짖고 지나가는 초라한 지붕,
흐릿한 불빛에 돌아앉아 도란도란거리는 곳,

— 그 곳이 차마 꿈엔들 잊힐 리야.

– 정지용, 〈향수(鄕愁)〉

위 작품의 표현 중 공감각적 이미지에 해당하는 것은?

① 얼룩백이 황소
② 금빛 게으른 울음
③ 파아란 하늘 빛
④ 검은 귀밑머리
⑤ 흐릿한 불빛

문제풀이

이 작품은 2000학년도 수능 출제 작품이자 주요 교과서에 수록된 작품입니다. 이 작품의 가장 특징적인 표현 기법 중 하나가 공감각적 이미지입니다. '금빛 게으른 울음'이 바로 그것인데, 이는 어떤 공감각적 이미지일까요? 실제 존재하는 것은 '울음'이고 이는 청각적 이미지입니다. 그런데 이 울음이라는 소리를 '금빛'이라 하여 시각적으로 표현했습니다. 따라서 이는 '청각의 시각화'라 할 수 있습니다.

답 ②

003 표현 기법

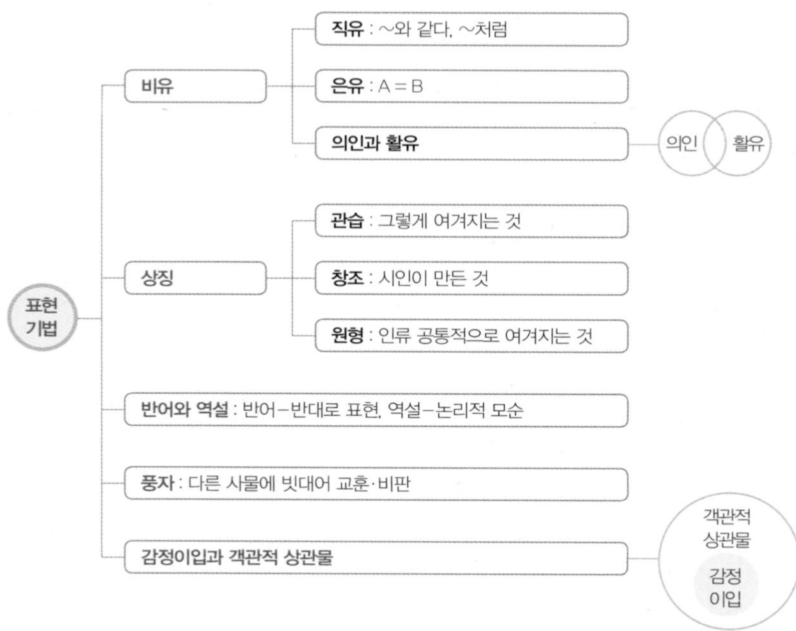

1. 비유

> 독자적인 정답의 요소가 되지는 않는 부분입니다. 그렇지만 아주 기본적인 표현 기법이기 때문에 교과에서 항상 다루고 있습니다. 수능 국어영역에서도 언제나 출제되는 표현 기법입니다.

1 직유 ★

'~같이, ~ 같은, ~처럼, ~인 듯' 등의 표현이 겉으로 드러나게 됩니다. 물론 그렇지 않은 경우도 있겠으나 적어도 수능 시험에서는 이 범위를 벗어나지 않습니다.

바위 <u>같은</u> 사람

2 은유 ★★

흔히 'A = B' 정도로 설명이 됩니다. 직유와 비교해 보면 겉으로 명쾌하게 표현 기법이 드러나지는 않습니다.

내 마음은 호수요
A　　B

3 의인법과 활유법 ★

출제 비중이 높지 않은 개념입니다. 그러나 한 번쯤 개념을 확실히 정리할 필요는 있습니다. 사실 시중 교재에서 정확히 설명하지 못하는 개념들입니다. 의인법과 활유법을 동시에 설명해야 이해하기 쉽습니다.

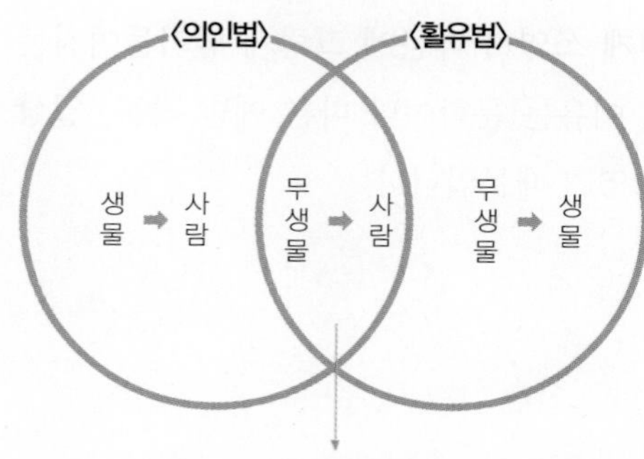

활유법과 의인법이 겹치면 '의인법'으로 보기로 한다.

'의인법'은 사람이 아닌 것을 사람으로 표현하는 비유법이고, '활유법'은 무생물을 생물로 표현하는 비유법입니다. 두 가지 비유법의 교집합으로 '무생물을 사람으로 표현한 비유법'이 문제인데, 이는 의인법으로 봅니다.

왜 그럴까요? 무생물을 굳이 사람처럼 비유한 이유는 사람만이 할 수 있는 무엇인가를 표현하고 싶기 때문입니다. 가령 '지우개가 웃는다', '지우개가 주인을 그리워한다'에서 웃고 그리워하는 행동들은 사람만이 할 수 있는 것입니다. 이는 무생물을 생물, 그중에서도 '사람'으로 비유한 것이므로 의인법으로 봅니다. 시험장에서는 이러한 '인격적 속성'의 존재 여부를 통해 의인법인지 판단하면 됩니다.

돌담에 속삭이는 햇발같이
풀 아래 웃음 짓는 샘물같이

– 김영랑, 〈돌담에 속삭이는 햇발〉

◎ 의인법

마음도 얼어붙는 겨울이 소리도 없이 다가오면

◎ 활유법

2. 상징

비유와 마찬가지로 독자적으로 정답이 되지 못하는 부분입니다. 그렇지만 아주 기본적인 기법이기 때문에 교과에서 다루고 있습니다. 수능 국어영역에서도 여러 번 출제된 개념입니다.
창조적 상징과 같은 경우는 미리 공부하지 않으면 헷갈릴 여지가 있습니다. 평소 작품 공부를 통해서 대표적인 작품에 나타나는 창조적 상징을 공부할 필요가 있습니다.

1 관습적 상징 ★

문화적 전통이나 사회적 관습 속에서 오랫동안 그렇게 쓰였기 때문에 그렇게 받아들여지는 상징입니다. 대나무나 국화를 보고 절개를 떠올리는 이유는 문학이나 다른 예술 작품, 일상생활 등 우리의 문화 속에서 오랫동안 그런 의미로 쓰였기 때문입니다.

이 차가운 전쟁터에 비둘기가 오기를 소망한다.

◎ '비둘기'는 오래 전부터 '평화'의 상징으로 여겨지고 있습니다.

2 창조적 상징 ★★

시인이 작품 속에서 독자적으로 만들어 낸 상징입니다. 문학적 상징, 개인적 상징이라고도 합니다.

창조적 상징은 관습적 상징과 비교해서 공부해야 합니다. 가령 '흰 눈'이라고 하면, 관습적으로는 맑고 깨끗한 긍정적인 경우에 쓰이나, 특정 작품 안에서는 부정적으로 쓰일 수도 있습니다. 따라서 작품 속에서 문맥적으로 의미를 판단해야 합니다.

모란이 피기까지는 / 나는 아직 나의 봄을 기다리고 있을 테요. – 김영랑, 〈모란이 피기까지는〉

◎ 시인은 '모란'이라는 상징을 '자신의 소망이 성취되는 어떤 아름다운 상태' 정도로 나타내고 있는데, 관습적으로 '모란'이 그런 의미를 가지는 것은 아닙니다.

이제 와 위대한 적막을 지킴으로써
쌓이는 눈더미 앞에 / 나의 마음은 어둠이노라. – 고은, 〈눈길〉

◎ 이 작품에서 '어둠'은 떠돌고 방황하던 지난날을 보내고 맞이하는 조용하고 평화로운 상태를 상징합니다. 관습적으로 어둠은 부정적인 의미이나 이 작품에서는 창조적 상징으로 긍정적인 의미를 가집니다.

3 원형적 상징 ★★

인류 공통적으로 가진 어떤 이미지입니다. 관습적 상징과 비교해 보면 그게 그거라고 생각할 수도 있습니다. 가령 창조 신화 등에서 공통적으로 비슷한 이미지를 보이고 있어 예전부터 인류 모두 그렇게 여겼으리라 보는 상징입니다.

해야, 고운 해야, 해야 솟아라. 꿈이 아니라도 너를 만나면, 꽃도 새도 짐승도 한자리 앉아, 워어이 워어이 모두 불러 한자리 앉아, 애띠고 고운 날을 누려 보리라. – 박두진 〈해〉

◎ '해'는 '희망'을 의미하는 원형적 상징입니다.

3. 반어와 역설

최근 수능에서 구체적으로 출제되지 않고 있는 개념입니다. 그러나 선택지를 구성하는 경우가 많으니 정확한 판단을 위해 당연히 알아야 하는 개념입니다.

1 반어(irony) ★

표현하고자 하는 바를 오히려 반대로 표현하는 방법입니다. 가령 일상생활에서 잘못을 한 사람에게 '잘~했다'라고 말하는 예를 생각해 볼 수 있습니다. 실제로 잘했다는 의미가 아니라 못했다는 의미를 반대로 말한 표현입니다. 이러한 반어법을 이용하면 못했다는 의미를 더욱 강조할 수 있습니다. 다만 표면적으로 반어적 표현은 논리적인 오류 없이 맞게 쓰였기 때문에 정말 잘해서 잘했다 말한 것으로 착각할 수 있습니다. 문맥적으로 판단해야 할 문제입니다.

나 보기가 역겨워 / 가실 때에는 / 죽어도 아니 눈물 흘리오리다. – 김소월 〈진달래꽃〉

2 역설(paradox) ★

표면적으로 볼 때 논리적 모순을 지니고 있는 표현으로서, 이 부분에서 반어법과 차이가 있습니다. 오히려 논리적으로 맞게 쓰였을 때보다 더 극적인 표현이 가능합니다. 가령 흔히 알고 있는 '소리 없는 아우성'을 생각해 봅시다. '아우성'이라는 것은 시끄럽게 소리가 나는 상태를 뜻하는데 '소리가 없다'는 속성은 논리적으로 타당하지 않습니다. 즉, 소리가 없다는 속성을 아우성에 붙여 놓는 것은 모순된 표현입니다. 그렇지만 오히려 이러한 역설적인 표현을 통해 간절하게 무언가를 바라는 마음을 더욱 잘 드러내고 있습니다.

괴로웠던 사나이 / 행복한 예수 그리스도에게 / 처럼 – 윤동주, 〈십자가〉

4. 풍자 ★

현대 문학보다는 고전 문학에서 주로 출제되고 있습니다. 골계미, 해학미라고 하여 선택지로 출제되고는 하니 그런 차원에서 알아 두면 됩니다.

어떤 대상을 다른 것에 빗대어서 우회적으로 표현하는 것을 말합니다. 다소 우스꽝스러운 방식으로 이루어지고는 하는데, 이를 통해 비판적이고 교훈적인 의미를 전달하는 경우가 많습니다. 가령 〈동물 농장〉이라는 소설에는 동물만 등장하는데, 동물들의 모습을 통해 결국 인간 사회를 풍자하고 있습니다. 참고로 간혹 학생들 질문이 있어, 골계나 해학에 대해 조금 구체적으로 확인하면 "골계는 익살을 부리는 가운데 어떤 교훈을 주는 일이고 해학은 익살스럽고도 품위가 있는 말이나 행동을 뜻하는 말로, 궁극적으로 교훈을 주느냐에 따라 구별되는 것"이라는 국립국어원의 온라인 답변도 찾아볼 수 있었습니다(2017. 11. 2. 답변 중). 다만 위 설명 역시 '~보입니다.'로 정리하는데 수학 공식처럼 정립된 개념이 아니라는 것도 알 수 있습니다. 풍자, 골계, 해학이 거의 비슷한 차원으로 사용이 되고 있다는 점 정도만 알아 두면 충분합니다. 산문 문학을 다룬 이 교재 414쪽에서 이에 대해 더 자세히 설명하고자 합니다.

5. 감정이입과 객관적 상관물 ★★

예전이나 지금이나 지속적으로 출제되고 있는 개념입니다. 최근 출제된 내용을 보면 '자연물에 감정을 옮겨 화자의 정서를 드러냄', '자연물을 매개로 그리움의 정서 환기'와 같은 형식으로 제시되고 있습니다.

객관적 상관물은 시적 화자의 감정 표현을 돕는 대상입니다. 그렇지만 감정이입은 어떤 대상이 시적 화자의 감정 표현을 도울 뿐 아니라 시적 화자와 등가적 관계를 맺고 있는 경우에 사용합니다. 등가적 관계라는 것은 어떤 대상과 시적 화자의 감정의 속성이 같다는 의미입니다.

내 마음은 무너지는데 너는 이런 나도 모르고 웃고만 있구나.

◎ '나'의 슬픈 감정은 '너'의 즐거운 모습과 대비되어 더욱 비참해집니다. → 객관적 상관물

울적한 마음에 하늘을 보니 저기 저 새들도 슬피 울며 날아가네.

◎ 새들이야 슬퍼서 우는 게 아님에도 슬픈 '나'의 감정을 새에게 이입함으로써 새들도 슬프게 운다고 표현하였습니다. → 감정이입

그림을 통해서 쉽게 생각할 수 있습니다. 어떤 대상이 단순히 감정 표현을 돕기만 하면 '객관적 상관물'이고, '나'의 감정과 같으면 '감정이입'입니다.

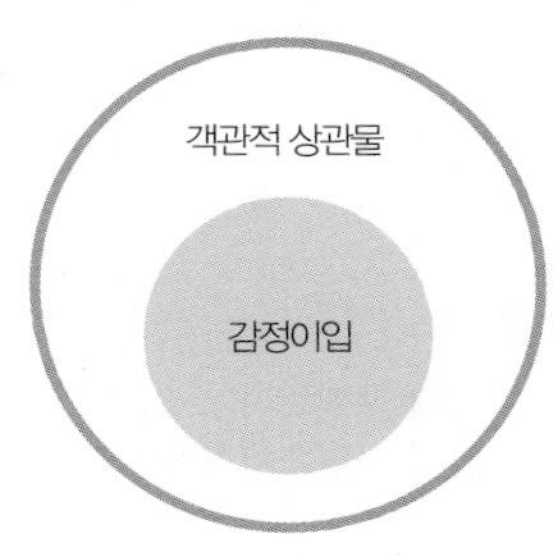

6. 기타

이제까지 다룬 개념 중 빠진 것들을 몇 가지 보충하고자 합니다. 다만 이 개념들이 문제 중 핵심 요소가 되어 정답이 되거나 하지는 않을 것입니다.

1 영탄법 ★

대개 '오', '아', '아아', '아이구' 등의 감탄사를 사용합니다. 마지막은 '싶어라', '이름이여!', '누구인가'와 같은 형식으로 끝나는 경우가 많습니다. 꼭 감탄사가 없어도 됩니다. 표현의 방식보다는 '화자의 감정이 고조되었느냐'가 더 핵심적인 요소입니다. 그런데 내용상 '감정'을 판단하기는 어려운 일입니다. 따라서 실제 문제로 나오면 겉보기에 형식적으로 영탄법이 드러나는 편입니다.

이러한 영탄법은 화자의 감정을 직설적으로 강하게 드러내는 효과가 있습니다. 가령, '영탄법을 사용하여 화자의 고조된 감정을 나타낸다.'(2013학년도 수능)와 같은 선택지 구성이 가능합니다.

산산이 부서진 이름이여!

– 김소월, 〈초혼〉

2 설의법 ★

설의법은 앞에서 살펴본 영탄법과 겉보기에 비슷합니다. 두 표현 기법을 비교해서 이해하면 좀 더 정확하게 설의법을 이해할 수 있습니다. 영탄법은 '화자의 고조된 감정'을 표현하는 기법이지만, 설의법은 '알면서도 괜히 한 번 물어보는' 형식으로서 심심한 표현을 피하고 화자의 정서를 강조하는 기법입니다. 의문문 형식이지만 실제 무엇을 물어보고 싶은 것이 아니라 이미 결론이 나와 있는데 의문문 형식만 취하는 방식입니다. 가령 아래와 같이 '꿈에서도 잊히지 않는다'는 감정을 설의법으로 표현할 수 있습니다.

그 곳이 차마 꿈엔들 잊힐 리야.

– 정지용, 〈향수〉

3 도치법 ★

도치법은 말의 순서를 바꿔 어떤 의미를 강조하는 방법입니다. 선택지에서는 '어순의 도치를 통해 시적 의미를 강조하고 있다.'와 같은 형식으로 나타나게 됩니다. 말의 순서를 바꿨는지 여부만 확인하면 될 것입니다.

나는 지으리, 나의 집을.

– 김소월, 〈나의 집〉

4 자조/냉소 ★

어떤 기법이라기보다는 자기 자신을 비웃거나 남을 비웃는 것을 가리킵니다. 혹시 단어 뜻을 몰라서 틀릴까 봐 다루어 봅니다.

그대는 반짝거리면서 하늘 아래에서
간간이 / 자유를 말하는데
우스워라 나의 영은 죽어 있는 것이 아니냐

– 김수영, 〈사령〉

5 시적 허용 ★★

문장 자체로 보면 문법적으로 오류가 있는 경우입니다. 그러나 시 안에서는 특별한 감정을 드러내거나 어떤 감각적인 효과를 위해서 일부러 문법에 맞지 않는 언어를 사용하는 경우가 있습니다.

아이야 우리 식탁엔 은쟁반에
하이얀 모시 수건을 마련해 두렴

– 이육사, 〈청포도〉

6 대구법 ★

비슷하거나 동일한 문장 구조를 짝을 맞춰서 붙여 놓는 기법입니다. 주로 형식적인 측면에서 부각됩니다. 앞에서 배운 통사 구조의 반복과 다른 점을 알고 넘어가야 합니다. 대구법은 비슷한 통사 구조가 '나란히' 붙어서 나와야 합니다. 통사 구조의 반복은 두 문장이 바로 붙어 있지 않아도 되는 점에서 차이가 있습니다. 아래 김영랑의 작품에는 대구법이 쓰였다고 할 수 있습니다. 이와 비교하여 한용운의 작품을 보면 각 연의 1, 3행에서는 '님이여, ~'와 같이, 2행에서는 '~소서'와 같이 통사 구조를 반복하고 있으나, 이를 대구법이라고 할 수는 없습니다.

돌담에 속삭이는 햇발같이
풀 아래 웃음 짓는 샘물같이

– 김영랑, 〈돌담에 속삭이는 햇발〉

님이여, 당신은 백 번이나 단련한 금(金)결입니다.
뽕나무 뿌리가 산호(珊瑚)가 되도록 천국의 사랑을 받읍소서.
님이여, 사랑이여, 아침 별의 첫 걸음이여.

님이여, 당신은 의(義)가 무거웁고 황금이 가벼운 것을 잘 아십니다.
거지의 거친 밭에 복(福)의 씨를 뿌리옵소서.
님이여, 사랑이여, 옛 오동(梧桐)의 숨은 소리여.

님이여, 당신은 봄과 광명(光明)과 평화(平和)를 좋아하십니다.
약자(弱者)의 가슴에 눈물을 뿌리는 자비(慈悲)의 보살이 되옵소서.
님이여, 사랑이여, 얼음 바다에 봄바람이여.

– 한용운, 〈찬송〉

예제 • 01

◎ 21 9월 평가원모의

…… 활자(活字)는 반짝거리면서 하늘 아래에서
간간이 / 자유를 말하는데
나의 영(靈)은 죽어 있는 것이 아니냐

벗이여
그대의 말을 고개 숙이고 듣는 것이
그대는 마음에 들지 않겠지 / 마음에 들지 않아라

모두 다 마음에 들지 않아라
이 황혼도 저 돌벽 아래 잡초도
담장의 푸른 페인트빛도 / 저 고요함도 이 고요함도

그대의 정의도 우리들의 섬세도
행동이 죽음에서 나오는 / 이 욕된 교외에서는
어제도 오늘도 내일도 마음에 들지 않아라

그대는 반짝거리면서 하늘 아래에서
간간이 / 자유를 말하는데
우스워라 나의 영(靈)은 죽어 있는 것이 아니냐

– 김수영, 〈사령(死靈)〉

위 작품에 대한 이해로 가장 적절한 것은?

① 시간적 표현을 열거하여, 시대에 대한 화자의 인식 변화를 드러낸다.
② 대상에 대한 호칭을 전환하여, 시적 대상에 대한 화자의 경외감을 표현한다.
③ 원근을 나타내는 지시어를 사용하여, 화자의 시선에 포착된 대상의 움직임을 표현한다.
④ 물음의 형식으로 종결하여, 시적 대상에 대한 화자의 깨달음이 부정되고 있음을 나타낸다.
⑤ 동일한 구절을 반복하여, 시적 상황에 대한 화자의 부정적 정서가 심화되는 과정을 드러낸다.

문제 풀이

이런 유형의 문제는 선택지가 '표현 기법+효과'로 구성됩니다. 표현 기법을 먼저 검토하고 효과를 확인해야 됩니다.

우선 동일한 구절이 반복되는지 확인해야 합니다. 작품에서 '나의 영(靈)은 죽어 있는 것이 아니냐', '마음에 들지 않아라' 등의 구절이 반복됩니다. 이러한 표현을 통해 시적 화자가 상황을 부정적으로 파악하고 있음을 알 수 있고, 작품의 처음과 끝에 같은 구절을 반복하며 부정적 정서가 심화되는 과정을 드러냅니다. 그런데 심화된다는 표현을 어떻게 이해해야 될까요? 정도가 심해지고 좀 더 강조, 강화한다는 느낌으로 이해하면 됩니다.

표현 기법에 대해 공부하고 있으니 나머지 선택지도 그 부분을 확인해 봅시다.

① '어제도 오늘도 내일도'에 시간적 표현이 열거되어 있습니다.

② '벗'을 '그대'라고 부름으로써 호칭을 전환하고 있습니다.

③ '이 황혼도 저 돌벽 아래 잡초도'와 같은 표현에서 원근을 나타내는 지시어를 사용하고 있습니다.

④ '우스워라 나의 영(靈)은 죽어 있는 것이 아니냐'고 하여 물음의 형식으로 종결합니다.

표현 기법은 적절한데 각 오답 선택지는 효과가 적절하지 않아 답이 되지 못합니다. **답** ⑤

예제 • 02 ◎ 19 6월 평가원모의

㉮ 산과 산이 마주 향하고 믿음이 없는 얼굴과 얼굴이 마주 향한 항시 어두움 속에서 꼭 한 번은 천동 같은 화산이 일어날 것을 알면서 요런 자세로 꽃이 되어야 쓰는가.

저어 서로 응시하는 쌀쌀한 풍경. 아름다운 풍토는 이미 고구려 같은 정신도 신라 같은 이야기도 없는가. 별들이 차지한 하늘은 끝끝내 하나인데 …… 우리 무엇에 불안한 얼굴의 의미는 여기에 있었던가.

모든 유혈(流血)은 꿈같이 가고 지금도 나무 하나 안심하고 서 있지 못할 광장. 아직도 정맥은 끊어진 채 휴식인가 야위어 가는 이야기뿐인가.

언제 한 번은 불고야 말 독사의 혀같이 징그러운 바람이여. 너도 이미 아는 모진 겨우살이를 또 한 번 겪으라는가 아무런 죄도 없이 피어난 꽃은 시방의 자리에서 얼마를 더 살아야 하는가 아름다운 길은 이뿐인가.

산과 산이 마주 향하고 믿음이 없는 얼굴과 얼굴이 마주 향한 항시 어두움 속에서 꼭 한 번은 천동 같은 화산이 일어날 것을 알면서 요런 자세로 꽃이 되어야 쓰는가.

– 박봉우, 〈휴전선〉

㉯ 득음은 못하고, 그저 시골장이나 떠돌던
소리꾼이 있었다, 신명 한 가락에
막걸리 한 사발이면 그만이던 흰 두루마기의 그 사내
꿈속에서도 폭포 물줄기로 내리치는

한 대목 절창을 찾아 떠돌더니
오늘은, 왁새* 울음 되어 우항산 솔밭을 다 적시고
우포늪 둔치, 그 눈부신 봄빛 위에 자운영 꽃불 질러 놓는다
살아서는 근본마저 알 길 없던 혈혈단신
텁텁한 얼굴에 달빛 같은 슬픔이 엉켜 수염을 흔들곤 했다
늙은 고수라도 만나면
어깨 들썩 산 하나를 흔들었다
필생 동안 그가 찾아 헤맸던 소리가
적막한 늪 뒷산 솔바람 맑은 가락 속에 있었던가
소목 장재 토평마을 양파들이 시퍼런 물살 몰아칠 때
일제히 깃을 치며 동편제* 넘어가는
저 왁새들
완창 한 판 잘 끝냈다고 하늘 선회하는
그 소리꾼 영혼의 심연이
우포늪 꽃잔치를 자지러지도록 무르익힌다

– 배한봉, 〈우포늪 왁새〉

* **왁새** : 왜가리의 별명. * **동편제** : 판소리의 한 유파.

가, 나에 대한 설명으로 적절하지 않은 것은?

① 가는 설의적 표현으로 현실에 대한 화자의 안타까움을 드러내고 있다.
② 나는 청각의 시각화를 통해 소재의 생동감을 부각하고 있다.
③ 가는 시간의 흐름에 따라, 나는 시선의 이동에 따라 시상을 전개하고 있다.
④ 가는 동일한 시구를 반복하여, 나는 인물에 대한 이야기를 활용하여 주제 의식을 강조하고 있다.
⑤ 가와 나는 모두 화자의 인식을 자연물에 투영하여 시적 정서를 환기하고 있다.

전형적인 시의 표현 기법에 대한 문제입니다. 개념을 정확히 이해하고 있지 않으면 답을 고르기 어렵습니다. 가에 시간의 흐름이 드러나 있지 않고, 나에 시선의 이동이 드러나 있지 않아 ③이 답이 됩니다.

① 설의적 표현에 대해 정확히 알고 있어야 합니다. 의문문의 형식이지만 실제 물어보고자 하는 의미는 아닌 표현이죠? 가령 가의 '요런 자세로 꽃이 되어야 쓰는가.'는 의문문이지만 실제 물어보고자 하는 의미를 지닌 것이 아니라 이런 자세로 꽃이 되면 안 된다는 의미를 지닌 표현입니다.

② 공감각적 심상, 특히 '전이'에 대해 정확히 이해하고 있어야 해결할 수 있습니다. 나에 소리꾼이 등장하며 실제 존재하는 것은 '절창'과 같은 소리꾼의 소리입니다. 그런데 이 소리는 '폭포 물줄기로 내리치는'이라며 시각적으로 전이되어 표현되고 있습니다.

④ 가에는 '산과 산이 마주 향하고 ~ 요런 자세로 꽃이 되어야 쓰는가.'가 반복되고 있습니다. 그리고 나에는 소리꾼이라는 한 인물이 등장합니다.

⑤ 가에서는 '화산', '꽃', '바람' 등이, 나에서는 '왁새'가 그러한 자연물입니다. **답 ③**

○ 11 6월 평가원모의

예제 • 03

가 어두운 방안엔
빠알간 숯불이 피고,

외로이 늙으신 할머니가
애처로이 잦아드는 어린 목숨을 지키고 계시었다.

이윽고 눈 속을
아버지가 약을 가지고 돌아오시었다.

아 아버지가 눈을 헤치고 따오신
그 붉은 산수유 열매 ──

나는 한 마리 어린 짐생,
젊은 아버지의 서느런 옷자락에
열로 상기한 볼을 말없이 부비는 것이었다.

이따금 뒷문을 눈이 치고 있었다.
그날 밤이 어쩌면 성탄제의 밤이었을지도 모른다.

어느새 나도
그때의 아버지만큼 나이를 먹었다.

옛것이라곤 찾아볼 길 없는
성탄제 가까운 도시에는
이제 반가운 그 옛날의 것이 내리는데,

서러운 서른 살 나의 이마에
불현듯 아버지의 서느런 옷자락을 느끼는 것은,

눈 속에 따오신 산수유 붉은 알알이
아직도 내 혈액 속에 녹아흐르는 까닭일까.

– 김종길, 〈성탄제(聖誕祭)〉

나 아직 서해엔 가보지 않았습니다
어쩌면 당신이 거기 계실지 모르겠기에

그곳 바다인들 여느 바다와 다를까요
검은 개펄에 작은 게들이 구멍 속을 들락거리고
언제나 바다는 멀리서 진펄에 몸을 뒤척이겠지요

당신이 계실 자리를 위해
가보지 않은 곳을 남겨두어야 할까봅니다
내 다 가보면 당신 계실 곳이 남지 않을 것이기에

내 가보지 않은 한쪽 바다는
늘 마음속에서나 파도치고 있습니다

– 이성복, 〈서해〉

두 작품의 공통점으로 적절한 것은?

① 대구의 방식을 활용하여 리듬감을 주고 있다.
② 사물에 인격을 부여해 시적 정서를 드러내고 있다.
③ 도치의 방식을 활용하여 대상과의 거리를 좁히고 있다.
④ 감각적 심상을 통해 화자의 현재 상황을 나타내고 있다.
⑤ 감탄사를 사용하여 화자의 고조된 감정을 나타내고 있다.

문제 풀이

가에서는 '빠알간 숯불'이라고 하여 시각적 심상을, '서느런 옷자락'이라고 하여 촉각적 심상을 활용하고 있고, '불현듯 아버지의 서느런 옷자락을 느끼는 것은'이라고 하여 현재 화자가 아버지를 그리워하는 상황임을 잘 표현하고 있습니다. 나에서도 '검은 개펄에 작은 게들이 구멍 속을 들락거리고', '늘 마음속에서나 파도치고 있습니다'라고 하여 시각적 심상을 통해 화자의 현재 상황을 나타내고 있습니다.

도치의 방식(③)은 어느 작품, 어떤 부분에서 사용되고 있을까요? 감탄사(⑤)는 또 어디에 있을까요? 국어정보원 홈페이지(followright.com)의 '교재 오류 수정'을 참고해 보세요. 책을 낸 뒤에 오류 등이 발견되는 경우가 있어 수정 사항을 홈페이지에 올려 두고는 합니다. 그런데 많은 학생들이 참고하지 않고 있어 이런 방식으로라도 홈페이지로 유인해 보고자 합니다. 꼭 오류 수정이 아니더라도 각종 연습 문제 등을 올려 두었으니 참고하시기 바랍니다.

답 ④

004 시의 전개 방법

1. 시간적 전개 ★★

시간적 전개를 파악할 때는 '대비적 효과'에 주의해야 합니다. 가령 '과거와 미래를 대비'한다는 선택지가 나오면, 단순히 과거와 미래만 나오는지 아니면 대비적 효과도 있는지 구분할 수 있어야 합니다.

시간적 전개에서는 ① 시간적 전개가 드러나는지 여부와 ② 순서상 순행 – 역행 문제가 가장 많이 출제됩니다. ① 시간의 흐름이 나타났다고 할 수 있으려면 명백한 방식이어야 합니다. 가령 아침에서 낮, 밤으로 이어지든지 계절의 변화가 드러나든지 하는 것입니다(계절 변화는 아래에서 더 자세히 설명하겠습니다.). 많은 학생들이 작품을 읽으면서 당연히 어느 정도의 시간은 흐르니까 이를 두고 시간의 흐름이 나타났다고 착각하는데 잘못된 판단입니다. ② 순서상 순행 – 역행 문제는 시간 순서에 대한 문제입니다. '순행'은 말 그대로 시간 순서를 그대로 따르는 것이고, '역행'은 시간 순서를 거스르는 것입니다. 시간 순서를 거스른다는 것은 현재의 시간이 흐르는 중간에 회상을 한다든지 거꾸로 과거가 제시된다는 의미입니다.

시간의 흐름 중 구체적으로 '계절 변화의 문제'가 있습니다. 1연에서는 봄에 대해 말하고 2연에서는 여름에 대해 말한다든지 하는 것인데, 적어도 복수(2개 이상)의 계절이 나타나야 계절 변화를 보여 준다고 말할 수 있습니다.

까마득한 날에
하늘이 처음 열리고
어디 닭 우는 소리 들렸으랴.

모든 산맥(山脈)들이
바다를 연모(戀慕)해 휘달릴 때에도 — 과거
차마 이곳을 범(犯)하던 못하였으리라.

끊임없는 광음(光陰)을
부지런한 계절(季節)이 피어선 지고
큰 강물이 비로소 길을 열었다.

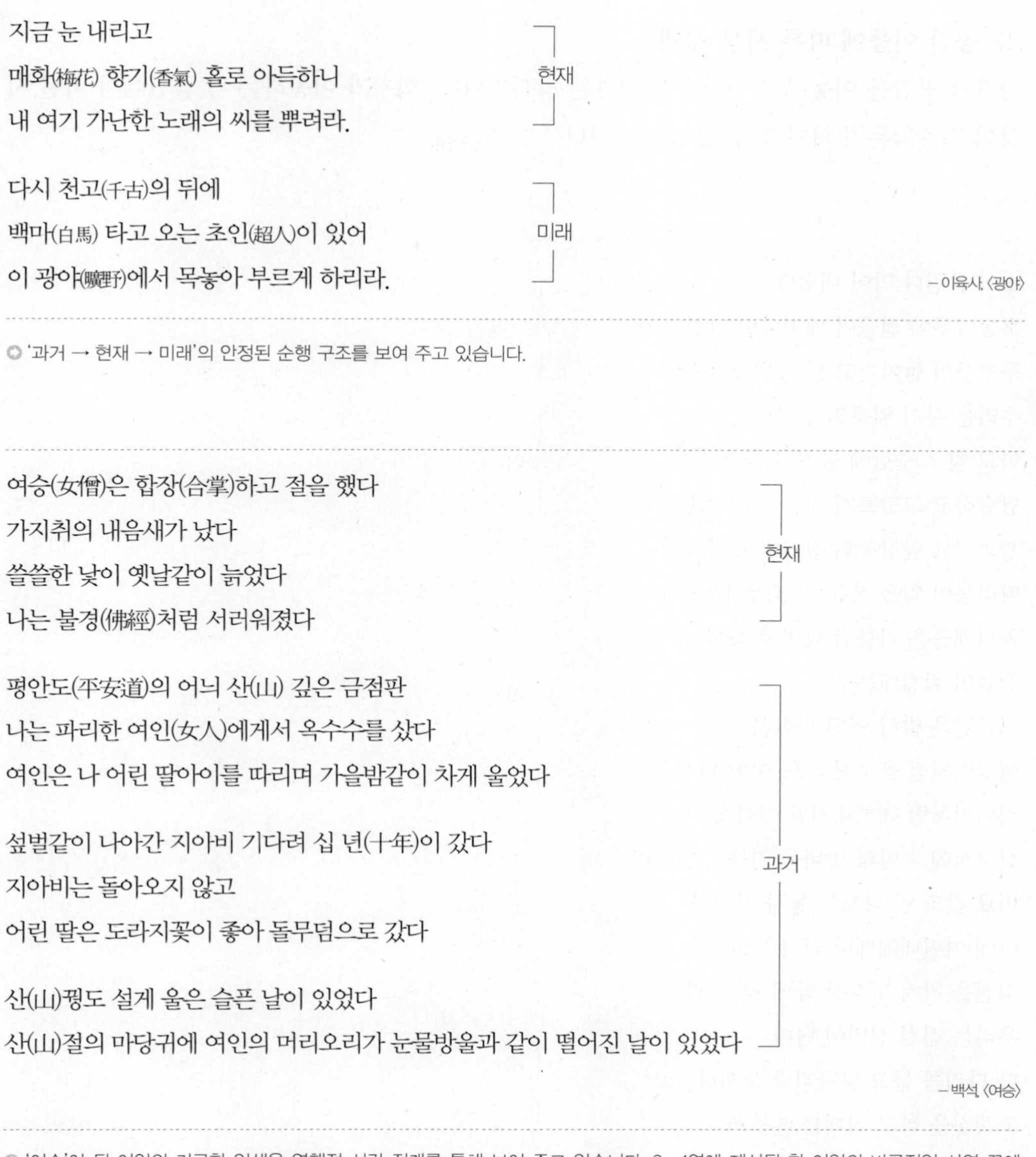

'과거 → 현재 → 미래'의 안정된 순행 구조를 보여 주고 있습니다.

'여승'이 된 여인의 기구한 인생을 역행적 시간 전개를 통해 보여 주고 있습니다. 2~4연에 제시된 한 여인의 비극적인 사연 끝에 '머리오리'가 떨어졌다는 것에서 여인이 승려가 되었음을 알 수 있습니다. 이 승려가 1연의 '여승'임을 고려하면 2~4연의 내용이 과거의 사건임을 확인할 수 있습니다.

2. '공간' 또는 '시선'의 이동에 따른 전개 ★★

수능에서는 특히 공간 이동에 따른 대비적 효과를 물어보는 경우가 있었으므로 이 부분에 주의하여야 합니다.

(1) 공간 이동에 따른 시상 전개

화자가 공간을 이동하며 시상을 전개하는 방식입니다. 화자가 이동하는 각 공간에서 어떤 시상이 전개되는지 파악할 수 있어야 합니다.

징이 울린다 막이 내렸다
오동나무에 전등이 매어달린 가설 무대
구경꾼이 돌아가고 난 텅빈 운동장
→ 학교 운동장

우리는 분이 얼룩진 얼굴로
학교 앞 소줏집에 몰려 술을 마신다
답답하고 고달프게 사는 것이 원통하다
→ 소줏집

꽹과리를 앞장세워 장거리로 나서면
따라붙어 악을 쓰는 건 쪼무래기들뿐
처녀애들은 기름집 담벽에 붙어 서서
철없이 킬킬대는구나
보름달은 밝아 어떤 녀석은
꺽정이처럼 울부짖고 또 어떤 녀석은
서림이처럼 해해대지만 이까짓
산구석에 처박혀 발버둥 친들 무엇하랴
→ 장거리

비료 값도 안 나오는 농사 따위야
아예 여편네에게나 맡겨 두고
쇠전을 거쳐 도수장 앞에 와 돌 때
우리는 점점 신명이 난다
한 다리를 들고 날나리를 불꺼나
고갯짓을 하고 어깨를 흔들꺼나
→ 쇠전 및 도수장

– 신경림, 〈농무〉

---

(2) 시선 이동에 따른 시상 전개

1 거리(원경 ↔ 근경)와 상하(위 ↔ 아래)

'원경'은 멀리 있는 경치이고 '근경'은 가까이 보이는 경치입니다. 간혹 이게 헷갈리고는 하는데, '근경'에서 '근(近)'이 '부근, 근처' 할 때 사용되는 '근'이기 때문에 가깝다고 알아 놓으면 헷갈리지 않겠죠? '상하(上下)'는 말 그대로 위에서 아래로 시상을 전개하거나 아래에서 위로 시상을 전개하는 것입니다. 어렵지 않으니 이런 것도 있구나 하고 확인만 해 놓으면 됩니다.

산은
구강산(九江山)
보랏빛 석산(石山).

산도화
두어 송이
송이 버는데

봄눈 녹아 흐르는
옥 같은
물에

사슴은
암사슴
발을 씻는다.

원경 / 근경

– 박목월, 〈산도화〉

◎ 처음에는 '산'을 멀리서 바라보다가 2연부터는 구체적인 표현을 통해 가까이에서 대상을 바라보고 있음을 알 수 있습니다.

2 자유로운 시선 이동에 따른 전개

1
향료(香料)를 뿌린 듯 곱다란 노을 위에
전신주 하나하나 기울어지고

먼 — 고가선(高架線) 위에 밤이 켜진다.

2
구름은 보랏빛 색지(色紙) 위에
마구 칠한 한 다발 장미.

목장의 깃발도 능금나무도
부을면 꺼질 듯이 외로운 들길.

– 김광균, 〈데생〉

◎ '노을 → 전신주 → 고가선', '구름 → 목장의 깃발, 능금나무 → 들길'과 같이 시적 화자의 시선에 따라 자유롭게 시상이 전개되고 있습니다.

3. 점층적 전개 ★

중요한 부분은 아닙니다. 다만 참고로 언급하니 확인하고 넘어가는 차원에서 알아 두면 좋겠습니다.

'의미나 정서를 점차 고조시켜 가는 전개 방식'이라고만 이해하면 시험장에서 문제를 풀기 어렵습니다. 수능에서의 점층적 전개는 눈으로 확인할 수 있게 출제됩니다. 어떤 식으로 출제되는지 정확히 배워야 합니다. 먼저 시각적 차원에서 접근해 봅시다.

산에서 바다 / 읍(邑)에서 읍
학원(學園)에서 도시, 도시 너머 궁궐 아래.
봄따라 왁자히 피어나는 / 꽃보래 / 돌팔매, — 신동엽 〈아사녀〉

◎ 단순히 장소를 열거한 것이 아니라 '산, 바다 → 읍 → 학원 → 도시 → 궁궐'로 점층적 전개를 하고 있습니다.

산아, 우뚝 솟은 산아, 철철철 흐르듯 짙푸른 산아 — 박두진 〈해〉

◎ 전개 방법보다는 표현 기법으로서 점층법에 해당하지만 이런 느낌을 시각적으로 파악할 수 있어야 합니다.

의미와 관련한 점층법에 대해서는 구체적으로 어떤 책에서도 다루고 있지 않은 부분입니다. 다만 실제 수능에서는 '점층적 계승'이라 하여 다음과 같이 보여 준 적이 있으니 참고해야 합니다.

◎ 03 수능

〈보기〉의 전개 과정에 따라 시를 완성하려고 한다. 가장 적절한 것은?

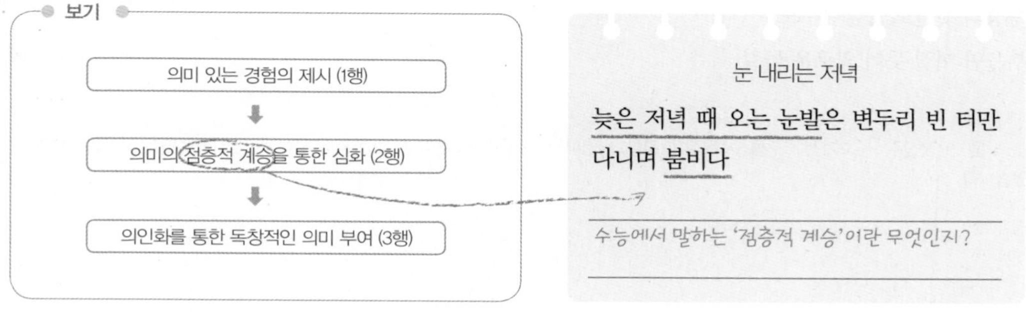

① 늦은 저녁, 내리는 눈발은 집으로 가는 사람들 등 뒤에만 붐비다
   가난한 사람들의 마을을 감싸는 저 따뜻한 손길
② 으스름 저녁, 눈 내리는 공터에 작은 나비들만 나풀거리다
   발끝에 어리는 전학 간 친구 얼굴
③ 으스름 저녁, 인적 없는 운동장에 지친 바람만 서성이다
   늦은 하굣길 기다리다 어루만지는 엄마의 마음
④ 늦은 저녁 때 동네 골목 어귀로 흘러가는 작은 걸음
   저만치 앞서 걸어가는 내 초라한 그림자
⑤ 물결치는 어깨 위로 소복이 내리는 달빛
   그 곁으로 문득 다가와 손 내미는, 내 손 시린 사랑

시를 완성하기 위해서는 〈보기〉의 조건을 만족해야 합니다. 〈보기〉에서 2행의 조건으로 '의미의 점층적 계승을 통한 심화'를 규정합니다. 이 문제를 통해 '의미의 점층적 계승' 역시 시각적인 부분이 충족되어야 답으로 연결될 수 있다는 것을 배울 수 있습니다. 객관식 문제이기 때문에 당연한 결과입니다. 즉, 점층적 계승을 찾으려면 우선 시각적인 부분부터 검토해야 합니다.
①을 보면 '눈발'이 '붐빈다'고 표현하여 의미가 점층적으로 심화되고 있음을 확인할 수 있습니다. 다음으로 〈보기〉에서 3행의 조건을 보면 '의인화를 통한 독창적인 의미 부여'를 해야 한다고 규정합니다. '의인화'라는 표현 기법의 효과가 '독창적인 의미 부여'입니다. 앞에서 배운 대로 기법 + 효과의 구조에서는 기법에 주의하면 됩니다. ①을 보면 '눈발'이 마을을 감싸는 따뜻한 '손길'로 의인화되어 있음을 확인할 수 있습니다.
앞서 언급한 것처럼 쓰기 문제도 더 이상 출제되지 않지만 그 풀이 방식 자체는 교과 과정에서 중요하게 다루고 있어서 이 책에 포함시켰습니다.

답 ①

4. 대립적 전개 ★

대립적 이미지의 시어를 병치해서 전개하는 방식입니다. **'병치'는 두 가지 이상의 것을 나란히 둔다는 말**입니다. 우리는 앞에서 역설을 배웠습니다. 역설은 서로 반대되는 성질의 것을 병치할 때 느낄 수 있습니다. 가령 '불타는 얼음'이라는 표현에서 '불'과 '얼음'은 그 속성이 대립되는 단어입니다. 이를 병치해서 역설적인 효과를 드러내는 것입니다. 현실과 이상이라든지 자연과 인간, 죽음과 삶 등을 병치시켜서 시상을 전개할 수 있겠습니다.

태양을 의논(議論)하는 거룩한 이야기는
항상 태양을 등진 곳에서만 비롯하였다.

달빛이 흡사 비오듯 쏟아지는 밤에도
우리는 헐어진 성(城)터를 헤매이면서
언제 참으로 그 언제 우리 하늘에
오롯한 태양을 모시겠느냐고

가슴을 쥐어뜯으며 이야기하며 이야기하며
가슴을 쥐어뜯지 않았느냐?

그러는 동안에 영영 잃어버린 벗도 있다.
그러는 동안에 멀리 떠나버린 벗도 있다.
그러는 동안에 몸을 팔아버린 벗도 있다.
그러는 동안에 맘을 팔아버린 벗도 있다.

그러는 동안에 드디어 서른여섯 해가 지나갔다.

다시 우러러보는 이 하늘에 / 겨울밤 달이 아직도 차거니
오는 봄엔 분수(噴水)처럼 쏟아지는 태양을 안고
그 어느 언덕 꽃덤불에 아늑히 안겨 보리라.

– 신석정, 〈꽃덤불〉

◎ 이 시에서는 '태양'으로 상징되는 '밝음'과, '달'로 상징되는 '어둠'의 대립적 이미지를 설정하여 시상을 전개하고 있습니다.

5. 선경후정 ★

선경후정(先景後情)이라는 말을 그대로 풀어 보면, 먼저 경치를 묘사하고 뒤에서는 정서를 표현한다는 의미입니다.

새로 거른 막걸리 젖빛처럼 뿌옇고
큰 사발에 보리밥, 높기가 한 자로세.
밥 먹자 도리깨 잡고 마당에 나서니
검게 탄 두 어깨 햇볕 받아 번쩍이네.
응헤야 소리 내며 발 맞추어 두드리니
삽시간에 보리 낟알 온 마당에 가득하네.
주고 받는 노랫가락 점점 높아지는데
보이느니 지붕 위에 보리티끌뿐이로다. (선경)
그 기색 살펴보니 즐겁기 짝이 없어
마음이 몸의 노예 되지 않았네.
낙원이 먼 곳에 있는 게 아닌데
무엇하러 벼슬길에 헤매고 있으리오. (후정)

– 정약용, 〈보리타작〉

◎ 처음에는 농부들의 모습을 충분히 묘사하고, 나중에는 그것을 보고 나서 자신이 느끼는 정서를 표현하고 있습니다.

예제 · 01

징이 울린다 막이 내렸다
오동나무에 전등이 매어달린 가설 무대
구경꾼이 돌아가고 난 텅빈 운동장
우리는 분이 얼룩진 얼굴로 / 학교 앞 소줏집에 몰려 술을 마신다
답답하고 고달프게 사는 것이 원통하다
꽹과리를 앞장세워 장거리로 나서면
따라붙어 악을 쓰는 건 쪼무래기들뿐
처녀애들은 기름집 담벽에 붙어 서서 / 철없이 킬킬대는구나
보름달은 밝아 어떤 녀석은
꺽정이처럼 울부짖고 또 어떤 녀석은
서림이처럼 해해대지만 이까짓
산구석에 처박혀 발버둥 친들 무엇하랴
비료 값도 안 나오는 농사 따위야
아예 여편네에게나 맡겨 두고
쇠전을 거쳐 도수장 앞에 와 돌 때
우리는 점점 신명이 난다
한 다리를 들고 날나리를 불꺼나
고갯짓을 하고 어깨를 흔들꺼나

– 신경림, 〈농무〉

위 작품에 대한 설명으로 다음이 적절한가?

(1) 대구법을 사용하고 있다. (○ | ×)
(2) 시의 전개 방법으로 공간의 이동을 통한 방식을 사용하고 있다. (○ | ×)
(3) 감정을 직접적으로 표출하고 있지 않다. (○ | ×)

이 작품은 주요 교과서에 실린 작품입니다. 출제될 수 있는 부분을 문제로 만들어 봤는데 크게 어렵지는 않았으리라 생각합니다.

(1) 시의 마지막 두 행 '한 다리를 들고 날나리를 불꺼나 / 고갯짓을 하고 어깨를 흔들꺼나'에서 대구법을 사용하여 리듬을 만들어 내고 있습니다.

(2) 시적 화자의 공간 이동을 통해 시상을 전개하고 있습니다. '운동장 → 소줏집 → 장거리 → 쇠전 → 도수장'으로 이동하고 있습니다. 앞에서 배웠던 공간 이동을 벌써 잊어버린 건 아니죠?

(3) '원통하다'라고 하여 직접적으로 감정을 표출하고 있습니다.

답 (1) ○ (2) ○ (3) ×

예제 • 02

어이 못 오던가 무삼 일로 못 오던가

[A] 〈너 오는 길에 무쇠로 성을 쌓고 성 안에 담 쌓고 담 안에 집을 짓고 집 안에 뒤주 놓고 뒤주 안에 궤를 놓고 그 안에 너를 필자형(必字形)으로 결박하여 넣고 쌍배목(雙排目)* 걸쇠에 금거북 자물쇠로 수기수기 잠가 있더냐〉 네 어이 그리 아니 오더냐

한 해도 열두 달이오 한 달 서른 날에 날 와 볼 하루 없으랴

– 작자 미상의 시조

* 쌍배목 : 쌍으로 된 문고리를 거는 쇠

[A]의 시상 전개 방식을 그림으로 표현하였다. 가장 적절한 것은?

① ② ③ ④ ⑤

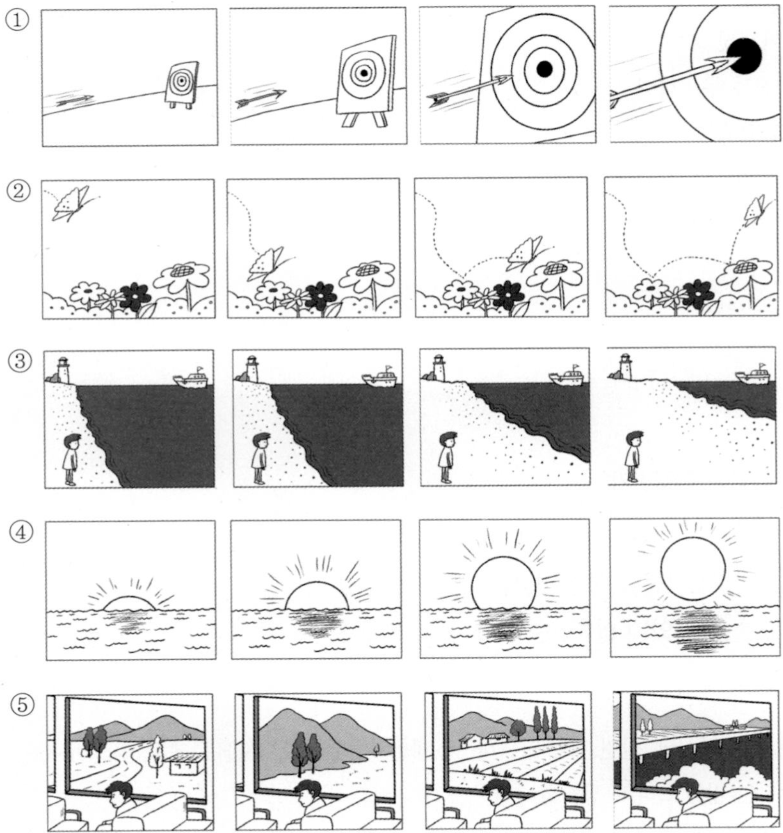

연쇄법과 점층법이 나타나고 있습니다. 연쇄법은 앞 구절의 말을 다음 구절에 연결시켜서 전개하는 방식입니다. 선택지의 그림은 좀 애매한 구석이 있지만 [A]에서 카메라 줌인(zoom in)을 하듯이 가까워지는 효과를 파악한다면 답을 찾기 어렵지 않습니다. **답** ①

㉮ 차디찬 아침 이슬
진준가* 빛나는 못가
연꽃 하나 다복히 피고

소년아 네가 났다니
맑은 넋에 깃들여
박꽃처럼 자랐어라

큰강 목놓아 흘러
여울은 흰 돌쪽마다
소리 석양(夕陽)을 새기고

너는 준마 달리며
죽도(竹刀) 저 곧은 기운을
목숨같이 사랑했거늘

거리를 쫓아다녀도
분수(噴水) 있는 풍경 속에
동상답게 서 봐도 좋다

서풍(西風) 뺨을 스치고
하늘 한가* 구름 뜨는 곳
희고 푸른 즈음을 노래하며

노래 가락은 흔들리고
별들 춥다 얼어붙고
너조차 미친들 어떠랴

– 이육사, 〈소년에게〉

* 진준가 : 진주인가 * 한가 : 가장 끝부분

㉯ 이 중에 시름없으니 어부(漁父)의 생애(生涯)로다
일엽편주(一葉扁舟)를 만경파(萬頃波)에 띄워 두고
인세(人世)를 다 잊었거니 날 가는 줄을 알랴

굽어보면 천심(千尋) 녹수(綠水) 돌아보니 만첩(萬疊) 청산
십장(十丈) 홍진(紅塵)이 얼마나 가렸는고
강호(江湖)에 월백(月白)하거든 더욱 무심(無心)하여라

청하(靑荷)* 에 밥을 싸고 녹류(綠柳)에 고기 꿰어
노적(蘆荻) 화총(花叢)* 에 배 매어 두고
일반(一般) 청의미(淸意味)* 를 어느 분이 아실까

산두(山頭)에 한운(閑雲) 일고 수중에 백구(白鷗) 난다
무심(無心)코 다정한 이 이 두 것이로다
일생에 시름을 잊고 너를 좇아 놀리라

장안(長安)을 돌아보니 북궐(北闕)이 천리(千里)로다
어주(漁舟)에 누어신들 잊은 때가 있으랴
두어라 내 시름 아니라 제세현(濟世賢)* 이 없으랴

– 이현보, 〈어부단가〉

* **청하** : 푸른 연잎 * **노적 화총** : 갈대와 물억새의 덤불
* **일반 청의미** : 자연이 주는 참된 의미 * **제세현** : 나라를 구제할 현명한 선비

가와 나를 비교한 것으로 적절하지 않은 것은?

① 가는 나에 비해 청각적 이미지가 두드러진다.
② 나는 가에 비해 음악적 리듬감이 두드러진다.
③ 나는 가와 달리 대구의 표현이 반복적으로 나타난다.
④ 나는 가와 달리 시간의 흐름에 따라 시상을 전개한다.
⑤ 가와 나 모두 영탄의 어조로 시상을 집약하고 있다.

문제 풀이

나에서는 시간의 흐름에 따라 시상을 전개하고 있지 않습니다. 물론 1초 만에 시를 전개한 것이 아니라면 자연히 느껴지는 시간의 흐름이 있습니다. 그러나 '시간의 흐름에 따라 → 시상을 전개'했다고 말할 수 있으려면 명시적이고 특징적인 전개를 보여야 합니다. 이미 앞서 이론 설명을 할 때에도 언급했듯이 많은 학생들이 시간의 흐름과 관련하여 착각하는 부분입니다. 가령 이 작품에서는 그렇지 않지만, 시간의 흐름에 따라 시상을 전개한다고 말할 수 있으려면 각 수('수'라는 것은 각 연과 대응되는 개념)마다 '1수 → 2수 → 3수' 이렇게 시간이 바뀌는 게 또렷하게 보인다든지 하는 식이 되어야 합니다.

답 ④

005 시어의 **함축성** ★★★×10

가장 중요한 부분입니다. 계속적인 연습을 통해서 완벽하게 준비해야 합니다. 실제 수능 문제에서도 '시어 및 시구에 대한 설명'을 묻는 문제가 큰 비중을 차지하고 있습니다.

수능에서 '시어'와 관련된 문제는 대개 시어의 함축적 의미와 연관되어 있습니다. '별을 노래하는 마음으로 모든 죽어 가는 것을 사랑해야지'에서 '별'의 함축적 의미는 무엇일까요? 사랑? 양심? 진실? 이것들이 다 맞을 수도 있고 아닐 수도 있겠죠. 시어가 어떤 특정한 의미를 함축하고 있다고 단 한 마디로 단정 짓는 것은 어려운 일입니다. 나는 '양심'이라고 생각해도 옆자리 앉은 내 친구는 '진실'로 생각할 수 있습니다. 즉, 시를 감상하는 개인마다 다르게 생각할 수 있다는 말입니다. 따라서 수능 국어영역에서는 시어의 함축적 의미를 구체적으로 자세하게 묻기보다는 큰 범위에서 접근합니다. 다음과 같은 생각의 흐름을 통해 이해해 봅시다.

1 어떤 시어가 함축적인가?

실상 하늘 아래 외톨이로 서 보는 날도 / 하늘만은 함께 있어 주지 않던가 — 김남조, 〈설일〉

○ 앞에 나오는 '하늘'은 단순한 사전적 의미의 하늘이고, 뒤에 나오는 '하늘'은 함축적 의미를 가진 시어입니다.

2 함축적이라면 긍정적인가, 부정적인가?

앞의 사례에서 '하늘'은 긍정적인 의미입니까, 아니면 부정적인 의미입니까? 이는 작품 속 시어에 문맥적으로 접근하여 판단해야 합니다. 앞에서 배웠던 것처럼, 문맥적 접근을 한다는 것은 거칠게 말해 '문제 된 단어 앞뒤를 본다'는 의미입니다. 여기서도 시어 앞뒤를 보면 '하늘'은 화자가 외톨이로 서 보는 날에 함께 있어 주는 존재라는 것을 알 수 있습니다. 부정적인 존재가 함께 있어 주는 것보다는 긍정적인 존재가 함께 있어 준다는 해석이 자연스럽습니다. 앞에서 살펴본 '별을 노래하는 마음으로 모든 죽어 가는 것을 사랑해야지'에서의 '별' 역시 긍정적 의미입니다. 왜냐하면 별을 노래하는 마음으로 사랑한다고 하는데 부정적으로 누군가를 사랑한다는 것은 자연스럽지 않습니다. 긍정적인 의미로 이해해야 자연스럽게 이를 해석할 수 있습니다.

3 수능에 출제된 예외적인 경우까지 알아 두자

시어에 대한 문제는 대개 함축적 시어와 관련하여 긍정적인지 부정적인지를 판단하는 것과 연결되어 있습니다. 그러나 예외적인 경우를 공부해 두어야 변형된 문제가 나와도 당황하지 않을 수 있습니다. 예전 수능에서 앞에 나온 첫 번째 '하늘'과 같이 함축적인 시어가 아니라 '사전적 의미'로 쓰인 단어를 골라내는 문제가 출제된 적이 있습니다.

08 수능

차단—한 등불이 하나 비인 하늘에 걸려 있다
내 호올로 어딜 가라는 ㉠슬픈 신호냐

긴— 여름 해 황망히 나래를 접고
㉡늘어선 고층(高層) 창백한 묘석(墓石)같이 황혼에 젖어
찬란한 야경 무성한 잡초인 양 헝클어진 채
사념(思念) 벙어리 되어 입을 다물다

피부의 바깥에 스미는 어둠 / ㉢낯설은 거리의 아우성 소리
까닭도 없이 눈물겹고나

㉣공허한 군중의 행렬에 섞이어 / 내 어디서 그리 무거운 비애를 지고 왔기에
길—게 늘인 그림자 이다지 어두워

내 어디로 어떻게 가라는 슬픈 신호기
㉤차단—한 등불이 하나 비인 하늘에 걸리어 있다

– 김광균, 〈와사등〉

위 작품의 ㉠~㉤ 중, 〈보기〉의 밑줄 친 부분에 해당하는 시어로 보기 어려운 것은?

보기

서정적 자아는 세계를 내면화한다. 이런 작용으로 서정시에서 자아는 상상적으로 세계와 하나가 된다. 그렇지만 근대 이후의 문명사회에서 자아와 세계의 조화나 통일은 달성하기가 매우 어려운 일이다. 그래서 근대 이후의 서정시에서는 자아와 세계 사이의 분열에 대한 자아의 반응을 함축하고 있는 시어들이 자주 나타난다.

① ㉠　　② ㉡　　③ ㉢
④ ㉣　　⑤ ㉤

〈보기〉의 설명은 함축적 시어에 대한 것입니다. 정답은 ②가 되는데, 왜냐하면 작품에서 ㉡'늘어선'은 사전적, 지시적 의미로 사용된 단어이기 때문입니다. 작가가 이를 통해 어떤 의미나 감정을 전달하고자 하는 함축적 시어가 아닙니다.
시어 문제가 나오면 기계적으로 함축적 시어 문제로 접근하여 긍정적/부정적 의미만 판단하려고 하는 학생들이 있습니다. 그런 학생들은 이렇게 변형된 문제를 만나면 당황했을 것입니다. 다양한 경우의 수를 파악해서 시어 문제에 대비할 수 있어야 합니다. **답 ②**

중요한 개념이기 때문에 이와 관련하여 다른 단원보다 조금 더 집중하여 문제를 풀어 보도록 합시다.

예제 • 01 ◎ 14 9월 평가원모의 B형

나의 지식이 독한 회의를 구하지 못하고
내 또한 삶의 애증을 다 짐지지 못하여
㉠ 병든 나무처럼 생명이 부대낄 때
저 머나먼 아라비아의 사막으로 나는 가자

거기는 한번 뜬 백일(白日)이 불사신같이 작열하고
일체가 모래 속에 사멸한 ㉡ 영겁의 허적(虛寂)* 에
오직 알라의 신만이
밤마다 고민하고 방황하는 열사(熱沙)의 끝

그 ㉢ 열렬한 고독 가운데
옷자락을 나부끼고 호올로 서면
운명처럼 반드시 '나'와 대면케 될지니
하여 '나'란 나의 생명이란
그 ㉣ 원시의 본연한 자태를 다시 배우지 못하거든
차라리 나는 어느 사구(沙丘)에 ㉤ 회한(悔恨) 없는 백골을 쪼이리라

– 유치환, 〈생명의 서·일장(一章)〉

* 허적 : 아무것도 없이 적막함

위 작품의 '나'와 ㉠~㉤의 관련성을 이해한 내용으로 적절하지 않은 것은?

① ㉠은 화자가 극복해야 할 자신의 모습을 빗대어 표현한 것으로, '나'와는 대비되는 표상이다.

② ㉡은 어떤 것도 존재하지 못하는 극한 상태로, 화자가 '나'와 대면할 수 있는 조건에 해당한다.

③ ㉢은 절대적 고독을 나타낸 것으로, 화자가 그 절대적 고독에서 벗어남으로써 '나'에 도달할 수 있음을 알려 준다.

④ ㉣은 생명이 본래적으로 존재하는 모습을 가리키는 것으로, '나'가 원시적 생명력을 지닌 존재임을 보여 준다.

⑤ ㉤은 죽음에 대한 화자의 태도를 드러내는 것으로, '나'를 통해 생명을 회복하려는 화자의 의지를 담아낸 표현이다.

문제 풀이

약간 까다로운 문제들은 거의 다 시어의 함축성과 관련된 문제입니다. 이와 같은 문제에서는 가장 먼저 ㉠~㉤이 긍정과 부정 중 어디에 속하는지 파악해야 합니다.

내 또한 삶의 애증을 다 짐지지 못하여
㉠병든 나무처럼 생명이 부대낄 때
저 머나먼 아라비아의 사막으로 나는 가자

◎ '삶의 애증', '짐지지 못하다', '생명이 부대끼다' 등의 표현에서 ㉠'병든 나무'는 부정적인 의미로 사용되었음을 알 수 있습니다. 이를 극복하기 위해서 '저 머나먼 아라비아의 사막'으로 가자는 것입니다.

거기는 한번 뜬 백일(白日)이 불사신같이 작열하고
일체가 모래 속에 사멸한 ㉡영겁의 허적(虛寂)에
오직 알라의 신만이 / 밤마다 고민하고 방황하는 열사(熱沙)의 끝

◎ 판단하기 애매할 수 있습니다. 다만 앞에서 화자가 부정적인 상황을 극복하기 위해 찾은 곳이 아라비아의 사막입니다. 따라서 적어도 부정적인 곳은 아닙니다. 화자가 가고자 하는 곳이 부정적인 곳일 수는 없겠습니다.

그 ㉢열렬한 고독 가운데 / 옷자락을 나부끼고 호올로 서면
운명처럼 반드시 '나'와 대면케 될지니

◎ 앞에서 말했던 아라비아의 사막이 계속되는 것인데, 이곳에 홀로 서면 반드시 '나'와 대면하게 된다고 합니다. 즉, ㉢은 홀로 서야만 하는 공간입니다. 앞에서와 마찬가지로 부정적인 의미는 아니라고 판단할 수 있습니다. 그런데 선택지 ③에서는 '㉢에서 벗어남으로써 '나'에 도달한다.'라고 서술하고 있습니다. ㉢의 상황을 부정적, 또는 벗어나야 할 곳으로 보는 것은 적절하지 않습니다. **답 ③**

예제 • 02 ◎ 03 수능

㉮ 나는 ⓐ나룻배
당신은 행인

당신은 흙발로 나를 짓밟습니다
나는 당신을 안고 물을 건너갑니다
나는 당신을 안으면 깊으나 옅으나 급한 여울이나 건너갑니다

만일 당신이 아니 오시면 나는 바람을 쐬고 눈비를 맞으며 밤에서 낮까지 당신을 기다리고 있습니다
당신은 물만 건너면 나를 돌아보지도 않고 가십니다그려
그러나 당신이 언제든지 오실 줄만은 알아요
나는 당신을 기다리면서 날마다 날마다 낡아 갑니다

나는 나룻배
당신은 행인

– 한용운, 〈나룻배와 행인〉

㉯ 내 마음을 아실 이
내 혼자 마음 날같이 아실 이
그래도 어디나 계실 것이면

내 마음에 때때로 어리우는 티끌과
속임 없는 눈물의 간곡한 방울방울
푸른 밤 고이 맺는 이슬 같은 보람을
보밴 듯 감추었다 내어 드리지

아! 그립다
내 혼자 마음 날같이 아실 이
꿈에나 아득히 보이는가

향 맑은 옥돌에 ⓑ불이 달아
사랑은 타기도 하오련만
불빛에 연긴 듯 희미론 마음은
사랑도 모르리 내 혼자 마음은

– 김영랑, 〈내 마음을 아실 이〉

㉰ 우리가 ⓒ물이 되어 만난다면
가문 어느 집에선들 좋아하지 않으랴.
우리가 키 큰 ⓓ나무와 함께 서서
우르르 우르르 비오는 소리로 흐른다면.
흐르고 흘러서 저물녘엔
저 혼자 깊어지는 강물에 누워
죽은 나무뿌리를 적시기도 한다면.
아아, 아직 처녀인 / 부끄러운 바다에 닿는다면.

그러나 지금 우리는 / 불로 만나려 한다.
벌써 숯이 된 뼈 하나가
세상에 불타는 것들을 쓰다듬고 있나니

만 리 밖에서 기다리는 그대여
저 불 지난 뒤에 / 흐르는 물로 만나자.
푸시시 푸시시 불 꺼지는 소리로 말하면서
올 때는 인적 그친
넓고 깨끗한 ⓔ하늘로 오라.

– 강은교, 〈우리가 물이 되어〉

〈보기〉는 '원형적 심상'을 설명하는 상징 사전의 내용을 정리한 것이다. 이를 적용하여 ⓐ~ⓔ의 의미를 해석한 것으로 적절하지 않은 것은?

보기

- 작은 배 : 피안의 세계로 건너가는 수단. 부활과 재생의 요람
- 불 : 수직적. 상승의 에너지. 공격적인 남성. 인간의 생명. 사랑. 육체의 파괴와 소멸. 정화와 재생
- 물 : 수평적. 하강. 모성 혹은 여성. 죽음. 정화와 재생. 순환. 시간의 흐름
- 나무 : 인간의 형상. 인간의 상승 욕구. 초월에의 의지. 크고 넉넉한 인격
- 하늘 : 공간의 영원성. 고고한 정신. 신(神). 순결. 무(無). 부재(不在)

① ⓐ 나룻배 : '행인'이 괴로운 현실에서 벗어나 피안으로 건너갈 수 있게 해 주는 수단으로 볼 수 있다.

② ⓑ 불 : 삶을 지탱해 주는 상승의 에너지로서 사랑의 열정을 환기한다.

③ ⓒ 물 : '죽은 나무뿌리를 적'신다는 것에서 보듯이 소멸과 죽음의 의미를 지닌다.

④ ⓓ 나무 : '우리'가 함께 선다는 표현으로 보아 초월과 상승의 욕구를 가진 인간의 형상으로 읽어 낼 수 있다.

⑤ ⓔ 하늘 : '불'로 상징되는 모든 인간적 고뇌가 승화된 정신적 경지를 표상한다.

문제풀이

시어가 어떤 의미를 함축하고 있는지를 노골적으로 묻는 문제는 나오지 않습니다. 그렇지만 시어와 관련된 모든 문제는 대개 함축적 의미와 연관됩니다. 문제가 복잡하게 '시어'에 대한 무엇인가를 설명한다면 함축적 의미를 통해 접근할 수 있어야 합니다. 함축적 의미와 연관 있지 않을까 하고 생각하는 것이 문제풀이의 거의 전부에 해당합니다.

㉰에서 '물'은 긍정적인 의미로 쓰이고 있습니다. 물이 되어 만나면 모두 좋아한다느니, 물이 되어 만나자느니 하는 작품의 문맥을 보면 확인 가능합니다. 그런데 선택지 ③에서는 〈보기〉를 참고하여 '물'을 소멸과 죽음의 의미라고 해석하고 있습니다. 소멸과 죽음은 긍정적인 의미보다는 부정적인 의미에 가깝습니다. 그렇게 되면 ㉰에서는 '물'을 긍정적으로 바라보는데 선택지에서는 이를 완전히 거꾸로 해석해 놓은 꼴이 됩니다. ㉰에서는 오히려 '불'이 '물'과 대비되어 부정적인 의미로 쓰이고 있습니다.

물론 선택지에 '물'이 소멸과 죽음의 의미를 지닌다고 나와 있는데, 〈보기〉의 설명에서는 '불'이 소멸과 연관되어 있으니 이 부분도 적절하지는 않습니다. **답 ③**

㉮ **한여름** 채전으로 가 보아라

수염을 드리운 몇 그루 옥수수에 가지, 고추, 오이, 토란, 그리고 **울타리**엔 덤불을 이룬 **넌출** 사이로 반질반질 윤기 도는 크고 작은 박이며 호박들!

이 지극히 범속한 것들은 제각기 타고난 바탕과 생김새로 주어서 아낌없고 받아서 아쉼 없는 황금의 햇빛 속에 일심으로 자라고 영글기에 숨소리도 들릴세라 적적히 여념 없나니

과분하지 말라 의혹하지 말라 주어진 대로를 정성껏 충만시킴으로써 스스로를 족할 줄을 알라 오직 여기에 목숨의 유열과 천지와의 화합에 있거니

한여름 채전으로 가 보아라

나비가 심방 오고 풍뎅이가 찾아오고 잠자리가 왔다 가고 바람결에 스쳐 가고 **그늘**이 지나가고 **비**가 내리고 햇볕이 다시 나고 …… 이같이 많은 손님들의 극진한 축복과 은혜 속에

이 지극히 범속한 것들의 지극히 충족한 빛나는 생명의 양상을 한여름 채전으로 와서 보아라

– 유치환, 〈채전(菜田)〉

㉯ 우리는 썩어 가는 참나무 떼,
벌목의 슬픔으로 서 있는 이 땅
패역의 **골짜기**에서
서로에게 기댄 채 **겨울**을 난다
함께 썩어 갈수록
바람은 더 높은 곳에서 우리를 흔들고
이윽고 잠자던 **홀씨**들 일어나
우리 몸에 뚫렸던 상처마다 버섯이 피어난다
황홀한 **음지**의 꽃이여
우리는 서서히 썩어 가지만
너는 **소나기**처럼 후드득 피어나
그 고통을 순간에 멈추게 하는구나
오, 버섯이여
산비탈에 구르는 낙엽으로도
골짜기를 떠도는 바람으로도
덮을 길 없는 우리의 몸을
뿌리 없는 너의 독기로 채우는구나

– 나희덕, 〈음지의 꽃〉

〈보기〉를 바탕으로 ㉮와 ㉯를 감상한 내용으로 적절하지 않은 것은?

보기

생명 현상을 제재로 삼은 시는 대체로, 생명체들의 풍요로움을 감각적으로 형상화하거나, 생명 파괴의 현실을 극복하는 모습을 형상화한다. ㉮는 만물의 조화로운 성장과 충만한 생명력에 자족하는 태도를, ㉯는 인간의 욕망에 의한 상처와 고통으로 황폐화된 현실을 강인한 생명력이 피어나는 공간으로 변화시키는 모습을 드러낸다. 이러한 두 양상은 표면적으로 드러난 생명의 모습에서는 차이를 보이지만, 생명체들이 어우러져 살아가는 모습을 보여 준다는 점에서는 동일한 지향성을 지닌다고 할 수 있다.

① ㉮의 '한여름'은 생명체들의 풍요로움을 감각적으로 드러내는, ㉯의 '겨울'은 생명 파괴의 현실을 이겨 내는 시간적 배경으로 설정되어 있군.
② ㉮의 '울타리'는 만물이 함께 살아가는 공간을 드러내는 경계로, ㉯의 '골짜기'는 인간의 욕망이 투영된 장소로 제시되어 있군.
③ ㉮의 '넌출'은 어우러진 생명체들이 현실의 삶에 자족하게 되는, ㉯의 '홀씨'는 공존하던 생명체들이 흩어지게 되는 계기를 드러내고 있군.
④ ㉮의 '그늘'은 만물이 성장을 이루어 가는 배경으로서의, ㉯의 '음지'는 현실의 고통을 극복하는 장소로서의 의미를 함축하고 있군.
⑤ ㉮의 '비'는 생명의 충만함과 조화로움을 갖게 하는, ㉯의 '소나기'는 황폐화된 현실에 생명력을 환기하는 대상으로 표상되어 있군.

문제 풀이

〈보기〉를 바탕으로 작품을 감상했다고 하려면 우선 선택지가 〈보기〉의 내용을 적절히 담고 있어야 합니다. 정답에서 눈에 띄는 부분은 '공존하던 생명체들이 흩어지게 되는 계기'입니다. 그런데 〈보기〉에서는 ㉯와 관련하여 '생명 파괴의 현실을 극복하는 모습을 형상화', '인간의 욕망에 의한 상처와 고통으로 황폐화된 현실을 강인한 생명력이 피어나는 공간으로 변화시키는 모습', '생명체들이 어우러져 살아가는 모습'이라고 하여 긍정적으로 설명하고 있습니다. 이러한 긍정적인 설명과 '생명체들이 흩어지게 되는 계기'는 어울리지 않습니다. 따라서 〈보기〉를 바탕으로 작품을 감상했다고 보기 어렵습니다. 또한 작품 내용을 보더라도 '홀씨'는 썩어 가는 참나무에서 피어나는 버섯이므로, 오히려 생명체들이 어우러져 살아가는 모습으로 해석될 수 있습니다. 또한 ㉮와 관련해서도 '넌출'을 통해 '현실의 삶에 자족'한다는 내용을 〈보기〉 및 작품에서 끌어내기는 어렵습니다. **답 ⑤**

006 작품 감상의 **관점** ★★★×10

작품 감상과 관련하여 반영론, 표현론 등 작품 감상 문제가 나오고 있습니다. 문제에서 직접적으로 물어볼 수도 있고, 선택지를 통해 간접적으로 물어볼 수도 있습니다. 한 번쯤 공부하고 넘어가야 할 이론입니다.

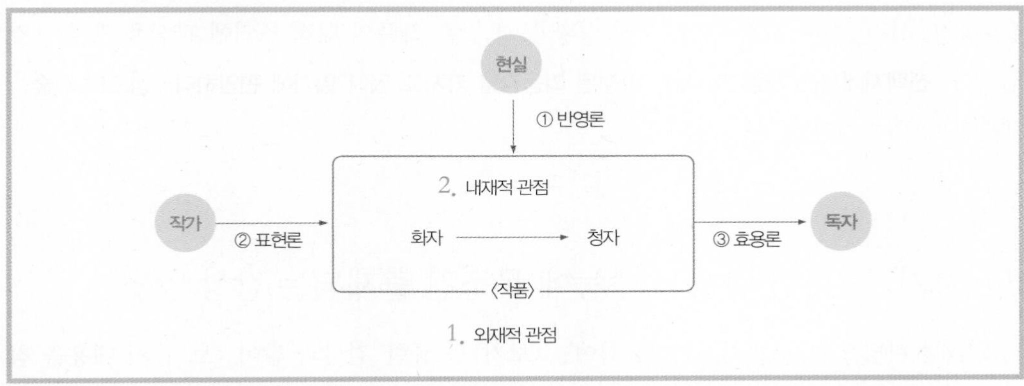

1. 외재적 관점 – 작품을 외부 요소와 관련지어 생각

1 반영론

문학 작품은 특정한 현실을 반영한 것이라는 견해입니다. 작품 창작 당시의 사회적 상황 등을 살피는 것이 작품 이해에 도움을 준다는 관점입니다. **선택지에서는 가령 '이 시는 1950년대 어려웠던 시기에 창작되었기 때문에 이런 식으로 표현된 것이야.' 정도의 서술**을 생각할 수 있습니다.

2 표현론

문학 작품은 그 작품을 쓴 작가의 개인적 체험이나 사상, 감정 등을 표현한 것이기 때문에 그 작가의 일생을 연구한다든지 당시 작가의 처지 등을 알아보면 작품을 더욱 잘 이해할 수 있다는 관점입니다. **선택지에서는 가령 '이 시를 쓴 작가는 강원도가 고향이라 이런 방식으로 자신의 경험을 표현한 것이야.' 정도의 서술**을 생각할 수 있습니다.

3 효용론

작품이 작품의 수용자인 독자에게 어떤 영향을 미치는지를 중요하게 여기는 관점입니다. 작품을 읽고 얼마나 의미가 있었는지가 중요한 관점이죠. **선택지에서는 가령 '이 시를 읽고 부모님께 효도를 해야겠다고 느꼈어.' 정도의 서술**을 생각할 수 있습니다.

2. 내재적 관점 – 작품을 그 자체로 취급

이것은 작품 자체에만 주목하여 감상과 비평을 하는 관점입니다. 즉 언어, 리듬, 이미지, 비유, 상징, 시적 화자, 시적 대상, 시적 상황 등과 같은 작품의 내적 조건에 관심을 가지는 것입니다. **선택지에서는 가령 '이 시는 안정된 리듬감을 가지고 있어 읽기에 편안하다.' 정도의 서술**을 생각할 수 있습니다.

3. 〈보기〉를 통한 감상 – 수능에 무조건 출제되는 감상 방법

'〈보기〉를 바탕으로', '〈보기〉를 참고하여', '〈보기〉를 통한' 감상과 같이 〈보기〉의 내용을 참고하여 작품을 감상하는 유형이 있습니다. 학생마다 멋대로 감상하지 말고 **〈보기〉를 기준으로 감상하라는 평가적 관점**에서의 감상입니다. 멋대로 감상하면 학생마다 가지각색으로 감상하니까 객관식으로 평가할 수 없기 때문입니다. 원칙적으로 시문학 이론이라고 할 수는 없으나 수능 및 모의고사에 빠지지 않고 출제되는 내용이기 때문에 여기서 설명하도록 하겠습니다. 이러한 감상 문제는 일반적으로 다음과 같은 조건을 제시합니다.

> ❶ 〈보기〉를 참고하여, ❷ 작품을 감상한 학생들의 반응으로 적절하지 않은 것은?

이러한 문제는 다음과 같은 근거에서 답이 나오게 됩니다.

> ❶ 〈보기〉를 참고하지 않은 선택지 → 〈보기〉에서 말하지 않은 내용이거나 다른 내용
> ❷ 작품을 잘못 감상한 선택지 → 일반적인 심상, 시어의 함축성, 전개 방식 등을 잘못 파악한 내용

먼저 ❶을 검토하고 모두 통과하면 ❷를 검토하는 것이 효율적입니다. ❶에서 답이 되는 경우가 60% 정도, ❷에서 답이 되는 경우가 40% 정도 됩니다. 당장 이해가 되지 않더라도 이 책에서는 예제 및 실전 문제들을 통해 계속 반복하여 설명할 것이니 정확하게 공부할 수 있어야 합니다.

예제 · 01

강(江)나루 건너서
밀밭 길을

구름에 달 가듯이
가는 나그네

길은 외줄기
남도(南道) 삼백 리(三百里)

술 익는 마을마다
타는 저녁놀

구름에 달 가듯이
가는 나그네

– 박목월 〈나그네〉

다음은 위 작품에 대한 학생들의 감상이다. 작품 자체의 내적 의미만을 주목한 것은?

① **종환** : 이 시는 일제 강점기에 쓴 작품이래. 그런데 농촌이 수탈된 마당에 술 익는 마을이 어디 있었겠어?

② **민희** : 그건 조금 지나친 지적 같아. 그 당시 시인은 아마 생활이 어려웠을 거야. 나그네처럼 먼 길을 힘들게 걷다가 노을이 찾아오고, 술도 한 잔 하고 싶고, 그 허무한 마음을 표현한 것 아닐까?

③ **인규** : 술과 노을이라……. 그거 이미지가 썩 잘 어울리는데. 밀밭 길이 주는 느낌과도 통하면서.

④ **석현** : 그래도 그렇지. 외줄기 길이 삼백 리나 이어지는 게 어디 있어? 구름에 달이 간다는 것도 사실은 말이 안 되지.

⑤ **정인** : 그런 걸 상상이라 하는 거야. 그나저나 나도 이 시의 나그네처럼 여행이나 떠났으면 좋겠다.

문제 풀이

내재적 관점으로 작품을 감상한 사람을 고르라는 문제입니다.

③ 인규는 '이미지'라는 표현 기법에 주목하고 있기 때문에 내재적 관점으로 시를 감상하고 있습니다. 나머지는 외재적 관점에 해당하는데, 종환은 반영론, 민희는 표현론, 정인은 효용론에 입각하여 작품을 감상하고 있습니다.

석현의 감상은 우리가 배웠던 감상 이론 안에서 설명할 수 없습니다. 문학 작품의 허구성을 부정하는 발언입니다.

답 ③

예제 • 02

13 수능

[A]

"아버지. 우린, 전차, 안 타요?"

"아, 바로 저긴데, 전찬 뭘 하러 타니?"

아무리 '바로 저기'라도, 잠깐 좀 타 보면 어떠냐고, 소년은 적이 불평이었으나, 다음 순간, 그는 언제까지든 그것 한 가지에만 마음을 주고 있을 수 없게, 이제까지 시골구석에서 단순한 모든 것에 익숙해 온 그의 어린 눈과 또 귀는 어지럽게도 바빴다.

전차도 전차려니와, 웬 자동차며 자전거가 그렇게 쉴 새 없이 뒤를 이어서 달리느냐. 어디 '장'이 선 듯도 싶지 않건만, 사람은 또 웬 사람이 그리 거리에 넘치게 들끓느냐. 이 층, 삼 층, 사 층…… 웬 집들이 이리 높고, 또 그 위에는 무슨 간판이 그리 유난스레도 많이 걸려 있느냐. 시골서, '영리하다' '똑똑하다', 바로 별명 비슷이 불려 온 소년으로도, 어느 틈엔가, 제풀에 딱 벌려진 제 입을 어쩌는 수 없이, 마분지 조각으로 고깔을 만들어 쓰고, 무엇인지 종잇조각을 돌리고 있는 사나이 모양에도, 그의 눈은, 쉽사리 놀라고, 수많은 깃대잡이 아이놈들의 앞장을 서서, 몽당수염 난 이가 신나게 부는 날라리 소리에도, 어린이의 마음은 걷잡을 수 없게 들떴다.

(중략)

[B]

그는 눈을 들어, 이번에는 빨래터 바로 위 천변의, 나뭇장 간판이 서 있는 곳을 바라보았다. 그곳에는 이미 윷을 놀지 않는 젊은이들이, 철망 친 그 앞에 앉아서들 잡담을 하고, 더러는 몸들을 유난스러이 전후좌우로 놀려 가며, 그것은 또 무슨 장난인지, 서로 주먹을 들어 때리는 시늉을 한다. 그것이 '권투'라는 것의 연습임을 배운 것은 그로부터 며칠 뒤의 일이거니와, 그러한 장난도 창수의 눈에는 퍽이나 재미스러웠다.

그러한 소년의 눈에, 천변을 오고 가는 모든 사람들이, 그 모두가, 한결같이 잘나만 보이는 것도 또한 어찌할 수 없는 일이 아니냐. 임바네스 입은 민 주사며, 중산모 쓴 포목전 주인이며, 인력거 위에 날아갈 듯이 앉아 있는 취옥이며, 그러한 모든 사람은 이를 것도 없거니와 다리 밑에 모여서들 지껄대고, 툭 치고, 아무렇게나 거적 위에서 뒹굴고, 그러는 깍정이 떼들도, 이곳이 결코 시골이 아니라 서울일진댄, 그것들은 그만큼 행복일 수 있지 않느냐.

– 박태원 〈천변풍경〉

〈보기〉의 관점에서 [A], [B]의 의미를 탐구하기 위한 구상으로 가장 적절한 것은?

보기

문학 작품을 사회·문화적 맥락과 관련지어 해석한다.

① [A] : 소년의 의식과 행동의 특징에 주목하여, 이 작품의 인물 유형을 분류해 본다.
② [A] : 소년과 아버지의 갈등에 주목하여, 그 갈등이 작품 전체의 주제로 발전될 가능성을 추론해 본다.
③ [A] : 여러 인물이 한 공간에 등장한다는 점에 주목하여, 이 작품의 구조적 특성을 이해하는 단서로 삼는다.
④ [B] : 작품 속 인물들의 외양에 주목하여, 인물들의 성격을 드러내는 창작 기법에 대해 알아본다.
⑤ [B] : 천변의 생활상에 주목하여, 당시 서울의 세태가 작품에 반영된 양상을 살펴본다.

문제 풀이

운문 문학을 배우다 갑자기 소설이 나와서 깜짝 놀랐을 수도 있었으리라 생각합니다. 작품 감상의 관점은 시, 소설 등 문학 전반에 통용되는 것이므로 좀 색다르게 소설을 다뤄봤습니다.

〈보기〉는 반영론에 대한 설명입니다. 선택지에서는 친절하게 '당시 서울의 세태가 작품에 반영된 양상을 살펴본다.'라고 하여 반영론을 떠올릴 수 있게 도와줍니다. 나머지는 어떠한 관점에 따른 구상일까요? 궁금하시면 국어정보원 홈페이지 followright.com '교재 오류 수정' 게시판을 찾아오세요.

답 ⑤

예제 • 03

가난하다고 해서 외로움을 모르겠는가,
너와 헤어져 돌아오는
눈 쌓인 골목길에 새파랗게 달빛이 쏟아지는데.
가난하다고 해서 두려움이 없겠는가,
두 점을 치는 소리,
방범대원의 호각 소리, 메밀묵 사려 소리에
눈을 뜨면 멀리 육중한 기계 굴러가는 소리.
가난하다고 해서 그리움을 버렸겠는가,
어머님 보고 싶소 수없이 뇌어 보지만,
집 뒤 감나무에 까치밥으로 하나 남았을
새빨간 감 바람소리도 그려 보지만.
가난하다고 해서 사랑을 모르겠는가,
내 볼에 와 닿던 네 입술의 뜨거움,
사랑한다고 사랑한다고 속삭이던 네 숨결,
돌아서는 내 등 뒤에 터지던 네 울음.
가난하다고 해서 왜 모르겠는가,
가난하기 때문에 이것들을
이 모든 것들을 버려야 한다는 것을.

– 신경림, 〈가난한 사랑 노래 – 이웃의 한 젊은이를 위하여〉

부제(副題)를 붙여 얻게 되는 효과를 염두에 두고, 위 작품을 〈보기〉의 각 요소에 관련지어 설명했다. 적절하지 않은 것은?

보기

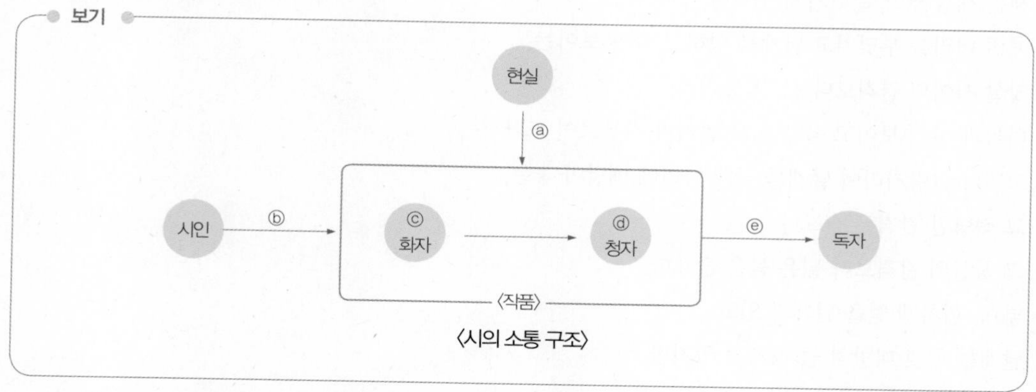

〈시의 소통 구조〉

① ⓐ : 주변에서 흔히 볼 수 있는 가난한 사람들의 삶을 반영해 현실성을 높여 준다.
② ⓑ : 시인과 화자를 분리하여, 시 내용이 시인 자신의 생각과 거리가 있음을 드러낸다.
③ ⓒ : 도시에서 힘들게 살아가지만 인간미를 잃지 않고 있음을 알 수 있게 한다.
④ ⓓ : '너'를 구체적인 청자로 한정하고 있지만, 전체적으로는 화자의 독백이라는 느낌을 준다.
⑤ ⓔ : 그동안 이웃의 가난한 사람들에게 무관심하지 않았는가 하는 반성의 계기를 제공한다.

문제 풀이

문제에서 '부제'라는 것이 등장합니다. 작품을 보면 '가난한 사랑 노래'라는 제목 다음에 '이웃의 한 젊은이를 위하여'라는 부제가 붙어 있는 것을 확인할 수 있습니다. 부제는 제목에 덧붙여서 제목을 보충하는 것입니다. 〈보기〉의 그림은 이미 익숙한 그림일 것입니다. '문학 작품 감상' 이론을 도식화한 것입니다. 지금까지 배운 내용을 바탕으로 하나씩 일치/불일치로 접근하여 검토하도록 합시다.

②가 답이 됩니다. 나머지 선택지들은 다 그럴듯한 내용들인데 ②가 단번에 '아니다'라는 것을 알 수 있을 것입니다. 시 내용이 시인 자신의 생각과 거리가 있음을 드러내는 요소는 등장하지 않습니다. 또한 실제로 그런 작품이 존재할 수 있는지 의문이 듭니다. 자신의 생각과 거리가 먼 작품을 굳이 쓸 작가가 있을까요?

답 ②

예제 • 04

20 수능

새는 새장 밖으로 나가지 못한다.
매번 머리를 부딪치고 날개를 상하고 나야 보이는,
창살 사이의 간격보다 큰, 몸뚱어리.
하늘과 산이 보이고 울음 실은 공기가 자유로이 드나드는
그러나 살랑거리며 날개를 굳게 다리에 매달아 놓는,
그 적당한 간격은 슬프다.
그 창살의 간격보다 넓은 몸은 슬프다.
넓게, 힘차게 뻗을 날개가 있고
날개를 힘껏 떠받쳐 줄 공기가 있지만
새는 다만 네 발 달린 짐승처럼 걷는다.
부지런히 걸어 다리가 굵어지고 튼튼해져서
닭처럼 날개가 귀찮아질 때까지 걷는다.
새장 문을 활짝 열어 놓아도 날지 않고
닭처럼 모이를 향해 달려갈 수 있을 때까지 걷는다.
걸으면서, 가끔, 창살 사이를 채우고 있는 바람을
부리로 쪼아 본다, 아직도 벽이 아니고
공기라는 걸 증명하려는 듯.
유리보다도 더 환하고 선명하게 전망이 보이고
울음 소리 숨내음 자유롭게 움직이도록 고안된 공기,
그 최첨단 신소재의 부드러운 질감을 음미하려는 듯.

– 김기택, 〈새〉

〈보기〉를 바탕으로 위 작품을 감상한 내용으로 적절하지 않은 것은?

보기

〈새〉에서 '새장에 갇힌 새'는 일상의 안온함에 길들어 자유를 억압하는 일상을 벗어나지 못하는 현대인의 알레고리이다. '새'의 행동에 대한 묘사는 일상에 충실할수록 잠재된 힘과 본질을 잃어 가는 아이러니와, 일상에 만족하며 자유로운 삶의 가능성을 외면하는 현대인의 모습을 보여 준다.

① 몸이 창살에 부딪치고 나서야 창살의 간격이 보이는 새는, 일상에 갇힌 자신을 의식하는 현대인의 모습을 보여 주는군.

② 바깥 풍경이 보일 정도로 적당한 간격의 창살로 된 새장은, 안온함과 억압성이라는 양가성을 지닌 일상을 보여 주는군.

③ 닭처럼 날개가 귀찮아질 때까지 부지런히 걷는 새는, 성실한 생활이 잠재력의 상실로 이어지는 아이러니를 보여 주는군.

④ 새장 문이 열려도 날지 않고 모이를 향해 달려갈 수 있을 때까지 걷는 새는, 자신의 본질에 충실하다 보니 오히려 자유를 상실하게 되는 상황을 보여 주는군.

⑤ 하늘을 자유롭게 날도록 날개를 밀어 올리는 공기를 음미할 대상으로만 여기는 듯한 새는, 자유로운 삶의 가능성을 외면하고 일상에 안주하려는 현대인의 모습을 보여 주는군.

문제 풀이

우선 각 선택지가 〈보기〉의 내용을 충실히 반영하고 있는지 살펴봐야 합니다. 이 단계에서 답을 고를 수 있다면 어렵지 않은 문제이겠죠?

① 몸이 창살에 부딪치고 나서야 창살의 간격이 보이는 새는, 일상에 갇힌 자신을 의식하는 현대인의 모습을 보여 주는군.

〈보기〉의 "일상을 벗어나지 못하는 현대인"

② 바깥 풍경이 보일 정도로 적당한 간격의 창살로 된 새장은, 안온함과 억압성이라는 양가성을 지닌 일상을 보여 주는군.

〈보기〉의 "일상의 안온함에 길들어 자유를 억압하는 일상을 벗어나지 못하는"

③ 닭처럼 날개가 귀찮아질 때까지 부지런히 걷는 새는, 성실한 생활이 잠재력의 상실로 이어지는 아이러니를 보여 주는군.

〈보기〉의 "일상에 충실할수록 잠재된 힘과 본질을 잃어 가는 아이러니"

⑤ 하늘을 자유롭게 날도록 날개를 밀어 올리는 공기를 음미할 대상으로만 여기는 듯한 새는, 자유로운 삶의 가능성을 외면하고 일상에 안주하려는 현대인의 모습을 보여 주는군.

◎ 〈보기〉의 "일상에 만족하며 자유로운 삶의 가능성을 외면하는 현대인의 모습"

④ 새장 문이 열려도 날지 않고 모이를 향해 달려갈 수 있을 때까지 걷는 새는, 자신의 본질에 충실하다 보니 오히려 자유를 상실하게 되는 상황을 보여 주는군.

◎ 〈보기〉에서는 "일상에 충실할수록 잠재된 힘과 본질을 잃어 가는 아이러니"라고 서술합니다. 본질을 잃어 가는 상황을 안타깝게 본 것인데, 선택지에서는 오히려 "본질에 충실하다 보니"라고 서술하고 있는 점을 확인할 수 있습니다. 따라서 〈보기〉를 바탕으로 한 선택지가 아니라 답이 됩니다. **답 ④**

만약에 나라는 사람을 유심히 들여다본다고 하자
그러면 나는 **내가 시와는 반역된 생활을 하고 있다**는 것을 알 것이다

먼 산정에 서 있는 마음으로 나의 자식과 나의 아내와
그 주위에 놓인 잡스러운 물건들을 본다

그리고
나는 이미 정해진 물체만을 보기로 결심하고 있는데
만약에 또 어느 나의 친구가 와서 나의 꿈을 깨워 주고
나의 그릇됨을 꾸짖어 주어도 좋다

함부로 흘리는 피가 싫어서
이다지 낡아빠진 생활을 하는 것은 아니리라
먼지 낀 잡초 우에
잠자는 구름이여
고생도 마음대로 할 수 없는 세상에서는
철 늦은 거미같이 존재 없이 살기도 어려운 일

방 두 칸과 마루 한 칸과 말쑥한 부엌과 애처로운 처를 거느리고
외양만이라도 남과 같이 살아간다는 것이 이다지도 쑥스러울 수가 있을까

시를 배반하고 사는 마음이여
자기의 나체를 더듬어 보고 살펴볼 수 없는 시인처럼 비참한 사람이 또 어디 있을까
거리에 나와서 집을 보고 집에 앉아서 거리를 그리던 어리석음도 이제는 모두 사라졌나 보다
날아간 제비와 같이

날아간 제비와 같이 자국도 꿈도 없이
어디로인지 알 수 없으나
어디로이든 가야 할 반역의 정신

나는 지금 산정에 있다 —
시를 반역한 죄로
이 **메마른 산정**에서 오랫동안 꿈도 없이 바라보아야 할 구름
그리고 그 **구름의 파수병**인 나.

– 김수영, 〈구름의 파수병〉

〈보기〉를 고려하여 위 작품을 감상한 내용으로 적절하지 않은 것은?

> 보기
>
> 〈구름의 파수병〉에는 시와 생활 사이에서 갈등하는 화자의 진솔한 자기 성찰이 드러난다. 화자는 ㉠ 생활에 몰두하려는 자아와 이러한 자아를 극복하고자 하면서 ㉡ 시를 새롭게 지향하려는 자아를 등장시킨다. ㉠은 시선을 고정하려는 태도나 움츠러들어 있는 이미지로 나타나는데, ㉠에서 벗어나 ㉡으로 변모하고자 하는 화자는 '날아간 제비'를 떠올리다가 '반역의 정신'을 추구하는 데 이른다.

① '내가 시와는 반역된 생활을 하고 있다'에서는 화자의 진솔한 성찰의 어조가 느껴지는군.
② '나는 이미 정해진 ~ 결심하고'는 ㉠과 ㉡의 갈등을 해소한 화자의 심정을 드러낸 것이겠군.
③ 화자가 자신을 '어디로이든 가야 할' 존재로 여기는 것은 ㉠에서 ㉡으로 나아가려는 의지에서 비롯한 것이겠군.
④ 화자가 '메마른 산정'에서 지향하는 '반역의 정신'은 ㉡이 추구하는 것이겠군.
⑤ '구름의 파수병'은 두 자아의 갈등 속에서 시를 새롭게 지향하려는 화자의 의식이 반영된 이미지이겠군.

문제 풀이

최근 수능에서는 이런 유형의 문제가 더욱 많이 출제되고 있습니다. 왜 그런지 이유는 알 수 없지만, 푸는 방법을 정확하게 익히면 쉬운 문제이니 우리에겐 오히려 희소식입니다.

이 문제에서도 1단계 테스트는 〈보기〉의 내용이 선택지에 반영되었는지 검토하고('〈보기〉를 고려하여'), 만약 선택지들이 앞의 테스트를 모두 통과하였다면 2단계 테스트로서 작품 내용과 적절히 대응하는지 확인할 수 있어야 합니다.

우선 1단계부터 검토해 봅시다.

① '내가 시와는 반역된 생활을 하고 있다'에서는 화자의 진솔한 성찰의 어조가 느껴지는군.

◎ 〈보기〉의 '화자의 진솔한 자기 성찰이 드러난다.' 반영

③ 화자가 자신을 '어디로이든 가야 할' 존재로 여기는 것은 ㉠에서 ㉡으로 나아가려는 의지에서 비롯한 것이겠군.

◎ 〈보기〉의 '㉠에서 벗어나 ㉡으로 변모하고자 하는 화자는' 반영

④ 화자가 '메마른 산정'에서 지향하는 '반역의 정신'은 ㉡이 추구하는 것이겠군.

◎ 〈보기〉의 '㉠에서 벗어나 ㉡으로 변모하고자 하는 화자는 ~ '반역의 정신'을 추구하는 데 이른다.' 반영

⑤ '구름의 파수병'은 두 자아의 갈등 속에서 시를 새롭게 지향하려는 화자의 의식이 반영된 이미지이겠군.

◎ 〈보기〉의 '시와 생활 사이에서 갈등하는 화자의 진솔한 자기 성찰', '시를 새롭게 지향하려는 자아를 등장시킨다.' 반영

② '나는 이미 정해진 ~ 결심하고'는 ㉠과 ㉡의 갈등을 해소한 화자의 심정을 드러낸 것이겠군.

◎ 〈보기〉에 '갈등을 해소'하였다는 서술은 드러나 있지 않습니다. 그저 ㉠에서 벗어나 ㉡으로 변모하고자 하는 과정이 드러나 있을 뿐입니다. 따라서 1단계 테스트에서 답을 고를 수 있었습니다.

또한 선택지 ②는 2단계 테스트도 통과할 수 없습니다. 작품에서 해당 부분을 문맥적으로 살펴보면,

그리고
나는 이미 정해진 물체만을 보기로 결심하고 있는데
만약에 또 어느 나의 친구가 와서 나의 꿈을 깨워 주고
나의 그릇됨을 꾸짖어 주어도 좋다

해당 부분 뒤에서 '나의 그릇됨'이라 하여 부정적으로 인식하고 있는 서술을 찾아볼 수 있습니다. 그런데 선택지와 같이 갈등을 해소했다고 하는 것은 긍정적인 상황입니다. 따라서 내용적인 측면에서도 선택지 ②는 적절한 서술이 아닙니다. **답 ②**

18 수능

반(半) 밤중 혼자 일어 묻노라 이내 꿈아
만 리(萬里) 요양(遼陽)* 을 **어느덧 다녀온고**
반갑다 학가(鶴駕)* 선객(仙客)을 친히 뵌 듯ᄒᆞ여라 〈제1수〉

박제상* 죽은 후에 **님의 시름** 알 이 업다
이역(異域) 춘궁(春宮)을 **뉘라서 모셔 오리**
지금에 치술령 귀혼(歸魂)을 못내 슬허ᄒᆞ노라 〈제4수〉

조정을 바라보니 **무신(武臣)**도 하 만하라
신고(辛苦)ᄒᆞᆫ **화친(和親)**을 누를 두고 ᄒᆞᆫ 것인고
슬프다 **조구리(趙廐吏)*** 이미 죽으니 참승(參乘)ᄒᆞᆯ* 이 업세라 〈제6수〉

구중(九重) 달 발근 밤의 성려(聖慮)* 일정 만흐려니
이역 풍상(風霜)에 학가인들 이즐쏘냐
이 밖에 억만창생(億萬蒼生)을 못내 분별ᄒᆞ시도다 〈제7수〉

구렁에 났는 풀이 **봄비**에 절로 길어
아는 일 업스니 긔 아니 조흘쏘냐
우리는 너희만 못ᄒᆞ야 시름겨워 ᄒᆞ노라 〈제8수〉

조그만 이 한 몸이 하늘 밖에 떨어지니
오색 구름 깊은 곳에 어느 것이 **서울**인고
바람에 지나는 검불* 갓ᄒᆞ야 갈 길 몰라 ᄒᆞ노라 〈제9수〉

– 이정환, 〈비가(悲歌)〉

* **요양** : 청나라의 심양 * **학가** : 세자가 탄 수레. 또는 세자. 여기서는 병자호란에서 패배하여 심양에 잡혀간 소현 세자를 가리킴
* **박제상** : 신라의 충신. 왕의 아우가 왜에 볼모로 잡히자 그를 구하고 자신은 희생됨 * **조구리** : 조씨 성을 가진 마부. 충신을 가리킴
* **참승ᄒᆞᆯ** : 높은 이를 호위하여 수레에 같이 탈 * **성려** : 임금의 염려 * **검불** : 마른 나뭇가지나 낙엽 따위

〈보기〉를 바탕으로 윗글을 이해한 내용으로 적절하지 <u>않은</u> 것은?

보기

임병양란 이후의 사대부들 사이에서는 긴 사연을 담을 수 있는 연시조 양식을 활용해 전란 후 현실의 문제를 다루려는 경향이 나타났다. 병자호란 직후 지어진 〈비가〉에도, 잡혀간 세자를 그리는 마음, 임금을 향한 충정, 전란 후 상황에 대한 견해 등 여러 내용이 복합되어 있다. 각 수의 시어를 연결하여 이해할 때 그 같은 내용들이 올바로 파악될 수 있다.

① 〈제1수〉의 '어느덧 다녀온고'와 〈제4수〉의 '뉘라서 모셔 오리'라는 진술에는 잡혀간 세자를 그리는 화자의 마음이 투영되어 있다.

② 〈제4수〉의 아무도 알아주지 못하는 '님의 시름'에 대해, 〈제6수〉의 '조구리'와 같은 인물이 없는 현실에 처한 화자는 애석함을 느끼고 있다.

③ 〈제6수〉에서 조정에 많은 '무신'이 남아 있음에도 '신고ᄒᆞᆫ 화친'을 맺은 결과로 〈제7수〉에서 세자가 '이역 풍상'을 겪는다고 화자는 판단하고 있다.

④ 〈제7수〉에서 근심에 싸여 있는 '구중'의 임금을 떠올렸던 화자는 〈제9수〉에서는 '서울'을 찾지 못해 애태우고 있다.

⑤ 〈제7수〉의 '달 발근 밤'과 〈제8수〉의 '봄비'에는 부정적 현실이 개선되리라는 화자의 전망과 기대가 담겨 있다.

문제풀이

고전 시가에서도 이러한 문제 유형이 많이 출제됩니다. 앞에서와 마찬가지로 1단계 테스트 이후 2단계 테스트로 나아가야 합니다. 물론 실제 시험에서는 1단계 테스트 이후 명확하게 답이 나오지 않으면 2단계 테스트도 병행해야 되겠습니다.

⑤ 〈제7수〉의 '달 발근 밤'과 〈제8수〉의 '봄비'에는 <u>부정적 현실이 개선되리라는 화자의 전망과 기대</u>가 담겨 있다.

◎ 부정적 현실이 개선되리라는 화자의 전망과 기대를 담기 위해서는 적어도 〈보기〉에서 이에 대해 언급하거나 그런 뉘앙스가 있어야 합니다. 물론 〈보기〉에서 '전란 후 상황에 대한 견해'라 하여 포괄적으로 언급하고 있기 때문에 명확하게 답이 나오지 않는다고 판단할 수도 있겠습니다. 그럴 때는 앞에서 얘기한 것처럼 2단계 테스트도 병행하여 문제에 접근해야 합니다. 작품을 확인하면,

구중(九重) 달 발근 밤의 <u>성려(聖慮) 일정 만흐려니</u> / 이역 풍상(風霜)에 학가인들 이즐쏘냐
이 밧에 억만창생(億萬蒼生)을 못내 분별ᄒᆞ시도다
〈제7수〉

구렁에 났는 풀이 봄비에 절로 길어 / 아는 일 업스니 긔 아니 조흘쏘냐
<u>우리는 너희만 못ᄒᆞ야 시름겨워 ᄒᆞ노라</u>
〈제8수〉

◎ 위와 같이 '달 발근 밤'과 '봄비' 주변에 오히려 임금의 염려라든지 시름겹다는 식의 표현이 드러나 있음을 확인할 수 있습니다. 곧, 대조적인 것들을 병치하여 오히려 더 비극적인 감성을 드러내고 있음을 알 수 있습니다. 부정적 현실이 개선되리라는 전망은 드러나 있지 않습니다.

답 ⑤

Day 12
운문 문학 : 작품 해석과 문제풀이 연습

오늘은 문제를 풀면서 앞에서 우리가 배웠던 이론들을 점검해 봅시다. 문제를 풀 때 사용할 수 없는 이론은 죽은 이론입니다. 지금부터 열심히 문제를 다루면서 우리가 배운 이론들을 팔팔하게 뛰어다니도록 살려 내 봅시다. 이론이 살아 있네!

실전문제풀이 **시범**

지금까지 기본적인 이론을 습득했다면 이제 문제에 직접 적용하며 연습할 수 있어야 합니다. 앞서 언급한 것처럼 작품을 '감상'하지 말고 '관찰'해야 합니다.

그런데 물론 관찰에서만 끝나면 문제가 있습니다. 어떤 기법이 사용되었는지는 관찰을 통해 알아내야겠지만, 작품이 어떤 내용을 담고 있는지는 '독해'를 통해 읽어 내야 합니다. 내용적인 측면을 간과해서는 안 된다는 말입니다. 다음과 같은 사항에 주목하면 중요한 내용을 좀 더 잘 잡아낼 수 있습니다.

❶ 화자는 지금 어떤 상황(처지)에 처해 있는가?
- 이별의 상황 : 이별한 경우, 이별하고 있는 경우, 이별을 예감하고 있는 경우 등
- 부조리한 현실과 마주하고 있는 상황 : 자유가 억압당하는 현실, 일제 강점하의 현실, 물질적 가난에 봉착한 현실 등
- 고향을 떠나서 고향을 그리워하고 있는 상황
- 할머니, 아버지, 아내 등 혈육을 그리워하고 있는 상황

❷ 화자는 그 상황에서 무엇을 느끼고 있는가?
화자가 어떤 상황(처지)에 처해 있는지 파악된다면 화자의 감정은 그 상황(처지)의 영향을 받는다는 것도 알아야 합니다. 사랑하는 연인과 헤어졌다고 생각해 봅시다. 아마도 슬프다든지 그립다든지 매달려 보고 싶다든지 하는 감정이 들 것입니다.

❸ 화자는 어떤 방식으로 대응하고 있는가?
가령, 일제 강점기가 시대적·상황적 배경이고 화자는 일제에게 억압받고 있다는 생각을 한다고 해 봅시다. 화자가 이에 대해 어떻게 대응하고 있는지 파악할 수 있어야 합니다. 참고로 수능에 많이 출제되는 작품들을 보면 암울한 상황에 대해 다음과 같은 두 가지 정도의 반응을 보이고 있습니다.
① 주어진 현실에 대해 어쩔 수 없다고 생각하여 체념한다.
② 굳건한 의지로 암울한 상황을 극복하겠다고 결심한다.

이런 점들에 주의하면서 함께 작품 분석을 하고 그에 따른 문제를 풀어 보겠습니다.

㉮ 눈이 오는가 북쪽엔
함박눈 쏟아져 내리는가

험한 벼랑을 굽이굽이 돌아간
백무선 철길 위에
느릿느릿 밤새어 달리는
화물차의 검은 지붕에

연달린 산과 산 사이
너를 남기고 온
작은 마을에도 복된 눈 내리는가

잉크병 얼어드는 이러한 밤에
어쩌자고 잠을 깨어
그리운 곳 차마 그리운 곳

눈이 오는가 북쪽엔
함박눈 쏟아져 내리는가

– 이용악, 〈그리움〉

㉯ 왜 그곳이 자꾸 안 잊히는지 몰라
가름젱이 사래 긴 우리 밭 그 건너의 논실 이센 밭
가장자리에 키 작은 탱자 울타리가 쳐진.
훗날 나 중학생이 되어
아침마다 콩밭 이슬을 무릎으로 적시며
그곳을 지나다녔지
수수알이 ㉠ 꽝꽝 여무는 가을이었을까
깨꽃이 하얗게 부서지는 햇빛 밝은 여름날이었을까
아랫냇가 굽이치던 물길이 옆구리를 들이받아
벌건 황토가 드러난 그곳
허리 굵은 논실댁과 그의 딸 영자 영숙이 순임이가
밭 사이로 일어섰다 앉았다 하며 커다란 웃음들을 웃고
나 그 아래 냇가에 소고삐를 풀어놓고
어항을 놓고 있었던가 가재를 쫓고 있었던가

나를 부르는 소리 같기도 하고
㉡ 솨르르 솨르르 무엇이 물살을 헤짓는 소리 같기도 하여
고개를 들면 아, ㉢ 청청히 푸르던 하늘
갑자기 무섬증이 들어 언덕 위로 달려 오르면
들꽃 싸아한 향기 속에 두런두런 논실댁의 목소리와
㉣ 까르르 까르르 밭 가장자리로 울려 퍼지던
영자 영숙이 순임이의 청랑한 웃음소리
나 그곳에 오래 앉아
푸른 하늘 아래 가을 들이 ㉤ 또랑또랑 익는 냄새며
잔돌에 호미 달그락거리는 소리 들었다
왜 그곳이 자꾸 안 잊히는지 몰라
소를 몰고 돌아오다가
혹은 객지로 나가다가 들어오다가
무엇이 나를 부르는 것 같아
나 오래 그곳에 서 있곤 했다

– 이시영, 〈마음의 고향 2 – 그 언덕〉

01 **㈎에 대한 이해로 가장 적절한 것은?**

① '오는가'를 '쏟아져 내리는가'로 변주하여 대상에 대한 화자의 거부감을 드러내고 있다.
② '돌아간'과 '달리는'의 대응을 활용하여 두 대상 간에 조성되는 긴장감을 묘사하고 있다.
③ '철길'에서 '화물차의 검은 지붕'으로 묘사의 초점을 이동하여 정적인 이미지를 강화하고 있다.
④ '잉크병'이라는 사물이 '얼어드는' 현상을 활용하여 화자가 처한 현실의 변화 가능성을 암시하고 있다.
⑤ '잠을' 깬 자신에게 '어쩌자고'라는 의문을 던져 현재의 상황에서 느끼는 화자의 애달픈 심정을 드러내고 있다.

02 **㉠~㉤의 의미를 고려하여 ㈏를 감상한 내용으로 적절하지 않은 것은?**

① ㉠을 활용하여 유년의 화자가 경험한 가을이 단단한 결실을 맺는 시간임을 부각하고 있군.
② ㉡을 활용하여 냇가에서 놀던 유년의 화자가 누군가 자신을 부르는 소리를 물소리로 느낀 경험을 부각하고 있군.

③ ㉢을 활용하여 유년의 화자에게 순간적 감동을 느끼게 한 맑고 푸른 하늘의 색채를 부각하고 있군.

④ ㉣을 활용하여 무섬증에 언덕을 달려 오른 유년의 화자에게 또렷하게 인식된 이웃들의 밝은 웃음을 부각하고 있군.

⑤ ㉤을 활용하여 유년의 화자가 곡식이 익어 가는 들녘의 인상을 선명하게 지각한 경험을 부각하고 있군.

03 〈보기〉를 참고하여 ㉮와 ㉯를 이해한 내용으로 적절하지 않은 것은?

> 보기
>
> 이용악과 이시영의 시 세계에서 고향은 창작의 원천이 되는 공간이다. 이용악의 시에서 고향은 척박한 국경 지역이지만 언젠가 돌아가야 할 근원적 공간으로 그려지는데, ㉮에서는 가족이 기다리는 궁벽한 산촌으로 구체화된다. 이시영의 시에서 고향은 지금은 상실했지만 기억 속에서 계속 되살아나는 공간으로 그려지는데, ㉯에서는 이웃들과 함께했던 삶의 터전이자 생명이 살아 숨 쉬는 평화로운 농촌으로 구체화된다.

① ㉮는 '함박눈'으로 연상되는 겨울의 이미지를 통해 '북쪽' 국경 지역의 고향을, ㉯는 '햇빛'을 받은 '깨꽃'에서 그려지는 여름의 이미지를 통해 생명력 넘치는 고향을 보여준다.

② ㉮는 '험한 벼랑' 너머 '산 사이'라는 위치를 통해 산촌 마을인 고향의 궁벽함을, ㉯는 '소고삐'를 풀어놓고 '가재를 쫓'는 모습을 통해 농촌 마을인 고향의 평화로움을 보여준다.

③ ㉮는 '남기고' 온 '너'를 떠올림으로써 고향에서 기다리는 사람에 대한, ㉯는 '밭 사이'에서 웃던 이웃들의 이름을 떠올림으로써 고향에서 함께 살아가던 이웃에 대한 기억을 보여 준다.

④ ㉮는 '눈'을 '복된' 것으로 인식함으로써 고향에 돌아갈 날에 대한, ㉯는 '무엇'이 '부르는 것 같'았던 언덕을 회상함으로써 고향으로의 귀환에 대한 기대를 드러낸다.

⑤ ㉮는 '차마 그리운 곳'이라는 표현을 통해 근원적 공간인 고향에 대한 애틋함을, ㉯는 '자꾸 안 잊히는지'라는 표현을 통해 내면에 존재하는 고향에 대한 변함없는 애정을 드러낸다.

작품 관찰

㉮ 이용악, 〈그리움〉

◎ 시를 관찰할 때는 우선 제목을 보는 것이 좋습니다. 제목을 통해서 핵심적인 내용을 파악할 수 있는 경우가 많기 때문입니다. 이 작품은 '그리움'이라는 감정을 제목으로 하고 있으므로 무엇에 대한 그리움일지 생각해 보면 더욱 빠르고 정확하게 작품을 관찰할 수 있을 것입니다.

눈이 오는가 북쪽엔
함박눈 쏟아져 내리는가

◎ 함박눈 쏟아져 내리는 북쪽은 어디일까요? 앞서 생각해 본 그리움과도 관련지어 생각해 봅니다.

험한 벼랑을 굽이굽이 돌아간
백무선 철길 위에
느릿느릿 밤새어 달리는
화물차의 검은 지붕에

◎ '험한 벼랑'이라든지 '밤새어', '화물차', '검은 지붕'은 편안하고 안락한 이미지는 아닙니다. 오히려 그 반대의 상황입니다.

연달린 산과 산 사이
너를 남기고 온
작은 마을에도 복된 눈 내리는가

◎ '너'는 그리움의 대상임을 알 수 있습니다. 그렇다면 너를 남기고 온 작은 마을은 긍정적인 곳이고 내가 그리워하는 곳이 됩니다. 그렇기 때문에 '복된 눈'이 내리는 것입니다.

잉크병 얼어드는 이러한 밤에
어쩌자고 잠을 깨어
그리운 곳 차마 그리운 곳

◎ 그런데 지금 화자가 있는 곳은 잉크병마저 얼어들 정도로 춥고 힘든 곳입니다. 그곳에서 화자는 그리운 곳을 떠올리고 있는 것입니다.

눈이 오는가 북쪽엔
함박눈 쏟아져 내리는가

◎ 함박눈이 쏟아져 내리는 북쪽은 화자가 그리워하는 곳이니 긍정적인 장소라 할 수 있습니다.

㉯ 이시영, 〈마음의 고향 2 – 그 언덕〉

◎ '마음의 고향'은 일반적으로 긍정적인 곳으로 해석됩니다. 앞서 살펴본 작품과 비교하면서 관찰해야 하겠습니다.

왜 그곳이 자꾸 안 잊히는지 몰라

◎ 그곳이란 마음의 고향을 일컫는 것임을 알 수 있습니다. 어떤 곳일지 생각해 보면서 작품을 관찰해야 합니다.

가름젱이 사래 긴 우리 밭 그 건너의 논실 이센 밭

◎ '가름젱이', '사래', '논실', '이센' 등의 단어가 정확히 해석되지 않을 수 있습니다. 물론 당시 EBS 출제 작품으로서 많은 학생들이 선행 학습이 되어 있을 수 있으나, 고전문학이 아닌 한 선행 학습을 전제하고 문제를 출제하지는

않습니다. 따라서 위와 같은 단어들 하나하나가 정확히 해석되지 않는다고 끙끙 고민할 필요는 없습니다. 작품 관찰 단계에서는 작품을 커다란 하나의 의미로만 받아들이고, 추후 문제 풀이 단계에서 세세한 부분을 물어보는 문제가 있다면 그때 그에 맞게 다가서면 될 것입니다.

가장자리에 키 작은 탱자 울타리가 쳐진,
훗날 나 중학생이 되어
아침마다 콩밭 이슬을 무릎으로 적시며
그곳을 지나다녔지

◎ 잊히지 않는 '그곳'은 내가 어린 시절 지내던 고향이었습니다. 중학생 시절 매일 지나다니던 곳입니다.

수수알이 ㉠ 꽝꽝 여무는 가을이었을까
깨꽃이 하얗게 부서지는 햇빛 밝은 여름날이었을까
아랫냇가 굽이치던 물길이 옆구리를 들이받아
벌건 황토가 드러난 그곳
허리 굵은 논실댁과 그의 딸 영자 영숙이 순임이가
밭 사이로 일어섰다 앉았다 하며 커다란 웃음들을 웃고
나 그 아래 냇가에 소고삐를 풀어놓고
어항을 놓고 있었던가 가재를 쫓고 있었던가
나를 부르는 소리 같기도 하고
㉡ 솨르르 솨르르 무엇이 물살을 헤짓는 소리 같기도 하여
고개를 들면 아, ㉢ 청청히 푸르던 하늘
갑자기 무섬증이 들어 언덕 위로 달려 오르면
들꽃 싸아한 향기 속에 두런두런 논실댁의 목소리와
㉣ 까르르 까르르 밭 가장자리로 울려 퍼지던
영자 영숙이 순임이의 청랑한 웃음소리
나 그곳에 오래 앉아
푸른 하늘 아래 가을 들이 ㉤ 또랑또랑 익는 냄새며
잔돌에 호미 달그락거리는 소리 들었다

◎ 고향에 대한 서술은 전부 긍정적입니다. 햇빛이 밝고, 커다란 웃음이 들리고, 청청히 푸른 하늘이 있는 곳입니다.

왜 그곳이 자꾸 안 잊히는지 몰라
소를 몰고 돌아오다가
혹은 객지로 나가다가 들어오다가
무엇이 나를 부르는 것 같아
나 오래 그곳에 서 있곤 했다

◎ 화자는 고향을 그리워하고 있습니다. '마음의 고향'이라는 제목을 생각해 보면 화자는 지금 고향에 있지 않지만, 화자의 마음은 계속 고향에 남아서 그곳을 그리워하고 있음을 알 수 있습니다.

수능 시험장에서 가와 나 작품의 차이까지 비교하면서 작품을 관찰하기는 어렵습니다. 즉, 작품 관찰만으로 가의 그리운 장소는 실제 존재하고 있으니 갈 수 있는 곳이라거나, 나는 일단 마음의 고향으로 화자가 상실한 장소이니 갈 수 없는 곳이라는 등의 세밀한 분석까지 하기는 어려울 수 있습니다(물론 EBS 출제 작품이니 선행 학습을 통해 이를 알고 있을 수 있습니다. 여기서는 작품 관찰 이후 문제를 풀면서 해당 내용이 제시되므로 저절로 알게 됩니다). 이 교재에서 여러분에게 제시하고자 하는 것은 완벽한 작품 분석이나 해석이 아니라, 실제 시험장에서 어떻게 작품을 관찰하고 어느 수준까지 이르면 문제를 풀 때 지장이 없는지를 보여 주는 것입니다.

문제 풀이

01번 작품 관찰을 정확하게 하였다면 쉽게 접근할 수 있는 문제입니다. 화자가 처한 상황은 어떤가요? 화자는 그리운 곳에서 떨어져 있고, 잉크병이 얼어들 정도로 춥고 험난한 장소에 있습니다. 또 화자는 잠을 깬 자신을 자책하듯이 '어쩌자고 잠을 깨어'라고 이야기하며 '그리운 곳 차마 그리운 곳'을 떠올리는 등 애달픈 심정을 보여 주고 있습니다.

① 작품 관찰 과정에서 확인한 것처럼 너를 두고 온 그리운 곳에 내리는 눈은 '복된 눈'이라고 할 정도로 긍정적인 것입니다. 따라서 화자가 거부감을 가진다고 하면 잘못된 이해입니다.

② 두 대상 간에 조성되는 긴장감이라고 하였으니, 우선 두 대상이 무엇인지 확인할 수 있어야 합니다. '돌아간'은 '백무선 철길'을 나타낸 것이고 '달리는'은 '화물차'를 나타낸 것입니다. 그런데 느릿느릿 밤새어 백무선 철길 위를 달리는 화물차의 모습에서 어떤 긴장감이 조성되기는 어렵습니다.

③ 화물차는 철길 위를 밤새어 움직이는 존재입니다. 반면 철길은 움직이거나 하지 않으니 화물차보다 조금 더 정적인 존재이므로 이러한 이해는 오히려 두 대상을 반대로 이해했다 보입니다.

④ 잉크병이 얼어든다는 표현은 화자가 처한 현실이 춥고 쓸쓸함을 드러냅니다. 현실의 변화 가능성을 암시하는 표현은 아니라 할 수 있습니다. **답** ⑤

02번 시어에 대한 문제는 시어 주변까지 의미를 문맥적으로 파악하여 선택지의 설명이 적절한지 확인할 수 있어야 합니다. 선택지와 같이 '누군가 자신을 부르는 소리를 물소리로 느낀 경험'이 되려면 '누군가 자신을 부르는 소리'가 존재하고 화자가 그 소리를 물소리로 느껴야 합니다. 그런데 작품의 ㉡ 주변을 보면 화자는 '나를 부르는 소리 같기도 하고', '무엇이 물살을 헤짓는 소리 같기도' 하다고 이야기하지, 명확하게 누군가의 부르는 소리라고 이야기하지는 않습니다.

① ㉠ 주변을 확인하면 수수알이 여무는 것을 감각적으로 '꽝꽝' 여문다고 표현하였음을 알 수 있습니다. '꽝꽝'을 통해서 화자가 경험한 가을이 단단한 결실을 맺는 시간이었

음을 드러내고 있습니다.

③ ㉢ 주변을 확인하면 '푸르던 하늘'을 확인할 수 있습니다. '청청히'라는 것은 푸른 하늘의 색채를 부각하는 표현이고, 특히 ㉢ 앞에서 '아'라는 감탄사를 통해 순간적 감동을 받은 화자의 모습을 나타내고 있습니다.

④ ㉣ 주변을 확인하면 이는 '영자 영숙이 순임이의 청랑한 웃음소리'를 나타낸 표현임을 확인할 수 있습니다. 또한 ㉣ 앞에서 '갑자기 무섬증이 들어 언덕 위로 달려 오르면'이라는 내용도 확인할 수 있습니다.

⑤ ㉤ 주변을 확인하면 '들이 익는 냄새'라고 하여 이를 선명하게 지각한 경험을 드러내고 있습니다.

답 ②

03번 〈보기〉를 참고하여 작품을 이해하는 문제입니다. 앞에서도 여러 번 얘기했지만 우선 선택지가 〈보기〉의 내용을 적절히 담고 있는지 확인하는 게 1단계 풀이입니다. 많은 문제가 대개는 1단계 풀이에서 답이 나오게 됩니다. 만약 1단계를 통과한다면 작품 내용과 비교하여 답을 고를 수 있어야 하는데 이를 2단계로 생각하면 됩니다. 대개 답이 되는 선택지는 〈보기〉의 내용과도 다르고 작품 내용과도 다릅니다.

〈보기〉에서는 이용악의 시에 나오는 고향은 '언젠가 돌아가야 할 근원적 공간'으로, 이시영의 시에 나오는 고향은 '지금은 상실했지만 기억 속에서 계속 되살아나는 공간'으로 설명합니다. 그런데 선택지에서 두 작품 모두 '고향으로의 귀환에 대한 기대를 드러낸다.'라고 서술하고 있으므로 잘못된 것입니다. 왜냐하면 이시영의 시에 나오는 고향은 상실되어 돌아갈 수 없기 때문입니다. 물론 작품 내용과도 일치하지 않지만 〈보기〉를 확인하여 쉽게 답을 찾을 수 있습니다.

① 국경 지역, 생명력 넘치는 고향이 〈보기〉와 대응합니다.

② 산촌 마을인 고향의 궁벽함, 농촌 마을인 고향의 평화로움이 〈보기〉와 대응합니다.

③ 고향에서 기다리는 사람, 고향에서 함께 살아가던 이웃이 〈보기〉와 대응합니다.

⑤ 근원적 공간인 고향, 내면에 존재하는 고향이 〈보기〉와 대응합니다.

답 ④

002 유제 실전 연습

유제 · 01~03

22 수능 예시문항 | 풀이 P.57

(가) 거미 새끼 하나 **방바닥**에 나린 것을 나는 아무 생각 없이 문 밖으로 쓸어 버린다
차디찬 밤이다

어니젠가 새끼 거미 **쓸려 나간 곳**에 큰 거미가 왔다
나는 가슴이 짜릿한다
나는 또 큰 거미를 쓸어 문 밖으로 버리며 / 찬 밖이라도 **새끼 있는 데**로 가라고 하며 서러워한다

이렇게 해서 아린 가슴이 싹기도 전이다
어데서 좁쌀알만 한 알에서 가제 깨인 듯한 발이 채 서지도 못한 무척 작은 새끼 거미가 이번엔 **큰 거미 없어진 곳**으로 와서 아물거린다
나는 가슴이 메이는 듯하다
내 손에 오르기라도 하라고 나는 손을 내어 미나 분명히 울고불고할 이 작은 것은 나를 무서우이 달아나 버리며 나를 서럽게 한다
나는 이 작은 것을 고이 보드러운 종이에 받아 또 **문 밖**으로 버리며
이것의 엄마와 누나나 형이 가까이 이것의 걱정을 하며 있다가 쉬이 만나기나 했으면 좋으련만 하고 슬퍼한다

– 백석, 〈수라(修羅)〉

어니젠가 : 어느 사이엔가. **싹기도** : 삭기도. 긴장이나 화가 풀려 마음이 가라앉기도.
가제 : 갓. 방금. **수라** : 끊임없이 싸움이 일어나 고통이 지속되는 세계를 비유적으로 이르는 말.

(나) 이런 돼지가 살았다지요 반들거리는 검은 털에 날렵한 주둥이를 가진, 유난히 흙의 온기를 좋아하여 흙이랑 노는 일을 제일로 즐거워했다는군요 기른다는 것이 실은 서로 길드는 것이어서 이 지방 사람들은 통시라는 거처를 마련했다지요 인간의 배변 장소와 돼지우리가 함께 있는 아주 재미난 방인 셈인데요 지붕을 덮지 않은 널찍한 호를 파고 지푸라기 조금 깔아준 방 안에서 이 짐승은 눈비 맞고 흙과 똥과 뒹굴면서 비바람 햇볕을 고스란히 살 속에 아로새기게 되었다는데요 음식물 찌꺼기며 설거지물까지 버릴 것 없이 모아둔 큰 독 속에서 한때 빛나던 것들이 제 힘으로 다시 빛날 때 발효한 이먹이를 돼지가 먹고 돼지의 배설물은 보리밭 거름으로 이쁜 보리들을 길렀다는데요 그래도 이 짐승의 주식이 사람의 똥이었던 것은 생명은 생명에게 공양되는 법이라 행여 남아 있을 산 것들의 온기가 더럽고 하찮은 것으로 취급될까 두려운 때문이 아니었는지 몰라

나라의 높은 분이 보기에 미개하여 시멘트 네 포대씩 무상 지급한 때가 있었다는데요 문명국의 지표인 변소를 개량하라 다그쳤다는데요 흔적이나마 통시가 아직 남아 내 몸 속의 방을 향해 손 내밀어 주는 것은, 똥누고 먹는 일이 한가지로 행해지는 그곳을 신이 거주하는 장소라 여긴 하늘 가까운 섬 사람들이 있었기 때문입니다

– 김선우, 〈신(神)의 방〉

01 **㉮와 ㉯에 대한 설명으로 가장 적절한 것은?**

① ㉮와 ㉯는 모두 공감각적 표현을 통해 계절적 배경을 나타내고 있다.

② ㉮와 ㉯는 모두 반어적 표현을 사용하여 화자의 비판적 태도를 나타내고 있다.

③ ㉮와 ㉯는 모두 화자와 소재 사이의 대립적 관계를 바탕으로 주제 의식을 제시하고 있다.

④ ㉮에서는 독백적 어조를, ㉯에서는 대화적 어조를 사용하여 시상을 전개하고 있다.

⑤ ㉮에서는 화자의 인식의 변화를 통해, ㉯에서는 화자의 행위를 통해 대상의 가치를 드러내고 있다.

02 **공간을 중심으로 ㉮를 이해한 내용으로 가장 적절한 것은?**

① '방바닥'은 '나'가 거미 새끼를 감지함으로써 자신의 외로운 처지를 깨닫는 공간이다.

② '쓸려 나간 곳'은 큰 거미의 출현으로 인해 '나'가 심적 고통을 느끼게 되는 공간이다.

③ '새끼 있는 데'는 큰 거미가 도달하기를 바라는 지점으로서 '나'의 상실감이 해소되는 공간이다.

④ '큰 거미 없어진 곳'은 거미에게 도움을 주려는 '나'의 행위로 인해 거미들의 고통이 해소되는 공간이다.

⑤ '문 밖'은 '방바닥'에 대비됨으로써 '나'가 거미들의 만남이 실현된다고 확신하는 공간이다.

03 **〈보기〉를 바탕으로 ㉮와 ㉯를 이해한 내용으로 적절하지 않은 것은?**

> 보기
>
> 서정시의 하위 양식인 '이야기시'와 '산문시'는 현실 세계를 재현하려는 의도에서 출현했다. 전자는 화자와 세계의 관계 차원에서, 후자는 시적 진술의 방법 차원에서 서정시의 외연을 확장한다. 사건이나 사연 등의 이야기를 시적 구조의 기반으로 삼는 이야기시는 화자와 세계의 갈등을 담은 이야기를 제시함으로써, 세계와의 합일을 지향하는 서정시 일반의 특성에서 다소 벗어난다. 행을 구별하지 않고 줄글의 형태로 시적 진술을 전개하는 산문시는 지시하거나 설명하는 언어를 구사함으로써, 서정시의 압축성이 갖는 한계를 극복한다. 하지만 이야기시와 산문시는 여전히 함축성과 음악성을 지닌다는 점에서 서사나 산문과 구별된다.

① ㉮와 ㉯에서는 모두 중심 소재를 청각적으로 묘사하는 구절이 반복됨으로써 서정시의 음악성이 실현되고 있군.

② ㉮와 ㉯에서는 모두 화자가 인식하는 현실 세계가 비유적 의미를 지닌 제목을 통해 응축됨으로써 서정시의 함축성이 실현되고 있군.

③ ㉮는 화자와 거미가 처한 상황을, ㉯는 특정 지역 생활 양식의 변화를 제시함으로써 현실 세계를 재현하고자 하는군.

④ 가는 행위의 연쇄를 담은 이야기를 시적 구조로 취하므로 이야기시에 해당하고, 나는 줄글의 형태로 시적 진술을 전개하므로 산문시에 해당하는군.
⑤ 가는 화자와 거미가 합일되지 않는다는 점에서 서정시의 일반적인 특성을 벗어나고, 나는 통시를 둘러싼 풍습에 대한 설명이 진술된다는 점에서 서정시의 압축성이 갖는 한계를 극복하는군.

14 5월 예비시행 B형 | 풀이 P. 58

유제 · 04~06

가 지금은 ㉠남의 땅 — 빼앗긴 들에도 봄은 오는가? — [A]

나는 온몸에 햇살을 받고
㉡푸른 하늘 푸른 들이 맞붙은 곳으로
가르마 같은 논길을 따라 꿈속을 가듯 걸어만 간다.

입술을 다문 하늘아 들아
내 맘에는 나 혼자 온 것 같지를 않구나
네가 끌었느냐 누가 부르더냐 답답워라 말을 해 다오. — [B]

바람은 내 귀에 속삭이며
한 자욱도 섰지 마라 옷자락을 흔들고
종다리는 울타리 너머 아씨같이 구름 뒤에서 반갑다 웃네.

고맙게 잘 자란 ㉢보리밭아
간밤 자정이 넘어 내리던 고운 비로
너는 삼단 같은 머리를 감았구나 내 머리조차 가쁜하다.

혼자라도 가쁘게나 가자
마른 논을 안고 도는 착한 도랑이
젖먹이 달래는 노래를 하고 제 혼자 어깨춤만 추고 가네.

나비 제비야 깝치지 마라
맨드라미 들마꽃에도 인사를 해야지
아주까리기름을 바른 이가 지심매던 그 들이라 다 보고 싶다.

내 손에 ㉣호미를 쥐어 다오
살찐 젖가슴 같은 부드러운 이 흙을
발목이 시도록 밟아도 보고 좋은 땀조차 흘리고 싶다. — [C]

강가에 나온 아이와 같이
짬도 모르고 끝도 없이 닫는 내 혼아
무엇을 찾느냐 어디로 가느냐 우스웁다 답을 하려무나.

나는 온몸에 풋내를 띠고
㉤ 푸른 웃음 푸른 설움이 어우러진 사이로
다리를 절며 하루를 걷는다 아마도 봄 신령이 지폈나 보다. [D]

그러나 지금은 — 들을 빼앗겨 봄조차 빼앗기겠네. — [E]

– 이상화, 〈빼앗긴 들에도 봄은 오는가〉

㉯ 새벽 시내버스는
차창에 웬 찬란한 치장을 하고 달린다
엄동 혹한일수록
선연히 피는 성에꽃
어제 이 버스를 탔던
처녀 총각 아이 어른
미용사 외판원 파출부 실업자의
입김과 숨결이
간밤에 은밀히 만나 피워낸
번뜩이는 기막힌 아름다움
나는 무슨 전람회에 온 듯
자리를 옮겨 다니며 보고
다시 꽃이파리 하나, 섬세하고도
차가운 아름다움에 취한다
어느 누구의 막막한 한숨이던가
어떤 더운 가슴이 토해낸 정열의 숨결이던가
일없이 정성스레 입김으로 손가락으로
성에꽃 한 잎 지우고
이마를 대고 본다
덜컹거리는 창에 어리는 푸석한 얼굴
오랫동안 함께 길을 걸었으나
지금은 면회마저 금지된 친구여.

– 최두석, 〈성에꽃〉

---

04 ㉮, ㉯의 공통점으로 가장 적절한 것은?

① 역설적 관점에서 사물을 통찰하여 초월적 진리를 이끌어 낸다.
② 계절적 배경을 통하여 분위기와 주제 의식의 연관성을 높인다.
③ 여정에 따른 공간 변화를 바탕으로 화자의 정서를 다양하게 드러낸다.
④ 명사나 명사형으로 된 시어를 일부 행들의 끝에 배치하여 운율감을 자아낸다.
⑤ 직유적 표현을 여러 번 사용하여 대상의 모양이나 속성을 선명하게 제시한다.

05 〈보기〉를 참고하여, ㉮의 [A]~[E]를 이해한 내용으로 적절하지 않은 것은?

보기

1920년대 중반에 일부 시인들은 민중의 참담한 상황, 그리고 노동에 기반한 민중의 생명력에 주목하면서 민중의 생활을 노래하였다. 이런 점은 〈빼앗긴 들에도 봄은 오는가〉에도 잘 반영되어 있다.

① [A]의 ㉠은 당시 민중의 참담한 상황을 나타낸 표현이군.
② [C]의 ㉢에는 민중의 생명력이, ㉣에는 노동을 중시하는 화자의 태도가 함의되어 있군.
③ [B]와 [D]의 비교에서 드러나는 태도의 변화로 보아, [C]에는 민중의 실상에 대한 화자의 안타까움도 내재되어 있군.
④ [B]의 ㉡에는 화자의 이상이, [D]의 ㉤에는 화자의 현실 인식이 투영되어 있군.
⑤ [A]와 [E]의 연관으로 보아, [B]~[D]에서의 화자의 행위는 민중의 처지를 바꿔 보려는 적극적 의지의 소산이군.

06 '성에꽃'에 대한 화자의 심미적 태도를 중심으로 하여 ㉯를 감상한 내용으로 가장 적절한 것은?

① '성에꽃'은 새벽 차창에 피어나 있어. 화자는 시간과 공간이 지닌 아름다움을 추구해야 한다고 생각해.
② '성에꽃'은 시내버스를 탔던 사람들이 함께 피워 낸 것이야. 화자는 서민들의 공동체적 어울림에서 아름다움의 바탕을 찾을 수 있다고 생각해.
③ '성에꽃'은 은밀히 피어나는 것이야. 화자는 현실 상황에서는 아름다움이 은밀한 방식으로 탄생해야 한다고 생각해.
④ '성에꽃'에는 누군가의 막막한 한숨이 담겨 있어. 화자는 사람들의 고통이 현실에서는 극복될 수 없는 것이기에 아름답다고 생각해.
⑤ '성에꽃'의 한 잎을 지우고 화자는 친구를 떠올려. 화자는 회상을 통해 성에꽃의 아름다움을 완성할 수 있다고 생각해.

㉮ **어둠**은 새를 낳고, 돌을
낳고, 꽃을 낳는다.
아침이면,
어둠은 온갖 물상(物象)을 돌려주지만
스스로는 땅 위에 굴복한다.
무거운 어깨를 털고
물상들은 몸을 움직이어
노동의 시간을 즐기고 있다.
즐거운 지상의 잔치에
금(金)으로 타는 태양의 즐거운 울림.
아침이면,
세상은 개벽을 한다.

– 박남수, 〈아침 이미지 1〉

㉯ 텔레비전을 끄자
풀벌레 소리
어둠과 함께 방 안 가득 들어온다 [A]
어둠 속에서 들으니 벌레 소리들 환하다
별빛이 묻어 더 낭랑하다
귀뚜라미나 여치 같은 큰 울음 사이에는
너무 작아 들리지 않는 소리도 있다
그 풀벌레들의 작은 귀를 생각한다 [B]
내 귀에는 들리지 않는 소리들이 드나드는
까맣고 좁은 통로들을 생각한다
그 통로의 끝에 두근거리며 매달린
여린 마음들을 생각한다 [C]
발뒤꿈치처럼 두꺼운 내 귀에 부딪쳤다가
되돌아간 소리들을 생각한다
브라운관이 뿜어낸 현란한 빛이
내 눈과 귀를 두껍게 채우는 동안
그 울음소리들은 수없이 나에게 왔다가
너무 단단한 벽에 놀라 되돌아갔을 것이다 [D]
하루살이들처럼 전등에 부딪쳤다가
바닥에 새카맣게 떨어졌을 것이다

크게 밤공기 들이쉬니
허파 속으로 그 소리들이 들어온다
허파도 별빛이 묻어 조금은 환해진다 [E]

– 김기택, 〈풀벌레들의 작은 귀를 생각함〉

07 ㉮, ㉯의 '어둠'에 대한 설명으로 적절하지 않은 것은?

① ㉮에서 '어둠'은 '물상'을 돌려주는 행위의 주체로 표현되고 있다.

② ㉯에서 '어둠'은 '풀벌레 소리'를 도드라지게 하고 있다.

③ ㉮에서는 '어둠'이 사라져 가는 시간을, ㉯에서는 '어둠'이 지속되는 시간을 배경으로 삼고 있다.

④ ㉮에서는 '어둠'이 물러나면서 상황이 변화하고, ㉯에서는 '어둠'이 들어오면서 '방 안'의 분위기가 변화한다.

⑤ ㉮에서는 '어둠'의 생산력을, ㉯에서는 '어둠'의 포용력을 앞세워 '어둠'이 밝음에 순응하는 모습을 부각하고 있다.

08 ㉮에 대한 이해로 가장 적절한 것은?

① '무거운 어깨를 털고'는 지상으로부터 벗어나기 위해 사물들이 몸부림치는 모습을 표현한 것이다.

② '노동의 시간을 즐기고'는 노동의 고단함을 잊기 위해 사물들이 경쾌하게 움직이는 모습을 표현한 것이다.

③ '즐거운 지상의 잔치'는 기존의 사물들이 새로 태어난 사물들을 반갑게 맞이하는 모습을 표현한 것이다.

④ '태양의 즐거운 울림'은 하늘의 태양이 지상에 있는 사물들과 서로 어울려 생기를 띠는 모습을 표현한 것이다.

⑤ '세상은 개벽을 한다'는 사물들이 새로운 형태로 변화하면서 혼란을 겪는 모습을 표현한 것이다.

09 ⓝ의 [A]~[E]에 대한 감상으로 적절하지 <u>않은</u> 것은?

① [A]에서 화자는 '텔레비전'을 끈 후 평소 관심을 두지 못했던 '풀벌레 소리'를 지각하고 있어.

② [B]에서 화자는 '큰 울음'뿐만 아니라 '들리지 않는 소리'도 존재한다는 것을 알게 됨으로써 화자의 인식 범위가 확장되고 있어.

③ [C]에서 화자는 '들리지 않는 소리'의 주체들이 화자 자신 때문에 서로 소통할 수 없게 된 것에 대해 미안함을 느끼고 있어.

④ [D]에서 화자는 자신이 의식하지 못했던 '그 울음소리들'을 떠올리며, 그 소리를 간과했던 삶을 성찰하고 있어.

⑤ [E]에서 화자는 '그 소리들'을 귀로만 듣지 않고 내면 깊숙이 받아들이고 있는 자신의 모습을 확인하고 있어.

유제 · 10~12 — 19 수능 | 풀이 P.63

㉮ 검정 포대기 같은 까마귀 울음소리 고을에 떠나지 않고 [A]
밤이면 부엉이 괴괴히 울어
남쪽 먼 포구의 백성의 순탄한 마음에도
상서롭지 못한 세대의 어둔 바람이 불어오던
— 융희(隆熙) 2년!

그래도 계절만은 천 년을 다채(多彩)하여 [B]
지붕에 박넌출 남풍에 자라고
푸른 하늘엔 석류꽃 피 뱉은 듯 피어
나를 잉태한 어머니는 [C]
짐짓 어진 생각만을 다듬어 지니셨고
젊은 의원인 아버지는
밤마다 사랑에서 저릉저릉 글 읽으셨다

왕고못댁 제삿날 밤 열나흘 새벽 달빛을 밟고 [D]
유월이가 이고 온 제삿밥을 먹고 나서
희미한 등잔불 장지 안에
번문욕례 사대주의의 욕된 후예로 세상에 떨어졌나니

신월(新月)같이 슬픈 제 족속의 태반을 보고
내 스스로 고고(呱呱)* 의 곡성(哭聲)* 을 지른 것이 아니련만 [E]
명(命)이나 길라 하여 할머니는 돌메라 이름 지었다오

– 유치환, 〈출생기(出生記)〉

* 고고 : 아이가 세상에 나오면서 처음 우는 울음소리. * 곡성 : 사람이 죽어 슬퍼서 크게 우는 소리.

(나) **샤갈의 마을**에는 **삼월**에 **눈**이 온다.
봄을 바라보고 섰는 사나이의 관자놀이에
새로 돋은 정맥이
바르르 떤다.
바르르 떠는 사나이의 관자놀이에
새로 돋은 정맥을 어루만지며
눈은 수천수만의 **날개**를 달고
하늘에서 내려와 샤갈의 마을의
지붕과 굴뚝을 덮는다.
삼월에 눈이 오면
샤갈의 마을의 쥐똥만 한 **겨울 열매**들은
다시 **올리브빛**으로 물이 들고
밤에 **아낙**들은
그해의 제일 아름다운 불을
아궁이에 지핀다.

– 김춘수, 〈샤갈의 마을에 내리는 눈〉

---

10 **(가)와 (나)의 공통점으로 가장 적절한 것은?**

① 시간과 관련된 표지를 제시하여 시적 분위기를 조성하고 있다.
② 과거 시제를 사용하여 서사적 사건을 들려주는 형식을 취하고 있다.
③ 시적 상황의 객관적 관찰에 초점을 둠으로써 주관적 의미의 서술을 배제하고 있다.
④ 암울하고 비관적인 정서를 내포한 시어를 사용하여 비극적 상황을 고조하고 있다.
⑤ 자연물을 살아 있는 대상으로 묘사하여 화자가 느끼는 이국적인 세계의 모습을 담아내고 있다.

11 **[A]~[E]에 대한 이해로 적절하지 않은 것은?**

① [A] : 청각의 시각화를 통해 음산한 시적 상황을 조성하고 있다.

② [B] : 시대 상황과 대비되는 자연의 모습을 통해 생명력을 표현하고 있다.

③ [C] : 대구 형식을 활용하여 화자의 출생을 앞둔 집안의 분위기를 드러내고 있다.

④ [D] : 화자가 태어난 날의 상황을 구체적으로 서술하여 출생에 대한 감격을 드러내고 있다.

⑤ [E] : 울음소리에서 연상되는 상반된 의미와 연결하여 화자의 이름이 지어진 이유를 제시하고 있다.

12 **〈보기〉를 참고하여 (나)를 감상한 내용으로 적절하지 않은 것은?**

보기

김춘수는 샤갈의 그림 〈나와 마을〉에서 받은 느낌을 시로 표현함으로써 상호 텍스트성을 구현했다. 올리브빛 얼굴을 가진 사나이와 당나귀가 서로 마주 보고 있는 그림에서 영감을 받은 시인은, "특히 인상 깊었던 것은 커다란 당나귀의 눈망울이었고, 그 당나귀의 눈망울 속에 들어앉아 있는 마을이었다."라고 느낌을 말했다. 또한 밝고 화려한 색감을 지닌 이질적 이미지들의 병치로 이루어진 샤갈의 초현실주의적 그림에 대한 감각적 인상을, 자신의 고향 마을에 투사하여 다양한 이미지의 병치로 변용했다. 이는 봄을 맞이한 생동감과 고향 마을의 따뜻한 풍경에 대한 그리움을 형상화한 것이라고 할 수 있다.

① '샤갈의 마을'은 시인이 그림 속 마을 풍경에서 받은 인상을 자신의 고향 마을에 투사하여 표현한 것이군.

② '삼월에 눈', '봄을 바라보고 섰는 사나이', '새로 돋은 정맥' 등은 시인이 그림 속 이질적 이미지들의 병치를 다양한 이미지들의 병치로 변용하여 봄의 생동감을 형상화한 것이군.

③ '날개', '하늘', '지붕과 굴뚝' 등은 시인이 밝고 화려한 색감을 지닌 그림 속 마을의 모습을 공감각적 이미지의 풍경으로 변용한 것이군.

④ '올리브빛'은 시인이 그림 속에서 영감을 받은 것으로 '겨울 열매들'을 물들이는 따뜻한 봄의 이미지를 표상한 것이군.

⑤ '아낙', '아궁이' 등은 시인이 초현실주의적 그림 속 풍경에 대한 감각적 인상을 고향 마을을 떠올리게 하는 이미지로 전이시킨 것이군.

유제 · **13~14**

헛된 이름 따라 허덕허덕 바삐 다니지 않고,
평생 물과 구름 가득한 마을을 찾아다녔네.
따스한 봄 잔잔한 호수엔 안개가 천 리에 끼었고,
맑은 가을날 옛 기슭엔 달이 배 한 척 비추네.
서울 길의 붉은 먼지 꿈에서도 바라지 않고,
초록 도롱이 푸른 삿갓과 함께 살아간다네.
어기여차 노랫소리는 뱃사람의 흥취이니,
세상에 옥당(玉堂)* 있다고 어찌 부러워하리오.

不爲浮名役役忙　　生涯追逐水雲鄕
平湖春暖烟千里　　古岸秋高月一航
紫陌紅塵無夢寐　　綠蓑靑笠共行藏
一聲欸乃舟中趣　　那羨人間有玉堂

— 설장수, 〈어옹(漁翁)〉

* **옥당** : 문장 관련 업무를 담당한 관청의 별칭

13 위 작품에 대한 설명으로 가장 적절한 것은?

① 대상에 대한 그리움이 창작의 동기가 되고 있다.
② 세속적 이익을 좇지 않는 삶의 자세가 나타나 있다.
③ 인간과 자연의 대비를 통해 주제 의식을 부각하고 있다.
④ 견디기 힘든 현실의 고통을 자연에 의지해 잊고자 한다.
⑤ 현재보다 나은 삶을 살지 못하는 안타까움이 드러나 있다.

14 **위 작품의 화자가 〈보기〉의 ㉠이라고 할 때, 위 작품에 대한 감상으로 적절하지 않은 것은?**

보기

강호(江湖)에서 살아가는 어부를 소재로 한 작품에서 '어부'는 고기잡이를 직업으로 하는 실제 어부, ㉠ 이상적인 생활 공간에서 자신의 삶에 만족하며 살아가는 은자(隱者) 등으로 다양하게 나타난다.

① 화자는 자연을 교감과 소통의 대상으로 인식하고 있기 때문에 '달'에 인격을 부여하여 자연과의 합일을 추구하는군.
② 화자는 고기잡이로 생계를 유지하는 어부가 아니기에 '배 한 척'은 한가롭고 평화로운 생활을 나타내는 소재라고 볼 수 있겠지.
③ 화자는 자신이 긍정하는 삶을 '도롱이' 입고 '삿갓' 쓴 어부로 표상하고 있군.
④ 화자는 자신이 원하는 공간에 존재하고 있기 때문에 즐거운 마음으로 '뱃사람의 흥취'를 느낄 수 있는 것이겠지.
⑤ 화자는 '옥당'이라는 공간과 거리를 둠으로써 자신이 추구하는 삶의 가치를 역설하고 있군.

유제 • 15~17

14 5월 예비시행 A형 | 풀이 P. 66

어느 날 당신과 내가
날과 씨로 만나서
하나의 **꿈**을 엮을 수만 있다면
우리들의 꿈이 만나
㉠한 폭의 비단이 된다면
나는 기다리리, ㉡추운 길목에서
오랜 침묵과 외로움 끝에
한 **슬픔**이 다른 슬픔에게 ㉢손을 주고
한 **그리움**이 다른 그리움의
㉣그윽한 눈을 들여다볼 때
어느 **겨울**인들
우리들의 **사랑**을 춥게 하리
㉤외롭고 긴 기다림 끝에
어느 날 당신과 내가 만나
하나의 꿈을 엮을 수만 있다면

– 정희성, 〈한 그리움이 다른 그리움에게〉

15 **위 작품에 대한 설명으로 적절하지 않은 것은?**

① '기다리리', '춥게 하리' 등의 서술어로 화자의 의지나 신념을 표현하고 있다.
② '~다면', '~끝에' 등의 반복적 사용으로 운율의 효과를 얻고 있다.
③ 반어적 어조를 활용하여 현실에 대한 비판 의식을 드러내고 있다.
④ 불완전한 문장으로 작품을 마무리하여 여운을 주고 있다.
⑤ 수미상관의 방법으로 작품 전체에 안정감을 주고 있다.

16 **〈보기〉의 맥락에서 위 작품을 해석한다고 할 때, 시어에 대한 이해로 가장 적절한 것은?**

보기

(가) 서로 사랑하면서도 맺어지지 못하는 사연으로 고민하는 연인들이 많다.
(나) 해방과 더불어 한반도는 분단 시대의 극복이라는 과제를 안게 되었다.

① '꿈'의 경우 (가)와 (나) 모두에서 현실 도피의 의도를 발견하기 쉽다.
② '슬픔'의 경우 (나)보다는 (가)에서 민족적 한의 정서에 연결되기 쉽다.
③ '그리움'의 경우 (가)보다는 (나)에서 역사적 전망에 연결되기 쉽다.
④ '겨울'의 경우 (나)보다는 (가)에서 억압적 현실을 발견하기 쉽다.
⑤ '사랑'의 경우 (가)보다는 (나)에서 개인적 욕망에 연결되기 쉽다.

17 **㉠~㉤에 대한 감상으로 적절하지 않은 것은?**

① ㉠은 화자의 긍정적 지향점을, ㉡은 화자가 처한 부정적 상황을 드러내고 있어.
② ㉡과 ㉤은 화자가 현재 경험하고 있는 시련의 내용을 보여 주고 있어.
③ ㉢과 ㉣은 '내'가 '당신'과 정서적으로 연대하는 모습을 그리고 있어.
④ ㉢에서 표현된 행위가 ㉤에 나타난 화자의 내적 갈등을 심화하고 있어.
⑤ ㉣에서 표현된 행위는 ㉠을 완성하기 위한 과정으로 볼 수 있어.

㉮ 호르 호르르 호르르르 가을 아침
취어진* 청명을 마시며 거닐면
㉠ 수풀이 호르르 벌레가 호르르르
청명은 내 머릿속 가슴속을 젖어 들어
발끝 손끝으로 새어 나가나니

온 살결 터럭 끝은 모두 눈이요 입이라
나는 수풀의 정을 알 수 있고
벌레의 예지를 알 수 있다
그리하여 나도 이 아침 청명의
가장 고웁지 못한 노래꾼이 된다

수풀과 벌레는 자고 깨인 어린애라
밤새워 빨고도 이슬은 남았다
남았거든 나를 주라
나는 이 청명에도 주리나니
방에 문을 달고 벽을 향해 숨 쉬지 않았느뇨

㉡ 햇발이 처음 쏟아오아
청명은 갑자기 으리으리한 관을 쓴다
그때에 토록 하고 동백 한 알은 빠지나니
오! 그 빛남 그 고요함
간밤에 하늘을 쫓긴 별살의 흐름이 저러했다

온 소리의 앞 소리요
온 빛깔의 비롯이라
㉢ 이 청명에 포근 취어진 내 마음
감각의 낯익은 고향을 찾았노라
평생 못 떠날 내 집을 들었노라

– 김영랑, 〈청명〉

* 취어진 : 계절의 정취에 젖어 든.

㉯ 뒷동산 청솔잎을 빗질해주던 바람이
무어라 무어라 하는 솔나무의 속삭임을 듣고
㉣ 푸른 햇살 요동치는 강변으로 달려갔다 하자.
달려가선, 거기 미루나무에게 전하니
알았다 알았다는 듯 나무는 잎새를 흔들어

강물 위에 짤랑짤랑 구슬알을 쏟아냈다 하자.
그 의중 알아챈 바람이 이젠 그 누구보단
앞들 보리밭에서 물결치듯 김을 매다
이마의 구슬땀 씻어올리는 여인에게 전하니,
여인이야 이윽고 아픈 허리를 곧게 펴곤
눈앞 가득 일어서는 마을의 정자나무를 향해
고개를 끄덕끄덕, 무언가 일별을 보냈다 하자.

ⓜ 아무려면 어떤가, 산과 강과 들과 마을이
한 초록으로 짙어가는 오월도 청청한 날에,
소쩍새는 또 바람결에 제 한 목청 다 싣는 날에.

– 고재종, 〈초록 바람의 전언〉

---

18 ㉮와 ㉯에 대한 설명으로 가장 적절한 것은?

① ㉮와 ㉯는 가정의 진술을 활용하여 현실과 이상의 거리감을 드러내고 있다.
② ㉮와 ㉯는 각각 동일한 종결 어미의 반복을 활용하여 리듬감을 형성하고 있다.
③ ㉮와 ㉯는 화자의 시선이 화자 내면에서 외부 세계로 이동하는 방식으로 시상을 전개하고 있다.
④ ㉮는 여정에 따른 공간의 이동을 통해, ㉯는 계절의 흐름에 따른 대상의 변화를 통해 풍경을 묘사하고 있다.
⑤ ㉮는 종교적 관념에 대한 사색을 바탕으로, ㉯는 일상생활에서 깨달은 바를 바탕으로 주제를 구체화하고 있다.

19 ㉠~ⓜ에 대한 이해로 적절하지 않은 것은?

① ㉠은 청각적 심상을 활용하여 산뜻한 가을 아침에 대한 화자의 인상을 표현하고 있다.
② ㉡은 청명한 날이 으리으리한 관을 쓴다는 비유를 활용하여 햇빛이 쏟아지는 순간의 아름다운 모습을 표현하고 있다.
③ ㉢은 청명한 가을날에 느끼는 마음을 고향의 낯익음에 비유하여 지나가는 가을에 대한 아쉬움을 드러내고 있다.
④ ㉣은 역동적인 이미지를 활용하여 바람이 부는 강변의 풍경을 감각적으로 표현하고 있다.
⑤ ⓜ은 청청한 날의 정경에 대한 화자의 반응을 제시하여 시적 상황에 대한 정서를 집약적으로 드러내고 있다.

20 **〈보기〉를 참고하여 ㉮와 ㉯를 감상한 내용으로 적절하지 않은 것은?**

보기

자연은 시인에게 상상력의 주요한 원천이 되어 왔다. 그중 생태학적 상상력은 생태계 구성원 간의 관계에 주목한다. 생태학적 상상력은 모든 생태계 구성원을 평등한 존재로 보는 데에서 출발하여, 서로 교감·소통하며 유대감을 느끼는 관계로, 나아가 영향을 주고받는 순환의 관계로 인식한다. 생태학적 상상력을 통해 시인은 자연의 근원적 가치와, 인간과 자연의 조화로운 관계를 드러내며 궁극적으로는 이들을 하나의 생태 공동체로 형상화한다.

① ㉮에서 화자가 '온 살결 터럭 끝'을 '눈'과 '입'으로 삼아 자연을 대하는 것은 인간과 자연 간의 교감을, ㉯에서 '바람'이 '뒷동산 청솔잎을 빗질'하는 것은 자연과 자연 간의 교감을 드러내는군.

② ㉮에서 화자가 '수풀의 정'과 '벌레의 예지'를 '알 수 있다'고 하는 것과 ㉯에서 '솔나무'가 '무어라' 하고 '미루나무'가 '알았다'고 하는 것은 구성원들이 서로 소통하는 조화로운 생태계의 모습을 보여 주는군.

③ ㉮에서 화자가 '수풀'과 '벌레'의 소리를 듣고 '나도' 청명함의 '노래꾼이 된다'고 하는 것과 ㉯에서 '솔나무의 속삭임'을 '바람'이 '미루나무'에게 전하고, 이를 '여인'도 '정자나무'에게 전하는 것은 자연과 인간 간의 유대감을 드러내는군.

④ ㉮에서 화자가 '동백 한 알'이 떨어지는 모습에서 '하늘'의 '별살'을 떠올린 것과 ㉯에서 화자가 '잎새'의 흔들림에서 반짝이는 '구슬알'을 떠올린 것은 생명의 탄생을 계기로 순환하는 생태계의 질서를 보여 주는군.

⑤ ㉮에서 자연을 '온 소리의 앞 소리'와 '온 빛깔의 비롯'이라고 표현한 것은 근원적 존재로서의 자연의 가치를, ㉯에서 '오월'에 '산'과 '마을'이 '한 초록으로 짙어' 간다고 표현한 것은 인간과 자연이 하나가 되어 가는 생태 공동체를 형상화하는군.

Day 13

산문 문학 : 시험에 나오는 실전 이론

앞에서 했던 말을 다시 인용하겠습니다. "제가 수험생 시절에 애매했던 것은 대체 시험을 위해 문학 이론을 어디까지 배우고 알아야 하는지였습니다. ~ 이 정도만 확실하게 알고 있으면, 이론을 몰라서 문제를 틀리는 일은 없다는 점을 보여 드리고자 합니다."

001 소설의 3요소, **소설 구성의 3요소**

우리는 이미 앞에서 많은 이론을 배웠습니다. 이는 산문 문학에도 그대로 적용됩니다. 산문 문학에서만 쓰이는 특수한 이론은 그리 많지 않습니다. 가령 '작품 감상'에서 배웠던 표현론, 효용론, 반영론 등은 그대로 산문 문학에도 적용됩니다.

이제부터 소설을 중심으로 희곡·시나리오 등의 갈래까지 접근할 것입니다. 물론 운문 문학과 마찬가지로 기초적인 이론에 대한 공부가 우선되어야 합니다. 이를 바탕으로 어떻게 문학 작품을 '관찰'하는지 배우고, 이후 구체적으로 작품을 다루고 문제까지 풀어 보도록 하겠습니다.

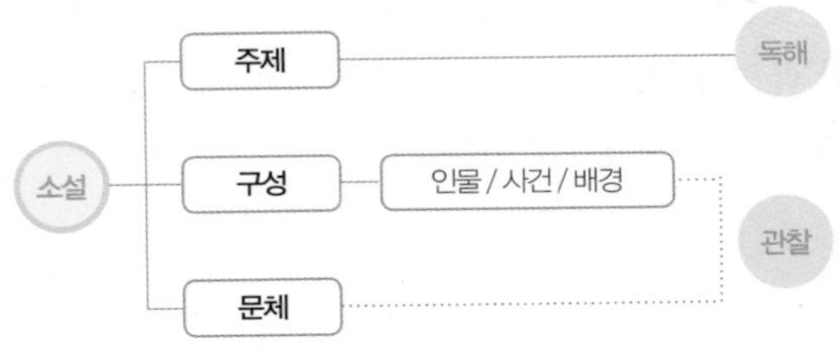

❶ 주제 : 작품의 근본적인 의미입니다. 다만 특별한 것이 아니므로 기존 비문학 독해처럼 접근하면 됩니다.

❷ 구성 : 소설에는 '인물 – 사건 – 배경'이라는 '소설 구성의 요소'가 있습니다.

- **인물** : 작품 속에서 사건을 진행해 나가는 주체가 됩니다. 대개 학생들은 '착한 사람 vs 나쁜 사람'으로 나누고는 합니다. 항상 그렇지는 않지만 그렇게 구분할 수 있으면 보다 쉽게 작품에 접근할 수 있습니다.
- **사건** : 등장인물들이 겪는 갈등을 중심으로 사건이 발생합니다. '갈등'이 있어야 재미가 있습니다.
- **배경** : 인물이 등장하고 사건이 발생하는 시간과 장소, 상황 등을 말합니다. 앞의 두 요소들에 비해서 중요도가 낮은 편입니다. 어떤 작품의 경우에는 아예 배경을 짐작할 수 없기도 합니다.

❸ 문체 : 주제와 구성을 구체적으로 표현하는 문장이 가진 특색이라 할 수 있습니다. 이론을 배운 후에만 정확히 관찰할 수 있습니다. 가령 '구어체로 이루어져 있다'라는 선택지를 판단하기 위해서는 구어체의 개념을 정확히 알아야 할 것입니다.

002 서술 : **시점, 제시 방식**

소설의 시점은 가장 기본적인 이론입니다. 각 시점이 무엇을 의미하는지 정확한 개념을 아는 것도 중요하지만, 사례를 보고 어떤 시점인지 구분할 수 있는 능력을 기르는 것이 더 중요합니다. 수능에서는 서술 방식을 물어보거나 전달자가 변화하는지 여부를 물어보는 방식으로 시점 문제가 출제됩니다.

1. 1인칭 시점 ★

작품 속에 '나'가 나옵니다. '나'가 주인공인지 주변 인물인지에 따라 시점이 나뉩니다.

1 주인공 시점

작품 속에 등장하는 '나'라는 주인공이 서술자가 되어서 이야기를 전개하는 시점입니다. 모든 사건의 중심에는 '나'가 있게 됩니다.

버스에 올라탄 선생님이 나를 향해 손을 흔든다. 선생님의 손 뒤로 공장 굴뚝이 울뚝울뚝하다. 처음으로 공장 속에서 사람을 만난 것 같다. 버스가 떠난 자리에 열일곱의 나, 우두커니 서 있다. 선생님의 손길이 남아 있는 내 어깨를 내 손으로 만져 보며.

– 신경숙, 〈외딴 방〉

2 관찰자 시점

작품 속에서 '나'와 '주인공'이 분리된 경우입니다. 사건은 주인공의 행동에 의해서 전개되고, '나'는 이를 관찰하며 이야기를 전달합니다. 경우에 따라 '나'도 작품 속에서 특정 역할을 담당할 수 있지만 주인공은 아닙니다.

나는 처음 관상소에서 그를 보았을 때부터 "하도 지모가 나지 않아 육효를 뽑아 보았노라." 한 것을 들은 일이 있어서 그가 평소에 얼마나 이 '지략'과 '조화'를 부려 보고 싶어 하는 위인인가를 짐작은 할 수 있었지만 이와 같이 언제나 몸에 지닌 솔잎 한 줌과 네 귀 모지라진 주역 속에서 우러난 음양 오행의 지모 조화가 겨우 '쇠똥 위에 개똥 눈' 흙가루 약과, 친구에게 책상을 들리우고 다니는 것쯤인가고 생각할 때 나 자신도 모르게 한숨이 새어 나왔다.

– 김동리, 〈화랑의 후예〉

2. 3인칭 시점 ★★

3인칭 시점에서 서술자는 이야기 구조 바깥에서 작품을 서술합니다.

1 전지적 작가 시점

'전지적(全知的)'은 '모든 것을 다 알고 있다'라는 의미입니다. 말 그대로 서술자는 작품 속 모든 것을 다 알고 있습니다. 곧, 사건이 어떻게 흘러가고 인물의 심리가 어떠한지 다 알고 있습니다.

그런데 여기서 ① 서술자가 모든 인물에 대해서 동일하게 서술하고 있는지, ② 한 인물을 중심으로 서술하고 있는지 구분하는 것이 중요합니다. 최근 이 부분에서 문제가 꽤 출제되고 있습니다.

① 모든 인물에 대해 동일하게 서술

젊은이는 사내가 새를 사 주지 않는 데 대한 원망의 기색은 손톱만큼도 나타내지 않았다. 그는 될수록 사내가 난처해질 소리들만 골라서 그를 괴롭게 몰아붙이는 것이었다. 그리하여 결국은 사내 스스로가 견디질 못하고 가게를 떠나게 하려는 것이었다.

(중략)

사내는 좀처럼 젊은이의 새 가게를 떠날 생각을 않고 있었다. 아니 그는 젊은이의 그런 버릇없는 공박 따위로 가게를 아주 떠나 버릴 처지의 사람이 아니었다. – 이청준, 〈잔인한 도시〉

| 서술 구조 분석 |

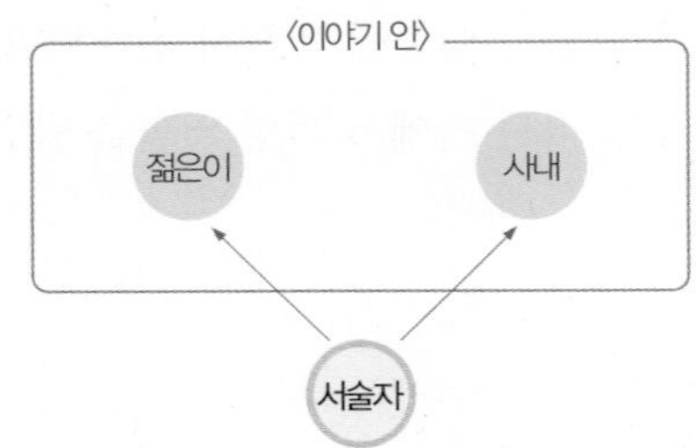

② 한 인물을 중심으로 서술(제한적 전지적 작가 시점)

서술자가 어떤 특정 등장인물의 시각에서 서술을 하는 시점입니다. 문제에서는 '특정 인물의 회상을 중심으로 이야기를 전개하고 있다.', '특정 인물의 시각에서 사건을 서술하고 있다.'와 같은 선택지로 제시됩니다. 시험에 자주 출제되고 있으니 주의해야 합니다. 앞에서 제시한 선택지는 둘 다 적절하여 답이 된 내용으로서 2018학년도 9월, 2011학년도 6월 평가원

모의고사에서 쓰인 표현입니다.

이 시점은 어떤 특징이 있을까요? 아래 작품처럼 서술자가 '시우'라는 등장인물의 시각에서 서술한다면, 일단 전지적 시점이므로 '시우'에 대해서는 다 알고 있으나 동시에 제한적 전지적 시점이므로 시우의 눈을 통해 인물이나 사건을 바라볼 때는 마치 관찰자와 같은 상황입니다.

이 선생이 누누이 들려준 말처럼 시우는 아무리 사태가 불리하다 하더라도 1년 미만 징역에 2년 집행 유예로 나갈 줄 알았다. 그런데 이 선생이 올린 항소가 고법에서 기각되고 형이 확정되자, 자기만 억울하게 함정에 빠진 듯했고, 사모님은 물론 가족마저도 돈에 눈이 어두워 자기를 속임수에 이용하는 듯하여 죽고 싶은 생각뿐이었다. 그러나 종우 형 면회가 있고부터 그는 한결 새 희망을 가지게 되었다.

(중략)

멀찌감치 선 간수 귀를 피해 귀엣말로 종우 형이 이렇게 말할 때, 두 형제는 함께 울었다. 시우는 검게 탄 형의 거친 뺨을 타고 흘러내리는 눈물을 보았다. 철창 사이로 굳게 잡은 형의 억센 손이 떨리고 끝내 꺼억거리며 흐느낄 때, 시우는 여지껏 침묵한 채 참아 왔듯 몇 달을 참기로, 무슨 일이 있더라도 몇 달 감옥 생활을 이겨 내기로 결심했다.

– 김원일 〈잠시 눕는 풀〉

| 서술 구조 분석 |

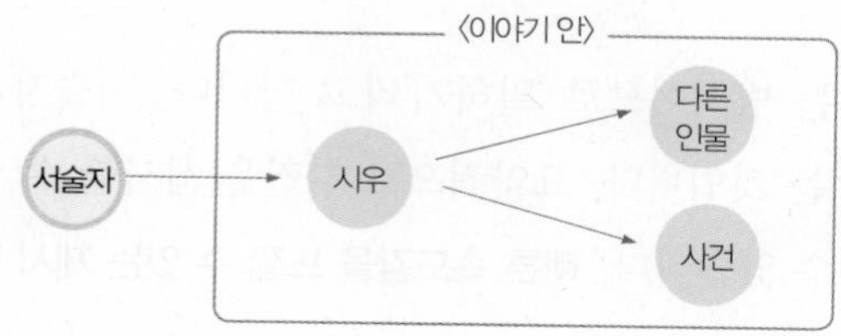

2 작가 관찰자 시점(3인칭 관찰자 시점)

서술자가 자신의 주관을 드러내지 않고 '관찰자'로서 객관적인 태도를 취하는 경우입니다. 서술자는 등장인물의 행동, 대화 등을 있는 그대로 묘사할 뿐 그에 대해 어떠한 해설이나 평가를 하지 않습니다(다만 수능에서는 3인칭 시점을 출제할 때 전지적 작가 시점 중 일반적인 전지적 시점이냐 제한적 전지적 시점이냐 정도를 물어보고는 합니다. 관찰자 시점은 거의 출제되지 않으니 주의할 필요가 있습니다. 가령 선택지 중 '객관적 시점으로 서술하고 있다.' 등을 확인할 수 있어야 합니다.).

가까스로 매듭이 풀린다. 매듭이 풀리자마자 쓰레기 한 움큼이 튀어 올라 욕조 안에 흩어진다. 먼지가 엉킨 머리카락과 담배꽁초가 한데 뒤범벅이 되어 있다. 낚시 의자를 가지고 와 욕조 앞에 펼쳐 놓고 걸터앉는다. 남자는 다시 고무장갑을 끼고 쓰레기들을 유심히 살피기 시작한다. 목욕탕의 백열등은 얼마 전 100와트짜리로 바꾸어 끼었다. 눈이 부실 정도로 목욕탕 안은 밝다. 머리카락의 길이는 20센티미터가 훌쩍 넘는 것들이다. 필터 끝까지 타들어 간 담배꽁초를 집어 든다. 필터 끝에마다 잇자국이 나 있다. 욕조 안에 펼쳐 놓은 쓰레기를 들여다보면서 무릎을 포개고 그 위에 수첩을 펼쳐 놓는다. – 하성란, 〈곰팡이 꽃〉

3. 시점의 변화 ★

한 작품 내에서 서술자의 시점 변화가 일어나는지를 판단하면 됩니다. 가령 서술자가 1인칭의 '나'였다가 어느 순간부터 전지적 작가 시점이 된다든지 하는 경우입니다.

4. 제시 방식 ★★★

소설 문제에서는 제시 방식을 특별히 강조하고 있습니다. 직접 제시와 간접 제시, 서술자의 개입 여부까지 물어볼 수 있으니 정확하게 공부해야 하겠습니다.

1 직접 제시(말하기)

서술자가 인물에 대한 정보를 직접 설명해 주는 방식이므로 '말하기'라고 합니다. 서술자가 인물에 대한 모든 정보(심리, 성격 등)를 설명해 주는 것입니다. 요약적으로 사건을 제시할 수 있기 때문에 상대적으로 사건 진행 속도를 높일 수 있습니다. **빠른 속도감을 느낄 수 있는 제시 방식**입니다.

철수는 누군가를 초조한 마음을 가지고 기다리고 있었다.

2 간접 제시(보여주기)

서술자가 인물의 행동을 묘사하거나 대화를 제시하는 방식을 통해 구체적인 장면을 보여 주기 때문에 '보여주기'라고 합니다. 서술자가 직접적인 설명을 하는 것이 아니라 독자가 마치 연극을 보듯이 인물의 성격 등을 스스로 파악해야 합니다. 때문에 이러한 제시를 가리켜 '극적 제시'라고 하기도 합니다('극적인 장면이다!'와 같은 것과는 구분할 수 있어야 합니다). 직접 제시와 비교했을 때는 상대적으로 **사건 진행 속도가 느려서 속도감을 느끼기 어려울** 수 있습니다.

철수는 의자에 앉았다 일어섰다 하면서 연신 창밖을 내다보고 있었다.

3 서술자의 개입

서술자는 고전 소설 등에서 자신의 목소리를 직접 드러내는 식으로도 등장합니다. 수능 문제에서는 이러한 서술자의 개입이 '있느냐/없느냐' 정도만 파악하면 답을 고를 수 있게 출제되고 있습니다.

교씨는 눈물을 거두며 대답했다.

"그같이 조치하시다니……. 이제 첩의 원한이 거의 풀렸습니다. 하지만 부인의 자리를 첩이 어찌 감당하겠습니까?"

한림은 즉시 일가들에게 통지하여 아침에 모두 사당 아래로 모이게 했다.

아아! 유 소사는 지하에서 일어날 수 없고 두 부인도 만 리나 멀리 떠났으니, 누가 한림의 뜻을 돌릴 수 있겠는가?

여러 시비들이 달려가 사씨에게 그 전말을 고하고 통곡하였다.

– 김만중, 〈사씨남정기〉

예제 · 01~02

◎ 14 5월 예비시행 A형

집에서 나온 것이 아홉 시쯤, 그래서 김 반장도 가겟방에 놓은 흑백텔레비전으로 저녁 뉴스를 시청하느라고 내가 나온 것도 모르고 있었다. 장가들면 색시가 컬러텔레비전을 해올 것이므로 굳이 바꿀 필요 없다고 고물 텔레비전으로 견디어 내는 김 반장의 등허리를 흘낏 쳐다보고 나는 신발까지 벗고 의자 위에 냉큼 올라앉았다. 잠이 오면 탁자에 엎드려 한숨 졸고 있어 볼 생각으로 나는 가물가물 감기는 눈을 비비며 이리저리 몸을 뒤척이고 있었다. 거리는 그날따라 유난히 한산했고 지물포나 사진관도 일찌감치 아크릴 간판에 불을 꺼 둔 채였다. 우리정육점은 휴일인지 셔터까지 내려져 있었다. 그 옆의 서울미용실은 경자 언니가 출퇴근을 하기 때문에 아홉 시만 되면 어김없이 불을 꺼 버린 채였다. 형제슈퍼에서 공단 쪽으로 난 길은 공터가 드문드문 박혀 있어서 원래 칠흑같이 어두웠다. 한 블록쯤 가야 세탁소가 내비치는 불빛이 찌끔 새어 나올 뿐이고 포장도 안 된 울퉁불퉁한 소방 도로 옆으로는 자갈이며 벽돌 따위가 쌓여 있었다.

[A] 바로 그때 공단 쪽으로 가는 어두운 길에서 뭔가 비명소리도 같고 욕지기를 참는 안간힘 같기도 한 소리가 들려왔다. 아니, 그때 나는 비몽사몽 졸음 속에서 헤매고 있었기 때문에 정확하게 어떤 소리를 들은 것은 아니었다. 이제 생각하면 그 순간에는 분명 잠에 흠뻑 취해 있었음이 분명했다.

그럼에도 불구하고 그 소리를 들었던 것처럼 생각된 것은 꿈속에까지 쫓아와 악다구니를 벌이고 있는 엄마와 아버지의 모습을 보고 있었던 탓인지도 몰랐다. 하여간 허공을 가르는 비명소리가 꿈속이었거나 생시였거나 간에 들려왔던 것은 사실이었다. 움찔 놀라며 눈을 떴을 때는 이미 누군가가 어둠을 뚫고 뛰쳐나와 필사적으로 가게를 향해 덮쳐 오는 중이었다. 그리고 그 뒤엔 덫에서 뛰쳐나온 노루 새끼를 붙잡으러 온 것이 확실한 젊은 사내 둘이 가쁜 숨을 몰아쉬며 쫓아오고 있었다. (중략)

가게 앞에 서서, 씩씩 가쁜 숨을 몰아쉬며 이마의 땀을 훔치고 있는 사내는 두 개의 웃저고리를 한 손에 거머쥐고 있었다. 그도 당연히 러닝셔츠 바람이었지만 소매도 달린, 점잖은 흰색이었으므로 빨간 셔츠에 비해 훨씬 온순하게 보여졌다.

도대체 무슨 일일까. 호기심을 이기지 못한 나는 가게 옆구리의 샛문을 통해 안을 들여다보았다. 그 새 사내의 발길에 차여 버린 도망자가 바닥에 엎어져 있었고 김 반장이 만약을 위해 사내 주변의 맥주 박스를 방 안으로 져 나르면서 뭐라고 소리치고 있었다. / "김 형, 김 형 …… 도와주세요."

쓰러진 남자의 입에서 이런 말이 가느다랗게 흘러나온 것은 그 순간이었다. 그와 동시에 빨간 셔츠의 사내가 다시 쓰러진 자의 등허리를 발로 꽉 찍어 눌렀다.

"이 새끼, 아는 사이요? 그러면 당신도 한번 맛 좀 볼 텐가?"

맥주병을 거꾸로 쳐들고 빨간 셔츠가 소리 질렀다. 김 반장의 얼굴이 대번에 하얗게 질려 버렸다.

"무, 무슨 소리요? 난 몰라요! 상관없는 일에 말려들고 싶지 않으니까 나가서들 하시오."

그때 바닥에 쓰러져 버둥거리던 남자가 간신히 몸을 비틀고 일어섰다. 코피로 범벅이 된 얼굴이 슬쩍 드러나 보였는데 세상에, 그는 몽달 씨임이 분명하였다. 그러고 보니 빛바랜 바지와 물들인 군용 점퍼 밑에 노상 껴입고 다니던 우중충한 남방셔츠가 틀림없는 몽달 씨였다. 아까는 워낙 눈 깜짝할 사이에 가게 안으로 뛰어들었기 때문에 얼굴을 볼 겨를이 없었다.

"이 짜식, 어디로 토끼는 거야! 너 같은 놈은 좀 맞아야 돼."

흰 이를 드러내며 빨간 셔츠가 으르렁거렸다. 순간 몽달 씨가 텔레비전이 왕왕거리고 있는 가겟방을 향해 튀었다. 방은 따로이 바깥쪽으로 난 출입구가 있었기 때문이었다. 그러나 몽달 씨보다 더 빠른 동작으로 방문을 가로막아 버린 사람이 있었다. 바로 김 반장이었다.

"나가요! 어서들 나가요! 싸우든가 말든가 장사 망치지 말고 어서 나가요!"

빨간 셔츠가 몽달 씨의 목덜미를 확 낚아챘다. 개처럼 질질 끌려나오는 몽달 씨를 보더니 밖에 있던 흰 러닝셔츠가 찌익, 이빨 새로 침을 뱉어 냈다. 두 사람 다 술기운이 벌겋게 오른, 번들거리는 눈자위가 징그러웠다. 나는 재빨리 불빛이 닿지 않는 구석으로 몸을 피했다. 무섭고 또 무서웠다. 저렇게 질질 끌려가는 몽달 씨를 위해서 내가 해야 할 일이 무엇인지 알 수가 없었다. 도무지 가슴이 떨려 숨도 크게 쉬지 못할 지경이었는데도 김 반장은 어지러진 가게를 치우면서 밖은 내다보지도 않았다.

– 양귀자, 〈원미동 시인〉

---

01 **[A]의 서술상 특징에 대한 설명으로 가장 적절한 것은?**

① 전지적 시점을 유지하여 서술의 일관성을 확보한다.

② 자기 경험을 직접 서술하여 사건의 전모를 드러낸다.

③ 관찰자 시점으로 전환하여 상황을 실감나게 묘사한다.

④ 제삼자의 시점에서 사건에 대해 치우침 없는 판단을 제시한다.

⑤ 현재 '나'의 시각으로 과거의 사건을 서술하고 있음을 드러낸다.

02 **'김 반장'에 대한 평가로 가장 적절한 것은?**

① 세태에 휩쓸리지 않는 주체적 인물이다.

② 사태를 공정하게 판단하는 중립적 인물이다.

③ 공동체의 가치를 파괴하는 부도덕한 인물이다.

④ 상황을 모면하는 데 급급한 이해타산적 인물이다.

⑤ 모두의 입장을 공평하게 수용하는 개방적 인물이다.

문제 풀이

01번 시점에 관한 지식을 거의 직접적으로 물어보는 문제입니다. '나는 ~'에서 1인칭 시점임을 알 수 있기 때문에 그렇지 않은 선택지는 우선 답이 될 수 없습니다. 또한 '이제 생각하면'에서 [A]의 장면이 과거의 사건임을 확인할 수 있습니다. **답** ⑤

02번 정답은 '이해타산적 인물'입니다. 그런데 지문에서는 이 인물에 대해 직접적으로 '이해타산적'이라고 언급하지는 않습니다. 다만 도와달라는 '몽달 씨'의 말에 "난 몰라요!"라고 하며 자신에게 피해가 미칠까 두려워 몽달 씨를 외면하는 김 반장의 모습에서 이를 간접적으로 파악할 수 있습니다. 이것이 '간접 제시'입니다. **답** ④

예제 • 03 20 수능

한 평도 채 안 되는 구멍가게는 중풍으로 쓰러져 정상적 건강 상태가 아니었던 아버지의 유일한 수입원이자 생존 이유였다. 때문에 ㉠ <u>그 구멍가게에 대한 아버지의 몰두와 자존심은 각별했다.</u>

한번은 내가 아버지가 가게를 잠깐 비운 사이에 겉에 허연 인공 설탕 가루를 묻힌 '미키대장군'이라는 캐러멜을 하나 아무 생각 없이 널름 집어먹은 적이 있었다. 하나에 이 원, 다섯 개에 십 원이었다. 잠시 뒤에 돌아온 아버지는 단박에 그 사실을 알아채고는 불같이 화를 내며 내 목덜미에 당수를 한 대 세게 내려꽂는 것이었다. 그 캐러멜 갑 안에 미키대장군이 몇 개 들어 있는지조차 훤히 꿰차고 있는 아버지였다.

— 이런 민한 종간나래! 얌생이처럼 기러케 쏠라닥질을 허자면 이 가게 안에 뭐이가 하나 제대로 남아나겠니, 응?

그러고 나서는 좀 머쓱했는지 입이 한 발쯤 튀어나와 뾰로통해서 서 있는 내게 미키대장군 네 개를 집어 내미는 거였다. 어차피 짝이 맞아야 파니까니, 하면서 억지로 내 손아귀에 쥐어 주었다. ㉡ <u>나는 그 무허가 불량 식품인 캐러멜 네 개가 끈끈하게 녹아내릴 때까지 먹지 않고 쥔 채 서 있었다.</u>

— 늴큼 털어 넣지 못하겠니, 으잉?

목덜미에 아버지의 가벼운 당수를 한 대 더 얻은 다음에야 한입에 털어 넣고 돌아서 나왔다. 아버지도 가게 일을 수월하게 보려면 잔심부름꾼인 나를 무시하고는 아쉬울 때가 많을 터였다. 워낙 짧은 밑천으로 가게를 꾸려 가자니 아버지는 물건 구색을 맞추느라 하루에도 많을 때는 세 번까지 시장통 도매상으로 정부미 포대를 거머쥐고 종종걸음을 쳐야 했고, 막내인 나는 번번이 아버지의 뒤로 팔을 늘어뜨린 채 졸졸 따를 수밖에 없었다.

그땐 그게 죽도록 싫었다. 하마 시장통에서 야구 글러브를 끼거나 조립용 신형 무기 장난감 상자를 든 반 친구를 만나거나, 심지어 과외나 주산 학원을 가는 여자 아이들을 만나는 날에는 정말 그 자리에서 혀를 빼물고 죽고 싶은 생각뿐이었다.

(중략)

어느 날이었다. 아버지와 나는 앞서거니 뒤서거니 하면서 그 정부미 자루를 날라 왔다. 그런데 집에 도착해 한숨을 돌린 뒤 자루를 풀고 물건을 정리해 보니 스무 병이 와야 할 소주가 두 병이 모자란 채 열여덟 병만 온 것이었다.

㉢ 아버지의 얼굴은 맞보기가 민망할 정도로 금세 하얗게 질렸다. 왜냐하면 그 덜 온 두 병을 빼고 나면 나머지 것들을 몽땅 팔아 봤자 결국 본전치기일 뿐이었기 때문이다. 아버지는 내 등을 떼밀어 물건을 받아 온 수도상회의 혹부리 영감한테 내려보냈다. 아버지는 말주변도 말주변이었지만 중풍 후유증 때문에 약간의 언어 장애가 있어 일부러 나를 보냈던 것이다.

— 뭐 하러 왔네?

가게 안에 북적거리는 손님들에게 셈을 치러 주느라 몇 번이고 주판알을 고르는 데 바쁜 혹부리 영감의 눈길을 잡아 두는 데 성공한 나는 더듬더듬 자초지종을 말했다. 그러나 귓등에 연필을 꽂은 채 심술이 덕지덕지 모여 이뤄진 듯한 왼쪽 이마빡의 눈깔사탕만 한 혹을 어루만지며 듣던 ㉣ 혹부리 영감은 풍기 때문에 왼쪽으로 힐끗 돌아간 두터운 입술을 떠들쳐 굵은 침방울을 내 얼굴에 마구 튀겼다. 애초 자기 눈앞에서 까 보이지 않은 것은 인정할 수 없다며 막무가내였다. 나중엔 아버지까지 함께 내려가서 하소연을 해 봤지만 돌아온 대답은 정 그렇게 우기면 거래를 끊겠다는 협박성 경고뿐이었다. 거래가 끊긴다면 아버지한테는 큰 타격이 아닐 수 없었다.

혹부리 영감은 아버지한테 무슨 큰 특혜를 내려 주듯이 거래를 터 준다고 허락을 놓았었다. 같은 함경도 동향이기 때문이라는 말을 덧붙이면서. 하긴 혹부리 영감한테는 매번 소주 열 병 안짝에다 새우깡 열 봉지, 껌 대여섯 개, 빵 예닐곱 개 등 일반 소매 가격 구매자보다 더 많은 물건을 떼어 가지도 않으면서 부득부득 도맷값으로 해 달라고 통사정을 해 쌓는 아버지 같은 사람 하나쯤 거래를 끊어도 장부상 거의 표가 나지 않을 것이었다.

결국 아버지는 자신의 과오를 인정하지 않을 수 없었다. ㉤ 당신의 자그마한 구멍가게로 돌아와 나머지 열여덟 병의 소주를 넋 나간 사람처럼 쓰다듬던 아버지는 기어코 아들인 내 앞에서 눈물을 보이고 말았다. 아! 아버지…….

– 김소진, 〈자전거 도둑〉

〈보기〉를 참고할 때, ㉠~㉤에 대한 반응으로 적절하지 않은 것은?

보기

이 소설의 서술자인 성인 '나'는 주로 세 가지 서술 방식을 활용한다. 첫째는 서술자가 등장인물의 내면 심리나 사건을 설명하는 것이다. 이 경우 독자는 서술자의 해석을 통해 사건을 이해하게 된다. 둘째는 서술자가 인물의 외양이나 행위만을 묘사하는 것이다. 이 경우 독자는 그 묘사가 갖는 의미를 스스로 해석해야 한다. 셋째는 서술자가 유년 '나'로 시선을 제한하여 유년 '나'의 눈에 보이는 다른 인물의 외양이나 행위를 묘사하는 것이다. 이 경우 독자는 사건의 현장을 직접 보는 듯한 느낌을 가질 수 있으며, 둘째 방식에서처럼 그 묘사에 대해 해석해야 한다. 셋째 방식에 유년 '나'의 심리가 함께 서술되면 독자는 인물의 심리에 쉽게 공감하게 된다.

① ㉠ : 서술자가 아버지의 내면을 설명하여 독자는 서술자의 해석을 통해 상황을 이해하겠군.

② ㉡ : 서술자가 유년 '나'의 행위를 묘사하여 독자는 그 행위가 갖는 의미를 스스로 해석하겠군.

③ ㉢ : 유년 '나'로 시선을 제한하여 아버지의 내면이 직접적으로 서술되지 않았다고 생각한 독자라면 아버지의 내면을 스스로 해석하겠군.

④ ㉣ : 유년 '나'로 시선을 제한하여 혹부리 영감의 모습과 행동을 묘사했다고 생각한 독자라면 장면을 직접 보는 듯한 느낌을 받겠군.

⑤ ㉤ : 유년 '나'로 시선을 제한하여 아버지의 행위와 표정을 묘사하면서 유년 '나'의 심리를 함께 제시하여 독자는 그 심리에 공감하겠군.

문제 풀이

〈보기〉를 확인하면 이 작품에는 세 가지 서술 방식이 활용됩니다. 각 서술 방식이 어떤 것인지 정확히 확인해야 합니다. 선택지는 〈보기〉의 내용을 반영하되 작품과도 일치하는 것이어야 합니다.

① ㉠ : 서술자가 아버지의 내면을 설명하여 독자는 서술자의 해석을 통해 상황을 이해하겠군.

〈보기〉에서 "이 경우 독자는 서술자의 해석을 통해 사건을 이해"하게 된다고 하니 적절한 서술입니다. 작품에서 "아버지의 몰두와 자존심은 각별"했다며 아버지의 내면이 설명되고 있습니다. 아버지가 그랬는지 아닌지는 아버지만 알 수 있는데 이를 설명하고 있기 때문입니다.

② ㉡ : 서술자가 유년 '나'의 행위를 묘사하여 독자는 그 행위가 갖는 의미를 스스로 해석하겠군.

〈보기〉에서 "독자는 그 묘사가 갖는 의미를 스스로 해석"해야 한다고 하니 적절한 서술입니다. 작품에서도 "나는 ~ 서 있었다."라며 '나'의 행위를 묘사하고 있습니다.

③ ㉢ : 유년 '나'로 시선을 제한하여 아버지의 내면이 직접적으로 서술되지 않았다고 생각한 독자라면 아버지의 내면을 스스로 해석하겠군.

◎ 〈보기〉에서 "둘째 방식에서처럼 그 묘사에 대해 해석"해야 한다고 하니 적절한 서술입니다. 작품에서도 '나'의 시선으로 아버지의 외양, 행동을 묘사하고 있으니 적절하다 할 수 있습니다.

④ ㉣ : 유년 '나'로 시선을 제한하여 혹부리 영감의 모습과 행동을 묘사했다고 생각한 독자라면 장면을 직접 보는 듯한 느낌을 받겠군.

◎ 〈보기〉에서 "이 경우 독자는 사건의 현장을 직접 보는 듯한 느낌"을 가질 수 있다고 하니 적절한 서술입니다. 작품에서도 혹부리 영감에 대한 관찰 내용을 서술하고 있으니 적절하다 할 수 있습니다.

⑤ ㉤ : 유년 '나'로 시선을 제한하여 아버지의 행위와 표정을 묘사하면서 유년 '나'의 심리를 함께 제시하여 독자는 그 심리에 공감하겠군.

◎ 〈보기〉에서는 "셋째 방식에 유년 '나'의 심리가 함께 서술되면 독자는 인물의 심리에 쉽게 공감"하게 된다고 서술합니다. 즉, 작품에서 유년 '나'의 심리가 함께 서술되어야 합니다. 그런데 작품에서는 '나'의 심리가 함께 서술되고 있지 않습니다. 따라서 적절한 서술이 아닙니다. **답 ⑤**

예제 • 04 ◎ 18 9월 평가원모의

그렇게…… 그렇게도 배가 고프디야. / 그 넓은 운동장을 다 걸어 나올 때까지 불현듯 어머니의 입에서 새어 나온 말은 꼭 그 한마디였다. 하지만 그것은 반드시 그를 향해 묻는 말이라기보다는 넋두리에 더 가까웠다. 교문을 나선 어머니는 집으로 가는 길을 제쳐 두고 웬일인지 곧장 다릿목에서 왼쪽으로 꺾어 드는 것이었다. 저만치 구호소 식당이 눈에 들어왔을 때 그는 까닭 모를 두려움과 수치심으로 뒷걸음질을 쳤다. 그런 그를 어머니는 별안간 무서운 힘으로 잡아끌었다.

가자. 아무리 없어서 못 먹고 못 입고 살더래도 나는 절대로 내 새끼를 거지나 도둑놈으로 키울 수는 없응께. 시상에…… 시상에, 돌아가신 느그 아버지가 이런 꼴을 보시면 뭣이라고 그러시끄나이.

어머니의 음성은 돌연 냉랭하게 변해 있었다. 끝내 그는 와앙 울음을 터뜨려 버리고 말았다. 그러나 어머니는 기어코 구호소 식당 안의 때 묻은 널빤지 의자 위에 그를 끌어다가 앉혀 놓았다.

잠시 후 어머니가 손바닥에 받쳐 들고 온 것은 한 그릇의 국수였다. 긴 대나무 젓가락이 찔려져 있는 그것을 어머니는 그의 앞으로 밀어 놓으며 말했다. / 먹어라이. 어서 먹어 보란 말다이…….

어머니의 음성에는 어느새 아까의 냉랭함이 거의 지워져 있었다. 그는 몇 번 망설이다가는 젓가락을 뽑아 들고 무 조각 하나가 덩그러니 떠 있는 그 구호용 가락국수를 먹기 시작했다. 그러다가 문득 고개를 들었던 그는 그만 젓가락을 딸각 놓아 버리고 말았다. 마주 앉아서 그때까지 그를 줄곧 지켜보고 있었을 어머니의 눈에는 소리도 없이 눈물이 그득히 괴어오르고 있었기 때문이었다. 탁자 밑에 가지런히 모아져 있는 어머니의 낡은 먹고무신을 내려다보며 그는 갑자기 목구멍이 뻐근해져 옴을 느껴야 했다.

그 후, 그는 두 번 다시 그 빈민 구호소 식당 앞에서 얼찡거리지 않았다. 아마도 그런 기억 때문이었는지는 몰라도, 두 아이의 아버지가 된 지금까지도 국수는 그에게 여전히 싫어하는 음식으로 남아 있었다.

(중략)

어머니한테 뭔가 이상한 변화가 일어나고 있을지도 모른다는 불길한 조짐을 처음으로 느끼기 시작한 것은 두 달 전쯤부터였다. 그날따라 겨울이 전에 없이 일찍 앞당겨 찾아온 듯한 늦가을 날씨로 밖은 유난히 썰렁했다. 젓가락으로 밥알을 헤아리듯 하며 맛없는 아침상을 받고 있노라니까 아내가 심상찮은 기색으로 곁에 쪼그려 앉는 것이었다. 그녀가 미처 입을 열기도 전에 그는 짐짓 신경질적인 표정부터 준비했다. 그즈음은 마침 지난달의 봉급을 받지 못한 데다가 그달 봉급마저도 벌써 며칠째 넘기고 있던 참이었으므로, 이번에도 또 아내의 입에서 보나 마나 궁색한 소리가 튀어나오리라고 지레 짐작했던 때문이었다. 급료도 제대로 나오지 않는 직장을 뭣 하러 나다녀야 하느냐는 당연한 투정 때문에 얼마 전에도 한바탕 말다툼을 벌였던 적이 있었던 것이다. 그러나 이날 아침은 그게 아니었다.

여보. 나가시기 전에 어머님 좀 잠시 들여다보세요. 암만해도…….

아니 왜. 감기약을 지어 드렸는데도 여전히 차도가 없으시대?

며칠 전부터 몸이 편찮으시다고 누워 계시는 줄은 그도 알고 있었다. 병원에 가 보는 게 어떻겠느냐고 물었더니, 특별히 아픈 데는 없노라고, 아마도 고뿔인 것 같으니까 누워 있으면 곧 괜찮아질 거라고 하며 어머니는 손을 내젓던 것이었다.

그게 아니라, 저어, 암만해도 어머님이 좀 이상해지신 것 같단 말예요. / 그, 그건 또 무슨 소리야.

아내는 뭔가 숨기고 있는 듯한 어정쩡한 표정으로 그의 눈치를 살피고 있었다. 문득 불길한 예감이 뒤통수를 때렸다.

아무리 봐도 예전 같지가 않으시다구요. 그렇게 정신이 총총하시던 분이 별안간 무슨 말인지도 모를 헛소리를 하시기도 하고……. 어쩌다가는 또 말짱해 보이시는 것 같다가도 막상 물어보면 전혀 엉뚱한 대답을 하시는 거예요. 처음엔 일부러 그러시는가 했는데, 글쎄 그게 아니에요.

도대체 난데없이 무슨 소릴 하고 있는 거야, 지금.

설마 어머니가 그럴 리가 있을까 싶으면서도 왠지 섬뜩한 예감에 그는 숟가락을 놓고 곧장 건너가 보았다. / 어머니는 이불을 덮고 누워 무얼 생각하는지 멀거니 천장만 올려다보고 있었다. 의외로 안색이 나아 보였으므로 그는 적이 맘을 놓았다. 하지만 어머니는 두 번씩이나 부르는 아들의 목소리에도 대답이 없었다. 그저 꼼짝도 하지 않고 망연한 시선을 천장의 어느 한 점에 멈춰 두고 있을 뿐이었다. 한동안 멍청하게 앉아 있던 그가 자리에서 마악 일어서려 할 때였다.

찬우야이! / 어머니의 입에서 불쑥 그 한마디가 튀어나오는 순간 그는 가슴이 철렁했다. 직감적으로 어떤 불길한 예감이 전신을 휩싸안는 것 같았다. 아직까지 어머니는 한 번도 그렇게 아들의 이름을 직접 부르는 적이 없었다. 적어도 그가 결혼한 후로는 그랬다. 하지만 그보다도 더 그가 놀랐던 것은 어머니의 음성에서였다. 그것은 이미 예전의 귀에 익은 음성이 아니었다. 언제나 보이지 않는 따뜻함과 부드러움으로 흘러나오곤 하던 그 목소리에는 대신 어딘가 냉랭하면서도 들떠 있는 듯한 건조함이 배어 있었다. 그 음성을 듣는 순간 그가 내심 섬찟했던 것은 바로 그 생경한 이질감 때문이었는지도 모른다. 그는 놀란 눈으로 황급히 어머니의 얼굴을 들여다보았다.

찬우야이. 어서 꼬두메로 돌아가자이. 느그 아부지랑 찬세가 얼매나 기다리겄냐아. 더 추워지기 전에 싸게싸게 집으로 가야 한단 말다이.

어머니는 나직하게, 그러나 힘이 서린 목소리로 그렇게 말하는 것이었다. 그가 너무 당황하여 그 말이 무슨 뜻인지를 얼른 쉽사리 가려낼 수가 없었다.

– 임철우, 〈눈이 오면〉

윗글의 서술상 특징으로 가장 적절한 것은?

① 특정 인물의 회상을 중심으로 이야기를 전개하고 있다.
② 계절의 변화를 통해 사건 해결의 실마리가 드러나고 있다.
③ 공간적 배경에 대한 상세한 묘사를 통해 사건 전개를 지연시키고 있다.
④ 서술자가 관찰자의 입장에서 사건을 전달함으로써 객관성을 높이고 있다.
⑤ 서술의 초점을 다양한 인물로 옮겨 가며 갈등을 다각적으로 조명하고 있다.

문제 풀이

제한적 전지적 작가 시점에 대해 생각해 볼 수 있는 문제입니다. 작품에서는 등장인물 중 한 명인 '그(찬우)'의 시각에서 다른 등장인물과 사건에 대해 서술하고 있습니다.

개념을 구체적으로 지칭하여 '제한적 전지적 작가 시점'이라 했지만, 사실 시험에서는 '전지적 작가 시점에서 한 인물을 통해 서술한다.' 정도로 표현해도 맞는 이야기이니 주의해야 합니다. '제한적'이라는 단어가 들어가지 않는다고 틀린 서술이 아닙니다. **답** ①

예제 · 05

19 6월 평가원모의

[앞부분의 줄거리] 어린 시절의 친구 은자를 주인공으로 한 소설을 발표했던 '나'는 어느 날 오랫동안 소식을 몰랐던 은자로부터 연락을 받는다.

다음날 아침 어김없이 은자의 전화가 걸려 왔다. 토요일이었다. 이제 오늘 밤과 내일 밤뿐이었다. 은자도 그것을 강조하였다.

"설마 안 올 작정은 아니겠지? 고향 친구 한번 만나 보려니까 되게 힘드네. 야, 작가 선생이 밤무대 가수 신세인 옛 친구 만나려니까 체면이 안 서데? 그러지 마라. 네 보기엔 한심할지 몰라도 오늘의 미나 박이 되기까지 참 숱하게도 넘어지고 또 넘어지고 했으니까."

그렇게 말할 만도 하였다. 고상한 말만 골라서 신문에 내고 이렇게 해야 할 것 아니냐, 저렇게 되면 곤란하다, 라고 말하는 게 능사인 작가에게 밤무대 가수 친구가 웬 말이냐고 볼멘소리를 해 볼 만도 하였다. 나는 아무런 대꾸도 할 수 없었다. 박은자에서 미나 박이 되기까지 그 애는 수없이 넘어지고 또 넘어진 모양이었다. 누군들 그러지 않겠는가. 부천으로 옮겨 와 살게 되면서 나는 그런 삶들의 윤기 없는 목소리를 많이 듣고 있었다. 딱히 부천이어서가 아니라 내가 부천 사람이어서 그랬을 것이었다. 창가에 붙어 앉아 귀를 모으고 있으면 지금이라도 넘어져 상처 입은 원미동 사람들의 이야기를 들을 수 있었다. 넘어졌다가 다시 일어나고, 또 넘어지는 실패의 되풀이 속에서도 그들은 정상을 향해 열심히 고개를 넘고 있었다. 정상의 면적은 좁디좁아서 아무나 디딜 수 있는 곳이 아니라는 엄연한 현실도 그들에게는 단지 속임수로밖에 납득되지 않았다. 설령 있는 힘을 다해 기어올랐다 하더라도 결국은 내리막길을 마주해야 한다는 사실 또한 수긍하지 않았다. 부딪치고, 아등바등 연명하며 기어 나가는 삶의 주인들에게는 다른 이름의 진리는 아무런 소용도 없는 것이었다. 그들에게 있어 인생이란 탐구하고 사색하는 그 무엇이 아니라 몸으로 밀어 가며 안간힘으로 두들겨야 하는 굳건한 쇠문이었

다. 혹은 멀리 보이는 높은 산봉우리였다. (중략)

일 년에 한 번씩 타인의 낯선 얼굴을 확인하러 고향 동네에 가는 일은 쓸쓸함뿐이었다. 이제는 그 쓸쓸함조차도 내 것으로 남지 않게 될 것이었다. 누구라 해도 다시는 고향으로 돌아가지 못할 것이었다. 고향은 지나간 시간 속에 있을 뿐이니까. 누구는 동구 밖의 느티나무로, 갯마을의 짠 냄새로, 동네를 끼고 흐르는 긴 강으로 고향을 확인하며 산다고 했다. 내게 남은 마지막 표지판은 은자인 셈이었다. 보이는 것들은, 큰오빠까지도 다 변하였지만 상상 속의 은자는 언제나 같은 모습이었다. 은자만 떠올리면 옛 기억들이, 내게 남은 고향의 모든 숨소리가 손에 잡힐 듯이 다가오곤 하였다. 허물어지지 않은 큰오빠의 모습도 그 속에 온전히 남아 있었다. 내가 새부천 클럽에 가서 은자를 만나 버리고 나면 그때부터는 어떤 표지판에 기대어 고향을 찾아갈 수 있을 것인지 정말 알 수 없었다.

은자의 지금 모습이 어떤지 나는 전혀 떠올릴 수가 없다. 설령 클럽으로 찾아간다 하여도 그 애를 알아볼 수 있을지 자신할 수도 없었다. 내 기억 속의 은자는 상고머리에, 때 낀 목덜미를 물들인 박 씨의 억센 손자국, 그리고 터진 겨드랑이 사이로 내 보이던 낡은 내복의 계집아이로 붙박여 있었다. 서른도 훨씬 넘은 중년 여인의 그 애를 어떻게 그려 낼 수 있는가. 수십 년 간 가슴에 품어 온 고향의 얼굴을 현실 속에서 만나고 싶지는 않다, 라고 나는 생각하였다. 만나 버린 뒤에는 내게 위안을 주었던 유년의 소설도, 소설 속의 한 시대도 스러지고야 말리라는 불안감을 떨쳐 버릴 수가 없었다. 그렇다 하더라도 이미 현실로 나타난 은자를 외면할 수 있을는지 그것만큼은 풀 수 없는 숙제로 남겨 둔 채 토요일 밤을 나는 원미동 내 집에서 보내고 말았다. (하략)

– 양귀자, 〈한계령〉

윗글의 서술상 특징으로 가장 적절한 것은?

① 독백적 진술을 중심으로 인물의 내면 심리를 드러낸다.
② 동시에 벌어진 사건들을 삽화처럼 나열하여 이야기의 흐름을 지연시킨다.
③ 이야기 외부의 서술자가 인물의 행위를 해설하고 사건의 의미를 직접 제시한다.
④ 서술자가 다양한 인물로 바뀌면서 인물 간의 갈등을 다각적으로 조명한다.
⑤ 서술자가 의문과 추측의 진술을 통하여 다른 인물에 대한 반감을 드러낸다.

작품 속 서술자가 누구인지 확인할 수 있어야 합니다. 지문의 "나는 아무런 대꾸도 할 수 없었다." 등에서 드러나듯이 작품의 서술자는 '나'입니다. 또한 주인공도 '나'입니다. 작품은 '나'의 생각을 바탕으로 이야기가 이어지고 있습니다. 작품 속 '나'는 누구에게 말을 건네지 않고 혼잣말(독백적 진술)을 이어 가며 자신의 내면 심리를 드러내고 있습니다.
나머지 오답을 살펴보면, ② 일단 동시에 벌어진 사건들이 존재하지 않습니다. 삽화식 구성에 대해서는 다음 장에서 좀 더 설명하겠습니다. ③, ④ 서술자는 이야기 내부에 존재하는 '나'입니다. ⑤ 서술자가 반감을 가지고 있는 인물은 드러나 있지 않습니다. **답** ①

003 구성

1. 인물 ★★

수능 문제에서는 고등학교 내신 문제처럼 '주동－반동 인물', '평면적－입체적 인물'과 같은 개념을 직접 물어보지는 않습니다. 기출문제를 확인해 보면, 수능에서 묻고자 하는 것은 독해를 통해서 인물의 성격을 잘 파악했느냐 하는 정도입니다. 사실 그런 측면에서 접근하면 미리 알아 두어야 할 이론은 없다고 보아도 무방합니다. 그렇지만 아래 사항들에 주의하면 좀 더 정확하게 작품을 파악할 수 있습니다.

1 누가 주인공 편이고 누가 반대 편인가?

특히 고전 소설에서 이러한 접근이 유용합니다. 누가 주인공 편이고 누가 반대 편인지를 빠르게 파악하는 것은 소설을 독해하는 데 도움을 줍니다.

2 인물의 성격 변화가 나타나는가?

수능에 제시되는 지문은 길지 않아 그 안에서 인물의 성격 변화를 보여 주기는 어렵습니다. 그럼에도 불구하고 인물의 성격 변화가 제시된다면 분명 그에 관하여 문제로 물어볼 것입니다.

3 인물의 성격은 어떻게 제시하는가?

앞에서 설명했던 '말하기－보여주기' 중 어떤 방식으로 인물의 성격을 제시하는지에 대한 문제가 자주 출제되고 있습니다. 인물의 행동, 대사 등을 통해서 간접적으로 성격을 보여 주는지, 아니면 서술자가 직접적으로 성격과 관련된 표현(착하다, 나쁘다 등)을 써 가면서 인물의 성격을 제시하는지 구분할 수 있어야 합니다.

4 인물의 행동을 통해 말하고자 하는 것이 있는가?

운문 문학에서 배웠던 '함축적 시어'를 떠올려 봅시다. 함축적 시어는 작가가 특별한 의미를 부여한 시어였습니다. 산문 문학에서도 인물들이 하는 행동 중 특별히 의미 있는 행동이 있습니다. 이런 행동들에 주목해야 합니다.

또한 작가가 앞으로의 진행 방향에 대해서 암시하는 '복선'에도 주의해야 합니다. 인물의 행동이나 배경 등을 통해 앞으로 사건이 어떻게 진행될지 엿볼 수 있습니다.

2. 사건 ★★

사건의 구성 방식에서도 문제가 출제된 적이 있습니다. 액자식 구성의 소설이라면 특이한 구성 방식이기 때문에 필히 문제에서 이를 물어볼 것입니다. 미리 개념을 알고 있어야 이에 대해 물어보는지 정확하게 파악할 수 있습니다.

1 사건 전개 방식

① 병렬적 구성

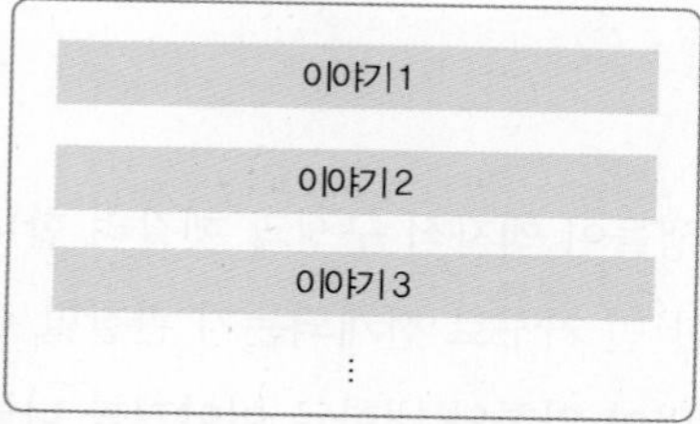

하나의 이야기가 인과 관계를 가지고 유기적으로 구성되는 방식을 직렬적 구성이라 합니다. 병렬적 구성은 이에 대비되는 전개 방식입니다. 곧, **각각 독자적으로 구성되는 여러 개의 이야기가 병렬적으로 제시**됩니다. 가령, 철수가 밥을 먹는 이야기만 계속 전개한다면 직렬적 구성이겠으나, 철수가 밥을 먹는 이야기를 하다가 그것과 관련이 없는 영희가 공부를 하는 이야기, 민수가 게임을 하는 이야기 등을 병렬적으로 제시한다면 병렬적 구성이 됩니다.

② 액자식 구성

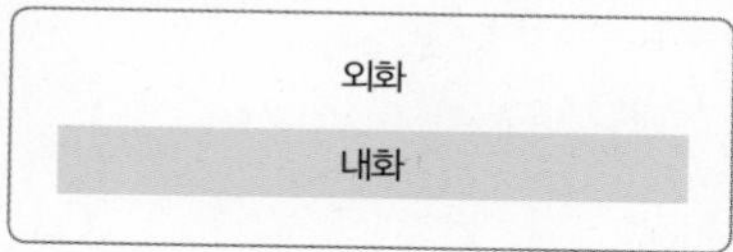

액자와 같이 이야기가 구성된다고 해서 액자식 구성이라 부릅니다. 액자에는 바깥 테두리와 그 안의 그림이 있습니다. 액자식 구성의 작품에서는 이야기가 '바깥 테두리'와 '그 안의 그림(속 내용)'과 같은 방식으로 나뉩니다. 가령, 철수와 영희가 만났다고 합시다. 철수가 영희에게 민수의 이야기를 들려줍니다. 이 경우 철수와 영희가 등장하는 부분은 바깥의 이야기라고 해서 '외화'라고 하고, 민수의 이야기는 안쪽의 이야기라고 해서 '내화'라고 합니다. 이야기는 주로 내화를 중심으로 구성됩니다.

또한 삽화식 구성을 함께 알아 두어야 합니다. 삽화식 구성은 긴밀한 연관성이 없는 짧은 이야기를 나열한 구성입니다. 곧, 짧은 이야기를 전체 이야기에 삽화처럼 끼워 넣는 방식입니다. 문제로도 출제되고 있어 한 번 정도는 알아 둘 필요가 있습니다. 다만 수능에서는 주어진 작품이 액자식 구성인지 삽화식 구성인지 구별하여 묻지는 않으니 일반적인 수준에서 기억하면 충분합니다.

③ 역순행적 구성

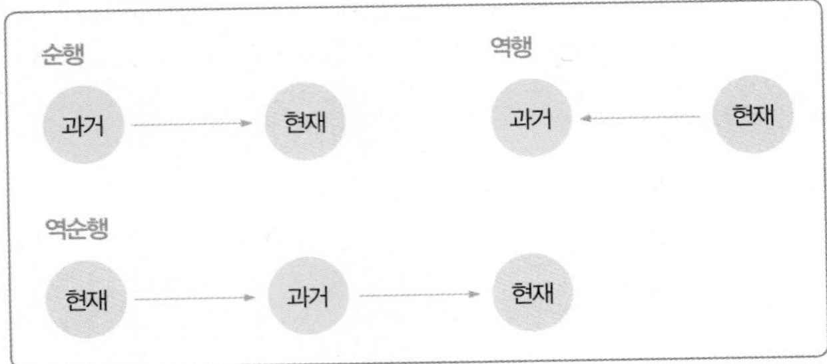

우리가 주의해야 할 것은 역순행적 구성입니다. 많은 학생들이 액자식 구성과 헷갈려 합니다. 역순행적 구성은 '시간'이 중요한 요소입니다. 시간이 한 번 거꾸로 전개되는지 관찰할 수 있어야 합니다. 그렇지만 액자식 구성은 시간 흐름과 상관없이 외화와 내화로 이야기를 나눌 수 있으면 성립합니다.

2 갈등 구조

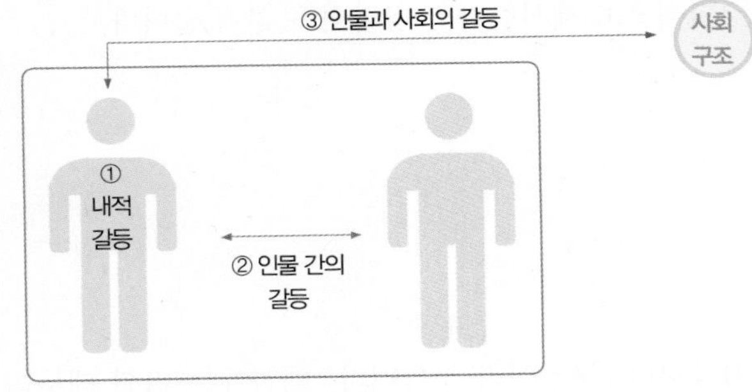

① 내적 갈등

호동 북을 찢겠다면서, 이 일은 왕자님 뜻을 묻기 전에 자기가 알아서 하는 일이라고 자꾸 다짐하더군.
부장 열녀이십니다.
호동 큰 고구려의 왕자가 한 여자의 손을 빌려 싸움에 이기는 것을 부끄러워할까 봐 그랬던 것이로군.
부장 열녀이십니다.
호동 그 열녀의 덕을 본 나는 무어가 되는가?

부장 영웅이십니다.
호동 여자 힘을 빌린 영웅이라.

– 최인훈, 〈둥둥 낙랑둥〉

위 작품에서 '호동'은 '공주'에 대한 죄의식 때문에 괴로워하면서 그로부터 벗어나고 싶어 합니다. 이로 인해 고민하고 괴로워하는 모습이 작품에 드러나고 있습니다. 이러한 갈등은 다른 인물, 사회 등과 얽혀 있지 않고 인물 자신의 내적인 문제라 할 수 있습니다.

② 인물 간의 갈등

장인님은 이 말을 듣고 껄껄 웃드니(그러나 암만 해두 돌 씹은 상이다.) 코를 푸는 척하고 날 은근히 골릴랴구 팔꿈치로 옆 갈비께를 퍽 치는 것이다. 더럽다. 나두 종아리의 파리를 쫓는 척하고 허리를 굽으리며 그 궁둥이를 콱 떼밀었다. 장인님은 앞으로 우찔근하고 싸리문께로 쓰러질 듯하다 몸을 바루 고치드니 눈총을 몹시 쏘았다. 이런 쌍년의 자식 하곤 싶으나 남의 앞이라서 참아 못하고 섰는 그 꼴이 보기에 퍽 쟁그러웠다.

– 김유정, 〈봄봄〉

위 작품에서는 '나'와 '장인' 사이에 갈등이 드러납니다. 인물 사이의 갈등은 쉽게 드러나는 경우가 많기 때문에 다른 경우보다 어렵지 않을 것입니다.

③ 인물과 사회의 갈등

"당신은 고등 교육까지 받은 지식인입니다. 조국은 지금 당신을 요구하고 있습니다. 당신은 위기에 처한 조국을 버리고 떠나 버리렵니까?"
"중립국."
"나는 당신보다 나이를 약간 더 먹었다는 의미에서, 친구로서 충고하고 싶습니다. 조국의 품으로 돌아와서, 조국을 재건하는 일꾼이 돼 주십시오. 낯선 땅에 가서 고생하느니, 그쪽이 당신 개인으로서도 행복이라는 걸 믿어 의심치 않습니다. 나는 당신을 처음 보았을 때, 대단히 인상이 마음에 들었습니다. 뭐 어떻게 생각지 마십시오. 나는 동생처럼 여겨졌다는 말입니다. 만일 남한에 오는 경우에, 개인적인 조력을 제공할 용의가 있습니다. 어떻습니까?"

– 최인훈, 〈광장〉

위 작품에서는 '나'와 '사회' 사이의 갈등을 보여 주고 있습니다. 주인공인 '나'는 사회 구조에 불만을 가지고 '중립국'으로 가고 싶어 합니다. 이를 이유로 '나'가 자신의 '조국'과 갈등을 빚는 대립 구조입니다.

3. 배경 ★

배경은 시간적·공간적·구체적 정황 등에 주의하면 됩니다. 그런데 실제 배경이 문제로 출제되는 경우는 신문물 도입기, 일제 강점기, 1970년대 산업화 시기 정도입니다. 이 시대들이 제시되는 경우가 아니라면 작품 자체에서 크게 문제 될 일은 없습니다.

1 배경은 구체적인가?

시간적·공간적 정보를 구체적으로 제시하는지 여부를 통해 '배경이 구체적인지' 객관적으로 판단할 수 있습니다. 가령 '1974년의 서울'과 같은 배경이 작품에 드러나 있으면 시간적·공간적 배경이 구체적으로 제시된 것입니다.

이와는 대조적으로 작품에 아예 배경에 대한 정보가 없는 경우도 있고, 환상적이고 몽환적인 배경이 드러나는 경우도 있습니다. 환상적인 배경은 상상 속의 일을 그린 작품이나 고전 소설에 주로 등장합니다. 그런 배경을 사용하면 신비로운 분위기를 창출하거나 독자의 상상력을 자극하는 효과가 뒤따릅니다.

2 배경이 이야기 전개와 연관이 있는가?

배경이 이야기 전개와도 연관이 있는지 판단할 수 있어야 합니다. 가령 앞에서 이야기했던 '1974년'이라고 하면 한국에서는 산업화가 급속도로 진행되고 개발이 이루어지고 있을 시기입니다. 작품에서 그러한 배경을 바탕으로 이야기가 전개된다면 시대적 배경이 작품과 큰 연관을 가진다고 할 수 있습니다. 작품 배경이 분위기 형성에 기여한다든지 암울한 당시의 상황을 보여 준다든지 하는 선택지가 제시될 수 있습니다.

◎ 14 5월 예비시행 B형

예제 · 01

놀부가 생난리를 한바탕 치르고 정신을 차려 또 동산으로 치달아 보니 박 두 통이 그저 남았거늘 한 통을 또 따 가지고 내려와 째보를 달래는 말이,

"이애 째보야, 내 일을 불쌍히 여겨라. 재물을 얻으려 하다가 많은 가산을 탕진하고 거지가 되었구나. 설마 박통마다 그러하랴. 이번은 무슨 수가 있을 듯하니 아무 말도 말고 켜 보자."

째보 응낙하고 박을 켠다.

"슬근슬근 톱질이야. 당겨 주소 톱질이야. 이 박은 켜거든 금은보화가 함부로 나와 흥부같이 살아 보리라."

놀부 계집이 섰다가 하는 말이,

"다른 보화는 많이 나오되 흥부 아주버니같이 첩은 행여 나오지 마옵소서."

놀부 꾸짖는 말이,

"가산 탕진하고 상거지가 된 인물이 샘이 어디서 나오는고? 소사스러이* 굴지 말고 한편 구석에 가 있으라."

하고 밀거니 당기거니 슬근슬근 타며 귀를 기울이고 들으니 이번은 아무 소리도 없는지라 놀부가 대희(大喜)하여 째보더러 왈,

"이번은 다 켜도 아무 소리가 없으니 아마 수가 있는 박이라."

하고 급히 타며 보니 박 속에 아무것도 없고 다만 평평한 박뿐이어늘 놀부 대희할 즈음에 째보가 생각하니,

'여러 통마다 탈이 났으니 이 박인들 어찌 무사하랴.'

하고 소피하러 가는 체하고 도망질하니 놀부가 째보를 기다리다 못하여 박통을 도끼로 쪼개 놓고 보니 아무것도 없고 허연 박속이 먹음직하거늘 제 아내를 불러 왈,

"이 박은 먹음직하니 우선 배고픈데 국이나 끓여 집안 식구들과 먹고 기운 나거든 남은 박은 우리 둘이 타 봅세. 옛사람이 이르기를 고진감래(苦盡甘來)라 하였으니 그만치 궂기었으니 필경은 좋은 일이 있지 하늘 뜻이 무심할 리가 있나. 숱한 재물을 얻을진대 초년고생은 면하기 어려운 것이니 어서 국이나 끓이소."

놀부 계집이 기뻐하여 박속을 숭덩숭덩 썰고 양념을 갖추어 큰솥에 물을 넉넉히 붓고 통장작을 지피어 쇠옹두리* 고듯이 반나절을 무르녹게 끓인 후 온 집안 식구대로 한 사발씩 달게 먹은 후 놀부는 배가 붕긋하여 게트림* 을 하며 계집더러 하는 말이,

"그 국맛이 매우 좋다 당동."

놀부 계집이 대답하되, / "글쎄요. 그 국이 매우 유명하오 당동."

놀부 자식들이 어미를 부르면서, / "이 국맛이 좋소 당동."

놀부 하는 말이, / "그 국을 먹더니 말끝마다 당동당동 하니 가장 고이하도다 당동."

놀부 처가 대답하되, / "글쎄요. 나도 그 국을 먹더니 당동 소리가 절로 나오 당동."

놀부 자식이,

"여보 어머니, 우리들도 그 국을 먹더니 당동 소리가 절로 나오 당동."

"오냐, 글쎄 그러하다 당동."

놀부가 꾸짖어 왈,

"너는 요망시리 구지 마라 당동. 무슨 국을 먹었다고 당동하리 당동."

놀부 계집은, / "그 말이 옳소 당동."

놀부 딸도 당동, 아들도 당동, 머슴아이도 당동, 놀부 아주미도 당동, 온 집안이 모두 당동당동, 무슨 가야금 뜯고 풍류하는 것처럼 그저 당동당동, 서로 나무라며 당동당동, 이렇듯이 당동당동 하니 담 너머 왕 생원이 들은즉 놀부 집에서 별별 야릇한 풍류 소리가 나거늘 왕 생원이 곧 놀부를 불러 묻는 말이,

"여봐라 놀부야. 너희가 무엇을 먹었길래 그런 소리를 하느냐?"

놀부가 여쭈기를,

"소인의 집에서 박을 심었더니 박이 열리어 국을 끓여 먹었더니 그 소리가 절로 나옵니다 당동."

생원이 믿지 아니하여 왈,

"네 말이 터무니없도다. 박국을 먹었기로 무슨 그러할 리가 있으랴. 그 국 한 사발만 떠 오너라."

놀부 국 한 그릇을 떠다 주니 생원이 받아 맛을 보매 국맛이 가장 아름다운지라. 그 국을 달게 먹고,

"여봐라 놀부야. 그 국맛이 유명하구나 당동. 아차 나도 당동, 어째서 당동 하느냐? 당동."

하며 또 당동당동 소리가 절로 나거늘 생원이 국 먹은 것을 뉘우쳐 놀부를 꾸짖고 당동당동 하며 제 집으로 돌아간 후 놀부 역시 신세를 생각하니,

'부자가 될 양으로 박을 심었다가 많은 재산을 다 없애고 전후에 없는 고생과 매 맞은 일이며 끝에 와서는 온 집안사람이 당동 소리로 병신이 되니 이런 분하고 원통한 일이 어디 있으리오.'

– 작자 미상, 〈흥부전〉

* 소사스럽다 : 보기에 행동이 좀스럽고 간사한 데가 있다. * 쇠옹두리 : 소의 정강이뼈 * 게트림 : 거만스럽게 거드름을 피우며 하는 트림

윗글을 〈보기〉와 비교하여 이해한 내용으로 적절한 것은?

> 보기
>
> 17세기 초반에 창작된 〈돈키호테〉에서, 주인공 돈키호테는 중세의 기사도 이야기에 빠져 세상의 부정을 바로잡고 학대당하는 사람을 돕겠다며 모험에 나선다. 이 작품을 통해 작가는 16세기 서구 사회에 유행한 기사도 이야기에서 사랑에 빠지고 모험에 나서던 기사를 패러디하고 있다. 여기서 돈키호테는 과대망상에 사로잡혀 눈앞에 보이는 현실을 인정하지 않고, 자신이 추구하는 가치만을 고집하는 인물로 그려진다.

① 돈키호테와 놀부는 각각 중세 기사와 양반 지배층의 전형적 인물이다.
② 돈키호테와 놀부는 환상에 빠져 이상적 세계의 재건을 모색하는 인물이다.
③ 돈키호테는 사회의 혁신을 추구하고, 놀부는 개인의 변혁을 추구하는 인물이다.
④ 돈키호테는 시대착오적 행태를 보여, 놀부는 세속적 욕망에 빠져 풍자의 대상이 된다.
⑤ 돈키호테는 세속적 가치를 내세워, 놀부는 정신적 가치를 거부하여 현실과 대립한다.

문제 풀이

작품의 배경, 창작 배경, 세계 문학과의 비교라는 교과 내용이 〈보기〉와의 결합을 통해 출제되었습니다. 추후에도 이러한 형태의 문제가 출제될 가능성이 있습니다.

조건 분석을 해 보면 선택지는 '〈보기〉의 내용+지문의 내용'으로 구성될 것입니다. 〈보기〉에서 핵심은 뒷부분의 '과대망상에 사로잡혀 눈앞에 보이는 현실을 인정하지 않고, 자신이 추구하는 가치만을 고집하는 인물'입니다. 이 부분만 정확히 파악해도 답을 고를 수 있습니다. 물론 당연히 지문을 통해서도 놀부의 세속적 욕망을 파악할 수 있습니다. 세계 문학은 몰라도 상관없습니다.

답 ④

[인물 사이의 관계] 화욱에게는 세 부인이 있었는데, 심씨에게서 장자 화춘을, 정씨에게서 차자 화진을, 그리고 요씨에게서 딸 화빙선을 얻었다. 요씨는 일찍 죽었고, 후에 화욱과 정씨가 잇달아 죽었다. 성 부인은 화욱의 누이로, 과부가 되어 친정에서 지내고 있다.

하루는 요 부인의 유모 취선이 빙선 소저를 대하여 흐느끼며 이르기를, "어르신과 정 부인의 은덕으로 소저와 둘째 공자(公子)에 대해 염려하지 않았더니, 두 분이 돌아가시매 문득 독수(毒手)에 들었으니 이 늙은이가 차라리 먼저 죽어 그 일을 아니 보고자 하나이다." 소저가 눈물을 삼키며 대답하지 않더니, 취선이 또 말하기를, "정 부인이 돌아가신 후에 그분이 거하시던 수선루(壽仙樓)의 시녀들이 가혹한 형벌을 받은 자 많으니, 아아, 정 부인이 어찌 남에게 해악을 끼쳤으리오?" 하니, 소저 또 대답하지 않더라.

이를 난향이 창밖에서 엿듣고 심씨에게 고한대, 심씨 시비(侍婢)를 시켜 소저를 잡아 와서 꾸짖기를, "네 년이 감히 흉심(凶心)을 품고 진이와 함께 장자(長子)의 자리를 빼앗고 나를 제거하고자 천한 종 취선과 모의한 것이 아니냐?" 하니, 소저가 당혹하여 말도 못하고 구슬 같은 눈물만 흘릴 따름이라. 심씨 또 화진 공자를 오라 하여 마당에 꿇리고 큰 소리로 죄를 묻기를, "네 이놈 진아, 네가 성 부인의 위세를 빙자하고 선친(先親)을 우롱하여 적장자(嫡長子) 자리를 빼앗고자 하나 하늘이 돕지 않아 대사(大事)가 틀어졌더니, 도리어 요망한 누이와 흉악한 종과 함께 불측(不測)한 일을 꾀하였도다." 하니,

공자가 통곡하며 우러러 여짜오되, "사람이 세상에 나매 오륜(五倫)이 중하고 오륜 중에 부자지간이 더욱 중하니, 부친과 모친은 한 몸이라, 소자 선친의 혈육으로 모부인을 가까이 모시고 있는데 어찌 이런 말씀을 하시나이까? 누이가 비록 취선과 말하긴 하였으나 사사로운 정을 나눔이 큰 죄 아니고, 혹 원망의 말이 있었어도 취선이 하였지 누이가 하지는 않았으니, 바라건대 모친은 측은지심(惻隱之心)을 베푸소서." 소저 여짜오되, "큰집 작은집이 모두 혈육이니 이 자리를 빼앗고 저 사람과 협력한다는 말씀은 만만부당하나이다." 하니, 심씨 크게 노하여 쇠채찍을 잡고 소저를 치려 하니, 공자는 방성대곡(放聲大哭)한대, 화춘의 부인 임씨가 심씨 손을 붙들고 눈물을 흘리며 만류하니 심씨 더욱 노하여 노비로 하여금 공자를 잡아 내치라 하고, 임씨를 꾸짖어, "너도 악한 무리에 들어 나를 없애려 하느냐?" 하더라.

이때 비복(婢僕)들이 황황히 중문 밖에 모여 흐느끼더니, 마침 빙선의 약혼자 유생이 화씨 집으로 오다가 공자가 찢어진 베옷에 머리를 풀어 헤치고 나오는 것을 보고 크게 놀라 물으니 공자가 부끄러워 대답을 못하는지라. 유생이 큰 변이 있는 줄 알고 화춘을 만나려고 시묘(侍墓)하는 곳에 가니 춘이 없는지라. 동자가 한송정(寒松亭)에서 낮잠이 드셨다고 아뢰니, 유생이 그곳에 올라 보니 과연 대공자(大公子)란 자가 창틀에 다리를 높이 얹고 코를 골며 옷을 풀어 헤치고 자고 있거늘, 유생이 탄식하기를, "咄咄, 도척(盜跖)과 유하혜(柳下惠)* 가 세상에 항상 있는 것이 아니라더니, 어찌 오늘 다시 이런 형제를 보는가?" 하고 발로 차서 깨우면서, "그대의 집에 큰 변란이 일어났으니 빨리 가 보라." 하니라.

화춘이 놀라 급히 내당에 들어가니 심씨 바야흐로 계향으로 하여금 빙선 소저를 매질하고 취선은 이미 6, 70대를 맞고 다 죽어 가는지라. 심씨 화춘이 오자 손뼉 치고 펄쩍펄쩍 뛰면서 소저와 취선의 말을 더욱 꾸며서 화춘을 격노케 하니,

화춘이 이르기를, "소자 이미 진이 남매가 이 같은 마음을 품었음을 알고 있었으나, 둘이 고모와 합심하였으니 형세로는 지금 당장 제거하지 못하옵고, 아까 유생이 이미 이 변을 알고는 얼굴빛이 좋지 않았나이다. 또 고모께서 머지않아 돌아오시면 반드시 크게 꾸짖으실 것이니 이번은 의당 참고 때를 기다리소서." 심씨가 땅을 두드리며 발악하기를, "성씨 집 늙은 과부가 내 집에 웅거하여 생각이 음흉하니 반드시 우리 모자를 죽일지라. 내 비록 힘이 모자라나 그 늙은이와 한판 붙어 보리라. 또 유생은 남의 집 자식이라, 어찌 우리 집안의 일을 알리오. 필시 진이 유생에게 알려 나의 부덕함을 누설하였으리니 내가 응당 네 앞에서 결단하리라." 하니,

화춘이 부득이 화진 공자를 붙들어 와 가혹한 매를 가하니, 공자가 이미 그 모친과 형을 어찌할 수 없음을 알고 한 마디 변명도 없이 20여 장(杖)에 혼절(昏絶)하는지라. – 조성기, 〈창선감의록(彰善感義錄)〉

• **도척** : 중국 춘추 시대의 유명한 도적 • **유하혜** : 도척의 형. 어진 인물

윗글을 읽고 나서 보인 학생의 반응으로 적절하지 <u>않은</u> 것은?

① 갈등의 양상이 역동적으로 전개되어 있어서 흥미가 있군.
② 시공간적 배경을 구체적으로 묘사하고 있어서 인상이 선명하군.
③ 윤리적 덕목을 내세워 독자에게 교훈을 주려는 의도가 강한 것 같아.
④ 당대의 사람들이 복잡한 가족 관계 속에서 어떻게 살아갔는지 짐작할 만해.
⑤ 정도는 다르지만 이와 비슷한 갈등은 다른 고전 소설 작품에서도 찾아볼 수 있을 거야.

시공간적 배경을 구체적으로 묘사하고 있지 않습니다. '기법+효과'의 측면에서 검토하면, '인상이 선명'하다는 효과는 판단하기 어렵지만 '정조 시대의 한양'과 같이 구체적인 시공간적 배경이 제시되지 않았다는 점은 시각적으로 확인할 수 있습니다. **답** ②

예제 • 03 ◎ 23 9월 평가원모의

그런 일이 있은 지 한 달쯤 지나니 내 겨드랑에 생긴 이변의 전모가 대강 드러났다. **파마늘**은 어김없이 밤 12시부터 새벽 4시 사이에 솟구친다는 것. 방에 있으면 쑤시고 밖에 나가면 씻은 듯하다는 것. 까닭은 전혀 알 길이 없다는 것 등이었다. 의사는 나에게 전혀 이상이 없다고 잘라 말했다. 그도 그럴 것이 그 시간에는 내 겨드랑은 멀쩡했기 때문이다. 그때부터 나의 괴로움은 비롯되었다. 파마늘은 전혀 불규칙한 사이를 두고 튀어나왔다. 연이틀을 쑤시는가 하면 한 일주일 소식을 끊고 하는 것이었다. 하루 이틀이지 이렇게 줄곧 밖에서 새운다는 것은 못 할 일이었다. 나는 제집이면서 꼭 도적놈처럼 뜰의 어느 구석에 숨어서 밤을 지내야 했기 때문이다. 그런 생활이 두 달째에 접어들었을 때 나는 견디다 못해서 담을 넘어서 밖으로 나가 보았다. 그랬더니 참으로 이상한 일도 다 있었다. 뜰에 나

와 있어도 가끔 뜨끔거리고 손을 대 보면 미열이 있던 것이 거리를 거닐게 되면서는 아주 깨끗이 편한 상태가 되었다. 이렇게 되면서 독자들은 곧 짐작이 갔겠지만, 문제가 생겼다. 내가 의료적인 이유로 산책을 강요당하게 되는 시간이 행정상의 **통행 제한**의 시간과 우연하게도 겹치는 점이었다. 고민했다. 나는 부르주아의 썩은 미덕을 가지고 있었다. 관청에서 정하는 규칙은 따라야 한다는 것이 그것이다. 12시부터 4시까지는 모든 시민은 밖에 나다니지 말기로 되어 있다. 모든 사람이 받아들이는 규칙이니까 페어플레이를 지키는 사람이면 이것은 소형(小型)의 도덕률일 수밖에 없다. 그러나 이 도덕률을 지키는 한 내 겨드랑은 요절이 나고 나는 죽을는지도 모른다.

[중략 부분의 줄거리] '나'는 겨드랑이에 파마늘 같은 것이 돋으면 밤거리를 몰래 산책하곤 한다. '나'는 밤 산책 중 종종 다른 사람들과 마주친다.

오늘은 경관을 만났다. 나는 얼른 몸을 숨겼다. 그는 부산하게 내 앞을 지나갔다. 그 순간 나는 내가 레닌* 인 것을, 안중근인 것을, 김구인 것을, 아무튼 그런 인물임을 실감한 것이다. 그가 지나간 다음에도 나는 은신처에서 나오지 않았다. 공화국의 시민이 어찌하여 그런 엄청난 변모를 할 수 있었는지 모를 일이다. 나는 정치적으로 백치나 다름없는 감각을 가진 사람이다. 위에서 레닌과 김구를 같은 유(類)에 놓은 것만 가지고도 알 만할 것이다. 그런데 경관이 지나가는 순간에 내가 혁명가였다는 것도 분명한 사실이다. 혁명가라고 자꾸 하는 것이 안 좋으면 간첩이래도 좋다. 나는 그 순간 분명히 간첩이었던 것이다. 그런데 내가 간첩이 아닌 것은 역시 분명하였다. 도적놈이래도 그렇다. 나는 분명히 도적놈이었으나 분명히 도적놈은 아니었다. 나는 아주 희미하게나마 혁명가, 간첩, 도적놈 그런 사람들의 마음이 알 만해지는 듯싶었다. 이 맛을 못 잊는 것이구나 하고 나는 생각하였다. 나도 물론 처음에는 치료라는 순전히 **공리적인** 이유로 이 산책에 나섰다. 그러나 지금으로서는 반드시 그런 것만은 아니다. 설사 내 겨드랑의 달걀이 영원히 가 버린다 하더라도 이 금지된 산책을 그만둘 수 있을지는 심히 의심스럽다. 나의 산책의 성격은 변질되기 시작하였다. **누룩 반죽**처럼.

기적(奇蹟). 기적. 경악. 공포. 웃음. 오늘 세상에도 희한한 일이 내 몸에 일어났다. 한강 근처를 산책하고 있는데 겨드랑이 간질간질해 왔다. 나는 속옷 사이로 더듬어 보았다. 털이 만져졌다. 그런데 닿임새가 심상치 않았다. 털이 괜히 빳빳하고 잘 묶여 있는 느낌이다. 빗자루처럼. 잘 만져 본다. 아무래도 보통이 아니다. 나는 바위틈에 몸을 숨기고 윗옷을 벗었다. 속옷은 벗지 않고 들치고는 겨드랑을 들여다보았다. 나는 실소하고 말았다. 내 겨드랑에는 새끼 까마귀의 그것만 한 아주 치사하게 쬐끄만 **날개**가 돋아나 있었다. 다른 쪽 겨드랑을 또 들여다보았다. 나는 쿡 웃어 버렸다. 그쪽에도 장난감 몽당빗자루만 한 것이 달려 있는 것이었다. 날개가 보통 새들의 것과 다른 점이 그 깃털이 곱슬곱슬한 고수머리라는 것뿐이었다. 흠. 이놈이 나오려는 아픔이었구나 하고 나는 생각했다. 나는 그 날개를 움직이려고 해 보았다. 귓바퀴가 말을 안 듣는 것처럼 그놈도 움직이지 않았다. 나는 참말 부끄러워졌다.

– 최인훈, 〈크리스마스 캐럴 5〉

* 레닌 : 러시아의 혁명가.

〈보기〉를 바탕으로 윗글을 감상한 내용으로 적절하지 않은 것은?

보기

〈크리스마스 캐럴 5〉는 자유가 억압된 시대적 상황에서 자유의 가능성과 한계를 묻는 작품이다. '나'의 겨드랑이에 돋은 정체불명의 파마늘이 주는 통증은 자유에 대한 요구를, 그로 인한 밤 '산책'은 자유를 위한 실천을 의미한다. 작품은 처음에는 명료하지 않고 미약했던 자유를 향한 의지가 밤 산책을 거듭하면서 심화되는 모습과 함께 그 과정에서 생기는 문제점을 드러낸다.

① '통행 제한'으로 인해 산책의 자유가 제한된 상황은, 단순히 이동의 자유에 대한 억압만이 아니라 자유가 억압되는 시대적 상황 자체에 대한 문제 제기라고 할 수 있겠군.

② '파마늘'이 돋을 때의 극심한 통증은, 자유가 그만큼 절박하게 요구되었던 상황을 보여 주는 동시에 자유를 얻기 위해 필요한 고통을 암시하기도 하겠군.

③ '공리적인' 목적을 가지고 있었던 산책이 점차 '누룩 반죽'처럼 '변질'되었다는 표현은, 자유의 필요성이 망각되어 자유를 위한 실천의 목적이 훼손되는 문제점에 대한 비판이겠군.

④ 정체불명의 파마늘이 '날개'의 형상으로 바뀐 것은, 처음에는 명료하지 않았던 자유를 향한 의지가 산책을 통해 심화되었다는 것을 의미하겠군.

⑤ '날개'가 '귓바퀴' 같다는 점에 대해 '나'가 느낀 부끄러움은, 여러 차례의 산책에도 불구하고 자유를 의지대로 실현하기 어려웠던 한계에 대한 인식으로 볼 수 있겠군.

문제풀이

갈등 구조를 정확하게 파악해야 하는 문제입니다. 작품에서 '나'는 처음에는 개인의 치료라는 공리적인 이유로 산책을 시작하지만 점차 산책의 성격이 '변질'되기 시작합니다. 〈보기〉에서는 이를 '처음에는 명료하지 않고 미약했던 자유를 향한 의지가 밤 산책을 거듭하면서 심화되는 모습'이라고 말합니다. 갈등 구조의 측면에서는 인물과 사회(시대 구조)의 갈등이라고 할 수 있는데, 〈보기〉에서는 이를 '자유가 억압된 시대적 상황'과 '자유를 향한 의지'라고 하여 대립 구조임을 보여 줍니다.

답 ③

004 문체와 **어조**

1. 문체 ★

간결체, 만연체, 화려체, 건조체, 강건체 등의 명칭을 알지 못해도 수능에서는 큰 지장이 없습니다. 그러나 자주 출제되는 문체는 그 개념을 미리 알아 두면 좀 더 쉽게 문제를 풀 수 있습니다.

1 간결체 – 만연체

짧은 문장과 긴 문장을 구분하는 문제가 많이 출제되고 있습니다. 길고 짧은 것은 상대적인데 어떻게 판단할까요? 실제 수능 시험지를 기준으로 볼 때, 대개 한 문장이 세 줄 이상 넘어가면 긴 문장으로 생각하면 됩니다. 짧은 문장은 '간결체'라 하고, 긴 문장은 '만연체' 또는 '호흡이 긴 문장'이라고 합니다.

도리어 소학교 시대에는 일본 교사와 충돌을 하여 퇴학을 하고 조선 역사를 가르치는 사립 학교로 전학을 한다는 둥, 솔직한 어린 마음에 애국심이 비교적 열렬하였지마는, 차차 지각이 나자마자 일본으로 건너간 뒤에는 간혹 심사 틀리는 일을 당하거나 일 년에 한 번씩 귀국하는 길에 하관에서나 부산, 경성에서 조사를 당하고 성이 가시게 할 때에는 귀찮기도 하고 분하기도 하지마는, 그때뿐이요, 그리 적개심이나 반항심을 일으킬 기회가 적었었다.

– 염상섭, 〈만세전〉

위 작품에서는 한 문장이 길어서 호흡이 길게 나타나는 만연체를 확인할 수 있습니다.

2 향토적인 문체

향토적·지역적·토속적 문체를 판단하는 문제가 자주 출제됩니다. 사투리를 사용하거나 해당 지역의 특수한 어휘를 사용하는 경우를 찾아서 이를 판단할 수 있습니다.

3 구어체 – 문어체

구어체는 우리가 일상생활에서 말하는 방식과 같은 문체입니다. 구어체를 사용하면 좀 더 생동감 있게 이야기를 풀어 나갈 수 있습니다. 대화 중심으로 이루어진 작품의 특징입니다.

바깥은 어느덧 어두워졌다. 대동강빛과 같은 하늘은 온 세상을 덮었다. 그 밑에서 더위와 목마름에 미칠 듯한 우리들은 아무 말 없이 앉아 있었다. 우리들의 입은 모두 바늘로 호라매지나 않았나.

그러나 한참 뒤에 마침내 영감이 나를 찾는 소리가 겨우 침묵을 깨뜨렸다.

"여보." / "왜 그러오?"

"그럼 어떡하란 말이오?" / "이제라두 공소를 취하해야지!"

영감은 또 먹먹하였다. 그러나 좀 뒤에 그는 다시 나를 찾았다.

"노형 말이 옳소. 내 아들 두 놈은 정녕코 다 죽었쉐다. 난 나 혼자 이제 살아서 무얼 하겠소? 취하하게 해 주소."

"진작 그럴 게지. 그럼 간수 부릅니다." / "그래 주소."

영감은 떨리는 소리로 말하였다.

– 김동인, 〈태형〉

위 작품은 실제 입으로 말하는 것처럼 구어체로 쓰여 있어 생동감이 느껴집니다. 반면 구어체와 달리 문어체는 글로 말하는 방식입니다. 가령 "오늘 난 점심을 안 먹었어."라는 구어체 표현을 문어체로 바꾼다면 "금일 본인은 중식을 먹지 않았다."와 같은 느낌이 됩니다. 문어체는 크게 중요한 내용은 아니므로 구어체와 비교하는 정도로 알아 두면 됩니다.

2. 어조 ★

고전 소설 등에서 '골계미'라고 하여 해학적, 풍자적 태도를 강조하고는 합니다. 어느 부분에서 서술자가 이러한 태도를 보이는지 찾을 수 있어야 합니다.

어조는 작가의 태도입니다. 작가가 인물이나 소재 등에 대해 어떤 태도를 보이는지 파악해야 합니다. 구체적으로는 냉소적, 풍자적 어조 등이 있으나 일단 긍정적인지 부정적인지 우선적으로 판단할 수 있어야 합니다. 작품을 읽고 난 후 핵심이 되는 내용을 정확하게 이해했다면 어렵지 않게 접근할 수 있습니다.

| 특수 문제 | **해학적 – 풍자적 태도**

흥부 흥부 이 말을 듣고 형의 집에 건너갈 제, 치장을 볼작시면, 편자 없는 헌 망건에 박쪼가리 관자 달고 물렛줄로 당끈 달아 대가리 터지게 동이고, 깃만 남은 중치막, 동강 이은 헌 술띠를 흉복통에 눌러 띠고, 떨어진 헌 고의에 칡 노끈 대님 매고, 헌 짚신 감발하고, 세살 부채 손에 쥐고, 서홉들이 오망자루 꽁무니에 비슥 차고, 바람맞은 병인 같이, 잘 쓰는 대비같이,

– 작자 미상, 〈흥부전〉

놀부 놀부 심사가 터무니없어 부모 생전 나눠 준 전답을 홀로 차지하고, 흥부 같은 어진 동생을 구박하여 건넛산 언덕 밑에 내떨고, 나가며 조롱하고 들어가며 비양거리니 어찌 아니 무지하리. 놀부 심사를 볼작시면 초상난 데 춤추기와 (중략) 이놈의 심술은 이러하되, 집은 부자라 호의호식하는구나.

– 〈경판본 흥부전〉

해학과 풍자는 모두 웃음을 유발하는 측면이 있습니다. 그러나 위와 같은 흥부와 놀부에 대한 서술에서 각 웃음의 차이점을 확인할 수 있습니다. 흥부에 대한 서술은 인물 외양을 해학적으로 열거하여 익살스럽고 재미있는 그런 웃음입니다. 반면 놀부에 대한 서술은 비판적이고 공격적으로서 상대방을 조롱하는 식의 웃음입니다. 이처럼 풍자적 태도에는 '조롱을 통한 비판 의식'이 있다는 점을 주의해야 합니다.

예제 • 01 12 6월 평가원모의

심청이 수궁에 머물 적에 옥황상제의 명이니 거행이 오죽하랴. 사해 용왕이 다 각기 시녀를 보내어 아침저녁으로 문안하고, 번갈아 당번을 서서 문안하고 호위하며, 금수능라 비단옷에 화용월태 고운 얼굴 다 각기 잘 보이려고 예쁜 모습 웃는 시녀, 얌전하게 차린 시녀, 천성으로 고운 시녀, 수려한 시녀들이 주야로 모실 적에 사흘마다 작은 잔치, 닷새마다 큰 잔치를 베푸니, 상당에는 비단 백 필, 하당에는 진주 서 되였다. 이처럼 받들면서도 오히려 잘못하지나 않을까 조심이 각별했다.

이때 무릉촌 장 승상 댁 부인이 심 소저의 글을 벽에 걸어두고 날마다 징험하되 빛이 변하지 아니하더니, 하루는 글 족자에 물이 흐르고 빛이 변하여 검어지니, '심 소저가 물에 빠져 죽었는가?' 하여 무수히 슬퍼하고 탄식하더니, 이윽고 물이 걷히고 빛이 도로 황홀해지니, 부인이 괴이히 여겨 '누가 구하여 살아났는가?' 하며 십분 의혹하나 어찌 그러하기 쉬우리오.

그날 밤에 장 승상 댁 부인이 제물을 갖추어 강가에 나아가 심 소저를 위하여 혼을 불러 위로하는 제사를 바치려 마음먹고 시비를 데리고 강가에 다다르니, 밤은 깊어 삼경인데 첩첩이 쌓인 안개 산골짜기에 잠겨 있고, 첩첩이 이는 연기 강물에 어리었다. 편주(片舟)를 흘리저어* 중류에 띄워 놓고, 배 안에 제사상을 차리고 부인이 친히 잔을 부어 오열하며 소저를 불러 위로하니,

"아아! 슬프다, 심 소저야. 죽기를 싫어하고 살기를 즐거워함은 인정에 당연커늘 일편단심에 양육하신 부친의 은덕을 죽음으로써 갚으려 하고, 한 가닥 쇠잔한 목숨을 스스로 끊으니, 고운 꽃이 흩어지고 나는 나비 불에 드니 어찌 아니 슬플쏘냐. 한 잔 술로 위로하니 응당 소저의 혼이 아니면 없어지지 아니하리니 속히 와서 흠향함을 바라노라."

하며 눈물 뿌려 통곡하니 천지 미물인들 어찌 아니 감동하리. 뚜렷이 밝은 달도 구름 속에 숨어 있고, 사납게 불던 바람도 고요하고, 용왕이 도왔는지 강물도 고요하고, 백사장에 놀던 갈매기도 목을 길게 빼어 꾸루룩 소리 하며, 심상한 어선들은 가던 돛대 머무른다. 뜻밖에 강 가운데로부터 한 줄 맑은 기운이 뱃머리에 어렸다가 잠시 뒤에 사라지며 날씨가 화창해지거늘, 부인이 반겨 일어서서 보니 가득히 부었던 잔이 반이나 없었으므로, 소저의 영혼을 못내 슬퍼하더라.

하루는 광한전 옥진 부인이 오신다 하니 수궁이 뒤눕는 듯 용왕이 겁을 내어 사방이 분주했다. 원래 이 부인은 심 봉사의 처 곽씨 부인이 죽어 광한전 옥진 부인이 되었더니, 그 딸 심 소저가 수궁에 왔다는 말을 듣고, 상제께 말미를 얻어 모녀 상봉하려고 온 것이었다.

심 소저는 뉘신 줄을 모르고 멀리 서서 바라볼 따름이었다. 오색구름이 어린 오색 가마를 옥기린에 높이 싣고 벽도화 단계화를 좌우에 벌여 꽂고, 각 궁 시녀들은 옆에서 모시고, 청학 백학들은 앞에서 모시며, 봉황은 춤을 추고, 앵무는 말을 전하는데, 보던 중 처음이더라.

이윽고 교자에서 내려 섬돌에 올라서며, / "내 딸 심청아!"

하고 부르는 소리에 모친인 줄 알고 왈칵 뛰어 나서며,

"어머니 어머니, 나를 낳고 초칠일 안에 죽었으니 지금까지 십오 년을 얼굴도 모르오니 천지간 끝없이 깊은 한이 갤 날이 없었습니다. 오늘날 이곳에 와서야 어머니와 만날 줄을 알았더라면, 오던 날 부친 앞에서 이 말씀을 여쭈었더라면 날 보내고 설운 마음 적이 위로했을 것을……. 우리 모녀는 서로 만나 보니 좋지만은 외로우신 부친은 뉘를 보고 반기시리까. 부친 생각이 새롭습니다."

부인이 울며 말하기를,

"나는 죽어 귀히 되어 인간 생각 아득하다. 너의 부친 너를 키워 서로 의지하였다가 너조차 이별하니, 너 오던 날 그 모습이 오죽하랴. 내가 너를 보니 반가운 마음이야 너의 부친 너를 잃은 설움에다 비길쏘냐. 묻노라. 너의 부친 가난에 절어 그 모습이 어떠하냐. 응당 많이 늙었으리라. 그간 십수 년에 홀아비나 면했으며, 뒷마을 귀덕 어미 네게 극진하지 않더냐?"

얼굴도 대어 보며, 수족도 만져 보며,

"귀와 목이 희니 너의 부친 같기도 하다. 손과 발이 고운 것은 어찌 아니 내 딸이랴. 내 끼던 옥지환도 네가 지금 가졌으며, '수복강녕', '태평안락' 양편에 새긴 돈 붉은 줌치 청홍당사 벌매듭도 애고 네가 찼구나. 아비 이별하고 어미 다시 보니 다 갖추기 어려운 건 인간 고락이라. 그러나 오늘날 나를 다시 이별하고 너의 부친을 다시 만날 줄을 네가 어찌 알겠느냐? 광한전 맡은 일이 직분이 허다하여 오래 비우기 어렵기로 도리어 이별하니 애통하고 딱하나 내 맘대로 못 하니 한탄한들 어이할쏘냐. 후에 다시 만나 즐길 날이 있으리라."

하고 떨치고 일어서니, 소저 만류하지 못하고 따를 길이 없어 울며 하직하고 수정궁에 머물더라.

이때 심 봉사는 딸을 잃고 모진 목숨이 죽지 못하여 근근이 살아갈 제, 도화동 사람들이 심 소저가 지극한 효성으로 물에 빠져 죽은 일을 불쌍히 여겨 비석을 세우고 글을 새겼으되,

앞 못 보는 아버지 위해 / 제 몸 바쳐 효도하러 용궁에 갔네.
안개 어린 먼 바다에 마음도 푸르니 / 봄풀에 해마다 한이 가없네.

강가를 오가는 행인이 비문을 보고 아니 우는 이가 없고, 심 봉사는 딸이 생각나면 그 비를 안고 울더라.

– 작자 미상, 〈심청전(완판본, 71장)〉

*흘리저어 : 배 따위를 흘러가게 띄워서 저어

윗글에 대한 설명으로 가장 적절한 것은?

① 초월적 인물을 통해 주인공의 운명이 예고되고 있다.
② 시대 배경을 구체적으로 묘사하여 현실감을 획득하고 있다.
③ 간결한 문체를 사용하여 사건 전개의 속도감을 높이고 있다.
④ 사건을 생동감 있게 서술하여 긴박한 분위기를 조성하고 있다.
⑤ 독백과 대화의 반복적 교차로 인물의 내면 갈등이 드러나고 있다.

이 작품에 등장하는 '옥진 부인'은 평범한 인물이 아닙니다. 죽은 후 '광한전 옥진 부인'이 된 초월적 인물입니다. 이 인물의 대사를 살펴보면,

"그러나 오늘날 나를 다시 이별하고 너의 부친을 다시 만날 줄을 네가 어찌 알겠느냐? 광한전 맡은 일이 직분이 허다하여 오래 비우기 어렵기로 도리어 이별하니 애통하고 딱하나 내 맘대로 못 하니 한탄한들 어이할쏘냐. 후에 다시 만나 즐길 날이 있으리라."

이렇게 말하고 있어 주인공 심청이 모르는 앞일을 예고하고 있습니다. 답을 찾기는 어렵지 않은데, 우리는 지금 공부하는 중이니 나머지 선택지도 하나씩 검토하는 것이 더 중요합니다.

② 시대 배경을 구체적으로 묘사하여 현실감을 획득하고 있다.

◎ 시대 배경을 구체적으로 묘사하고 있지 않습니다. 주로 용궁만 나오고 있죠. 시대 배경을 구체적으로 묘사하려면 가령 임진왜란 중 경북 어느 산골 마을이라든지 하는 정도는 나타나 있어야 하는데 이 작품에는 그런 것이 전혀 제시되어 있지 않습니다.

③ 간결한 문체를 사용하여 사건 전개의 속도감을 높이고 있다.

◎ 간결하기보다는 긴 호흡의 문장을 사용하고 있습니다. 작품을 보면 "뚜렷이 밝은 달도 구름 속에 숨어 있고, 사납게 불던 바람도 고요하고, 용왕이 도왔는지 강물도 고요하고, 백사장에 놀던 갈매기도 목을 길게 빼어 꾸루룩 소리 하며, 심상한 어선들은 가던 돛대 머무른다."와 같이 긴 문장들이 많습니다. 앞에서 설명했듯이 대개 한 문장이 세 줄 이상 넘어가면 길다고 봅니다.

④ 사건을 생동감 있게 서술하여 긴박한 분위기를 조성하고 있다.

◎ 생동감 있게 서술된다는 것은 상황이 구체적으로 묘사되거나 의성어, 의태어 등이 사용되어 마치 연극을 보듯이 상황이 전달된다는 의미입니다. 그런데 이 작품에서는 그렇지 않습니다. 그리고 긴박한 분위기로 전개되고 있지도 않습니다.

⑤ 독백과 대화의 반복적 교차로 인물의 내면 갈등이 드러나고 있다.

◎ 독백은 혼자 하는 말입니다. 작품 속에서 장 승상 댁 부인이 혼잣말을 하고는 있으나, 독백과 대화가 반복적으로 교차하고 있지는 않습니다.

답 ①

예제 • 02 14 5월 예비시행 B형

놀부가 생난리를 한바탕 치르고 정신을 차려 또 동산으로 치달아 보니 박 두 통이 그저 남았거늘 한 통을 또 따 가지고 내려와 째보를 달래는 말이,

"이애 째보야, 내 일을 불쌍히 여겨라. 재물을 얻으려 하다가 많은 가산을 탕진하고 거지가 되었구나. 설마 박통마다 그러하랴. 이번은 무슨 수가 있을 듯하니 아무 말도 말고 켜 보자."

째보 응낙하고 박을 켠다.

"㉠슬근슬근 톱질이야. 당겨 주소 톱질이야. 이 박은 켜거든 금은보화가 함부로 나와 흥부같이 살아 보리라."

놀부 계집이 섰다가 하는 말이,

"다른 보화는 많이 나오되 흥부 아주버니같이 첩은 행여 나오지 마옵소서."

놀부 꾸짖는 말이,

"가산 탕진하고 상거지가 된 인물이 샘이 어디서 나오는고? 소사스러이* 굴지 말고 한편 구석에 가 있으라."

하고 밀거니 당기거니 슬근슬근 타며 귀를 기울이고 들으니 이번은 아무 소리도 없는지라 놀부가 대희(大喜)하여 째보더러 왈,

"이번은 다 켜도 아무 소리가 없으니 아마 수가 있는 박이라."

하고 급히 타며 보니 박 속에 아무것도 없고 다만 평평한 박뿐이어늘 놀부 대희할 즈음에 째보가 생각하니,

'여러 통마다 탈이 났으니 이 박인들 어찌 무사하랴.'

하고 소피하러 가는 체하고 도망질하니 놀부가 째보를 기다리다 못하여 박통을 도끼로 쪼개 놓고 보니 아무것도 없고 허연 박속이 먹음직하거늘 제 아내를 불러 왈,

"이 박은 먹음직하니 우선 배고픈데 국이나 끓여 집안 식구들과 먹고 기운 나거든 남은 박은 우리 둘이 타 봅세. ㉡옛사람이 이르기를 고진감래(苦盡甘來)라 하였으니 그만치 궂기었으니 필경은 좋은 일이 있지 하늘 뜻이 무심할 리가 있나. 숱한 재물을 얻을진대 초년고생은 면하기 어려운 것이니 어서 국이나 끓이소."

놀부 계집이 기뻐하여 박속을 숭덩숭덩 썰고 양념을 갖추어 큰솥에 물을 넉넉히 붓고 통장작을 지피어 쇠옹두리* 고듯이 반나절을 무르녹게 끓인 후 온 집안 식구대로 한 사발씩 달게 먹은 후 놀부는 ㉢배가 붕긋하여 게트림*을 하며 계집더러 하는 말이,

"그 국맛이 매우 좋다 당동."

놀부 계집이 대답하되, / "글쎄요. 그 국이 매우 유명하오 당동."

놀부 자식들이 어미를 부르면서, / "이 국맛이 좋소 당동."

놀부 하는 말이,

"㉣그 국을 먹더니 말끝마다 당동당동 하니 가장 고이하도다 당동."

놀부 처가 대답하되,

"글쎄요. 나도 그 국을 먹더니 당동 소리가 절로 나오 당동."

놀부 자식이,

"여보 어머니, 우리들도 그 국을 먹더니 당동 소리가 절로 나오 당동."

"오냐, 글쎄 그러하다 당동."

놀부가 꾸짖어 왈,

"너는 요망시리 구지 마라 당동. 무슨 국을 먹었다고 당동하리 당동."

놀부 계집은, / "그 말이 옳소 당동."

놀부 딸도 당동, 아들도 당동, 머슴아이도 당동, 놀부 아주미도 당동, 온 집안이 모두 당동당동, 무슨 ㉤가야금 뜯고 풍류하는 것처럼 그저 당동당동, 서로 나무라며 당동당동, 이렇듯이 당동당동 하니 담 너머 왕 생원이 들은즉 놀부 집에서 별별 야릇한 풍류 소리가 나거늘 왕 생원이 곧 놀부를 불러 묻는 말이,

"여봐라 놀부야. 너희가 무엇을 먹었길래 그런 소리를 하느냐?"

놀부가 여쭈기를,

"소인의 집에서 박을 심었더니 박이 열리어 국을 끓여 먹었더니 그 소리가 절로 나옵니다 당동."

생원이 믿지 아니하여 왈,

"네 말이 터무니없도다. 박국을 먹었기로 무슨 그러할 리가 있으랴. 그 국 한 사발만 떠 오너라."

놀부 국 한 그릇을 떠다 주니 생원이 받아 맛을 보매 국맛이 가장 아름다운지라. 그 국을 달게 먹고,

"여봐라 놀부야. 그 국맛이 유명하구나 당동. 아차 나도 당동, 어째서 당동 하느냐? 당동."

하며 또 당동당동 소리가 절로 나거늘 생원이 국 먹은 것을 뉘우쳐 놀부를 꾸짖고 당동당동 하며 제 집으로 돌아간 후 놀부 역시 신세를 생각하니,

'부자가 될 양으로 박을 심었다가 많은 재산을 다 없애고 전후에 없는 고생과 매 맞은 일이며 끝에 와서는 온 집안사람이 당동 소리로 병신이 되니 이런 분하고 원통한 일이 어디 있으리오.'

– 작자 미상, 〈흥부전〉

* **소사스럽다** : 보기에 행동이 좀스럽고 간사한 데가 있다. * **쇠옹두리** : 소의 정강이뼈 * **게트림** : 거만스럽게 거드름을 피우며 하는 트림

㉠~㉤의 표현상 특징과 효과에 대한 설명으로 적절하지 않은 것은?

① ㉠ : 리듬감 있는 표현으로 인물들의 기대감을 노출시켜 흥겨운 분위기를 조성한다.

② ㉡ : 관용적인 표현으로 상황을 받아들이는 인물의 태도를 쉽게 이해하게 한다.

③ ㉢ : 사실적인 인물 묘사로 친근감을 유도하여 인물에 대한 동정심을 자아낸다.

④ ㉣ : 인물이 제어할 수 없는 표현이 반복되어 상황을 희화화한다.

⑤ ㉤ : 상황에 어울리지 않는 비유로 반어적인 효과를 낳아 웃음을 유발한다.

문제 풀이

표현상의 특징을 묻더라도 밑줄 친 부분에 대한 문제라면 문맥적 접근이 요구됩니다. 이 문제 역시 그렇습니다. 선택지 ③에서의 '친근감을 유도하여 인물에 대한 동정심을 자아낸다.'는 것은 긍정적인데 ⓒ의 주변을 확인하면, "온 집안 식구대로 한 사발씩 달게 먹은 후 놀부는 ⓒ배가 붕긋하여 게트림을 하며 계집더러 하는 말이"라고 하여 ⓒ의 주체가 놀부임을 알 수 있습니다. 작품에서 놀부는 동정심이나 친근감과는 거리가 멀 뿐더러, 이 부분은 오히려 곧 닥치게 될 불행을 모르는 놀부의 어리석음을 드러내는 표현입니다. **답 ③**

예제 • 03 22 수능

[A] 김달채 씨는 퇴근하기 무섭게 뽀르르 집으로 달려가던 묵은 습관을 버리고 밤늦도록 하릴없이 길거리를 배회하면서 시간을 보내는 새로운 습관을 몸에 붙였다. 지하철이나 버스 혹은 공중변소나 포장마차 안에서, 백화점에서 사지도 않을 물건을 흥정하거나 정류장에서 토큰 아니면 올림픽복권을 사면서, 그리고 행인에게 담뱃불을 빌거나 더욱 과감하게는 파출소에 들어가 경찰관에게 길을 묻는 시늉을 하는 사이에 마주치는 각계각층의 사람들을 상대로 달채 씨는 실수를 가장하기도 하고 때로는 또렷한 목적의식을 드러내기도 해 가며 우산의 존재를 알리기 위해 갖가지 수단과 방법을 다 동원했다. 그런 다음 상대방의 눈에 과연 우산이 어떻게 비치는지, 그리하여 상대방이 우산 임자인 자기를 어떻게 대우하는지 반응을 떠보는 작업을 일삼아 계속해 나갔다. 참으로 긴장과 전율이 넘치는 빠근한 나날들이었다. 구청 호적계장의 직위에 오르기까지 여태껏 전혀 몰랐던 세계가 구청과 자기 집구석 바깥에 따로 있음을 그는 우산을 통해서 비로소 실질적으로 체험할 수가 있었다.

그는 사람들의 반응을 종합해서 몇 가지 결론을 얻어내는 데 성공했다.

첫째는, 진짜 무전기에 익숙한 일부 극소수의 사람들을 제외한 거개의 서민들은 의외로 쉽사리 우산에 속아 넘어간다는 사실이었다.

둘째는, 상대방이 무전기를 지니고 있다고 알아차리는 그 순간부터 사람들의 태도가 확 달라진다는 사실이었다. 일껏 하던 이야기를 뚝 그치거나 얼렁뚱땅 말머리를 돌리는 등으로 지은 죄도 없이 공연히 겁부터 집어먹고는 꾀죄죄한 몰골의 자기한테 갑자기 저자세로 구는 것이었다. 밤늦도록 수고가 많다면서 한사코 술값을 받지 않으려 하던 어떤 포장마찻집 주인의 경우가 단적인 예였다.

셋째는, 노골적으로 손에 쥐고 보여 줄 때보다 그냥 뒤꽁무니에 꿰 찬 채 부주의한 몸가짐인 척하면서 웃옷 자락을 슬쩍 들어 케이스의 끝부분만 감질나게 보여 주는 편이 오히려 사람들을 놀라게 하는 데 훨씬 더 효과적이고 반응도 민감하다는 사실이었다.

김달채 씨는 그러잖아도 짧은 머리를 더욱 짧게 깎았다. 옷차림도 낡은 양복에서 스포티한 잠바 스타일로 개비했는가 하면 구청 밖에서는 항상 선글라스를 끼고 다녀 버릇했다. 달채 씨는 그처럼 달라진 모습으로 짬만 생기면 하릴없이 길거리를 나다니며 청명한 가을날에 우산을 이용해서 사람들을 떠보는 색다른 취미에 점점 깊숙이 빠져 들어가기 시작했다.

– 윤흥길, 〈매우 잘생긴 우산 하나〉

[A]의 서술상 특징으로 가장 적절한 것은?

① 중심인물이 알지 못하는 사건을 제시해 긴장감을 조성하고 있다.
② 공간 이동에 따른 인물의 내면 변화를 회상을 통해 제시하고 있다.
③ 동시적 사건들의 병치로 사건에 대한 서로 다른 관점을 드러내고 있다.
④ 한 가지의 목적으로 수렴되는 인물의 의도적인 행위들을 나열하고 있다.
⑤ 상대를 달리하여 벌이는 인물의 행동을 서술하여 점진적으로 심화되는 갈등을 묘사하고 있다.

문제 풀이

직접적으로 서술상 특징을 묻고 있습니다. 서술상 특징은 겉으로 드러나는 표현 이외에도 내용과 연관되어 나타납니다. 작품에서는 처음에 '새로운 습관'이라고 제시합니다. 굳이 왜 그런 것인지 파악하는 것이 중요합니다. 김달채 씨의 여러 가지 행위들을 보여 주고 이는 '우산의 존재를 알리기 위해 갖가지 수단과 방법을 다 동원'한 것이라 제시합니다. 즉, 작품의 해당 부분에서는 한 가지 목적으로 수렴되는 인물의 의도적인 행위들을 나열하며 서술합니다.

① 알지 못하는 사건이 제시되고 있지는 않습니다.
② 회상하는 부분이 제시되고 있지는 않습니다.
③ 사건에 대한 서로 다른 관점이 제시되고 있지는 않습니다.
⑤ 갈등이 제시되어 있지 않으므로 갈등이 점진적으로 심화된다고 할 수도 없습니다.

답 ④

예제 • 04 ◎ 16 수능 B형

자라가 기막혀 우는 말이,

"㉠ <u>못 보겟네, 못 보겟네, 병든 용왕 못 보겟네. 나의 충성 부족던가, 나의 정성 부족던가? 객사 신세 자라 팔자, 이 아니 불쌍한가?</u> 명천 감동하와 백호를 죽여 주오, 애고애고 설운지고."

이렇듯이 슬피 우니 호랑이 듣더니,

"이놈, 무슨 내게 해로운 소리만 하느냐?"

자라 생각하되,

'왕명을 뫼와 만 리 밖에 나와 이 지경을 당하니 일사(一死)면 도무사(都無死)라. 무이불식(無以不食)이라, 모조리 먹는다 하니 내 한번 고기 값이나 하리라.'

하고 모진 마음을 굳게 먹고,

"어따, 네가 내 근본을 알려느냐?"

하며 호랑이 앞턱을 냅다 물고 매어 달리니, 호랑이가,

"애고, 놓아. 아니 먹으마."

자라 놓고 나앉으며 움쳐 든 목을 길게 빼어 염려 없이 기를 보이니, 호랑이 보더니,

"이크, 장사 갑주 속의 방망이 총 나온다."

하며 저마만치 물러앉으니, 자라 호랑이 질리는 기색을 알고,

"게서 내 근본을 자세히 아는가? 나는 수국 충신 간의대부 겸 시랑 별주부, 별나리라 하네."

호랑이 무식하여 자라 별자 몰라듣고 무수히 새겨,

"별나리, 별나리, 그저 나리도 무섭다 하되 별나리 더 무섭다. 생긴 모양보다는 직품은 높고 찬란한데, 그러면 목은 어찌 그리 되었으며, 이곳엔 어찌 나왔는가?"

자라 대답하되,

"이곳 나오고 목이 이리 된 근본을 알려나?"

"어디 좀 알아봅세."

"㉡ 우리 수궁이 퇴락하여 새로 다시 지은 후에 천여 개 기와를 내 손으로 이어갈 제, 추녀 끝에 돌아가다 한 발길 미끄러져 공중 뚝 떨어져 빙빙 돌아 나려오다 목으로 쩔꺽 나려 박혀 목이 이리 되었기로 명의더러 물어본즉 호랑이 쓸개가 약이 된다 하기에 벽력 장군 앞세우고 도로랑 귀신 잡아타고 호랑 사냥 나왔으니 게가 호랑이면 쓸개 한 보 못 주겠나. 도로랑 귀신 게 있느냐? 어서 급히 빨리 나와 용천검 드는 칼로 이 호랑이 배 갈라라, 도로랑!"

하고 달려드니 호랑이 깜짝 놀라 물똥을 와락 싸고, ㉢ 초가성중(楚歌聲中) 놀란 패왕 포위 뚫고 남쪽으로 달아나듯, 적벽강 불 싸움에 패군장 위왕 조조 정욱 따라 도망하듯, 북풍에 구름 닫듯, 편전살 달아나듯, 왜물 조총 철환 닫듯, 녹수를 얼른 건너 동림(東林)을 헤치면서 쑤루쑤루 달아나 만첩청산 바위 틈에 혼자 앉아 장담하고 하는 말이,

"내 재주 아니런들 도로랑 귀신 피할손가? 하마터면 죽을 뻔하였구나."

(중략)

한창 이리 춤을 출 제, 대장 범치 토끼 옆에 섰다가,

"이크, 토끼 뱃속에 간이 촐랑촐랑하는고."

토끼 깜짝 놀라,

'어떤 게 간이라고? 뱃속에 물똥이 들어 촐랑거리는 걸 간이라 하것다. 아뿔싸, 낌새를 보아 떠나라고 하였거니 즉시 가는 것만 못할지고.'

이리할 제 별주부 연석에 참여하였다가 눈을 부릅떠 토끼를 보며 가만히 꾸짖어 왈,

"내 듣기에도 촐랑촐랑하는 것이 분명한 간인 듯하거든 네 저러한 꾀로 우리 대왕을 속이려 하느냐?"

토끼 마음에 분하여 파연(罷宴) 후에 왕께 주왈,

"소토 세상에서 약간 의서를 보았거니와 음허화동(陰虛火動)의 병에 원기 회복하옵기는 왕배탕이 제일 좋다 하오니 왕배는 곧 자라라, 오래 묵은 자라를 구하여 쓰면 기운 자연 회복하올 것이요, 그 다음에 소토의 간을 쓰면 병세 불일내(不日內) 평복(平復)하오리다."

왕이 이때 토끼 말이라 하면 지록위마(指鹿爲馬)라도 믿고 듣는지라. 즉시 하령하되,

"출세(出世)하였던 별주부 오래 묵은지라. 법을 좇아 잡아들이라."

하니 현의도독 거북이 아뢰되,

"㉣ 옛 말씀에 '토끼를 다 잡으면 사냥개를 삶아 먹고 높이 뜬 새 없어지면 좋은 활이 숨는다.' 하였사오니 선생 말씀이 옳사오나 주부는 만리타국의 정성을 다하여 공을 이루고 왔삽거늘 제후로 봉하기는 고사하고 죽이는 것은 불가사문어인국(不可使聞於隣國)* 이라. 특별히 권도(權道)를 좇아 암자라로 대용하심을 바라나이다."

왕 왈,

"윤허하노라."

하시니.

이때 주부 천지 망극하여 집에 돌아와서 부부 서로 손을 잡고 통곡하다가 문득 생각하여 왈,

"내 일시 경솔한 말로 음해를 만나 무죄한 부인을 이 지경을 당하게 하였거니와 천 리 동행한 정분이 적지 아니하고 제 마음이 악독하여 고집스럽지 않으니 우리 정성을 다하여 빌면 다시 측은히 생각하여 구하리라."

하고, ㉤ 즉시 별당을 소쇄(掃灑)하고 잔치를 배설하여 토끼를 정으로 청하여 상좌에 앉히고 주부 내외 당하에 꿇어 백배 애걸하는 말이,

"오늘날 우리 양인(兩人) 목숨이 선생께 달렸으니 넓으신 도량으로 짐작하여 잔명을 구하여 주옵소서."

토끼 수염을 만작이며 웃어 왈,

"네 당초에 날 죽을 곳으로 유인함도 심장에 고이하거늘 하물며 없는 간을 있다 하여 기어이 죽이려 함은 무슨 일이며, 위태한 때에 이르러 애걸하는 것은 나를 조롱함이냐?"

– 작자 미상, 〈토끼전〉

* 불가사문어인국 : 이웃 나라에 알려져서는 안 됨

㉠~㉤에 대한 설명으로 적절하지 않은 것은?

① ㉠ : 유사한 어구의 반복과 대구를 통해 인물의 심경을 드러내고 있다.

② ㉡ : 의태어를 활용하여 대상의 움직이는 모습을 생생하게 보여 주고 있다.

③ ㉢ : 동일 행위에 대한 다양한 묘사를 통해 대상이 처한 긴박한 상황을 역동적으로 보여 주고 있다.

④ ㉣ : 고사를 활용하여 상대에게 화자의 의견을 전달하고 있다.

⑤ ㉤ : 편집자적 논평을 통해 인물의 행위에 대한 서술자의 시각을 보여 주고 있다.

문제 풀이

작품의 해당 부분에 대한 서술상 특징을 물어보는 문제입니다. 선택지는 앞에서도 살펴본 '기법+효과'로 구성되어 있습니다. 대개는 기법이 정확하게 사용되었는지 확인하는 선에서 문제가 해결됩니다.

㉠ 유사한 어구의 반복('못 보겠네'), 대구('나의 충성 부족턴가, 나의 정성 부족턴가?')가 드러나 있습니다.

㉡ 의태어('빙빙' 등)를 활용, 대상의 움직이는 모습을 제시하고 있습니다.

㉢ 달아난다는 행위에 대해 여섯 가지 정도 다양한 표현을 통해 묘사하고 있습니다.

㉣ 고사('토끼를 다 잡으면 사냥개를 삶아 먹고 높이 뜬 새 없어지면 좋은 활이 숨는다.')를 활용하고 있습니다.

㉤ 편집자적 논평이 드러났다고 보기 어렵습니다. 편집자적 논평은 '서술자의 개입'이라고도 하며 고전 소설에서 자주 보이는 표현 방식입니다. 주로 '~는가', '~더라' 식의 표현을 통해서 나타납니다. 편집자적 논평이 어떤 식으로 이루어질지 생각해 봅시다. 가령 이 작품에서는 별주부가 애걸하고 있는 상황에 대해 '애걸하는 모습이 멍청하기 그지 없더라.' 정도의 편집자적 논평이 제시될 수 있을 것입니다. **답** ⑤

005 희곡 / 시나리오

지시문(지문)

대사

철수 (책을 들면서) 이게 새로 나온 국정보 책이야. 너도 이걸 보면 국어영역 성적이 오를 거라고 생각해. 한번 볼래? → 대화

영희 (책을 가리키며) 아! 이게 새로 나온 그 책이구나! (관객들에게) 저도 이 책을 통해서 성적을 올릴 수 있겠죠? 물론 지금은 공부를 열심히 하지 않고 있지만 이제 고3이 되었으니 열심히 해야겠다고 생각하고 있어요. → 방백

(철수를 보면서) 그 책을 보여 주면 내가 맛있는 저녁을 사 줄게!

철수, 즐거워한다.

철수 (활짝 웃으며) 그래 여기 있어.

책을 건네받은 영희는 집에 돌아와 자신의 책상에 앉는다.

영희 (혼잣말하며) 이제 열심히 공부해야지. → 독백

- 대사를 통해서 대화와 독백, 방백이 이루어집니다.
  ① 대화는 등장인물 간에 주고받는 것으로서 등장인물과 관객 모두에게 들리는 말입니다.
  ② 독백은 등장인물이 혼잣말을 하는 것인데, 방백과 구분하여 이해해야 합니다. 반성적, 고백적 의도가 있는 경우가 많습니다.
  ③ 방백은 등장인물이 다른 등장인물이 있는 상황에서 말하지만, 다른 인물에게는 들리지 않고 관객만 들을 수 있는 말입니다. 주로 이를 통해 등장인물 자신이 어떤 의도, 어떤 생각을 가지고 있는지를 알려 주는 경우가 많습니다.

- 지시문(지문)은 인물의 대사 앞에서 괄호를 통해 동작을 지시하거나 인물의 심리, 무대 장면 등을 설명해 줍니다.

- 내레이션은 장면 밖 제3의 목소리입니다. 가령 어떤 작품을 공연한다고 할 때, 등장인물 이외의 목소리로 해설을 하는 것인데 자주 등장하지는 않습니다. 참고로, 제시된 사례에서 "책을 건네받은 영희는 집에 돌아와 자신의 책상에 앉는다."는 누군가 따로 읽어 주는 것이 아니라 인물의 동작으로 관객에게 보여지는 것이므로 내레이션이 아닙니다.

#68. 산비탈 길

뚜벅뚜벅 걷고 있는 철호.

#69. 피난민 수용소 안(회상)

담요바지 철호의 아내가 주워 모은 널빤지 조각을 이고 들어와 부엌에 내려놓고 흩어진 머리칼을 치키며 숨을 돌리고 있다.

철호Ⓔ* 저걸 저토록 고생시킬 줄이야.

담요바지 아내의 모습 위에 — O·L* —

여학교 교복을 입고 강당에 서서 노래를 부르고 있는 그 시절의 아내. 또 O·L되며 신부 차림의 아내가 노래를 부르고 있다. 그 옆에 상기되어 앉아 있는 결혼 피로연 석상의 철호. 노래는 '돌아오라 소렌토'.

#70. 산비탈

철호가 멍하니 시가지를 내려다보고 섰다. 황혼에 묻힌 거리.

#71. 자동차 안

해방촌의 골목길을 운전수가 땀을 빼며 빠져나와서 뒤를 돌아보고

운전수 손님! 이상 더 올라가지 못하겠는데요.

영호 그럼 내립시다. 시시한 동네까지 몰구 오느라고 수고했소.

천 환짜리 한 장을 꺼내 준다.

운전수 (공손히) 감사합니다.

#72. 철호의 방 안

철호의 아내가 만삭의 배를 안고 누더기를 꿰매고 있다. 옆에서 콜콜 자고 있는 혜옥.

영호 (들어오며) 혜옥아!

(하략)

– 이범선 원작, 이종기 각색, 〈오발탄〉

* Ⓔ : 효과음(effect). 화면에 삽입된 음향.

* O·L(overlap) : 하나의 화면이 끝나기 전에 다음 화면이 겹치면서 먼저 화면이 차차 사라지게 하는 기법.

위 작품의 '#68~#71'에 대한 이해로 적절하지 않은 것은?

① #68의 장면에 이어지는 #69에서 '철호Ⓔ'를 삽입하여 회상의 주체가 철호임을 알려 주고 있다.

② #69에서 '철호Ⓔ'를 삽입하여 아내에 대한 연민을 드러내고 있다.

③ #69에서 '노래'를 활용하여 학창 시절 아내의 화면을 결혼 피로연장 아내의 화면으로 전환하고 있다.

④ #70에서 침묵하는 철호의 모습과 시가지의 분위기를 대비하여, 거리를 바라보는 철호의 심리를 암시하고 있다.

⑤ #70의 침묵과 #71의 대화를 상호 대비하여 영호의 소심함을 드러내고 있다.

선택지에서 가리키는 각 장면을 확인하되 시나리오 기법도 염두에 두고 답을 찾아야 합니다. #70에서는 철호의 침묵을 통해 그의 답답한 마음을 알 수 있습니다. #71에서 영호는 운전수와 대화하고 있는데, 운전수가 더 이상 운행할 수 없다며 난감함을 표하자 바로 "그럼 내립시다."라고 말하며 돈을 지불하는 결단력 있고 거침없는 모습을 보여 줍니다. 이러한 #70과 #71이 대비된다고 보기는 어려우며, 특히 #71에서 영호가 소심하다는 것은 잘못된 접근이므로, ⑤는 적절하지 않은 이해입니다.

나머지 오답을 살펴봅시다.

① #68의 철호가 홀로 산비탈 길을 걷는 장면에 이어지는 #69는, '(회상)'이라 하여 길을 걷는 철호가 회상하는 장면임을 예측할 수 있습니다. 이는 #69에 '철호Ⓔ'를 삽입함으로써 확실하게 밝히고 있습니다.

② #69에서는 '철호Ⓔ'를 전후하여 담요바지를 입은 철호의 아내가 주워 모은 널빤지 조각을 이고 들어오는 모습과 여학교 교복을 입고 강당에서 노래를 부르는 그 시절 아내의 모습이 대비되고 있습니다. 이를 통해 '철호Ⓔ' "저걸 저토록 고생시킬 줄이야."에는 예전과 달리 힘들게 살고 있는 현재의 아내에 대한 철호의 연민이 드러난다고 볼 수 있습니다.

③ #69에서는 노래와 관련하여 O·L 기법을 이용하고 있습니다. O·L이 하나의 화면이 끝나기 전에 다음 화면이 겹치면서 먼저 화면이 차차 사라지게 하는 기법임을 감안하면, 학창 시절 아내가 노래를 부르는 장면에서 결혼식 피로연에서 아내가 노래를 부르는 장면으로 화면이 전환되는 모습을 그려 볼 수 있습니다.

④ #70에서는 침묵하는 철호의 모습에 대비하여 황홀한 시가지의 모습을 보여 주고 있는데, 이때 철호의 모습은 그의 답답한 마음을 암시한다고 할 수 있습니다.

답 ⑤

예제 • 02 ⊙ 17 수능

함이정 처녀 때 난 생각했었지. 영리하고 듬직한 아들 하나 있으면 얼마나 좋을까…… 기쁜 일 슬픈 일 뭐든지 의논할 수 있는 내 아들…… 그러다가 너를 느꼈고…… 네 느낌과 이야기하길 즐겼다. 사람들은 나 혼자 중얼중얼거린다고 괴상하게 보더라. 사실은 너와 나, 둘이서 함께 말하고 있었는데…….

조숭인 처음부터 다시 이야기해 주세요, 어머니.

함이정 처음부터……?

조숭인 네. 제가 태어나기 전, 어머니의 처녀 시절부터요. 그때 두 분 아버지의 관계는 어땠죠?

함이정 그땐 좋았다. 두 분 다 우리 집에서 가족처럼 살면서, 우리 아버님한테 불상 제작을 배우는 제자였지. 그런데 어느 날, 스승인 아버님이 불상 제작장에 가 보니까 두 제자들이 자릴 비우고 없었어. 몹시 화가 난 아버님은 집 안으로 들어와 제자들의 이름을 부르셨지. "동연아! 서연아!" 아버님 목소리가 어찌나 쩌렁쩌렁 울렸는지, 천 리 밖까지 들릴 것 같더라.

(조명, 밝게 변화한다. ⓐ한가운데 펼쳐 있던 천막이 접혀지면서 무대 천장 위로 올라간다. 함묘진의 집. 함묘진이 성난 모습으로 등장한다. 함이정과 조숭인은 서연의 관, 촛대, 향로 등을 무대 밖으로 갖고 나간다.)

함묘진 동연아! 서연아! 어디 있느냐?

함이정 (무대 밖에서) 여긴 없어요, 아버지.

함묘진 여기 집 안에도 없다……?

함이정 (무대 밖에서) 내가 나가서 찾아올까요?

함묘진 넌 가만 있거라. (다시 외쳐 부른다.) 동연아! 서연아!

(ⓑ상복을 벗고 밝은 색 옷을 입은 함이정과 조숭인, 무대 안으로 나온다.)

조숭인 할아버지 목청은 왜 저렇게 커요?

함이정 귀머거리도 들을 정도야. 그치?

함묘진 동연아! 서연아!

(동연과 서연, 등장한다. 그들은 당황한 모습으로 함묘진 앞에 선다.)

동연, 서연 부르셨습니까?

함묘진 작업장엔 너희들이 없더구나!

동연 죄송합니다. 잠깐 밖에 나가 있었습니다.

함묘진 밖에는 왜?

동연 말다툼 때문에…… 서로 의견이 달라서요.

함묘진 말다툼?

동연 네.

함묘진 서연아, 네가 다툰 이유를 말해 봐라.

서연　송구스럽습니다…….

함묘진　너흰 생각도 행동도 똑같았다. 그런 너희들이 말다툼을 하다니, 도대체 다르다면 뭐가 달랐더냐?

서연　동연은 부처의 모습을 만들면, 그 모습 속에 부처의 마음도 있다고 했습니다.

함묘진　그런데, 너는?

서연　그런데 저는…… 부처의 모습을 만들어도, 부처의 마음이 그 안에 없다면 무슨 소용이 있겠는가 했습니다.

동연　사부님, 서연을 꾸짖어 주십시오. 서연은 쓸데없는 주장으로 저를 괴롭힙니다.

(중략)

(서연과 함이정, 일어선다. 돌부처를 만들면서 길을 따라간다. 물 흐르는 소리가 점점 가깝게 들려온다. ⓒ조명, 개울물의 흐름을 나타낸다.)

함이정　개울물이에요, 서연 오빠. 여기서 길은 끊겼어요.

서연　(개울가로 다가가서 두 손으로 물을 떠서 마시며) 너도 마시렴. 목마를 텐데…….

함이정　(서연 곁으로 가서 개울물을 바라본다.) 물 위에 비쳐 보여요, 우리 얼굴이…… 얼굴 뒤엔 구름이…… 구름 뒤엔 하늘이……. (물을 떠서 마신다.) 물이 맑고 시원해요.

(서연, 장난스럽게 개울물을 마치 눈덩이처럼 뭉치는 동작을 한다.)

함이정　오빠…… 뭘 하는 거죠?

서연　물부처를 만든다.

함이정　물부처요?

서연　돌로도 부처님을 만드는데, 물이라고 안 될 건 없지.

(서연, 흐르는 물 속으로 들어가 물로 만든 부처를 세워 놓는다. 부처의 느낌은 남고 형태는 사라진다.)

함이정　오빠, 이쪽으로 나와요.

서연　(개울물을 건너가며) 난 이제 저쪽으로 간다.

함이정　서연 오빠…….

서연　넌 나중에 건너와.

함이정　(손을 흔든다.) 그래요, 오빠…… 먼저 가요. 나는 나중에…….

(서연과 함이정, 잠시 개울물 양쪽에서 서로를 바라본다. ⓓ조숭인이 피아노 앞에 앉아 건반을 두드리며 작곡 중이다. 개울물 건너쪽, 눈부시도록 밝아진다. 때를 놓치지 않으려는 듯 함묘진이 다급하게 휠체어 바퀴를 굴리면서 들어온다. 그는 피아노 옆을 지나 개울물을 건너간다. / 코러스(돌부처)들, 개울물을 건너가는 서연을 배웅하듯이, 따라가듯이, 마중하듯이, 서연과 함께 어우러져 춤을 추며 간다. 개울 저쪽, 눈부시도록 빛이 밝다. ⓔ함묘진이 다급하게 휠체어 바퀴를 굴리며 들어온다.)

조숭인 할아버지, 어딜 그렇게 급히 가세요?

함묘진 극락문이 열렸다! 극락문이 열렸어!

(함묘진, 휠체어에서 일어난다. 그는 서연의 뒤를 따라 빛 안으로 들어간다. 무대 조명, 변화한다. 동연, 등장한다. 그는 조숭인에게 다가와서 전보 용지를 내놓는다.)

– 이강백, 〈느낌, 극락 같은〉

무대 상연을 전제로 하는 희곡의 특성을 고려할 때, ⓐ~ⓔ를 설명한 내용으로 가장 적절한 것은?

① ⓐ : 무대 장치의 이동으로 극중 공간을 좌우로 분리시킨다.

② ⓑ : 등장인물들의 의상 교체로 장면 전환을 나타낸다.

③ ⓒ : 조명 변화를 통해 등장인물들의 갈등 해소를 보여 준다.

④ ⓓ : 등장인물이 무대 밖에서 피아노로 음향 효과를 낸다.

⑤ ⓔ : 소품을 이용해서 극적 긴장감을 완화시킨다.

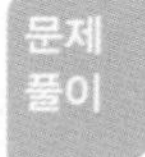

시험에 희곡이 나오는 경우에는 거의 필수적으로 무대 상연을 전제로 하는 문제가 출제됩니다. 밑줄 친 ⓐ~ⓔ를 설명한 내용으로 적절한 것을 고르는 문제입니다. 이때 밑줄 친 부분만이 아니라, 그 앞뒤를 충분히 읽어 문맥적 의미를 파악할 수 있어야 합니다.

① 한가운데를 막고 있던 천막이 올라가 사라지니 오히려 극중 공간이 하나가 됩니다.

③ ⓒ의 앞부분에 서연과 동연의 갈등이 제시됩니다. 그리고 ⓒ의 뒷부분에는 서연과 함이정의 대화가 제시됩니다. 앞에서의 갈등이 해소되었는지 여부는 전혀 언급되고 있지 않습니다. 여기서의 조명은 장면이 개울물로 바뀌는 것과 연관됩니다.

④ ⓓ의 뒷부분을 보면 '피아노 옆을 지나'라고 제시되어 있습니다. 이를 통해 피아노 역시 무대 위에 있음을 알 수 있습니다.

⑤ ⓔ에서는 '다급하게'라는 말을 통해 긴장감을 불러일으킵니다.

② ⓑ 이전에는 현재 함이정과 조숭인의 대화가 제시됩니다. 아마도 서연의 제삿날이라든지 하는 상황임을 알 수 있습니다. 그런데 장면이 서연이 살고 있는 과거로 바뀌는 것을 알 수 있습니다. 등장인물들이 '상복'에서 '밝은 색 옷'으로 바꿔 입으며 이를 나타내고 있습니다.

답 ②

[앞부분의 줄거리] 광산에서 갱도가 무너지는 매몰 사고가 발생한다. 마침 현장에 있던 홍 기자는 특종을 예감하며 보도에 나선다.

9. 현장

홍 기자 여기는 동진 광업소 사고 현장입니다. 지난 10월 22일 갱구 매몰로 11명의 광부의 목숨을 빼앗은 광산 사고는 올 들어 두 번째 큰 사고로 지금 유일한 생존자인 김창호 씨가 무려 열하루째 지하 1천5백 미터 아래서 구출의 손길이 닿기를 애타게 기다리며 갇혀 있습니다. 지금 보시는 부분이 사고가 난 동5 갱구입니다. 먼저 김창호 구조 위원회 회장이시며 동진 광업소 소장이신 권오창 선생님께 구조 현황을 알아보겠습니다.

갱구 입구 필름, 인터셉트* 된 구경꾼의 얼굴들. 손을 흔들며 웃어대는 필름들.

소장 (마이크 앞에 선다) 에헴, 국민 여러분, 감사합니다. 지금 구조대는 지주공 2명, 조수 2명, 감독 1명, 신호수 1명으로 구성되어 있어 6시간씩 교대하여 불철주야 김창호 씨 구출에 온갖 힘을 다하고 있습니다.

홍 기자 앞으로 구출 전망을 어떻게 보십니까?

소장 애초 예상과 달리 갱목 철근 등의 장애물이 많은 데다 갱내에 물이 쏟아져 작업에 지장이 많습니다. 앞으로 2, 3일 더 걸릴 전망입니다. 그러나 우리로선 최선을 다하고 있습니다.

홍 기자 감사합니다.

비서관, 수행원과 경찰의 호위를 받으며 등장한다. 비서관, 소장의 안내로 사무실에 들어가기 전 카메라에 포즈를 취한다. 기자들의 접근을 막는 수행원, 경찰.

홍 기자 (기자에게) 어떻게 보십니까? 각계각층에서 이 사건에 지대한 관심을 쏟고 있는데요.

기자 1 대단합니다. 전 국민의 성원이 이렇게 뜨겁고 클 줄은 몰랐습니다.

기자 2 현지 주민들이 기자 숙소로 옥수수와 감자들을 삶아 갖고 와서 김창호 씨를 꼭 구해 달라고 호소할 땐 눈물이 핑 돌더군요.

홍 기자 이런 국민의 여망에 보답하는 뜻으로도 꼭 살아 나와야겠습니다. (감격해서) 생명은 존엄한 것입니다. 우리는 너무 인간 생명을 경시하는 풍조에 젖어 왔습니다. 이 사건을 계기로 인간에 대해 다시 한 번 그 존엄성을 확인해야 할 것입니다. 지금까지 사건 현장에서 홍성기 기자 말씀드렸습니다. (쪽지 보며) 이 방송은 여성의 미를 창조하는 몽쉘 느그므 화장품 제공입니다.

10. 사무소와 갱내

전화벨 울리며 갱내를 비춘다. 지친 듯 쓰러져 있던 김창호, 간신히 몸을 움직여 전화를 받는다. 사무실엔 비서관, 수행원, 의사, 경찰서장이 전화 거는 것을 지켜본다.

김창호　네?

소장　나 소장이오. 지금 회장님께서 김창호 씨의 건강을 염려하여 비서관님을 보내셨습니다. 받아 보시오.

비서관　(전화 바꾼다) 김창호 씨, 나 신난다 비서관입니다. 회장님께선 김창호 씨가 어서 구출되어 나오길 바라고 계십니다. 용기를 잃지 마시고 끝까지 견디십시오. 꼭 구출될 겁니다.

김창호　(기운 없이) 감사합니다.

비서관　뭐 부족한 거 없습니까?

(중략)

14. 기자 회견 석상

김창호, 주치의의 호위하에 단상에 앉는다. 기자들, 카메라맨, 카메라를 들이대자 김창호, 얼굴을 가린다.

카메라맨　김창호 씨, 얼굴 좀.

주치의　잠깐 기다려 주십시오. 시력이 약화돼서 카메라 플래시에 견디질 못합니다. (주머니에서 선글라스를 꺼내 김창호에게 씌운다) 참으세요, 곧 끝납니다. 전 국민에게 김창호 씨를 알려야 합니다.

플래시 터진다. 김창호, 움찔거리지만 참고 견딘다.

홍 기자　김창호 씨, 우리 기자단을 대표해서 김창호 씨의 생환을 환영하는 바입니다. 제가 사고 첫날부터 현장에서 김창호 씨가 구출되기까지 쭉 지켜보았던 한일 매스컴센터의 홍성기 기자입니다. 먼저 이렇게 살아 나오신 소감 한 말씀 부탁합니다.

김창호　(당황) 뭐가 뭔지 모르겠습니다. 난 집에 가고 싶습니다!

주치의, 귀에 대고 뭐라고 한다.

김창호　저 감사합니다…… 국민 여러분.

기자 1　16일 동안 어려운 환경에서 살아 견디셨는데 어디서 그런 인내력이 나셨는지요?

김창호　예?

주치의, 쉽게 설명해 준다.

– 윤대성, 〈출세기〉

* **인터셉트** : 화면에 다음 화면을 끼워 넣음

윗글에 대한 설명으로 적절하지 않은 것은?

① 사고 당사자 대신 다른 인물들을 통해 사고의 의미가 부여되고 있다.
② 사건에 대한 인물들의 상반된 견해를 드러내어 극적 긴장감을 높이고 있다.
③ 영상을 통해 구경꾼들의 태도를 드러내어 사건의 심각성과 대비하고 있다.
④ 서로 다른 두 공간을 동시에 보여 주며 상황을 효과적으로 드러내고 있다.
⑤ 상황에 맞지 않는 대사와 작위적인 이름으로 극적 긴장감을 이완시키고 있다.

② 사건에 대해 상반된 견해는 존재하지 않습니다. 인물들이 상반된 견해를 가지고 있다면 서로 대립하게 됩니다. 인물들 간에 대립 구조가 발생하면 일정한 갈등이 수반될 것입니다.

김창호는 사고 당사자로서 다른 사람들과 다른 태도를 보이고 있습니다. 그러나 이를 다른 인물들과 상반된 견해를 드러낸다고 할 수는 없습니다. 그는 단지 현재의 상황에 당황했을 뿐입니다.

답 ②

Day 14

산문 문학 :
작품 해석과 문제풀이 연습

문제를 풀면서 이론을 점검하는 시간입니다. 노파심에서 한 말씀 드리자면, 산문 문학 읽기는 앞에서 많이 다루었던 비문학 읽기와는 좀 다릅니다. 중요한 부분만 읽기보다는 전체적인 이야기를 따라가면서 확인하는 방식입니다. 각 작품의 해설에 제가 지문을 읽어 가면서 그때그때 생각한 내용을 써 놓았습니다. 꼭 참고하도록 하세요.

001 실전문제풀이 **시범**

20 수능

예제 · 01~04

[앞부분의 줄거리] 아들 유세기가 부모의 허락 없이 백공과 혼사를 결정했다고 여긴 선생은 유세기를 집에서 내쫓는다.

백공이 왈,

"혼인은 좋은 일이라 서로 헤아려 잘 생각할 것이니 어찌 이같이 좋지 않은 일이 일어나는가? 내가 한림의 재모를 아껴 이같이 기별해 사위를 삼고자 하였더니 선생 형제는 도학군자라 예가 아닌 것을 문책하시는도다. 내가 마땅히 곡절을 말하리라."

이에 백공이 유씨 집안에 이르러 선생 형제를 보고 인사를 하고 나서 흔쾌히 웃으며 가로되,

"제가 두 형과 더불어 죽마고우로 절친하고 또 아드님의 특출함을 아껴 제 딸의 배필로 삼고자 하여, 어제 세기를 보고 여차여차하니 아드님이 단호하게 말하고 돌아가더이다. 제가 더욱 흠모하여 염치를 잊고 거짓말로 일을 꾸며 구혼하면서 '정약'이라는 글자 둘을 더했으니 이는 진실로 저의 희롱함이외다. 두 형께서 과도히 곧이듣고 아드님을 엄히 꾸짖으셨다 하니, 혼사에 도리어 훼방이 되었으므로 어찌 우습지 않으리까? 원컨대 두 형은 아드님을 용서하여 아드님이 저를 원망하게 하지 마오."

선생과 승상이 바야흐로 아들의 죄가 없는 줄을 알고 기뻐하면서 사례하여 왈,

"저희 자식이 분에 넘치게 공의 극진한 대우를 받으니 마땅히 그 후의를 받들 만하되, 이는 선조로부터 대대로 내려오는 가법이 아니기에 감히 재취를 허락하지 못하였소이다. 저희 자식이 방자함이 있나 통탄하였더니 그간 곡절이 이렇듯 있었소이다."

백공이 화답하고 이윽고 돌아가서 다시 혼삿말을 이르지 못하고 딸을 다른 데로 시집보냈다. 선생이 백공을 돌려보낸 후에 한림을 불러 앞으로 더욱 행실을 닦을 것을 훈계하자 한림이 절을 하면서 명령을 받들었다. 차후 더욱 예를 삼가고 배우기를 힘써 학문과 도덕이 날로 숙연하고, 소 소저와 더불어 백수해로하면서 여덟 아들, 두 딸을 두고, 집안에 한 명의 첩도 없이 부부 인생 희로를 요동함이 없더라.

승상의 둘째 아들 세형의 자는 문희이니, 형제 중 가장 빼어났으니 산천의 정기와 일월의 조화를

타고 태어나 아름다운 얼굴은 윤택한 옥과 빛나는 봄꽃 같고, 호탕하고 깨끗한 풍채는 용과 호랑이의 기상이 있으며, 성품이 호기롭고 의협심이 강하여 맑고 더러움의 분별을 조금도 잃지 않으니, 부모가 매우 사랑하여 며느리를 널리 구하더라.

(중략)

화설, 장 씨 ㉠ 이화정에 돌아와 긴 단장을 벗고 난간에 기대어 하늘가를 바라보며 평생 살아갈 계책을 골똘히 헤아리자, 한이 눈썹에 맺히고 슬픔이 마음속에 가득하여 생각하되,

[A] '내가 재상가의 귀한 몸으로 유생과 백년가약을 맺었으니 마음이 흡족하고 뜻이 즐거울 것이거늘, 천자의 귀함으로 한 부마를 뽑는데 어찌 구태여 나의 아름다운 낭군을 빼앗아 가 위세로써 나로 하여금 공주 저 사람의 아래가 되게 하셨는가? 도리어 저 사람의 덕을 찬송하고 은혜를 읊어 한없는 영광은 남에게 돌려보내고 구차한 자취는 내 일신에 모이게 되었도다. 우주 사이는 우러러 바라보기나 하려니와 나와 공주의 현격함은 하늘과 땅 같도다. 나의 재주와 용모가 저 사람보다 떨어지는 것이 없고 먼저 혼인 예물까지 받았는데 이처럼 남의 천대를 감심할 줄 어찌 알리오? 공주가 덕을 베풀수록 나의 몸엔 빛이 나지 않으리니 제 짐짓 능활하여 아버님, 어머님이나 시누이를 제 편으로 끌어들인다면 낭군의 마음은 이를 좇아 완전히 달라질지라. 슬프다, 나의 앞날은 어이 될고?'

생각이 이에 미치자 북받쳐 오르는 한이 마음속에 가득 쌓이기 시작하니 어찌 좋은 뜻이 나리오? 정히 눈물을 머금고 마음을 붙일 곳 없어하더니, 문득 세형이 보라색 두건과 녹색 도포를 가볍게 나부끼며 이르러 장 씨의 참담한 안색을 보고 옥수를 잡고 어깨를 비스듬히 기대게 하며 물어 왈,

"그대 무슨 일로 슬픈 빛이 있나뇨? 나를 좇음을 원망하는가?"

장 씨가 잠시 동안 탄식 왈,

[B] "낭군은 부질없는 말씀 마옵소서. 제가 낭군을 좇는 것을 원망했다면 어찌 깊은 규방에서 홀로 늙는 것을 감심하였사오리까? 다만 제가 귀댁에 들어온 지 오륙일이 지났으나 좌우에 친한 사람이 없고 오직 우러르는 바는 아버님, 어머님과 낭군뿐이라 어린 여자의 마음이 편안하지 못한 바이옵니다. 공주가 위에 계셔 온 집의 권세를 오로지하시니 그 위의와 덕택이 저로 하여금 변변찮은 재주 가진 하졸이 머릿수나 채워 우물 속에서 하늘을 바라보는 것 같게 만드옵니다. 제가 감히 항거할 뜻이 있는 것이 아니나 평생의 신세가 구차하여 슬프고, 진양궁에 나아가면 궁비와 시녀들이 다 저를 손가락질하며 비웃어 한 가지 일도 자유롭게 하지 못하게 하옵고, 제 입에서 말이 나면 일천여 시녀가 다 제 입을 가리니, 공주의 은덕에 의지하여 겨우 실례를 면하고 돌아왔사옵니다."

부마가 바야흐로 장 씨의 외로움을 가련하게 여기고 공주의 위세가 장 씨를 억누르는 것을 좋지 않게 여기고 있다가 장 씨의 이렇듯 애원한 모습을 보자 크게 불쾌하여 장 씨를 위한 애정이 샘솟는 듯하였다. 은근하고 간곡하게 장 씨를 위로하고 그 절개와 외로움에 감동하여 이날부터 발자취가 ㉡ 이화정을 떠나지 않았다. 연리지와 같은 신혼의 정은 양왕의 꿈에 빠진 듯 어지럽고, 낙천의 마음이 취한 듯 기쁘고 즐거워 바라던 바를 다 얻은 듯한 마음은 세상에 비할 데가 없더라.

– 작자 미상, 〈유씨삼대록〉

01 **이같이 좋지 않은 일에 대한 이해로 적절하지 않은 것은?**

① 백공의 거짓말 때문에 일어난 일이다.

② 백공이 한림을 곤경에 처하게 한 일이다.

③ 선생과 승상 사이에서 의견 대립이 심화된 일이다.

④ 한림이 선생과 승상으로부터 꾸지람을 당한 일이다.

⑤ 백공이 한림을 자신의 딸과 혼인시키려다 일어난 일이다.

02 **[A]와 [B]에 대한 설명으로 적절하지 않은 것은?**

① [A]와 [B]는 모두 과거 사건에 대한 정보를 제공하고 있다.

② [A]와 [B]는 모두 비유적 진술을 통해 자신이 처한 상황을 부각하고 있다.

③ [A]는 [B]와 달리 타인에 대한 자신의 원망을 의문형 표현을 활용하여 드러내고 있다.

④ [B]는 [A]와 달리 대화 상대의 환심을 사기 위해 자신의 우월한 지위를 드러내고 있다.

⑤ [A]는 앞으로의 일을 추정하는, [B]는 지난 일을 토로하는 방식으로 자신의 우려를 제시하고 있다.

03 **'장 씨'를 중심으로 ㉠과 ㉡을 이해한 내용으로 가장 적절한 것은?**

① ㉠은 학문을 연마하는 공간이고, ㉡은 덕행을 닦는 공간이다.

② ㉠은 불신을 드러내는 공간이고, ㉡은 조소를 당하는 공간이다.

③ ㉠은 한탄을 드러내는 공간이고, ㉡은 애정을 확인하는 공간이다.

④ ㉠은 계책을 꾸미는 공간이고, ㉡은 외로움을 인내하는 공간이다.

⑤ ㉠은 선후 시비를 따지는 공간이고, ㉡은 오해를 해소하는 공간이다.

04 〈보기〉를 참고하여 윗글을 감상한 내용으로 적절하지 않은 것은?

보기

〈유씨삼대록〉은 유씨 3대 인물들의 이야기들을 연결한 국문 장편 가문 소설이다. 각 이야기는 그 자체로 완결성을 갖추고 있어 독립적이지만, 혼사나 그로부터 파생된 각각의 갈등이 동일한 가문 내에서 전개된다는 점에서 연결된다. 이러한 갈등은 가법이나 인물의 성격에서 유발된다. 가문의 구성원들은 혼사를 둘러싼 갈등이 가문의 안정과 번영을 저해한다고 여겼기에, 가문 차원에서 이를 해결해 간다.

① 유세기 이야기와 유세형 이야기를 보니, 각각의 갈등이 한 가문의 혼사를 중심으로 발생한다는 점에서 두 이야기가 서로 연결되어 있음을 알 수 있군.
② 유세기의 혼사 문제에 선생과 승상이 관여한 것을 보니, 혼사를 둘러싼 갈등 해결이 가문 구성원들의 문제로 다루어짐을 알 수 있군.
③ 유세기가 혼사와 관련한 곤욕을 치른 것과 유세형이 공주를 멀리한 것을 보니, 가법과 인물의 성격 간의 대립이 갈등의 원인임을 알 수 있군.
④ 백공이 유세기를 사위 삼으려는 것과 천자가 유세형을 부마 삼은 것을 보니, 혼사가 혼인 당사자 개인의 문제에 그치지 않음을 알 수 있군.
⑤ 유세기가 평생 첩을 두지 않고 소 소저와 해로했다는 것을 보니, 유세기를 둘러싼 혼사 갈등이 해소되며 이야기 하나가 마무리됨을 알 수 있군.

작품 관찰

EBS 교재에서 다루었던 작품입니다. 다만 전반적인 작품 내용을 알고 있다 하더라도 수능에 직접 출제된 부분을 정확하게 독해해야만 문제를 풀 수 있습니다. 따라서 단순한 교재 암기로는 문제를 해결할 수 없고 작품 독해 능력이 중요하다 할 수 있습니다.

[앞부분의 줄거리] 아들 유세기가 부모의 허락 없이 백공과 혼사를 결정했다고 여긴 선생은 유세기를 집에서 내쫓는다.

백공이 왈,

"혼인은 좋은 일이라 서로 헤아려 잘 생각할 것이니 어찌 이같이 좋지 않은 일이 일어나는가? 내가 한림의 재모를 아껴 이같이 기별해 사위를 삼고자 하였더니 선생 형제는 도학군자라 예가 아닌 것을 문책하시는도다. 내가 마땅히 곡절을 말하리라."

◎ 위에서 제시된 [앞부분의 줄거리] 맥락을 고려하면 혼사를 결정했다고 쫓겨난 것을 '좋지 않은 일'이라 일컫고 있음을 알 수 있습니다. 백공이 이를 해결해 보고자 합니다.

이에 백공이 유씨 집안에 이르러 선생 형제를 보고 인사를 하고 나서 흔쾌히 웃으며 가로되,

"제가 두 형과 더불어 죽마고우로 절친하고 또 아드님의 특출함을 아껴 제 딸의 배필로 삼고자 하여, 어제 세기를 보고 여차여차하니 아드님이 단호하게 말하고 돌아가더이다. 제가 더욱 흠모하여 염치를 잊고 거짓말로 일을 꾸며 구혼하면서 '정약'이라는 글자 둘을 더했으니 이는 진실로 저의 희롱함이외다. 두 형께서 과도히 곧이듣고 아드님을 엄히 꾸짖으셨다 하니, 혼사에 도리어 훼방이 되었으므로 어찌 우습지 않으리까? 원컨대 두 형은 아드님을 용서하여 아드님이 저를 원망하게 하지 마오."

◎ 백공이 적극적으로 혼인을 부추긴 것이니 유세기가 혼날 일은 아니라는 말입니다.

선생과 승상이 바야흐로 아들의 죄가 없는 줄을 알고 기뻐하면서 사례하여 왈,
"저희 자식이 분에 넘치게 공의 극진한 대우를 받으니 마땅히 그 후의를 받들 만하되, 이는 선조로부터 대대로 내려오는 가법이 아니기에 감히 재취를 허락하지 못하였소이다. 저희 자식이 방자함이 있나 통탄하였더니 그간 곡절이 이렇듯 있었소이다."

◎ 백공의 말을 통해 아들의 잘못이 없다는 점을 확인하니 선생과 승상의 태도가 바뀌게 됩니다.

백공이 화답하고 이윽고 돌아가서 다시 혼삿말을 이르지 못하고 딸을 다른 데로 시집보냈다. 선생이 백공을 돌려보낸 후에 한림을 불러 앞으로 더욱 행실을 닦을 것을 훈계하자 한림이 절을 하면서 명령을 받들었다. 차후 더욱 예를 삼가고 배우기를 힘써 학문과 도덕이 날로 숙연하고, 소 소저와 더불어 백수해로하면서 여덟 아들, 두 딸을 두고, 집안에 한 명의 첩도 없이 부부 인생 희로를 요동함이 없더라.

◎ 백공이 딸을 다른 데로 시집보냈다는 서술이 조금 뜬금없긴 한데요. 아무튼 한림은 열심히 잘 배우고 자식도 낳고 잘 살았다는 이야기로 마무리됩니다.

승상의 둘째 아들 세형의 자는 문희이니, 형제 중 가장 빼어났으니 산천의 정기와 일월의 조화를 타고 태어나 아름다운 얼굴은 윤택한 옥과 빛나는 봄꽃 같고, 호탕하고 깨끗한 풍채는 용과 호랑이의 기상이 있으며, 성품이 호기롭고 의협심이 강하여 맑고 더러움의 분별을 조금도 잃지 않으니, 부모가 매우 사랑하여 며느리를 널리 구하더라.

◎ 이번에는 둘째 아들에 대한 서술입니다. 훌륭한 아들이라 며느리를 널리 구했다고 하네요.

(중략)

화설, 장 씨 ㉠ 이화정에 돌아와 긴 단장을 벗고 난간에 기대어 하늘가를 바라보며 평생 살아갈 계책을 골똘히 헤아리자, 한이 눈썹에 맺히고 슬픔이 마음속에 가득하여 생각하되,

◎ 어떤 문제점이 있을지 파악해야 합니다.

'내가 재상가의 귀한 몸으로 유생과 백년가약을 맺었으니 마음이 흡족하고 뜻이 즐거울 것이거늘, 천자의 귀함으로 한 부마를 뽑는데 어찌 구태여 나의 아름다운 낭군을 빼앗아 가 위세로써 나로 하여금 공주 저 사람의 아래가 되게 하셨는가? 도리

[A] 어 저 사람의 덕을 찬송하고 은혜를 읊어 한없는 영광은 남에게 돌려보내고 구차한 자취는 내 일신에 모이게 되었도다. 우주 사이는 우러러 바라보기나 하려니와 나와 공주의 현격함은 하늘과 땅 같도다. 나의 재주와 용모가 저 사람보다 떨어지는 것이 없고 먼저 혼인 예물까지 받았는데 이처럼 남의 천대를 감심할 줄 어찌 알리오? 공주가 덕을 베풀수록 나의 몸엔 빛이 나지 않으리니 제 짐짓 능활하여 아버님, 어머님이나 시누이를 제 편으로 끌어들인다면 낭군의 마음은 이를 좇아 완전히 달라질지라. 슬프다, 나의 앞날은 어이 될고?'

◎ 장 씨가 어떤 문제 상황에 처해 있는지, 어떤 점을 걱정하고 있는지 확인할 수 있습니다.

생각이 이에 미치자 북받쳐 오르는 한이 마음속에 가득 쌓이기 시작하니 어찌 좋은 뜻이 나리오? 정히 눈물을 머금고 마음을 붙일 곳 없어하더니, 문득 세형이 보라색 두건과 녹색 도포를 가볍게 나부끼며 이르러 장 씨의 참담한 안색을 보고 옥수를 잡고 어깨를 비스듬히 기대게 하며 물어 왈,

"그대 무슨 일로 슬픈 빛이 있나뇨? 나를 좇음을 원망하는가?"

◎ 장 씨의 참담한 모습을 보고 세형이 왜 그러는지 물어봅니다.

장 씨가 잠시 동안 탄식 왈,

[B] "낭군은 부질없는 말씀 마옵소서. 제가 낭군을 좇는 것을 원망했다면 어찌 깊은 규방에서 홀로 늙는 것을 감심하였사오리까? 다만 제가 귀댁에 들어온 지 오륙일이 지났으나 좌우에 친한 사람이 없고 오직 우러르는 바는 아버님, 어머님과 낭군뿐이라 어린 여자의 마음이 편안하지 못한 바이옵니다. 공주가 위에 계셔 온 집의 권세를 오로지하시니 그 위의와 덕택이 저로 하여금 변변찮은 재주 가진 하졸이 머릿수나 채워 우물 속에서 하늘을 바라보는 것 같게 만드옵니다. 제가 감히 항거할 뜻이 있는 것이 아니나 평생의 신세가 구차하여 슬프고, 진양궁에 나아가면 궁비와 시녀들이 다 저를 손가락질하며 비웃어 한 가지 일도 자유롭게 하지 못하게 하옵고, 제 입에서 말이 나면 일천여 시녀가 다 제 입을 가리니, 공주의 은덕에 의지하여 겨우 실례를 면하고 돌아왔사옵니다."

◎ 장 씨가 세형에게 한탄하는 것을 확인할 수 있습니다. 세형은 어떤 반응을 보일까요?

부마가 바야흐로 장 씨의 외로움을 가련하게 여기고 공주의 위세가 장 씨를 억누르는 것을 좋지 않게 여기고 있다가 장 씨의 이렇듯 애원한 모습을 보자 크게 불쾌하여 장 씨를 위한 애정이 샘솟는 듯하였다. 은근하고 간곡하게 장 씨를 위로하고 그 절개와 외로움에 감동하여 이날부터 발자취가 ㉡이화정을 떠나지 않았다. 연리지와 같은 신혼의 정은 양왕의 꿈에 빠진 듯 어지럽고, 낙천의 마음이 취한 듯 기쁘고 즐거워 바라던 바를 다 얻은 듯한 마음은 세상에 비할 데가 없더라.

◎ 장 씨의 외로움을 듣고 세형은 이를 가련하게 여겨 장 씨에 대한 애정이 더 생기게 됩니다.

문제 풀이

01번 작품에서 백공은 "거짓말로 일을 꾸며 구혼하면서"라고 했으니 선택지 ①은 적절한 서술입니다. 또한 "유세기를 집에서 내쫓는다."를 통해 백공이 한림을 곤경에 처하게 했다는 선택지 ②도 적절한 것을 알 수 있습니다. 또한 작품에서 "두 형께서 과도히 곧이듣고 아드님을 엄히 꾸짖으셨다 하니"라고 했으니 선택지 ④도 적절하고, "또 아드님의 특출함을 아껴 제 딸의 배필로 삼고자 하여"라고 했으니 선택지 ⑤도 적절합니다.

그러나 선생과 승상 사이에서 의견 대립이 심화되거나 하지는 않았기 때문에 선택지 ③은 잘못된 서술입니다. **답** ③

02번 장 씨가 자신의 우월한 지위를 드러내고 있다는 서술은 잘못되었습니다. 작품에서는 장 씨가 오히려 "오직 우러르는 바는 아버님, 어머님과 낭군뿐", "저로 하여금 변변찮은 재주 가진 하졸이 머릿수나 채워 우물 속에서 하늘을 바라보는 것 같게", "평생의 신세가 구차하여 슬프고, 진양궁에 나아가면 궁비와 시녀들이 다 저를 손가락질하며 비웃어"라고 자신을 표현하고 있음을 확인할 수 있습니다. **답** ④

03번 밑줄 친 부분의 앞뒤를 확인해서 문맥적인 의미를 파악해야 합니다. ㉠은 뒤에 나오는 "긴 단장을 벗고 난간에 기대어 하늘가를 바라보며 평생 살아갈 계책을 골똘히 헤아리자, 한이 눈썹에 맺히고 슬픔이 마음속에 가득하여"라는 서술을 볼 때 "한탄을 드러내는 공간"이 적절합니다. 또한 ㉡은 뒤에 나오는 "연리지와 같은 신혼의 정은 양왕의 꿈에 빠진 듯 어지럽고, 낙천의 마음이 취한 듯 기쁘고 즐거워 바라던 바를 다 얻은 듯한 마음은 세상에 비할 데가 없더라."를 확인할 때 "애정을 확인하는 공간"이 적절합니다. **답** ③

04번 운문 문학에서도 여러 번 다룬 〈보기〉를 통해 작품을 감상하는 문제 유형입니다. 산문 문학에서도 접근 방식이 다르지 않습니다. 먼저 각 선택지가 〈보기〉의 내용을 정확히 반영하고 있는지 검토하는 것이 우선입니다.

① 유세기 이야기와 유세형 이야기를 보니, 각각의 갈등이 한 가문의 혼사를 중심으로 발생한다는 점에서 두 이야기가 서로 연결되어 있음을 알 수 있군.

⑤ 유세기가 평생 첩을 두지 않고 소 소저와 해로했다는 것을 보니, 유세기를 둘러싼 혼사 갈등이 해소되며 이야기 하나가 마무리됨을 알 수 있군.

◎ 〈보기〉의 "각 이야기는 그 자체로 완결성을 갖추고 있어 독립적이지만, 혼사나 그로부터 파생된 각각의 갈등이 동일한 가문 내에서 전개된다는 점에서 연결된다."

② 유세기의 혼사 문제에 선생과 승상이 관여한 것을 보니, 혼사를 둘러싼 갈등 해결이 가문 구성원들의 문제로 다루어짐을 알 수 있군.

④ 백공이 유세기를 사위 삼으려는 것과 천자가 유세형을 부마 삼은 것을 보니, 혼사가 혼인 당사자 개인의 문제에 그치지 않음을 알 수 있군.

◎ 〈보기〉의 "혼사를 둘러싼 갈등이 가문의 안정과 번영을 저해한다고 여겼기에, 가문 차원에서 이를 해결해 간다."

③ 유세기가 혼사와 관련한 곤욕을 치른 것과 유세형이 공주를 멀리한 것을 보니, 가법과 인물의 성격 간의 대립이 갈등의 원인임을 알 수 있군.

◎ 〈보기〉에서는 "이러한 갈등은 가법이나 인물의 성격에서 유발"된다고 언급합니다. 그런데 선택지에서는 가법과 인물의 성격이 대립한다고 서술하는데 이는 〈보기〉와는 다른 내용입니다. 〈보기〉는 가법 또는 인물의 성격에서 갈등이 유발된다는 것이고 선택지는 가법과 인물의 성격이 직접 충돌한다는 것이기 때문입니다. 또한 작품 내용으로 보더라도 적절하지 않은 서술입니다.

답 ③

예제 · 05~08 ◎ 11 수능

형은 또 울었다. 밤이 깊도록 어머니까지 불러 가며 엉엉 소리 내어 울었다.

동생도 형 곁에서 남모르게 소리를 죽여 흐느껴 울었다. 그저 형의 설움과 울음을 따라 울 뿐이었다. 동생도 이렇게 울면서 어쩐지 마음이 조금 흐뭇했다. / 이날 밤의 감시는 밤새도록 엄했다.

바깥은 ㉠ 첫눈이 흩날리고 있었다.

형은 울음을 그치고 불쑥, / "야하, 눈이 내린다, 눈이, 눈이. 벌써 겨울이 다 됐네."

물론 감시병들의 감시가 심하니까 동생의 귀에다 입을 대지도 않고 이렇게 혼잣소리처럼 지껄였다.

"저것 봐, 저기 저기, 에에이, 모두 잠만 자구 있네." / 동생의 허리를 쿡쿡 찌르기만 하면서…….

어느새 양덕도 지났다. 하루하루는 수월히도 저물어 갔고 하늘은 변함없이 푸르렀을 뿐이었다. 산도 들판도 눈에 덮여 있었다. 경비병들의 겨울 복장을 바라보는 형의 얼굴에는 천진한 애들 같은 선망의 표정이 어려 있곤 했다. 날로 날로 풀이 죽어 갔다.

어느 날 밤이었다. 일행도 경비병들도 모두 잠들었을 무렵, 형은 또 동생의 귀에다 입을 대고, 이즈음에 와선 늘 그렇듯 별나게 가라앉은 목소리로,

"그 새끼 생각이 난다. 맘이 꽤 좋았댔이야이." / ⓐ "……"

"난 원래 다리에 ㉡ 담증이 있는데이. 너두 알잖니. 요새 좀 이상한 것 같다야."

하고는 헤죽이 웃었다. / ⓑ "……"

동생은 놀라 돌아다보았다. 여느 때 없이 형은 쓸쓸하게 웃으면서 두 팔로 동생의 어깨를 천천히 그러안으면서, / "칠성아, 야하, 흠썩은 춥다." / ⓒ "……"

"저 말이다, 엄만 날 늘 불쌍히 여깃댔이야, 잉. 야, 칠성아, 칠성아, 내 다리가 좀 이상헌 것 같다야이." / ⓓ "……" / 동생의 눈에선 다시 눈물이 비어져 나왔다.

형은 별안간 두 눈이 휘둥그레져서 동생의 얼굴을 멀끔히 마주 쳐다보더니,

"왜 우니, 왜 울어, 왜, 왜. 어서 그치지 못하겠니."
하면서도 도리어 제 편에서 또 울음을 터뜨리고 있었다.

이튿날, 형의 걸음걸이는 눈에 띄게 절름거렸다. 혼잣소리도 풀이 없었다.

"그만큼 걸었음 무던히 왔구만서두. 에에이, 이젠 좀 그만 걷지덜, 무던히 걸었구만서두."
하고는 주위의 경비병들을 흘끔 곁눈질해 보았다. 경비병들은 물론 알은체도 안 했다. 바뀐 사람들은 꽤나 사나운 패들이었다.

그날 밤 형은 동생을 향해 씁쓸하게 웃기만 했다.

"칠성아, 너 집에 가거든 말이다, 집에 가거든……."
하고는 또 무슨 생각이 났는지 벌쭉 웃으면서,

"히히, 내가 무슨 소릴 허니. 네가 집에 갈 땐 나두 갈 텐데, 앙 그러니? 내가 정신이 빠졌어."

한참 뒤엔 또 동생의 어깨를 그러안으면서, / "야, 칠성아!"

동생의 얼굴을 똑바로 마주 쳐다보기만 했다.

바깥은 바람이 세었다. 거적문이 습기 어린 소리를 내며 열리고 닫히곤 하였다. 문이 열릴 때마다 눈 덮인 초라한 ⓒ들판이 부유스름하게 아득히 뻗었다.

동생의 눈에선 또 눈물이 비어져 나왔다.

형은 또 벌컥 성을 내며, / "왜 우니, 왜? 흐흐흐." / 하고 제 편에서 더 더 울었다.

며칠이 지날수록 ㉣형의 걸음은 더 절룩거려졌다. 행렬 속에서도 별로 혼잣소릴 지껄이지 않았다. 평소의 형답지 않게 꽤나 조심스런 낯색이었다. 둘레를 두리번거리며 경비병의 눈치를 흘끔거리기만 했다. 이젠 밤에도 동생의 귀에다 입을 대고 이것저것 지껄이지 않았다. 그러나 먼 개 짖는 소리 같은 것에는 여전히 흠칫흠칫 놀라곤 했다. 동생은 또 참다못해 눈물을 흘렸다. 그러나 형은 왜 우느냐고 화를 내지도 않고 울음을 터뜨리지도 않았다. 동생은 이런 형이 서러워 더 더 흐느꼈다.

그날 밤, 바깥엔 ㉤함박눈이 내렸다. / 형은 불현듯 동생의 귀에다 입을 댔다.

"너, 무슨 일이 생겨두 날 형이라구 글지 마라, 어엉?"

여느 때답지 않게 숙성한 사람 같은 억양이었다. / "울지두 말구 모르는 체만 해, 꼭."

동생은 부러 큰 소리로, / "야하, 눈이 내린다."

형이 지껄일 소리를 자기가 지금 대신하고 있다고 생각했다. / ⓔ "……"

그러나 이미 형은 그저 꾹하니 굳은 표정이었다.

동생은 안타까워 또 울었다. 형을 그러안고 귀에다 입을 대고,

"형아, 형아, 정신 차려."

이튿날, 한낮이 기울어서 어느 영 기슭에 다다르자, 형은 동생의 허벅다리를 쿡 찌르고는 걷던 자리에 털썩 주저앉고 말았다.

형의 걸음걸이를 주의해 보아 오던 한 사람이 뒤에서 따발총을 휘둘러 쏘았다.

형은 앉은 채 앞으로 꼬꾸라졌다. 그 사람은 총을 어깨에 둘러메면서,

"메칠을 더 살겠다구 뻐득대? 뻐득대길."

– 이호철, 〈나상(裸像)〉

05 **윗글의 서술상 특징으로 가장 적절한 것은?**

① 외양을 상세하게 묘사해 인물을 희화화하고 있다.
② 내적 독백을 통해 시간의 흐름을 지연시키고 있다.
③ 현재와 과거를 교차 서술하여 주제를 부각하고 있다.
④ 간접 인용을 활용하여 사건 전개의 신빙성을 높이고 있다.
⑤ 주인공의 반복적 행위를 서술하여 성격을 구체화하고 있다.

06 **㉠~㉤에 대한 이해로 적절하지 않은 것은?**

① ㉠은 '형'의 동심을 불러일으킨다.
② ㉡은 형제 사이의 갈등을 유발한다.
③ ㉢은 '형'의 내면 풍경을 보여 준다.
④ ㉣은 '형'의 최후를 암시한다.
⑤ ㉤은 비극적 분위기를 고조시킨다.

07 **윗글을 시나리오로 각색하고자 할 때, ⓐ~ⓔ의 처리 방법에 대한 의견으로 적절하지 않은 것은?**

① ⓐ에서는 '모두 잠들었을 무렵'이라는 상황을 고려하여, 잠든 척 누워 있는 '동생'의 모습을 보여 주면 좋겠군.
② ⓑ에서는 '놀라 돌아다보았다'라는 표현에 주목하여, 걱정스레 '형'을 바라보는 '동생'의 표정을 보여 주면 좋겠어.
③ ⓒ에서는 춥다면서 끌어안는 '형'에게 기대어, 공감하듯 고개를 끄덕이는 '동생'의 모습을 보여 주면 좋겠군.
④ ⓓ에서는 아파하는 '형'을 눈물 어린 표정으로 바라보면서, 아픔을 나누지 못하는 '동생'의 안타까운 눈빛을 보여 주면 좋겠어.
⑤ ⓔ에서는 '부러 큰 소리로' 말했음에도 아무 반응이 없자, '형'을 무심하게 바라보는 '동생'의 모습을 보여 주면 좋겠군.

08 〈보기〉를 참조하여 윗글을 감상한 내용으로 적절하지 않은 것은?

보기

이 작품에서 작가는 북한군의 포로가 된 형제가 전쟁이라는 상황에서 어떤 모습을 보이는지를 실감 나게 그리고 있다. 특히 천진난만한 '벌거숭이 인간'인 '형'이 외부의 폭력에 희생되는 모습을 묘사하여 근원적인 인간성이 얼마나 소중한지를 일깨워 준다. 또한 이 작품은 포로 호송이라는 상황을 빌려 구성원을 획일화하는 사회를 우회적으로 비판한다.

① 이 작품의 제목은 본연의 순수성을 그대로 드러내는 '형'의 모습을 형상화한 것이다.
② '경비병'은 폭력적 상황 속에서 인간 본연의 모습을 억압하고 길들이는 감시망을 상징한다.
③ '형'과 '동생'이 계속 걸어야만 하는 강제적 상황은 구성원을 획일화하려는 현실을 반영한 것이다.
④ 자신을 압박해 오는 공포에 무감각한 '형'의 모습은 천진성을 파괴하려는 폭력에 대한 저항을 나타낸다.
⑤ '형'이 그를 지켜보던 '경비병'의 총에 맞는 것은 감시자의 요구를 수행할 수 없는 데 따른 희생을 보여 준다.

작품 관찰

형은 또 울었다. 밤이 깊도록 어머니까지 불러 가며 엉엉 소리 내어 울었다.

동생도 형 곁에서 남모르게 소리를 죽여 흐느껴 울었다. 그저 형의 설움과 울음을 따라 울 뿐이었다. 동생도 이렇게 울면서 어쩐지 마음이 조금 흐뭇했다.

◎ 왜 우는 것일까에 대한 의문을 제기하며 작품을 읽어야 합니다. '보여주기'의 방식으로 상황을 제시하고 있습니다. 또한 객관식 문제의 특성상, 문제를 통해 거꾸로 작품 해석에 도움을 받을 수 있습니다. 문제 중 〈보기〉를 참고해 봅시다.

보기

이 작품에서 작가는 북한군의 포로가 된 형제가 전쟁이라는 상황에서 어떤 모습을 보이는지를 실감 나게 그리고 있다. 특히 천진난만한 '벌거숭이 인간'인 '형'이 외부의 폭력에 희생되는 모습을 묘사하여 근원적인 인간성이 얼마나 소중한지를 일깨워 준다. 또한 이 작품은 포로 호송이라는 상황을 빌려 구성원을 획일화하는 사회를 우회적으로 비판한다.

이 〈보기〉를 통해서 미리 작품의 상황을 파악할 수 있습니다. 소설의 시점 역시 확인할 수 있습니다. 앞에서 배운 것을 한번 활용해 봅시다. 전지적 작가 시점이기 때문에 '흐뭇했다'는 동생의 감정까지 직접 제시하고 있습니다.

이날 밤의 감시는 밤새도록 엄했다.

바깥은 ㉠ 첫눈이 흩날리고 있었다.

형은 울음을 그치고 불쑥,

"야하, 눈이 내린다, 눈이, 눈이. 벌써 겨울이 다 됐네."

물론 감시병들의 감시가 심하니까 동생의 귀에다 입을 대지도 않고 이렇게 혼잣소리처럼 지껄였다.

"저것 봐, 저기 저기, 에에이, 모두 잠만 자구 있네."

동생의 허리를 쿡쿡 찌르기만 하면서…….

어느새 양덕도 지났다. 하루하루는 수월히도 저물어 갔고 하늘은 변함없이 푸르렀을 뿐이었다. 산도 들판도 눈에 덮여 있었다. 경비병들의 겨울 복장을 바라보는 형의 얼굴에는 천진한 애들 같은 선망의 표정이 어려 있곤 했다. 날로 날로 풀이 죽어 갔다.

◎ '겨울'이 계절적 배경입니다. 또한 '형'과 '동생'이 감시를 받고 있다는 것도 파악할 수 있습니다. 겨울의 추운 느낌과 감시받는 황량한 현실이 어울립니다. 그런데 '형'이 이러한 상황에 어울리지 않게 '천진한 애들 같은' 모습을 보여 주고 있는 점이 특이합니다. 〈보기〉를 통해서 파악할 수 있는 내용이기도 합니다.

어느 날 밤이었다. 일행도 경비병들도 모두 잠들었을 무렵, 형은 또 동생의 귀에다 입을 대고, 이즈음에 와선 늘 그렇듯 별나게 가라앉은 목소리로,

"그 새끼 생각이 난다. 맘이 꽤 좋았댔이야이."

ⓐ"……"

"난 원래 다리에 ㉡담증이 있는데이. 너두 알잖니. 요새 좀 이상한 것 같다야."

하고는 헤죽이 웃었다.

ⓑ"……"

동생은 놀라 돌아다보았다. 여느 때 없이 형은 쓸쓸하게 웃으면서 두 팔로 동생의 어깨를 천천히 그러안으면서,

"칠성아, 야하, 흠썩은 춥다."

ⓒ"……"

"저 말이다, 엄만 날 늘 불쌍히 여깃댔이야, 잉. 야, 칠성아, 칠성아, 내 다리가 좀 이상헌 것 같다야이."

ⓓ"……"

동생의 눈에선 다시 눈물이 비어져 나왔다.

형은 별안간 두 눈이 휘둥그레져서 동생의 얼굴을 멀끔히 마주 쳐다보더니,

"왜 우니, 왜 울어, 왜, 왜. 어서 그치지 못하겠니."

하면서도 도리어 제 편에서 또 울음을 터뜨리고 있었다.

◎ 이 대목에서 '다리가 이상하다'는 '형'의 말에 주의해야 합니다. 담증이 있는 것과 연관 지어 다리가 이상하다는 것이 좋지 않은 상황임을 나타냅니다. 그에 맞춰서 '형'과 '동생'이 둘 다 눈물을 보이고 있습니다. 여기서 앞으로 상황이 부정적으로 전개될 것임을 짐작할 수 있습니다.
또한 '흠썩은 춥다'와 같은 방언에서 토속적인 구어체 문장을 확인할 수 있습니다.

이튿날, 형의 걸음걸이는 눈에 띄게 절름거렸다. 혼잣소리도 풀이 없었다.

"그만큼 걸었음 무던히 왔구만서두. 에에이, 이젠 좀 그만 걷지덜, 무던히 걸었구만서두."

하고는 주위의 경비병들을 흘끔 곁눈질해 보았다. 경비병들은 물론 알은체도 안 했다. 바뀐 사람들은 꽤나 사나운 패들이었다.

그날 밤 형은 동생을 향해 씁쓸하게 웃기만 했다.

"칠성아, 너 집에 가거든 말이다, 집에 가거든……."

하고는 또 무슨 생각이 났는지 벌쭉 웃으면서,

"히히, 내가 무슨 소릴 허니. 네가 집에 갈 땐 나두 갈 텐데, 앙 그러니? 내가 정신이 빠졌어."

한참 뒤엔 또 동생의 어깨를 그러안으면서,

"야, 칠성아!"

동생의 얼굴을 똑바로 마주 쳐다보기만 했다.

바깥은 바람이 세었다. 거적문이 습기 어린 소리를 내며 열리고 닫히곤 하였다. 문이 열릴 때마다 눈 덮인 초라한 ㉢들판이 부유스름하게 아득히 뻗었다.

동생의 눈에선 또 눈물이 비어져 나왔다.

형은 또 벌컥 성을 내며,

"왜 우니, 왜? 흐흐흐."

하고 제 편에서 더 더 울었다.

◎ 앞에서 '형'의 다리병이 악화되어서 절름거리는 걸음걸이가 되었습니다. 그렇지만 경비병들은 꽤나 사나운 사람들이기 때문에 이를 신경 써 주지는 않을 것입니다. '동생'과의 대화를 통해 볼 때, '형'은 자신이 행렬 중 죽을 것이라 예감하는 듯합니다.

며칠이 지날수록 ㉣형의 걸음은 더 절룩거려졌다. 행렬 속에서도 별로 혼잣소릴 지껄이지 않았다. 평소의 형답지 않게 꽤나 조심스런 낯색이었다. 둘레를 두리번거리며 경비병의 눈치를 흘끔거리기만 했다. 이젠 밤에도 동생의 귀에다 입을 대고 이것저것 지껄이지 않았다. 그러나 먼 개 짖는 소리 같은 것에는 여전히 흠칫흠칫 놀라곤 했다. 동생은 또 참다못해 눈물을 흘렸다. 그러나 형은 왜 우느냐고 화를 내지도 않고 울음을 터뜨리지도 않았다. 동생은 이런 형이 서러워 더 더 흐느꼈다.

그날 밤, 바깥엔 ㉤함박눈이 내렸다.

형은 불현듯 동생의 귀에다 입을 댔다.

"너, 무슨 일이 생겨두 날 형이라구 글지 마라, 어엉?"

여느 때답지 않게 숙성한 사람 같은 억양이었다.

"울지두 말구 모르는 체만 해, 꼭."

동생은 부러 큰 소리로,

"야하, 눈이 내린다."

형이 지껄일 소리를 자기가 지금 대신하고 있다고 생각했다.

ⓔ"……"

그러나 이미 형은 그저 꾹하니 굳은 표정이었다.

동생은 안타까워 또 울었다. 형을 그러안고 귀에다 입을 대고,

"형아, 형아, 정신 차려."

◎ 이제 '형'의 걸음걸이는 더 좋지 않아졌습니다. 그러면서 '형'의 천진하던 모습도 사라지고 불안한 모습을 보이고 있습니다. 앞의 대목에 이어서 '형'은 자신의 죽음을 예견하는 듯 '동생'과 대화하며 자신을 모르는 체하라고 말하고 있습니다. '동생'은 '형'의 이러한 심리를 좀 긍정적으로 환기해 보려고 하지만 '형'은 굳은 표정입니다.

이튿날, 한낮이 기울어서 어느 영 기슭에 다다르자, 형은 동생의 허벅다리를 쿡 찌르고는 걷던 자리에 털썩 주저앉고 말았다.

형의 걸음걸이를 주의해 보아 오던 한 사람이 뒤에서 따발총을 휘둘러 쏘았다.

형은 앉은 채 앞으로 꼬꾸라졌다. 그 사람은 총을 어깨에 둘러메면서,

"메칠을 더 살겠다구 뻐득대? 뻐득대길."

◎ '형'은 결국 주저앉고 맙니다. '동생'의 허벅다리를 쿡 찌르는 행동은 앞서 했던 자신의 말을 기억하라는 것이겠죠. 이에 맞춰서 '경비병'이 '형'에게 총을 쏘고 맙니다. 그러고는 인정 하나 없는 말투로 혼잣말을 합니다.

문제풀이

05번 앞에서도 언급하였지만 다시 한번 알려 드립니다. 이 문제는 '표현의 기법+그로 인한 효과'의 방식으로 선택지가 구성되어 있습니다. 각 선택지를 다음과 같이 나누어 생각해야 합니다.

① 외양을 상세하게 묘사해+인물을 희화화하고 있다.
② 내적 독백을 통해+시간의 흐름을 지연시키고 있다.
③ 현재와 과거를 교차 서술하여+주제를 부각하고 있다.
④ 간접 인용을 활용하여+사건 전개의 신빙성을 높이고 있다.
⑤ 주인공의 반복적 행위를 서술하여+성격을 구체화하고 있다.

이 상태에서 단계별로 문제풀이를 합니다.

| 1단계 | 표현 기법의 유 / 무
| 2단계 | 효과의 유 / 무

그렇다면 **| 1단계 |**에 맞춰서 뒤의 **| 2단계 |** 내용은 다 지웁시다.

① 외양을 상세하게 묘사해+~~인물을 희화화하고 있다.~~
② 내적 독백을 통해+~~시간의 흐름을 지연시키고 있다.~~
③ 현재와 과거를 교차 서술하여+~~주제를 부각하고 있다.~~

④ 간접 인용을 활용하여 + 사건 전개의 신빙성을 높이고 있다.

⑤ 주인공의 반복적 행위를 서술하여 + 성격을 구체화하고 있다.

◎ 답은 ⑤가 됩니다. 왜냐하면 외양의 상세 묘사나 내적 독백은 없고, 대화를 통해 사건이 전개되어 현재와 과거를 교차 서술하는 역순행적 구성도 보이지 않으며, 간접 인용(~고 하더라)도 없습니다. 그렇지만 주인공(형, 동생)의 반복적 행위는 계속해서 제시됩니다. 귀에다가 속삭인다든지, 운다든지, "……"를 한다든지 하는 것이 반복적으로 제시되어 있습니다. **답** ⑤

06번 답은 ②가 됩니다. 이 작품 내에 형제 사이의 갈등 구조는 없습니다. 형제와 외부 경비병으로 표상되는 당시 상황 사이의 갈등만 나오고 있습니다. 다만 ⑤는 주의할 필요가 있습니다. 대개의 작품에서 '함박눈'은 긍정적으로 사용되기 때문입니다. 그렇지만 항상 문맥적으로 의미를 판단할 수 있어야 합니다. '함박눈'이 등장하는 문맥을 살펴봅시다.

그러나 형은 왜 우느냐고 화를 내지도 않고 울음을 터뜨리지도 않았다. 동생은 이런 형이 서러워 더 더 흐느꼈다.

그날 밤, 바깥엔 ⓜ 함박눈이 내렸다.

형은 불현듯 동생의 귀에다 입을 댔다.

"너, 무슨 일이 생겨두 날 형이라구 글지 마라, 어엉?"

여느 때답지 않게 숙성한 사람 같은 억양이었다.

◎ 비극적 분위기에서 함박눈이 내리고 있습니다. 문맥적으로 함박눈은 그러한 분위기를 고조시키고 있습니다. **답** ②

07번 발문의 '윗글을 시나리오로 각색하고자 할 때'라는 요구에 주의할 필요가 있습니다. 시나리오는 누가 어떤 연기를 해야 할지에 대한 대본이기 때문에 그런 측면을 명확하게 나타내야 합니다. 그 점에 주목해서 살펴볼 수 있어야 합니다.

답은 ⑤가 됩니다. 이 역시 밑줄 친 것에 대한 판단이므로 밑줄을 중심으로 문맥을 살펴봐야 합니다.

동생은 부러 큰 소리로,

"야하, 눈이 내린다."

형이 지껄일 소리를 자기가 지금 대신하고 있다고 생각했다.

ⓔ "……"

그러나 이미 형은 그저 꾹하니 굳은 표정이었다.

◎ 문맥을 통해 ⓔ의 주체는 '형'이라는 것을 알 수 있습니다. 그가 굳은 표정으로 대답하지 않고 있음을 확인할 수 있습니다. 그렇지만 선택지에서는 '동생'의 모습을 보여 준다고 했으니 적절하지 않습니다. 물론 무심하다는 선택지의 서술 역시 적절한 감정 파악은 아닙니다. **답** ⑤

08번 계속 보는 문제 유형입니다. 이 문제 역시 손쉽게 풀립니다. 답은 ④가 되는데, 그 이유는 '〈보기〉를 참조하여 감상하라'는 발문의 요구를 지키지 않았기 때문입니다. 〈보기〉에서는 '공포에 무감각', '저항'과 관련된 것을 찾을 수 없습니다. 물론 내용적으로도 맞지 않습니다.

〈보기〉를 참조하여 윗글을 감상한 내용으로 적절하지 않은 것은?

보기

이 작품에서 작가는 북한군의 포로가 된 형제가 전쟁이라는 상황에서 어떤 모습을 보이는지를 실감 나게 그리고 있다. 특히 ❶천진난만한 '벌거숭이 인간'인 '형'이 ❷외부의 폭력에 희생되는 모습을 묘사하여 근원적인 인간성이 얼마나 소중한지를 일깨워 준다. 또한 이 작품은 포로 호송이라는 상황을 빌려 ❸구성원을 획일화하는 사회를 우회적으로 비판한다.

① 이 작품의 제목은 ❶본연의 순수성을 그대로 드러내는 '형'의 모습을 형상화한 것이다.
② '경비병'은 폭력적 상황 속에서 ❷인간 본연의 모습을 억압하고 길들이는 감시망을 상징한다.
③ '형'과 '동생'이 계속 걸어야만 하는 강제적 상황은 ❸구성원을 획일화하려는 현실을 반영한 것이다.
④ 자신을 압박해 오는 공포에 무감각한 '형'의 모습은 천진성을 파괴하려는 폭력에 대한 저항을 나타낸다.
⑤ '형'이 그를 지켜보던 '경비병'의 총에 맞는 것은 감시자의 요구를 수행할 수 없는 데 따른 희생을 보여 준다.

◎ 다시 한번 강조하지만 〈보기〉에 제시된 조건이 선택지에 구현되어 있는지 찾는 것이 중요합니다. 이와 같은 상황에서 '형'이 공포를 느끼는지 무감각한지 판단하려고 애쓰지 말라는 얘기입니다.

답 ④

002 유제 ● 실전 연습

◎ 14 5월 예비시행 B형 | 풀이 P.70

유제 · 01~03

[A] 차가 남대문에 닿았다. 아직 다 어둡지는 아니하였으나 사방에 반작반작 전기등이 켜졌다. 전차 소리, 인력거 소리, 이 모든 소리를 합한 '도회의 소리'와 넓은 플랫폼에 울리는 나막신 소리가 합하여 지금까지 고요한 자연 속에 있던 사람의 귀에는 퍽 소요하게 들린다. '도회의 소리!' 그러나 그것이 문명의 소리다. 그 소리가 요란할수록에 그 나라가 잘된다. 수레바퀴 소리, 증기와 전기 기관 소리, 쇠마차 소리……. 이러한 모든 소리가 합하여서 비로소 찬란한 문명을 낳는다. 실로 현대의 문명은 소리의 문명이라. 서울도 아직 소리가 부족하다. 종로나 남대문통에 서서 서로 말소리가 아니 들리리만큼 문명의 소리가 요란하여야 할 것이다. 그러나 불쌍하다. 서울 장안에 사는 삼십여 만 흰옷 입은 사람들은 이 소리의 뜻을 모른다. 또 이 소리와는 상관이 없다. 그네는 이 소리를 들을 줄을 알고, 듣고 기뻐할 줄을 알고, 마침내 제 손으로 이 소리를 내도록 되어야 한다. 저 플랫폼에 분주히 왔다 갔다 하는 사람들 중에 몇 사람이나 이 분주한 뜻을 아는지, 왜 저 전등이 저렇게 많이 켜지며, 왜 저 전보 기계와 전화 기계가 저렇게 불분주야하고 때각거리며, 왜 저 흉물스러운 기차와 전차가 주야로 달아나는지……. 이 뜻을 아는 사람이 몇몇이나 되는가.

이렇게 북적북적하는 속에 영채는 행여나 누가 자기의 얼굴을 볼까 하여 가만히 고개를 숙이고 앉았다. 병욱은 혹 자기의 동창 친구나 만날까 하고 플랫폼에 내려서 이리저리 거닐다가 아무도 만나지 못하고 도로 차실로 들어오려 할 적에 누가 어깨를 치며,

"병욱 언니 아니야요?" 한다.

병욱은 놀라 돌아서며 자기보다 이태를 떨어졌던 동창생을 보았다.

"에그, 얼마 만이어!"

"그런데 어디로 가오?"

"지금 동경으로 가는 길인데……."

"왜, 어느 새에…… 여보, 그런데 좀 만나 보고나 가는 것이 아니라…… 그렇게 무정하오." 하고 썩 돌아서더니, "아무려나 내립시오. 우리 집으로 갑시다." 한다.

"아니오. 동행이 있어서…… 그런데 누구 작별 나왔소?"

"응, 아니, 언니 모르셔요?"

"무엇을?"

"에그, 저런! 저 선형이 알지요. 선형이가 오늘 미국 떠난다오."

"선형이가 미국?" 하고 놀란다. 그 여학생은 저편 이등실 앞에 사람들이 모여선 것을 가리키며,

"저기 탔는데…… 이번에 혼인해 가지고 양주가 미국 공부하러 간다오. 잘들 한다. ㉠다 미국을 가느니 일본을 가느니 하는데 나 혼자 이렇게 썩는구먼!"

병욱은 여학생을 따라 선형이가 탔다는 차 앞에까지 갔으나 너무 사람이 많아서 곁에 갈 수가 없다.

㉡선형은 하얀 양복에 맨머리로 창 밑에 서서 전송 나온 사람들의 인사를 대답하고, 그 곁 창에는 어떤 양복 입은 젊은 신사가 그 역시 연해 고개를 숙여 가며 무슨 인사를 한다. 전송인은 대개 두 패로 갈려서 한편에는 여자만 모이고, 한편에는 남자만 모여 섰다. 그 남자들은 모두 다 서울 장안의 문명하였다는 계급이다. 병욱은 한참이나 그것을 보고 섰다가 중로에서 선형을 찾아볼 양으로 그 차실 바로 뒤에 달린 자기의 차실에 올라왔다. 영채는 여전히 고개를 숙이고 앉았다. 아까 탔던 사람은 거의 다 내리고 새로운 승객이 거의 만원이라 하리만큼 많이 올랐다. 어떤 사람은 웃옷을 벗어 걸고, 어떤 사람은 창에 붙어서 작별을 하며, 또 어떤 사람은 벌써 신문을 들고 앉았다. 그러나 흰옷 입은 사람은 병욱과 영채 둘뿐이다. 병욱은 자리에 앉아서 방 안을 한번 둘러보고 영채더러,

"왜 그렇게 고개를 숙이고 앉었니?"

"㉢어째 남대문이라는 소리에 마음이 이상하게 혼란하여집니다그려. 어서 차가 떠났으면 좋겠다." 할 때에 벌써 종 흔드는 소리가 나고, "사요나라, 고키겐요우." 하는 소리가 소낙비같이 들리더니 차가 움직이기를 시작한다. ㉣어디서, "만세, 이형식 군 만세!" 하는 소리가 들린다. 두 사람은 깜짝 놀라 귀를 기울인다. 또 한 번, "이형식 군 만세!" 하는 소리가 들린다. 지금 만세를 부르던 사람들이 두 사람의 창밖으로 얼른한다. 그것은 모시 두루마기에 파나마 쓴 패였다. ㉤병욱은 아까 선형의 곁에 있던 사람이 형식인 것과, 형식이가 선형의 지아빈 줄도 짐작하였다. 그러나 아무 말도 아니하였다.

영채는 형식이란 소리를 듣고 문득 가슴이 덜렁함을 깨달았다. 지금까지 아무쪼록 형식을 잊어버리려 하였으나 방금 같은 기차에 형식이가 탄 것을 생각하매 알 수 없는 눈물이 자연히 떨어진다.

– 이광수, 〈무정〉

01 **[A]에 대한 설명으로 적절하지 않은 것은?**

① 보수적인 관점에서 동시대의 여러 가지 사회 문제를 비판하고 있다.
② 비유법과 열거법 등 다양한 표현법을 통해 주제 의식을 표출하고 있다.
③ 소리와 관련된 다양한 소재를 활용하여 변모된 시대상을 보여 주고 있다.
④ 서술자의 적극적인 개입을 통해 작가 자신의 주장을 직접 제시하고 있다.
⑤ 일상적 구어체에 가까운 산문적인 서술을 통해 이야기를 전달하고 있다.

02 **㉠~㉤에 대한 이해로 적절한 것은?**

① ㉠ : '여학생'은 상황 판단에 대한 무지로 자신이 희생양이 되었음을 한탄하고 있다.
② ㉡ : '선형'은 현실 도피를 꿈꾸는 자유로운 정신의 소유자로 묘사되고 있다.
③ ㉢ : '영채'는 구시대적인 권위나 특권에 대해 반감을 드러내고 있다.
④ ㉣ : '형식'은 개화된 젊은이들이 선망하는 인물로 형상화되고 있다.
⑤ ㉤ : '병욱'은 타인의 일에는 관여하기를 싫어하는 냉정한 인물로 그려지고 있다.

03 **〈보기〉를 참고할 때, 윗글에 나타나 있는 '기차'의 서사적 기능으로 적절하지 않은 것은?**

보기

일제 강점기에 기차는 우리 민족에게 과거와 미래를 가르는 경계선으로 다가온다. 또한 기차는 공포와 동경의 대상이 된다. 민중들이 기차를 탄다는 것은 생활 터전으로서의 고향 상실이라는 공포를 불러일으키는 행위였다. 반면 문명개화에 앞선 특권 계층들은 기차를 통해 당시 사람들이 동경하던 외국 유학을 하거나 서구 문물을 수용할 수 있었다. 김동인도 지적하였듯이 이광수의 소설에서는 '기차에서의 우연한 만남'이 빈번하게 나타나며, 〈무정〉에서도 기차는 작품 구성의 주요한 장치로 활용되고 있다.

① 인물들의 사회적 계층과 위상을 보여 주는 수단
② 인물들에게 고향 상실감을 환기시켜 주는 매개체
③ 인물들의 만남을 통해 내적 갈등을 유발하는 장소
④ 인물들이 지향하는 서구적인 근대 문명개화의 상징물
⑤ 인물들이 과거에서 벗어나서 새 출발을 하게 해 주는 장치

밤이 깊어지면, **시장 안의 가게들**은 하나씩 문을 닫고, 길가에 리어카를 놓고 팔던 상인들은 제각기 과일이나 생선, 채소들을 끌고 다리 위로 올라오는 것이었다.

[A] 그 모양을 이만큼에 서서 흔들리는 버드나무 가지 사이로 바라보면, 리어카마다 켜져 있는 카바이드 불빛이, 마치 난간에 무슨 꽃 등불을 달아 놓은 것처럼 요요하였다.

돈이 없어도 염려가 안 되는 곳.

그 사람들은 대부분 어머니를 알았다.

모르는 사람들도 곧 알게 되었다.

[B] 벽오동집 아주머니.
오동나무 아주머니.

그렇게 어머니를 불렀다.

어느새 나무는 그렇게도 하늘 높이 자라서 저기만큼 걸린 매곡교 다릿목에서도 그 무성한 가지와 잎사귀를 올려다볼 만큼 되었던 것이다.

[C] 거기다가, 우리 집에서 날아간 오동나무 씨앗이 앞뒷집에 떨어져 싹이 나고, 어느 해 바람에 불려 갔는지 그보다 더 먼 건넛집에도, 심지 않은 오동나무가 저절로 자라나게 되었다.
그래서 나는 속으로 우리 동네를 벽오동촌이라고 별명 지었다.
그것은 어쩌면 이 가난한 동네의 한 호사였는지도 모른다.

아버지가 어머니와 혼인하시고, 작천의 친정어머니를 남겨 두신 채, 신행 후에 전주로 돌아와 맨 처음 터를 잡은 곳이 바로 이 **천변**이었다.

[D] 동네 뒤쪽으로는 산줄기가 병풍처럼 둘러쳐져 있고, 앞쪽으로는 흰모래 둥근 자갈밭을 데불은 시냇물이 흐르며 거기다 시장까지 가까운 이곳은, 삼십 년 전 그때만 하여도, 부성 밖의 한적하고 빈한한 동네였을 것이다.

물론 우리도 중간에 **집을 고치**고, 이어 내고, 울타리를 바꾸었으나, 그저 움막처럼 나뭇가지를 얼기설기 얽은 뒤, 풍우나 피하자는 시늉으로 지은 집들도 많았을 것이다.

이 울타리 안에서 해마다 더욱더 무성하게 자라는 오동나무는 유월이면, 아련한 유백색의 비단 무늬 같은 꽃을 피웠다. 그윽한 꽃이었다.

그 나무는 나보다 더 나이가 많았다.

나를 낳으시던 해, 지팡이만 한 나무를 구해다가 앞마당에 심으시며

"기념."

이라고 웃으셨다는 아버지.

"처음에는 저게 자랄까 싶었단다. 그러던 게 이듬해는 키를 넘드라."

해마다 이른 봄이면, 어린아이 손바닥만 하던 잎사귀가 어느 결에 손수건만 해지고, 그러다가 초여름에는 부채처럼 나부낀다.

그리고 가을에는 종이우산만큼이나 넓어지는 것 같았다.

하늘을 덮는 잎사귀, 그 무성한 잎사귀들…….

그 잎사귀 **서걱거리는 소리**가 골목 어귀 천변에까지 들리는 성싶었다.

어머니는 물끄러미 냇물만 바라보고 계시더니, 문득 고개를 돌려,

"영익이 언제 다녀갔지?"

하고 물으셨다.

[E] "사흘 됐나? 그저께 아니었어요?"
어머니는 어둠 속에서 고개를 끄덕이셨다.
어머니의 고개는 무거워 보였다.

"참, 어머니 지금 저기, 불빛 뵈는 저 산마루에 절, 저기가 영익이 있는 데예요?"

나는 동편 산마루의 깜박이는 불빛을 가리키며 무심한 듯 물었다.

"아니다. 그건 승암사라구 중바위산 아니냐. 그 애 공부하는 덴 이 오른쪽이지…… 기린봉 중턱에 있는 절이야. 여기서는 잘 뵈지도 않는구나."

그러면서 어머니는 눈을 들어, 어두운 밤하늘에 뚜렷한 금을 긋고 있는 산줄기를 바라보셨다. 산은 검고 깊었다.

동생 영익이는 벌써 이 년째 그 산속의 절에서 사법 고시 준비를 하고 있었다.

그는 말이 없고 우울한 때가 많았다.

그리고 그저께 집에 내려와, 이사 날짜가 결정되었다는 말을 듣고는 아무 말도 없이 고개를 떨어뜨리더니

"내가……."

하고 무슨 말을 이으려다 말고 그냥 산으로 올라갔었다.

그때 영익이의 말끝에 맺힌 숨소리는 '흡' 하고 내 가슴에 얹혀 아직도 내려가지 않은 것만 같았다.

우리가 이사하기로 된 집의 **구조**는 지극히 **천박**하였다.

우선 대문이 번화한 도로변으로 나 있는 데다가 오래되고 낡아서 녹이 슨 철제였다. 그것은 잘 닫히지도 않아 비긋하니 틀어진 채 열려 있었다.

그리고 마당은 거의 없다는 편이 옳았다. 그나마 손바닥만 한 것을 시멘트로 빈틈없이 발라 놓았고, 방들은 오밀조밀 붙어 있어 개수만 여럿일 뿐, 좁고 어두웠다.

그중에 한 방은 아예 전혀 **채광 통풍조차**도 되지 않았다.

그것도 원래는 **창문**이었는데, 아마 바로 옆에 가게를 이어 내느라고 막아 버린 모양이었다. 그 가게란 양품점으로, 레이스가 많이 달린 네글리제와 여자용 속옷, 스타킹 따위를 고무 인형에 입혀 세워 놓은 곳이었다.

뿐만 아니라 그 가게를 중심으로 앞뒤에 같은 양품점들이 늘어서 있고 그 옆에는 양장점, 제과소, 음식점, 식료품 잡화상들이 있었다.

여기저기서 들려오는 **불규칙한 마찰음**, 무엇이 부딪쳐 떨어지는 소리, 어느 악기점에선가 쿵, 쿵, 울려오는 스피커 소리…… 끼익, 하며 숨넘어가는 자동차 소리.

한마디로 그 집은, 아스팔트의 바둑판, 환락과 유행과 홍정의 경박한 거리에 금방이라도 쓸려 버릴

것처럼 위태해 보였다.

그리고 우리가 이제 이사 올 집이라고, 그 집 문간에 웅숭그리고 서서 철제 대문 사이로 안을 기웃거리며 들여다보는 **우리들**은 어쩐지 **잘못 날아든 참새들 같**기만 하였다.

– 최명희, 〈쓰러지는 빛〉

---

04 **윗글에 대한 이해로 가장 적절한 것은?**

① '영익'은 가족의 상황을 알고서도 제 생각을 분명히 드러내지 않는다.
② '어머니'는 아들이 출가하여 소식이 끊긴 뒤 그의 근황을 궁금해한다.
③ '나'는 동생의 말을 듣고서 그가 현재 어디에 머무르고 있는지 알게 된다.
④ '시장 안의 가게들'은 밤늦게 물건을 사기 위해 사람들이 모여드는 곳이다.
⑤ '천변'은 아버지와 어머니가 결혼할 때부터 사람들이 북적였던 번화한 동네이다.

05 **[A]~[E]의 서술 방식에 대한 설명으로 적절하지 <u>않은</u> 것은?**

① [A] : '이만큼에 서서'와 '바라보면'을 보면, 서술자가 대상을 지각할 수 있는 위치에서 서술하고 있음을 알 수 있다.
② [B] : 호명하는 말을 각각 하나의 문단에 서술하여, 그 호칭이 두드러져 보이는 효과가 나타난다.
③ [C] : '나'와 '우리' 같은 표현을 사용하여, 서술자가 자기 경험을 바탕으로 하는 이야기를 서술하면서 자신의 내면을 드러낸다.
④ [D] : '동네였을 것이다'를 보면, 서술자가 과거 상황에 대해 확정적으로 진술하지 않고 추측의 의미를 담아 서술하고 있음을 알 수 있다.
⑤ [E] : 누가 한 말인지 명시하지 않은 것을 보면, 대화 상황에서 말하는 이와 서술자가 다르다는 사실을 알 수 있다.

06 윗글의 '오동나무'에 대한 이해로 가장 적절한 것은?

① '나'가 계절의 자연스러운 변화와 세월의 흐름을 느끼게 되는 경험적 대상이다.
② 가난한 마을이지만 사람들로 하여금 호사를 누릴 수 있게 하는 경제적 기반이다.
③ '어머니'가 결혼 후에 심고 정성을 다해 키워 내어 무성해진 애착의 결실이다.
④ 동네 사람들이 마을의 특징에 부합한 별명을 자기 마을에 붙일 때 적용한 단서이다.
⑤ '아버지'가 자식을 얻은 기쁨을 이웃과 나눌 생각에 마을 곳곳에 심은 상징적 기념물이다.

07 〈보기〉를 바탕으로 윗글을 감상한 내용으로 적절하지 <u>않은</u> 것은?

보기

집에 대한 정서적 반응은 집의 구조, 주변 환경, 거주 기간 등의 요인에 따라 다를 수 있다. 자신이 거주하는 집의 내·외부와 관계를 맺으며 충분한 시간 동안 쌓은 경험들은 현재 살고 있는 집에 대한 정서를 형성하는 데 영향을 주며, 다른 낯선 공간에 대한 정서적 반응에 영향을 주기도 한다. 〈쓰러지는 빛〉은 이사할 처지에 놓인 한 가족의 이야기를 통해 집에 대한 '나'의 정서적 반응을 보여 준다.

① '나'가 '천변' 집에 살면서 추억을 형성해 온 시간들은, 이사할 처지에 놓인 현재의 상황을 불편하게 여기는 요인이 될 수 있겠군.
② '집을 고치'던 경험을 바탕으로 '구조'가 '천박'한 집의 여건을 살펴보는 것에서, 거주 환경의 변화에 적응하여 낯선 공간에 친숙해지고자 하는 '나'의 생각을 확인할 수 있겠군.
③ '서걱거리는 소리'와 '불규칙한 마찰음'에서 드러나는 집 주변 환경의 차이는, 두 집에 대해 '나'가 느끼는 친밀감의 차이를 유발할 수 있음을 예상할 수 있겠군.
④ '창문'을 '막아 버린' 방은 '채광 통풍조차' 되지 않는 속성으로 인해, 지금 살고 있는 집에 대한 '나'의 정서적 반응과는 다른 정서적 반응을 일으키는 요인이 될 수 있겠군.
⑤ '우리들'의 상황이 '잘못 날아든 참새들 같'다고 한 것은, 변화될 거주 여건을 낯설어하는 심리를 비유적으로 드러낸 것이라 할 수 있겠군.

내가 태어난 날임을 상기시키는 아무런 특별함은 없다. 그해 봄날 바람이 불었는지 비가 내렸는지 맑았는지 흐렸는지, 이제는 층계를 오르는 일조차 잊어버린 치매 상태의 노모에게 묻는 것은 의미 없는 일이다. 다산의 축복을 받은 농경민의 마지막 후예인 그녀에게 아이를 낳는 것은, 밤송이가 벌어 저절로 알밤이 툭 떨어지는 것, 봉숭아 여문 씨들이 바람에 화르르 흐트러지는 것처럼 자연스럽고 범상한 일이었을 것이다.

나는 막냇동생이 태어나던 때를 기억하고 있다. 깨끗한 바가지에 쌀을 담고 그 위에 마른 미역을 한 잎 걸쳐 안방 시렁에 얹어 삼신에게 바친 다음 할머니는 또다시 깨끗한 짚을 한 다발 안방으로 들여갔다. 사람도 짐승처럼 짚북데기 깔자리에서 아기를 낳나? 누구에게도 물을 수 없었던 마음속의 의문에 안방 쪽으로 가는 눈길이 자꾸 은밀하고 유심해졌다.

할머니는 아궁이가 미어지게 나무를 처넣어 부엌의 무쇠솥에 물을 끓였다. 저녁 내내 어둡고 웅숭깊은 부엌에는 설설 물 끓는 소리와 더운 김이 가득 서렸다. 특별히 누군가 말해 준 적은 없지만 아이들은 무언가 분주하고 소란스럽고 조심스러운 쉬쉬함으로 어머니가 아기를 낳으려 한다는 눈치를 채게 마련이었다.

할머니는 언니에게, 해지기 전에 옛우물에서 물을 길어 와 독을 채워 놓으라고 말했다. 머리카락 빠뜨리지 마라. 쓸데없이 수다 떨다 침 떨구지 마라. 부정 탄다. 할머니는 엄하게 덧붙였다.

(중략)

한 사람의 생애에 있어서 사십오 년이란 무엇일까. 부자도 가난뱅이도 될 수 있고 대통령도 마술사도 될 수 있는 시간일뿐더러 이미 죽어서 물과 불과 먼지와 바람으로 흩어져 산하에 분분히 내리기에도 충분한 시간이다.

나는 창세기 이래 진화의 표본을 찾아 적도 밑 일천 킬로미터의 바다를 건너 갈라파고스 제도로 갈 수도, 아프리카에 가서 사랑의 의술을 펼칠 수도 있었으리라. 무인도의 로빈슨 크루소도, 광야의 선지자도 될 수 있었으리라. 피는 꽃과 지는 잎의 섭리를 노래하는 근사한 한 권의 책을 쓸 수도 있었을 테고 맨발로 춤추는 풀밭의 무희도 될 수 있었으리라. 질량 불변의 법칙과 영혼의 문제, 환생과 윤회에 대한 책을 쓸 수도 있었을 것이다. 납과 쇠를 금으로 만드는 연금술사도 될 수 있었고 밤하늘의 별을 보고 나의 가야 할 바를 알았을는지도 모른다.

그러나 나는 지금 작은 지방 도시에서, 만성적인 편두통과 임신 중의 변비로 인한 치질에 시달리는 중년의 주부로 살아가고 있다. 유행하는 시와 에세이를 읽고 티브이의 뉴스를 보고 보수적인 것과 진보적인 것으로 알려진 두 가지의 일간지를 동시에 구독해 읽는 것으로 세상을 보는 창구로 삼고 있다. 한 달에 한 번씩 아들의 학교 자모회에 참석하고 일주일에 두 번 장을 보고 똑같은 거리와 골목을 지나 일주일에 한 번 쑥탕에 가고 매주 목요일 재활 센터에서 지체 부자유자들의 물리 치료를 돕는 자원봉사의 일을 하고 있다. 잦은 일은 아니지만 이름난 악단이나 연주자의 순회공연이 있을 때면 남편과 함께 성장을 하고 밤 외출을 하기도 한다.

갈라파고스를 떠올린 것도 엊그제, 벌써 한 주일 이상이나 화재가 계속되어 희귀 생물의 희생이 걱정된다는 티브이 뉴스에 비친 광경이 의식의 표면에 남긴 잔상 같은 것일 테고 더 먼저는 아들이, 자신이 사용하는 물건들에 붙여 놓은, '도도'라는 말에서 비롯된 것일 수도 있다. [도도]가 무엇인가를 묻자 아들은 4백 년 전에 사라진, 나는 기능을 잃어 멸종된 새였다고 말했었다. 누구나 젊은 한 시절 자신을 전설 속의, 멸종된 종으로 여기지 않겠는가. 관습과 제도 속으로 들어가야 하는 두려움과 항거를 그렇게 나타내지 않겠는가.

우리 삶의 풍속은 그만큼 빈약한 상상력에 기대어 부박하다. 삶이 내게 도태시킨 가능성에 대해 별반 아쉬움도 없이 잠깐 생각해 본 것은 내가 새로 보태어진 나이테에 잠깐 발이 걸렸다는 뜻일 게다. 그러나 나는 이제 혼례에나 장례에 꼭 같은 한 가지 옷으로 각각 알맞은 역할을 연출할 줄 알고 내 손으로 질서 지워지는 일들에 자부심을 갖고 있다. 마늘과 생강이 어우러져 내는 맛을 알고 행주와 걸레의 질서를 사랑하지만 종종 무질서 속으로 피신하는 것도 한 방법이라는 것을 알고 있다.

– 오정희, 〈옛우물〉

08 윗글의 서술상 특징으로 가장 적절한 것은?

① 사건에 대한 객관적 진술을 통해 사건의 전모를 제시하고 있다.
② 이야기 내부 서술자의 자기 고백적 진술을 통해 내면을 제시하고 있다.
③ 인물의 행적을 요약적으로 진술하여 갈등의 해결 방향을 제시하고 있다.
④ 의문과 추측의 진술을 통하여 다른 인물에 대한 반감을 제시하고 있다.
⑤ 감각적인 묘사를 통해 혼란스러운 시대적 분위기를 입체적으로 제시하고 있다.

09 [도도]에 대한 이해로 가장 적절한 것은?

① '나는 기능'을 상실한 '도도'와 스스로를 가능성이 도태된 존재로 여겼던 주인공을 연관 짓는다는 점에서, '도도'는 주인공이 자신을 비추어 보는 대상이다.
② 주인공의 아들이 자기 물건들에 '도도'라는 이름을 붙이고 멸종된 종이라고 말한다는 점에서, '도도'는 주인공 아들의 불행한 미래를 암시하는 대상이다.
③ 주인공이 '도도'에 대해 '멸종된 새'로서 진화의 표본으로 남아 있다는 것을 떠올리는 점에서, '도도'는 주인공이 과학을 깊이 탐구했던 이력을 알려 주는 대상이다.
④ '도도'를 통해 바다 건너 외딴 '갈라파고스' 섬의 희귀종을 연상하는 점에서, 주인공에게 '도도'는 외롭게 살아가는 현대인의 단절된 인간관계를 환기하는 대상이다.
⑤ '도도'가 인간 앞에 '항거'하지 못하고 희생되어 '전설 속'의 존재로 여겨진다는 점에서, '도도'는 주인공이 두려움을 느끼는 현실 사회의 '관습과 제도'를 상징하는 대상이다.

10 〈보기〉를 참고할 때 윗글에 대한 감상으로 적절하지 않은 것은?

보기

인간은 일생 동안 출생·성년·결혼·죽음의 과정을 겪는데, 이 과정에서 일상적 경험 세계와 현실 너머의 상상의 세계에서 새로운 정체성을 탐색한다. 이때 두 세계의 어느 편에도 온전히 편입되지 못하고 경계에 선 인간은 정체성의 혼란을 겪기도 한다.

〈옛우물〉에서는 경계 상황에 놓인 중년 여성 인물이 자신의 삶을 돌아보며 정체성을 탐색하는 모습을 보여 준다. 그 탐색의 과정에서 출생부터 죽음에 이르기까지 삶의 다양한 양상에 대해 성찰한다. 이를 통해, 생명과 죽음이 서로 대립되고 분리된 것이 아니라 자연의 순환 원리를 바탕으로 한다는 점이 부각된다.

① 주인공이 주기적으로 학교나 재활 센터 등에 오가면서도 밤 외출을 하는 행위에서, 일상 세계에서 안정된 삶을 영위하지 못하는 경계 상황에 놓여 있음을 읽을 수 있겠군.

② 죽음을 물과 불과 바람과 먼지로 산하에 흩어져 내리는 것으로 보는 주인공의 생각에서, 생명과 죽음이 자연의 순환 원리를 바탕으로 연결된 것이라는 인식을 엿볼 수 있겠군.

③ 막냇동생이 태어나던 때에 할머니가 조심스럽게 준비하는 장면을 주인공이 떠올리는 것에서, 출생이라는 생의 첫 과정에 주목하며 정체성을 탐색하려는 모습을 볼 수 있겠군.

④ 한 사람의 생애에서 사십오 년의 의미를 묻는 주인공이 아프리카나 광야를 상상하는 장면에서, 새로운 정체성을 일상과는 다른 세계에서 찾으려고 하는 것을 확인할 수 있겠군.

⑤ 질서 지워지는 일들에 자부심을 가지면서도 무질서 속으로 피신하는 것도 한 방법이라고 하는 부분에서, 질서와 무질서 사이를 오가며 정체성을 탐색할 수 있음을 알 수 있겠군.

유제 · 11~13

19 수능 | 풀이 P. 76

자점이 심복을 보내 거짓 조서를 전하고 옥에 가두니, 경업이 옥에 갇혀 생각하되,

'세자와 대군이 어찌 내 일을 모르고 구치 아니시는고?'

하며 주야번민하여 목이 말라 물을 찾는데, 옥졸이 자점의 부촉(咐囑)* 을 들은 고로 물도 주지 아니하여 경업이 더욱 한하더니, 전옥(典獄) 관원은 강직한지라 경업의 애매함을 불쌍히 여겨 경업더러 왈,

"장군을 역적으로 잡음이 다 자점의 흉계니, 잘 주선하여 누명을 벗으라."

경업이 그제야 자점의 흉계로 알고 통분을 이기지 못하여 바로 몸을 날려 옥문(獄門)을 깨치고 궐내에 들어가 상을 뵙고 청죄한데, 상이 경업을 보시고 반겨 가로되,

"경이 만리타국에 갔다가 이제 돌아오매 반가움이 끝이 없거늘 무삼 일로 청죄하느뇨?"

경업이 돈수사죄 왈,

"신이 무인년에 북경에 잡혀가다가 중간에 도망한 죄는 만사무석이오나, 대명(大明)과 함께 호왕을 베어 병자년 원수를 갚고 세자와 대군을 모셔오고자 하였더니, 간인에게 속아 북경에 잡혀갔다가

천행으로 살아 돌아옵더니, 의주(義州)에서 잡혀 아무 연고인 줄 알지 못하옵고 오늘을 당하와 천안(天顔)을 뵈오니 이제 죽어도 한이 없사옵니다."

상이 들으시고 대경하사 신하더러 왈, / "경업을 무슨 죄로 잡아온고?"

하시고 자점을 패초(牌招)* 하사 실사를 물으시니, 자점이 속이지 못하여 주왈,

"경업이 역적이옵기로 잡아 가두고 계달코자 하였나이다."

경업이 대로하여 고성대매 왈,

"이 몹쓸 역적아! 들으라. 벼슬이 높고 국록이 족하거늘 무엇이 부족하여 모반할 마음을 두어 나를 해코자 하느뇨?" / 자점이 듣고 무언이거늘, 상이 노하여 왈,

"경업은 삼국의 유명한 장수요, 또한 만고충신이거늘 네 무슨 일로 죽이려 하느뇨?"

하시고, / "자점과 함께한 자를 금부에 가두고 경업은 물러가 쉬게 하라." / 하시다.

[A] 경업이 사은하고 퇴궐할새, 자점은 궐문 밖에 나와 심복 수십 명을 매복하였다가, 경업이 나옴을 보고 불시에 달려들어 난타하니, 경업이 아무리 용맹한들 손에 촌철이 없는지라. 여러 번 맞아 중상하매 자점이 용사들을 분부하여 경업을 옥에 가두고 금부로 가니라.

이때 대군이 시자(侍者)더러 문왈, / "임 장군이 입성하였으나 지금 어디 있느뇨?"

시자가 대왈, / "소인 등은 모르나이다."

대군이 의심하여 바삐 입궐하여 경업의 거처를 묻되, 상이 수말을 이르시니 대군이 주왈,

"자점이 이런 만고충신을 해하려 하오니 이는 역적이라. 엄치하소서."

하고, 명일을 기다려 친히 경업을 가 보려 하시더라.

[B] 차시, 경업이 자점에게 매를 많이 받아 천명이 진하게 되매 분기대발하여 신음하다 죽으니, 시년 사십팔 세요, 기축(己丑) 9월 26일이라.

(중략)

자점이 반심을 품은 지 오래다가 절도(絶島)에 안치되매 더욱 앙앙(怏怏)하여* 불측지심이 나타나거늘, 우의정 이시백이 자점의 일을 아뢰니, 상이 놀라 금부도사를 보내 엄형 국문하신 후 옥에 가두었더니, 이날 밤 한 꿈을 얻으시니, 경업이 나아와 주왈,

"흉적 자점이 소신을 죽이고 반심을 품어 거의 일이 되었사오니 바삐 국문하옵소서."

하고 울며 가거늘, 상이 놀라 깨달으시니 경업이 앞에 있는 듯한지라. 상이 슬픔을 이기지 못하시고 날이 밝으매 자점을 올려 국문하시니, 자점이 자복하여 역심을 품은 일과 경업을 모해한 일을 승복하거늘, 상이 노하여 자점의 삼족을 다 내어,

"저자 거리에서 죽이라." / 하시고,

"그 동류를 다 문죄하라." / 하시며, 경업의 자식들을 불러 하교 왈,

"너희 아비가 자결한 줄로 알았더니, 꿈에 와 '자점의 모해로 죽었다.' 하기로 내어 주나니 원수를 갚으라." / 하시다.

– 작자 미상, 〈임장군전〉

* **부촉** : 부탁하여 맡김. * **패초** : 임금이 승지를 시켜 신하를 부름. * **앙앙하여** : 매우 마음에 차지 아니하거나 야속하여.

11 **윗글에 대한 설명으로 적절하지 않은 것은?**

① 인물들의 대립 구도를 통해 서사적인 흥미를 높이고 있다.
② 주인공의 죽음을 제시하여 작품의 비극성을 고조하고 있다.
③ 대화의 내용을 통해 이전에 일어난 사건의 정황을 나타내고 있다.
④ 악인의 횡포를 징벌함으로써 권선징악의 세계관을 드러내고 있다.
⑤ 적대자와의 지략 대결을 통해 주인공의 초월적 능력을 보여 주고 있다.

12 **윗글에 대한 이해로 가장 적절한 것은?**

① 경업은 옥에 갇히기 전부터 거짓 조서 때문에 자점의 흉계를 알고 있었다.
② 옥졸은 자점의 부탁을 받고 경업의 죄를 상에게 밀고했다.
③ 대군은 자점을 의심하며 경업에게 옥에 갇힌 경위를 물었다.
④ 우의정 이시백은 경업이 옥에 갇힐 만한 정보를 상에게 제공했다.
⑤ 상은 꿈에 나타난 경업의 발언 이후 자점의 자복을 받아 내었다.

13 **〈보기〉를 참고할 때, [A]와 [B]에 대한 이해로 적절하지 않은 것은?**

보기

〈임장군전〉을 읽은 당시 독자층은 책의 여백과 말미에 특정 대목에 대한 자신의 생각을 적은 다양한 필사기를 남겼다. '식자층'은 "㉠ 대역 김자점의 소행이 혐오스러워 붓을 멈춘다."라는 시각을 나타내거나 "㉡ 잡혔으니 가히 아프고 괴로우며 애석하네."라며 경업에 대한 안타까움을 드러냈다. 한편 '평민층'은 "㉢ 슬프다, 임 장군이여. 남의 손에 죽으니 어찌 천운이 아니랴."라며 숙명론적인 반응을 보이거나, "㉣ 조회하고 나오는 것을 문외의 무사로 박살하니 그 아니 가엾지 아니리오."라는 안타까운 반응을 남기거나, "㉤ 사람마다 알게 하기는 동국충신의 말임에 혹 만민이라도 깨달아 본받게 함이라."라는 필사기를 남겼다. ㉠, ㉢, ㉤은 경업이 죽는 대목에, ㉡과 ㉣은 경업이 자점에게 피습되는 대목에 남아 있는 필사기이다.

① [B]를 읽은 식자층은, ㉠을 통해 자점의 행위에 대해 부정적 평가를 내리고 있군.
② [A]를 읽은 식자층은, ㉡을 통해 경업의 시련에 대한 안타까움을 나타내고 있군.
③ [B]를 읽은 평민층은, ㉢을 통해 경업의 죽음이 자점 때문임을 알고 있으면서도 그의 죽음에 대해 운명론적인 태도를 보이고 있군.
④ [A]를 읽은 평민층은, ㉣을 통해 자점을 비판하면서도 그의 행위에 대한 연민을 드러내고 있군.
⑤ [B]를 읽은 평민층은, ㉤을 통해 충신의 이야기가 널리 알려지기를 바라고 있군.

승상 나업은 딸 하나가 있었다. 재예(才藝)가 당대에 빼어났다. 아이는 이 말을 듣고 헌 옷으로 갈아입고 거울 고치는 장사라 속여 승상 집 앞에 가서 "거울 고치시오!"라 외쳤다. 소저는 이 말을 듣고 **거울**을 꺼내 유모에게 주어 보냈다. 소저는 유모 뒤를 따라 바깥문 안쪽까지 나가 문틈으로 엿보았다. 장사가 소저의 얼굴을 언뜻 보고 반해, 손에 쥐었던 **거울**을 일부러 떨어뜨려 깨뜨렸다. 유모가 놀라 화내며 때리자 장사가 울며 말했다.

"거울이 이미 깨졌거늘 때려 무엇 하세요? 저를 노비로 삼아 거울 값을 갚게 해 주세요."

유모가 들어가 이를 승상께 아뢰니 허락하였다. 승상은 그의 이름을 거울을 깨뜨린 노비라는 뜻으로 파경노(破鏡奴)라 짓고 말 먹이는 일을 시켰다. 말들은 저절로 살쪄 여윈 것이 하나도 없었다.

하루는 천상의 선관들이 구름처럼 몰려와 말 먹일 꼴을 다투어 그에게 주었다. 이에 파경노는 말들을 풀어놓고 누워만 있었다. 날이 저물어 말들이 파경노가 누워 있는 곳에 와 그를 향해 머리를 숙이며 늘어서자 보는 자마다 모두 기이하게 여겼다. 승상 부인은 이 말을 듣고 승상에게 말했다.

"파경노는 용모가 기이하고 탄복할 일이 많으니 필시 비범한 사람일 것입니다. 마부 일도, 천한 일도 맡기지 마세요."

승상이 옳게 여겨 그 말을 따랐다. 이전에 승상은 동산에 꽃과 나무를 많이 심었는데, 파경노에게 이를 기르게 했다. 이때부터 동산의 **화초**가 무성하며 조금도 시들지 않아, 봉황이 쌍쌍이 날아들어 꽃가지에 깃들었다.

열흘이 지났다. 파경노는 소저가 동산의 **꽃**을 보고 싶으나 파경노가 부끄러워 오지 못한다는 말을 들었다. 이에 파경노는 승상을 뵙고 말했다.

"제가 이곳에 온 지 여러 해 지났습니다. 한 번도 노모를 뵙지 못했으니, 노모를 뵙고 올 말미를 주십시오."

승상은 닷새를 주었다. 소저는 파경노가 귀향했다는 소식을 듣고 동산에 들어와 꽃을 보고,

"꽃이 난간 앞에서 웃는데 소리는 들리지 않네."라고 시를 지었다. 파경노는 꽃 사이에 숨어 있다가,

"새가 숲 아래서 우는데 눈물 보기 어렵네."라고 **시**로 화답했다. 소저가 부끄러워 얼굴을 붉히며 돌아갔다.

[중략 부분 줄거리] 중국 황제는 신라 왕에게 석함을 보내, 그 안에 있는 물건을 알아내 시를 지어 올리라 명한다. 신라 왕은 이를 해결하지 못하고 나업에게 과업을 넘긴다.

나업은 집으로 돌아와 석함을 안고 통곡했다. 파경노는 이 말을 듣고 사람들에게 왜 우는지를 물었다. 사람들이 모두 말해 주자, 자못 기쁨을 띠며 꽃가지를 꺾어 외청으로 갔다.

소저가 슬피 울다가 문득 벽에 걸린 **거울**에 비친 그림자를 보았다. 속으로 놀라 창틈으로 엿보니 파경노가 **꽃**을 들고 서 있었다. 소저가 이상히 여겨 묻자, 시치미를 떼며 말했다.

"그대가 이 꽃을 보고 싶다 하여 그대를 위해 가져 왔소. 시들기 전에 받아 보시오."

소저가 한숨을 크게 쉬니, 파경노가 위로하며 말했다.

"거울 속에 비친 이가 반드시 그대 근심을 없애 줄 것이오. 근심치 말고 꽃을 받으시오."

소저가 꽃을 받고 부끄러워하며 안으로 들어갔다.

얼마 뒤 소저는 파경노의 말을 괴이히 여겨 승상께 말했다.

"파경노가 비록 어리지만 재주가 남보다 뛰어나고, 신인(神人)의 기운이 있어 석함 속의 물건을 알아내어 시를 지을 수 있을 것입니다."

승상이 말했다.

"너는 어찌 쉽게 말하느냐? 만약 파경노가 할 수 있다면 나라의 이름난 선비 가운데 한 명도 시를 짓지 못해 이 석함을 나에게 맡겼겠느냐?"

소저가 말했다.

"뱁새는 비록 작지만 큰 새매를 살린다 합니다. 그가 비록 노둔하나 큰 재주를 지니고 있는지 어찌 알겠습니까?"

이어서 파경노가 걱정하지 말라고 했음을 고했다.

"만약 그가 시를 지을 수 없다면 어찌 그런 말을 냈겠습니까? 원컨대 그를 불러 시험 삼아 시를 짓게 하소서."

승상이 파경노를 불러 구슬리며 말했다.

"만약 이 석함 속의 물건을 알아내 시를 짓는다면 후한 상을 줄 것이며, 마땅히 네 뜻을 이루어 주겠다."

파경노가 거절하며 말했다.

"비록 후한 상을 준다 한들 제가 어찌 시를 짓겠습니까?"

소저가 이 말을 듣고 승상에게 말했다.

"살고 싶고 죽기 싫은 것이 인지상정입니다. 옛날에 어떤 이가 사형을 당하게 되었을 때, 그에게 '네가 만약 시를 짓는다면 내 마땅히 사면해 주겠다.' 했습니다. 그 사람은 무식한 이였으나 그 명을 따랐습니다. 하물며 파경노는 문학이 넉넉해 시를 지을 수 있지만 거짓으로 못하는 체하고 있습니다. 지금 아버님께서 그를 겁박하시면 어찌 삶을 좋아하고 죽음을 싫어하는 마음이 없어 복종치 않겠습니까?"

승상이 그럴듯하다 여기고 파경노를 불렀다.

– 작자 미상, 〈최고운전〉

14 윗글의 서술상 특징으로 가장 적절한 것은?

① 시간의 역전을 통해 사건의 진상을 밝히고 있다.

② 서술자의 개입을 통해 사건의 전모를 밝히고 있다.

③ 인물의 희화화를 통해 사건의 반전 효과를 나타내고 있다.

④ 인물 간의 대화를 통해 사건 해결의 방안을 제시하고 있다.

⑤ 꿈과 현실의 교차를 통해 앞으로 일어날 사건을 암시하고 있다.

15 윗글의 내용에 대한 이해로 적절하지 않은 것은?

① 유모에게 주어 보낸 '거울'은 아이가 소저의 얼굴을 보게 되는 계기를 만들고, 벽에 걸린 '거울'은 파경노가 소저에게 자신의 존재감을 드러내는 계기를 만든다.

② 깨뜨린 '거울'은 아이가 파경노라는 이름을 얻고 승상의 집안으로 들어가는 계기가 되고, 파경노가 관리한 동산의 '화초'는 승상 부인으로부터 인정받는 계기로 작용한다.

③ 동산의 '꽃'은 소저가 보고 싶었으나 파경노로 인해 접근하기 어렵게 된 대상이고, 파경노가 들고 서 있던 '꽃'은 소저에게 자신의 마음을 전달하기 위한 수단이다.

④ 동산에서 화답한 '시'는 파경노가 소저와 교감하기 위해 읊은 것이고, 석함 속 물건에 대한 '시'는 파경노가 해결할 수 있다고 소저가 기대하는 과제이다.

⑤ 석함 속 물건에 대한 '시'는 나업에게 슬픔을 유발하는 과업이지만, 파경노에게는 소저의 슬픔을 해소시켜 줄 수 있는 수단이다.

16 〈보기〉를 참고하여 윗글을 감상한 내용으로 적절하지 않은 것은?

보기

〈최고운전〉은 비범한 인물로서의 최치원을 형상화했다. 주인공은 문제 해결의 국면에서 치밀함, 기지, 당당함을 보인다. 또한 초월적 존재의 도움을 받으면서도 이에 전적으로 의존하지 않고 자신이 지닌 신이한 능력을 발휘하여 개인의 문제와 국가의 과제를 직접 해결한다. 이는 당대 독자들이 원했던 새로운 영웅상을 최치원에 투영하여 작품 속에서 구현한 것이다.

① 아이가 헌 옷으로 바꾸어 입고 거울 고치는 장사라 속이는 장면은 최치원이 치밀한 면모를 지닌 인물임을 보여 주는군.

② 파경노에게 선관들이 몰려와 말먹이를 가져다주는 장면은 최치원이 초월적 존재에게 도움을 받는 인물임을 보여 주는군.

③ 파경노가 기른 뒤로 화초가 시들지 않아 봉황이 날아드는 장면은 최치원이 신이한 능력을 지닌 인물임을 보여 주는군.

④ 파경노가 노모를 핑계 삼아 말미를 얻는 장면은 최치원이 원하는 바를 얻기 위해 기지를 발휘하는 인물임을 보여 주는군.

⑤ 파경노가 승상의 제안을 거절하는 장면은 최치원이 보상을 추구하기보다 스스로 국가의 과제를 해결하려는 당당한 인물임을 보여 주는군.

[앞부분의 줄거리] 해방 직후, 미군 소위의 통역을 맡아 부정 축재를 일삼던 방삼복은 고향에서 온 백 주사를 집으로 초대한다.

"서 주사가 이거 두구 갑디다."

들고 올라온 각봉투 한 장을 남편에게 건네어 준다.

"어디?"

그러면서 받아 봉을 뜯는다. 소절수 한 장이 나온다. 액면 만 원짜리다.

미스터 방은 성을 벌컥 내면서

"겨우 둔 만 원야?"

하고 소절수를 다다미 바닥에다 홱 내던진다.

"내가 알우?"

"우랄질 자식 어디 보자. 그래 전, 걸 십만 원에 불하 맡아다, 백만 원 하난 냉겨 먹을 테문서, 그래 겨우 둔 만 원야? 엠병헐 자식, ㉠ 내가 엠피 헌테 말 한마디문, 전 어느 지경 갈지 모를 줄 모르구서."

"정종으루 가져와요?"

"내 말 한마디에, 죽을 눔이 살아나구, 살 눔이 죽구 허는 줄은 모르구서. 흥, 이 자식 경 좀 쳐 봐라……. 증종 따근허게 데와. 날두 산산허구 허니."

새로이 안주가 오고, 따끈한 정종으로 술이 몇 잔 더 오락가락 하고 나서였다.

백 주사는 마침내, **진작부터 벼르던 이야기**를 꺼내었다.

백 주사의 아들 ㉡ 백선봉은, 순사 임명장을 받아 쥐면서부터 시작하여 8·15 그 전날까지 칠 년 동안, 세 곳 주재소와 두 곳 경찰서를 전근하여 다니면서, 이백 석 추수의 토지와, 만 원짜리 저금통장과, 만 원어치가 넘는 옷이며 비단과, 역시 만 원어치가 넘는 여편네의 패물과를 장만하였다.

[A] **남들**은 주린 창자를 졸라맬 때 그의 광에는 옥 같은 정백미가 몇 가마니씩 쌓였고, 반년 일 년을 남들은 구경도 못 하는 고기와 생선이 끼니마다 상에 오르지 않는 날이 없었다.

[B] ××경찰서의 경제계 주임으로 있던 마지막 이 년 동안은 더욱더 호화판이었었다. 8·15 그날 밤, **군중**이 그의 집을 습격하였을 때에 쏟아져 나온 물건이 쌀 말고도

광목 여섯 필

고무신 스물세 켤레

지카다비 여덟 켤레

빨랫비누 세 궤짝

양말 오십 타

정종 열세 병

설탕 한 부대

[C] 이렇게 **있었더란다**. 만 원어치 여편네의 패물과, 만 원어치의 옷감이며 비단과, 만 원짜리 저금 통장은 고만두고 말이었다.

물건 하나 없이 죄다 빼앗기고, 집과 세간은 조각도 못 쓰게 산산 다 부수고, 백선봉은 팔이 부러지고, 첩은 머리가 절반이나 뽑히고, 겨우겨우 목숨만 살아, 본집으로 도망해 왔다.

[D] 일변 고을에서는, 백 주사가, 자식이 그런 짓을 해서 산 토지를 가지고, **동네 사람**한테 거만히 굴고, 작인들한테 팔 할 가까운 도지를 받고, 고리대금을 하고 하였대서, 백선봉이 도망해 와 눕는 그날 밤, 그의 본집인 백 주사네 집을 습격하였다.

[E] 집과 세간 죄다 부수고, 백선봉이 보낸 통제 배급 물자 숱한 것 죄다 빼앗기고, **가족**들은 죽을 매를 맞고, 백선봉은 처가로, 백 주사는 서울로 각기 피신하여 목숨만 우선 보전하였다.

백 주사는 비싼 여관 밥을 사 먹으면서, 울적히 거리를 오락가락, 어떻게 하면 이 분풀이를 할까, ⓐ 어떻게 하면 빼앗긴 돈과 물건을 도로 다 찾을까 하고 궁리를 하는 것이나, 아무런 묘책도 없었다.

그러자 오늘은 우연히 이 미스터 방을 만났다. 종로를 지향 없이 거니는데, 지나가던 자동차가 스르르 멈추면서, 서양 사람과 같이 탔던 신사 양반 하나가 내려서더니, 어쩌다 눈이 마주치자

"아, 백 주사 아니신가요?"

하고 반기는 것이었었다.

자세히 보니, 무어 길바닥에서 신기료장수를 한다던 코삐뚤이 삼복이가 분명하였다.

"자네가, 저, 저, 방, 방……."

"네, 삼복입니다."

"아, 건데, 자네가……."

"허, 살 때가 됐답니다."

그러고는 ⓑ 내 집으루 갑시다, 하고 잡아끄는 대로 끌리어 온 것이었었다.

의표하며, 집하며, 식모에 침모에 계집 하인까지 부리면서 사는 것하며, 신수가 훤히 트여 가지고, 말도 제법 의젓하여진 것 같은 것이며, ⓒ 진소위 개천에서 용이 났다고 할 것인지.

옛날의 영화가 꿈이 되고, 일조에 몰락하여 가뜩이나 초상집 개처럼 초라한 자기가, ⓓ 또 한 번 어깨가 옴츠러듦을 느끼지 아니치 못하였다. 그런 데다 이 녀석이, 언제 적 저라고 무엄스럽게 굴어, 심히 불쾌하였고, 그래서 ⓔ 엔간히 자리를 털고 일어설 생각이 몇 번이나 나지 아니한 것도 아니었었다. 그러나 참았다.

보아하니 큰 세도를 부리는 것이 분명하였다. 잘만 하면 그 힘을 빌려, 분풀이와, 빼앗긴 재물을 도로 찾을 여망이 있을 듯 싶었다.

–채만식, 〈미스터 방〉

* 엠피(MP) : 미군 헌병.

17 윗글의 대화를 중심으로 '방삼복'을 이해한 것으로 가장 적절한 것은?

① 자신이 꾸미고 있는 일에 관심 없는 상대에게 자기 업무를 떠넘기는 뻔뻔함을 보이고 있다.

② 질문에 대꾸하지 않음으로써 상대가 같은 질문을 반복하도록 거드름을 피우고 있다.

③ 눈앞에 없는 사람을 비난하고 위협함으로써 함께 있는 상대에게 자신의 위세를 드러내고 있다.

④ 차에서 내려 상대에게 먼저 알은체하며 동승자에게 자신의 인맥을 과시하고 있다.

⑤ 상대가 이름을 제대로 말하기 전에 말을 가로채 상대에 대한 열등감을 감추고 있다.

18 ㉠과 ㉡에 대한 설명으로 가장 적절한 것은?

① ㉠과 ㉡에는 모두 외세에 기대어 사익을 추구하는 인물의 부정적 모습이 드러난다.

② ㉠과 ㉡에는 모두 외세와 이를 돕는 인물 간의 권력 관계가 일시적으로 역전된 모습이 드러난다.

③ ㉠과 ㉡에는 모두 사회적 지위를 이용하여 타인의 권익을 침해하는 인물이 몰락하는 모습이 드러난다.

④ ㉠에는 권력을 향한 인물의 조바심이, ㉡에는 권력에 의한 인물의 좌절감이 드러난다.

⑤ ㉠에는 자신의 권위에 대한 인물의 확신이, ㉡에는 추락한 권위를 회복할 수 있다는 인물의 자신감이 드러난다.

19 ⓐ~ⓔ에 대한 이해로 적절하지 않은 것은?

① ⓐ : 스스로는 문제 해결이 불가능한 상태임을 강조하여 인물의 답답한 처지를 보여 준다.

② ⓑ : 방삼복의 제안에 엉겁결에 따라가는 모습을 통해 인물이 얼떨떨한 상태임을 보여 준다.

③ ⓒ : 신수가 좋고 재력이 대단해 보이는 방삼복의 모습에 고향 사람에 대한 자부심을 갖게 되었음을 보여 준다.

④ ⓓ : 자신의 처지를 방삼복과 비교하면서 주눅이 들었음을 보여 준다.

⑤ ⓔ : 방삼복에게 도움을 받을 수 있다는 기대감과 그에 대한 반감이 뒤섞여 있음을 보여 준다.

20 〈보기〉를 참고하여 [A]~[E]를 감상한 내용으로 적절하지 않은 것은?

보기

'진작부터 벼르던 이야기'는 백 주사가 자신과 가족의 억울함을 하소연하는 부분이다. 그런데 서술자는 그 '이야기'를 서술자의 시선뿐 아니라 여러 인물들의 시선으로 초점화하여 서술함으로써 독자와 작중 인물 간의 거리를 조절한다. 또한 세부 항목을 하나씩 나열하여 장면의 분위기를 고조하고 정서를 확장하는 서술 방법으로 독자에게 현장감을 전해 준다. 이때 독자는 백 주사와 그의 가족에게 고통받았던 사람들의 입장에 서서 그들을 비판적으로 보게 된다.

① [A] : 백선봉의 풍요로운 생활을 '남들'의 굶주린 생활과 비교하여 서술함으로써 독자가 그를 비판적으로 보게 하고 있군.

② [B] : 부정하게 모은 많은 물건들을 하나씩 나열하여 습격 당시 현장의 들뜬 분위기를 환기함으로써 '군중'의 놀람과 분노를 독자에게 전하려 하고 있군.

③ [C] : '있었더란다'를 통해 누군가에게 들은 것처럼 전하면서도, 전하는 내용을 '군중'의 시선으로 초점화하여 독자가 '군중'의 입장에 서도록 유도하고 있군.

④ [D] : '동네 사람'의 시선으로 초점화하여 백 주사의 만행을 서술함으로써 백 주사가 습격의 빌미를 제공한 것처럼 독자가 느끼게 하고 있군.

⑤ [E] : 백 주사 '가족'의 몰락을 보여 주는 사건들을 백 주사의 시선으로 일관되게 초점화하여 그들에게 고통받았던 사람들의 편에 선 독자가 통쾌함을 느끼게 하고 있군.

「국정보」 복습 방법 및 문제 풀이 연습

| 교재 자체를 바로 복습할 필요는 없습니다.

지금까지 배웠던 내용을 가지고 문제를 풀며 연습한 뒤, 시간이 지나 교재를 다시 확인하는 방식으로 복습해야 효율적입니다. 그때 비로소 기존에 보이지 않던 부분들을 인식하는 경험을 할 수 있습니다.

| 이 책은 주로 '방법'을 가르쳤습니다.

올바른 방법을 이해했다 하더라도 그 방법대로 할 수 있게 되기까지는 많은 노력이 요구됩니다. 수능 기출문제를 통해 연습하여 이 책의 내용들을 자신의 것으로 만들어야 합니다. 그런 연습이 없다면 오히려 앞으로 더 억울하게 됩니다. 이제 국어 영역을 어떻게 공부해야 하는지 뻔히 알고 있는데, 연습을 하지 않았다는 이유로 좋은 점수를 받지 못한다면 더 억울한 일일 것입니다.

| 어떤 기출문제집이든 좋습니다.

기출문제집은 어떤 것이든 좋습니다. 왜냐하면 기출문제집에 실린 기출문제는 모두 같은 것이고, 여러분은 이 책에서 배운 내용을 토대로 문제만 가지고 객관적으로 어떻게 설명할지 고민해야 될 것이기 때문입니다. 이 책을 통해 공부한 여러분은 시중에서 판매되는 기출문제집 해설보다 더 훌륭하게 기출문제를 해설할 수 있습니다.

| 하다 보면 잘 안 된다는 생각이 들 때가 있습니다.

그럴 때는 국어정보원 followright.com 웹사이트에서 제공하는 학습 동영상 등을 참고하고, 추천 게시물 및 후기 게시판에서 다른 사람들은 어떻게 공부했는지를 확인해 보세요. 문제 하나를 더 푸는 것보다 다른 사람들은 어떻게 성적을 올렸는지 그 고민의 과정을 배우는 것이 더 중요합니다.

누구나 할 수 있습니다. 다만 바른 방법으로 정확히 할 때만 성공할 수 있습니다.

불가능은 시도하지 않은 자가 만들어 낸 변명이다.

– 하버드대학교 도서관 문구 –

가 장 쉽 지 만 가 장 강 력 한 국 어 영 역 방 법 론

| 시험장을 위한 실시간 문제풀이 |

쏠티북스

| 시험장을 위한 실시간 문제풀이 |

쏠티북스

Day 03
일치/불일치 판단

국어영역 네 눈에 정답만 보이게 해줄게

003

유제 : 실전 연습

본문 P. 074~077

01 ⑤ 02 ④ 03 ①

01 답 ⑤

① 퍼셉트론의 출력 단자는 하나이다.

단락2-1 퍼셉트론은 입력값들을 받아들이는 여러 개의 입력 단자와 이 값을 처리하는 부분, 처리된 값을 내보내는 한 개의 출력 단자로 구성되어 있다.

② 출력층의 출력값이 정답에 해당하는 값과 같으면 오찻값은 0이다.

단락5-3 어떤 학습 데이터가 주어지면 이때의 출력값을 구하고 학습 데이터와 함께 제공된 정답에 해당하는 값에서 출력값을 뺀 값 즉 오찻값을 구한다.

③ 입력층 퍼셉트론에서 출력된 신호는 다음 계층 퍼셉트론의 입력값이 된다.

단락3-2 이에 비해 복잡한 판정을 할 수 있는 인공 신경망은 다수의 퍼셉트론을 여러 계층으로 배열하여 한 계층에서 출력된 신호가 다음 계층에 있는 모든 퍼셉트론의 입력 단자에 입력값으로 입력되는 구조로 이루어진다. ~ 가장 처음에 입력값을 받아들이는 퍼셉트론들을 입력층, 가장 마지막에 있는 퍼셉트론들을 출력층이라고 한다.

④ 퍼셉트론은 인간의 신경 조직의 기본 단위의 기능을 수학적으로 모델링한 것이다.

단락1 인간의 신경 조직을 수학적으로 모델링하여 컴퓨터가 인간처럼 기억·학습·판단할 수 있도록 구현한 것이 인공 신경망 기술이다. 신경 조직의 기본 단위는 뉴런인데, 인공 신경망에서는 뉴런의 기능을 수학적으로 모델링한 퍼셉트론을 기본 단위로 사용한다.

⑤ 가중치의 갱신은 입력층의 입력 단자에서 출력층의 출력 단자 방향으로 진행된다.

단락5-4 이 오찻값의 일부가 출력층의 출력 단자에서 입력층의 입력 단자 방향으로 되돌아가면서 각 계층의 퍼셉트론별로 출력 신호를 만드는 데 관여한 모든 가중치들에 더해지는 방식으로 가중치들이 갱신된다.

◎ '가중치의 갱신'과 관련한 부분을 우선 지문에서 찾아봅니다. 지문에서 그 부분을 발견했다면, 이제 그것이 '입력층의 입력 단자에서 출력층의 출력 단자 방향'으로 진행되는지 확인합니다. 지문에서는 선택지와 반대 방향으로 확인되므로 이 선택지가 답이 됩니다.

02 답 ④

① 법령의 요건과 효과에는 모두 불확정 개념이 사용될 수 있다.

③ 불확정 개념이 사용된 법령의 진정한 의미를 이해하려면 구체적 상황을 고려해야 한다.

단락1-1 법령의 조문은 대개 'A에 해당하면 B를 해야 한다.'처럼 요건과 효과로 구성된 조건문으로 규정된다. 하지만 그 요건이나 효과가 항상 일의적인 것은 아니다. 법조문에는 구체적 상황을 고려해야 그 상황에 맞는 진정한 의미가 파악되는 불확정 개념이 사용될 수 있기 때문이다.

② 법원은 불확정 개념이 사용된 법령을 적용할 때 재량을 행사할 수 있다.

단락1-4 개인 간 법률관계를 규율하는 민법에서 불확정 개념이 사용된 예로 '손해 배상 예정액이 부당히 과다한 경우에는 법원은 적당히 감액할 수 있다.'라는 조문을 들 수 있다. 이때 법원은 요건과 효과를 재량으로 판단할 수 있다.

⑤ 불확정 개념은 행정청이 행하는 법 집행 작용을 규율하는 법령과 개인 간의 계약 관계를 규율하는 법률에 모두 사용된다.

단락1-4 개인 간 법률관계를 규율하는 민법에서 불확정 개념이 사용된 예로 '손해 배상 예정액이 부당히 과다한 경우에는 법원은 적당히 감액할 수 있다.'라는 조문을 들 수 있다.

단락3-1 불확정 개념은 행정 법령에도 사용된다. 행정 법령은 행정청이 구체적 사실에 대해 행하는 법 집행인 행정 작용을 규율한다.

④ 불확정 개념이 사용된 행정 법령에 근거한 행정 작용은 재량 행위인 경우보다 기속 행위인 경우가 많다.

단락3-4 반면 법령상 요건이 충족되더라도 그 효과인 행정 작용의 구체적 내용을 고를 수 있는 재량이 행정청에 주어져 있을 때, 이러한 재량을 행사하는 행정 작용은 재량 행위이다. 법령에서 불확정 개념이 사용되면 이에 근거한 행정 작용은 대개 재량 행위이다.

03 답 ①

② 진공관은 컴퓨터의 출현에 기여하였다.

단락2-1 진공관의 개발은 라디오, 텔레비전, 컴퓨터의 출현 및 발전에 지대한 역할을 하였으나 진공관 자체는 문제가 많았다.

③ 2극 진공관은 3극 진공관보다 먼저 출현하였다.

단락1-7 이후 개발된 3극 진공관은 2극 진공관의 필라멘트와 금속판 사이에 '그리드'라는 전극을 추가한 것으로, 그리드의 전압을 약간만 변화시켜도 필라멘트와 금속판 사이의 전류를 큰 폭으로 변화시킬 수 있었다.

④ pn 접합 소자는 2극 진공관과 같이 정류 기능을 한다.

단락1-3 2극 진공관은 진공 상태의 유리관과 그 속에 들어 있는 필라멘트와 금속판으로 이루어져 있다. 진공관 내부의 필라멘트는 고온으로 가열되면 표면에서 전자(−)가 방출된다. 이때 금속판에 (+)전압을 걸어 주면 전류가 흐르고, 반대로 금속판에 (−)전압을 걸어 주면 전류가 흐르지 않게 된다. 이렇게 전류를 한 방향으로만 흐르게 하는 작용을 정류라 한다.

단락4-1 p형과 n형 반도체를 각각 하나씩 접합하여 pn 접합 소자를 만들면 이 소자는 정류 기능을 할 수 있다.

⑤ 진공관 내의 필라멘트를 고온으로 가열하면 전자가 방출된다.

단락1-4 진공관 내부의 필라멘트는 고온으로 가열되면 표면에서 전자(−)가 방출된다.

① pnp 접합 소자는 그리드를 사용한다.

단락4-3 한편 n형이나 p형을 3개 접합하면 트랜지스터라 불리는 pnp 혹은 npn 접합 소자를 만들 수 있다. 이때 가운데 위치한 반도체가 진공관의 그리드와 같은 역할을 하여 트랜지스터는 증폭 기능을 한다.

◎ 마지막 단락에서 소개되고 있는데, 이때 가운데 위치한 반도체는 진공관의 그리드와 같은 '역할'을 하는 것이지 그리드 그 자체는 아닙니다.

Day 04

조 : 조건 분석

국어영역 네 눈에 정답만 보이게 해줄게

001

유제 : 실전 연습

본문 P. 091~095

01 ④　　02 ①　　03 ③

01　　　　답 ④

| 조 : 조건 분석 |

㉠의 주장에 가장 가까운 것은?

○ ㉠을 찾아가면 밑줄이 쳐져 있습니다. 이렇게 밑줄 친 부분을 찾아가는 문제는 당연히 밑줄 친 부분을 봐야겠으나, 그렇다고 밑줄 친 부분만 보면 절대 안 됩니다. 밑줄 친 부분은 항상 그 주변도 함께 봐야 합니다. 기계적으로 외워도 좋습니다. 앞으로 계속 나올 거라서 저절로 외워질 거예요.

| 커 : 근거 축소 |

단락5 한편 ㉠ 다른 시각을 가진 사람들도 있다.(밑줄 친 부분만 보지 말고) 이들은 저작물의 공유 캠페인이 확산되면 저작물을 창조하려는 사람들의 동기가 크게 감소할 것이라고 우려한다. (밑줄 친 부분 주변을 확인하자!) 이들은 결과적으로 활용 가능한 저작물이 줄어들게 되어 이용자들도 피해를 입게 된다고 주장한다. 또 디지털 환경에서는 사용료 지불 절차 등이 간단해져서 '저작물의 공정한 이용' 규정을 별도로 신설할 필요가 없었다고 본다. 이들은 저작물의 공유 캠페인과 신설된 공정 이용 규정으로 인해 저작권자들의 정당한 권리가 침해받고 있으므로 이를 시정하는 것이 오히려 공익에 더 도움이 된다고 말한다.

일치 / 불일치 판단 통한 정답 확정

① 이용 허락 조건을 저작물에 표시하면 창작 활동을 더욱 활성화한다.

○ 단락4 에서 "자유 이용 허락 제도와 같은 '저작물의 공유' 캠페인이 주목을 받고 있다."라고 했습니다. 그렇다면 '이용 허락'과 관련된 것은 ㉠과 같은 사람들의 입장에서는 '창작자의 동기 감소'와 연관됩니다.

② 저작권자의 정당한 권리 보호를 위해 저작물의 공유 캠페인이 확산되어야 한다.

○ 이것을 골랐다면 지금까지 해 온 국어 공부에 대해 통렬하게 반성해 봅니다.

③ 비영리적인 경우 저작권자의 동의가 없어도 복제가 허용되는 영역을 확대해야 한다.

○ 이것도 역시 '공유'와 관련한 것으로 ㉠과 같은 사람과 반대되는 견해입니다.

⑤ 자신의 저작물을 자유롭게 이용하도록 양보하는 것은 다른 저작권자의 저작권 개방을 유도하여 공익을 확장시킨다.

○ "이들은 결과적으로 활용 가능한 저작물이 줄어들게 되어 이용자들도 피해를 입게 된다고 주장한다."라고 했으니까 공익이 확장되는 것이 아니라 축소되는 결과!

④ 저작권자가 자신들의 노력에 상응하는 대가를 정당하게 받을수록 창작 의욕이 더 커진다.

○ 지문의 '창조하려는 사람들의 동기가 크게 감소할 것'은 바꿔 말하면 '창작 의욕이 작아지는 것'입니다. 또한 '저작권자가 자신들의 노력에 상응하는 대가를 정당하게 받는 것'은 '저작물의 공유 캠페인 확산'과는 반대되는 것입니다. 이를 조합하면 당연히 답안과 같은 결론을 내릴 수 있습니다.

02　　　　답 ①

| 조 : 조건 분석 |

1. ㉠의 방법에 따라 / 2. 〈보기〉를 사용하여 3성부의 악곡을 만들 때, / 3. 도입부의 짜임새로 / 4. 가장 적절한 것은?

○ 위와 같이 나눠서 발문을 인식할 수 있습니다. 발문에서 여러 가지 조건을 던져 주고 있는데 이것을 정리하면 다음과 같습니다.

〈조건 1〉 ㉠의 방법에 따를 것
〈조건 2〉 3성부의 악곡을 만들 것
〈조건 3〉 도입부일 것

| 커 : 근거 축소 |

〈조건 1〉 ㉠의 방법에 따를 것 & 〈조건 3〉 도입부일 것

단락2 무반주 성악곡을 즐겨 부른 르네상스 시대의 다성 음악 양식에서는 입체적인 효과를 주기 위한 기술적인 방법으로 '모방'을 선택했다. 이때 ㉠모방은 노래의 시작 부분(조건3의 도입부)에서 돌림 노래와 비슷한 방식을 적용함으로써 구현된다. 예를 들어 소프라노 성부의 노래에 뒤이어 알토 성부가 ❶시간 차를 두고 같은 선율로 시작하는 반복 기법을 적용하는 것이다. 이렇게 돌림 노래처럼 ❷시작한 후에는 각 성부가 서로 다른 선율로 노래를 이어 간다.(〈조건 1〉의 ㉠의 방법) 이로써 다성 음악 양식에서는 성부의 독립성을 추구하면서도 통일감을 느끼게 해 주는 짜임새가 만들어졌다.

위의 내용으로 보아 도입부에서 ㉠의 방법에 따른다는 것은?

〈조건 1-1〉 시간 차를 두고 같은 선율로 시작할 것
〈조건 1-2〉 시작한 후에는 각 성부가 서로 다른 선율로 노래를 이어 갈 것

〈조건 2〉 3성부의 악곡을 만들 것
선택지는 모두 성부가 세 개로 나누어져 있는데 이것이 3성부입니다.

일치 / 불일치 판단 통한 정답 확정

② 성부1 A B
성부2 A C
성부3 A D

○ 시간 차를 두지 않았기 때문에 〈조건 1-1〉을 지키지 않았습니다.

③
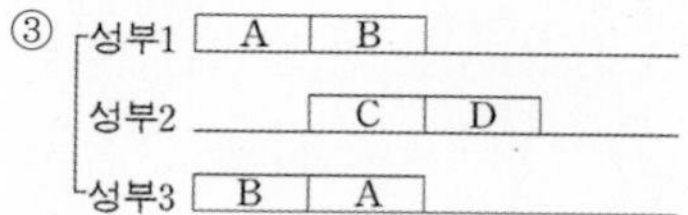

○ 같은 선율로 시작하지 않았기 때문에 〈조건 1-1〉을 지키지 않았습니다.

④
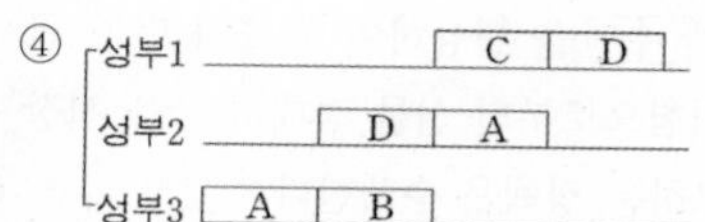

○ 같은 선율로 시작하지 않았기 때문에 〈조건 1-1〉을 지키지 않았습니다.

⑤
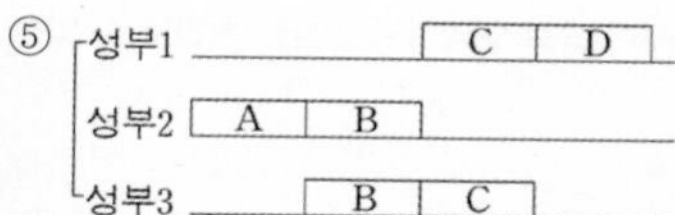

○ 같은 선율로 시작하지 않았기 때문에 〈조건 1-1〉을 지키지 않았습니다.

① 성부1 A B
성부2 A D
성부3 A C

○ 동일한 A가 시간 차를 두고 다른 성부에서 나오고 있습니다.(조건 1-1 충족)
그 다음에는 B, C, D로 각각 다른 선율로 노래를 이어 갑니다.(조건 1-2 충족)

복잡해 보이는 문제였지만 발문을 정확하게 분석하여 조건을 찾아내니 일치/불일치의 쉬운 문제로 환원되었습니다. 사실 문제를 좀 어렵게 출제했다면 오답들 중에서 〈조건 1-1〉은 충족하지만 〈조건 1-2〉는 충족하지 않는 것도 있어야 합니다. 그런데 모든 오답이 〈조건 1-1〉조차 충족하지 못했습니다. 2005학년도 이전의 다소 어려운 수능 문제를 보면 〈조건 1〉까지는 맞아 들어가는 경우가 많은데 그런 경우는 약간 더 난이도가 있는 문제라고 볼 수 있겠죠?

03 답 ③

| 조 : 조건 분석 |

미세 조정 정책 수단의 /사례로 적절하지 않은 것은?

○ 발문에서 '미세 조정 정책 수단'을 콕 집어서 찾아볼 것을 요구하고 있습니다. 지문에서 이것이 무엇인지 찾아봐야 합니다. 특히 지문에서 단순히 네모 친 단어만 봐서는 안 되고 주변을 보아 '미세 조정 정책 수단'의 의미를 구체적으로 파악해야 합니다.

단락5 이와 같이 정부는 기초 경제 여건을 반영한 환율의 추세는 용인하되, 사전적 또는 사후적인

미세 조정 정책 수단을 활용하여 환율의 단기 급등락에 따른 위험으로부터 실물 경제와 금융 시장의 안정을 도모하는 정책을 수행한다.

◎ 지문에서 '미세 조정 정책 수단'이 나온 부분을 찾아보니 위와 같습니다. 그런데 '미세 조정 정책 수단'이 무엇인지 구체적으로 설명하고 있지는 않습니다. 다만 '이와 같이'라고 하여 앞에서 여러 수단을 구체적으로 설명하고 있음을 확인할 수 있습니다.

| 커 : 근거 축소 |

단락5 단기의 환율이 기초 경제 여건과 괴리되어 과도하게 급등락하거나 균형 환율 수준으로부터 장기간 이탈하는 등의 문제가 심화되는 경우를 예방하고 이에 대처하기 위해 정부는 다양한 정책 수단을 동원한다.(아래의 정책 수단이 '미세 조정 정책 수단'이 될 것입니다.) ❶오버슈팅의 원인인 물가 경직성을 완화하기 위한 정책 수단 중 강제성이 낮은 사례로는 외환의 수급 불균형 해소를 위해 관련 정보를 신속하고 정확하게 공개하거나, 불필요한 가격 규제를 축소하는 것을 들 수 있다. ❷한편 오버슈팅에 따른 부정적 파급 효과를 완화하기 위해 정부는 환율 변동으로 가격이 급등한 수입 필수 품목에 대한 세금을 조절함으로써 내수가 급격히 위축되는 것을 방지하려고 하기도 한다. ❸또한 환율 급등락으로 인한 피해에 대비하여 수출입 기업에 환율 변동 보험을 제공하거나, 외화 차입 시 지급 보증을 제공하기도 한다. 이러한 정책 수단은 직접성이 높은 특성을 가진다.

위와 같이 다양한 수단을 구체적으로 제시한 부분과 선택지를 비교하여 답을 찾아냅니다.

일치 / 불일치 판단 통한 정답 확정

① 예기치 못한 외환 손실에 대비한 환율 변동 보험을 수출 주력 중소기업에 제공한다.

④ 환율 급등으로 수입 물가가 가파르게 상승했을 때, 수입 대금 지급을 위해 외화를 빌리는 수입 업체에 지급 보증을 제공한다.

단락5-4 또한 환율 급등락으로 인한 피해에 대비하여 수출입 기업에 환율 변동 보험을 제공하거나, 외화 차입 시 지급 보증을 제공하기도 한다.

② 원유와 같이 수입 의존도가 높은 상품의 경우 해당 상품에 적용하는 세율을 환율 변동에 따라 조정한다.

단락5-3 정부는 환율 변동으로 가격이 급등한 수입 필수 품목에 대한 세금을 조절함으로써 내수가 급격히 위축되는 것을 방지하려고 하기도 한다.

⑤ 수출입 기업을 대상으로 국내외 금리 변동, 해외 투자 자금 동향 등 환율 변동에 영향을 주는 요인들에 대한 정보를 제공한다.

단락5-2 외환의 수급 불균형 해소를 위해 관련 정보를 신속하고 정확하게 공개하거나,

③ 환율의 급등락으로 금융 시장이 불안정할 경우 해외 자금 유출과 유입을 통제하여 환율의 추세를 바꾼다.

◎ ③은 위 지문에서 제시한 구체적인 수단에 해당하지 않습니다.

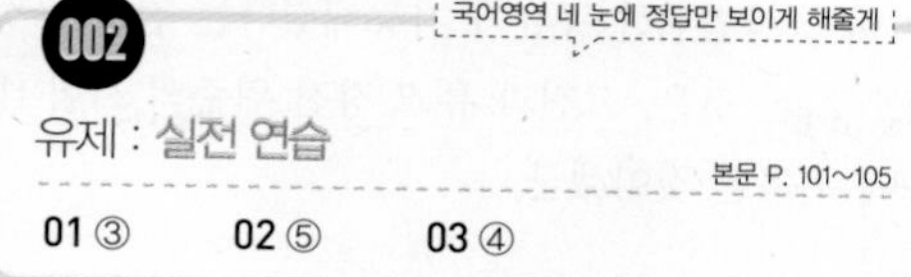
002
국어영역 네 눈에 정답만 보이게 해줄게
유제 : 실전 연습
본문 P. 101~105
01 ③ 02 ⑤ 03 ④

01

답 ③

| 조 : 조건 분석 |

윗글의 ㉠과 / 〈보기〉의 ㉮에 대한 설명으로 / 적절하지 않은 것은?

◎ 각 선택지의 설명을 먼저 읽고, 그 특징이 지문의 ㉠과 〈보기〉의 ㉮에 공통적으로 맞는지 확인해야 하는 문제입니다.

| 커 : 근거 축소 |

① ㉠은 ㉮와 달리, 보는 사람의 시선 방향이 중심을 향한다.

〈보기〉 사람들의 시선은 자연스럽게 원통형 공간의 벽면에 전시된 작품으로 향하게 된다. 이것은 둘레를 향하는 원의 확산적 속성을 이용한 것으로 볼 수 있다. 경사로에서 바라보이는 원의 중심에 해당하는 원통형 공간은 비어 있으므로 중심을 향하는 위계감은 없다.

단락3-3 그런데 이 광장은 확산성이 아닌 집중성을 강조한 공간이다. 광장의 실제 경계는 타원이지만, 사람들이 광장의 어느 곳에 서 있든 시선은 가운데에 있는 기마상으로 집중하게 되므로 기마상을 광장의 중심으로 인식하게 된다.

◎ 우선 선택지에서 중요 키워드 '시선'을 확인합니다. 〈보기〉를 쭉 보면서 '시선' 관련된 부분을 확인하고, 지문에서도 '시선' 관련된 부분을 확인합니다. 이후 이 두 부분을 맞춰 보면 됩니다. 여기서도 역시 '시선'만 확인하는 것이 아니라 그 주변까지 확인합니다. 앞에서 본 밑줄 친 부분 주변까지 확인하는 것과 같은 원리입니다.

이제 근거와 관련한 것만 짚어 가며 빠르게 진행해 봅시다.

② ㉠은 ㉮와 달리, 원의 중심에서 형성되는 위계감이 강조된다.

단락3-6 타원형의 광장이 집중성을 가진 공간으로 전환되면서 광장에는 중심과 주변이라는 위계가 생기게 된다.
단락4-1 위계의 정점은 기마상이다. 주변을 압도하는 세계 지배자의 기마상을 올려다보는 순간 그 위계감은 한층 더 고조된다.

④ ㉮는 ㉠과 달리, 원의 중심보다 둘레를 강조한 공간 구성을 보인다.

◎ 앞에서 살펴본 ①과 동일한 근거입니다.

⑤ ㉠과 ㉮는 모두 원의 속성을 바탕으로 한 형상을 채택하였다.

◎ 이 선택지를 답으로 골랐다면 다시 한 번 자신의 국어 공부 습관을 반성해 봅니다.

③ ㉮는 ㉠과 달리, 원의 주변이 중앙 공간의 집중성을 강화한다.

〈보기〉 사람들의 시선은 자연스럽게 원통형 공간의 벽면에 전시된 작품으로 향하게 된다. 이것은 둘레를 향하는 원의 확산적 속성을 이용한 것으로 볼 수 있다. 경사로에서 바라보이는 원의 중심에 해당하는 원통형 공간은 비어 있으므로 중심을 향하는 위계감은 없다.

단락3-1 캄피돌리오 광장은 원이 갖는 고유의 특성이 구현된 공간이기도 하다. 원은 중심과 둘레로 이루어져 있어 중심을 향하는 집중성과 둘레를 향하는 확산성이라는 두 가지 속성을 동시에 갖고 있다. 그런데 이 광장은 확산성이 아닌 집중성을 강조한 공간이다.

◎ 지문을 통해 '집중성'과 '확산성'이라는 원의 두 가지 속성을 파악했습니다. ㉮와 관련한 〈보기〉의 설명에는 '집중성'과 관련된 부분은 없고 '확산성'과 관련된 설명만 있습니다. 또 단락3 으로 보아, 원의 집중성을 강조한 것은 ㉮가 아니라 ㉠임을 알 수 있는데, 이는 선택지와는 반대입니다.

02 답⑤

| 조 : 조건 분석 |

〈보기〉는 과거제에 대한 조선 시대 선비들의 견해를 재구성한 것이다. ㉮와 ㉯를 읽은 학생이 〈보기〉에 대해 보인 반응으로 적절하지 않은 것은?

◎ 문제 형태가 길고 글자 수가 많으므로 어떻게 접근할지 빠르게 파악할 수 있어야 합니다. 발문에서는 별다른 힌트를 얻기 어렵고 바로 문제풀이로 들어가며 감을 잡아야 합니다. 선택지를 보면서 어떻게 이 문제에 접근해야 효율적일지 고민해 봅니다.

| 커 : 근거 축소 |

① '갑'이 과거제로 인해 사회적 유동성이 증가했다는 점을 긍정적으로 본 것은, 능력주의에 따른 공정성과 개방성이라는 시험의 성격에 주목한 것이겠군.

◎ 선택지를 확인하면 〈보기〉의 내용이 먼저 나오고 그 다음 지문의 내용이 제시되는 것을 알 수 있습니다. 원칙적으로 〈보기〉, 지문 내용 둘 다 맞는지 확인해야 합니다. 그런데 〈보기〉의 내용과 달라 답이 되는 경우라면 지문을 읽지 않아도 문제를 풀 수 있습니다. 따라서 〈보기〉보다는 지문 내용 위주로 검토해야 효율적입니다. 이번에는 그런 방향으로 접근해 봅시다.

㉮ 2-1 명확하고 합리적인 기준에 따른 관료 선발 제도라는 공정성을 바탕으로 과거제는 보다 많은 사람들에게 사회적 지위 획득의 기회를 줌으로써 개방성을 제고하여 사회적 유동성 역시 증대시켰다. 응시 자격에 일부 제한이 있었다 하더라도, 비교적 공정한 제도였음은 부정하기 어렵다.

② '을'이 과거제로 인해 많은 선비들이 재능을 낭비한다는 점을 부정적으로 본 것은, 치열한 경쟁을 유발하는 시험의 성격에 주목한 것이겠군.

㉯ 2-3 시험 방식이 가져오는 부작용들은 과거제의 중요한 문제였다. 치열한 경쟁은 학문에 대한 깊이 있는 학습이 아니라 합격만을 목적으로 하는 형식적 학습을 하게 만들었고, 많은 인재들이 수험 생활에 장기간 매달리면서 재능을 낭비하는 현상도 낳았다.

③ '을'이 과거제로 인해 사회의 도덕적 가치 기준에 대한 광범위한 공유가 가능해졌다는 점을 긍정적으로 본 것은, 고전과 유교 경전 위주의 시험 내용에 주목한 것이겠군.

㉮ 3-3 시험에 필요한 고전과 유교 경전이 주가 되는 학습의 내용은 도덕적인 가치 기준에 대한 광범위한 공유를 이끌어 냈다.

④ '병'이 과거제로 인해 심화된 공부를 하기 어렵다는 점을 부정적으로 본 것은, 형식적인 학습을 유발한 시험 방식에 주목한 것이겠군.

㉯ 2-4 치열한 경쟁은 학문에 대한 깊이 있는 학습이 아니라 합격만을 목적으로 하는 형식적 학습을 하게 만들었고, 많은 인재들이 수험 생활에 장기간 매달리면서 재능을 낭비하는 현상도 낳았다.

⑤ '병'이 과거제로 인해 교육에 대한 동기가 강화되었다는 점을 긍정적으로 본 것은, 실무 능력을 중심으로 평가하는 시험 방식에 주목한 것이겠군.

㉯ 2-5 또한 학습 능력 이외의 인성이나 실무 능력을 평가할 수 없다는 이유로 시험의 익명성에 대한 회의도 있었다.

지문 내용과 다른 선택지를 어렵지 않게 발견할 수 있었습니다. 원칙적으로는 〈보기〉 내용도 검토해야 되는데 연습 목적상 효율적인 방법을 고민해 보았습니다.

03 답④

| 조 : 조건 분석 |

윗글에 나타난 여러 장치에 대한 설명으로 적절하지 않은 것은?

◎ 일반적인 문제입니다. 그런데도 실제 수능에서 많은 학생들이 당황했다고 합니다. 원칙적으로만 접근하면 쉽게 풀 수 있습니다. 이 문제의 선택지는 '여러 장치+설명'의 구조로 이루어져 있습니다. 무엇에 주목하여 근거 축소를 해야 할지 생각하면서 문제를 풀어 봅시다.

| 커 : 근거 축소 |

①초점 조절 장치는 포커싱 렌즈의 위치를 이동시킨다.

단락5-4 이때 광 검출기의 전후 영역 출력값의 합과 좌우 영역 출력값의 합을 구한 후, 그 둘의 차이에 해당하는 만큼 초점 조절 장치를 이용해 포커싱 렌즈의 위치를 CD 기록면과 가깝게 또는 멀게 이동시켜 초점이 맞도록 한다.

②포커싱 렌즈는 레이저 광선을 트랙의 한 지점에 모아 준다.

단락2-3 CD 아래에 있는 광 픽업 장치는 레이저 광선을 발생시켜 CD 기록면에 조사하고, CD에서 반사된 광선은 광 픽업 장치 안의 광 검출기가 받아들인다. 광선의 경로 상에 있는 포커싱 렌즈는 광선을 트랙의 한 지점에 모으고, 광 검출기는 반사된 광선의 양을 측정하여 랜드와 피트의 정보를 읽어 낸다.

◎ 포커싱 렌즈와 관련하여 단순히 '광선'이라고만 언급하고 있습니다. 여기서 광선이 '레이저 광선'인지부터 확인해야 합니다. 이를 위해서는 주위의 문장을 봐야 합니다. 앞에서 '레이저 광선'이라 언급한 부분을 찾을 수 있습니다.

③광 검출기의 출력값은 트래킹 조절 장치를 제어하는 데 사용된다.

단락4-2 그런데 광선이 피트에 해당하는 지점에 조사될 때 트랙의 중앙을 벗어나 좌측으로 치우치면, 피트 왼편에 있는 랜드에서 반사되는 빛이 많아져 광 검출기의 좌 영역의 출력값이 우 영역보다 커진다. 이 경우 두 출력값의 차이에 대응하는 만큼 트래킹 조절 장치를 작동하여 광 픽업 장치를 오른쪽으로 움직여서 편차를 보정한다.

⑤광 픽업 장치에는 레이저 광선을 발생시키는 부분과 반사된 레이저 광선을 검출하는 부분이 있다.

단락2-3 CD 아래에 있는 광 픽업 장치는 레이저 광선을 발생시켜 CD 기록면에 조사하고, CD에서 반사된 광선은 광 픽업 장치 안의 광 검출기가 받아들인다. 광선의 경로 상에 있는 포커싱 렌즈는 광선을 트랙의 한 지점에 모으고, 광 검출기는 반사된 광선의 양을 측정하여 랜드와 피트의 정보를 읽어 낸다.

④광학계 구동 모터는 광 픽업 장치가 CD를 따라 회전할 수 있도록 해 준다.

단락2-5 이때 CD의 회전 속도에 맞춰 트랙에 광선이 조사될 수 있도록 광학계 구동 모터가 광 픽업 장치를 CD의 중심부에서 바깥쪽으로 서서히 직선으로 이동시킨다.

◎ 광학계 구동 모터는 광 픽업 장치를 CD의 중심부에서 바깥쪽으로 직선으로 이동시키는 것이지 CD를 따라 회전할 수 있도록 해 주는 것이 아닙니다. 세부적인 차이에 주목할 수 있어야 하겠습니다.

국어영역 네 눈에 정답만 보이게 해줄게

003

유제 : 실전 연습

본문 P. 110~115

01 ⑤　　02 ⑤　　03 ③

01　　답 ⑤

| 조 : 조건 분석 |

〈보기〉를 바탕으로 / 윗글을 감상한 내용으로 / 적절하지 않은 것은?

◎ 〈보기〉를 바탕으로 작품을 감상하는 것이니, 선택지는 〈보기〉의 내용을 담고 있어야 합니다. 따라서 〈보기〉의 내용과 다르거나 〈보기〉에서 언급하지 않은 내용을 제시한 선택지를 고르면 답이 됩니다.

| 조 : 조건 분석 – 〈보기〉 분석 |

〈보기〉 〈최척전〉에는 하나의 문제 상황이 해결되면 또 다른 문제가 확인되는 서사 구조가 나타나고 있다. 이 과정에서 도움을 주는 신이한 존재를 나타나게 하거나, 예언의 실현을 보여 주는 특이한 증거를 활용하거나, 문제 해결의 계기가 되는 소재를 제시하거나, 공간적 배경을 확장하여 다양한 국적의 사람들을 등장시키는 등의 서사적 장치들이 확인된다. 이러한 서사 구조와 다양한 서사적 장치는 독자가 이야기에 흥미를 가지고 그것을 자연스럽게 수용하는 데 기여한다.

◎ 다양한 서사적 장치를 나열하고 있습니다. 위 내용들이 선택지에서 하나씩 제시될 것이므로 그 내용의 적정성을 확인할 수 있어야 합니다.

일치 / 불일치 판단 통한 정답 확정

아래 각 선택지의 밑줄 친 부분에서는 〈보기〉의 내용을 반영하고 있습니다.

① 옥영의 꿈에 나타난 '만복사의 부처'는, 옥영이 겪고 있는 현실적인 문제를 해결하는 데 도움을 주는 신이한 존재로서 역할을 한다고 볼 수 있겠군.
② 몽석의 몸에 나타난 '붉은 점'은, '사내아이'의 출생과 관련한 예언이 실제로 이루어졌음을 확인할 수 있는 특이한 증거로 활용된다고 볼 수 있겠군.
③ 최척이 '일본인 배에 이르러 조선말로 물'어보는 것과 '고국 사람을 만나'려 하는 것은, 서사 전개 과정에서 공간적 배경을 조선뿐 아니라 다른 나라로도 확장한 것과 관련이 있겠군.
④ 옥영이 들은 '피리 소리'는, 옥영이 최척을 떠올리게 하여 이별의 상황을 해결하는 계기가 되는 소재로 작용하고 있다고 볼 수 있겠군.

그러나 정답이 되는 선택지에서는 '인물의 불안감'이라고 하여 〈보기〉에서 제시하지 않은 내용을 언급하고 있습니다. 작품 내용상으로도 '눈물이 다하자 피가 흘러내'리는 장면은 너무 좋아서 눈물을 다 흘린 나머지 피까지 난다는 과장된 표현으로 보이지, 또 다른 문제를 확인한 인물의 불안감과 관련이 있다고 할 수는 없습니다.

⑤ 최척과 옥영이 '소리를 지르며 끌어안'는 것은 문제의 해결에 따른 기쁨과, '눈물이 다하자 피가 흘러내'리는 것은 또 다른 문제 확인에 따른 인물의 불안감과 관련이 있겠군.

◎ 굳이 또 다른 문제라고 하면 위 장면 이후 최척과 옥영의 대화를 통해 아버지와 장모님을 잃어버렸다는 것을 알게 되는 상황이라고 할 수도 있겠습니다. 하지만 이는 최척과 옥영의 만남 이후에 벌어지는 상황으로서, 선택지에서 언급하는 상황에서는 아직 해당 문제를 알지 못하므로 불안감을 느낄 이유는 없어 보입니다.

02　　답 ⑤

| 조 : 조건 분석 |

〈보기〉를 참고하여 / 윗글을 감상한 내용으로 적절하지 않은 것은?

◎ 문학 작품에서는 이러한 유형의 문제가 많이 나옵니다. 이 책 문학 부분에서 다시 배울 예정이나 이번에는 일반적인 〈보기〉 분석형 문제로 접근해 봅시다. 처음 시험지를 받고 작품을 읽을 때는 〈보기〉를 참고하여 읽지 않습니다. 이 문제에서 특별히 〈보기〉를 참고하여 감상하라는 의미는 선택지에 〈보기〉의 내용이 반영된다는 의미입니다. 〈보기〉의 내용이 어떻게 선택지에 반영되는지 확인하고, 반영된 내용이 적절한지 아닌지 검토할 수 있어야 합니다.

| 조 : 조건 분석 – 〈보기〉 분석 |

〈보기〉 윗글은 민담적 요소를 적극 활용한 현대소설이다. 바보 취급을 받는 황만근이 신이한 존

재와 대면했으나 위기를 극복하며 의외의 승리를 거둔다는 비현실적 이야기는 민담적 특징을 잘 보여 준다. 또한 반복적이거나 위협적인 어구 사용, 구성진 입담 등에는 언어의 주술성과 해학성이 잘 드러난다.

◎ 〈보기〉의 핵심은 이 작품이 민담적 요소를 적극 활용한 현대소설이라는 것인데, 문제에서는 〈보기〉에 나타난 구체적인 특성들을 전부 활용하게 됩니다. 따라서 중요한 부분이 별도로 있지 않다는 게 특징이라면 특징입니다. 문학의 이러한 유형에서는 〈보기〉 중 무엇이 중요한지 찾느라 시간을 낭비하면 안 됩니다.

| 커 : 근거 축소 |

① 황만근이 '거대한 토끼'와 겨루는 비현실적인 이야기 전개는 민담의 일반적 특성과 맞닿아 있는 것이겠군.

◎ 밑줄 친 부분은 〈보기〉에서 찾아봐야 하는 내용으로, 이 내용이 〈보기〉와 적절히 맞는지 아닌지 확인해야 합니다. 〈보기〉의 '비현실적 이야기는 민담적 특징을 잘 보여 준다.'라는 내용과 일치합니다. 물론 황만근이 거대한 토끼와 겨루는 내용도 지문과 일치합니다.

② 토끼가 '너는 여기서 죽는다.'라는 말을 세 번 반복한 것은 언어의 주술적 특성을 드러내는 것이겠군.

◎ 〈보기〉에서 '또한 반복적이거나 위협적인 어구 사용, 구성진 입담 등에는 언어의 주술성과 해학성이 잘 드러난다.'라고 제시하고 있습니다. 지문에서 "너는 여기서 죽는다."라는 말이 세 번 반복되는데, 이러한 반복적인 어구 사용은 언어의 주술성과 연결됩니다.

③ 황만근이 '니는 인자 죽었다.'라고 발언하며 위협한 것은 의외의 결과를 가져와 토끼가 황만근의 소원을 들어주기로 하였겠군.

◎ 〈보기〉에서 '바보 취급을 받는 황만근이 신이한 존재와 대면했으나 위기를 극복하며 의외의 승리를 거둔다는' 내용을 확인할 수 있습니다. 지문에서 황만근이 해당 발언을 하며 토끼를 위협하는 것도 확인할 수 있습니다.

④ '바보 자슥아'라는 말은 황만근에 대한 신이한 존재의 우위가 변했음을 보여 주는 것이겠군.

◎ 〈보기〉에서 '바보 취급을 받는 황만근이 신이한 존재와 대면했으나 위기를 극복하며 의외의 승리를 거둔다는' 내용을 확인할 수 있습니다. 우위가 변했다는 것은 처음에 황만근이 열세에 있던 상황이 바뀌었다는 의미입니다.

⑤ 어머니가 '주먹밥 덩어리'를 토해 내는 것은 황만근에게 속은 것을 깨달은 토끼의 주술적 복수라 할 수 있겠군.

◎ 〈보기〉에서는 '반복적이거나 위협적인 어구 사용, 구성진 입담 등에는 언어의 주술성과 해학성이 잘 드러난다.'라는 내용만 확인됩니다. '주술적 복수'는 전혀 확인할 수 없습니다. 〈보기〉를 참고하여 지문을 감상해야 되는데, 〈보기〉에 없는 내용을 언급하면 적절하지 않습니다. 또한 지문에서 어머니가 주먹밥 덩어리를 토해 내는 것이 토끼의 복수로 인한 것도 아닙니다.

03 **답 ③**

| 조 : 조건 분석 |

〈보기〉의 모든 공정을 수행했을 때, / 반도체 기판 위에 형성될 패턴으로 / 적절한 것은?

◎ 발문에서 '〈보기〉의 모든 공정을 수행했을 때'라고 하였으므로 우선적으로 〈보기〉를 참고하며 따라가야 합니다. 〈보기〉의 핵심 어구를 지문과 맞춰 보면서 '반도체 기판 위에 형성될 패턴'을 예측해야 합니다. '예측'이라고 했지만 스스로 예측하는 것이 아니라 근거를 통해 결론 내릴 수 있어야 합니다.

| 조 : 조건 분석 – 〈보기〉 분석 |

〈보기〉 양성 감광 물질(양성 감광 물질이 무엇인지 지문을 통해 찾아보고)을 패턴으로 만들 물질 위에 바르고 마스크 A를 이용하여 포토리소그래피 공정을 수행하여 패턴을 얻은 후, 그 위에 음성 감광 물질(양성 감광 물질로 작업한 후 음성 감광 물질을 이용하는데, 이 역시 지문에서 찾아보는 전략)을 바르고 마스크 B를 이용하여 포토리소그래피 공정(포토리소그래피는 지문에서 마지막 단락 앞에 나왔었지?)을 수행하였다.

| 커 : 근거 축소 |

지문에서 포토리소그래피 과정 중 '양성 감광 물질'에 관련된 부분

단락4~6 세 번째로, ㉯에서 빛을 받은 부분만을 현상액으로 제거하면 ㉰와 같이 된다. 이렇게 빛을 받은 부분만을 현상액으로 제거할 때 사용하는 감광 물질을 양성 감광 물질이라 한다.

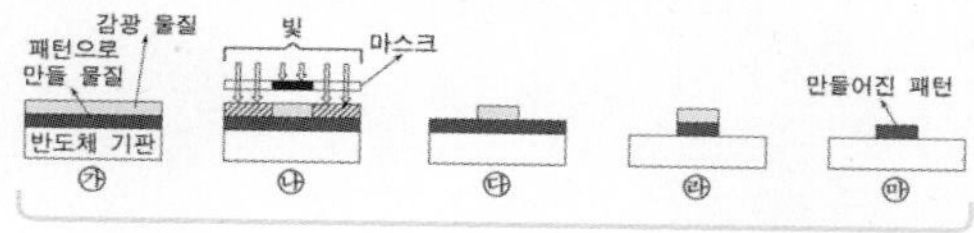

◎ 양성 감광 물질을 바른 부분은 빛을 받으면 제거됩니다. 어찌되었든 마스크의 검은 부분을 제외한 부분은 제거되고 마스크 모양만큼만 패턴이 남았습니다.

지문에서 포토리소그래피 과정 중 '음성 감광 물질'에 관련된 부분

단락4-8 이와 반대로 빛을 받지 않은 부분만을 현상액으로 제거할 수도 있는데 이때 쓰는 감광 물질을 음성 감광 물질이라고 한다.

◎ 반대이니까 마스크 모양만큼만 제거되고 나머지가 남게 됩니다.

그렇다면 양성 감광 물질로 작업한 이후 남은 것을 음성 감광 물질로 작업하게 되면, 마스크 A에서 마스크 B 모양을 제외한 ③과 같은 모양만 남게 됩니다.

Day 05

커 : 근거 축소

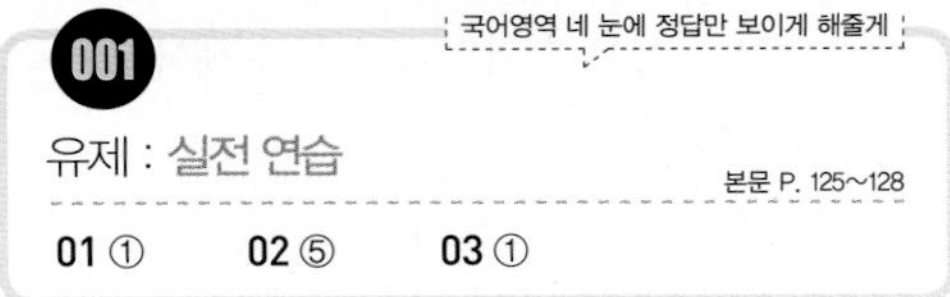

01 답 ①

❶ 조 : 조건 분석

㉠과 ㉡에 대한 이해로 적절한 것은?

◎ 각 선택지에 ㉠, ㉡에 대한 이해가 나올 것입니다. 선택지 분석형의 문제로서 각 선택지에 제시된 이해가 지문에 근거한 것인지 찾아볼 수 있어야 합니다.

❷ 〈보기〉, 선택지 등에서 주요 keyword를 파악

① ㉠에서는 연금 기금을 국민 전체가 사회 발전을 위해 조성한 투자 자금으로 본다.
② ㉠에서는 연금 기금을 안정된 금융 시장을 통해 수익률이 높은 대기업에 투자하려고 한다.
③ ㉠에서는 관련 법률을 개정하여 연금 기금의 법적 성격을 바꾸는 데 반대한다.
④ ㉡에서는 사회 내의 소득 격차가 커질수록 공적 연금 제도를 통한 소득 재분배를 더욱 강하게 요구한다.
⑤ ㉡에서는 보험료를 낼 소득자 집단을 확충하는 데 연금 기금을 직접 활용하자고 주장한다.

❸ 커 : 근거 축소 & ❹ 일치/불일치 검토

② ㉠에서는 연금 기금을 안정된 금융 시장을 통해 수익률이 높은 대기업에 투자하려고 한다.

단락4-2 이에 대해서는 원래 후자의 입장에서 연금 기금을 가입자들이 노후의 소득 보장을 위해 맡긴 신탁 기금으로 보고, 안정된 금융 시장을 통해 대기업에 투자함으로써 수익률을 극대화하려는 태도가 지배적이었다.

③ ㉠에서는 관련 법률을 개정하여 연금 기금의 법적 성격을 바꾸는 데 반대한다.

단락4-3 그러나 최근에는 전자의 입장에서 ~ 관련 법률을 개정하여, 보험료를 낼 소득자 집단을 확충하는 데 이 막대한 돈을 직접 활용하자는 주장이기도 하다.

④ ㉡에서는 사회 내의 소득 격차가 커질수록 공적 연금 제도를 통한 소득 재분배를 더욱 강하게 요구한다.

단락3-2 구체적으로 전자는 이 제도를 계층 간, 세대 간 소득 재분배의 수단으로 이용해야 한다고 주장한다.

⑤ ㉡에서는 보험료를 낼 소득자 집단을 확충하는 데 연금 기금을 직접 활용하자고 주장한다.

단락4-3 그러나 최근에는 전자의 입장에서 연금 기금을 ~ 보험료를 낼 소득자 집단을 확충하는 데 이 막대한 돈을 직접 활용하자는 주장이기도 하다.

① ㉠에서는 연금 기금을 국민 전체가 사회 발전을 위해 조성한 투자 자금으로 본다.

단락4-3 그러나 최근에는 전자의 입장에서 연금 기금을 국민 전체가 사회 발전을 위해 조성한 투자 자금으로 보고, 이를 일자리 창출에 연계된 사회 경제적 분야에 투자해야 한다는 주장이 힘을 얻고 있다.

◎ 우선 ㉠과 '전자'로서 주체가 일치합니다. 또한 연금 기금에 대한 내용도 일치하여 정답이 됩니다.

02

답 ⑤

| ❶ 조 : 조건 분석 |

[A]에 대한 이해로 적절하지 않은 것은?

◎ 특별한 조건은 없는 선택지 분석형 문제입니다. 선택지 하나하나에서 키워드를 잡고 사실적–부분적으로 지문에서 근거 축소를 하여 답을 확인합니다.

| ❷ 〈보기〉, 선택지 등에서 주요 keyword를 파악 |

① 조선에서 편찬자가 미상인 유서가 많았던 것은 편찬자의 개인적 목적으로 유서를 활용하려 했기 때문이다.

② 조선에서는 시문 창작, 과거 시험 등에 필요한 내용을 담은 유서가 편찬되는 경우가 적지 않았다.

③ 조선에서는 중국의 편찬 방식을 따르면서도 대체로 국가보다는 개인에 의해 유서가 편찬되었다.

④ 중국에서는 많은 학자를 동원하여 대규모로 편찬한 유서를 통해 왕조의 위엄을 드러내었다.

⑤ 중국에서는 주로 서적에서 발췌한 내용을 비교하고 해석을 덧붙여 유서를 편찬하였다.

| ❸ 커 : 근거 축소 & ❹ 일치/불일치 검토 |

① 조선에서 편찬자가 미상인 유서가 많았던 것은 편찬자의 개인적 목적으로 유서를 활용하려 했기 때문이다.

② 조선에서는 시문 창작, 과거 시험 등에 필요한 내용을 담은 유서가 편찬되는 경우가 적지 않았다.

단락2-3 전문 유서 가운데 편찬자가 미상인 유서가 많은데, 대체로 간행을 염두에 두지 않고 기존 서적에서 필요한 부분을 발췌, 기록하여 시문 창작, 과거 시험 등 개인적 목적으로 유서를 활용하고자 하였기 때문이었다.

③ 조선에서는 중국의 편찬 방식을 따르면서도 대체로 국가보다는 개인에 의해 유서가 편찬되었다.

단락2-1 고려 때 중국 유서를 수용한 이후, 조선에서는 중국 유서를 활용하는 한편, 중국 유서의 편찬 방식에 따라 필요에 맞게 유서를 편찬하였다. 조선의 유서는 대체로 국가보다 개인이 소규모로 편찬하는 경우가 많았고, 목적에 따른 특정 주제의 전문 유서가 집중적으로 편찬되었다.

④ 중국에서는 많은 학자를 동원하여 대규모로 편찬한 유서를 통해 왕조의 위엄을 드러내었다.

단락1-4 중국에서는 대체로 왕조 초기에 많은 학자를 동원하여 국가 주도로 대규모 유서를 편찬하여 간행하였다. 이를 통해 이전까지의 지식을 집성하고 왕조의 위엄을 과시할 수 있었다.

⑤ 중국에서는 주로 서적에서 발췌한 내용을 비교하고 해석을 덧붙여 유서를 편찬하였다.

단락1-1 중국에서 비롯된 유서(類書)는 고금의 서적에서 자료를 수집하고 항목별로 분류, 정리하여 이용에 편리하도록 편찬한 서적이다. 일반적으로 유서는 기존 서적에서 필요한 부분을 뽑아 배열할 뿐 상호 비교하거나 편찬자의 해석을 가하지 않았다.

◎ 서적에서 발췌한 내용을 유서에 담는다는 것은 적절한 설명이지만, 일반적으로 내용을 상호 비교하거나 해석을 덧붙이지는 않았기 때문에 적절하지 않은 내용입니다.

03 답 ①

| ❶ 조 : 조건 분석 |

윗글의 내용에 대한 이해로 적절하지 않은 것은?

◎ 특별한 조건은 없는 선택지 분석형 문제입니다. 선택지 하나하나에서 키워드를 잡고 사실적-부분적으로 지문에서 근거 축소를 하여 답을 확인합니다. 갑자기 문학 작품이 나와서 많이 놀랐을 수 있겠으나 독서든 문학이든 문제 푸는 원리는 같다는 점을 강조하고 싶었습니다.

| ❷ 〈보기〉, 선택지 등에서 주요 keyword를 파악 |

① 송이는 부모의 소식으로 애태우다 감사의 걱정을 산다.
② 송이는 필성이 이방이 되었음을 감사를 통해 알게 된다.
③ 감사는 필성의 문필 능력을 높이 평가하고 기대를 건다.
④ 송이는 필성과 꿈속에서나마 일시적으로 만남을 이룬다.
⑤ 필성은 송이를 그리워하는 마음을 감사에게 숨기고 있다.

| ❸ 커 : 근거 축소 & ❹ 일치/불일치 검토 |

② 송이는 필성이 이방이 되었음을 감사를 통해 알게 된다.

필성의 글씨가 완연한지라, 속으로 생각하되,
'이상하다. 필법이 장 서방님 필적 같으니, 혹 공청에를 드나드나.'
하고 감사더러 묻는다.
"요사이 공사 들어온 것을 보면 전과 글씨가 다르오니 이방이 갈리었습니까?"
"응, 전 이방은 갈고 장필성이란 사람으로 시켰다. 네 보아라, 글씨를 잘 쓰지 않느냐."

③ 감사는 필성의 문필 능력을 높이 평가하고 기대를 건다.

이때 마침 감사가 문필이 있는 이방을 구하는지라. 필성이 한 길을 얻어 이방이 되어 감사에게 현신하니 감사가 일견 대희하여 칭찬하며 왈,
"가위 여옥기인(如玉其人)이로다. 필성아, 이방이라 하는 것은 승상접하(承上接下)하는 책임이 중대하니, 아무쪼록 일심봉공(一心奉公)하여 민원(民怨)이 없도록 잘 거행하라."

④ 송이는 필성과 꿈속에서나마 일시적으로 만남을 이룬다.

아득한 정신은 기러기 소리를 따라 멀어지고 몸은 책상머리에 엎드렸더니, 잠시간에 잠이 들어 주사야몽(晝思夜夢) 꿈이 되어 장주(莊周)의 나비같이 두 날개를 떨치고 바람 좇아 중천에 떠다니며 사면을 살피니, 오매불망하던 장필성이 적막 공방에 혼자 몸이 전일의 답시(答詩)를 내놓고 보며 울고 울고 보며 전전반측 누웠거늘, 송이가 달려들어 마주 붙들고 울다가 꿈 가운데 우는 소리가 잠꼬대가 되어 아주 내처 울음이 되었더라.

⑤ 필성은 송이를 그리워하는 마음을 감사에게 숨기고 있다.

송이가 이 말을 듣고 속으로 암암이 기꺼하며, 어떻게 하면 한번 만나 볼까, 그렇지 못하면 편지 왕복이라도 할까, 사람을 시키자니 만일 대감이 알면 무슨 죄벌이 내려올지 몰라 못 하고 무슨 기회를 기다리나 때를 타지 못하여 필성이나 송이나 서로 글씨만 보고 창연히 지내기를 이미 반년이라. 자연 서로 상사병이 될 지경이더라.

① 송이는 부모의 소식으로 애태우다 감사의 걱정을 산다.

송이는 감사가 있는 별당 건넌방에 가 홀로 살고 지내며 감사가 시키는 일을 처리하고 지내며 마음에 기생을 면함은 다행하나, 주야로 잊지 못하는 바는 부모의 소식과 장필성을 못 봄을 한하고 이 감사가 보는 데는 감히 그 기색을 드러내지 못하니, 혼자 있을 때에는 주야 탄식으로 지내더라.

◎ 송이는 부모의 소식을 기다리고 있으나 감사에게는 그러한 사정을 숨기고 있습니다. 즉, 감사는 송이의 이러한 사정을 모르고 있으니 걱정할 수도 없는 상황입니다.

002 국어영역 네 눈에 정답만 보이게 해줄게

유제 : 실전 연습

본문 P. 134~138

01 ① **02** ① **03** ②

01 답 ①

❶ 조 : 조건 분석

〈보기〉의 시 작품을 활용하여 윗글의 논지를 보강하는 방안에 대하여 논의하였다. 적절하지 않은 것은?

◎ '윗글의 논지를 보강하는 방안'에 주목하면, 이 문제는 사실적–전체적 사고 영역에 해당한다는 점을 확인할 수 있습니다. 이 문제의 답을 고르는 근거는 제시된 지문의 가장 핵심적인 내용이 되리라는 것을 알 수 있습니다.

❷ 〈보기〉, 선택지 등에서 주요 keyword를 파악

〈보기〉

시제4호

환자의용태에관한문제.

1 1 1 1 1 1 1 1 1 1 •
2 2 2 2 2 2 2 2 2 • 1
3 3 3 3 3 3 3 3 • 2 2
4 4 4 4 4 4 4 • 3 3 3
5 5 5 5 5 5 • 4 4 4 4
6 6 6 6 6 • 5 5 5 5 5
7 7 7 7 • 6 6 6 6 6 6
8 8 8 • 7 7 7 7 7 7 7
9 9 • 8 8 8 8 8 8 8 8
0 • 9 9 9 9 9 9 9 9 9
• 0 0 0 0 0 0 0 0 0 0

진단 0·1

26·10·1931

이상 책임의사 李 箱

◎ 〈보기〉에서 특별한 힌트를 얻기는 어렵습니다. 다만 지문 독해를 했다면 이 지문에서 다루고 있는 핵심 내용이 '해프닝'이고 〈보기〉의 작품 역시 해프닝 작품이라고 파악하고 문제에 접근해야 합니다.

① 이 시가 당시 현대시의 주된 흐름을 반영하고 있다는 비평 자료를 찾아볼 필요가 있겠어.
② 이 시에는 기존의 언어 체계를 불신하는 태도가 드러나 있는데, 그 점에 주목해야 할 거야.
③ 자신을 '미쳤다'고 하는 독자들의 반응에도 불구하고 계속 이런 시를 쓴 시인의 의도도 거론해야겠지.

④ 이 시처럼 상식적으로는 시라고 보기 어려운 작품들을 모아 놓은 선집(選集)이 있다면, 그걸 사례로 들어도 좋지 않을까.

⑤ 이 시를 포함한 연작시가 신문에 연재되다 편집진의 압력으로 중단되었다는 기록이 있다던데, 그것도 유용한 자료가 될 거야.

○ 각 선택지에서 판단의 근거가 될 만한 키워드를 체크해 둡니다.

| ❸ 커 : 근거 축소 – 지문의 핵심적 내용을 파악 |

제대로 지문을 읽었다면 마지막 단락에 주목할 수 있어야 하겠습니다. 다시 한번 보면서 생각해 볼까요?

단락4 이와 같은(해프닝이 됩니다.) 예술적 현상은 단순한 운동이 아니라 예술가들의 정신적 모험의 실천이라고 할 수 있다. 인습적인 사회 제도에 순응하는 것을 비판하고 고정된 예술의 개념을 변혁하려고 했던 해프닝은 우연적 사건, 개인의 자의식 등을 강조해서 뭐가 뭔지 알 수 없는 것이라는 비판을 듣기도 했다. 그럼에도 불구하고 현대 사회에서 안락한 감정에 마비되어 있는 우리들을 휘저어 놓으면서 삶과 예술의 관계를 새롭게 모색하는 이러한 예술적 모험은 좀 더 다양한 모습으로 예술의 지평을 넓혀 갈 것이다.

○ 마지막에 해프닝이라는 예술적 현상에 대해서 정리해 주고 있습니다. 기존의 예술 흐름이 있고 해프닝이라는 것이 등장했는데 이는 일종의 '예술적 모험'으로서 예술의 지평을 넓혀 갈 것이라고 합니다.

| ❹ 지문의 핵심적 내용과 선택지의 일치/불일치 검토 |

① 이 시가 당시 현대시의 주된 흐름을 반영하고 있다는 비평 자료를 찾아볼 필요가 있겠어.

○ 해프닝은 지문의 마지막 단락에서 정리한 것처럼 기존의 예술에 대한 '모험'이고 '고정된 예술의 개념을 변혁'하고자 했던 예술적 현상입니다. 그렇기 때문에 〈보기〉의 작품은 해프닝에 해당하여 예술의 주된 흐름과는 다르므로 '현대시의 주된 흐름을 반영'했다는 선택지의 진술은 적절하지 않습니다.

02 답 ①

| ❶ 조 : 조건 분석 |

㉡의 입장에서 / ㉠의 생각을 비판한 것으로 가장 적절한 것은?

○ 얼핏 보면 단순히 ㉡의 입장을 묻는 것으로 사실적–전체적 사고로 보기 어렵습니다. 그렇지만 독해를 하고 나면 글 전체가 ㉡에 대한 것임을 확인할 수 있습니다. 결국 ㉡의 입장의 핵심이 글 전체를 정리하는 부분과 연관되어 있습니다. 즉, 사실적–전체적 사고로 접근해야 합니다.

| ❷ 〈보기〉, 선택지 등에서 주요 keyword를 파악 |

① 시간은 모든 공간에서 동일하게 흐르는 것이 아니므로 절대적이지 않다.

② 상대 시간 개념으로는 시간에 따라 계속 변하는 물체의 운동을 설명할 수 없다.

③ 시간은 인간이 만들어 낸 개념이므로 우주를 시작도 끝도 없는 영원한 것으로 보아서는 안 된다.

④ 시간과 공간은 긴밀하게 연관되어 있지만 독립적으로 존재할 수 있으므로 이 둘의 관련성에만 주목하면 안 된다.

⑤ 물체의 속도가 광속에 가까워지면 시간이 반대로 흐를 수 있으므로 시간이 항상 같은 방향으로 흐르는 것은 아니다.

○ 이후 지문의 핵심적 내용을 파악했을 때, 일치하는 키워드를 많이 가진 선택지가 답이 될 확률이 높습니다. 물론 기계적으로 판단하는 것은 아닙니다. 다만 유력한 답안을 고민하는 과정에서 도움이 될 수 있습니다.

| ❸ 커 : 근거 축소 – 지문의 핵심적 내용을 파악 |

앞서 말한 것처럼 이 글이 ㉡과 관련하여 쓰여진 것이기 때문에, 마지막 단락에서 ㉡의 입장의 정수를 파악할 수 있습니다.

단락3 아인슈타인에게 시간과 공간은 더 이상 별개의 물리량이 아니라 서로 긴밀하게 연관되어 함께 변하는 상대적인 양이다. 따라서 운동장을 질주하는 사람과 교실에서 가만히 바깥 풍경을 보고 있는 사람에게 시간의 흐름은 다르다. 속도가 빨라지면 시간 팽창이 일어나 시간이 그만큼 천천히 흐르는 시간 지연이 생긴다.

◎ 시간과 공간이 별개의 물리량이 아니라 긴밀하게 연관되어 함께 변하는 상대적인 양이라고 설명하고 있습니다. 이에 따르면 아인슈타인의 키워드는 '절대'보다는 '상대', '별개'보다는 '긴밀한 연관'이 됩니다.

| ❹ 지문의 핵심적 내용과 선택지의 일치/불일치 검토 |

① 시간은 모든 공간에서 동일하게 흐르는 것이 아니므로 절대적이지 않다.

단락3 아인슈타인에게 시간과 공간은 더 이상 별개의 물리량이 아니라 서로 긴밀하게 연관되어 함께 변하는 상대적인 양이다. 따라서 운동장을 질주하는 사람과 교실에서 가만히 바깥 풍경을 보고 있는 사람에게 시간의 흐름은 다르다. 속도가 빨라지면 시간 팽창이 일어나 시간이 그만큼 천천히 흐르는 시간 지연이 생긴다.

◎ 중요한 키워드를 그대로 선택지에 반영하고 있습니다. 다른 선택지를 고르고 싶어도 고를 수가 없겠네요. 운동장이라는 공간에서 뛰는 사람과 교실이라는 공간에서 밖을 보는 사람에게 시간의 흐름이 다르다는 것은 모든 공간에서 시간의 흐름이 동일하지 않다는 것입니다.

물론 ㉠의 입장을 비판한 것인지도 확인할 수 있어야 합니다.

단락1 17세기에 수립된 뉴턴의 역학 체계는 3차원 공간에서 일어나는 물체의 운동을 취급하였는데 공간 좌표인 x, y, z는 모두 시간에 따라 변하는 것으로 간주하였다. 뉴턴에게 시간은 공간과 무관한 독립적이고 절대적인 것이었다. 즉, 시간은 시작도 끝도 없는 영원한 것으로, 우주가 생겨나고 사라지는 것과 아무 관계없이 항상 같은 방향으로 흘러간다. 시간은 빨라지지도 느려지지도 않는 물리량이며 모든 우주에서 동일한 빠르기로 흐르는 실체인 것이다. 이러한 뉴턴의 절대 시간 개념은 19세기 말까지 물리학자들에게 당연한 것으로 받아들여졌다.

◎ ㉠과 관련한 뉴턴의 역학 체계에서는 모든 우주에서 동일한 시간의 흐름이 나타난다고 이해합니다. 시간은 공간과 무관한 독립적이고 절대적인 것이라는 설명입니다.

03 답 ②

| ❶ 조 : 조건 분석 |

윗글의 표제와 부제로 가장 적절한 것은?

◎ 표제와 부제는 지문을 가장 압축적으로 표현할 수 있는 것으로서 사실적–전체적 사고 영역의 대표적인 문제 유형입니다.

| ❷ 〈보기〉, 선택지 등에서 주요 keyword를 파악 |

① 에피쿠로스 사상의 성립 배경
 – 인간과 자연의 관계를 중심으로
② 에피쿠로스 사상의 목적과 의의
 – 신, 인간, 우주에 대한 이해를 중심으로
③ 에피쿠로스 사상에 대한 비판과 옹호
 – 사상의 한계와 발전적 계승을 중심으로
④ 에피쿠로스 사상을 둘러싼 논쟁과 이견
 – 당대 세계관과의 비교를 중심으로
⑤ 에피쿠로스 사상의 현대적 수용과 효용성
 – 행복과 쾌락의 상관성을 중심으로

| ❸ 커 : 근거 축소 – 지문의 핵심적 내용을 파악 |

단락5 에피쿠로스는 이를 토대로 자유로운 삶의 근본을 규명하고 인생의 궁극적 목표인 행복으로 이끄는 윤리학을 펼쳐 나간다. 결국 그는 인간이 신의 개입과 우주의 필연성, 사후 세계에 대한 두려움에서 벗어날 수 있도록 함으로써, 자신의 삶을 자율적이고 주체적으로 살 수 있는 길을 열어 주었다. 그리고 쾌락주의적 윤리학을 바탕으로 영혼이 안정된 상태에서 행복 실현을 추구할 수 있는 방안을 제시하였다.

| ❹ 지문의 핵심적 내용과 선택지의 일치/불일치 검토 |

우선 『나쁜국어 **독해기술**』에서 배웠던 중심 제재 A를 생각할 수 있습니다. 지문의 중심 제재 A는 '에피쿠로스 사상'임을 누구나 알 수 있는데 모든 선택지가 이를 다루고 있어서 문제 풀이에는 도움이 되진 못합니다.

이때 마지막 단락에 주목해야 합니다. 지문의 제목이나 표제, 부제를 물어보는 문제는 기계적으로 마지막 단락을 눈여겨봐야 합니다. 목적과 의

의를 논하는 선택지가 답이 되는 것을 확인할 수 있습니다. 신, 인간, 우주도 마지막 단락에 나오는 용어입니다.

오|답|피|하|기

① 사상의 성립 배경은 지문에서 나오는 내용이나 글의 표제로 삼기는 부족합니다. 가령 문제점이 글 전체적으로 등장하고 마지막 단락에서 이를 해결하기 위해 에피쿠로스 사상이 등장했다는 식으로 마무리되면 답이 될 수 있겠죠?
③ 마지막 단락에서 비판, 한계 등이 전혀 언급되고 있지 않습니다.
④ 마지막 단락에서 논쟁, 이견 등이 전혀 언급되고 있지 않습니다.
⑤ 현대적 수용이 표제가 되려면 적어도 마지막 단락에서 에피쿠로스 사상이 현대 사회에서도 어떤 의의가 있다든지 하는 내용이 등장해야겠죠.

국어영역 네 눈에 정답만 보이게 해줄게

003

유제 : 실전 연습

본문 P. 154~163

01 ⑤	02 ①	03 ④	04 ④	05 ⑤

01 답 ⑤

❶ 조 : 조건 분석

㉠의 이유로 적절한 것은?

㉠이라고 하면 대개 밑줄이 쳐져 있습니다. 그러나 밑줄이 쳐져 있는 부분만 보고 바로 답을 고르기는 어렵습니다. 그 이면의 무엇인가를 추론해 보라는 것이 이런 발문의 의도입니다.

❷ 〈보기〉, 선택지 등에서 주요 keyword를 파악

① 압착기의 기능이 떨어지기 때문에
② 압착기를 빌리기 힘들어지기 때문에
③ 압착기에 대한 수요가 늘어나기 때문에
④ 압착기 임대 계약금을 돌려받기 쉬워지기 때문에
⑤ 압착기의 임대료가 계약한 수준보다 낮아지기 때문에

❸ 커 : 근거 축소 & ❹ 문맥적 의미 추적

누가 뭐라고 해도 첫 번째 근거를 발견할 위치는 ㉠의 주변이 됩니다. 물론 ㉠ '흉작이면 압착기를 빌릴 권리를 포기하면 된다.'만 가지고 그 이유를 추측할 수 있는 학생들도 있을 것입니다. 이미 지문을 독해하여 '옵션'에 대한 사전 지식이 생겼기 때문입니다. 그렇지만 어렴풋한 사전 지식만으로 답을 고르는 것은 정확한 풀이가 아닙니다. 정확한 근거를 통해 답을 고르는 연습을 해야 합니다.

우리가 분석할 범위는 다음과 같습니다.

단락2-3 당시 사람들은 올리브에서 기름을 얻기 위해서 돈을 주고 압착기를 빌려야 했다. 탈레스는 파종기에 미리 조금의 돈을 주고 수확기에 일정한 임대료로 압착기를 빌릴 수 있는 권리를 사두었다. 만약 올리브가 풍작이면 압착기를 빌리려는 사람이 많아져서 임대료가 상승할 것이다. 이렇게 되면 탈레스는 파종기에 계약한 임대료로 압착기를 빌려서, 수확기에 새로 형성된 임대료로 사람들에게 빌려 줌으로써 큰 이윤을 남길 수 있다. 하지만 ㉠흉작이면 압착기를 빌릴 권리를 포기하면 된다. 탈레스가 파종기에 계약을 통해 사둔 권리는 그 성격상 '살 권리'라는 옵션임을 알 수 있다.

㉠의 바로 앞뒤에서부터 출발하여 문맥적으로 왜 ㉠과 같은 행동을 하는지 찾아봅시다.

단락2-7 하지만 ㉠흉작이면 압착기를 빌릴 권리를 포기하면 된다.

우선 ㉠의 바로 앞 '하지만'에 주목할 필요가 있습니다. 이는 앞의 내용과는 다른 내용이 등장할 것임을 표시하는 기능을 하고 있습니다. 많은 지문에서 이와 같은 접속어 이후 중요한 이야기를 시작합니다. 이런 것들을 놓치지 않도록 해야 할 것입니다. '하지만' 이후 앞의 내용과 다른 내용이 등장한다면, 오히려 앞에 나오는 이유를 반대로 생각할 때 답과 연결될 가능성이 높습니다. 좀 더 앞으로 가 봐야겠죠?

단락2-5 만약 올리브가 풍작이면 압착기를 빌리

려는 사람이 많아져서 임대료가 상승할 것이다. 이렇게 되면 탈레스는 파종기에 계약한 임대료로 압착기를 빌려서, 수확기에 새로 형성된 임대료로 사람들에게 빌려 줌으로써 큰 이윤을 남길 수 있다. 하지만 ㉠흉작이면 압착기를 빌릴 권리를 포기하면 된다.

◎ 흉작과 대비되는 풍작이 등장합니다. 풍작에는 탈레스가 압착기를 빌린다고 하죠? 왜 빌릴까요? 역시 지문에 그 이유가 나와 있습니다. "올리브가 풍작이면 압착기를 빌리려는 사람이 많아져서 임대료가 상승할 것이다."라고 나와 있습니다.
이 상황에서 파종기에 계약한 임대료로 압착기를 빌려서, 수확기에 새로 형성된 임대료로 사람들에게 빌려 주면 왜 이윤을 남기는 것일까요? 풍작이기 때문에 압착기를 빌리려는 수요가 많아져서 탈레스가 미리 계약해 놓은 임대료보다 실제 압착기를 빌리는 임대료가 더 비싸지기 때문입니다. 탈레스가 미리 계약해 놓은 값으로 압착기를 빌려서 이를 다시 남들에게 빌려 주면 이득을 보게 되는 것이겠죠?

그러면 이제 흉작에 압착기를 빌리지 않는 이유도 알 수 있을까요? 반대로 생각하면 됩니다.

- 풍작이면 압착기를 빌리려는 사람이 많아져서 임대료가 상승할 것이다.
- 흉작이면 압착기를 빌리려는 사람이 (　　) 임대료가 (　　)할 것이다.

이제 위와 같은 빈칸 채우기 문제가 됩니다. 답은 (적어져서), (하락)이 되겠죠? 선택지를 보면 쉽게 ⑤가 답이 되는 것을 알 수 있습니다.

⑤ 압착기의 임대료가 계약한 수준보다 낮아지기 때문에

물론 지문을 독해해서 옵션의 개념을 이해했다면 좀 더 높은 수준에서 답을 검토할 수도 있습니다. '계약한 수준'이라는 것은 미리 탈레스가 파종기에 계약한 임대료의 수준인데, 실제 사람들의 수요가 적어서 압착기의 임대료가 낮으면 탈레스가 시가보다 높은 임대료를 주고 그 압착기를 빌릴 필요가 없겠죠?

02 **답 ①**

추론적 사고 문제는 발문을 확실하게 분석해서 근거 축소를 해야 합니다. 이번에는 단계를 나누지 않고 쭉 풀어 가면서 유연하게 분석해 보도록 하겠습니다. 이 문제는 특히 2023학년도 수능에서 학생들이 가장 어렵게 느낀 문제 중 하나였습니다. 그렇지만 독해만 정확하게 했다면 문제 해결의 실마리를 찾을 수 있었다는 점에서 문제 구조 자체가 까다로웠다고 하기는 어렵지 않나 싶습니다.

| ❶ 조 : 조건 분석 |

윗글을 바탕으로 / 〈보기〉를 탐구한 내용으로 / 가장 적절한 것은?

◎ 〈보기〉의 '농게' 사례를 지문에서 제시한 이론 등을 바탕으로 분석하는 문제입니다. 이러한 문제에서는 선택지마다 지문에서 제시한 개념들을 이용하여 〈보기〉를 설명하는데, 지문에서 개념들이 등장하는 문맥의 의미를 정확하게 파악할 수 있어야 합니다.

| ❸ 커 : 근거 축소 & ❹ 문맥적 의미 추적 |

① 최적의 직선을 구한다고 할 때, 최적의 직선의 기울기가 1보다 작다면 ⓐ에 ⓑ가 비례한다고 할 수 없겠군.

정답이 되는 선택지에서 지문의 개념을 사용한 부분은 '최적의 직선', '기울기가 1보다 작은 경우', '비례한다고 할 수 있는 경우'입니다. 가령 '최적의 직선'이 무엇인지 지문에서 정확히 확인할 수 있어야 합니다. 각 개념들과 관련된 지문 내용을 아래와 같이 문맥적으로 확인해 보도록 합시다.

단락8 한편, 그래프에서 가로축과 세로축 두 변수의 관계를 대변하는 최적의 직선의 기울기와 절편은 최소 제곱법으로 구할 수 있다. (최적의 직선의 기울기와 절편을 구하는 방법) 우선, 그래프에 두 변수의 순서쌍을 나타낸 점들 사이를 지나는 임의의 직선을 그린다. 각 점에서 가로축에 수직 방향으로 직선까지의 거리인 편차의 절댓값을 구하고 이들을 각각 제곱하여 모두 합한 것이 '편차 제곱 합'이며, 편차 제곱 합이 가장 작은 직선을 구하는 것이 최소 제곱법이다.

○ 최적의 직선의 기울기는 최소 제곱법으로 구할 수 있다고 합니다. 그런데 최적의 직선의 기울기와 관련하여 이 부분만 확인해서는 내용을 정확히 알 수 없습니다. 다음 단락을 살펴봐야 합니다.

단락9 클라이버는 이런 방법에 근거하여 L-그래프에 나타난 최적의 직선의 기울기로 0.75를 얻었고, 이에 따라 동물의 (체중)$^{0.75}$에 기초 대사량이 비례한다고 결론지었다. 이것을 '클라이버의 법칙'이라 하며, (체중)$^{0.75}$을 대사 체중이라 부른다. 대사 체중은 치료제 허용량의 결정에도 이용되는데, 이때 그 양은 대사 체중에 비례하여 정한다. 이는 치료제 허용량이 체내 대사와 밀접한 관련이 있기 때문이다.

○ 클라이버의 법칙에서 최적의 직선의 기울기는 0.75로 1보다 작으며, (체중)$^{0.75}$에 기초 대사량이 비례한다는 결론입니다. 즉, 지문에 따를 때 체중에 기초 대사량이 비례하는 것이 아니므로 이를 〈보기〉에 적용하면 ⓐ에 ⓑ가 비례한다고 할 수 없습니다.

비례에 대한 서술이 헷갈릴 수 있습니다. 그럴 때도 혼자 생각하기보다는 지문에서 '비례'에 대해 처음 언급한 부분 등을 찾아보며 문맥적으로 확인할 수 있어야 합니다.

단락3-3 체표 면적은 (체중)$^{0.67}$에 비례하므로, 기초 대사량은 체중이 아닌 (체중)$^{0.67}$에 비례한다고 하였다.

○ 체표 면적이 (체중)$^{0.67}$에 비례하는 관계를 두고, 지문에서는 체중에 비례하는 것이 아니라 (체중)$^{0.67}$에 비례한다고 이미 설명한 바 있습니다.

문제 자체가 복잡하지는 않으나 지문에서 각 개념을 어떻게 설명하는지 꼼꼼하게 확인할 수 있어야 정확하게 답을 고를 수 있던 문제였습니다.

오|답|피|하|기

② 최적의 직선을 구하여 ⓐ와 ⓑ의 증가율을 비교하려고 할 때, 점들이 최적의 직선으로부터 가로축에 수직 방향으로 멀리 떨어질수록 편차 제곱 합은 더 작겠군.

단락8-3 각 점에서 가로축에 수직 방향으로 직선까지의 거리인 편차의 절댓값을 구하고 이들을 각각 제곱하여 모두 합한 것이 '편차 제곱 합'이며, 편차 제곱 합이 가장 작은 직선을 구하는 것이 최소 제곱법이다.

○ 멀리 떨어질수록 편차의 절댓값이 커지므로 편차 제곱 합은 더 커진다고 할 수 있습니다.

③ ⓐ의 증가율보다 ⓑ의 증가율이 크다면, 점들의 분포가 직선이 아닌 어떤 곡선의 주변에 분포하겠군.

단락5-1 가로축과 세로축 두 변수의 증가율이 서로 다를 경우, 그 둘의 증가율이 같을 때와 달리, '일반적인 그래프'에서 이 점들은 직선이 아닌 어떤 곡선의 주변에 분포한다.

○ 그런데 〈보기〉는 'L-그래프'와 같은 방식이므로 위 내용이 적용된다 할 수 없습니다.

④ ⓐ의 증가율보다 ⓑ의 증가율이 작다면, 점들 사이를 지나는 최적의 직선의 기울기는 1보다 크겠군.

단락6-1 체중의 증가율에 비해, 기초 대사량의 증가율이 작다면 L-그래프에서 직선의 기울기는 1보다 작으며 기초 대사량의 증가율이 작을수록 기울기도 작아진다. 만약 체중의 증가율과 기초 대사량의 증가율이 같다면 L-그래프에서 직선의 기울기는 1이 된다.

○ 지문에서 체중이 가로축, 기초 대사량이 세로축이고 〈보기〉에서도 ⓐ가 가로축, ⓑ가 세로축이므로 양자를 대응하여 생각하면 됩니다. 지문 내용을 확인하면 직선의 기울기가 1보다 작기 때문에 〈보기〉의 경우도 그러하리라 예측할 수 있습니다.

⑤ ⓐ의 증가율과 ⓑ의 증가율이 같고 '일반적인 그래프'에서 순서쌍을 점으로 표시한다면, 점들은 직선이 아닌 어떤 곡선의 주변에 분포하겠군.

단락5-1 가로축과 세로축 두 변수의 증가율이 서로 다를 경우, 그 둘의 증가율이 같을 때와 달리, '일반적인 그래프'에서 이 점들은 직선이 아닌 어떤 곡선의 주변에 분포한다.

◎ 지문에서는 '일반적인 그래프'에서 두 변수의 증가율이 서로 다를 때 점들이 직선이 아닌 어떤 곡선 주변에 분포한다고 하였습니다. 그러므로 두 변수의 증가율이 서로 같다면 점들이 직선의 주변에 분포하게 될 것임을 알 수 있습니다.

03

답 ④

최근에는 복잡한 추론 문제는 나오지 않고 있습니다. 요즘은 어떤 형식으로 나오는지를 확인하기 위해서 이 문제를 다루고자 합니다. 함께 다루는 다른 추론 문제보다는 간단한 방식이나, 분명 까다로운 부분도 있으니 주의해야 하겠습니다. 참고로 이 문제가 2021학년도 수능에서 가장 정답률이 낮은 문제라고 합니다.

| ❶ 조 : 조건 분석 |

다음은 3D 애니메이션 제작을 위한 계획의 일부이다. 윗글을 바탕으로 할 때 적절하지 않은 것은?

◎ 지문 전체가 3D 애니메이션 제작을 위한 모델링과 렌더링을 다루고 있습니다. 발문에서 특별한 조건을 부여하지는 않고 있음을 확인할 수 있습니다.

| ❷ 〈보기〉, 선택지 등에서 주요 keyword를 파악 |

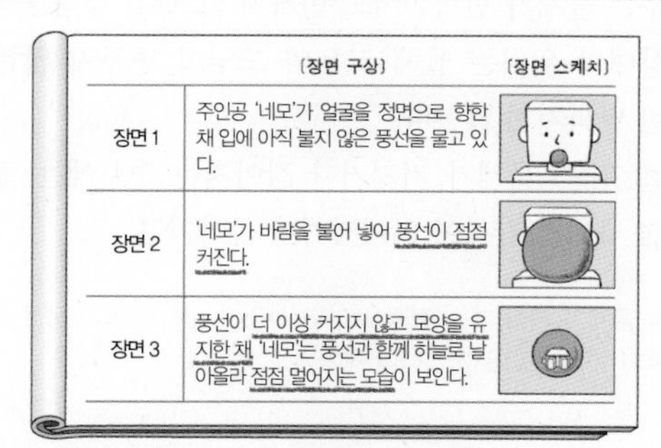

	〔장면 구상〕	〔장면 스케치〕
장면 1	주인공 '네모'가 얼굴을 정면으로 향한 채 입에 아직 불지 않은 풍선을 물고 있다.	
장면 2	'네모'가 바람을 불어 넣어 풍선이 점점 커진다.	
장면 3	풍선이 더 이상 커지지 않고 모양을 유지한 채, '네모'는 풍선과 함께 하늘로 날아올라 점점 멀어지는 모습이 보인다.	

① 장면 1의 렌더링 단계에서 풍선에 가려 보이지 않는 입 부분의 삼각형들의 표면 특성은 화솟값을 구하는 데 사용되지 않겠군.

② 장면 2의 모델링 단계에서 풍선에 있는 정점의 개수는 유지되겠군.

③ 장면 2의 모델링 단계에서 풍선에 있는 정점 사이의 거리가 멀어지겠군.

④ 장면 3의 모델링 단계에서 풍선에 있는 정점들이 이루는 삼각형들이 작아지겠군.

⑤ 장면 3의 렌더링 단계에서 전체 화면에서 화솟값이 부여되는 화소의 개수는 변하지 않겠군.

위와 같이 선택지의 핵심을 확인할 때 주의할 것은 모델링 단계인지 렌더링 단계인지 잘 구분해서 근거 축소를 해야 된다는 점입니다. 범위를 명확히 인식하면 좀 더 효율적으로 문제를 풀 수 있습니다.

| ❸ 근거 축소 & ❹ 문맥적 의미 추적 |

④ 장면 3의 모델링 단계에서 풍선에 있는 정점들이 이루는 삼각형들이 작아지겠군.

우선 장면 3에서 풍선이 '더 이상 커지지 않고 모양을 유지한 채'라는 특징을 확인할 수 있어야 합니다.

단락2-5 이때 삼각형의 꼭짓점들은 물체의 모양과 크기를 결정하는 정점이 되는데, 이 정점들의 개수는 물체가 변형되어도 변하지 않으며, 정점들의 상대적 위치는 물체 고유의 모양이 변하지 않는 한 달라지지 않는다. 물체가 커지거나 작아지는 경우에는 정점 사이의 간격이 넓어지거나 좁아지고, 물체가 회전하거나 이동하는 경우에는 정점들이 간격을 유지하면서 회전축을 중심으로 회전하거나 동일 방향으로 동일 거리만큼 이동한다.

모델링 단계에서 정점들이 이루는 삼각형이 작아질 때는 지문의 표현대로라면 '정점 사이의 간격이 좁아질 때'입니다. 그런데 장면 3에서는 풍선의 크기가 그대로이고 모양이 유지되고 있으니, 정점 사이 간격도 그대로이고 정점들의 상대적 위치도 그대로입니다.

다만 장면 3에서 '점점 멀어지는 모습'이라고 하

는데 이는 모델링 단계에서 해결되는 부분이 아닙니다.

단락3-1 공간에서의 입체에 대한 정보인 이 데이터를 활용하여, 물체를 어디에서 바라보는가를 나타내는 관찰 시점을 기준으로 2차원의 화면을 생성하는 것이 렌더링이다.
단락3-3 렌더링 단계에서는 화면 안에서 동일 물체라도 멀리 있는 경우는 작게, 가까이 있는 경우는 크게 보이는 원리를 활용하여 화솟값을 지정함으로써 물체의 원근감을 구현한다.

위와 같이 물체가 멀어지는 모습을 구현하는 것은 렌더링 단계에서 할 일입니다. 즉, 모델링 단계에서는 동그란 풍선 형태만 만들어 놓고, 렌더링 단계에서 이러한 풍선에 원근감을 구현하는 것입니다. 다시 생각하면, 풍선 자체가 커지거나 작아지는 게 아니라 풍선은 그대로인데 점점 멀어지기만 하는 것입니다. 모델링은 풍선 자체의 모양을 만드는 작업이니 풍선이 그대로라면 모델링에서 바뀔 요소가 없습니다.

간단하게 오답을 검토해 보겠습니다.

① 장면 1의 렌더링 단계에서 풍선에 가려 보이지 않는 입 부분의 삼각형들의 표면 특성은 화솟값을 구하는 데 사용되지 않겠군.

◎ 보이지 않는 부분은 화면에 표시되지 않으니 렌더링 단계에서 그 부분의 표면 특성은 고려하지 않습니다.

단락3-4 표면 특성을 나타내는 값을 바탕으로, 다른 물체에 가려짐이나 조명에 의해 물체 표면에 생기는 명암, 그림자 등을 고려하여 화솟값을 정해 줌으로써 물체의 입체감을 구현한다.

위와 같은 내용을 보고 헷갈릴 수 있습니다. 그런데 위 지문 내용을 가지고 다른 물체에 가려진 부분에 대한 화솟값을 정해줘야 한다고 판단하기는 어렵습니다.
문맥적 의미를 파악해 봅시다. [가려짐, 조명]으로 발생하는 [명암, 그림자] 등을 고려해야 된다는 의미입니다.

단락3-3 렌더링 단계에서는 화면 안에서 동일 물체라도 멀리 있는 경우는 작게, 가까이 있는 경우는 크게 보이는 원리를 활용하여 화솟값을 지정함으로써 물체의 원근감을 구현한다. 표면 특성을 나타내는 값을 바탕으로, 다른 물체에 가려짐이나 조명에 의해 물체 표면에 생기는 명암, 그림자 등을 고려하여 화솟값을 정해 줌으로써 물체의 입체감을 구현한다. 화면을 구성하는 모든 화소의 화솟값이 결정되면 하나의 프레임이 생성된다.

이렇게 이해해야 하는데 [가려짐]과 [조명으로 인한 명암, 그림자]로 이해하면 잘못된 결론이 나옵니다. 조명으로 인해 물체 표면에 명암은 생길 수 있어도 그림자가 생길 수는 없겠죠? 이렇게 생각하면 [가려짐, 조명]으로 발생하는 [명암, 그림자]가 적절하다는 것을 확인할 수 있습니다.
이러한 내용을 바탕으로 생각하면, 가려져서 안 보이는 입 부분의 삼각형들의 표면 특성에 대해서 화솟값을 정해 준다는 게 아니라, 화면에 보이는 부분이되 그 표면에 생기는 명암, 그림자 등이 있다면 그것을 고려하여 화솟값을 정한다는 의미임을 알 수 있습니다.

② 장면 2의 모델링 단계에서 풍선에 있는 정점의 개수는 유지되겠군.
③ 장면 2의 모델링 단계에서 풍선에 있는 정점 사이의 거리가 멀어지겠군.

단락2-5 이때 삼각형의 꼭짓점들은 물체의 모양과 크기를 결정하는 정점이 되는데, 이 정점들의 개수는 물체가 변형되어도 변하지 않으며, 정점들의 상대적 위치는 물체 고유의 모양이 변하지 않는 한 달라지지 않는다.
단락2-6 물체가 커지거나 작아지는 경우에는 정점 사이의 간격이 넓어지거나 좁아지고

◎ 물체가 커질 때는 정점 사이의 간격이 넓어집니다. 정점 개수가 변하는 것은 아닙니다.

⑤ 장면 3의 렌더링 단계에서 전체 화면에서 화솟값이 부여되는 화소의 개수는 변하지 않겠군.

단락3-2 전체 화면을 잘게 나눈 점이 화소인데, 정해진 개수의 화소로 화면을 표시하고 각 화소별로 밝기나 색상 등을 나타내는 화솟값이 부여된다.

◎ 전체 화면의 화소 개수는 정해져 있습니다. 화솟값은 변할 수 있어도 화소의 개수가 변하지는 않습니다.

04

답 ④

| ❶ 조 : 조건 분석 |

㉠에 따라 원인을 찾아낸 사례로 가장 적절한 것은?

◎ 발문을 통해서 조건을 분석할 수 있습니다. 지문의 ㉠에 따라 원인을 찾아내라는 요구는 ㉠ 부분을 확실히 이해하라는 것입니다. 하지만 ㉠만 볼 것이 아니라 ㉠ 주위의 정보를 정확하게 파악하여 숨어 있는 조건들을 모두 찾아야 정확한 문제 접근이 가능합니다.

| ❸ 커 : 근거 축소 & ❹ 문맥적 의미 추적 |

㉠ 주변으로 근거 범위를 축소하여 살펴봅시다.

단락2-1 ㉠일치법은 ❶어떤 결과가 발생한 여러 경우들에 ❷공통적으로 선행하는 요소를 찾아 그것을 원인으로 간주하는 방법이다.

◎ 이를 통해 답을 찾을 수 있는 두 가지 요소를 발견했습니다. 곧, '어떤 결과가 발생한 여러 경우'가 있어야 하고, 그것에 '공통적으로 선행하는 요소'가 있어야 합니다. 따라서 여러 경우가 아니라 하나의 경우만을 가지고 논하는 선택지를 지워야 합니다. ①, ②, ③은 여러 경우가 아니라 하나의 경우만을 가지고 논하고 있으니 답이 될 수 없고, ⑤는 공통적으로 선행하는 요소를 찾은 것이 아니므로 답이 될 수 없습니다.

05

답 ⑤

| ❶ 조 : 조건 분석 |

윗글을 바탕으로 / 〈보기〉를 이해한 내용으로 적절한 것은?

◎ 얼핏 보면 사실적-부분적 사고를 묻는 정도로 생각할 수 있습니다. 그렇지만 문제를 들여다보면 이 문제는 추론적 사고를 묻는 문제로 접근해야 함을 알 수 있습니다.

| ❸ 커 : 근거 축소 & ❹ 문맥적 의미 추적 |

⑤ B 단계부터 같은 자세로 회전 운동을 계속하여 입수한다면 다이빙 선수는 1.5바퀴보다 더 많이 회전하겠군.

단락4 각운동량 보존의 원리는 스포츠에서도 쉽게 확인할 수 있다. 피겨 선수에게 공중 회전수는 중요한데 이를 확보하기 위해서는 공중회전을 하는 동안 각속도를 크게 해야 한다. 이를 위해 피겨 선수가 공중에서 팔을 몸에 바짝 붙인 상태로 회전하는 것을 볼 수 있다. 피겨 선수의 회전 관성은 몸을 이루는 질량 요소들의 회전 관성의 합과 같다. 따라서 팔을 몸에 붙이면 팔을 구성하는 질량 요소들이 회전축에 가까워져서 팔을 폈을 때보다 몸 전체의 회전 관성이 줄어들게 된다.

◎ 우선 '회전'과 관련한 부분을 찾아가야 합니다. 그렇다면 먼저 '회전수 확보'에 주목할 수 있습니다. 회전수를 확보하려면 각속도를 크게 해야 한다고 합니다. '각속도를 크게 해야 한다'는 말을 정확하게 해석하려면, 문맥적으로 살펴봐야 합니다. 다음 문장에서 '이를 위해'라고 하여 답을 찾기 좋도록 '팔을 몸에 바짝 붙인 상태로'라고 제시하고 있습니다. 그리고 회전축에 가까워져서 회전 관성이 줄어든다는 설명도 하고 있습니다. 〈보기〉의 B 단계에서는 팔, 기타의 신체를 회전축에 가깝게 하여 각속도를 크게 하고 이에 따라 질량 요소들이 회전축에 가까워져서 회전 관성이 줄어듭니다. 따라서 공중 회전수를 더 많이 확보할 수 있습니다.

Day 09

제재에 따른 적용 연습 : 독서 일반/인문/사회

국어영역 네 눈에 정답만 보이게 해줄게

002

유제 : 실전 연습

본문 P. 258~269

01 ②	02 ⑤	03 ①	04 ①	05 ④
06 ①	07 ①	08 ③	09 ④	10 ⑤
11 ①	12 ①	13 ⑤	14 ⑤	15 ①
16 ⑤	17 ⑤	18 ①	19 ②	

01~03

● 지문 독해

단락1 어떤 독서 이론도 이 한 장의 사진만큼 독서의 위대함을 분명하게 말해 주지 못할 것이다. 사진은 제2차 세계 대전 당시 처참하게 무너져 내린 런던의 한 건물 모습이다. ㉠ 폐허 속에서도 사람들이 책을 찾아 서가 앞에 선 이유는 무엇일까?(질문에 대한 답이 이번 지문의 핵심일 것으로 보입니다.) 이들은 갑작스레 닥친 상황에서 독서를 통해 무언가를 구하고자 했을 것이다.(그것은 무엇일까요?)

◐ 흥미로운 사진을 제시하여 독자의 흥미를 유발하고 있습니다. 질문에 대한 답을 찾아 가는 것이 우리의 과제가 됩니다. 독서가 가진 긍정적 기능에 대해 이야기할 것으로 보입니다.

단락2 독서는 자신을 살피고 돌아볼 계기를 제공함으로써 어떻게 살 것인가의 문제를 생각하게 한다. 책은 인류의 지혜와 경험이 담겨 있는 문화유산이며, 독서는 인류와의 만남이자 끝없는 대화이다. 독자의 경험과 책에 담긴 수많은 경험들의 만남은 성찰의 기회를 제공함으로써 독자의 내면을 성장시켜 삶을 바꾼다. 이런 의미에서 독서는 자기 성찰의 행위이며, 성찰의 시간은 깊이 사색하고 스스로에게 질문을 던지는 시간이어야 한다. 이들이 책을 찾은 것도 혼란스러운 현실을 외면하려 한 것이 아니라 자신의 삶에 대한 숙고의 시간이 필요했기 때문이다.

◐ 자기 성찰로서의 독서에 대해 이야기합니다.

단락3 또한 독서는 자신을 둘러싼 현실을 올바로 인식하고 당면한 문제를 해결할 논리와 힘을 지니게 한다.(앞서 자기 성찰 이외 다른 독서의 기능) 책은 세상에 대한 안목을 키우는 데 필요한 지식을 담고 있으며, 독서는 그 지식을 얻는 과정이다. 독자의 생각과 오랜 세월 축적된 지식의 만남은 독자에게 올바른 식견을 갖추고 당면한 문제를 해결할 방법을 모색하도록 함으로써 세상을 바꾼다. 세상을 변화시킬 동력을 얻는 이 시간은 책에 있는 정보를 이해하는 데 그치는 것이 아니라 그 정보가 자신의 관점에서 문제를 해결할 수 있는 타당한 정보인지를 판단하고 분석하는 시간이어야 한다. 서가 앞에 선 사람들도 시대적 과제를 해결할 실마리를 책에서 찾으려 했던 것이다.

◐ 문제 해결의 수단으로서의 독서에 대해 이야기합니다.

단락4 독서는 자기 내면으로의 여행이며 외부 세계로의 확장이다.(두 가지 측면을 이야기하고 있습니다.) 폐허 속에서도 책을 찾은 사람들은 독서가 지닌 힘을 알고, 자신과 현실에 대한 이해를 구하고자 책과의 대화를 시도하고 있었던 것이다.

● 문제 분석 및 풀이

01 답 ②

지문에서 '이들이 책을 찾은 것도 혼란스러운 현실을 외면하려 한 것이 아니라'라고 제시하고 있습니다. 즉, 현실로부터 도피할 방법을 찾고자 독서를 한 것은 아니라는 사실을 알 수 있습니다.

02 답 ⑤

| 조 : 조건 분석 |

〈보기〉는 ㉡과 같이 독서하기 위해 학생이 찾은 독서 방법이다. 이에 대한 반응으로 적절하지 않은 것은?

◐ 〈보기〉의 독서 방법은 지문의 ㉡ 부분을 구체화한 것입니다.

이에 대한 반응을 묻고 있는데, 여기서 '이에 대한'에 해당하는 것은 바로 〈보기〉입니다. 우선 〈보기〉의 내용과 일치하지 않는 선택지를 찾는 것이 1단계입니다.

| 커 : 근거 축소 |

⑤ 문제에 대한 여러 관점을 다각도로 검토하고, 비판적 판단을 유보함으로써 자신의 관점이 지닌 타당성을 견고히 해야겠군.

〈보기〉 책을 읽을 때는 자신의 관점에서 각 관점들을 비교·대조하면서 정보의 타당성을 비판적으로 검토하고 평가한 내용을 통합한다. 이를 통해 문제를 다각적·심층적으로 이해하게 됨으로써 자신의 관점을 분명히 하고, …

〈보기〉에서는 정보의 타당성을 비판적으로 검토하고 이후 통합하는 과정에서 자신의 관점이 분명해진다고 하였습니다. 자신의 관점이 분명해지는 것과 애초 자신의 관점이 지닌 타당성을 견고히 유지하는 것과는 성격이 다릅니다.

이와 관련해 선택지 ③에서 '서로 다른 관점을 비판적으로 통합하여 문제에 대한 생각을 새롭게 구성'한다는 것이 보다 적절한 내용입니다.

03 답 ①

제시된 독서 기록장에 해당하는 지문 내용은 '자기 성찰로서의 독서'입니다. 이를 적절히 표현한 선택지가 답이 됩니다.

오|답|피|하|기

② 문학 분야에 편중되었던 독서 습관이 드러나지 않습니다.
③ 독서를 지속적으로 실천하지 못한 태도가 드러나지 않습니다.
④ 다양한 매체를 활용한 독서의 방법이 드러나지 않습니다.
⑤ 개인의 지적 성장에 머무는 독서의 한계도 드러나지 않고 타인과 경험을 공유하는 독서 토론의 필요성도 드러나지 않습니다.

04~06

● 지문 독해

단락1 글을 읽는 동안 독자의 사고 과정을 밝힐 수 있는 방법 중 하나가 눈동자 움직임 분석 방법이다. 이것은 사고 과정이 눈동자의 움직임에 반영된다고 보고 그 특성을 분석하는 방법이다.

○ 글을 읽는 동안의 사고 과정이 눈동자 움직임에 반영된다는 것으로, 흥미로운 내용입니다. 어떤 종류의 사고 과정이 일어날 때 눈동자가 어떻게 움직이는지 나열하는 방식으로 내용이 전개될 것이라 예측할 수 있습니다.

단락2 눈동자 움직임에 주목한 연구에 따르면, 글을 읽을 때 독자는 자신이 중요하다고 판단한 단어나 생소하다고 생각한 단어를 중심으로 읽는다. 글을 읽을 때 독자는 눈동자를 단어에 멈추는 고정, 고정과 고정 사이에 일어나는 도약을 보였는데, 도약은 한 단어에서 다음 단어로 이동하는 짧은 도약과 단어를 건너뛰는 긴 도약으로 구분된다.(고정과 도약이 있고 도약은 짧은 도약과 긴 도약으로 구분됩니다. 각각의 속성은 어떨까요?) 고정이 관찰될 때는 단어의 의미 이해가 이루어졌지만, 도약이 관찰될 때는 건너뛴 단어의 의미 이해가 이루어지지 않았다. 글을 읽을 때 독자가 생각하는 단어의 중요도나 친숙함에 따라 눈동자의 고정 시간과 횟수, 도약의 길이와 방향도 달랐다. 독자가 중요하거나 생소하다고 생각한 단어일수록 고정 시간이 길었다.(단어의 중요도나 친숙함에 따른 고정 시간의 차이) 이러한 단어는 독자가 글의 진행 방향대로 읽어 가다가 되돌아와 다시 읽는 경우도 있어 고정 횟수도 많았고, 이때의 도약은 글의 진행 방향과는 다르게 나타났다. 중요한 단어나 생소한 단어가 연속될 때는 그 단어마다 눈동자가 멈추면서 도약의 길이가 짧았다.

○ 고정과 도약 등을 소개하는데 각 행위의 속성이 어떤지에 대해서 확인할 수 있어야 합니다.

단락3 눈동자 움직임의 양상은 독자의 읽기 능력이 발달하면서 변화한다.(읽기 능력이 발달한 사람은 고정, 도약이 어떻게 나타날까요?) 읽기 능력이 발달하면 이전과 같은 수준의 글을 읽거나 전에 읽었던 글을 다시 읽을 때, 단어마다 눈동자를 고정하지는 않게 되어 ㉠ 이전보다 고정 횟수와 고정 시간이 줄어들고 단어를 건너뛰는 긴 도약이 자주 일어나는 모습이 관찰된다.(결과) 학습 경험과 독서 경험이 쌓이면서 글의 구조에 대한 지식과 아는 단어, 배경지식이 늘어나기 때문이다.(이유 1) 또한 읽기 목적을 분명하게 인식하게 되면서 글에서 중요한 단어를 정확하게 선택할 수 있게 되는 것도 그 이유 중의 하나이다.(이유 2) 이때 문맥을 파악하기 위해 이미 읽은 단어를 다시 확인하려는 도약, 앞으로 읽을 단어를 먼저 탐색하는 도약 등이 빈번하게 나타난다.

◎ 읽기 능력이 발달하면서 변화하는 눈동자 움직임의 양상에 대해, 구체적으로는 앞서 살펴본 고정, 도약이 어떤 방식으로 변화하여 나타나는지 확인할 수 있어야 합니다.

● 문제 분석 및 풀이

04 답 ①

지문에서 글을 읽는 동안 독자의 사고 과정이 눈동자의 움직임에 반영된다고 보고 그 특성을 분석합니다.

05 답 ④

ⓓ 앞에서 '이후 도서관의 등장과 역할 변화가 글의 주제라는 것을 파악하고서' 그와 관련된 단어에 집중했다고 합니다. 지문에서 독자가 중요하거나 생소하다고 생각한 단어일수록 고정 시간이 길었고 되돌아와 다시 읽는 경우도 있어 고정 횟수도 많았다고 하였으므로, ⓓ에서와 같이 중요하게 생각하여 집중한 단어에서는 고정 시간이 길고 고정 횟수가 많았을 것입니다.

06 답 ①

| 조 : 조건 분석 |

다음은 윗글을 읽은 학생이 ㉠에 대해 보인 반응이다. [가]에 들어갈 내용으로 적절하지 않은 것은?

◎ 윗글을 읽은 학생이 보인 반응이므로 지문 내용과 일치해야 합니다. 지문의 ㉠ 앞을 보면 '읽기 능력이 발달하면 이전과 같은 수준의 글을 읽거나 전에 읽었던 글을 다시 읽을 때, 단어마다 눈동자를 고정하지는 않게 되어'라고 하여 '읽기 능력이 발달한 경우'임을 알 수 있습니다. [가] 앞에도 '읽기 능력이 발달하면'이라는 조건이 주어지는데, 이는 앞서 살펴본 ㉠의 경우입니다. 즉, 독해 과정에서 ㉠ 부분은 결과에 해당하는 서술이었는데, 이에 대한 원인을 찾으면 됩니다.

| 커 : 근거 축소 |

② 글과 관련된 배경지식을 적극적으로 활용하여 읽을 때
③ 다양한 글을 읽어서 글의 구조를 잘 이해할 수 있을 때
④ 배우고 익힌 내용이 쌓여 글에 아는 단어가 많아졌을 때

단락3 학습 경험과 독서 경험이 쌓이면서 글의 구조에 대한 지식과 아는 단어, 배경지식이 늘어나기 때문이다.

⑤ 읽기 목적에 따라 중요한 단어를 정확하게 고를 수 있을 때

단락3 또한 읽기 목적을 분명하게 인식하게 되면서 글에서 중요한 단어를 정확하게 선택할 수 있게 되는 것도 그 이유 중의 하나이다.

① '글을 깊이 있게 이해하기 위해 꼼꼼히 읽을 때'는 애초 ㉠의 내용과도 일치하지 않고 지문의 내용과도 다르기 때문에 적절하지 않습니다.

07~09

● 지문 독해

단락1 두 명제가 모두 참인 것도 모두 거짓인 것도 가능하지 않은 관계를 모순 관계라고 한다.(모순 관계의 개념) 예를 들어, 임의의 명제를 P라고 하면 P와 ~P는 모순 관계이다.(기호 '~'은 부정을 나타낸다.) P와 ~P가 모두 참인 것은 가능하지 않다는 법칙을 무모순율이라고 한다. 그런데 "다보탑은 경주에 있다."와 "다보탑은 개성에 있을 수도 있었다."는 모순 관계가 아니다. 현실과 다르게 다보탑을 경주가 아닌 곳에 세웠다면 다보탑의 소재지는 지금과 달라졌을 것이다. 철학자들

은 이를 두고, P와 ~P가 모두 참인 혹은 모두 거짓인 가능세계는 없지만 다보탑이 개성에 있는 가능세계는 있다고 표현한다.

◎ 생소한 개념을 소개하고 있습니다. 가령 모순 관계를 문제에서 물어보면 이 부분을 찾아와서 그 내용을 확인해야 합니다.

단락2 '가능세계'의 개념은 일상 언어에서 흔히 쓰이는 필연성과 가능성에 관한 진술을 분석하는 데 중요한 역할을 한다.(필연성과 가능성이 무엇일까요?) 'P는 가능하다'는 P가 적어도 하나의 가능세계에서 성립한다는 뜻이며, 'P는 필연적이다'는 P가 모든 가능세계에서 성립한다는 뜻이다.(이런 뜻이군요.) "만약 Q이면 Q이다."를 비롯한 필연적인 명제들은 모든 가능세계에서 성립한다. "다보탑은 경주에 있다."와 같이 가능하지만 필연적이지는 않은 명제는 우리의 현실세계를 비롯한 어떤 가능세계에서는 성립하고 또 어떤 가능세계에서는 성립하지 않는다.

◎ 필연성과 가능성의 개념을 소개하고 있습니다.

단락3 가능세계를 통한 담론은 우리의 일상적인 몇몇 표현들을 보다 잘 이해하는 데 도움이 된다. 다음 상황을 생각해 보자. 나는 현실에서 아침 8시에 출발하는 기차를 놓쳤고, 지각을 했으며, 내가 놓친 기차는 제시간에 목적지에 도착했다. 그리고 나는 "만약 내가 8시 기차를 탔다면, 나는 지각을 하지 않았다."라고 주장한다. 그런데 전통 논리학에서는 "만약 A이면 B이다."라는 형식의 명제는 A가 거짓인 경우에는 B의 참 거짓에 상관없이 참이라고 규정한다. 그럼에도 ⓐ 내가 만약 그 기차를 탔다면 여전히 지각을 했을 것이라고 주장하지는 않는 이유는 무엇일까?(질문에 대한 답을 찾아야겠죠?) 내가 그 기차를 탄 가능세계들을 생각해 보면 그 이유를 알 수 있다. 그 가능세계 중 어떤 세계에서 나는 여전히 지각을 한다. 가령 내가 탄 그 기차가 고장으로 선로에 멈춰 운행이 오랫동안 지연된 세계가 그런 예이다. 하지만 내가 기차를 탄 세계들 중에서, 내가 기차를 타고 별다른 이변 없이 제시간에 도착한 세계가 그렇지 않은 세계보다 우리의 현실세계와의 유사성이 더 높다. 일반적으로, A가 참인 가능세계들 중에 비교할 때, B도 참인 가능세계가 B가 거짓인 가능세계보다 현실세계와 더 유사하다면, 현실세계의 나는 A가 실현되지 않은 경우에, 만약 A라면 ~B가 아닌 B이라고 말할 수 있다.

◎ 가능세계 담론을 통해 우리가 평소 생각하는 논리를 분석하고 있습니다.

단락4 가능세계는 다음의 네 가지 성질을 갖는다.(나열의 뿌리) 첫째는 가능세계의 일관성이다. 가능세계는 명칭 그대로 가능한 세계이므로 어떤 것이 가능하지 않다면 그것이 성립하는 가능세계는 없다. 둘째는 가능세계의 포괄성이다. 이것은 어떤 것이 가능하다면 그것이 성립하는 가능세계는 존재한다는 것이다. 셋째는 가능세계의 완결성이다. 어느 세계에서든 임의의 명제 P에 대해 "P이거나 ~P이다."라는 배중률이 성립한다. 즉 P와 ~P 중 하나는 반드시 참이라는 것이다. 넷째는 가능세계의 독립성이다. 한 가능세계는 모든 시간과 공간을 포함해야만 하며, 연속된 시간과 공간에 포함된 존재들은 모두 동일한 하나의 세계에만 속한다. 한 가능세계 W1의 시간과 공간이, 다른 가능세계 W2의 시간과 공간으로 이어질 수는 없다. W1과 W2는 서로 시간과 공간이 전혀 다른 세계이다.

◎ 가능세계의 네 가지 성질을 소개하고 있는데, 이에 대해 문제가 나온다면 이 부분을 우선 확인해야 합니다.

단락5 가능세계의 개념은 철학에서 갖가지 흥미로운 질문과 통찰을 이끌어 내며, 그에 관한 연구 역시 활발히 진행되고 있다. 나아가 가능세계를 활용한 논의는 오늘날 인지 과학, 언어학, 공학 등의 분야로 그 응용의 폭을 넓히고 있다.

◎ 가능세계 개념의 의의와 응용에 대해 언급하며 글을 마무리하고 있습니다.

● **문제 분석 및 풀이**

07 **답** ①

일반적인 일치/불일치 문제 유형입니다.

① 배중률은 모든 가능세계에서 성립한다.

단락4-6 셋째는 가능세계의 완결성이다. 어느 세계에서든 임의의 명제 P에 대해 "P이거나 ~P이다."라는 배중률이 성립한다. 즉 P와 ~P 중 하나는 반드시 참이라는 것이다.

◎ 지문에서 '배중률'에 대해 설명하는 부분을 찾아야 합니다. 가능세계의 완결성에서 배중률을 얘기하는데, 어느 세계에서든 배중률이 성립한다고 합니다. 이는 곧 모든 가능세계에서 배중률이 성립한다고 이해할 수 있으므로 이 선택지가 정답이 됩니다.

오|답|피|하|기

② 모든 가능한 명제는 현실세계에서 성립한다.

단락2-4 "다보탑은 경주에 있다."와 같이 가능하지만 필연적이지는 않은 명제는 우리의 현실세계를 비롯한 어떤 가능세계에서는 성립하고 또 어떤 가능세계에서는 성립하지 않는다.

③ 필연적인 명제가 성립하지 않는 가능세계가 있다.

단락2-2 'P는 필연적이다'는 P가 모든 가능세계에서 성립한다는 뜻이다.

④ 무모순율에 의하면 P와 ~P가 모두 참인 것은 가능하다.

단락1-3 P와 ~P가 모두 참인 것은 가능하지 않다는 법칙을 무모순율이라고 한다.

⑤ 전통 논리학에 따르면 "만약 A이면 B이다."의 참 거짓은 A의 참 거짓과 상관없이 결정된다.

단락3-5 전통 논리학에서는 "만약 A이면 B이다."라는 형식의 명제는 A가 거짓인 경우에는 B의 참 거짓에 상관없이 참이라고 규정한다.

08 답 ③

지문을 읽으면서 이미 질문에 대한 답을 찾았으리라 생각합니다. '하지만'을 통해 강조하고 있는 내용입니다.

단락3-10 하지만 내가 기차를 탄 세계들 중에서, 내가 기차를 타고 별다른 이변 없이 제시간에 도착한 세계가 그렇지 않은 세계보다 우리의 현실세계와의 유사성이 더 높다.

핵심 키워드는 '유사성'입니다. 유사성을 언급하지 않은 선택지 ④, ⑤는 우선 정답에서 제외할 수 있습니다. 나머지 선택지 중 지문과 가장 유사한 의미를 가진 ③이 정답이 됩니다. 기차를 탄 세계(가능세계)들 사이를 비교해야 하고, 그중 지각하지 않은 가능세계가 지각을 한 가능세계에 비해 현실세계와의 유사성이 더 높다는 의미를 가진 선택지를 고르면 됩니다.

09 답 ④

| 조 : 조건 분석 |

윗글을 참고할 때, 〈보기〉를 이해한 내용으로 적절한 것은?

◎ 지문에 나온 개념들을 바탕으로 하는 문제입니다. 결국 선택지에 나온 개념들을 지문에서 정확히 확인하는 일이 가장 중요합니다.

| 조 : 조건 분석 – 〈보기〉 분석 |

〈보기〉 명제 "모든 학생은 연필을 쓴다."와 "어떤 학생도 연필을 쓰지 않는다."는 반대 관계이다. 이 말은, 두 명제 다 참인 것은 가능하지 않지만, 둘 중 하나만 참이거나 둘 다 거짓인 것은 가능하다는 뜻이다.

◎ 지문에서 소개하지 않은 '반대 관계'라는 개념에 대해 소개합니다.

| 커 : 근거 축소 |

④ 가능세계의 포괄성에 따르면, '"모든 학생은 연필을 쓴다."가 참이거나 "어떤 학생도 연필을 쓰지 않는다."가 참'인 가능세계들이 있겠군.

단락4-4 둘째는 가능세계의 포괄성이다. 이것은 어떤 것이 가능하다면 그것이 성립하는 가능세계는 존재한다는 것이다.

◎ 〈보기〉에서는 "둘 중 하나만 참이거나 둘 다 거짓인 것은 가능하다는 뜻"이라 하였습니다. 곧, 〈보기〉에서는 둘 중 하나만 참인 경우가 가능하다고 하였고, 선택지에서는 '참이거나'라고 하였는데, 둘은 같은 의미입니다. 그렇다면 포괄성을 적용하여 선택지의 경우가 가능하다면 그것이 성립하는 가능세계가 존재하니까 ④는 맞는 서술이 됩니다.

오|답|피|하|기

① 가능세계의 완결성과 독립성에 따르면, 모든 학생이 연필을 쓰는 가능세계가 존재한다는 것과 어떤 학생도 연필을 쓰지 않는 가능세계가 존재한다는 것 중 하나는 반드시 참이고, 그중 한 세계의 시간과 공간이 다른 세계로 이어질 수 없겠군.

단락4-6 셋째는 가능세계의 완결성이다. 어느 세계에서든 임의의 명제 P에 대해 "P이거나 ~P이다."라는 배중률이 성립한다. 즉 P와 ~P 중 하나는 반드시 참이라는 것이다.

◎ 가능세계의 완결성은 모순 관계(P, ~P)에서 성립합니다. 그런데 〈보기〉에 제시된 두 명제는 모순 관계가 아니라 반대 관계입니다. 모순 관계는 "두 명제가 모두 참인 것도 모두 거짓인 것도 가능하지 않은 관계"입니다(단락1-1). 그런데 〈보기〉에서는 "둘 다 거짓인 것은 가능하다는 뜻이다."라고 하였으니 모순 관계가 아닙니다. 이미 오답임을 확인했으니 독립성은 검토할 여지도 없습니다.

② 가능세계의 포괄성과 독립성에 따르면, "어떤 학생도 연필을 쓰지 않는다."가 성립하면서 그 세계에 속한 한 명의 학생이 연필을 쓰는 가능세계들이 존재하고, 그 세계들의 시간과 공간은 서로 단절되어 있겠군.

단락4-4 둘째는 가능세계의 포괄성이다. 이것은 어떤 것이 가능하다면 그것이 성립하는 가능세계는 존재한다는 것이다.

◎ 어떤 학생도 연필을 쓰지 않는 가능세계가 존재하는데 그 가능세계에 속한 한 명의 학생이 연필을 쓰는 가능세계가 존재할 수는 없습니다. 따라서 포괄성에 의하면 어떤 것이 가능할 때 그것이 성립하는 가능세계가 존재해야 되는데 그렇지 않으니 잘못된 내용입니다. 이미 오답임을 확인했으니 독립성은 검토할 여지도 없습니다.

③ 가능세계의 완결성에 따르면, 어느 세계에서든 "어떤 학생은 연필을 쓴다."와 "어떤 학생은 연필을 쓰지 않는다." 중 하나는 반드시 참이겠군.

단락4-6 셋째는 가능세계의 완결성이다. 어느 세계에서든 임의의 명제 P에 대해 "P이거나 ~P이다."라는 배중률이 성립한다. 즉 P와 ~P 중 하나는 반드시 참이라는 것이다.

◎ 우선 지문에 근거하여 완결성을 논하려면 선택지의 명제들이 모순 관계인지 검토해야 합니다. 모순 관계는 "두 명제가 모두 참인 것도 모두 거짓인 것도 가능하지 않은 관계"입니다(단락1-1). 그런데 어떤 학생은 연필을 쓰고 어떤 학생은 연필을 쓰지 않는 것은 가능합니다. 따라서 선택지의 명제들은 모순 관계가 아니므로 완결성 적용 대상이 아닙니다.

⑤ 가능세계의 일관성에 따르면, 학생들 중 절반은 연필을 쓰고 절반은 연필을 쓰지 않는 가능세계가 존재하겠군.

단락4-2 첫째는 가능세계의 일관성이다. 가능세계는 명칭 그대로 가능한 세계이므로 어떤 것이 가능하지 않다면 그것이 성립하는 가능세계는 없다.

◎ 일관성은 불가능한 일은 어디서도 가능하지 않다는 내용입니다. 학생들 중 절반은 연필을 쓰고 절반은 연필을 쓰지 않는 것은 가능하므로 그것이 성립하는 가능세계는 존재할 수 있습니다. 그런데 선택지의 "가능세계가 존재하겠군"이라는 이해는 일관성이 아닌 포괄성에 따른 것입니다. 일관성은 '가능세계가 존재한다'는 주장을 하는 것이 아니라, '가능세계가 존재하지 않는다'는 주장을 하는 것인데, 선택지에서는 어떤 가능세계가 존재한다고 하고 있으므로 일관성과는 관련이 없습니다. 따라서 잘못된 이해입니다.

10~12

● 지문 독해

단락1 우리 삶에서 운이 작용해서 결과가 달라지는 일은 흔하다. 그러나 외적으로 드러나는 행위에 초점을 맞추는 '의무 윤리'든 행위의 기반이 되는 성품에 초점을 맞추는 '덕의 윤리'든, 도덕의 문제를 다루는 철학자들은 도덕적 평가가 운에 따라 달라져서는 안 된다고 생각한다. 이들의 생각처럼 도덕적 평가는 스스로가 통제할 수 있는 것에 대해서만 이루어져야 한다. 운은 자신의 의지에 따라 통제할 수 없어서, 운에 따라 누구는 도덕적이게 되고 누구는 아니게 되는 일은 공평하지 않기 때문이다.

◎ 맥락을 제시하는 도입 단락입니다. '그러나' 이후 '도덕적 평가'의 문제를 이야기합니다. 대개는 도덕적 평가가 운에 따라 달라져서는 안 된다고 생각합니다. 왜냐하면 운은 스스로 통제할 수 없는 것이기 때문입니다. 아마 이하 단락에서 이와 다른 내용들을 소개할 것입니다.

단락2 그런데 ㉠ 어떤 철학자들은 운에 따라 도덕적 평가가 달라지는 일이 실제로 일어난다고 주장하고, 그런 운을 '도덕적 운'이라고 부른다.(앞에서와 다른 내용을 소개하고 있습니다.) 그들에 따르면 세 가지 종류의 도덕적 운이 거론된다.(이제 하나하나 나열하며 설명할 것입니다.) 첫째는 태생적 운이다. 우리의 행위는 성품에 의해 결정되며 이런 성품은 태어날 때 이미 결정되므로, 성품처럼 우리가 통제할 수 없는 요인이 도덕적 평가에 개입되는 불공평한 일(성품은 타고나는 것이라 통제할 수 없다는 것입니다.)이 일어난다는 것이다.

단락3 둘째는 상황적 운이다. 똑같은 성품이더라도 어떤 상황에 처하느냐에 따라 그 성품이 발현되기도 하고 안 되기도 한다는 것이다. 가령(이제부터 구체적인 예를 들어 설명할 것입니다.) 남의 것을 탐내는 성품을 똑같이 가졌는데 결핍된 상황에 처한 사람은 그 성품이 발현되는 반면에 풍족한 상황에 처한 사람은 그렇지 않다면, 전자만 비난하는 것은 공평하지 못하다는 것이다. 어떤 상황에 처하느냐는 통제할 수 없는 요인이기 때문이다.(어떤 상황에 처할 것인지도 자신이 통제할 수 없는 요인입니다.)

단락4 셋째는 우리가 통제할 수 없는 결과에 의해 도덕적 평가가 좌우되는 결과적 운이다. 어떤 화가가 자신의 예술적 이상을 달성하기 위해 가족을 버리고 멀리 떠났다고 해 보자. 이 경우 그가 화가로서 성공했을 때보다 실패했을 때 그의 무책임함을 더 비난하는 것을 '상식'으로 받아들이는 경우가 많다. 그러나 도덕적 운을 인정하는 철학자들은 그가 가족을 버릴 당시에는 예측할 수 없었던 결과에 의해 그의 행위를 달리 평가하는 것 역시 불공평하다고 생각한다.(예측할 수 없었던 결과에 따라 앞의 행위를 도덕적으로 다르게 평가하는 것은 불공평하다고 합니다.)

단락5 그들의 주장에 따라 도덕적 운의 존재를 인정하면 불공평한 평가만 할 수 있을 뿐인데, 이는 결국 도덕적 평가 자체가 불가능해짐을 의미한다. ㉡ 도덕적 평가가 불가능한 대상은 강제나 무지와 같이 스스로가 통제할 수 없는 요인에 의해 결정되는 것에만 국한되어야 한다. 그런데 도덕적 운의 존재를 인정하면 그동안 도덕적 평가의 대상이었던 성품이나 행위에 대해 도덕적 평가를 내릴 수 없는 난점에 직면하게 되는 것이다.

◎ 도덕적 운의 존재를 인정하면, 도덕적 평가를 내리기 어렵다는 설명을 주목해야 됩니다.

단락6 하지만 관점을 바꾸어 도덕적 운의 존재를 부정하고 도덕적 평가가 불가능한 경우를 강제나 무지에 의한 행위에 국한한다면 이와 같은 난점에서 벗어날 수 있다.(도덕적 평가가 불가능한 경우를 강제나 무지에 의한 행위에 국한하면 문제를 해결할 수 있다고 합니다.) 도덕적 운의 존재를 부정하기 위해서는 도덕적 운이라고 생각되는 예들이 실제로는 도덕적 운이 아님을 보여 주면 된다.(앞에서 설명한 것들이 사실은 도덕적 운이 아니라고 생각하면 문제를 해결할 수 있다는 것입니다.) 우선 행위는 성품과는 별개의 것이므로 태생적 운의 존재가 부정된다. 또한 나쁜 상황에서 나쁜 행위를 할 것이라는 추측만으로 어떤 사람을 폄하하는 일은 정당하지 못하므로 상황적 운의 존재도 부정된다. 끝으로 어떤 화가가 결과적으로 성공을 했든 안 했든 무책임함에 대해서는 똑같이 비난받아야 하므로 결과적 운의 존재도 부정된다. 실패한 화가를 더 비난하는 '상식'이 통용되는 것은 화가의 무책임한 행위가 그가 실패했을 때보다 성공했을 때 덜 부각되기 때문이다.

● 문제 분석 및 풀이

10 답 ⑤

㉠은 '도덕적 운'을 인정하는 철학자입니다. '글쓴

이의 견해'는 지문에서 ㉠ 이외의 것입니다. 각 선택지는 이 두 견해를 비교하고 있습니다. 선택지를 하나하나 검토하며 지문과 일치하는지 확인해야 되겠습니다.

오답 피하기

① 글쓴이는 도덕적 평가의 관점에서 '상식'을 존중하는 입장은 아닙니다. 다만 지문 마지막에서 확인할 수 있듯이 화가의 무책임한 행위가 더 부각될 때 실패한 화가를 더 비난하는 '상식'이 통용된다고 설명하는 정도입니다. 따라서 글쓴이는 도덕적 평가와 '상식'을 결부시키지 않고 있어 적절하지 않은 선택지입니다.

② 글쓴이도 단락1 마지막 문장에서 "운은 자신의 의지에 따라 통제할 수 없어서, 운에 따라 누구는 도덕적이게 되고 누구는 아니게 되는 일은 공평하지 않기 때문이다."라고 말합니다.

③ ㉠은 단락3 에서 "똑같은 성품이더라도 어떤 상황에 처하느냐에 따라 그 성품이 발현되기도 하고 안 되기도 한다는 것이다."라고 말합니다.

④ ㉠은 단락2 에서 "운에 따라 도덕적 평가가 달라지는 일이 실제로 일어난다고 주장하고, 그런 운을 '도덕적 운'이라고 부른다."라고 말합니다.

⑤ 글쓴이는 단락1 에서 "이들의 생각처럼 도덕적 평가는 스스로가 통제할 수 있는 것에 대해서만 이루어져야 한다. 운은 자신의 의지에 따라 통제할 수 없어서, 운에 따라 누구는 도덕적이게 되고 누구는 아니게 되는 일은 공평하지 않기 때문이다."라고 말하고, ㉠ 역시 단락2 이후에서 "운에 따라 도덕적 평가가 달라지는 일이 실제로 일어난다고 주장하고 ~ 우리가 통제할 수 없는 요인이 도덕적 평가에 개입되는 불공평한 일이 일어난다는 것이다."라고 말합니다. 따라서 두 입장 모두 동일하게 '도덕적 운의 존재를 인정하는 것은 도덕적 평가를 불공정하게 만든다'고 보고 있습니다.

11 **답 ①**

문제를 풀기 위해서는 ㉡의 관점을 정확하게 파악해야 합니다. ㉡을 살펴보면 '도덕적 평가가 불가능한 대상 = 강제, 무지와 같이 스스로 통제할 수 없는 요인에 의해 결정되는 것'임을 알 수 있습니다. 따라서 〈보기〉에서 도덕적 평가의 대상으로 볼 수 있는 것을 골라야 하니, 강제, 무지와 같이 스스로 통제할 수 없는 것에 의해 결정된 사례를 제외하면 됩니다.

ㄴ. 복잡한 지하철에서 누군가에게 떠밀린 사람이 어쩔 수 없이 앞 사람의 발을 밟게 되었다.

◎ 스스로 통제할 수 없이 누군가에게 떠밀린 상황입니다.

ㄷ. 글을 모르는 어린아이가 바닥에 떨어진 중요한 서류가 실수로 버려진 것인 줄 모르고 찢으며 놀았다.

◎ 모르고 찢었다는 점에서 '무지'에 해당하는 것입니다.

이외 답이 되는 사례를 검토해 보면, ㄱ은 '자신의 성격을 억누르고'에서, ㄹ은 '자신의 종교적 신념에 따라'에서 스스로 통제할 수 있는 것에 따라 행동하였음을 알 수 있습니다. 이는 도덕적 평가의 대상으로 볼 수 있습니다.

12 **답 ①**

일단 〈보기〉가 지문 중 어떤 내용에 해당하는지 분석해야 합니다.

〈보기〉 동료 선수와 협동하지 않고 무모한 공격을 감행한 축구 선수 A와 B가 있다. A는 상대팀 골키퍼가 실수를 하여 골을 넣었는데, B는 골키퍼가 실수를 하지 않아 골을 넣지 못했다.(두 명의 결과가 다릅니다. A는 골을 넣고 B는 넣지 못했습니다.) 두 사람은 무모하고 독선적인 성품이나 행위와 동기는 같은데도,(다른 모든 조건은 동일합니다.) 통상 사람들은 A보다 B를 도덕적으로 더 비난한다.(결국 결과 때문에 A보다 B를 더 비난하는 것입니다.)

◎ 따라서 '결과적 운'이 등장한 단락4 이후를 참고하여 답을 고를 수 있습니다.

① 도덕적 운의 존재를 인정하지 않는 철학자는 A는 B에 비해 무모함과 독선이 사람들에게 덜 부각되었을 뿐이라고 본다.

단락6-1 하지만 관점을 바꾸어 도덕적 운의 존재를 부정하고 도덕적 평가가 불가능한 경우를 강제나 무지에 의한 행위에 국한한다면 이와 같은 난점에서 벗어날 수 있다.

단락6-5 끝으로 어떤 화가가 결과적으로 성공을 했든 안 했든 무책임함에 대해서는 똑같이 비난받아야 하므로 결과적 운의 존재도 부정된다. 실패한 화가를 더 비난하는 '상식'이 통용되는 것은 화가의 무책임한 행위가 그가 실패했을 때보다 성공했을 때 덜 부각되기 때문이다.

◎ 마지막 단락에 주목하여 정답을 고를 수 있습니다. 선택지 ①은 마지막 단락의 내용과 일치합니다.

오답피하기

② 단락6 에서 "또한 나쁜 상황에서 나쁜 행위를 할 것이라는 추측만으로 어떤 사람을 폄하하는 일은 정당하지 못하므로 상황적 운의 존재도 부정된다."고 언급합니다. 그런데 이는 도덕적 운의 존재를 부정하는 입장이므로 도덕적 운의 존재를 인정하는 철학자의 생각으로 적절하지 않습니다. 또한 〈보기〉는 결과적 운에 대해 언급하고 있어 적절하지 않습니다.

③ 〈보기〉에서 A와 B가 독선적인 성품이 똑같기 때문에 '독선적인 성품을 천부적으로 더 가지고 있으므로'라고 할 수 없습니다.

④ 단락3 에서는 "똑같은 성품이더라도 어떤 상황에 처하느냐에 따라 그 성품이 발현되기도 하고 안 되기도 한다는 것이다."라고 합니다. 〈보기〉에서 "두 사람은 무모하고 독선적인 성품이나 행위와 동기는 같은데도"라고 언급하는 바, 〈보기〉의 두 사람은 상황이 동일하고 결과(골 여부)만 다른 것으로 보이므로 적절한 서술이 아닙니다.

⑤ 〈보기〉에서는 '무모한 공격을 감행한 축구 선수 A와 B'라 하였으므로 누군가가 더 무모한 공격을 했다고 할 수는 없습니다.

13~15

● **지문 독해**

단락1 권리와 의무의 주체가 될 수 있는 자격을 권리 능력이라 한다. 사람은 태어나면서 저절로 권리 능력을 갖게 되고 생존하는 내내 보유한다. 그리하여 사람은 재산에 대한 소유권의 주체가 되며, 다른 사람에 대하여 채권을 누리기도 하고 채무를 지기도 한다. 사람들의 결합체인 단체도 일정한 요건을 갖추면 법으로써 부여되는 권리 능력인 법인격을 취득할 수 있다. 단체 중에는 사람들이 일정한 목적을 갖고 결합한 조직체로서 구성원과 구별되어 독자적 실체로서 존재하며, 운영 기구를 두어, 구성원의 가입과 탈퇴에 관계없이 존속하는 단체가 있다. 이를 사단(社團)이라 하며, 사단이 갖춘 이러한 성질을 사단성이라 한다. 사단의 구성원은 사원이라 한다. 사단은 법인(法人)으로 등기되어야 법인격이 생기는데, 법인격을 가진 사단을 사단 법인이라 부른다. 반면에 사단성을 갖추고도 법인으로 등기하지 않은 사단은 '법인이 아닌 사단'이라 한다. 사람과 법인만 이 권리 능력을 가지며, 사람의 권리 능력과 법인격은 엄격히 구별된다. 그리하여 사단 법인이 자기 이름으로 진 빚은 사단이 가진 재산으로 갚아야 하는 것이지 ⓐ 사원 개인에게까지 ⓑ 책임이 미치지 않는다.

◎ 새로운 개념인 '권리 능력'에 대해 설명하고 있습니다. 먼저 사람에 대해 이야기하고, 그다음 단체에 대해 이야기합니다. 단체도 권리 능력인 법인격을 취득할 수 있다는 설명이 핵심입니다.
이어서 독자적 실체로서 존재하는 단체인 '사단'에 대해 이야기하며, 사단의 법인격을 설명하고 있습니다. 법인격의 유무에 따라 '사단 법인'과 '법인이 아닌 사단'으로 나누어지는 것을 알 수 있습니다.

단락2 회사도 사단의 성격을 갖는 법인이다. 회사의 대표적인 유형이라 할 수 있는 주식회사는 주주들로 구성되며 주주들은 보유한 주식의 비율만큼 회사에 대한 지분을 갖는다. 그런데 2001년에 개정된 상법은 한 사람이 전액을 출자하여 일인 주주로 회사를 설립할 수 있도록 하였다. ⓒ 사단성을 갖추지 못했다고 할 만한 형태의 법인을 인정한 것이다. 또 여러 주주가 있던 회사가 주식의 상속, 매매, 양도 등으로 말미암아 모든 주식이 한 사람의 소유로 되는 경우가 있다. 이런 '일인 주식회사'에서는 일인 주주가 회사의 대표 이사가 되는 사례가 많다. 이처럼 일인 주주가 회사를 대표하는 기관이 되면 경영의 주체가 개인인지 회사인지 모호해진다. 법인인 회사의 운영이 독립된 주체로서의 경영이 아니라 마치 ⓓ 개인 사업자의 영업처럼 보이는 것이다.

◎ 일반적으로 우리가 알고 있는 주식회사에 대해 설명하고 있습니다. 그런데 '일인 주식회사'에 문제가 있다고 합니다. 어떤 문제가 있는지 확인할 수 있어야 합니다.

단락3 구성원인 사람의 인격과 법인으로서의 법인격이 잘 분간되지 않는 듯이 보이는 경우에는 간혹 문제가 일어난다. 상법상 회사는 이사들로 이루어진 이사회만을 업무 집행의 의결 기관으로 둔다. 또한 대표 이사는 이사 중 한 명으로, 이사회에서 선출되는 기관이다. 그리고 이사의 선임과 이사의 보수는 주주 총회에서 결정하도록 되어 있다. 그런데 주주가 한 사람뿐이면 사실상 그의 뜻대로 될 뿐, 이사회나 주주 총회의 기능은 퇴색하기 쉽다. 심한 경우에는 회사에서 발생한 이익이 대표 이사인 주주에게 귀속되고 회사 자체는 ⓔ 허울만 남는 일도 일어난다. 이처럼 회사의 운영이 주주 한 사람의 개인 사업과 다름없이 이루어지고, 회사라는 이름과 형식은 장식에 지나지 않는 경우에는, 회사와 거래 관계에 있는 사람들이 재산상 피해를 입는 문제가 발생하기도 한다. 이때 그 특정한 거래 관계에 관련하여서만 예외적으로 회사의 법인격을 일시적으로 부인하고 회사와 주주를 동일시해야 한다는 '법인격 부인론'이 제기된다. 법률은 이에 대하여 명시적으로 규정하고 있지 않지만, 법원은 권리 남용의 조항을 끌어들여 이를 받아들인다. 회사가 일인 주주에게 완전히 지배되어 회사의 회계, 주주 총회나 이사회 운영이 적법하게 작동하지 못하는데도 회사에만 책임을 묻는 것은 법인 제도가 남용되는 사례라고 보는 것이다.

◎ 앞 단락에 이어서 일인 주식회사의 문제점을 논하고 있습니다. 일인 주식회사와 거래하던 사람들이 재산상 피해를 입는 문제가 발생할 수도 있다고 합니다. 이를 해결하기 위해 등장한 것이 '법인격 부인론'입니다.

● **문제 분석 및 풀이**

13 **답 ⑤**

일반적인 일치/불일치 문제입니다. 각 선택지의 핵심 키워드를 확인하고 이를 지문에서 찾아볼 수 있어야 합니다.

① 사단성을 갖춘 단체는 그 단체를 운영하기 위한 기구를 둔다.

단락1-5 단체 중에는 사람들이 일정한 목적을 갖고 결합한 조직체로서 구성원과 구별되어 독자적 실체로서 존재하며, 운영 기구를 두어, 구성원의 가입과 탈퇴에 관계없이 존속하는 단체가 있다. 이를 사단(社團)이라 하며, 사단이 갖춘 이러한 성질을 사단성이라 한다.

② 주주가 여러 명인 주식회사의 주주는 사단의 사원에 해당한다.

단락1-6 사단이 갖춘 이러한 성질을 사단성이라 한다. 사단의 구성원은 사원이라 한다.

단락2-1 회사도 사단의 성격을 갖는 법인이다. 회사의 대표적인 유형이라 할 수 있는 주식회사는 주주들로 구성되며 주주들은 보유한 주식의 비율만큼 회사에 대한 지분을 갖는다.

③ 법인격을 얻은 사단은 재산에 대한 소유권의 주체가 될 수 있다.

단락1-1 권리와 의무의 주체가 될 수 있는 자격을 권리 능력이라 한다. 사람은 태어나면서 저절로 권리 능력을 갖게 되고 생존하는 내내 보유한다. 그리하여 사람은 재산에 대한 소유권의 주체가 되며, 다른 사람에 대하여 채권을 누리기도 하고 채무를 지기도 한다. 사람들의 결합체인 단체도 일정한 요건을 갖추면 법으로써 부여되는 권리 능력인 법인격을 취득할 수 있다.

④ 사단 법인의 법인격은 구성원의 가입과 탈퇴에 관계없이 존속한다.

단락1-4 사람들의 결합체인 단체도 일정한 요건을 갖추면 법으로써 부여되는 권리 능력인 법인격을 취득할 수 있다. 단체 중에는 사람들이 일정한 목적을 갖고 결합한 조직체로서 구성원과 구별되어 독자적 실체로서 존재하며, 운영 기구를 두어, 구성원의 가입과 탈퇴에 관계없이 존속하는 단체가 있다. 이를 사단(社團)이라 하며, 사단이 갖춘 이러한 성질을 사단성이라 한다.

⑤ 사람들이 결합한 단체에 권리와 의무를 누릴 수 있는 자격을 주는 제도가 사단이다.

단락1-1 권리와 의무의 주체가 될 수 있는 자격을 권리 능력이라 한다.

단락1-4 사람들의 결합체인 단체도 일정한 요건을 갖추면 법으로써 부여되는 권리 능력인 법인격을 취득할 수 있다. 단체 중에는 사람들이 일정한 목적을 갖고 결합한 조직체로서 … 운영 기구를 두어, 구성원의 가입과 탈퇴에 관계없이 존속하는 단체가 있다. 이를 사단(社團)이라 하며, 사단이 갖춘 이러한 성질을 사단성이라 한다.

권리와 의무를 누릴 수 있는 자격이 '권리 능력'입니다. 단체도 일정한 요건을 갖추면 권리 능력을 취득할 수 있습니다. 그런데 그중에서 특별한 경우 '사단'이 되는 것입니다. 따라서 권리 능력과 관련된 것은 법인격입니다. 선택지에서 '사단'을 '법인격'으로 바꿔 써야 옳습니다.

14 **답 ⑤**

문맥상 의미를 물어보고 있습니다. 밑줄 친 부분 앞뒤를 살펴서 선택지와 맞춰 봐야 합니다.

① ⓐ : 법인에 속해 있지만 법인격과는 구별되는 존재

단락1-10 사람의 권리 능력과 법인격은 엄격히 구별된다. 그리하여 사단 법인이 자기 이름으로 진 빚은 사단이 가진 재산으로 갚아야 하는 것이지 ⓐ 사원 개인에게까지 책임이 미치지 않는다.

② ⓑ : 사단이 진 빚을 갚아야 할 의무

단락1-10 사람의 권리 능력과 법인격은 엄격히 구별된다. 그리하여 사단 법인이 자기 이름으로 진 빚은 사단이 가진 재산으로 갚아야 하는 것이지 사원 개인에게까지 ⓑ 책임이 미치지 않는다.

③ ⓒ : 여러 사람이 결합한 조직체로서의 성격

단락1-5 단체 중에는 사람들이 일정한 목적을 갖고 결합한 조직체로서 구성원과 구별되어 독자적 실체로서 존재하며, 운영 기구를 두어, 구성원의 가입과 탈퇴에 관계없이 존속하는 단체가 있다. 이를 사단(社團)이라 하며, 사단이 갖춘 이러한 성질을 사단성이라 한다.

이번에는 밑줄 친 ⓒ의 앞뒤에서 근거가 보이지 않아 조금 더 범위를 확대해 보았습니다. '사단성'의 개념을 설명한 부분에서 근거를 확인할 수 있습니다.

④ ⓓ : 회사라는 법인격을 가진 독자적인 실체로서 운영되지 않는 경영

단락2-7 이처럼 일인 주주가 회사를 대표하는 기관이 되면 경영의 주체가 개인인지 회사인지 모호해진다. 법인인 회사의 운영이 독립된 주체로서의 경영이 아니라 마치 ⓓ 개인 사업자의 영업처럼 보이는 것이다.

⑤ ⓔ : 회사의 자산이 감소하여 권리 능력을 누릴 수 없게 된 상태

단락3-5 그런데 주주가 한 사람뿐이면 사실상 그의 뜻대로 될 뿐, 이사회나 주주 총회의 기능은 퇴색하기 쉽다. 심한 경우에는 회사에서 발생한

이익이 대표 이사인 주주에게 귀속되고 회사 자체는 ⓔ 허울만 남는 일도 일어난다. 이처럼 회사의 운영이 주주 한 사람의 개인 사업과 다름없이 이루어지고, 회사라는 이름과 형식은 장식에 지나지 않는 경우에는, 회사와 거래 관계에 있는 사람들이 재산상 피해를 입는 문제가 발생하기도 한다.

◎ 회사 자체는 '허울'만 남는다는 것의 의미는 ⓔ의 앞뒤에서 설명하고 있습니다. 회사에서 발생한 이익이 모두 일인 주주에게 귀속되는 등 회사의 운영이 주주 한 사람의 개인 사업처럼 이루어진다는 의미입니다.

15 답 ①

일반적인 일치/불일치를 통해 판단하는 형태의 문제입니다. 해당 시험에서 학생들이 가장 까다롭게 여겼던 문제인데, 아마도 글에서 다루는 개념들이 생소하다 보니 문제도 어렵게 느껴졌으리라 생각합니다.

| 조 : 조건 분석 |

윗글에서 설명한 주식회사에 대한 이해로 가장 적절한 것은?

◎ '주식회사'에 대해 언급한 부분을 근거 범위로 설정해야 합니다. 주로 단락3 부분이 이에 해당합니다. 일반적인 일치/불일치 유형의 문제로, 각 선택지의 핵심 키워드를 지문에서 찾아보는 선택지 분석형 문제입니다.

| 커 : 근거 축소 |

② 일인 주식회사는 대표 이사가 법인격을 갖는다.

◎ 우선 '법인격'이 무엇인지 지문에서 찾을 수 있어야 합니다. 왜냐하면 '법인격'이라는 단어는 우리가 이미 알고 있는 용어가 아니기 때문입니다.

단락1-6 이를 사단(社團)이라 하며, 사단이 갖춘 이러한 성질을 사단성이라 한다. 사단의 구성원은 사원이라 한다. 사단은 법인(法人)으로 등기되어야 법인격이 생기는데, 법인격을 가진 사단을 사단 법인이라 부른다. 반면에 사단성을 갖추고도 법인으로 등기하지 않은 사단은 '법인이 아닌 사단'이라 한다. 사람과 법인만이 권리 능력을 가지며, 사람의 권리 능력과 법인격은 엄격히 구별된다.

◎ 따라서 '법인격'은 법인으로 등기된 사단에게 있음을 확인할 수 있습니다. 또한 지문에서 "사람의 권리 능력과 법인격은 엄격히 구별된다."라고 합니다. 이를 통해 개인에게는 법인격이 생길 수 없다는 점을 확인할 수 있습니다. 즉, '대표 이사'라는 개인이 법인격을 가질 수는 없습니다.

③ 주식회사의 이사회에서 이사의 보수를 결정한다.

단락3-4 그리고 이사의 선임과 이사의 보수는 주주 총회에서 결정하도록 되어 있다.

④ 주식회사에서는 주주 총회가 업무 집행의 의결 기관이다.

단락3-2 상법상 회사는 이사들로 이루어진 이사회만을 업무 집행의 의결 기관으로 둔다.

⑤ 여러 주주들이 모여 설립된 주식회사가 일인 주식회사로 바뀔 수 없다.

단락2-5 또 여러 주주가 있던 회사가 주식의 상속, 매매, 양도 등으로 말미암아 모든 주식이 한 사람의 소유로 되는 경우가 있다. 이런 '일인 주식회사'에서는 일인 주주가 회사의 대표 이사가 되는 사례가 많다.

① 대표 이사는 주식회사를 대표하는 기관이다.

단락2-6 이런 '일인 주식회사'에서는 일인 주주가 회사의 대표 이사가 되는 사례가 많다. 이처럼 일인 주주가 회사를 대표하는 기관이 되면 경영의 주체가 개인인지 회사인지 모호해진다.

◎ 두 밑줄 친 부분을 연결하는 '이처럼'을 통해서 '회사의 대표 이사'와 '회사를 대표하는 기관'이 동일한 의미임을 확인할 수 있습니다.

16~19

● **지문 독해**

단락1 요즘 시청자들은 자신도 모르는 사이에 간접 광고에 수시로 노출되어 광고와 더불어 살아가는 환경에 놓이게 됐다. 방송 프로그램의 앞과 뒤에 붙어 방송되는 직접 광고와 달리 PPL(product placement)이라고도 하는 간접 광고는 프로그램 내에 상품을 배치해 광고 효과를 거두려 하는 광고 형태이다. 간접 광고는 직접 광고에 비해 시청자가 리모컨을 이용해 광고를 회피하기가 상대적으로 어려워 시청자에게 노출될 확률이 더 높다.

◎ 간접 광고의 개념을 소개하고 있습니다. 직접 광고와 비교(대조)하여 설명하고 있는데 이에 대한 특징을 체크해 놓는 것이 좋습니다. 방송 프로그램 내인지 아니면 앞과 뒤인지, 광고를 회피하기가 쉬운지 어려운지를 확인해 놓는 것입니다.

단락2 광고주들은 광고를 통해 상품의 인지도를 높이고 상품에 대한 호의적 태도를 확산시키려 한다. 간접 광고에서는 이러한 광고 효과를 거두기 위해 주류적 배치와 주변적 배치를 활용한다. 주류적 배치는 출연자가 상품을 사용·착용하거나 대사를 통해 상품을 언급하는 것이고, 주변적 배치는 화면 속의 배경을 통해 상품을 노출하는 것인데, 시청자들은 주변적 배치보다 주류적 배치에 더 주목하게 된다. 또 간접 광고를 통해 배치되는 상품이 자연스럽게 활용되어 프로그램의 맥락에 잘 부합하면 해당 상품에 대한 광고 효과가 커지는데 이를 맥락 효과라 한다.

◎ 주류적 배치, 주변적 배치, 맥락 효과라는 개념이 등장합니다. 각각의 개념을 체크하고 중요한 내용들을 확인해 놓습니다.

단락3 우리나라는 1990년대 중반부터 극히 제한된 형태의 간접 광고만을 허용하는 ㉠협찬 제도를 운영해 왔다. 이 제도는 프로그램 제작자가 협찬 업체로부터 경비, 물품, 인력, 장소 등을 제공받아 활용하고 프로그램이 종료될 때 협찬 업체를 알리는 협찬 고지를 허용했다. 그러나 프로그램의 내용이 전개될 때 상품명이나 상호를 보여 주거나 출연자가 이를 언급해 광고 효과를 주는 것은 법으로 금지했다. 협찬받은 의상의 상표를 보이지 않게 가리는 것은 그 때문이다.

◎ 앞에서와 다르게 이제는 간접 광고와 관련한 제도를 소개하고 있습니다. 먼저 소개하는 것은 '협찬 제도'입니다. 역시 '그러나' 이후에 상품명이나 상호를 보여 주거나 출연자가 언급하는 것이 금지된다는 내용이 중요합니다.

단락4 우리나라는 협찬 제도를 그대로 유지하면서 광고주와 방송사 등의 요구에 따라 방송법에 간접 광고라는 조항을 신설하여 2010년부터 시행하였다. ㉡ 간접 광고 제도가 도입된 취지는 프로그램 내에서 광고를 하는 행위에 대해 법적인 규제를 완화하여 방송 광고 산업을 활성화하겠다는 것이었다. 이로써 프로그램 내에서 상품명이나 상호를 보여 주는 것이 허용되었다. 다만 시청권의 보호를 위해 상품명이나 상호를 언급하거나 구매와 이용을 권유하는 것은 금지되었다. 또 방송이 대중에게 미치는 영향력이 크기 때문에 객관성과 공정성이 요구되는 보도, 시사, 토론 등의 프로그램에서는 간접 광고가 금지되었다. 그럼에도 불구하고 간접 광고 제도를 비판하는 사람들은 간접 광고로 인해 광고 노출 시간이 길어지고 프로그램의 맥락과 동떨어진 억지스러운 상품 배치가 빈번해 프로그램의 질이 떨어지고 있다고 주장한다.

◎ 이번에는 2010년부터 시행된 '간접 광고 제도'를 소개하고 있습니다. 앞 문단에 나온 협찬 제도와의 차이점을 중심으로 확인해야 합니다. 어느 정도가 더 허용되었는지 그리고 금지되는 것이 무엇인지 확인합니다. 마지막 부분에 나오는 '간접 광고 제도를 비판하는 사람들의 의견'도 체크해 둡니다.

단락5 이처럼 시청자의 인식 속에 은연중 파고드는 간접 광고에 적절히 대응하기 위해서는 시청자들에게 간접 광고에 대한 주체적 해석이 요구된다. 미디어 이론가들에 따르면, 사람들은 외부의 정보를 주체적으로 해석할 수 있는 자기 나름의 프레임을 갖고 있어서 미디어의 콘텐츠를 수동적으로만 받아들이는 것은 아니다. 이것이 간접 광고를 분석하고 그것을 비판적으로 수용하는 미디어 교육이 필요한 이유이다.

◎ 시청자들의 주체적 해석을 강조하면서 마무리하고 있습니다.

● **문제 분석 및 풀이**

16 답 ⑤

일치/불일치를 통해 판단하는 문제입니다. ⑤에 제시된 간접 광고에 관한 이론의 발전 과정은 지문에 드러나 있지 않습니다.

오|답|피|하|기

① 단락1 에서 간접 광고의 개념과 특성을 밝히고 있습니다.

② 단락3 에서 '협찬 제도', 단락4 에서 '간접 광고 제도'를 소개하고 있습니다.

③ 단락2 에서 간접 광고를 배치 방식에 따라 '주류적 배치'와 '주변적 배치'로 구분하고 있습니다.

④ 단락4 의 마지막 부분에서 '간접 광고 제도를 비판하는 사람들'의 견해를 소개하고 있습니다.

17

답 ⑤

앞 문제처럼 적절하지 않은 것을 노골적으로 묻고 있지는 않지만 일치/불일치를 통해 판단하는 문제입니다. 왜냐하면 적절하지 않은 것은 결국 지문과 일치하지 않기 때문입니다. 시험을 볼 때는 불일치하는 선택지 네 개를 고르는 것도 적절한 대응입니다. 마지막 단락의 '시청자의 인식 속에 은연중 파고드는 간접 광고'라는 문구에서 ⑤의 내용을 찾아볼 수 있습니다.

오|답|피|하|기

①, ② 반대로 서술되어 있습니다.

③ 마지막 단락에서 '프레임'과 관련한 이야기를 하며 시청자들의 비판적 수용을 강조하고 있습니다. 간접 광고에서 '프레임'이 작동하지 않으면 이러한 비판적 수용을 강조할 수 없을 것입니다.

④ 직접 광고와 간접 광고는 광고 효과의 정도가 아니라, 프로그램 앞과 뒤에 배치되는지 아니면 프로그램 내에 배치되는지에 따라 구분한 것입니다.

18

답 ①

협찬 제도를 설명한 단락3 에서는 '그러나' 이후 프로그램의 내용이 전개될 때 상품명이나 상호를 보여 주거나 출연자가 이를 언급하는 것을 금지하였다고 언급합니다. 이에 따르면 ①과 같이 프로그램 내용이 전개될 때 상표를 노출할 수 없을 것입니다.

19

답 ②

| 조 : 조건 분석 |

윗글을 바탕으로 / 〈보기〉를 이해한 내용으로 적절하지 않은 것은?

◎ 윗글에 나온 개념을 통해서 〈보기〉를 분석하는 형식입니다. 앞에서 배웠던 암기 사항 중 지문의 내용을 바탕으로 분석하는 것을 떠올려 보세요.

| 커 : 근거 축소 |

② 여자가 입고 있는 의상을 제공한 의류 회사는 간접 광고의 주변적 배치를 활용하고 있군.

단락2-3 주류적 배치는 출연자가 상품을 사용·착용하거나 대사를 통해 상품을 언급하는 것이고, 주변적 배치는 화면 속의 배경을 통해 상품을 노출하는 것인데, 시청자들은 주변적 배치보다 주류적 배치에 더 주목하게 된다.

〈보기〉 여자가 입고 있는 의상의 상표가 가려져서 시청자들은 상표를 알아볼 수 없다.

◎ 선택지의 '주변적 배치'를 통해 이와 관련한 내용을 설명한 단락2 로 근거를 축소할 수 있습니다. 주류적 배치와 주변적 배치에 대한 설명을 참고하면, 〈보기〉에서 여자가 입고 있는 의상은 출연자가 상품을 착용하고 있는 것이니 주류적 배치에 해당합니다.

오|답|피|하|기

③ 이 프로그램에는 협찬 제도에 따른 광고와 간접 광고 제도에 따른 광고가 모두 활용되고 있군.

◎ 프로그램이 종료될 때 커피 전문점의 이름과 의상을 제공한 업체의 이름이 고지된다는 부분에서 커피 전문점과 의류 회사가 협찬 제도를 이용하고 있음을 알 수 있습니다. 또한 남자가 휴대 전화를 사용하고 승용차의 성능을 말하는 부분에서 휴대 전화와 승용차는 간접 광고 제도를 이용하고 있음을 알 수 있습니다. 우리나라는 협찬 제도를 그대로 유지하면서 간접 광고라는 조항을 신설하였기 때문에 위 두 가지 제도를 함께 활용할 수 있습니다.

Day 10
제재에 따른 적용 연습 : **과학·기술/예술**

002 국어영역 네 눈에 정답만 보이게 해줄게

유제 : 실전 연습

본문 P. 284~297

01 ③	02 ①	03 ④	04 ②	05 ②
06 ③	07 ③	08 ②	09 ①	10 ①
11 ③	12 ⑤	13 ③	14 ③	15 ③
16 ②	17 ⑤	18 ①	19 ③	

01~04

● 지문 독해

단락1 건강 상태를 진단하거나 범죄의 현장에서 혈흔을 조사하기 위해 검사용 키트가 널리 이용된다.(검사용 키트의 용도) 키트 제작에는 다양한 과학적 원리가 적용되는데, 적은 비용으로 쉽고 빠르고 정확하게 검사할 수 있는 키트를 제작하는 것이 요구된다.(이후 키트 제작에 어떤 원리가 사용되는지 설명할 것입니다.) 이러한 필요에 따라 항원-항체 반응을 응용하여 시료에 존재하는 성분을 분석하는 다양한 형태의 키트가 개발되고 있다. 항원-항체 반응은 항원과 그 항원에만 특이적으로 반응하는 항체가 결합하는 면역 반응을 말한다.(항원-항체 반응의 개념) 항체 제조 기술이 발전하면서 휴대성이 높고 분석 시간이 짧은 측면유동면역분석법(LFIA)을 이용한 다양한 종류의 키트가 개발되고 있다.

단락2 LFIA 키트를 이용하면 키트에 나타나는 선을 통해, 액상의 시료에서 검출하고자 하는 목표 성분의 유무를 간편하게 확인할 수 있다. LFIA 키트는 가로로 긴 납작한 막대 모양인데, 시료 패드, 결합 패드, 반응막, 흡수 패드가 순서대로 나란히 배열된 구조로 되어 있다.(순서를 나열했으니 이제 하나씩 설명할 것입니다.) 시료 패드로 흡수된 시료는 결합 패드에서 복합체와 함께 반응막을 지나 여분의 시료가 흡수되는 흡수 패드로 이동한다. 결합 패드에 있는 복합체는 금-나노 입자 또는 형광 비드 등의 표지 물질에 특정 물질이 붙어 이루어진다. 표지 물질은 발색 반응에 의해 색깔을 내는데, 이 표지 물질에 붙어 있는 특정 물질은 키트 방식에 따라 종류가 다르다. 일반적으로 한 가지 목표 성분을 검출하는 키트의 반응막에는 항체들이 띠 모양으로 두 가닥 고정되어 있는데, 그중 시료 패드와 가까운 쪽에 있는 가닥이 검사선이고 다른 가닥은 표준선이다. 표지 물질이 검사선이나 표준선에 놓이면 발색 반응에 의해 반응선이 나타난다. 검사선이 발색되어 나타나는 반응선을 통해서는 목표 성분의 유무를 판정할 수 있다. 표준선이 발색된 반응선이 나타나면 검사가 정상적으로 진행되었음을 알 수 있다.

◎ LFIA 키트에서 어떻게 검사가 진행되는지 설명하고 있습니다. 시료가 흡수되어 어떤 순서로 검사가 진행되고, 또 어떤 원리로 목표 성분의 유무를 확인할 수 있는지 확인해야 합니다. 모든 내용을 이해할 필요는 없고 각 단계의 위치를 정확히 확인해 두는 정도면 됩니다.

단락3 LFIA 키트는 주로 ㉠ 직접 방식 또는 ㉡ 경쟁 방식으로 제작되는데, 방식에 따라 검사선의 발색 여부가 의미하는 바가 다르다.(이후 직접 방식과 간접 방식을 각각 설명할 것입니다.) 직접 방식에서 복합체에 포함된 특정 물질은 목표 성분에 결합할 수 있는 항체이다. 시료에 목표 성분이 포함되어 있다면 목표 성분은 이 항체와 일차적으로 결합하고, 이후 검사선의 고정된 항체와 결합한다. 따라서 검사선이 발색되면 시료에서 목표 성분이 검출되었다고 판정한다. 한편 경쟁 방식에서 복합체에 포함된 특정 물질은 목표 성분에 대한 항체가 아니라 목표 성분 자체이다.(경쟁 방식은 직접 방식과 다르게 특정 물질이 항체가 아니라 목표 성분 자체라는 점!) 만약 시료에 목표 성분이 포함되어 있으면 시료의 목표 성분과 복합체의 목표 성분이 서로 검사선의 항체와 결합하려 경쟁한다.(경쟁 방식이 왜 경쟁 방식인지 확인할 수 있습니다.) 이때 시료에 목표 성분이 충분히 많다면 시료의 목표 성분은 복합체의 목표 성분이 검사선의 항체와 결합하는 것을 방해하므로 검사선이 발색되지 않는다. 직접 방식은 세균이나 분자량이 큰 단백질 등을 검출할 때 이용하고, 경쟁 방식은 항생 물질처럼 목표 성분의 크기가 작은 경우에 이용한다.

○ LFIA 키트는 대개 두 가지 방식(직접 방식, 경쟁 방식)으로 제작됩니다. 각 방식의 특징 및 어떤 경우에 특정 방식을 이용하는지 확인할 수 있습니다.

단락4 한편, 검사용 키트는 휴대성과 신속성 외에 정확성도 중요하다.(이제 정확성을 어떻게 담보하는지 설명할 것입니다.) 키트의 정확성을 측정하기 위해서는 키트를 이용해 여러 번의 검사를 실시하고 그 결과를 분석한다. 키트가 시료에 목표 성분이 들어 있다고 판정하면 이를 양성이라고 한다. 이때 시료에 목표 성분이 실제로 존재하면 진양성, 시료에 목표 성분이 없다면 위양성이라고 한다. 반대로 키트가 시료에 목표 성분이 들어 있지 않다고 판정하면 음성이라고 한다. 이 경우 실제로 목표 성분이 없다면 진음성, 목표 성분이 있다면 위음성이라고 한다. 현실에서 위양성이나 위음성을 배제할 수 있는 키트는 없다.

단락5 여러 번의 검사 결과를 통해 키트의 정확도를 구하는데, 정확도란 시료를 분석할 때 올바른 검사 결과를 얻을 확률이다. 정확도는 민감도와 특이도로 나뉜다.(이제 하나씩 설명하겠죠?) 민감도는 시료에 목표 성분이 존재하는 경우에 대해 키트가 이를 양성으로 판정한 비율이다. 특이도는 시료에 목표 성분이 없는 경우에 대해 키트가 이를 음성으로 판정한 비율이다. 민감도와 특이도가 모두 높아 정확도가 높은 키트가 가장 이상적이지만 현실에서는 그렇지 않은 경우가 많아서 상황에 따라 민감도나 특이도를 고려하여 키트를 선택해야 한다.

○ 앞 단락에 이어서 정확성에 대한 내용입니다. 구체적으로 이 단락에서는 정확도에 대해 설명하고 있습니다.

● 문제 분석 및 풀이

01 **답 ③**

단순한 일치/불일치 문제 유형입니다.

③ LFIA 키트를 사용할 때 정상적인 키트에서 검사선이 발색되지 않으면 표준선도 발색되지 않는다.

단락2-8 검사선이 발색되어 나타나는 반응선을 통해서는 목표 성분의 유무를 판정할 수 있다. 표준선이 발색된 반응선이 나타나면 검사가 정상적으로 진행되었음을 알 수 있다.

○ 지문을 통해 검사선과 표준선이 각각 독립적인 역할을 하고 있음을 알 수 있습니다. 선택지에서는 검사선이 표준선에 선행하는 관계인 것처럼 설명했는데, 이는 지문의 내용과 다릅니다. 검사선이 발색되지 않더라도 검사가 정상적으로 진행되었다면 표준선이 발색된 반응선이 나타날 것입니다.

오답 피하기

① LFIA 키트에서 시료 패드와 흡수 패드는 모두 시료를 흡수하는 역할을 한다.

단락2-3 시료 패드로 흡수된 시료는 결합 패드에서 복합체와 함께 반응막을 지나 여분의 시료가 흡수되는 흡수 패드로 이동한다.

② LFIA 키트를 통해 검출하려고 하는 목표 성분은 항원-항체 반응의 항원에 해당한다.

단락1-4 항원-항체 반응은 항원과 그 항원에만 특이적으로 반응하는 항체가 결합하는 면역 반응을 말한다.

단락2-1 LFIA 키트를 이용하면 키트에 나타나는 선을 통해, 액상의 시료에서 검출하고자 하는 목표 성분의 유무를 간편하게 확인할 수 있다.

단락2-6 일반적으로 한 가지 목표 성분을 검출하는 키트의 반응막에는 항체들이 띠 모양으로 두 가닥 고정되어 있는데,

④ LFIA 키트에 표지 물질이 없다면 시료에 목표 성분이 있더라도 이를 시각적으로 확인할 수 없다.

단락2-5 표지 물질은 발색 반응에 의해 색깔을 내는데, 이 표지 물질에 붙어 있는 특정 물질은 키트 방식에 따라 종류가 다르다.

단락2-7 표지 물질이 검사선이나 표준선에 놓이면 발색 반응에 의해 반응선이 나타난다. 검사선이 발색되어 나타나는 반응선을 통해서는 목표 성분의 유무를 판정할 수 있다.

⑤ LFIA 키트를 이용하여 검사할 때, 시료에 목표 성분이 포함되어 있지 않더라도 검사선이 발색될 수 있다.

단락4-3 키트가 시료에 목표 성분이 들어 있다고 판정하면 이를 양성이라고 한다. 이때 시료에 목표 성분이 실제로 존재하면 진양성, 시료에 목표 성분이 없다면 위양성이라고 한다.

○ 키트가 위양성 판정을 내리는 경우에 시료에 목표 성분이 없더라도 검사선이 발색될 수 있습니다.

단락3-7 이때 시료에 목표 성분이 충분히 많다면 시료의 목표 성분은 복합체의 목표 성분이 검사선의 항체와 결합하는 것을 방해하므로 검사선이 발색되지 않는다.

○ 또한 경쟁 방식으로 제작된 LFIA 키트인 경우, 시료에 목표 성분이 없거나 적다면 복합체의 목표 성분이 검사선의 항체와 결합하여 검사선이 발색될 수 있습니다.

02 **답 ①**

㉠과 ㉡이 나온 단락을 꼼꼼하게 살펴보고 그 단락에서 해결되지 않는 개념이 나오면 범위를 넓혀 가며 정답을 찾아봅니다.

① ㉠은 ㉡과 달리, 시료에 들어 있는 목표 성분은 검사선에 도달하기 이전에 항체와 결합을 하겠군.

단락3-3 ㉠시료에 목표 성분이 포함되어 있다면 목표 성분은 이 항체와 일차적으로 결합하고, 이후 검사선의 고정된 항체와 결합한다.

단락3-5 ㉡한편 경쟁 방식에서 복합체에 포함된 특정 물질은 목표 성분에 대한 항체가 아니라 목표 성분 자체이다. 만약 시료에 목표 성분이 포함되어 있으면 시료의 목표 성분과 복합체의 목표 성분이 서로 검사선의 항체와 결합하려 경쟁한다.

○ 직접 방식에서는 목표 성분이 복합체에 포함된 항체와 일차적으로 결합한 이후, 또다시 검사선의 고정된 항체와 결합한다는 것을 알 수 있습니다. 반면, 경쟁 방식에서는 검사선에 도달하기 전에 항체와 결합하지 않습니다.

오답피하기

② ㉠은 ㉡과 달리, 시료에서 목표 성분을 검출했다면 검사선에서 항체와 목표 성분의 결합이 존재하지 않겠군.

단락3-3 ㉠시료에 목표 성분이 포함되어 있다면 목표 성분은 이 항체와 일차적으로 결합하고, 이후 검사선의 고정된 항체와 결합한다.

③ ㉡은 ㉠과 달리, 시료가 표준선에 도달하기 이전에 검사선에 먼저 도달하겠군.

단락2-6 일반적으로 한 가지 목표 성분을 검출하는 키트의 반응막에는 항체들이 띠 모양으로 두 가닥 고정되어 있는데, 그중 시료 패드와 가까운 쪽에 있는 가닥이 검사선이고 다른 가닥은 표준선이다.

○ 지문에서는 특별히 직접 방식과 경쟁 방식을 설명하며 표준선, 검사선에 대해 다루지 않았습니다. 일반적인 LFIA 키트에 대해 설명한 단락2-6에서 검사선과 표준선에 대해 설명하고 있는데, 시료 패드와 가까운 쪽에 검사선이 있다고 하였으므로, 시료는 표준선에 도달하기 이전에 검사선에 먼저 도달할 것임을 추리할 수 있습니다. 직접 방식과 경쟁 방식에 따라 시료의 도달 순서가 다르다는 설명은 따로 나오지 않았으므로, 이는 두 방식 모두에 해당한다고 볼 수 있습니다.

④ ㉡은 ㉠과 달리, 정상적인 검사로 시료에서 목표 성분을 검출했다면 반응막에 아무런 반응선도 나타나지 않았겠군.

단락3-7 ㉡이때 시료에 목표 성분이 충분히 많다면 시료의 목표 성분은 복합체의 목표 성분이 검사선의 항체와 결합하는 것을 방해하므로 검사선이 발색되지 않는다.

단락2-6 일반적으로 한 가지 목표 성분을 검출하는 키트의 반응막에는 항체들이 띠 모양으로 두 가닥 고정되어 있는데, 그중 시료 패드와 가까운 쪽에 있는 가닥이 검사선이고 다른 가닥은 표준선이다. 표지 물질이 검사선이나 표준선에 놓이면 발색 반응에 의해 반응선이 나타난다. 검사선이 발색되어 나타나는 반응선을 통해서는 목표 성분의 유무를 판정할 수 있다. 표준선이 발색된 반응선이 나타나면 검사가 정상적으로 진행되었음을 알 수 있다.

◎ 반응막에 대해 설명한 단락2-6을 참고해야 합니다. 검사가 정상적으로 진행되었다면 표준선이 발색된 반응선이 나타날 것입니다. 곧, 검사선이 발색된 반응선이 나타나지 않을 뿐, 표준선이 발색된 반응선은 나타날 것이므로, 아무런 반응선도 나타나지 않는다는 이해는 적절하지 않습니다.

⑤ ㉠과 ㉡은 모두 시료에 들어 있는 목표 성분이 표지 물질과 항원-항체 반응으로 결합하겠군.

단락2-4 결합 패드에 있는 복합체는 금-나노 입자 또는 형광 비드 등의 표지 물질에 특정 물질이 붙어 이루어진다. 표지 물질은 발색 반응에 의해 색깔을 내는데, 이 표지 물질에 붙어 있는 특정 물질은 키트 방식에 따라 종류가 다르다.

단락3-2 ㉠직접 방식에서 복합체에 포함된 특정 물질은 목표 성분에 결합할 수 있는 항체이다. 시료에 목표 성분이 포함되어 있다면 목표 성분은 이 항체와 일차적으로 결합하고,

◎ 결합 패드에 있는 복합체를 구성하는 요소인 표지 물질과 특정 물질은 구분되는 것입니다. 둘 중 항체-항원 반응과 관련 있는 것은 특정 물질입니다.

03 **답 ④**

A는 민감도와 B는 특이도와 연관됩니다. 각각을 지문에서 찾아 확인해야 합니다.

단락5-3 민감도는 시료에 목표 성분이 존재하는 경우에 대해 키트가 이를 양성으로 판정한 비율이다. 특이도는 시료에 목표 성분이 없는 경우에 대해 키트가 이를 음성으로 판정한 비율이다.

그런데 이 부분만 보면 양성, 음성이 무슨 의미인지 모르기 때문에 적절한 판단을 할 수 없습니다. 지문에서 양성과 음성을 설명한 부분도 참고해야 합니다.

단락4-3 키트가 시료에 목표 성분이 들어 있다고 판정하면 이를 양성이라고 한다. 이때 시료에 목표 성분이 실제로 존재하면 진양성, 시료에 목표 성분이 없다면 위양성이라고 한다. 반대로 키트가 시료에 목표 성분이 들어 있지 않다고 판정하면 음성이라고 한다. 이 경우 실제로 목표 성분이 없다면 진음성, 목표 성분이 있다면 위음성이라고 한다.

〈보기〉를 확인하고 답을 고르려면 '민감도가 높은 상황'이 무엇인지 정확히 지문을 통해 정리해야 합니다.

민감도는 '시료에 목표 성분이 존재하는 경우'에 키트가 이를 양성으로 판정하는 비율입니다. 곧, '시료에 목표 성분이 존재'할 때 양성이 나올 수 있습니다. 이때 음성으로 판정하는 경우가 적어야지 양성으로 판정하는 비율이 높겠습니다. 민감도가 높은 것이지요. 따라서 A에는 위음성(목표 성분 존재 & 음성 판정)이 들어가야 합니다.

반면, 특이도는 '시료에 목표 성분이 없는 경우'에 키트가 이를 음성으로 판정하는 비율입니다. 곧, '시료에 목표 성분이 존재하지 않을' 때 음성이 나올 수 있습니다. 이때 음성으로 판정하는 경우가 많아야지 특이도가 높겠습니다. 따라서 B에는 진음성(목표 성분 존재하지 않음 & 음성 판정)이 들어가야 합니다.

약간 말장난식으로 꼬아서 출제한 문제입니다. 그러나 한 번 정도 깊이 생각하면 풀 수 있는 문제로, 여러 번 생각해야 할 문제는 아닌 것으로 보입니다.

04 답 ②

| 조 : 조건 분석 |

윗글을 바탕으로 〈보기〉를 이해한 반응으로 적절하지 않은 것은?

◎ 각 선택지에서 사용한 개념을 지문에서 확인하고, 이를 통해 〈보기〉를 이해하는 문제입니다.

| 조 : 조건 분석 – 〈보기〉 분석 |

〈보기〉 살모넬라균은 집단 식중독을 일으키는 대표적인 병원성 세균이다. 기존의 살모넬라균 분석법은 정확도는 높으나 3~5일의 시간이 소요되어 질병 발생 시 신속한 진단 및 예방에 어려움이 있었다. 살모넬라균은 감염 속도가 빠르므로 다량의 시료 중 오염이 의심되는 시료부터 신속하게 골라낸 후에 이 시료만을 대상으로 더 정확한 방법으로 분석하여 오염 여부를 확정 짓는 것이 효과적이다. 최근에 기존 방법보다 정확도는 낮으나 저렴한 비용으로 살모넬라균만을 신속하게 검출할 수 있는 ⓐ LFIA 방식의 새로운 키트가 개발되었다고 한다.

◎ 〈보기〉를 확인하면 살모넬라균은 '병원성 세균'입니다. 따라서 ⓐ는 직접 방식으로 제작한 키트입니다. LFIA 방식이라고 한 것에 대해서는 특별히 중요하게 볼 필요는 없습니다. 어차피 지문에서는 그 방식만 이야기하고 있으니 말입니다.

단락3-8 직접 방식은 세균이나 분자량이 큰 단백질 등을 검출할 때 이용하고, 경쟁 방식은 항생 물질처럼 목표 성분의 크기가 작은 경우에 이용한다.

| 커 : 근거 축소 – 보기 분석 |

② ⓐ의 결합 패드에는 표지 물질에 살모넬라균이 붙어 있는 복합체가 들어 있겠군.

단락2-4 결합 패드에 있는 복합체는 금-나노 입자 또는 형광 비드 등의 표지 물질에 특정 물질이 붙어 이루어진다. 표지 물질은 발색 반응에 의해 색깔을 내는데, 이 표지 물질에 붙어 있는 특정 물질은 키트 방식에 따라 종류가 다르다.

단락3-2 직접 방식에서 복합체에 포함된 특정 물질은 목표 성분에 결합할 수 있는 항체이다. 시료에 목표 성분이 포함되어 있다면 목표 성분은 이 항체와 일차적으로 결합하고, 이후 검사선의 항체와 결합한다.

◎ 결합 패드에 있는 복합체의 표지 물질은 특정 물질과 붙어 있습니다. 특정 물질은 살모넬라균의 존재 여부를 검사하는 것이 목표입니다. 직접 방식에서 특정 물질은 시료에 포함된 목표 성분(=살모넬라균=항원)과 결합할 수 있는 항체입니다. 곧, 직접 방식에서 특정 물질은 살모넬라균이 아니라, 살모넬라균과 결합하는 항체입니다. 따라서 선택지의 진술은 적절하지 않습니다.
그런데 혹시 특정 물질이 살모넬라균이 되는 경우가 있을까요?

단락3-5 한편 경쟁 방식에서 복합체에 포함된 특정 물질은 목표 성분에 대한 항체가 아니라 목표 성분 자체이다.

◎ 지문을 보면, 경쟁 방식에서의 특정 물질이 '목표 성분 자체'라고 하였으니 살모넬라균이 된다는 것을 확인할 수 있습니다. 물론 ⓐ는 경쟁 방식이 아닌 직접 방식으로 제작한 키트이니 ⓐ에서의 목표 성분은 살모넬라균과 결합하는 항체입니다.

오|답|피|하|기

① ⓐ를 개발하기 전에 살모넬라균과 결합하는 항체를 제조하는 기술이 개발되었겠군.

단락1-4 항원-항체 반응은 항원과 그 항원에만 특이적으로 반응하는 항체가 결합하는 면역 반응을 말한다. 항체 제조 기술이 발전하면서 휴대성이 높고 분석 시간이 짧은 측면유동면역분석법(LFIA)을 이용한 다양한 종류의 키트가 개발되고 있다.

③ ⓐ를 이용하여 음식물의 살모넬라균 오염 여부를 검사하려면 시료를 액체 상태로 만들어야겠군.

단락2-1 LFIA 키트를 이용하면 키트에 나타나는 선을 통해, 액상의 시료에서 검출하고자 하는 목표 성분의 유무를 간편하게 확인할 수 있다.

④ ⓐ를 이용하여 현장에서 살모넬라균 오염 의심 시료를 선별하기 위해서는 특이도보다 민감도가 높은 것이 더 효과적이겠군.

〈보기〉 오염이 의심되는 시료부터 신속하게 골라낸 후에 이 시료만을 대상으로 더 정확한 방법으로 분석하여 오염 여부를 확정 짓는 것이 효과적이다.

단락5-3 민감도는 시료에 목표 성분이 존재하는 경우에 대해 키트가 이를 양성으로 판정한 비율이다.

◎ 미처 생각하지 못한 〈보기〉의 정보를 이용해야 합니다. 다시 〈보기〉로 돌아가서 정확도와 관련 있는 부분을 살펴봅니다. 오염이 의심된다는 것은 시료에 살모넬라균이 존재한다는 의미입니다. 즉, 목표 성분이 존재하는 경우에 대한 민감도가 관련됩니다.

⑤ ⓐ를 이용하여 살모넬라균이 검출되었다고 키트가 판정한 경우에도 기존의 분석법으로는 균이 검출되지 않을 수 있겠군.

〈보기〉 기존의 살모넬라균 분석법은 정확도는 높으나 3~5일의 시간이 소요되어 질병 발생 시 신속한 진단 및 예방에 어려움이 있었다. ~ 최근에 기존 방법보다 정확도는 낮으나 저렴한 비용으로 살모넬라균만을 신속하게 검출할 수 있는 ⓐ LFIA 방식의 새로운 키트가 개발되었다고 한다.

단락4-3 키트가 시료에 목표 성분이 들어 있다고 판정하면 이를 양성이라고 한다. 이때 시료에 목표 성분이 실제로 존재하면 진양성, 시료에 목표 성분이 없다면 위양성이라고 한다. ~ 현실에서 위양성이나 위음성을 배제할 수 있는 키트는 없다.

◎ 지문에서 시료에 목표 성분이 없는데도 있다고 판정하는 위양성을 배제할 수 있는 키트는 현실에는 없다고 하였습니다. 그리고 〈보기〉에서 ⓐ는 기존 방법보다 정확도가 낮다고 하였습니다. 따라서 ⓐ가 시료에 살모넬라균이 있다고 판정해도, ⓐ보다 정확도가 높은 기존 분석법으로 분석하면 살모넬라균이 없을 수 있습니다. 이때의 ⓐ의 판정이 위양성에 해당할 것입니다.

05~08

● **지문 독해**

단락1 고전 역학은 20세기 초까지 물리학자들이 세계를 기술하던 기본 이론으로, 다음과 같은 두 가지 가정을 포함한다. ⓐ 물리적 속성에 대한 측정은 측정 대상의 다른 물리적 속성을 변화시키지 않고 이루어질 수 있다는 가정과 ⓑ 물리적 영향은 빛의 속도를 넘지 않고 공간을 거쳐 전파된다는 가정이 그것이다. ~~예를 들어 어떤 돌의 단단한 정도를 측정한다고 해서 그 돌의 색깔이 변하는 것은 아니며, 돌이 유리창을 향해 날아가는 순간 유리창이 '미리 알고' 깨질 수는 없다는 것이다.~~ 이러한 고전 역학의 가정은 우리들에게 자연스럽게 받아들여진다.

◎ '고전 역학'에 대한 내용이 나옵니다. 문제를 먼저 읽은 학생이라면 지문에서 주로 다룰 것은 '양자 역학'이라는 사실을 미리 알고 있었을 것입니다. 그렇다면 첫 단락에 나오는 '고전 역학'은 지문에서 다루고자 하는 대상이 아니니까 빠르게 읽고 넘어가야겠다고 판단했을 것입니다.
물론 문제를 먼저 읽지 않았더라도 독해 연습을 많이 했다면 이 정도는 금방 눈치챘을 것입니다. 가령 가장 처음에 나오는 '20세기 초까지'를 보면, 이 단락이 도입부 정도의 내용임을 알 수 있었을 것입니다.

단락2 양자 역학은 고전 역학보다 더 많은 현상을 정확하게 예측함으로써 고전 역학을 대체하여 현대 물리학의 근간이 되었다. 그럼에도 불구하고 양자 역학이 예측하는 현상들 중에는 매우 불가사의한 것이 있다. {다음의 예를 살펴보자. 양자 역학에 따르면, 같은 방향에 대한 운동량의 합이 0인 한 쌍의 입자는 아무리 멀리 떨어져도 그 연관을 유지한다. 이제 이 두 입자 중 하나는 지구에 놓아두고 다른 하나는 금성으로 보냈다고 가정하자. 만약 지구에 있는 입자의 수평 방향 운동량을 측정하여 +1을 얻었다면, 금성에 있는 입자의 수평 방향 운동량이 −1이 된다.} 도대체 그렇게 멀리 떨어진 입자가 어떻게 순간적으로 지구에서 일어난 측정의 결과에 영향을 받을 수 있을까?

◎ 이제 '양자 역학'을 언급하고 있습니다. 양자 역학이 고전 역학을 대체하여 현대 물리학의 근간이 되었다고 합니다. 그 다음 문장에 '그럼에도 불구하고'가 나오면서 우리의 주의를

집중하게 합니다. 매우 불가사의한 것이 있다고 합니다. 무엇이 불가사의한 것인지 의문을 가지면서 글을 읽어 봅니다.
예시가 나오는데 이를 완벽하게 이해하는 것은 어렵습니다. 글쓴이가 이를 어떻게 정리하는지 주목하여 파악해야 합니다. 예시를 보면, 같은 방향에 대한 운동량의 합이 0인 한 쌍의 입자는 멀리 떨어져도 그 연관을 유지한다고 합니다. 나머지 문장들은 계속해서 이어지는 설명입니다.

단락3 또한 양자 역학에 따르면 서로 다른 방향의 운동량도 연관되어 있다. {예컨대 수평 방향 운동량과 수직 방향 운동량은 하나를 측정하면 다른 하나가 영향을 받는다. 그 결과 지구 입자의 수평 운동량을 측정하여 +1을 얻은 후 연이어 수직 운동량을 측정하고 다시 수평 운동량을 측정하면, 이제는 +1만 나오는 것이 아니라 +1과 −1이 반반의 확률로 나온다. ⓒ 두 번째 수직 방향 측정이 수평 운동량 값을 불확정적으로 만들어 버린 것이다. 게다가 지구 입자는 금성 입자와 연결되어 있으므로, 금성 입자의 수평 운동량을 측정하여 −1을 얻은 후 지구 입자의 수직 운동량을 측정하면, 그 순간 금성 입자의 수평 운동량 값 역시 불확실해진다. 그래서 수평 운동량을 다시 측정하면 −1과 +1이 반반의 확률로 나온다.} 어떻게 지구에서 이루어진 측정이 엄청나게 멀리 떨어져 있는 입자의 물리적 속성에 순간적으로 영향을 줄 수 있을까? 이 현상에 대해 고전 역학의 가정을 만족시키면서 인과적으로 설명하는 것은 불가능해 보인다.

앞 단락에 이어 이번에는 다른 불가사의한 현상을 소개하고 있습니다. 글쓴이는 마지막 문장에서 중요한 내용을 제시합니다. 이러한 현상은 기존 고전 역학으로는 설명이 불가능하다는 내용입니다. 곧, 단락2 와 단락3 에서 제시한 현상들은 고전 역학의 가정을 만족하며 인과적으로 설명하는 것이 불가능한 예시입니다.

단락4 이처럼 불가사의한 양자 현상을 실험적으로 검증하기는 매우 어렵다. 하지만 1980년대에 이루어진 아스펙의 일련의 실험 이후, 이러한 양자 현상이 미시적인 세계에서 실제로 존재한다는 사실은 부인할 수 없게 되었다. 양자 역학은 이 현상을 정확하게 예측하기는 하지만 우리가 이해할 수 있도록 인과적으로 설명해 주지는 못한다. 이러한 양자 역학의 한계에 대해 물리학자들은 대체로 두 가지 반응을 보인다. 첫째는 양자 역학을 자연에 적용할 때 매우 성공적이었으므로, 이러한 양자 현상이 우리에게 이상하게 보인다는 점은 별로 문제될 것이 없다는 입장이다. 둘째는 양자 역학은 미래에 더 나은 이론으로 대체될 것이고, 그 때가 되면 불가사의한 양자 현상도 어떤 형태로든 설명될 것이라는 입장이다.

이러한 불가사의한 현상이 실험적 검증은 어렵지만 미시 세계에서 실제로 존재한다는 설명이 나옵니다. 그리고 후반부에서는 이렇듯 불가사의한 현상은 예측할 수 있으나 인과적 설명은 불가능하다는 양자 역학의 한계를 언급하고, 이에 대한 물리학자들의 두 가지 반응을 소개하고 있습니다.

● 문제 분석 및 풀이

05 **답 ②**

글의 제목을 고르는 것인데 여기서 가장 중심적으로 다루고 있는 것은 '양자 현상', '양자 역학'입니다. 지문을 보면 단락2-2 에서 '그럼에도 불구하고' 불가사의한 현상이 있다고 한 뒤 이 현상을 소개하고 이것과 관련된 이야기를 끝까지 풀어 가고 있습니다. 또한 지문의 마지막 부분에서도 "그때가 되면 불가사의한 양자 현상도 어떤 형태로든 설명될 것이라는 입장이다."라고 언급합니다. 따라서 ②의 '불가사의한 양자 현상'이 지문 전체를 아우르는 제목으로 가장 적절하겠습니다. 불가사의한 '양자 현상'을 중심으로 '양자 역학'의 한계도 나오고 하는 것이니까요.

06 **답 ③**

해당되는 부분을 근거로 논리적인 추론을 해야 하는 문제입니다. 주의할 점은 여기서의 '추론'은 '주관적으로 생각하는 것'이 아니라 '지문에 의거하는 것'이라는 점입니다.

선택지를 보면 ⓒ가 ⓐ, ⓑ와 어떠한 관계가 있는지 파악하는 것이 중요한 문제입니다. ⓒ를 보면, 수직 방향 측정이 수평 운동량 값을 불확정적으로 만들어 버린다고 합니다. 쉽게 생각해 보면 수직 방향 측정이 수평 운동량 값에 영향을 준다는 것입니다.

이렇게 해석한다면 쉽게 답을 고를 수 있습니다. ⓐ는 물리적 속성에 대한 측정이 측정 대상의 다른 물리적 속성을 변화시키지 않고 이루어질 수 있다고 하였는데, ⓒ를 보면 측정이 측정 대상의 다른 속성을 변화시키고 있음을 확인할 수 있습니다. 따라서 'ⓒ는 ⓐ가 맞다면 불가능한 결과'라는 ③이 답이 되겠습니다.

07

답 ③

많은 학생들이 어려워하는 문제입니다. 그렇지만 사실 이 문제는 지문의 사례를 살짝 바꿔 본 것에 지나지 않습니다.

〈보기 1〉을 풀기 위해서 단락2, 단락3의 예시들이 필요하다는 것이 파악되어야 합니다. 〈보기 1〉에서는 "구슬의 온도와 소리라는 두 물리적 속성은 윗글에서 소개된 양자적 특징을 갖는다."라고 하여 우리가 생각할 수 있는 근거를 제공하고 있습니다.

〈보기 1〉과 지문을 대응시켜 보면,

내가 구슬을 두드려 보니 '딩' 소리가 났다.

○ 지구 입자의 수평 운동량을 측정하여 +1을 얻은 후

그런 후 내 구슬을 만져 보니 뜨거웠다.

○ 연이어 수직 운동량을 측정하고

그리고 구슬을 다시 두드려 보니 (A) 소리가 났다.

○ 다시 수평 운동량을 측정하면 이제는 +1만 나오는 것이 아니라 +1과 −1이 반반의 확률로 나옵니다. (A)에는 딩, 댕이 반반이 나오는 것이니까 둘 다 해당되겠습니다.

그 순간 멀리 있는 친구가 구슬을 두드린다면 (B) 소리가 날 것이다.

○ 단락2의 "지구에 있는 입자의 수평 방향 운동량을 측정하여 +1을 얻었다면, 금성에 있는 입자의 수평 방향 운동량이 −1이 된다."를 적용해야 합니다. 즉, 같은 방향의 운동량이 바뀌는 것이기 때문에 이 부분에서는 단락2를 적용해야 합니다. 내 구슬에서 A '소리'가 난 후 친구의 구슬에서는 B '소리'가 나기 때문입니다.

지문에서 양자 역학과 관련해서 '같은 방향', '다른 방향' 두 가지를 말하고 있습니다. (A)에는 다른 방향을 적용하면 되겠고 (B)에는 같은 방향을 적용하는 것이 보다 정확한 풀이입니다.

08

답 ②

| 조 : 조건 분석 |

윗글을 읽고 보인 반응으로 적절하지 않은 것은?

○ 반응을 묻는 문제입니다. 앞에서 '세부 정보의 이해'를 공부하며 다룬 유형입니다. 다시 생각해 보면, 1) 지문의 내용과는 반대되는 반응 2) 지문에서 언급한 내용을 또 궁금해하는 반응이 문제가 됩니다. 그렇다고 이를 계속 신경 쓰면서 문제를 다룰 필요는 없습니다. 문제를 풀 때는 일치/불일치의 관점으로 접근하면 됩니다.

| 커 : 근거 축소 |

① 일상적으로 경험하는 현상들은 고전 역학의 가정과 잘 어울리는 것 같아.

단락1-4 이러한 고전 역학의 가정은 우리들에게 자연스럽게 받아들여진다.

③ 양자 역학의 경우에서도 알 수 있듯이, 정확한 예측과 인과적 설명은 구별할 필요가 있어.

단락4-3 양자 역학은 이 현상을 정확하게 예측하기는 하지만 우리가 이해할 수 있도록 인과적으로 설명해 주지는 못한다.

④ 양자 현상은 이상하기는 하지만, 실험을 통해 검증되었으니 실재하는 것으로 받아들여야 할 것 같아.

단락4-2 하지만 1980년대에 이루어진 아스펙의 일련의 실험 이후, 이러한 양자 현상이 미시적인 세계에서 실제로 존재한다는 사실은 부인할 수 없게 되었다.

⑤ 돌이 날아가서 유리창을 깨는 현상과 지구 입자와 금성 입자가 서로 연관되어 있는 현상은 근본적으로 다른 것 같아.

단락3-7 어떻게 지구에서 이루어진 측정이 엄청나게 멀리 떨어져 있는 입자의 물리적 속성에 순간적으로 영향을 줄 수 있을까? 이 현상에 대해 고전 역학의 가정을 만족시키면서 인과적으로 설

명하는 것은 불가능해 보인다.

② 물리학자들은 고전 역학이 양자 역학보다 예측력이 뛰어나다고 생각하는 것 같아.

단락2-1 양자 역학은 고전 역학보다 더 많은 현상을 정확하게 예측함으로써 고전 역학을 대체하여 현대 물리학의 근간이 되었다.

◎ 선택지의 내용이 완벽하게 지문의 내용과 반대입니다.

09~11

● **지문 독해**

단락1 ㉠ 전통적인 철학적 미학은 세계관, 인간관, 정치적 이념과 같은 심오한 정신적 내용의 미적 형상화를 예술의 소명으로 본다. 반면 현대의 ㉡체계 이론 미학은 내용적 구속성에서 벗어난 예술을 진정한 예술로 여긴다. 이는 예술이 미적 유희를 통제하는 모든 외적 연관에서 벗어나 하나의 자기 연관적 체계로 확립되어 온 과정을 관찰하고 분석함으로써 얻은 결론이다. 이 이론은 자율성을 참된 예술의 조건으로 보는 이들이 선호할 만하다. 그렇다면 현대의 새로운 예술 장르인 뮤지컬은 어떻게 진술될 수 있을까?

◎ 전통적인 미학과 현대 미학의 차이점에 대한 언급을 확인하며 독해할 수 있어야 합니다. 핵심 키워드 역시 확인할 수 있어야 합니다. 조금 더 발전된 독해력을 가진 학생이라면 '글의 구조 역시 나열식으로 각 관점당 한 단락씩 제시되지 않을까?' 하고 글의 전개 방향 역시 예측할 수 있을 것입니다.

단락2 뮤지컬은 여러 가지 형식적 요소로 구성되는데, 이것들은 내용, 즉 작품의 줄거리나 주제를 실질적으로 구현하는 역할을 한다. 전통적인 철학적 미학에 따르면 참된 예술은 훌륭한 내용과 훌륭한 형식이 유기적으로 조화될 때 달성된다. 이러한 고전적 기준을 수용할 때, 훌륭한 뮤지컬 작품은 어느 한 요소라도 소홀히 한다면 만들어지기 어렵다. 뮤지컬은 기본적으로 극적 서사를 지니기에 훌륭한 극본이 요구되고, 그 내용이 노래와 춤으로 표현되기에 음악과 무용도 핵심이 되며, 이것들의 효과는 무대 장치, 의상과 소품 등을 통해 배가되기 때문이다.

◎ 전통 미학과 어울리는 단어들을 빠르게 잡아 나가면서 독해해야 합니다. '내용', '형식' 둘 다 강조하고 있습니다.

단락3 그런데 찬사를 받는 뮤지컬 중에는 전통적 기준의 충족과는 거리가 먼 사례가 적지 않다. 가령 A. L. 웨버는 대표작 〈캐츠〉의 일차적 목표를 다양한 형식의 볼거리와 들을 거리로 관객을 즐겁게 하는 데 두었다. 〈캐츠〉는 고양이들을 주인공으로 한 T. S. 엘리엇의 우화집에서 소재를 빌렸지만, 이 작품의 핵심은 내용의 충실한 전달에 있는 것이 아니라 어떤 기발한 무대에서 얼마나 다채롭고 완성도 있는 춤과 노래가 펼쳐지는가에 있다. 뮤지컬을 '레뷰(revue)', 즉 버라이어티 쇼로 바라보는 최근의 관점은 바로 이 점에 근거한다.

◎ 현대 미학과 어울리는 단어들을 빠르게 잡아 나가면서 독해해야 합니다. '내용'이 아니라 '형식'을 강조하고 있습니다.

단락4 체계 이론 미학의 기준을 끌어들일 때, 레뷰로서의 뮤지컬은 예술로서의 예술의 한 범례로 꼽힐 수 있다. 물론 이러한 유형의 미학이 완전히 주류로 확립된 것은 아니다. 전통적인 철학적 미학도 여전히 지지를 얻는 예술관의 하나이기 때문이다. 이 입장에 준거할 때 체계 이론 미학의 예술관은 예술을 명예롭게 하는 숭고한 가치 지향성을 아예 포기하는 형식 지상주의적 예술관으로 해석될 수 있다.

◎ 내용을 정리해 주고 있습니다. 현대 쪽은 '형식'이라는 것을 한 번 더 강조합니다.

● **문제 분석 및 풀이**

09 **답 ①**

| **조 : 조건 분석** |

㉠과 ㉡에 대한 이해로 적절한 것은?

◎ 특수한 행동을 요구하는 발문이 아닙니다. 또한 〈보기〉 등도 제시되어 있지 않기 때문에 선택지 분석형의 문제로 볼 수 있습니다.

| **커 : 근거 축소** |

② ㉡은 자율적 예술의 탄생을 주도적으로 이끈 이론이다.

단락1-3 이는 예술이 미적 유희를 통제하는 모든 외적 연관에서 벗어나 하나의 자기 연관적 체계로 확립되어 온 과정을 관찰하고 분석함으로써 얻은 결론이다. 이 이론은 자율성을 참된 예술의 조건으로 보는 이들이 선호할 만하다.

③ ㉠과 ㉡이 적용되는 예술 장르는 서로 다르다.

◎ 적어도 글을 읽었다면 뮤지컬에 대해 두 입장을 각각 적용시키고 있는 것을 알 수 있습니다.

④ ㉡은 ㉠을 대체할 수 있는 새로운 주류 이론이다.

단락4-1 체계 이론 미학의 기준을 끌어들일 때, 레뷰로서의 뮤지컬은 예술로서의 예술의 한 범례로 꼽힐 수 있다. 물론 이러한 유형의 미학이 완전히 주류로 확립된 것은 아니다.

⑤ ㉡은 ㉠에 비해 더 진지한 정신적 가치를 지향한다.

단락1-1 ㉠전통적인 철학적 미학은 세계관, 인간관, 정치적 이념과 같은 심오한 정신적 내용의 미적 형상화를 예술의 소명으로 본다. 반면 현대의 ㉡체계 이론 미학은 내용적 구속성에서 벗어난 예술을 진정한 예술로 여긴다.

① ㉠은 내용적 요소와 형식적 요소를 모두 중시한다.

단락2-2 전통적인 철학적 미학에 따르면 참된 예술은 훌륭한 내용과 훌륭한 형식이 유기적으로 조화될 때 달성된다. 이러한 고전적 기준을 수용할 때, 훌륭한 뮤지컬 작품은 어느 한 요소라도 소홀히 한다면 만들어지기 어렵다.

10 답 ①

| 조 : 조건 분석 |

〈캐츠〉에 대한 감상 중 최근의 관점에 가장 가까운 것은?

◎ 발문에서 특별한 행동을 요구하는 발문 분석형의 문제입니다. 조건을 살펴보고 풀이 전략을 세워 봅시다. 지문에서 현대 미학과 관련된 부분을 찾아 그것을 대표하는 키워드를 파악하고 이를 선택지와 맞춰 봐야 합니다.
현대 미학과 대치되는 것이 전통 미학이기 때문에 아래와 같은 대립 구조를 생각해 볼 수 있습니다.

내용 ○ & 형식 ○	vs	내용 × & 형식 ○
전통		현대

| 커 : 근거 축소 |

지문의 해당 부분을 검토하면,

단락3-3 빌렸지만, 이 작품의 핵심은 내용의 충실한 전달에 있는 것이 아니라 어떤 기발한 무대에서 얼마나 다채롭고 완성도 있는 춤과 노래가 펼쳐지는가에 있다. 뮤지컬을 '레뷰(revue)', 즉 버라이어티 쇼로 바라보는 최근의 관점은 바로 이 점에 근거한다.

① 멋진 춤과 노래가 어우러진 공연이 충분한 볼거리를 제공했기 때문에, 원작과 관계없이 만족했어요.

11 답 ③

| 조 : 조건 분석 |

윗글을 바탕으로 〈보기〉의 ㉮와 ㉯를 이해한 것으로 적절한 것은?

◎ 이 문제는 〈보기〉 분석형으로 볼 수 없습니다. 지문을 바탕으로 〈보기〉를 이해하는 것이니 풀이의 기준은 지문에 있습니다. 그러나 발문에서는 특별한 힌트를 주고 있지 않습니다. 따라서 각 선택지를 검토하며 지문에서 해당 내용을 다룬 부분을 찾아가야 한다는 점에서 선택지 분석형에 가까운 문제로 볼 수 있습니다.

| 커 : 근거 축소 |

① ㉮는 즐거움의 제공을, ㉯는 교훈의 제공을 목표로 삼고 있군.

◎ 독해를 잘하는 학생이라면 지문으로 다시 돌아가지 않고도 판단할 수 있습니다. 교훈이라는 것은 내용과 관련된 것인데, ㉯는 현대와 연관이 있고 현대는 '내용 ×, 형식 ○'이죠?

② ㉮는 자기 연관적이지만, ㉯는 외적 연관에 의해 지배되는군.

단락1-2 현대의 ㉡체계 이론 미학은 내용적 구속성에서 벗어난 예술을 진정한 예술로 여긴다. 이는 예술이 미적 유희를 통제하는 모든 외적 연관에서 벗어나 하나의 자기 연관적 체계로 확립되어 온 과정을 관찰하고 분석함으로써 얻은 결론이다.

④ ㉮와 ㉯는 모두 고전적 기준에 따라 높이 평가될 수 있군.

단락2-2 전통적인 철학적 미학에 따르면 참된 예술은 훌륭한 내용과 훌륭한 형식이 유기적으로 조화될 때 달성된다.

◎ ㉯는 '내용 ×, 형식 ○'이므로 고전적 기준에 따른다면 높이 평가될 수 없겠죠?

⑤ ㉮와 ㉯는 모두 각각의 시대에 걸맞은 '레뷰'라고 볼 수 있군.

단락3-3 이 작품의 핵심은 내용의 충실한 전달에 있는 것이 아니라 어떤 기발한 무대에서 얼마나 다채롭고 완성도 있는 춤과 노래가 펼쳐지는가에 있다. 뮤지컬을 '레뷰(revue)', 즉 버라이어티 쇼로 바라보는 최근의 관점은 바로 이 점에 근거한다.

③ ㉮는 정신적 내용의 미적 형상화를, ㉯는 미적 유희를 추구하는군.

단락1-1 ㉠전통적인 철학적 미학은 세계관, 인간관, 정치적 이념과 같은 심오한 정신적 내용의 미적 형상화를 예술의 소명으로 본다. 반면 현대의 ㉡ 체계 이론 미학은 내용적 구속성에서 벗어난 예술을 진정한 예술로 여긴다. 이는 예술이 미적 유희를 통제하는 모든 외적 연관에서 벗어나……

12~14

● **지문 독해**

단락1 한 떨기 흰 장미가 우리 앞에 있다고 하자. 하나의 동일한 대상이지만 그것을 받아들이는 방식은 다양하다. 그것은 이윤을 창출하는 상품으로 보일 수도 있고, 식물학적 연구 대상으로 보일 수도 있다. 또한 어떤 경우에는 나치에 항거하다 죽어 간, 저항 조직 '백장미'의 젊은이들을 떠올리게 할 수도 있다. 그런데 이런 경우들과 달리 우리는 종종 그저 그 꽃잎의 모양과 순백의 색깔이 아름답다는 이유만으로 충분히 만족을 느끼기도 한다.

◎ '한 떨기 흰 장미'와 같은 식으로 시작되는 부분은 단순한 도입부로서 빠르게 읽고 지나치면서 핵심을 찾는 데 주의를 집중해야 합니다. 역시나 단락의 후반부 '그런데' 이후 글쓴이가 하고 싶은 말이 제시됩니다. "그저 꽃잎의 모양과 순백의 색깔이 아름답다는 이유로 만족을 느끼기도 한다."라고 언급하고 있습니다.

단락2 가끔씩 우리는 이렇게 평소와는 매우 다른 특별한 순간들을 맛본다. 평소에 중요하게 여겨지던 것들이 이때에는 철저히 관심 밖으로 밀려나고, 오직 대상의 내재적인 미적 형식만이 관심의 대상이 된다. 이러한 마음의 작동 방식을 가리키는 개념어가 '미적 무관심성'이다. 칸트가 이 개념의 대표적인 대변자인데, 그에 따르면 미적 무관심성이란 대상의 아름다움을 판정할 때 요구되는 순수하게 심미적인 심리 상태를 뜻한다. 즉 'X는 아름답다.'라고 판단할 때 우리의 관심은 오로지 X의 형식적 측면이 우리의 감수성에 쾌·불쾌를 주는지를 가리는 데 있으므로 '무관심적 관심'이다. 그리고 무언가를 실질적으로 얻거나 알고자 하는 모든 관심으로부터 자유로운 X의 존재 가치는 '목적 없는 합목적성'에 있다.

◎ 이제 앞에서의 생각을 전문적인 개념으로 연결 짓는 부분입니다. "오직 대상의 내재적인 미적 형식만이 관심의 대상이 된다."는 칸트의 '미적 무관심성' 개념이 등장하게 됩니다. 순수하게 심미적인 심리 상태를 뜻한다고 말하고 있습니다. 우리가 알고 있는 문학 감상법 중에서 내재적 감상법과 비슷합니다.
문장을 읽어 가면서 중요한 단어들을 확인하도록 합니다. '무관심적 관심'이라든지 '목적 없는 합목적성'이라든지…… 이게 무슨 말이냐구요? 저도 잘 모릅니다. 다만 '미적 무관심성'이 어떠한 개념인지 정도만 파악해 놓으세요.

단락3 ㉠ 대상의 개념이나 용도 및 현존으로부터의 완전한 거리 두기를 통해 도달할 수 있는 순수 미적인 차원에 대한 이러한 이론적 정당화는, 쇼펜하우어에 이르러서는 예술미의 관조를 ㉡ 인간의 영적 구원의 한 가능성으로 평가하는 사상으로까지 발전하였다. 불교에 심취한 그는 칸트의 '미적 무관심성' 개념에서 더 나아가 '미적 무욕성'을 주창했다. 그에 따르면 이 세계는 '맹목적 의지'가 지배하는 곳으로, 거기에 사는 우리는 ㉢ 욕구와 결핍의 부단한 교차 속에서 고통받지만, 예술미에 도취하는 그 순간만큼은 해방을 맛본다. 즉 '의지의 폭정'에서 벗어나 ㉣ 잠정적인 열반에 도달한다.

◎ 이러한 순수 미적인 차원에 대해서, 쇼펜하우어에 이르러 더욱 이론적 정당화가 이루어진다고 말합니다. 또 장황하게 그 이론이 나오고 있습니다. 복잡해 보이지만 어차피 말하고자 하는 것은 '내재적인 미적 형식만이 관심의 대상이 된다'는 맨 처음의 논의입니다.

단락4 미적 무관심성은 예술의 고유한 가치를 옹호하는 데 큰 역할을 하는 개념이다. 그러나 우리는 그것이 극단적으로 추구될 경우에 가해질 수 있는 비판을 또한 존중하지 않을 수 없다. 왜냐하면 독립 선언이 곧 ㉤ 고립 선언은 아니기 때문이다. 예술의 고유한 가치는 진리나 선과 같은 가치 영역들과 유기적인 조화를 이룰 때 더욱 고양된다. 요컨대 예술은 다른 목적에 종속되는 한갓된 수단이 되어서도 안 되겠지만, 그것의 지적·실천적 역할이 완전히 도외시되어서도 안 된다.

◎ 이러한 사상적 조류의 의의를 제시하고 있습니다. 또한 '그러나'를 통해 그것에 대한 비판도 존중하고 있습니다. 가장 마지막 문장에서 "그것의 지적·실천적 역할이 완전히 도외시되어서도 안 된다."라고 말하면서, 외부에 대한 관심이 완전히 정지된 예술을 경계하고 있습니다. 너무 극단적인 것은 무리가 있다는 정도로 이해하면 될 것입니다.

● **문제 분석 및 풀이**

12

답 ⑤

㉠~㉤의 의미에 대해 해석하는 문제입니다. 이미 독해하며 지문 전체의 흐름을 알았으니 그리 어렵지 않은 문제일 것입니다. 이 문제는 하나의 답을 고르는 것이 오답을 제거하는 것보다 쉬운 편입니다.

답은 ⑤가 되는데, ㉤의 '고립 선언'이 예술가들이 별도의 작업 공간을 요구하는 선언은 아닐 것입니다. 다소 어이가 없는 선택지입니다. ㉤ 주변의 문맥, 즉 '진리나 선과 같은 가치 영역들과의 조화', '지적·실천적 역할' 등을 통해 ㉤이 의미하는 것은 '다른 가치 영역들로부터의' 고립 선언이라는 점을 확인할 수 있습니다.

오답 피하기

① ㉠에서 '거리를 둔다'는 것은 선택지에서의 '도외시한다'는 것과 연결되고 내용도 얼추 일치한다고 볼 수 있죠.

② ㉡의 주변을 보면 순수 미적인 차원에 대한 이론적 정당화는 예술미의 관조를 영적 구원의 한 가능성으로 평가하는 사상으로까지 발전하였다고 했는데, 선택지와 맞춰 보면 개별적 취향의 만족에서 나아가 궁극적으로 인간 정신의(영적) 구원으로까지 고양된다고 하였으니 적절한 해석입니다.

③ 욕구와 결핍의 부단한 교차라는 것이 무엇을 얻고자 하나(욕구), 만족 대신 부족함만이 지배하는 상태의 지속(결핍)을 뜻한다고 하였으니 적절한 해석입니다.

④ ㉣의 앞 문장을 보면, 예술미에 도취하는 그 순간만큼은 해방을 맛본다고 하였기 때문에, 선택지에서 이 순간이 집착과 고통에서 벗어나는 기쁨의 상태라고 설명한 내용은 적절한 해석이 되겠습니다.

13

답 ③

어렵지 않은 문제입니다. '칸트의 입장'은 예술을 내재적인 미적 형식만을 중심으로 감상하고 관심을 가지는 것입니다. 앞에서 언급했듯이 문학 작품의 감상법(내재적, 외재적 감상)처럼 생각하고 선택지를 분석하면 됩니다.

선택지 ③에서는 특정 영화의 색채 묘사나 카메라의 시점 처리를 대담한 '형식 실험'이라고 하였는데, 칸트는 대상의 '미적 형식'만이 관심의 대상이 된다고 하였습니다. 그러므로 이것은 칸트의 입장과 연결된다고 할 수 있습니다. 또한 그 형식 실험으로 인하여 상식을 뛰어넘은 독특한 심미적 가능성을 열었다는 것은 형식에서 심미적 만족을 얻는 칸트의 입장과 일치합니다.

오답 피하기

① 영화를 사회적인 요소들과 결부시키고 있죠.

② 사회적 요소들과 거리 두기를 시도하고 있지만 '내재적 형식'에 초점을 맞추고 있지는 않습니다.

④ 영화 주인공에 초점을 맞추고 있습니다.

⑤ 새로운 깨달음을 얻는 것을 영화 보기의 목적으로 생각하고 있죠. 마치 문학 감상법에서 '효용론'과 유사하네요.

14 답 ③

| 조 : 조건 분석 |

윗글의 주요 개념을 사용하여 〈보기〉의 '쇤베르크의 음악'을 평가할 때, 가장 적절한 것은?

선택지 분석을 통해서 어떤 주요 개념들이 나오는지 파악하고 그 개념이 나오는 부분의 지문을 근거 범위로 하여 〈보기〉를 분석해야 합니다. 선택지를 보면 '미적 무관심성', '미적 무욕성', '지적·실천적 역할' 등 세 가지 개념이 나오고 있습니다. 지문을 통해 그 개념들을 확실하게 해 놓은 다음, 〈보기〉의 ⓐ, ⓑ가 이 세 가지 중 어디에 해당하는지 찾아 들어가면 됩니다.

| 커 : 근거 축소 |

〈보기〉를 분석해 보면,

〈보기〉 쇤베르크의 음악은 ⓐ 음의 높낮이와 리듬만으로 구성된 작은 단위들의 변형과 발전을 통해 구현되지만, 주음－부음 관계를 파괴하는 불협화음 전략에는 ⓑ 억압적 사회 구조로 인한 고통, 이에 대한 폭로와 저항 등이 오묘하게 함축되어 있다.

ⓐ와 ⓑ 두 가지를 확인할 수 있습니다. 이제 이들이 어떤 개념과 연관되는지 확인해 봅니다.

ⓐ는

단락2-5 우리의 관심은 오로지 X의 형식적 측면이 우리의 감수성에 쾌·불쾌를 주는지를 가리는 데 있으므로 '무관심적 관심'이다.

ⓑ는

단락4-4 예술의 고유한 가치는 진리나 선과 같은 가치 영역들과 유기적인 조화를 이룰 때 더욱 고양된다. 요컨대 예술은 다른 목적에 종속되는 한갓된 수단이 되어서도 안 되겠지만, 그것의 지적·실천적 역할이 완전히 도외시되어서도 안 된다.

따라서 ⓐ는 '미적 무관심성'과 연관되고, ⓑ는 '지적·실천적 역할'과 연관됩니다. 이러한 두 측면 모두를 강조한 선택지 ③을 답으로 고를 수 있습니다.

오|답|피|하|기

④가 답이 되지 않는 이유는 〈보기〉에서 형식을 탈피한다는 내용이 드러나 있지 않고(미적 무관심성의 탈피는 아니라는 것), '직접적인 저항을 추구'하는 것이 아니라 그 형식에 오묘하게 말하고자 하는 의미들이 함축되어 있기 때문입니다.

15～17

● 지문 독해

단락1 DNS(도메인 네임 시스템) 스푸핑은 인터넷 사용자가 어떤 사이트에 접속하려 할 때 사용자를 위조 사이트로 접속시키는 행위를 말한다. 이는 도메인 네임을 IP 주소로 변환해 주는 과정에서 이루어진다.

DNS 스푸핑의 개념을 설명하고 있습니다. 앞으로 이에 대해 좀 더 구체적인 내용을 전개하리라 생각할 수 있습니다.

단락2 인터넷에 연결된 컴퓨터들이 서로를 식별하고 통신하기 위해서 각 컴퓨터들은 IP(인터넷 프로토콜)에 따라 만들어지는 고유 IP 주소를 가져야 한다(고유 IP 주소를 가지는 이유는 컴퓨터들이 서로를 식별하고 통신하기 위해서). 프로토콜은 컴퓨터들이 연결되어 서로 데이터를 주고받기 위해 사용하는 통신 규약으로 소프트웨어나 하드웨어로 구현된다(프로토콜의 개념). 현재 주로 사용하는 IP 주소는 '***.126.63.1'처럼 점으로 구분된 4개의 필드에 숫자를 사용하여 나타낸다. 이 주소를 중복 지정하거나 임의로 지정해서는 안 되고 공인 IP 주소를 부여받아야 한다(컴퓨터들이 서로를 식별하고 통신하기 위해서이니).

IP 주소에 대해 설명하고 있습니다.

단락3 공인 IP 주소에는 동일한 번호를 지속적으로 사용하는 고정 IP 주소와 번호가 변경되기도 하는 유동 IP 주소가 있다. 유동 IP 주소는 DHCP라는 프로토콜에 의해 부여된다. DHCP는 IP 주소가 필요한 컴퓨터의 요청을 받아 주소를 할당해 주고, 컴퓨터가 IP 주소를 사용하지 않으면 주소를 반환받아 다른 컴퓨터가 그 주소를 사용할 수 있도록 해 준다(DHCP의 개념). 한편, 인터넷에 직접 접속은 안 되고 내부 네트워크에서만 서로를 식별할 수 있는 사설 IP 주소도 있다.

◎ 공인 IP 주소에는 고정 IP와 유동 IP가 있습니다. 한편 내부 네트워크에서만 사용되는 사설 IP 주소도 언급합니다.

단락4 인터넷은 공인 IP 주소를 기반으로 동작하지만 우리가 인터넷을 사용할 때는 IP 주소 대신 사용하기 쉽게 'www.***.***' 등과 같이 문자로 이루어진 도메인 네임을 이용한다. 따라서 도메인 네임을 IP 주소로 변환해 주는 DNS가 필요하며 DNS를 운영하는 장치를 네임서버라고 한다. 컴퓨터에는 네임서버의 IP 주소가 기록되어 있어야 하는데, 유동 IP 주소를 할당받는 컴퓨터에는 IP 주소를 받을 때 네임서버의 IP 주소가 자동으로 기록되지만, 고정 IP 주소를 사용하는 컴퓨터에는 사용자가 네임서버의 IP 주소를 직접 기록해 놓아야 한다(네임서버와 관련하여 유동 IP와 고정 IP의 처리 방식이 다릅니다.). 인터넷 통신사는 가입자들이 공동으로 사용할 수 있는 네임서버를 운영하고 있다.

◎ 도메인 네임을 설명하고 네임서버의 개념을 소개하고 있습니다.

단락5 ㉮ 사용자가 어떤 사이트에 정상적으로 접속하는 과정을 살펴보자. 웹 사이트에 접속하려고 하는 컴퓨터를 클라이언트라 한다(클라이언트의 개념). 사용자가 방문하고자 하는 사이트의 도메인 네임을 주소창에 직접 입력하거나 포털 사이트에서 그 사이트를 검색해 클릭하면 클라이언트는 기록되어 있는 네임서버에 도메인 네임에 해당하는 IP 주소를 물어보는 질의 패킷을 보낸다. 네임서버는 해당 IP 주소가 자신의 목록에 있으면 클라이언트에 이 IP 주소를 알려 주는 응답 패킷을 보낸다. 응답 패킷에는 어느 질의 패킷에 대한 응답인지가 적혀 있다. 만일 해당 IP 주소가 목록에 없으면 네임서버는 다른 네임서버의 IP 주소를 알려 주는 응답 패킷을 보내고, 클라이언트는 다시 그 네임서버에 질의 패킷을 보내는 단계로 돌아가 같은 과정을 반복한다. 클라이언트는 이렇게 알아낸 IP 주소로 사이트를 찾아간다. 네임서버와 클라이언트는 UDP라는 프로토콜에 맞추어 패킷을 주고받는다. UDP는 패킷의 빠른 전송 속도를 확보하기 위해 상대에게 패킷을 보내기만 할 뿐 도착 여부는 확인하지 않으며, 특정 질의 패킷에 대해 처음 도착한 응답 패킷을 신뢰하고 다음에 도착한 패킷은 확인하지 않고 버린다. DNS 스푸핑은 UDP의 이런 허점들을 이용한다('이런 허점'은 이 문장 바로 앞에서 제시한 UDP의 특성입니다.).

◎ 사용자가 어떤 사이트에 접속하는 과정을 구체적으로 설명하고 있습니다. DNS 스푸핑은 이 과정의 허점을 이용한다고 합니다. 이후 구체적으로 이에 대해 설명할 것입니다.

단락6 ㉯ DNS 스푸핑이 이루어지는 과정을 알아보자. 악성 코드에 감염되어 DNS 스푸핑을 행하는 컴퓨터를 공격자라 한다. 클라이언트가 네임서버에 특정 IP 주소를 묻는 질의 패킷을 보낼 때, 공격자에도 패킷이 전달되고 공격자는 위조 사이트의 IP 주소가 적힌 응답 패킷을 클라이언트에 보낸다. 공격자가 보낸 응답 패킷이 네임서버가 보낸 응답 패킷보다 클라이언트에 먼저 도착하고 클라이언트는 공격자가 보낸 응답 패킷을 옳은 패킷으로 인식하여 위조 사이트로 연결된다.

◎ 지금까지 살펴본 내용을 바탕으로 DNS 스푸핑을 설명하고 있습니다.

● **문제 분석 및 풀이**

15 **답 ③**

| 조 : 조건 분석 |

〈보기〉는 ㉮ 또는 ㉯에서 이루어지는 클라이언트의 동작을 나타낸 것이다. 이에 대한 이해로 적절한 것은?

◎ 〈보기〉는 사용자가 어떤 사이트에 접속하고자 하는 과정을 나타내고 있습니다. 각 선택지에 해당하는 과정이 지문의 어느 부분에 대응하는지 빠르게 찾아볼 수 있어야 합니다.

| 커 : 근거 축소 |

① ㉮ : ⓐ가 두 번 동작했다면, 두 질의 내용이 동일하고 패킷을 받는 수신 측도 동일하다.

◎ 이 선택지를 판단할 때는 우선 ⓐ가 두 번 동작하는 경우를 지문에서 찾을 수 있어야 합니다.

단락5-6 만일 해당 IP 주소가 목록에 없으면 네임서버는 다른 네임서버의 IP 주소를 알려 주는 응답 패킷을 보내고, 클라이언트는 다시 그 네임서버에 질의 패킷을 보내는 단계로 돌아가 같은 과정을 반복한다. 클라이언트는 이렇게 알아낸 IP 주소로 사이트를 찾아간다.

◎ 지문에서 "다시 그 네임서버에 질의 패킷을 보내는 단계"라고 하여 질의 패킷을 보내는 단계가 두 번 동작했음을 확인할 수 있습니다. 그 다음 판단해야 할 내용은 선택지에서 진술한 두 질의 내용이 동일한지, 패킷을 받는 수신 측이 동일한지 여부입니다.
맨 처음 질의 내용은 지문에서 "네임서버에 도메인 네임에 해당하는 IP 주소를 물어보는 질의 패킷"임을 확인할 수 있고, 두 번째 질의 내용은 "클라이언트는 다시 그 네임서버에 질의 패킷을 보내는 단계로 돌아가 같은 과정을 반복한다."라고 하여 같은 질의 내용임을 확인할 수 있습니다.
그런데 패킷을 받는 수신 측과 관련하여, 지문에서 "다른 네임서버의 IP 주소를 알려 주는 ~ 다시 그 네임서버에 질의 패킷을 보"낸다고 하였으므로, 두 번째 질의는 첫 번째 질의를 수신했던 네임서버와는 다른 네임서버임을 확인할 수 있습니다.

② ㉮ : ⓑ가 두 번 동작했다면, 두 응답 내용이 서로 다르고 패킷을 보낸 송신 측은 동일하다.

◎ 지문에서 응답 패킷을 두 번 받는 경우는 처음 네임서버에서 다른 네임서버의 IP 주소를 알려 줄 때입니다. 첫 번째 응답 패킷은 "만일 해당 IP 주소가 목록에 없으면 네임서버는 다른 네임서버의 IP 주소를 알려 주는 응답 패킷"이고, 두 번째 응답 패킷은 "네임서버는 해당 IP 주소가 자신의 목록에 있으면 클라이언트에 이 IP 주소를 알려 주는 응답 패킷"입니다. 두 네임서버가 다른 네임서버인 점은 앞에서 살펴봤었습니다.
물론 첫 번째 네임서버나 두 번째 네임서버 모두 다른 네임서버의 IP 주소를 알려 주는 경우도 있을 수 있습니다. 이렇게까지 생각해 봤다면 그 자체로 훌륭한 공부입니다. 그러나 선택지에서는 "ⓑ가 두 번 동작했다면"이라고 전제하고 있습니다. 이는 두 번째 동작에서 마지막 ⓔ까지 진행되었다는 의미입니다. 물론 여기까지도 생각했다면 정말 훌륭한 공부 자세를 가지고 있다고 평가합니다.

④ ㉯ : ⓓ의 응답 패킷에는 공격자가 보내 온 IP 주소가 포함되어 있다.

⑤ ㉯ : ⓔ의 IP 주소는 ⓐ에서 질의한 도메인 네임에 해당하는 IP 주소이다.

◎ ⓓ의 응답 패킷은 처음(먼저) 도착하지 않아서 버려지는 응답 패킷입니다.

단락6-3 공격자에도 패킷이 전달되고 공격자는 위조 사이트의 IP 주소가 적힌 응답 패킷을 클라이언트에 보낸다. 공격자가 보낸 응답 패킷이 네임서버가 보낸 응답 패킷보다 클라이언트에 먼저 도착하고 클라이언트는 공격자가 보낸 응답 패킷을 옳은 패킷으로 인식하여 위조 사이트로 연결된다.

◎ 위와 같이 지문에서는 공격자가 보낸 응답 패킷(위조 사이트의 IP 주소가 적힌 응답 패킷)이 클라이언트에 먼저 도착한다고 서술하고 있습니다. 따라서 처음 도착한 ⓔ의 응답 패킷에 '공격자가 보내 온 IP 주소'가 포함되어 있고, ⓓ의 응답 패킷에는 '제대로 된 IP 주소'가 포함되어 있을 것입니다.

③ ㉮ : ⓒ는 ⓐ에서 질의한 도메인 네임에 해당하는 IP 주소를 네임서버가 찾았는지 여부를 확인하는 절차이다.

단락5-4 네임 서버는 해당 IP 주소가 자신의 목록에 있으면 클라이언트에 이 IP 주소를 알려 주는 응답 패킷을 보낸다. 응답 패킷에는 어느 질의 패킷에 대한 응답인지가 적혀 있다. 만일 해당 IP 주소가 목록에 없으면 네임서버는 다른 네임서버의 IP 주소를 알려 주는 응답 패킷을 보내고, 클라이언트는 다시 그 네임서버에 질의 패킷을 보내는 단계로 돌아가 같은 과정을 반복한다.

◎ 클라이언트가 응답 패킷을 확인해서 도메인 네임에 해당하는 IP 주소라면 그 주소로 접속할 것이고, 다른 네임서버의 IP 주소라면 다시 그 네임서버에 질의 패킷을 보내게 됩니다.
구체적으로 클라이언트가 어떻게 이를 확인하는지는 알 수 없으나, 위 지문에서 설명한 바와 같이 응답 패킷에는 어느 질의 패킷에 대한 응답인지가 적혀 있기 때문에 클라이언트가 적절히 이를 확인할 수 있을 것이라 추측할 수 있습니다.

16 **답 ②**

② 동일한 내부 네트워크에 연결된 컴퓨터들의 사설 IP 주소는 서로 달라야 한다.

단락3-4 한편, 인터넷에 직접 접속은 안 되고 내부 네트워크에서만 서로를 식별할 수 있는 사설 IP 주소도 있다.

◎ 사설 IP 주소에 대해 찾아보면 '식별'이라는 단어를 발견할 수 있습니다. 여기서 바로 정답으로 골라도 되나, 한 단계 더 분석해 볼 필요가 있습니다. 왜냐하면 서로를 식별한다는 개념이

곧바로 IP 주소가 서로 달라야 한다는 것과 이어지는 것은 아니기 때문입니다.

단락2 인터넷에 연결된 컴퓨터들이 서로를 식별하고 통신하기 위해서 각 컴퓨터들은 IP(인터넷 프로토콜)에 따라 만들어지는 고유 IP 주소를 가져야 한다. 프로토콜은 컴퓨터들이 연결되어 서로 데이터를 주고받기 위해 사용하는 통신 규약으로 소프트웨어나 하드웨어로 구현된다. 현재 주로 사용하는 IP 주소는 '***.126.63.1'처럼 점으로 구분된 4개의 필드에 숫자를 사용하여 나타낸다. 이 주소를 중복 지정하거나 임의로 지정해서는 안 되고 공인 IP 주소를 부여받아야 한다.

◎ 인터넷에 연결된 컴퓨터에 대한 설명이지만 서로를 식별하기 위해 고유 IP 주소를 가져야 한다는 설명을 참고할 수 있습니다. 또한 IP 주소를 중복 지정하면 안 된다는 속성도 확인할 수 있습니다. 이를 통해 '식별'의 의미를 더욱 정확하게 파악할 수 있습니다.
이렇게 유추한 내용을 사설 IP 주소에도 적용해 보면, 서로를 식별하기 위해서는 IP 주소가 서로 달라야 한다고 생각할 수 있습니다.

오답피하기

① DNS는 도메인 네임을 사설 IP 주소로 변환한다.

단락4-2 따라서 도메인 네임을 IP 주소로 변환해 주는 DNS가 필요하며 DNS를 운영하는 장치를 네임서버라고 한다.

◎ 위와 같이 DNS가 도메인 네임을 IP 주소로 변환해 주는 것임은 확인할 수 있습니다. 그런데 '사설 IP 주소'인지 아닌지가 문제가 됩니다. 그렇다면 공부를 잘하는 학생들은 당연히 지문에서 '사설 IP 주소'를 찾아보게 됩니다.

단락3-4 한편, 인터넷에 직접 접속은 안 되고 내부 네트워크에서만 서로를 식별할 수 있는 사설 IP 주소도 있다.

◎ 사설 IP 주소에 대한 서술은 위와 같습니다. 그런데 여기까지 찾아봤다고 곧장 선택지가 적절한지 판단할 수는 없습니다. 뭔가 연결고리가 하나 더 있어야 합니다. 그걸 찾기 위해 지문을 다시 분석적으로 살펴봅니다. DNS가 속한 단락을 크게 바라봅니다.

단락4-1 인터넷은 공인 IP 주소를 기반으로 동작하지만 우리가 인터넷을 사용할 때는 IP 주소 대신 사용하기 쉽게 'www.***.***' 등과 같이 문자로 이루어진 도메인 네임을 이용한다. 따라서 도메인 네임을 IP 주소로 변환해 주는 DNS가 필요하며 DNS를 운영하는 장치를 네임서버라고 한다.

◎ 애초 DNS가 인터넷에 대한 단락에 등장하는 개념이었고, 인터넷은 공인 IP 주소를 기반으로 동작한다고 합니다. 그렇다면 앞에서 찾아본 사설 IP의 속성에서 '인터넷에 직접 접속은 안 된다'는 것을 떠올려 볼 수 있습니다. 그렇다면 이 두 개념을 붙여 놓은 선택지는 적절하지 않다고 판단할 수 있습니다. 물론 DNS가 위와 같이 도메인 네임을 공인 IP 주소로 변환하니까, 사설 IP 주소로 변환한다고 단정한 선택지 진술이 적절하지 않다고 판단해도 무방합니다. 지문을 통해서 DNS가 절대로 사설 IP 주소로 변환하는 것이 아니라는 정보를 얻기는 어려우니까요.

③ 유동 IP 주소 방식의 컴퓨터들에는 동시에 동일한 공인 IP 주소를 할당할 수 있다.
④ 고정 IP 주소 방식의 컴퓨터들에는 동시에 동일한 공인 IP 주소를 부여할 수 있다.

단락2 인터넷에 연결된 컴퓨터들이 서로를 식별하고 통신하기 위해서 각 컴퓨터들은 IP(인터넷 프로토콜)에 따라 만들어지는 고유 IP 주소를 가져야 한다. 프로토콜은 컴퓨터들이 연결되어 서로 데이터를 주고받기 위해 사용하는 통신 규약으로 소프트웨어나 하드웨어로 구현된다. 현재 주로 사용하는 IP 주소는 '***.126.63.1'처럼 점으로 구분된 4개의 필드에 숫자를 사용하여 나타낸다. 이 주소를 중복 지정하거나 임의로 지정해서는 안 되고 공인 IP 주소를 부여받아야 한다.

단락3 공인 IP 주소에는 동일한 번호를 지속적으로 사용하는 고정 IP 주소와 번호가 변경되기도 하는 유동 IP 주소가 있다. 유동 IP 주소는 DHCP라는 프로토콜에 의해 부여된다. DHCP는 IP 주소가 필요한 컴퓨터의 요청을 받아 주소를 할당해 주고, 컴퓨터가 IP 주소를 사용하지 않으면 주소를 반환받아 다른 컴퓨터가 그 주소를 사용할 수 있도록 해 준다. 한편, 인터넷에 직접 접속은 안 되고 내부 네트워크에서만 서로를 식별할 수 있는 사설 IP 주소도 있다.

◎ 위와 같이 공인 IP 주소는 고정 IP 주소와 유동 IP 주소로 구분됩니다. 그런데 공인 IP 주소는 위와 같이 고유 IP 주소를 가져야 하고 IP 주소의 중복 지정이 불가한 성격을 가지고 있습니다.

⑤ IP 주소가 서로 다른 컴퓨터들은 각각에 기록되어 있는 네임서버의 IP 주소도 서로 달라야 한다.

단락4-3 유동 IP 주소를 할당받는 컴퓨터에는 IP 주소를 받을 때 네임서버의 IP 주소가 자동으로 기록되지만, 고정 IP 주소를 사용하는 컴퓨터에는 사용자가 네임서버의 IP 주소를 직접 기록해 놓아야 한다. 인터넷 통신사는 가입자들이 공동으로 사용할 수 있는 네임서버를 운영하고 있다.

◎ 위 지문에서 설명한 바와 같이 가입자(IP 주소가 서로 다른 컴퓨터)들이 공동으로 사용할 수 있는 네임서버도 있기 때문에, 가입자들 각각에 기록된 네임서버의 IP 주소가 같은 경우도 있을 수 있습니다.

17 답 ⑤

| 조 : 조건 분석 |

윗글과 〈보기〉를 참고할 때, DNS 스푸핑을 피하기 위한 방법으로 적절한 것은?

◎ 〈보기〉의 핵심을 검토한 뒤, 지문에서 DNS 스푸핑을 다룬 단락을 보면서 둘 사이 대응하는 부분을 찾아 답을 고르면 됩니다.

| 커 : 근거 축소 |

〈보기〉 클라이언트가 이 파일에서 원하는 도메인 네임의 IP 주소를 찾으면 그 주소로 바로 접속하고, IP 주소를 찾지 못했을 때 클라이언트는 네임서버에 질의 패킷을 보낸다.

◎ 〈보기〉에서 중요한 부분은 대부분 마지막에 제시됩니다. 이 문제도 마찬가지인데요. 경우를 두 가지로 나누어 질의 패킷을 보내거나 질의 패킷을 안 보내고 바로 접속하는 경우를 설명하고 있습니다. 이제 여기까지 보고 지문에서 DNS 스푸핑을 자세히 설명한 마지막 단락을 찾아보면서, 우리가 위에서 찾은 〈보기〉의 핵심과 어떻게 대응시킬지 고민해 봅시다.

단락6 ㉮ DNS 스푸핑이 이루어지는 과정을 알아보자. 악성 코드에 감염되어 DNS 스푸핑을 행하는 컴퓨터를 공격자라 한다. 클라이언트가 네임서버에 특정 IP 주소를 묻는 질의 패킷을 보낼 때, 공격자에도 패킷이 전달되고 공격자는 위조 사이트의 IP 주소가 적힌 응답 패킷을 클라이언트에 보낸다. 공격자가 보낸 응답 패킷이 네임서버가 보낸 응답 패킷보다 클라이언트에 먼저 도착하고 클라이언트는 공격자가 보낸 응답 패킷을 옳은 패킷으로 인식하여 위조 사이트로 연결된다.

◎ DNS 스푸핑은 클라이언트가 네임서버에 질의 패킷을 보내는 것에서부터 시작합니다. 〈보기〉에서는 클라이언트가 질의 패킷을 보내지 않는 경우도 설명했다는 사실을 떠올릴 수 있습니다. 그 경우에는 공격자에게 질의 패킷이 전달되지 않기 때문에 클라이언트가 공격을 받을 일도 없겠죠? 가끔 이런 것을 어떻게 찾는지 궁금해하는 학생들도 있습니다. 〈보기〉의 핵심을 어떻게 지문 내용과 대응시킬 것인가 하는 목적의식을 가지고 지문을 읽다 보면 분명 이 부분을 찾게 됩니다.
따라서 선택지 ⑤와 같이 접속하려는 사이트의 도메인 네임과 IP 주소를 사용자가 클라이언트의 hosts 파일에 적어 놓으면, 클라이언트가 네임서버에 질의 패킷을 보내지 않고 곧장 해당 IP 주소로 접속할 것이기 때문에 DNS 스푸핑을 피할 수 있습니다.
만약 선택지 ④처럼 네임서버의 도메인 네임과 IP 주소를 사용자가 클라이언트의 hosts 파일에 적어 놓았다 하더라도, 접속하려는 사이트의 도메인 네임과 IP 주소가 hosts 파일에 적혀 있지 않다면 네임서버에 질의 패킷을 보내야 합니다. 이 과정에서 공격자에게 질의 패킷이 전달되니까 DNS 스푸핑이 이루어질 것입니다.

18~19

● 지문 독해

단락1 신체의 세포, 조직, 장기가 손상되어 더 이상 제 기능을 하지 못할 때에 이를 대체하기 위해 이식을 실시한다.(왜 이식을 실시하는지 확인) 이때 이식으로 옮겨 붙이는 세포, 조직, 장기를 이식편이라 한다. 자신이나 일란성 쌍둥이의 이식편을 이용할 수 없다면 다른 사람의 이식편으로 '동종 이식'을 실시한다. 그런데 우리의 몸은 자신의 것이 아닌 물질이 체내로 유입될 경우 면역 반응을 일으키므로, 유전적으로 동일하지 않은 이식편에 대해 항상 거부 반응을 일으킨다.(문제 상황을 제시합니다. 거부 반응을 일으킨다면 어떻게 해결해야 될까요?) 면역적 거부 반응은 면역 세포가 표면에 발현하는 주조직적합복합체(MHC) 분자의 차이에 의해 유발된다. 개체마다 MHC에 차이가 있는데 서로 간의 유전적 거리가 멀수록 MHC에 차이가 커져 거부 반응이 강해진다. 이를 막기 위해 면역 억제제를 사용하는데, 이는 면역 반응을 억제하여 질병 감염의 위험성을 높인다.

◎ 이식에 대해 설명합니다. 그런데 면역 반응으로 인해 어떤 이식편에 대해서는 거부 반응을 일으킨다고 합니다. 어떻게 이 문제를 해결할지 계속 제시될 것이라 예측할 수 있습니다.

단락2 이식에는 많은 비용이 소요될 뿐만 아니라 이식이 가능한 동종 이식편의 수가 매우 부족하기 때문에 이를 대체하는 방법이 개발되고 있다. 우선 인공 심장과 같은 '전자 기기 인공 장기'를 이용하는 방법이 있다. 하지만 이는 장기의 기능을 일시적으로 대체하는 데 사용되며, 추가 전력 공급 및 정기적 부품 교체 등이 요구되는 단점이 있고, 아직 인간의 장기를 완전히 대체할 만큼 정교한 단계에 이르지는 못했다.

◎ 전자 기기 인공 장기에 대해 설명합니다.

단락3 다음으로는 사람의 조직 및 장기와 유사한 다른 동물의 이식편을 인간에게 이식하는 '이종 이식'이 있다. 그런데 이종 이식은 동종 이식보다 거부 반응이 훨씬 심하게 일어난다. 특히 사람이 가진 자연항체는 다른 종의 세포에서 발현되는 항원에 반응하는데, 이로 인해 이종 이식편에 대해서 초급성 거부 반응 및 급성 혈관성 거부 반응이 일어난다. 이런 거부 반응을 일으키는 유전자를 제거한 형질 전환 미니돼지에서 얻은 이식편을 이식하는 실험이 성공한 바 있다. 미니돼지는 장기의 크기가 사람의 것과 유사하고 번식력이 높아 단시간에 많은 개체를 생산할 수 있다는 장점이 있어, 이를 이용한 이종 이식편을 개발하기 위한 연구가 진행되고 있다.

◎ 이종 이식에 대해 설명합니다.

단락4 이종 이식의 또 다른 문제는 내인성 레트로바이러스이다.(어떤 점이 문제일까요?) 내인성 레트로바이러스는 생명체의 DNA의 일부분으로, 레트로바이러스로부터 유래된 것으로 여겨지는 부위들이다. 이는 바이러스의 활성을 가지지 않으며 사람을 포함한 모든 포유류에 존재한다. 레트로바이러스는 자신의 유전 정보를 RNA에 담고 있고 역전사 효소를 갖고 있는 바이러스로서, 특정한 종류의 세포를 감염시킨다. 유전 정보가 담긴 DNA로부터 RNA가 생성되는 전사 과정만 일어날 수 있는 다른 생명체와는 달리, 레트로바이러스는 다른 생명체의 세포에 들어간 후 역전사 과정을 통해 자신의 RNA를 DNA로 바꾸고 그 세포의 DNA에 끼어들어 감염시킨다. 이후에는 다른 바이러스와 마찬가지로 자신이 속해 있는 생명체를 숙주로 삼아 숙주 세포의 시스템을 이용하여 복제, 증식하고 일정한 조건이 되면 숙주 세포를 파괴한다.

◎ 이종 이식의 또 다른 문제로서 내인성 레트로바이러스에 대해 설명합니다. 레트로바이러스의 역전사 과정에 주목해야 합니다. 그런데 아직 내인성 레트로바이러스는 설명하지 않았습니다. 아마 다음에 설명할 것입니다.

단락5 그런데 정자, 난자와 같은 생식 세포가 레트로바이러스에 감염되고도 살아남는 경우가 있었다. 이런 세포로부터 유래된 자손의 모든 세포가 갖게 된 것이 내인성 레트로바이러스이다. 내인성 레트로바이러스는 세대가 지나면서 돌연변이로 인해 염기 서열의 변화가 일어나며 해당 세포 안에서는 바이러스로 활동하지 않는다. 그러나 내인성 레트로바이러스를 떼어 내어 다른 종의 세포 속에 주입하면 이는 레트로바이러스로 변환되어 그 세포를 감염시키기도 한다. 따라서 미니돼지의 DNA에 포함된 내인성 레트로바이러스를 효과적으로 제거하는 기술이 개발 중에 있다.

◎ 내인성 레트로바이러스에 대해 설명합니다.

단락6 그동안의 대체 기술과 관련된 연구 성과를 토대로 ⓐ 이상적인 이식편을 개발하기 위해 많은 연구가 수행되고 있다.

◎ 앞에서 살펴본 다양한 이식 방법 중 아직 완벽한 것은 없어 보입니다. 이에 계속 연구가 진행되고 있다는 마무리입니다.

● **문제 분석 및 풀이**

18 **답** ①

각 선택지의 특징이 지문에 등장하는지 확인하는 문제입니다.

② 이식편은 대체를 하려는 장기와 크기가 유사해야 한다.
④ 이식편은 짧은 시간에 대량으로 생산이 가능해야 한다.

단락3-5 미니돼지는 장기의 크기가 사람의 것과 유사하고 번식력이 높아 단시간에 많은 개체를 생산할 수 있다는 장점이 있어, 이를 이용한 이종 이식편을 개발하기 위한 연구가 진행되고 있다.

③ 이식편과 수혜자 사이의 유전적 거리를 극복해야 한다.

단락1-6 개체마다 MHC에 차이가 있는데 서로 간의 유전적 거리가 멀수록 MHC에 차이가 커져 거부 반응이 강해진다.

⑤ 이식편이 체내에서 거부 반응을 유발하지 않아야 한다.

단락1-4 그런데 우리의 몸은 자신의 것이 아닌 물질이 체내로 유입될 경우 면역 반응을 일으키므로, 유전적으로 동일하지 않은 이식편에 대해 항상 거부 반응을 일으킨다.

① 이식편의 비용을 낮추어서 정기 교체가 용이해야 한다.

단락2에서 전자 기기 인공 장기의 단점으로 "하지만 이는 장기의 기능을 일시적으로 대체하는 데 사용되며, 추가 전력 공급 및 정기적 부품 교체 등이 요구되는 단점이 있고, 아직 인간의 장기를 완전히 대체할 만큼 정교한 단계에 이르지는 못했다."를 언급합니다. 상식적으로 생각해도 장기를 정기적으로 교체한다는 건 적절하지 않습니다.

19 답 ③

먼저 신문 기사의 ㉮는 어떤 이식에 해당할지 ㉮ 주변을 통해 확인해야 합니다. ㉮ 바로 앞의 "수혜자 자신의 줄기 세포만을 이용"했다는 점에 주목해 보면, ㉮는 단락1에서 잠깐 등장한 "자신이나 일란성 쌍둥이의 이식편을 이용"하는 경우에 해당할 수 있습니다. 여기까지 확인했다면 나머지는 선택지를 하나씩 확인하며 지문과 비교하면 됩니다.

① 전자 기기 인공 장기와 달리 전기 공급 없이도 기능을 유지할 수 있겠군.

전자 기기 인공 장기에 전기 공급이 필요한지 찾아보면 됩니다. 단락2에서 "하지만 이는 장기의 기능을 일시적으로 대체하는 데 사용되며, 추가 전력 공급 및 정기적 부품 교체 등이 요구되는 단점이 있고"라고 언급한 부분을 확인할 수 있습니다.

② 동종 이식편과 달리 이식 후 면역 억제제를 사용할 필요가 없겠군.

동종 이식편을 이식하면 면역 억제제 사용이 요구되는지 찾아봐야 합니다. 단락1에서 "이를 막기 위해 면역 억제제를 사용하는데"라고 언급한 부분을 확인할 수 있습니다.

④ 이종 이식편과 달리 유전자를 조작하는 과정이 필요하지는 않겠군.

이종 이식편에 유전자 조작 과정이 요구되는지 찾아봐야 합니다. 단락3에서 "이런 거부 반응을 일으키는 유전자를 제거한 형질 전환 미니돼지에서 얻은 이식편을 이식하는 실험이 성공한 바 있다."라고 언급한 부분을 확인할 수 있습니다.

⑤ 이종 이식편과 달리 자연항체에 의한 초급성 거부 반응이 일어나지 않겠군.

이종 이식편을 이식하면 자연항체에 의한 초급성 거부 반응이 일어나는지 찾아봐야 합니다. 단락3에서 "특히 사람이 가진 자연항체는 다른 종의 세포에서 발현되는 항원에 반응하는데, 이로 인해 이종 이식편에 대해서 초급성 거부 반응 및 급성 혈관성 거부 반응이 일어난다."라고 언급한 부분을 확인할 수 있습니다.

③ 동종 이식편과 달리 내인성 레트로바이러스를 제거할 필요가 없겠군.

동종 이식편에서 내인성 레트로바이러스를 제거할 필요가 있는지 찾아봐야 합니다. 그런데 단락4에서 "이종 이식의 또 다른 문제는 내인성 레트로바이러스이다."라고 언급한 부분을 확인할 수 있습니다. 내인성 레트로바이러스 문제는 이종 이식의 문제점이지 동종 이식편의 문제점이 아니기 때문에 잘못된 서술입니다.

Day 12
운문 문학 : 작품 해석과 문제풀이 연습

003 국어영역 네 눈에 정답만 보이게 해줄게

유제 : 실전 연습

본문 P. 372~387

01 ④	02 ②	03 ①	04 ②	05 ⑤
06 ②	07 ⑤	08 ④	09 ③	10 ①
11 ④	12 ③	13 ②	14 ①	15 ③
16 ③	17 ④	18 ②	19 ③	20 ④

01~03

● 작품 관찰

㉮ 백석, 〈수라(修羅)〉

거미 새끼 하나 **방바닥**에 나린 것을 나는 아무 생각 없이 문 밖으로 쓸어 버린다
차디찬 밤이다

○ 시적 화자는 거미가 집에 있으니 별 생각 없이 밖으로 쓸어 버렸다고 얘기합니다.

어니젠가 새끼 거미 **쓸려 나간 곳**에 큰 거미가 왔다
나는 가슴이 짜릿한다
나는 또 큰 거미를 쓸어 문 밖으로 버리며
찬 밖이라도 **새끼 있는 데**로 가라고 하며 서러워한다

○ 그런데 큰 거미가 왔다고 합니다. 시적 화자는 아무래도 아까 쓸어 버린 새끼 거미의 부모 중 하나일 것이라 생각하고 '가슴이 짜릿한다'라며 감정을 드러냅니다. 다시 그 큰 거미를 쓸어 내며 아까 그 새끼 거미를 만나라면서 '서러워'합니다. 시적 화자의 감정이 직접적으로 표현되어 있습니다.

이렇게 해서 아린 가슴이 싹기도 전이다
어데서 좁쌀알만 한 알에서 가제 깨인 듯한 발이 채 서지도 못한 무척 작은 새끼 거미가 이번엔 **큰 거미 없어진 곳**으로 와서 아물거린다
나는 가슴이 메이는 듯하다
내 손에 오르기라도 하라고 나는 손을 내어 미나 분명히 울고불고할 이 작은 것은 나를 무서우이 달아나 버리며 나를 서럽게 한다
나는 이 작은 것을 고이 보드러운 종이에 받아 또 **문 밖**으로 버리며
이것의 엄마와 누나나 형이 가까이 이것의 걱정을 하며 있다가 쉬이 만나기나 했으면 좋으련만 하고 슬퍼한다

○ 그런데 이번에는 무척 작은 새끼 거미가 옵니다. 시적 화자는 거미 가족을 자기가 모두 흩어 버렸다는 생각에 '가슴이 메이고', '서럽고', '슬퍼'합니다.

㉯ 김선우, 〈신(神)의 방〉

이런 돼지가 살았다지요 반들거리는 검은 털에 날렵한 주둥이를 가진, 유난히 흙의 온기를 좋아하여 흙이랑 노는 일을 제일로 즐거워했다는군요 기른다는 것이 실은 서로 길드는 것이어서 이 지방 사람들은 통시라는 거처를 마련했다지요 인간의 배변 장소와 돼지우리가 함께 있는 아주 재미난 방인 셈인데요(통시라는 곳에 대한 설명) 지붕을 덮지 않은 널찍한 호를 파고 지푸라기 조금 깔아준 방 안에서 이 짐승은 눈비 맞고 흙과 똥과 뒹굴면서 비바람 햇볕을 고스란히 살 속에 아로새기게 되었다는데요 음식물 찌꺼기며 설거지 물까지 버릴 것 없이 모아둔 큰 독 속에서 한때 빛나던 것들이 제 힘으로 다시 빛날 때 발효한 이 먹이를 돼지가 먹고 돼지의 배설물은 보리밭 거름으로 이쁜 보리들을 길렀다는데요(음식물 찌꺼기를 돼지가 먹고 다시 돼지 배설물은 이쁜 보리가 되는 선순환) 그래도 이 짐승의 주식이 사람의 똥이었던 것은 생명은 생명에게 공양되는 법(위에서 제시한 선순환의 의미)이라 행여 남아 있을 산 것들의 온기가 더럽고 하찮은 것으로 취급될까 두려운 때문이 아니었는지 몰라
나라의 높은 분이 보기에 미개하여(작품에서는 선순환되는 모습을 긍정적으로 그리고 있는데, 나라의 높

은 분의 시각은 이와 대조적입니다.) 시멘트 네 포대씩 무상 지급한 때가 있었다는데요 문명국의 지표인 변소를 개량하라 다그쳤다는데요 흔적이나마 통시가 아직 남아 내 몸 속의 방을 향해 손 내밀어주는 것은, 똥누고 먹는 일이 한가지로 행해지는 그 곳을 신이 거주하는 장소(일반적으로 화장실이라고 하면 더럽거나 고상하지 않은 장소인데, 이 작품에서는 신이 거주한다 하여 긍정적으로 바라보고 있음을 알 수 있습니다.)라 여긴 하늘 가까운 섬사람들이 있었기 때문입니다

● 문제 분석 및 풀이

01 답 ④

표현 기법에 대한 문제입니다. ㉮는 홀로 얘기하는 식의 독백적 어조를 보입니다. 3연의 '나는 가슴이 메이는 듯하다'를 보면 이를 알 수 있습니다. 반면 ㉯는 '시멘트 네 포대씩 무상 지급한 때가 있었다는데요'와 같이 말을 건네는 것 같은 대화적 어조를 보입니다. 상대방과 대화를 하는 것과 어조 자체가 대화적 어조인 것의 차이를 생각할 수 있어야 합니다.

오답피하기

① ㉮에서 공감각적 표현을 통해 계절적 배경을 드러내고 있지 않습니다. 차디찬 밤 정도로만 표현되는데, 구체적으로 어떤 계절인지 확인하기는 어렵습니다.
② ㉮에서 반어적 표현을 사용하고 있지 않습니다.
③ ㉯에서 화자와 '통시' 사이의 대립을 확인할 수 없습니다.
⑤ ㉯에서 화자가 별다른 행위를 하고 있지는 않습니다.

02 답 ②

작품에서 특정 부분의 의미를 이해하기 위해서는 문맥적 의미 파악이 중요하다고 강조했었습니다. '쓸려 나간 곳' 뒤에서 '가슴이 짜릿한다', '서러워한다'라며 시적 화자의 감정을 표현하고 있고, 그 다음에도 '이렇게 해서 아린 가슴'이란 구절이 제시됩니다. 이러한 감정을 두고 '심적 고통을 느낀다'고 말하는 것은 적절합니다.

03 답 ①

선택지는 〈보기〉+작품 내용으로 구성될 것입니다. 〈보기〉에 대응하는지 작품 내용과 잘 맞는지 확인할 수 있어야 합니다.

① ㉮의 중심 소재는 '거미'이고 ㉯는 '통시'입니다. 이를 청각적으로 묘사하는 부분은 없습니다.
② ㉮는 고통스러운 현실을 '수라'에 비유하고 있으며, ㉯는 '통시'를 '신의 방'에 비유하여 제목으로 정했습니다. 함축적이라는 설명도 〈보기〉와 대응합니다.
③ 현실 세계를 재현한다는 것은 〈보기〉에 제시된 이야기시, 산문시의 특징입니다. 구체적인 내용은 각 작품과 적절히 대응합니다.
④ 작품의 형태와 이야기시, 산문시에 대한 〈보기〉의 설명이 적절히 대응합니다. ㉮를 보면 시적 화자가 거미를 연달아 버리는 연쇄적 행위가 제시되어 있습니다.
⑤ 서정시의 일반적인 특성을 벗어난다는 내용과 서정시의 압축성이 갖는 한계를 극복한다는 내용이 〈보기〉에 제시되어 있습니다.

04~06

● 작품 관찰

㉮ 이상화, 〈빼앗긴 들에도 봄은 오는가〉

[A] 〈지금은 ㉠ 남의 땅—빼앗긴 들에도 봄은 오는가?〉

○ 많은 학생들이 알고 있는 작품입니다. 제목에도 당시의 암울한 상황에 대한 현실 인식이 드러나고 있습니다.
작품은 '봄은 오는가?'라고 하여 의문형으로 시작하는데, 이는 암울한 현실을 좀 더 부각하는 효과를 가져옵니다. '봄'이라는 것은 뭘까요? 화자가 기다리는 긍정적인 상황입니다. 시대와 연관지어 '해방'을 생각할 수 있습니다.

[B]〈나는 온몸에 햇살을 받고
㉡ 푸른 하늘 푸른 들이 맞붙은 곳으로
가르마 같은 논길을 따라 꿈속을 가듯 걸어만 간다.

◎ 아름다운 경치가 느껴집니다. 어떤 이상적 공간을 생각할 수 있습니다.

입술을 다문 하늘아 들아
내 맘에는 나 혼자 온 것 같지를 않구나
네가 끌었느냐 누가 부르더냐 답답워라 말을 해 다오.〉

◎ 화자는 답답해하고 있습니다. 왜? 하늘과 들이 말을 하지 않아서입니다. 앞에서 이상적 공간을 생각했지만 화자가 답답해하는 모습을 보며 시의 전반적 분위기를 느낄 수 있습니다.

[C]〈바람은 내 귀에 속삭이며
한 자욱도 섰지 마라 옷자락을 흔들고
종다리는 울타리 너머 아씨같이 구름 뒤에서 반갑다 웃네.

고맙게 잘 자란 ㉢ 보리밭아
간밤 자정이 넘어 내리던 고운 비로
너는 삼단 같은 머리를 감았구나 내 머리조차 가뿐하다.

혼자라도 가쁘게나 가자
마른 논을 안고 도는 착한 도랑이
젖먹이 달래는 노래를 하고 제 혼자 어깨춤만 추고 가네.

나비 제비야 깝치지 마라
맨드라미 들마꽃에도 인사를 해야지
아주까리기름을 바른 이가 지심매던 그 들이라 다 보고 싶다.

내 손에 ㉣ 호미를 쥐어 다오
살찐 젖가슴 같은 부드러운 이 흙을
발목이 시도록 밟아도 보고 좋은 땀조차 흘리고 싶다.〉

◎ 연속적으로 이해할 수 있는데 동그라미 친 것들에서 보듯이 활기차고 긍정적인 모습이 드러납니다. 마지막에 '호미', '땀조차 흘리고 싶다.'라는 표현에서 노동의 욕구도 엿볼 수 있습니다.

[D]〈강가에 나온 아이와 같이
짬도 모르고 끝도 없이 닫는 내 혼아
무엇을 찾느냐 어디로 가느냐 우스웁다 답을 하려무나.

◎ 갑자기 다시 상황이 바뀌며 앞에서와 같이 화자가 답답함을 느끼게 됩니다. 부정적인 현실을 다시 인식하는 것입니다. 아까까지는 up되던 상황이 이 부분부터 down되는 변화를 파악해야 합니다.

나는 온몸에 풋내를 띠고
㉤ 푸른 웃음 푸른 설움이 어우러진 사이로
다리를 절며 하루를 걷는다 아마도 봄 신령이 지폈나 보다.〉

◎ 역시나 아까의 활기찬 모습은 사라지고 화자는 이제 다리를 절며 걷는 모습을 보입니다.
'푸른 웃음'에서 공감각적 이미지를 확인할 수 있습니다. 웃음은 소리인데 푸르다고 하니 청각의 시각화가 되겠지요. 또한 '푸른 설움'은 역설적인 효과를 보여 줍니다. '푸른'은 긍정적, '설움'은 부정적인데 이 대립되는 단어를 병치하였기 때문입니다.

[E]〈그러나 지금은—들을 빼앗겨 봄조차 빼앗기겠네.〉

◎ 작품의 처음에 '봄은 오는가?'라고 하였다면 이제는 '봄조차 빼앗기겠네.'라고 하여 절망적인 인식을 드러내고 있습니다.

㉯ 최두석, 〈성에꽃〉

새벽 시내버스는
차창에 웬 찬란한 치장을 하고 달린다

◎ '웬 찬란한 치장?'이라는 의문을 가지면서 작품을 읽어 나갈 수 있으면 좋습니다.

엄동 혹한일수록 / 선연히 피는 성에꽃

◎ '성에꽃'은 실제 꽃이 아닙니다. '성에'는 겨울철에 밖이 추우면 창유리의 안쪽에 공기 중 수증기가 얼어붙는 것이라 합니다.

어제 이 버스를 탔던
처녀 총각 아이 어른
미용사 외판원 파출부 실업자의
입김과 숨결이
간밤에 은밀히 만나 피워낸
번뜩이는 기막힌 아름다움

◎ '성에꽃'을 아름답다고 하여 긍정적으로 보고 있습니다. 그렇게 보는 이유는 성에꽃이 버스를 탔던 사람들의 입김과 숨결이 만나 핀 것이기 때문입니다. 그런데 버스를 타고 다니는 사람들은 '미용사', '외판원', '파출부', '실업자'와 같은 서민들입니다. 시인이 서민에 대한 애정을 나타냈다고 할 수 있습니다.

나는 무슨 전람회에 온 듯
자리를 옮겨 다니며 보고
다시 꽃이파리 하나, 섬세하고도
차가운 아름다움에 취한다

◎ '차가운'에서 촉각적인 이미지를 생각할 수 있습니다. 그러나 그보다 중요한 것은 '섬세하고도 차가운 아름다움'에서 역설적인 효과를 엿볼 수 있다는 것입니다. 이는 '아름다움'과 '차가움'을 병치시켜 얻은 효과입니다. 그 의미를 생각해 보면 '차가운 아름다움'이라는 것은 서민들의 어려움이라든지 힘든 삶의 모습을 짐작할 수 있게 만듭니다.

어느 누구의 막막한 한숨이던가
어떤 더운 가슴이 토해낸 정열의 숨결이던가

◎ 위에서의 짐작이 대충 들어맞는 것을 확인할 수 있습니다.

일없이 정성스레 입김으로 손가락으로
성에꽃 한 잎 지우고
이마를 대고 본다
덜컹거리는 창에 어리는 푸석한 얼굴
오랫동안 함께 길을 걸었으나
지금은 면회마저 금지된 친구여.

◎ 화자와 뜻을 함께하던 친구가 있었는데 감옥에 갔다든지 하여 만나기 어려운 상황입니다. 시대적 상황과 관련하여 이해할 수 있겠습니다.

● **문제 분석 및 풀이**

04 **답 ②**

② 작품에 계절적 배경이 제시되고 있는지 확인해야 합니다. ㉮에는 '봄', ㉯에는 '겨울'이 제시됩니다. 또한 ㉮에서는 '봄'을 맞이하여 생명력 있고 활기 있는 국토를 표현한 후, 이마저도 빼앗기겠다는 현실 인식을 드러내고 있습니다. ㉯에서는 '겨울'이라는 계절을 통해 그러한 '엄동 혹한'일수록 더 선연히 피는 성에꽃 같은 삶의 괴로움을 아름답다고 표현하고 있습니다.

05 **답 ⑤**

| **조 : 조건 분석** |

〈보기〉를 참고하여, ㉮의 [A]~[E]를 이해한 내용으로 적절하지 않은 것은?

◎ 〈보기〉 분석형의 문제입니다. 다만 선택지가 '〈보기〉의 내용+지문의 내용' 형태로 구성되기 때문에 1) 〈보기〉와의 일치 여부 2) 지문과의 일치 여부를 확인할 수 있어야 합니다.

| **커 : 근거 축소** |

⑤ [A]와 [E]의 연관에서 절망하는 화자의 모습을 볼 수 있었습니다. 따라서 부정적인 상황 속에서 '민중의 처지를 바꿔 보려는 적극적 의지'와 같은 긍정적 모습은 어울리지 않습니다. 또한 이러한 '적극적 의지'가 〈보기〉에 근거한 것인지도 의문이지만, 그렇다고 〈보기〉를 참고한 것이 아니라고 단정하기 어려운 측면도 있습니다.

여기서 '민중의 생명력' 등을 이 작품과 연관하여 해석할 수도 있습니다. 작품 관찰에서 이런 부분까지 다 파악하기는 어려운 측면이 있습니다. 다만 객관식 문제의 특성상 〈보기〉 등에서 작품 해석에 도움이 되는 요소를 찾을 수 있습니다. 최소한의 해석만 정확하게 할 수 있다면 충분합니다.

오|답|피|하|기

③ [B]에서 화자는 답답함을 해소하려 걸어갑니다. 그러나 [D]에서 화자는 '다리를 절며' 절망하게 됩니다. 이를 연결하는 [C]를 단순히 즐거움으로 파악하면 [D]를 설명하기 어려울 것입니다. 결국 봄도 빼앗기겠다는 현실 인식을 통해 화자의 안타까움을 확인할 수 있어야 합니다. 또한 여기서 '민중의 실상에 대한 안타까움'이라는 점에 주의해야 합니다.

06 **답 ②**

| **조 : 조건 분석** |

'성에꽃'에 대한 화자의 심미적 태도를 중심으로 하여 ㉯를 감상한 내용으로 가장 적절한 것은?

◎ '심미적 태도'는 세상 만물을 아름다움의 차원에서 파악하는 태도입니다. 사실 무슨 말인지 저도 애매합니다. 이런 식으로 힌트를 주지 못하는 발문이라면 선택지 분석형 문제로 볼 수 있습니다.

| 커 : 근거 축소 |

엄동 혹한일수록
선연히 피는 성에꽃
어제 이 버스를 탔던
처녀 총각 아이 어른
미용사 외판원 파출부 실업자의
입김과 숨결이
간밤에 은밀히 만나 피워낸
번뜩이는 기막힌 아름다움

선택지를 통해 결국 작품에서 '성에꽃'과 관련한 의미를 문맥적으로 관찰해야 하는 것을 알 수 있습니다.

시내버스를 타는 사람들은 자가용을 이용하는 여유 있는 사람들이 아닙니다. 특히 작품에서는 '미용사, 외판원, 파출부, 실업자'라고 하여 시내버스를 타고 어떤 삶의 현장으로 나아가는 사람들을 제시하고 있습니다. 어쩌면 그들 사이에는 서로 이야기하지 않아도 은연중에 정서적 유대가 있을 수도 있습니다. 열심히 소박한 하루하루를 살아가는 느낌은 비슷할 수도 있겠죠. 이를 작품에서는 '그들의 입김과 숨결이 은밀히 만나 피워낸 아름다움'이라고 표현하였습니다. 가장 핵심은 지문의 '만남'이라는 표현입니다. 이는 곧 성에꽃으로 연결되고, 결국 공동체적 어울림의 바탕이 되는 것이라 볼 수 있습니다.

07~09

● 작품 관찰

㉮ 박남수, 〈아침 이미지 1〉

어둠은 새를 낳고, 돌을
낳고, 꽃을 낳는다.

◎ 통상적으로 쓰이는 '어둠'의 속성과 이 작품에서의 '어둠'의 속성은 큰 차이가 있습니다. 일반적으로 '어둠'은 부정적인 의미로 많이 쓰이지만, 이 작품에서는 '어둠'이 물상을 낳는 긍정적인 의미로 쓰이고 있습니다.

아침이면,
어둠은 온갖 물상(物象)을 돌려주지만
스스로는 땅 위에 굴복한다.

◎ 어둠이 굴복한다는 말이 무슨 뜻일까요? 이제 아침이 되어 세상이 밝아지며 어둠이 소멸한다는 의미입니다.

무거운 어깨를 털고
물상들은 몸을 움직이어
노동의 시간을 즐기고 있다.

◎ 지난 밤 동안 무거웠던 어깨를 털고 물상들이 몸을 움직이는 활기찬 모습을 보여 주고 있습니다. '노동의 시간'이라고 하여 우울하고 슬픈 것이 아니라, 즐긴다고 표현하고 있어 이를 긍정적으로 받아들이고 있음을 알 수 있습니다.

즐거운 지상의 잔치에
금(金)으로 타는 태양의 즐거운 울림.(공감각적 심상 : 시각의 청각화)
아침이면,
세상은 개벽을 한다.

◎ '개벽'이라는 단어로 시상이 집약되며, 활기차고 긍정적인 아침의 모습을 보여 주고 있습니다. '지상의 잔치', '즐거운 울림' 등을 통해 긍정적인 느낌을 받을 수 있습니다.
작품은 전체적으로 시간의 흐름에 따라 전개되고 있습니다. 또한 앞서 얘기했지만, 일반적으로 다른 작품에서 '어둠'은 부정적인 의미로 많이 쓰입니다. 그러나 이 작품에서는 긍정적인 의미로 사용된다는 점을 주의해야 합니다.

㉯ 김기택, 〈풀벌레들의 작은 귀를 생각함〉

[A]〈텔레비전을 끄자
풀벌레 소리
어둠과 함께 방 안 가득 들어온다〉

◎ '텔레비전'을 끄자, 비로소 텔레비전에서 뿜어져 나오던 빛이 사라지고 어둠과 함께 풀벌레 소리가 들어오게 됩니다.

어둠 속에서 들으니 벌레 소리들 환하다
별빛이 묻어 더 낭랑하다

◎ 화자가 '벌레 소리'에 대해 긍정적인 감정을 가지고 있음을 확인할 수 있습니다.

[B]〈귀뚜라미나 여치 같은 큰 울음 사이에는
너무 작아 들리지 않는 소리도 있다
그 풀벌레들의 작은 귀를 생각한다〉
[C]〈내 귀에는 들리지 않는 소리들이 드나드는

까맣고 좁은 통로들을 생각한다
그 통로의 끝에 두근거리며 매달린
여린 마음들을 생각한다〉

◎ 특히 화자는 '너무 작아 들리지 않는 소리'에 주목합니다. '여린 마음'까지 생각하는 감성을 눈여겨볼 수 있습니다.

발뒤꿈치처럼 두꺼운 내 귀에 부딪쳤다가
되돌아간 소리들을 생각한다
[D]〈브라운관이 뿜어낸 현란한 빛이
내 눈과 귀를 두껍게 채우는 동안
그 울음소리들은 수없이 나에게 왔다가
너무 단단한 벽에 놀라 되돌아갔을 것이다〉
하루살이들처럼 전등에 부딪쳤다가
바닥에 새카맣게 떨어졌을 것이다

◎ 평소에는 '텔레비전' 등으로 자연의 소리에 귀 기울이지 못해, '벌레 소리'를 인식하지 못했다는 사실을 '되돌아간 소리'라고 표현하고 있습니다.

[E]〈크게 밤공기 들이쉬니
허파 속으로 그 소리들이 들어온다
허파도 별빛이 묻어 조금은 환해진다〉

◎ 화자는 뒤늦게 '자연의 소리'에 귀 기울인 행동을 '허파에 별빛이 묻어 환해졌다'고 하여 긍정적으로 생각하고 있습니다. 인공적인 현대인의 생활을 텔레비전의 브라운관에서 내뿜는 빛, 그리고 텔레비전에서 나오는 소리라 하여, '벌레 소리'로 대표되는 자연의 소리와 대조하고 있습니다. 평소와 같은 삶의 태도를 벗어나, 텔레비전을 끄고 자연의 소리에 귀 기울이자, '허파도 별빛이 묻어 조금은 환해진' 모습이 됩니다. 인공적이고 수동적인 삶을 벗어나 자연의 소리에 조금 더 다가서며 자신을 돌아볼 수 있는 계기를 마련한 것입니다.

● **문제 분석 및 풀이**

07 답 ⑤

작품 속에서 '어둠'이 어떤 속성을 가지고 있는지 확인하는 문제입니다.

⑤ '어둠'이 밝음에 순응하는 모습을 부각하고 있다는 설명은 적절하지 않습니다. ㉯에서 '밝음'이라고 하면 브라운관이 내뿜는 빛인데, 화자는 텔레비전을 끄고 '크게 밤공기를 들이쉬'는 행동을 보여 줍니다. 이를 통해 '허파도 별빛이 묻어 조금은 환해진다'고 하여, 텔레비전을 끄고 어둠을 받아들인 것을 확인할 수 있습니다. ㉮에서는 어둠이 스스로 땅 위에 굴복한다고 하니 적절할 수 있겠으나, 위와 같이 ㉯에 적절한 설명은 아닙니다.

이외 설명은 모두 적절한 설명이라 할 수 있고, 특별히 헷갈릴 만한 것이 없는 평이한 문제라 할 수 있습니다.

08 답 ④

㉮에 한정하여 각 시구의 의미를 물어보는데, 일종의 시어 문제라 할 수 있습니다. 함축적 시어의 긍정적/부정적 의미를 파악하는 것과 일맥상통하는 문제라 생각합니다.

① '무거운 어깨를 털고'는 지상으로부터 벗어나기 위해 사물들이 몸부림치는 모습을 표현한 것이다.

◎ 작품에서는 '즐거운 지상의 잔치에 / 금(金)으로 타는 태양의 즐거운 울림.'이라 하여 '지상'을 긍정적으로 표현하고 있습니다. 그러나 선택지에서 벗어나고자 하는 지상은 부정적 의미이기 때문에 적절하지 않습니다.

② '노동의 시간을 즐기고'는 노동의 고단함을 잊기 위해 사물들이 경쾌하게 움직이는 모습을 표현한 것이다.

◎ 작품에서는 노동도 긍정적으로 표현하고 있습니다.

③ '즐거운 지상의 잔치'는 기존의 사물들이 새로 태어난 사물들을 반갑게 맞이하는 모습을 표현한 것이다.

◎ 이렇게 볼 수 있는 근거가 없습니다. '즐거운 지상의 잔치'는 아침의 생동감 있는 모습을 긍정적으로 표현한 것입니다.

⑤ '세상은 개벽을 한다'는 사물들이 새로운 형태로 변화하면서 혼란을 겪는 모습을 표현한 것이다.

◎ '개벽'은 전체적으로 긍정적이고 생동감 있는 작품의 모습이 집약된 시어입니다. 따라서 부정적인 느낌의 '혼란'과 어울리지 않습니다.

④ '태양의 즐거운 울림'은 하늘의 태양이 지상에 있는 사물들과 서로 어울려 생기를 띠는 모습을 표현한 것이다.

◎ 작품에서 '즐거운 지상의 잔치에 / 금(金)으로 타는 태양의 즐거운 울림.'이라는 표현을 검토하면, 선택지는 긍정적인 서술로 적절하게 표현하고 있음을 확인할 수 있습니다.

09

답 ③

㉯의 각 부분에 대한 감상으로 적절하지 않은 것을 고르는 것입니다. 작품의 일부분에만 천착하지 말고 크게 살펴서 해당 부분이 어디에 있는지 확인해 보도록 합니다.

③ '화자 자신 때문에 서로 소통할 수 없게 된 것에 대한 미안함'은 적절하지 않습니다. 왜냐하면 이 부분의 앞뒤를 살펴보면, 텔레비전의 소리와 빛 때문에 작은 소리들이 화자의 귀에 부딪쳤다가 되돌아간 것에 대한 아쉬움과 자기 성찰이 있을 뿐입니다. 화자는 자신의 '귀에는 들리지 않는 소리'를 내는 주체들에게 어떤 미안한 마음을 가지고 있지는 않습니다.

이외 설명은 모두 적절한 설명이라 할 수 있고, 특별히 헷갈릴 만한 부분이 없습니다.

10~12

● 작품 관찰

㉮ 유치환, 〈출생기(出生記)〉

◎ 작품 제목부터 확인하면 무엇에 대한 출생기인지 궁금한 마음이 생기는데, 그래도 특별한 힌트는 얻을 수 없습니다.

[A]〈검정 포대기 같은 까마귀 울음소리 고을에 떠나지 않고
밤이면 부엉이 괴괴히 울어〉
남쪽 먼 포구의 백성의 순탄한 마음에도
상서롭지 못한 세대의 어둔 바람이 불어오던
– 융희(隆熙) 2년!

◎ 음산하고 암울한 시대 분위기를 느낄 수 있습니다. '융희(隆熙)' 연호에 대한 배경지식이 있다면, 작품의 시대적 배경이 조선의 마지막 왕이었던 순종 때라는 것을 알 수 있었을 것입니다.

[B]〈그래도 계절만은 천 년을 다채(多彩)하여
지붕에 박넌출 남풍에 자라고
푸른 하늘엔 석류꽃 피 뱉은 듯 피어〉
[C]〈나를 잉태한 어머니는('나'의 탄생이니까 작품 제목인 '출생기'는 바로 '나의 출생기'네요.)
짐짓 어진 생각만을 다듬어 지니셨고
젊은 의원인 아버지는
밤마다 사랑에서 저릉저릉 글 읽으셨다〉

◎ 1연에서 음산하고 암울한 분위기를 제시했다면, 2연에서는 '그래도'라고 하여 분위기를 전환하고 있습니다. 어머니의 어진 생각, 젊은 의원인 아버지, 그 아버지가 글을 읽는 모습 등은 긍정적인 느낌을 줍니다.

[D]〈왕고못댁 제삿날 밤 열나흘 새벽 달빛을 밟고
유월이가 이고 온 제삿밥을 먹고 나서〉
희미한 등잔불 장지 안에
번문욕례 사대주의의 욕된 후예로 세상에 떨어졌나니

◎ 그런데 화자는 자신이 '욕된 후예'로 세상에 왔다고 합니다. 1연에서 제시했던 음산하고 암울한 시대 분위기와 연관됩니다.

[E]〈신월(新月)같이 슬픈 제 족속의 태반을 보고
내 스스로 고고(呱呱)의 곡성(哭聲)을 지른 것이 아니련만 / 명(命)이나 길라 하여 할머니는 돌메라 이름 지었다오〉

◎ '슬픈 제 족속', '곡성'에서 1연에서 느꼈던 음산하고 암울한 분위기를 느낄 수 있습니다. '돌메'라는 이름이 지어진 이유를 이야기하고 있습니다. 사회 분위기가 안 좋으니 '명(命)이나 길라', 곧 오래 살라고나 하여 그렇게 지은 것이겠지요.

㉯ 김춘수, 〈샤갈의 마을에 내리는 눈〉

◎ EBS 등 여러 교재에서 다룬 작품이라 친숙할 것입니다.

샤갈의 마을에는 **삼월**에 **눈**이 온다.
봄을 바라보고 섰는 사나이의 관자놀이에
새로 돋은 정맥이
바르르 떤다.
바르르 떠는 사나이의 관자놀이에
새로 돋은 정맥을 어루만지며
눈은 수천수만의 **날개**를 달고
하늘에서 내려와 샤갈의 마을의
지붕과 굴뚝을 덮는다.
삼월에 눈이 오면
샤갈의 마을의 쥐똥만 한 **겨울 열매**들은
다시 **올리브빛**으로 물이 들고
밤에 **아낙**들은
그해의 제일 아름다운 불을
아궁이에 지핀다.

◎ 특별한 의미를 전달하기 위한 작품은 아닙니다. 감각적인 시어를 사용하여 생동감, 생명력 등을 느낄 수 있습니다.

● 문제 분석 및 풀이

10 **답 ①**

① 작품에 시간과 관련한 표지가 제시되는지 확인해야 합니다. ㉮에서는 '융희(隆熙) 2년', '왕고못댁 제삿날 밤 열나흘 새벽 달빛', ㉯에서는 '삼월' 등과 같은 시간 표지를 제시하여 시적 분위기를 조성하고 있습니다.

오답 피하기

② ㉮에만 해당하는 설명입니다. ㉯는 '-ㄴ다'의 현재형 종결 어미를 사용하고 있어 과거 시제를 사용한 것도 아니고, 서사적 사건이 드러나지도 않습니다. 서사는 이야기라고 이해하면 됩니다.

③ ㉮에는 단순한 관찰이 아니라 '검정 포대기 같은 까마귀 울음소리', '괴괴히 울어', '상서롭지 못한', '욕된', '신월(新月)같이 슬픈' 등 주관적 의미의 서술이 많이 드러나 있습니다. ㉯에서는 눈이 오는 마을의 풍경을 비교적 객관적으로 관찰하여 표현하고는 있지만, '제일 아름다운 불' 등에서 역시 주관적 의미의 서술이 드러나 있습니다.

④ ㉮에만 해당하는 설명입니다. ㉯에서는 '새로 돋은 정맥', '올리브빛', '제일 아름다운 불' 등 긍정적인 정서를 내포한 시어를 사용하고 있습니다.

⑤ ㉯에만 해당하는 설명입니다. ㉮에 자연물을 살아 있는 대상으로 묘사한 표현이나 이국적인 세계의 모습은 드러나 있지 않습니다.

11 **답 ④**

작품 속 특정 부분에 대한 이해를 묻고 있습니다. 특정 부분을 묻는다고 해당 부분만 보고 답을 고르기보다는 그 앞뒤 맥락을 살펴봐야 합니다. 정답은 시어 문제를 판단하듯이 큰 범주에서 나왔습니다.

[D]를 보면, '왕고못댁 제삿날 밤' 새벽에 제삿밥을 먹고 난 이후 화자가 태어났다는 표현에서 화자가 태어난 날의 상황을 구체적으로 서술하고 있다고 볼 수 있습니다. 그런데 ④에서 이해한 '출생에 대한 감격'이라고 하면 긍정적인 의미라 할 수 있습니다. 그러나 [D]의 바로 뒷부분을 보면 '희미한 등잔불', '번문욕례 사대주의의 욕된 후예'라고 하여 긍정적인 서술을 하고 있지는 않습니다. 따라서 ④는 적절하지 않은 이해입니다. 답을 고를 때 화자가 태어난 날의 상황에 대한 구체적인 서술이 있는지를 파악하는 것보다는 그 뒤에 판단한 내용처럼 긍정적-부정적 뉘앙스가 다른 점에 주목하는 것이 좀 더 실전적인 풀이입니다.

오답 피하기

① 청각의 시각화를 정확히 이해해야 답을 고를 수 있습니다. [A]에서는 현실에 존재하는 까마귀 울음소리(청각)를 검정 포대기(시각) 같다고 표현하여 감각의 전이가 나타나고 있습니다.

② '그래도'를 통해 이를 좀 더 명확히 파악할 수 있습니다. '그래도'를 기점으로 [B]에는 1연에 제시된 음산하고 암울한 분위기와 대비되는 자연의 모습(남풍에 자라는 박넌출, 푸른 하늘, 피 뱉은 듯 (붉게) 핀 석류꽃)이 그려져 있습니다.

③ [C]에서는 어머니와 아버지에 대한 서술을 대구 형식으로 풀어내며 집안 분위기를 드러내고 있습니다.

⑤ [E]에서는 '고고'와 '곡성'의 상반된 의미를 연결하고 있으며, 이는 화자의 이름이 '돌메'라고 지어진 이유(오래 살라는 바람이 담겨 있음)와 연결됩니다.

12 **답 ③**

| **조 : 조건 분석** |

<보기>를 참고하여 (나)를 감상한 내용으로 적절하지 않은 것은?

○ 자주 출제되는 유형입니다. 각 선택지가 <보기>를 참고해야 하고 ㉯의 내용과도 어긋나지 않아야 합니다.

| **커 : 근거 축소** |

③ <보기>의 '밝고 화려한 색감을 지닌 이질적 이미지들의 병치'가 선택지의 '밝고 화려한 색감을 지닌 그림 속 마을의 모습'과 연결됩니다. 그런데 선택지에서 언급한 공감각적 이미지는 감각(이미지)의 전이 여부가 핵심인데, '날개', '하늘', '지붕과 굴뚝' 등은 시각적 이미지만 드러내는 것으로,

감각의 전이는 확인할 수 없습니다. 〈보기〉에서도 공감각적 이미지에 대해서는 언급하고 있지 않습니다.

오|답|피|하|기

① 〈보기〉의 "샤갈의 초현실주의적 그림에 대한 감각적 인상을, 자신의 고향 마을에 투사하여"와 연관됩니다. 이 감상은 작품과도 어긋나지 않습니다.

② 〈보기〉의 "또한 밝고 화려한 색감을 지닌 이질적 이미지들의 병치로 이루어진 샤갈의 초현실주의적 그림에 대한 감각적 인상을, 자신의 고향 마을에 투사하여 다양한 이미지의 병치로 변용했다."와 연관됩니다. 이 감상은 작품과도 어긋나지 않습니다.

④ 〈보기〉의 "올리브빛 얼굴을 가진 사나이와 당나귀가 서로 마주 보고 있는 그림에서 영감을 받은 시인"과 연관됩니다. 이 감상은 작품과도 어긋나지 않습니다.

⑤ 〈보기〉의 "샤갈의 초현실주의적 그림에 대한 감각적 인상을, 자신의 고향 마을에 투사하여 다양한 이미지의 병치로 변용했다."와 연관됩니다. 이 감상은 작품과도 어긋나지 않습니다.

13~14

● 작품 관찰

설장수, 〈어옹(漁翁)〉

헛된 이름 따라 허덕허덕 바삐 다니지 않고,
평생 물과 구름 가득한 마을을 찾아다녔네.

◎ '헛된 이름'을 따라간다는 것은 대개의 고전 시가에서 '명성을 얻는 일'처럼 세상에 널리 이름을 알리고자 노력한다는 뜻입니다. 그런 일에 신경 쓰지 않고 물과 구름 가득한 마을을 찾아다녔다는 것은 자연을 누비며 유유자적했다는 의미입니다.

따스한 봄 잔잔한 호수엔 안개가 천 리에 끼었고,
맑은 가을날 옛 기슭엔 달이 배 한 척 비추네.

◎ 자연이 좋다는 거죠. 대개의 비슷한 고전 시가와 같이 판단하면 되겠습니다.

서울 길의 붉은 먼지 꿈에서도 바라지 않고,
초록 도롱이 푸른 삿갓과 함께 살아간다네.

◎ '서울 길의 붉은 먼지'는 '세속'을 뜻하는 것입니다. 대개 고전 시가에서 '홍진'이라고도 합니다. 화자는 자연과 함께 살아가니까 세속적인 것들은 꿈에서라도 바라지 않는다는 의미입니다.

어기여차 노랫소리는 뱃사람의 흥취이니,
세상에 옥당(玉堂) 있다고 어찌 부러워하리오.

◎ 세상에서 알아주는 것들을 부러워하지 않고 자연과 더불어 흥취를 누리고자 하는 화자의 태도를 읽을 수 있습니다. 고전시가에서 많이 나오는 '자연이 좋아, 세상은 싫어.' 종류의 작품입니다.

● 문제 분석 및 풀이

13

답 ②

'헛된 이름 따라 바삐 다니지 않고', '서울 길의 붉은 먼지 꿈에서도 바라지 않고' 등을 통해 세속적 이익을 좇지 않는 삶의 자세를 엿볼 수 있습니다.

오|답|피|하|기

③ 인간과 자연의 대비라는 말은 그럴듯합니다. 다만 주제 의식을 부각하는 차원에서 인간과 자연을 대비하고 있지는 않습니다.

④ 화자가 특별히 현실에서 고통을 받는다고 보기는 어렵습니다.

14

답 ①

| 조 : 조건 분석 |

위 작품의 화자가 〈보기〉의 ㉠이라고 할 때, 위 작품에 대한 감상으로 적절하지 않은 것은?

◎ 계속 다루었던 〈보기〉 분석형의 문제입니다. 문제 풀이 전략을 생각해 보면, 1) 〈보기〉의 ㉠의 태도를 파악하고 2) 그 태도로 작품을 감상하는 것이니 우선 1) 단계부터 선택지와 맞춰 가며 답을 찾아야 합니다.

| 커 : 근거 축소 |

〈보기〉 강호(江湖)에서 살아가는 어부를 소재로 한 작품에서 '어부'는 고기잡이를 직업으로 하는 실제 어부, ㉠ 이상적인 생활공간에서 자신의 삶에 만족하며 살아가는 은자(隱者) 등으로 다양하게 나타난다.

◎ 이 문제는 전형적인 고전 시가 이론을 묻는 문제입니다. 서민과 양반은 자연을 대하는 태도가 대비됩니다. 자연을 '일터' 등의 삶의 현장으로 인식하는 서민층이 있는가 하면, '유유자적하는 풍류의 공간'으로 생각하는 양반 또는 은자들이 있습니다. 평소 고전 시가 학습을 통해서 이 정도의 패러다임은 공부해 두어야 합니다. 이 문제는 후자의 관점으로 접근하면 되겠습니다.

① 화자는 자연을 교감과 소통의 대상으로 인식하고 있기 때문에 '달'에 인격을 부여하여 자연과의 합일을 추구하는군.

◎ 달에 인격을 부여했다는 서술은 시어로서 특별한 기능을 가진다는 말입니다. 앞에서 배운 함축적 시어를 떠올려 보세요. 그렇지만 이 작품에서 '달'은 지시적(사전적) 의미로서의 단어입니다. 특별한 의미를 가지고 있지 않습니다. 따라서 달에 인격을 부여했다는 말은 적절하지 않습니다.

15~17

● **작품 관찰**

정희성, 〈한 그리움이 다른 그리움에게〉

◎ 제목을 먼저 보는 것이 작품 관찰에 도움이 될 수 있습니다. 어떤 전달 형식의 작품일 것이라는 예상을 해 봅니다.

어느 날 당신과 내가
날과 씨로 만나서
하나의 **꿈**을 엮을 수만 있다면
우리들의 꿈이 만나
㉠ 한 폭의 비단이 된다면

◎ 공부하면서 많이 다루는 작품이지만 학생에 따라서는 처음 보는 작품일 수도 있습니다. 그렇지만 이미 수능 기출 등을 통해서 '임에 대한 그리움'을 다루는 작품을 많이 접한 학생이라면 내용 자체가 낯설게 느껴지지는 않을 것입니다.
지금은 당신과 내가 만날 상황이 아니기 때문에 나의 입장에서 당신과의 만남을 소망하고 있습니다. 그러한 만남은 '꿈이 만나 비단이 된다면'이라며 긍정적으로 표현되고 있습니다.

나는 기다리리, ㉡ 추운 길목에서
오랜 침묵과 외로움 끝에

◎ 만남을 기다리는 상황은 '추운 길목', '오랜 침묵과 외로움'이라 하여 척박하고 긍정적이지 않습니다.

한 **슬픔**이 다른 슬픔에게 ㉢ 손을 주고
한 **그리움**이 다른 그리움의
㉣ 그윽한 눈을 들여다볼 때
어느 **겨울**인들
우리들의 **사랑**을 춥게 하리

◎ 척박한 상황이라도 '우리들의 사랑'은 불변하는 것입니다.

㉤외롭고 긴 기다림 끝에
어느 날 당신과 내가 만나
하나의 꿈을 엮을 수만 있다면

◎ 당신과 만나 하나의 꿈을 엮을 수만 있다면 외롭고 긴 기다림이더라도 괜찮다는 태도입니다. 조금 더 정리해 보면, '현실 = 어려움(부정적)', 그러나 '당신을 만나 꿈을 엮는 것 = 긍정적'이기 때문에 어렵지만 기다릴 수 있다는 것입니다.

● **문제 분석 및 풀이**

15 **답 ③**

답이 손을 들고 있는 문제입니다. '반어적 어조'도 없으며 '현실에 대한 비판 의식'도 없습니다. 기출 분석을 열심히 하면 이 문제와 비슷한 문제들을 엮을 수 있습니다. 더 찾아보고 싶다면 특히 2002, 2003학년도 수능 현대시 문제에서 '역설적', '반어적'이 답이 된 문제를 검토해 보세요.

오|답|피|하|기

② 약간 애매한 점이 있습니다. 앞부분 이론 설명에서 우리 시문학에는 각운이 거의 나타나지 않는다고 설명했는데, 이 작품은 예외적인 경우입니다. 그렇지만 '각운'을 모르더라도 답을 고르는 데는 지장이 없습니다. 왜냐하면 설명에서 '반복을 통해 운율 효과'라고 하였는데, 운율의 핵심은 '반복'이라는 설명을 기억한다면 무난하게 판단할 수 있습니다.
⑤ '어느 날 당신과 내가 / 날과 씨로 만나서 / 하나의 꿈을 엮을 수만 있다면'으로 시작하여 '어느 날 당신과 내가 만나 / 하나의 꿈을 엮을 수만 있다면'으로 끝나는 것에서 확인할 수 있습니다.

16 **답 ③**

| **조 : 조건 분석** |

〈보기〉의 맥락에서 위 작품을 해석한다고 할 때, 시어에 대한 이해로 가장 적절한 것은?

◎ 〈보기〉 분석형의 문제입니다. 우선 〈보기〉를 정리해서 선택지와 맞춰 볼 수 있어야 합니다.

| **커 : 근거 축소** |

〈보기〉 (가) 서로 사랑하면서도 맺어지지 못하는 사연으로 고민하는 연인들이 많다.

◎ 개인적 형태

(나) 해방과 더불어 한반도는 분단 시대의 극복이라는 과제를 안게 되었다.

◎ 민족적, 시대적, 사회적 형태

① '꿈'의 경우 (가)와 (나) 모두에서 현실 도피의 의도를 발견하기 쉽다.

◎ 이 문제는 〈보기〉 분석형의 형태이지만 '시어 문제'의 성격을 보입니다. '꿈'은 긍정적 시어인데 '현실 도피'는 그다지 긍정적이지 않습니다.

② '슬픔'의 경우 (나)보다는 (가)에서 민족적 한의 정서에 연결되기 쉽다.

④ '겨울'의 경우 (나)보다는 (가)에서 억압적 현실을 발견하기 쉽다.

◎ '민족적 한의 정서', '억압적 현실'은 개인적이기보다는 민족적, 시대적, 사회적 형태에 가깝습니다.

⑤ '사랑'의 경우 (가)보다는 (나)에서 개인적 욕망에 연결되기 쉽다.

◎ 개인적 욕망은 민족적, 시대적, 사회적 형태보다 개인적 형태에 가깝죠.

③ '그리움'의 경우 (가)보다는 (나)에서 역사적 전망에 연결되기 쉽다.

◎ 민족적, 시대적, 사회적 형태에 가깝기 때문에 적절한 설명입니다.

17 답 ④

오랜 침묵과 외로움 끝에(부정적 상황에서)
한 슬픔이 다른 슬픔에게 ㉢ 손을 주고(당신과 내가 만나게 되는데)
한 그리움이 다른 그리움의
㉣ 그윽한 눈을 들여다볼 때(앞의 ㉢과 같은 류)
어느 겨울인들
우리들의 사랑을 춥게 하리(부정적 상황에 휩쓸리지 않는 긍정적인 상황)

함축적 시어 문제처럼 문맥적으로 접근하면 됩니다. ④는 '내적 갈등 심화'라고 하여 부정적인 서술인데, ㉢의 행위는 긍정적인 서술입니다. 이러한 ㉢과 같은 의미로 '그윽한 눈을 들여다볼 때'를 검토할 수 있습니다. 결국 이를 통해 부정적 상황에서도 '어느 겨울인들 / 우리들의 사랑을 춥게 하리'라고 하여 긍정적인 마무리를 하게 됩니다.

오|답|피|하|기

③ 어렵지는 않지만 좀 더 생각해 볼 필요가 있습니다. 이 선택지는 ㉢과 ㉣만이 아니라 그 주변을 통해 문맥적 접근을 해야 합니다. 곧 '한 슬픔이 다른 슬픔에게', '한 그리움이 다른 그리움의'의 시구를 통해서 '내'와 '당신'의 정서적 연대를 생각할 수 있습니다. 손을 주고 그윽한 눈을 들여다본다는 것만으로는 이와 같은 결론에 이르기 어렵습니다.

18~20

● **작품 관찰**

㉮ 김영랑, 〈청명〉

호르 호르르 호르르르 가을 아침
취어진 청명을 마시며 거닐면
㉠ 수풀이 호르르 벌레가 호르르르
청명은 내 머릿속 가슴속을 젖어 들어
발끝 손끝으로 새어 나가나니

◎ 청각적 심상을 통해 감각적으로 시상을 풀어 나가고 있습니다.

온 살결 터럭 끝은 모두 눈이요 입이라
나는 수풀의 정을 알 수 있고
벌레의 예지를 알 수 있다
그리하여 나도 이 아침 청명의
가장 고웁지 못한 노래꾼이 된다

◎ 인간인 '나'도 수풀과 벌레와 소통할 수 있다는 표현에서 자연과 인간의 교감을 확인할 수 있습니다.

수풀과 벌레는 자고 깨인 어린애라
밤새워 빨고도 이슬은 남았다
남았거든 나를 주라
나는 이 청명에도 주리나니
방에 문을 달고 벽을 향해 숨 쉬지 않았느뇨

㉡ 햇발이 처음 쏟아오아
청명은 갑자기 으리으리한 관을 쓴다
그때에 토록 하고 동백 한 알은 빠지나니
오! 그 빛남 그 고요함
간밤에 하늘을 쫓긴 별살의 흐름이 저러했다

○ 자연의 아름다움이 '간밤에 하늘을 쫓긴 별살의 흐름'과 같다고 표현합니다. 큰 의미는 없고 자연의 아름다움에 주목하면 됩니다.

온 소리의 앞 소리요
온 빛깔의 비롯이라
㉢ 이 청명에 포근 취어진 내 마음
감각의 낯익은 고향을 찾았노라
평생 못 떠날 내 집을 들었노라

㉯ 고재종, 〈초록 바람의 전언〉

○ 초록 바람이 전하는 말인데 어떤 내용일까요?

뒷동산 청솔잎을 빗질해주던 바람이
무어라 무어라 하는 솔나무의 속삭임을 듣고
㉣ 푸른 햇살 요동치는 강변으로 달려갔다 하자.
달려가선, 거기 미루나무에게 전하니
알았다 알았다는 듯 나무는 잎새를 흔들어
강물 위에 짤랑짤랑 구슬알을 쏟아냈다 하자.
그 의중 알아챈 바람이 이젠 그 누구보단
앞들 보리밭에서 물결치듯 김을 매다
이마의 구슬땀 씻어올리는 여인에게 전하니,
여인이야 이윽고 아픈 허리를 곧게 펴곤
눈앞 가득 일어서는 마을의 정자나무를 향해
고개를 끄덕끄덕, 무언가 일별을 보냈다 하자.

○ 바람이 솔나무의 속삭임을 듣고 달려가서 미루나무에게 말을 전한다는 등 의인화된 표현이 사용되었습니다.

㉤ 아무려면 어떤가, 산과 강과 들과 마을이
한 초록으로 짙어가는 오월도 청청한 날에,
소쩍새는 또 바람결에 제 한 목청 다 싣는 날에.

○ 시를 읽으며 아름다운 자연의 정경을 떠올릴 수 있습니다. 초록으로 짙어간다는 표현에서 시각적 심상을, 소쩍새의 목청에서 청각적 심상을 통해 아름다운 시절을 더 생생하게 표현합니다.

● **문제 분석 및 풀이**

18 **답 ②**

기법과 효과에 대해 묻는 전형적인 시 문제입니다. 먼저 기법이 사용되었는지 검토할 수 있어야 합니다. ㉮에서는 '-다', '-니'를 반복하고 ㉯에서는 '-자'를 반복합니다. 반복을 통해 리듬감이 나오는 것은 앞에서 배웠으니 당연한 말이겠죠.

오|답|피|하|기

기법과 효과에 대한 문제에서 기법을 먼저 확인해야 합니다. 그러나 눈에 확연히 보이는 효과가 잘못된 것이라면 빠르게 선택지를 제거할 수 있겠죠.

① '현실과 이상의 거리감'은 전혀 어울리지 않습니다.
③ 화자의 시선 이동에 따른 전개를 보여 주고 있습니다. 화자의 시선이 내면에서 외부로 이동하고 있지는 않습니다.
④ ㉯에서 계절이 바뀌거나 하지 않지요. ㉮도 역시 틀린 설명입니다.
⑤ ㉮는 종교적 관념에 대한 사색을 바탕으로 하고 있지 않습니다.

19 **답 ③**

지나가는 가을에 대한 아쉬움을 드러내고 있지는 않습니다. 나머지 선택지는 굳이 설명이 필요하지 않을 정도로 모두 적절한 서술입니다.

20 **답 ④**

〈보기〉를 참고하여 작품을 감상하는 전형적인 시 문제 유형입니다. 먼저 선택지가 〈보기〉를 충분히 반영하고 있는지 검토하고 작품과 비교하여 내용도 적절한지 확인할 수 있어야 합니다.

① ㉮에서 화자가 '온 살결 터럭 끝'을 '눈'과 '입'으로 삼아 자연을 대하는 것은 인간과 자연 간의 교감을, ㉯에서 '바람'이 '뒷동산 청솔잎을 빗질'하는 것은 자연과 자연 간의 교감을 드러내는군.

② ㉮에서 화자가 '수풀의 정'과 '벌레의 예지'를 '알 수 있다'고 하는 것과 ㉯에서 '솔나무'가 '무어라' 하고 '미루나무'가 '알았다'고 하는 것은 구성원들이 서로 소통하는 조화로운 생태계의 모습을 보여 주는군.

③ ㉮에서 화자가 '수풀'과 '벌레'의 소리를 듣고 '나도' 청명함의 '노래꾼이 된다'고 하는 것과 ㉯에서 '솔나무의 속삭임'을 '바람'이 '미루나무'에게 전하고, 이를 '여인'도 '정자나무'에게 전하는 것은 자연과 인간 간의 유대감을 드러내는군.

◎ 〈보기〉의 "생태학적 상상력은 모든 생태계 구성원을 평등한 존재로 보는 데에서 출발하여, 서로 교감·소통하며 유대감을 느끼는 관계로, 나아가 영향을 주고받는 순환의 관계로 인식한다."

⑤ ㉮에서 자연을 '온 소리의 앞 소리'와 '온 빛깔의 비롯'이라고 표현한 것은 근원적 존재로서의 자연의 가치를, ㉯에서 '오월'에 '산'과 '마을'이 '한 초록으로 질어' 간다고 표현한 것은 인간과 자연이 하나가 되어 가는 생태 공동체를 형상화하는군.

◎ 〈보기〉의 "생태학적 상상력을 통해 시인은 자연의 근원적 가치와, 인간과 자연의 조화로운 관계를 드러내며 궁극적으로는 이들을 하나의 생태 공동체로 형상화한다."

④ ㉮에서 화자가 '동백 한 알'이 떨어지는 모습에서 '하늘'의 '별살'을 떠올린 것과 ㉯에서 화자가 '잎새'의 흔들림에서 반짝이는 '구슬알'을 떠올린 것은 생명의 탄생을 계기로 순환하는 생태계의 질서를 보여 주는군.

◎ 〈보기〉에서 "나아가 영향을 주고받는 순환의 관계로 인식한다."라고 서술한 부분은 있으나 '생명의 탄생'을 언급한 부분은 보이지 않습니다. 또한 〈보기〉에서 언급한 순환이 생명의 탄생으로 인한 것도 아닙니다. 따라서 〈보기〉 내용과 다르니 정답으로 볼 수 있습니다. 또한 작품 내용을 봐도 '동백 한 알이 떨어지는 것', '잎새의 흔들림에서 반짝이는 구슬알을 떠올린 것' 모두 생명의 탄생과는 관련이 없으므로 잘못된 서술입니다.

국어영역 네 눈에 정답만 보이게 해줄게

002

유제 : 실전 연습

본문 P. 450~468

01 ①	02 ④	03 ②	04 ①	05 ⑤
06 ①	07 ②	08 ②	09 ①	10 ①
11 ⑤	12 ⑤	13 ④	14 ④	15 ②
16 ⑤	17 ③	18 ①	19 ③	20 ⑤

01~03

● **작품 관찰**

[A]〈차가 남대문에 닿았다. 아직 다 어둡지는 아니하였으나 사방에 반작반작 전기등이 켜졌다. 전차 소리, 인력거 소리, 이 모든 소리를 합한 '도회의 소리'와 넓은 플랫폼에 울리는 나막신 소리가 합하여 지금까지 고요한 자연 속에 있던 사람의 귀에는 퍽 소요하게 들린다. '도회의 소리!' 그러나 그것이 문명의 소리다. 그 소리가 요란할수록에 그 나라가 잘된다.

◎ 가장 먼저 확인할 것이 '문명의 소리'라는 단어입니다. 그 소리가 요란할수록 그 나라가 잘된다고 서술하고 있습니다.

수레바퀴 소리, 증기와 전기 기관 소리, 쇠마차 소리……. 이러한 모든 소리가 합하여서 비로소 찬란한 문명을 낳는다. 실로 현대의 문명은 소리의 문명이라. 서울도 아직 소리가 부족하다. 종로나 남대문통에 서서 서로 말소리가 아니 들리리만큼 문명의 소리가 요란하여야 할 것이다.

◎ 아직 서울도 그렇게 발전된 문명은 아니라는 얘기입니다.

그러나 불쌍하다. 서울 장안에 사는 삼십여 만 흰옷 입은 사람들은 이 소리의 뜻을 모른다. 또 이 소리와는 상관이 없다.

◎ 이 부분을 특히 주의해야 처음에 분위기를 잘 파악할 수 있습니다. '불쌍하다'고 하여 감정을 직설적으로 표현하고 있습니다. 왜 불쌍할까요? 문명 발전은 어차피 이곳을 살아가는 사람들과는 상관없기 때문입니다. 우리는 왜 상관이 없다고 하는지 의문을 가지면서 계속 작품을 읽어 가야 합니다.

그네는 이 소리를 들을 줄을 알고, 듣고 기뻐할 줄을 알고, 마침내 제 손으로 이 소리를 내도록 되어야 한다. 저 플랫폼에 분주히 왔다 갔다 하는 사람들 중에 몇 사람이나 이 분주한 뜻을 아는지, 왜 저 전등이 저렇게 많이 켜지며, 왜 저 전보 기계와 전화 기계가 저렇게 불분주야하고 때각거리며, 왜 저 흉물스러운 기차와 전차가 주야로 달아나는지……. 이 뜻을 아는 사람이 몇몇이나 되는가.〉

◎ 결국 이 사회에 사는 사람들이 이러한 문명을 누릴 수 있어야 의미가 있다는 생각입니다.

이렇게 북적북적하는 속에 영채는 행여나 누가 자기의 얼굴을 볼까 하여 가만히 고개를 숙이고 앉았다. 병욱은 혹 자기의 동창 친구나 만날까 하고 플랫폼에 내려서 이리저리 거닐다가 아무도 만나지 못하고 도로 차실로 들어오려 할 적에 누가 어깨를 치며,

◎ 영채는 누군가 만나는 것을 꺼리고 있습니다. 왜 그런지 의문을 가지면서 읽어 갈 수 있어야 합니다. 반면 병욱은 영채와는 반대로 아는 사람을 찾아 이리저리 거닐고 있습니다.

"병욱 언니 아니야요?" 한다.

병욱은 놀라 돌아서며 자기보다 이태를 떨어졌던 동창생을 보았다.

◎ 병욱이 누군가 만났습니다.

"에그, 얼마 만이어!"

"그런데 어디로 가오?"

"지금 동경으로 가는 길인데……."

"왜, 어느 새에…… 여보, 그런데 좀 만나 보고나 가는 것이 아니라…… 그렇게 무정하오." 하고 썩 돌아서더니, "아무려나 내립시오. 우리 집으로 갑시다." 한다.

"아니오. 동행이 있어서…… 그런데 누구 작별 나왔소?"

"응, 아니, 언니 모르셔요?" / "무엇을?"

"에그, 저런! 저 선형이 알지요. 선형이가 오늘 미국 떠난다오."

"선형이가 미국?" 하고 놀란다. 그 여학생은 저편 이등실 앞에 사람들이 모여선 것을 가리키며, "저기 탔는데…… 이번에 혼인해 가지고 양주가 미국 공부하러 간다오. 잘들 한다. ㉠ 다 미

국을 가느니 일본을 가느니 하는데 나 혼자 이렇게 썩는구먼!"

◎ 동창생은 자기 혼자 어디 나가지 못하는 상황을 '썩는다'고 표현하고 있습니다. 그에게는 외국에 나가는 사람이 좀 더 선망의 대상이 됩니다. 동창생은 선형을 배웅하러 나왔는데, 선형이라는 인물은 결혼해 남편과 함께 미국으로 공부하러 간다는 사실을 알 수 있습니다.

병욱은 여학생을 따라 선형이가 탔다는 차 앞에까지 갔으나 너무 사람이 많아서 곁에 갈 수가 없다. ㉡ 선형은 하얀 양복에 맨머리로 창 밑에 서서 전송 나온 사람들의 인사를 대답하고, 그 곁 창에는 어떤 양복 입은 젊은 신사가 그 역시 연해 고개를 숙여 가며 무슨 인사를 한다. 전송인은 대개 두 패로 갈려서 한편에는 여자만 모이고, 한편에는 남자만 모여 섰다. 그 남자들은 모두 다 서울 장안의 문명하였다는 계급이다.

◎ '문명하였다'는 말은 어떤 뜻일까요? 이 작품에서는 앞에서 말한 그 '소리'와 관련하여 신식 문물에 적응한 사람들을 가리키는 용어로 쓰였음을 알 수 있습니다.

병욱은 한참이나 그것을 보고 섰다가 중로에서 선형을 찾아볼 양으로 그 차실 바로 뒤에 달린 자기의 차실에 올라왔다. 영채는 여전히 고개를 숙이고 앉았다. 아까 탔던 사람은 거의 다 내리고 새로운 승객이 거의 만원이라 하리만큼 많이 올랐다. 어떤 사람은 웃옷을 벗어 걸고, 어떤 사람은 창에 붙어서 작별을 하며, 또 어떤 사람은 벌써 신문을 들고 앉았다. 그러나 흰옷 입은 사람은 병욱과 영채 둘뿐이다. 병욱은 자리에 앉아서 방 안을 한번 둘러보고 영채더러,

"왜 그렇게 고개를 숙이고 앉었니?"

◎ 영채는 여전히 고개를 숙이고 있습니다. 주목할 점에서 병욱과 영채만 흰옷을 입고 있다는 점입니다. 흰옷을 입었다는 점에서 앞에서 제시한 새로운 문명의 흐름과 어울리지 않습니다. 마지막에 병욱이 드디어 영채가 왜 고개를 숙이고 있는지 물어봅니다.

"㉢ 어째 남대문이라는 소리에 마음이 이상하게 혼란하여집니다그려. 어서 차가 떠났으면 좋겠다." 할 때에 벌써 종 흔드는 소리가 나고, "사요나라, 고키겐요우." 하는 소리가 소낙비같이 들리더니 차가 움직이기를 시작한다.

◎ 영채는 뭔가 새로운 변화에 적응을 하지 못한 것입니다.

㉣ 어디서, "만세, 이형식 군 만세!" 하는 소리가 들린다. 두 사람은 깜짝 놀라 귀를 기울인다. 또 한 번, "이형식 군 만세!" 하는 소리가 들린다.

◎ 이것은 대체 무슨 소리인지 의문을 가져야 합니다.

지금 만세를 부르던 사람들이 두 사람의 창밖으로 얼른한다. 그것은 모시 두루마기에 파나마 쓴 패였다. ㉤ 병욱은 아까 선형의 곁에 있던 사람이 형식인 것과, 형식이가 선형의 지아빈 줄도 짐작하였다. 그러나 아무 말도 아니하였다.

◎ 앞에서 미국에 가는 선형과 형식을 생각하면, 당시 유학을 가는 행위가 선망되고 높게 여겨지기 때문에 '만세'를 외치고 있음을 알 수 있습니다. 그러나 등장인물들은 아무 말도 하지 않았다는 점에서, 만세를 부르는 사람들과는 좀 다른 감정인 것을 알 수 있죠.

영채는 형식이란 소리를 듣고 문득 가슴이 덜렁함을 깨달았다. 지금까지 아무쪼록 형식을 잊어버리려 하였으나 방금 같은 기차에 형식이가 탄 것을 생각하매 알 수 없는 눈물이 자연히 떨어진다.

● **문제 분석 및 풀이**

01 **답** ①

여러 가지 사회 문제를 비판하고 있지는 않습니다. 변화된 시대상에 대한 감상 정도를 말하고 있는 것뿐입니다. 작품 속에 '복수의 사회 문제'가 등장하는 것은 아닙니다.

오답 피하기

② 조선 민중을 '흰옷 입은 사람들'로 표현하고 있는데, 이것은 비유의 일종인 대유법이 사용된 것입니다. 대유법은 사물의 한 부분이나 특징을 가지고 전체를 비유하는 것입니다. 가령, '말은 칼보다 강하다'고 할 때의 '칼'은 'knife' 하나만 뜻하는 것이 아니라 '무력'을 나타내는 것입니다.

또 "수레바퀴 소리, 증기와 전기 기관 소리, 쇠마차 소리……."에서 열거가 사용되었습니다.

③ 당시 변모된 시대상, 즉 문명화되어 가고 있는 사회를 '수레바퀴 소리, 증기와 전기 기관 소리, 쇠마차 소리' 등 다양한 소리를 활용하여 보여 주고 있습니다. 또한 "왜 저 전보 기계와 전화 기계가 저렇게 불분주야하고 때각거리며"에서 때각거린다는 표현을 통해 변모된 시대상을 보여 주고 있습니다.
④ [A]의 중반부 "그러나 불쌍하다."에서 서술자는 현대의 문명에 대한 자신의 생각을 적극적으로 드러내고 있습니다. 또한 후반부 "~ 마침내 제 손으로 이 소리를 내도록 되어야 한다." 등에서 자신의 주장을 직접적으로 제시하고 있습니다.
⑤ [A]의 후반부에서 찾아볼 수 있습니다. 일상적인 대화를 하듯 구어체를 사용하여 서술해 가고 있습니다. 또한 중반부에서도 "실로 현대의 문명은 소리의 문명이라."라고 한 부분을 보면 '문명이다'가 아니라 '문명이라'라고 하여 구어체를 사용한 것을 알 수 있습니다.

02 **답 ④**

앞에서 작품 관찰을 통해 파악한 그대로입니다. 밑줄 친 부분만을 보는 것이 아니라 그 주변을 문맥적으로 읽어야 합니다. "지금 만세를 부르던 사람들이 두 사람의 창밖으로 얼른한다. 그것은 모시 두루마기에 파나마 쓴 패였다."에서 '파나마 쓴 패'가 개화된 젊은이들입니다.

03 **답 ②**

| 조 : 조건 분석 |

〈보기〉를 참고할 때, 윗글에 나타나 있는 '기차'의 서사적 기능으로 적절하지 않은 것은?

◎ 문학 문제의 전형적인 유형입니다. 〈보기〉 분석형의 형태이지만 선택지 분석형처럼 지문과 하나씩 맞춰 봐야 합니다.

| 커 : 근거 축소 |

- 〈보기〉와의 일치 여부 : 모든 선택지들이 〈보기〉에 제시된 내용과 일치하고 있습니다. ⑤는 '과거와 미래를 가르는 경계선', ①과 ④는 '문명개화에 앞선 특권 계층들은 ~ 서구 문물을 수용할 수 있었다.', ③은 '기차에서의 우연한 만남이 빈번하게 나타나며', ②는 '생활 터전으로서의 고향 상실이라는 공포'와 일치합니다.
- 지문과의 일치 여부 : 지문에서 기차는 이를 타고 외국으로 떠나는 인물들의 사회적 계층과 위상을 보여 주고(①), 그들이 지향하는 서구적인 근대 문명개화의 상징물로서 기능하고 있습니다.(④) 또한 인물들이 새 출발을 하게 해 주는 장치이자(⑤), 영채란 인물에게는 형식이란 인물을 만남으로써 내적 갈등을 일으키게 하는 장소로서 기능합니다(③). 그러나 ②와 같이 '고향 상실'과 연결시킬 수 있는 부분은 찾아볼 수 없습니다. 오히려 문명개화 계층들은 고향을 떠나는 행위를 긍정적으로 봅니다.

04~07

● **작품 관찰**

밤이 깊어지면, **시장 안의 가게들**은 하나씩 문을 닫고, 길가에 리어카를 놓고 팔던 상인들은 제각기 과일이나 생선, 채소들을 끌고 다리 위로 올라오는 것이었다.
[A]〈그 모양을 이만큼에 서서 흔들리는 버드나무 가지 사이로 바라보면, 리어카마다 켜져 있는 카바이드 불빛이, 마치 난간에 무슨 꽃 등불을 달아 놓은 것처럼 요요하였다.〉
돈이 없어도 염려가 안 되는 곳.(긍정적인 서술)
그 사람들은 대부분 어머니를 알았다.
모르는 사람들도 곧 알게 되었다.
[B]〈벽오동집 아주머니.
오동나무 아주머니.〉
그렇게 어머니를 불렀다.
어느새 나무는 그렇게도 하늘 높이 자라서 저기만큼 걸린 매곡교 다릿목에서도 그 무성한 가지와 잎사귀를 올려다볼 만큼 되었던 것이다.
[C]〈거기다가, 우리 집에서 날아간 오동나무 씨앗이 앞뒷집에 떨어져 싹이 나고, 어느 해 바람에 불려 갔는지 그보다 더 먼 건넛집에도, 심지 않은 오동나무가 저절로 자라나게 되었다.

그래서 나는 속으로 우리 동네를 벽오동촌이라고 별명 지었다.

그것은 어쩌면 이 가난한 동네의 한 호사였는지도 모른다.〉

◎ '오동나무 아주머니'라 불리던 주인공의 어머니에 대해 이야기합니다. 주인공 집에 오동나무가 커다랗게 자랐기 때문입니다. 또한 오동나무 씨앗은 주변으로 퍼지며 일대에 오동나무가 저절로 자라났고 주인공은 자신의 동네를 '벽오동촌'이라고 별명 붙이게 됩니다. 자신의 동네에 대해 긍정적인 서술을 하고 있습니다.

아버지가 어머니와 혼인하시고, 작천의 친정어머니를 남겨 두신 채, 신행 후에 전주로 돌아와 맨 처음 터를 잡은 곳이 바로 이 **천변**이었다.(주인공의 아버지와 어머니가 결혼하고 지금 집이 있는 천변에 자리를 잡았다고 하니, 긴 세월 한 동네에서만 살아왔다는 사실도 확인할 수 있습니다.)

[D]〈동네 뒤쪽으로는 산줄기가 병풍처럼 둘러쳐져 있고, 앞쪽으로는 흰모래 둥근 자갈밭을 데불은 시냇물이 흐르며 거기다 시장까지 가까운 이곳은, 삼십 년 전 그때만 하여도, 부성 밖의 한적하고 빈한한 동네였을 것이다.〉

물론 우리도 중간에 **집을 고치**고, 이어 내고, 울타리를 바꾸었으나, 그저 움막처럼 나뭇가지를 얼기설기 얽은 뒤, 풍우나 피하자는 시늉으로 지은 집들도 많았을 것이다.

이 울타리 안에서 해마다 더욱더 무성하게 자라는 오동나무는 유월이면, 아련한 유백색의 비단 무늬 같은 꽃을 피웠다. 그윽한 꽃이었다.

◎ 동네의 풍경을 아름답게 그리고 있습니다. 또 오동나무의 모습도 아름답게 묘사하고 있습니다. 한편 주인공 가족들이 같은 동네에서 집을 고치면서 계속 살아왔다는 점을 확인할 수 있습니다.

그 나무는 나보다 더 나이가 많았다.

나를 낳으시던 해, 지팡이만 한 나무를 구해다가 앞마당에 심으시며

"기념."

이라고 웃으셨다는 아버지.

"처음에는 저게 자랄까 싶었단다. 그러던 게 이듬해는 키를 넘드라."

해마다 이른 봄이면, 어린아이 손바닥만 하던 잎사귀가 어느 결에 손수건만 해지고, 그러다가 초여름에는 부채처럼 나부낀다.

그리고 가을에는 종이우산만큼이나 넓어지는 것 같았다.

하늘을 덮는 잎사귀, 그 무성한 잎사귀들…….

그 잎사귀 **서걱거리는 소리**가 골목 어귀 천변에까지 들리는 성싶었다.

◎ 주인공이 태어나던 해 아버지가 오동나무를 심었다는 이야기입니다.

어머니는 물끄러미 냇물만 바라보고 계시더니, 문득 고개를 돌려,

"영익이 언제 다녀갔지?"(영익이는 누구인지 궁금해집니다.)

하고 물으셨다.

[E]〈"사흘 됐나? 그저께 아니었어요?"

어머니는 어둠 속에서 고개를 끄덕이셨다.

어머니의 고개는 무거워 보였다〉(긍정적이지 않은 서술)

"참, 어머니 지금 저기, 불빛 뵈는 저 산마루에 절, 저기가 영익이 있는 데예요?"

나는 동편 산마루의 깜박이는 불빛을 가리키며 무심한 듯 물었다.

"아니다. 그건 승암사라구 중바위산 아니냐. 그 애 공부하는 덴 이 오른쪽이지…… 기린봉 중턱에 있는 절이야. 여기서는 잘 뵈지도 않는구나."

그러면서 어머니는 눈을 들어, 어두운 밤하늘에 뚜렷한 금을 긋고 있는 산줄기를 바라보셨다. 산은 검고 깊었다.

동생 영익이는 벌써 이 년째 그 산속의 절에서 사법 고시 준비를 하고 있었다.(그런 사연이 있었군요.)

그는 말이 없고 우울한 때가 많았다.

그리고 그저께 집에 내려와, 이사 날짜가 결정되었다는 말을 듣고는 아무 말도 없이 고개를 떨어뜨리더니

"내가……."

하고 무슨 말을 이으려다 말고 그냥 산으로 올라갔었다.

그때 영익이의 말끝에 맺힌 숨소리는 '흡' 하고

내 가슴에 얹혀 아직도 내려가지 않은 것만 같았다.

◎ 동생 영익이에 대한 이야기가 시작되자 앞서 긍정적이었던 분위기가 무겁고 우울한 느낌으로 바뀝니다. 특히 가족이 이사를 가게 되는 상황이 긍정적이지 않은 것임을 짐작하게 합니다.

우리가 이사하기로 된 집의 **구조**는 지극히 **천박하였다.**(부정적 서술)

우선 대문이 번화한 도로변으로 나 있는 데다가 오래되고 낡아서 녹이 슨 철제였다. 그것은 잘 닫히지도 않아 비긋하니 틀어진 채 열려 있었다.

그리고 마당은 거의 없다는 편이 옳았다. 그나마 손바닥만 한 것을 시멘트로 빈틈없이 발라 놓았고, 방들은 오밀조밀 붙어 있어 개수만 여럿일 뿐, 좁고 어두웠다.

그중에 한 방은 아예 전혀 **채광 통풍조차**도 되지 않았다.

그것도 원래는 **창문**이었는데, 아마 바로 옆에 가게를 이어 내느라고 **막아 버린** 모양이었다. 그 가게란 양품점으로, 레이스가 많이 달린 네글리제와 여자용 속옷, 스타킹 따위를 고무 인형에 입혀 세워 놓은 곳이었다.

뿐만 아니라 그 가게를 중심으로 앞뒤에 같은 양품점들이 늘어서 있고 그 옆에는 양장점, 제과소, 음식점, 식료품 잡화상들이 있었다.

여기저기서 들려오는 **불규칙한 마찰음**, 무엇이 부딪쳐 떨어지는 소리, 어느 악기점에선가 쿵, 쿵, 울려오는 스피커 소리…… 끼익, 하며 숨넘어가는 자동차 소리.

한마디로 그 집은, 아스팔트의 바둑판, 환락과 유행과 흥정의 경박한 거리에 금방이라도 쓸려 버릴 것처럼 위태해 보였다.

그리고 우리가 이제 이사 올 집이라고, 그 집 문간에 웅숭그리고 서서 철제 대문 사이로 안을 기웃거리며 들여다보는 **우리들**은 어쩐지 **잘못 날아든 참새들 같**기만 하였다.

◎ 새로 이사하기로 한 집의 구조가 천박하다고 서술하는데, 이는 기존에 긍정적으로 서술되고 있던 천변의 분위기와 대조됩니다. 이사하는 동네는 도시인데 주인공은 이를 긍정적으로 생각하지 않는다는 점을 확인할 수 있습니다.

● **문제 분석 및 풀이**

04 **답 ①**

영익은 이사 날짜가 결정되었다는 얘기를 듣고서는 무슨 말을 이으려다 말고 그냥 산으로 올라갔다고 합니다. 이사를 가게 된 가족의 상황을 알고서도 자기 생각을 분명히 드러내지 않았다는 사실을 알 수 있습니다.

오답 피하기

② 영익은 출가하여 승려가 된 것이 아니라 절에서 사법 고시 준비를 하고 있을 뿐입니다.

③ 영익이가 있는 기린봉 중턱의 절을 알려 주는 것은 어머니입니다.

④ 밤이 깊어지면, 시장 안의 가게들은 하나씩 문을 닫는다고 합니다.

⑤ 삼십 년 전 그때만 하여도, 부성 밖의 한적하고 빈한한 동네였을 것이라고 합니다.

05 **답 ⑤**

"사흘 됐나? 그저께 아니었어요?"를 누가 말한 것인지는 [E]의 앞뒤를 살펴보면 알 수 있습니다. [E] 뒷부분에서 다시 대화가 나오고 '나는 동편 산마루의 깜박이는 불빛을 가리키며 무심한 듯 물었다.'를 통해 이 말을 한 주체가 '나'임을 알 수 있습니다. 그런데 서술자 역시 '나'이므로 말하는 이와 서술자가 다르다는 것은 잘못된 설명입니다.

06 **답 ①**

오동나무에 대한 서술 중 계절과 관련된 내용은 '해마다 이른 봄이면, 어린아이 손바닥만 하던 잎사귀가 어느 결에 손수건만 해지고, 그러다가 초여름에는 부채처럼 나부낀다. / 그리고 가을에는 종이우산만큼이나 넓어지는 것 같았다.' 등에서 확인할 수 있습니다. 또한 '그 나무는 나보다 더 나이가 많았다.'고 하였으므로, 주인공에게 오동나무는 세월의 흐름을 느끼게 하는 대상이자 주인공이 직접 경험한 대상이라고 할 수 있습니다.

오답 피하기

② 오동나무에 경제적 효용이 있다고 볼 수 없으므로 이를 경제적 기반이라 할 수도 없습니다.
③ 사람이 오동나무를 키워 냈다고 볼 수는 없고 처음 나무를 심었을 때 얘기를 보면 저절로 자랐다고 보는 것이 타당합니다.
④ '벽오동촌'은 주인공 혼자 속으로 생각한 별명입니다.
⑤ 오동나무 씨앗이 마을 곳곳에 퍼진 것이지, 아버지가 오동나무를 마을 곳곳에 심은 것은 아닙니다.

07

답 ②

천박한 집의 여건을 살펴보는 행동은 집을 고치던 경험과 관계없이 '우리가 이제 이사 올 집이라고' 한 번 들여다본 것에 해당합니다. 또한 '우리들은 어쩐지 잘못 날아든 참새들 같기만 하였다.'라고 하므로 주인공이 낯선 공간에 친숙해지고자 한다고 볼 수는 없습니다.

08~10

● 작품 관찰

〈옛우물〉은 수필 같은 형태의 현대 소설입니다. 인물 사이에 특별한 갈등 구조나 구체적인 이야기가 드러나 있지 않고, 내부 서술자가 하고 싶은 말을 덤덤하게 하고 있습니다.

제시된 작품에서 (중략) 이전은 '막냇동생이 태어나던 때'를 제시하고 있습니다. '분주하고 소란스럽고 조심스러운 쉬쉬함', '수다 떨다 침 떨구지 마라', '부정 탄다' 등을 통해, 막냇동생의 탄생을 앞둔 미묘한 분위기를 전달하고 있습니다.

이후에는 한 사람의 생애에 있어 45년이라는 시간은 무엇이든 될 수 있었던 상당히 긴 시간이라는 점을 제시하며, 거창한 것들이 될 수 있었던 가능성을 나열식으로 말하고 있습니다. 하지만 '그러나' 이후 "나는 지금 작은 지방 도시에서 만성적인 편두통과 임신 중의 변비로 인한 치질에 시달리는 중년의 주부로 살아가고 있다."라는 표현을 통해, 평범한 삶을 누리며 살아가고 있음을 보여주고 있습니다.

마지막 부분에서 '나'는 아들이 자신의 물건에 '도도'라는 이름을 붙여 놓은 것을 보며 '갈라파고스'를 떠올립니다. 이는 평범하게 살아가는 자신의 인생과 대비되며 '두려움과 항거', '종종 무질서 속으로 피신하는 것'과 연결됩니다. 이는 일상 속에서 잠시 잊혀졌던 '가능성'을 떠올리는 계기가 됩니다.

● 문제 분석 및 풀이

08

답 ②

역시 '기법+효과'의 구성에서 기법 위주로 검토하며 맞는지 확인할 수 있습니다.

②가 답이 됩니다. 이야기 내부 서술자의 자기 고백적 진술을 통해 내면을 제시하고 있다는 진술은 적절합니다. 왜냐하면 지나간 가능성을 떠올려 보면서, 현재 평범하게 살아가는 자신의 모습과 대비하여 잊힌 상상력을 떠올려 보는 '나'의 내면이 제시되고 있기 때문입니다.

오답 피하기

① 사건에 대한 객관적 진술은 드러나고 있지 않습니다.
③ 인물의 행적이 요약적으로 진술되고 있지 않으며, 갈등이 존재한다고 보기 어려워 그 해결 방향이 제시된다고 보기 어렵습니다.
④ 다른 인물에 대한 반감은 제시되고 있지 않습니다.
⑤ 혼란스러운 시대적 분위기는 드러나고 있지 않습니다.

09

답 ①

네모 친 '도도'에 대한 이해로 적절한 것을 물어보고 있습니다. 밑줄 친 것이나, 네모 친 것이나 항상 그것에 대해 정확하게 이해하기 위해서는 문맥적으로 검토할 수 있어야 합니다. 문맥적으로 검토한다는 것은, 거칠게 말하면 앞뒤를 살펴본다는 것입니다.

도도가 무엇인가를 묻자 아들은 4백 년 전에 사라진, 나는 기능을 잃어 멸종된 새였다고 말했었다. 누구나 젊은 한 시절 자신을 전설 속의, 멸종된 종으로 여기지 않겠는가. 관습과 제도 속으로 들어가야 하는 두려움과 항거를 그렇게 나타내지 않겠는가.

지문에서 '도도'에 해당하는 설명은 '멸종된 새', '젊은 한 시절 자신', '두려움과 항거'와 연결됩니다. 정답을 검토하면, ① '주인공을 연관 짓는다는 점', '주인공이 자신을 비추어 보는 대상'이 지문과 연결됩니다.

반면 헷갈릴 수 있는 선택지인 ⑤는 현실 사회의 '관습과 제도'를 상징하는 대상이라 하는데, 지문을 검토하면 '관습과 제도'가 아니라 '두려움과 항거'와 연결되는 것입니다.

10 **답** ①

답은 세 가지 방향으로 나오게 됩니다. 1. 〈보기〉와 일치하지 않는 경우 2. 지문과 일치하지 않는 경우 3. 〈보기〉, 지문과 일치하나 양자 사이 관계가 적절하지 않은 경우입니다. 이 문제는 1, 2 모두 충족하나 3을 충족하지 못하고 있습니다. 해당 유형은 매번 출제되고 있으나, 이런 방식으로 답이 되는 것은 드물기 때문에 기억해 두어야 합니다.

선택지는 '지문+〈보기〉'로 이루어져 있습니다. 정답인 ①을 검토하면, 지문에 해당하는 부분은 '주인공이 주기적으로 학교나 재활 센터 등에 오가면서도 밤 외출을 하는 행위'입니다. 이는 일상을 평범하게 살아가는 모습으로 지문과 일치합니다. 〈보기〉에 해당하는 부분은 '일상 세계에서 안정된 삶을 영위하지 못하는 경계 상황에 놓여 있음'인데, 〈보기〉의 '이때 두 세계의 어느 편에도 온전히 편입되지 못하고 경계에 선 인간'과 일치합니다. 그러나 양자를 연결하면 어색합니다. 왜냐하면 지문에 해당하는 부분은 평범한 일상을 살아가는 긍정적인 모습인데, 이를 안정된 삶을 영위하지 못하는 경계 상황에 놓여 있다고 부정적으로 말할 수 없기 때문입니다.

작품에서 '나'가 안정된 삶을 영위하지 못한다고 볼 여지는 없습니다. 다만 '도도'를 통해 '갈라파고스'를 떠올리면서 현실과 상상의 세계의 경계에서 있다고 볼 여지는 있습니다. 선택지처럼 말하려면 '주인공이 주기적으로 학교나 재활 센터 등에 오가면서도 밤 외출을 하는 행위'만이 아니라, '도도'나 '갈라파고스' 등을 통해 상상의 세계를 생각하는 모습도 작품 속에 제시되어야 합니다. 일상생활을 영위하는 모습만 제시하고서 〈보기〉와 같은 '안정된 삶을 영위하지 못하는 경계 상황'을 끌어낼 수는 없습니다.

11~13

● 작품 관찰

〈임장군전〉은 출제 당시 EBS 연계 지문이어서 새롭게 파악해야 하는 내용은 아니었습니다. 또한 기존 여러 교재에서도 다룬 작품이기 때문에 낯설지는 않았으리라 생각합니다. 그러나 문제 자체가 동일하지 않기 때문에 항상 주의해야 합니다. 오히려 EBS 연계 지문에서 문제를 출제할 경우 좀 더 까다롭게 꼬아서 출제하기도 합니다.

자점이 심복을 보내 거짓 조서를 전하고 옥에 가두니, 경업이 옥에 갇혀 생각하되,('경업'은 주인공인 임경업 장군입니다.)

'세자와 대군이 어찌 내 일을 모르고 구치 아니시는고?'

하며 주야번민하여 목이 말라 물을 찾는데, 옥졸이 자점의 부촉(咐囑)을 들은 고로 물도 주지 아니하여 경업이 더욱 한하더니, 전옥(典獄) 관원은 강직한지라 경업의 애매함을 불쌍히 여겨 경업더러 왈,

"장군을 역적으로 잡음이 다 자점의 흉계니, 잘 주선하여 누명을 벗으라."('거짓 조서' 등에서 경업이 역적 누명을 쓰고 감옥에 갇혀 있다는 사실을 알 수 있습니다.)

경업이 그제야 자점의 흉계로 알고 통분을 이기지 못하여 바로 몸을 날려 옥문(獄門)을 깨치고 궐

내에 들어가 상을 뵙고 청죄한데,(옥문을 부수고 나가다니 경업의 능력이 대단하네요.) 상이 경업을 보시고 반겨 가로되,

"경이 만리타국에 갔다가 이제 돌아오매 반가움이 끝이 없거늘 무삼 일로 청죄하느뇨?"(뜬금없이 왜 그러느냐는 것인데, 이를 통해 왕이 그간의 구체적인 사정에 대해 잘 모르고 있음을 알 수 있습니다.)

경업이 돈수사죄 왈,

"신이 무인년에 북경에 잡혀가다가 중간에 도망한 죄는 만사무석이오나, 대명(大明)과 함께 호왕을 베어 병자년 원수를 갚고 세자와 대군을 모셔오고자 하였더니, 간인에게 속아 북경에 잡혀갔다가 천행으로 살아 돌아옵더니, 의주(義州)에서 잡혀 아무 연고인 줄 알지 못하옵고 오늘을 당하와 천안(天顔)을 뵈오니 이제 죽어도 한이 없사옵니다."

상이 들으시고 대경하사 신하더러 왈,

"경업을 무슨 죄로 잡아온고?"(왕이 구체적인 사정을 알아보고자 합니다.)

하시고 자점을 패초(牌招)하사 실사를 물으시니, 자점이 속이지 못하여 주왈,

"경업이 역적이옵기로 잡아 가두고 계달코자 하였나이다." / 경업이 대로하여 고성대매 왈,

"이 몹쓸 역적아! 들으라. 벼슬이 높고 국록이 족하거늘 무엇이 부족하여 모반할 마음을 두어 나를 해코자 하느뇨?"

자점이 듣고 무언이거늘, 상이 노하여 왈,

"경업은 삼국의 유명한 장수요, 또한 만고충신이거늘 네 무슨 일로 죽이려 하느뇨?" / 하시고,

"자점과 함께한 자를 금부에 가두고 경업은 물러가 쉬게 하라."

하시다. (사실 위 과정에서 어떤 구체적인 근거가 나오거나 하지 않았는데도 왕은 자점의 말은 믿지 않고 오히려 그를 옥에 가둡니다. 이를 통해 왕이 자점보다는 경업을 더 신뢰하고 있음을 알 수 있습니다.)

[A]〈경업이 사은하고 퇴궐할새, 자점은 궐문 밖에 나와 심복 수십 명을 매복하였다가, 경업이 나옴을 보고 불시에 달려들어 난타하니,(자점의 일격) 경업이 아무리 용맹한들 손에 촌철이 없는지라. 여러 번 맞아 중상하매(아무리 주인공이라도 적에게 당하고 맙니다.) 자점이 용사들을 분부하여 경업을 옥에 가두고 금부로 가니라.〉

이때 대군이 시자(侍者)더러 문왈,

"임 장군이 입성하였으나 지금 어디 있느뇨?"

시자가 대왈,

"소인 등은 모르나이다."

대군이 의심하여 바삐 입궐하여 경업의 거처를 묻되, 상이 수말을 이르시니 대군이 주왈,

"자점이 이런 만고충신을 해하려 하오니 이는 역적이라. 엄치하소서."

하고, 명일을 기다려 친히 경업을 가 보려 하시더라.

[B]〈차시, 경업이 자점에게 매를 많이 받아 천명이 진하게 되매 분기대발하여 신음하다 죽으니, 시년 사십팔 세요, 기축(己丑) 9월 26일이라.(주인공인데 결국 죽고 맙니다.)〉 / (중략)

자점이 반심을 품은 지 오래다가 절도(絶島)에 안치되매 더욱 앙앙(怏怏)하여 불측지심이 나타나거늘, 우의정 이시백이 자점의 일을 아뢰니, 상이 놀라 금부도사를 보내 엄형 국문하신 후 옥에 가두었더니, 이날 밤 한 꿈을 얻으시니, 경업이 나아와 주왈,

"흉적 자점이 소신을 죽이고 반심을 품어 거의 일이 되었사오니 바삐 국문하옵소서."(억울한 죽음을 당한 경업이 왕의 꿈에 나타납니다.)

하고 울며 가거늘, 상이 놀라 깨달으시니 경업이 앞에 있는 듯한지라. 상이 슬픔을 이기지 못하시고 날이 밝으매 자점을 올려 국문하시니, 자점이 자복하여 역심을 품은 일과 경업을 모해한 일을 승복하거늘, 상이 노하여 자점의 삼족을 다 내어,

"저자 거리에서 죽이라."

하시고,

"그 동류를 다 문죄하라."(악인의 최후)

하시며, 경업의 자식들을 불러 하교 왈,

"너희 아비가 자결한 줄로 알았더니, 꿈에 와 '자점의 모해로 죽었다.' 하기로 내어 주나니 원수를 갚으라."

하시다.(자점은 이후 경업의 자식들에게 죽임을 당했을 것으로 보입니다.)

● 문제 분석 및 풀이

11 답 ⑤

경업이 자점과 지략 대결을 하는 장면은 지문에 드러나 있지 않습니다. 오히려 경업이 스스로 옥문을 부수고 탈출하는 등의 모습을 통해 주인공의 초월적 능력을 보여 준다 할 수 있습니다.

오답피하기

① 경업과 자점의 대립 구도를 보여 주고 있습니다.
② 자점의 일격으로 경업이 죽음을 맞이합니다.
③ 경업이 왕에게 하는 말에서 이전에 북경에 잡혀가다 도망하였다든지 하는 사건 등을 알 수 있습니다.
④ 최후에는 자점이 징벌을 받게 된다는 점에서 권선징악을 보여 줍니다.

12 답 ⑤

⑤ 상은 꿈에 나타난 경업의 발언 이후 자점의 자복을 받아 내었다.

> 이날 밤 한 꿈을 얻으시니, 경업이 나아와 주왈,
> "흉적 자점이 소신을 죽이고 반심을 품어 거의 일이 되었사오니 바삐 국문하옵소서."
> 하고 울며 가거늘, 상이 놀라 깨달으시니 경업이 앞에 있는 듯한지라. 상이 슬픔을 이기지 못하시고 날이 밝으매 자점을 올려 국문하시니, 자점이 자복하여 역심을 품은 일과 경업을 모해한 일을 승복하거늘,

오답피하기

① 경업은 옥에 갇히기 전부터 거짓 조서 때문에 자점의 흉계를 알고 있었다.

> 전옥(典獄) 관원은 강직한지라 경업의 애매함을 불쌍히 여겨 경업더러 왈,
> "장군을 역적으로 잡음이 다 자점의 흉계니, 잘 주선하여 누명을 벗으라."
> 경업이 그제야 자점의 흉계로 알고 통분을 이기지 못하여 바로 몸을 날려 옥문(獄門)을 깨치고

○ 경업은 옥에 갇힌 후 그를 불쌍히 여긴 전옥 관원의 말을 듣고 나서야 자신이 자점의 흉계로 인해 옥에 갇혔음을 알게 됩니다.

② 옥졸은 자점의 부탁을 받고 경업의 죄를 상에게 밀고했다.

> 경업이 옥에 갇혀 생각하되,
> '세자와 대군이 어찌 내 일을 모르고 구치 아니시는고?' / 하며 주야번민하여 목이 말라 물을 찾는데 옥졸이 자점의 부촉(咐囑)을 들은 고로 물도 주지 아니하여

○ 자점의 부탁을 받은 옥졸은 경업에게 물도 주지 않았을 뿐, 왕에게 경업의 죄를 밀고하지는 않았습니다.

③ 대군은 자점을 의심하며 경업에게 옥에 갇힌 경위를 물었다.

> 이때 대군이 시자(侍者)더러 문왈,
> "임 장군이 입성하였으나 지금 어디 있느뇨?"
> 시자가 대왈, / "소인 등은 모르나이다."
> 대군이 의심하여 바삐 입궐하여 경업의 거처를 묻되, 상이 수말을 이르시니 대군이 주왈,
> "자점이 이런 만고충신을 해하려 하오니 이는 역적이라. 엄치하소서."
> 하고, 명일을 기다려 친히 경업을 가 보려 하시더라.

○ 대군이 자점의 흉계를 의심한 것은 맞으나, 그가 경업에게 옥에 갇힌 경위를 묻는 장면은 나타나 있지 않습니다.

④ 우의정 이시백은 경업이 옥에 갇힐 만한 정보를 상에게 제공했다.

> 우의정 이시백이 자점의 일을 아뢰니, 상이 놀라 금부도사를 보내 엄형 국문하신 후 옥에 가두었더니,

○ 이시백은 자점의 일을 왕에게 알렸을 뿐, 경업이 옥에 갇힐 만한 정보를 왕에게 제공하지는 않았습니다.

13 답 ④

| 조 : 조건 분석 |

〈보기〉를 참고할 때, [A]와 [B]에 대한 이해로 적절하지 않은 것은?

◎ 선택지에 〈보기〉의 내용이 들어 있어야 하고 지문의 내용에 비추어 [A], [B]에 대한 이해가 적절해야 합니다.

| 커 : 근거 축소 |

④ 〈보기〉의 ㉣ "조회하고 나오는 것을 문외의 무사로 박살하니 그 아니 가엾지 아니리오."에서 평민층은 안타까움을 드러내고 있습니다. 그런데 이는 경업이 자점에게 피습을 당하는 대목([A])에 대한 필사기로서, ㉣에서 평민층이 안타까워하는 대상은 자점에게 피습을 당한 경업이지, 자점(경업을 피습한 자점의 행위)이 아닙니다. 따라서 평민층이 자점의 행위에 연민을 드러낸다는 선택지의 이해는 적절하지 않습니다.

오|답|피|하|기

① 〈보기〉의 ㉠ "대역 김자점의 소행이 혐오스러워 붓을 멈춘다."는 시각에서는 [B]의 자점의 행위에 대해 부정적 평가를 내릴 것입니다.
② 〈보기〉의 ㉡ 이후 "경업에 대한 안타까움을 드러냈다."를 참고할 수 있고, 이는 [A] 경업이 자점에게 피습당하는 장면과 연결됩니다.
③ 〈보기〉의 ㉢ 이후 "숙명론적인 반응을 보이거나"라고 하여 운명론적인 태도와 연결될 수 있습니다.
⑤ 〈보기〉의 ㉤ "만민이라도 깨달아 본받게 함이라."를 통해 경업과 같은 충신의 이야기가 널리 알려지기를 바란다고 할 수 있습니다.

14~16

● 작품 관찰

승상 나업은 딸 하나가 있었다. 재예(才藝)가 당대에 빼어났다. 아이는 이 말을 듣고 헌 옷으로 갈아입고 거울 고치는 장사라 속여 승상 집 앞에 가서 "거울 고치시오!"라 외쳤다. 소저는 이 말을 듣고 **거울**을 꺼내 유모에게 주어 보냈다. 소저는 유모 뒤를 따라 바깥문 안쪽까지 나가 문틈으로 엿보았다. 장사가 소저의 얼굴을 언뜻 보고 반해, 손에 쥐었던 **거울**을 일부러 떨어뜨려 깨뜨렸다.(어떤 계략이 있을지 주의를 기울여야 합니다.) 유모가 놀라 화내며 때리자 장사가 울며 말했다.

"거울이 이미 깨졌거늘 때려 무엇 하세요? 저를 노비로 삼아 거울 값을 갚게 해 주세요."

유모가 들어가 이를 승상께 아뢰니 허락하였다.(이제 아이가 승상 집에서 같이 살게 되는 상황입니다.) 승상은 그의 이름을 거울을 깨뜨린 노비라는 뜻으로 파경노(破鏡奴)라 짓고 말 먹이는 일을 시켰다. 말들은 저절로 살쪄 여윈 것이 하나도 없었다.(왜 말들이 저절로 살이 찔까요?)

◎ 파경노가 어떻게 승상 집에서 함께 살게 되었는지 이야기합니다. 파경노가 승상의 딸을 보고 그리했다는 계기를 기억해 두어야 합니다.

하루는 천상의 선관들이 구름처럼 몰려와 말 먹일 꼴을 다투어 그에게 주었다. 이에 파경노는 말들을 풀어놓고 누워만 있었다.(하늘에서 도와주기 때문입니다. 파경노가 특별히 노력하지 않아도 되는 상황.) 날이 저물어 말들이 파경노가 누워 있는 곳에 와 그를 향해 머리를 숙이며 늘어서자 보는 자마다 모두 기이하게 여겼다. 승상 부인은 이 말을 듣고 승상에게 말했다.

"파경노는 용모가 기이하고 탄복할 일이 많으니 필시 비범한 사람일 것입니다. 마부 일도, 천한 일도 맡기지 마세요."(승상 부인도 파경노가 일반인이 아니라는 점을 파악합니다.)

승상이 옳게 여겨 그 말을 따랐다. 이전에 승상은 동산에 꽃과 나무를 많이 심었는데, 파경노에게 이를 기르게 했다.(새로운 업무) 이때부터 동산의 **화초**가 무성하며 조금도 시들지 않아, 봉황이 쌍쌍이 날아들어 꽃가지에 깃들었다.(파경노가 하는 일마다 다 잘 됩니다.)

◎ 파경노의 비범한 면을 보여 줍니다. 특별히 노력하지 않아도 하늘에서 도와주기 때문이겠죠.

열흘이 지났다. 파경노는 소저가 동산의 **꽃**을 보고 싶으나 파경노가 부끄러워 오지 못한다는 말을 들었다.(파경노는 소저를 마음에 들어 하는 자인데 이런 상황을 어떻게 해결할까요?) 이에 파경노는 승상을 뵙고 말했다.

"제가 이곳에 온 지 여러 해 지났습니다. 한 번

도 노모를 뵙지 못했으니, 노모를 뵙고 올 말미를 주십시오."

승상은 닷새를 주었다. 소저는 파경노가 귀향했다는 소식을 듣고 동산에 들어와 꽃을 보고,

"꽃이 난간 앞에서 웃는데 소리는 들리지 않네."라고 시를 지었다. 파경노는 꽃 사이에 숨어 있다가,(실제 고향에 가지는 않은 사실)

"새가 숲 아래서 우는데 눈물 보기 어렵네."라고 시로 화답했다. 소저가 부끄러워 얼굴을 붉히며 돌아갔다.

○ 파경노와 소저의 만남

[중략 부분 줄거리] 중국 황제는 신라 왕에게 석함을 보내, 그 안에 있는 물건을 알아내 시를 지어 올리라 명한다. 신라 왕은 이를 해결하지 못하고 나업에게 과업을 넘긴다.(문제 상황)

나업은 집으로 돌아와 석함을 안고 통곡했다. 파경노는 이 말을 듣고 사람들에게 왜 우는지를 물었다. 사람들이 모두 말해 주자, 자못 기쁨을 띠며 꽃가지를 꺾어 외청으로 갔다.(파경노는 일반인이 아니니 이를 해결해 줄 수 있겠죠.)

소저가 슬피 울다가 문득 벽에 걸린 **거울**에 비친 그림자를 보았다. 속으로 놀라 창틈으로 엿보니 파경노가 **꽃**을 들고 서 있었다. 소저가 이상히 여겨 묻자, 시치미를 떼며 말했다.

"그대가 이 꽃을 보고 싶다 하여 그대를 위해 가져 왔소. 시들기 전에 받아 보시오."

소저가 한숨을 크게 쉬니, 파경노가 위로하며 말했다.

"거울 속에 비친 이가 반드시 그대 근심을 없애 줄 것이오. 근심치 말고 꽃을 받으시오."

소저가 꽃을 받고 부끄러워하며 안으로 들어갔다.

얼마 뒤 소저는 파경노의 말을 괴이히 여겨 승상께 말했다.

"파경노가 비록 어리지만 재주가 남보다 뛰어나고, 신인(神人)의 기운이 있어 석함 속의 물건을 알아내어 **시**를 지을 수 있을 것입니다."

승상이 말했다.

"너는 어찌 쉽게 말하느냐? 만약 파경노가 할 수 있다면 나라의 이름난 선비 가운데 한 명도 시를 짓지 못해 이 석함을 나에게 맡겼겠느냐?"

소저가 말했다.

"뱁새는 비록 작지만 큰 새매를 살린다 합니다. 그가 비록 노둔하나 큰 재주를 지니고 있는지 어찌 알겠습니까?"

이어서 파경노가 걱정하지 말라고 했음을 고했다.

"만약 그가 시를 지을 수 없다면 어찌 그런 말을 냈겠습니까? 원컨대 그를 불러 시험 삼아 시를 짓게 하소서."

승상이 파경노를 불러 구슬리며 말했다.

"만약 이 석함 속의 물건을 알아내 시를 짓는다면 후한 상을 줄 것이며, 마땅히 네 뜻을 이루어 주겠다."

파경노가 거절하며 말했다.

"비록 후한 상을 준다 한들 제가 어찌 시를 짓겠습니까?"

소저가 이 말을 듣고 승상에게 말했다.

"살고 싶고 죽기 싫은 것이 인지상정입니다. 옛날에 어떤 이가 사형을 당하게 되었을 때, 그에게 '네가 만약 시를 짓는다면 내 마땅히 사면해 주겠다.' 했습니다. 그 사람은 무식한 이였으나 그 명을 따랐습니다. 하물며 파경노는 문학이 넉넉해 시를 지을 수 있지만 거짓으로 못하는 체하고 있습니다. 지금 아버님께서 그를 겁박하시면 어찌 삶을 좋아하고 죽음을 싫어하는 마음이 없어 복종치 않겠습니까?"

승상이 그럴듯하다 여기고 파경노를 불렀다.

○ 파경노를 겁박해서라도 문제를 해결하고자 합니다. 지문에 뒷이야기는 제시되어 있지 않으나 파경노가 문제를 잘 해결하지 않을까요?

● **문제 분석 및 풀이**

14 **답 ④**

중국 황제의 요구로 인해 사건이 발생합니다. 파경노와 소저, 승상과 소저의 대화를 통해 승상이 결국 파경노를 불러다 문제를 해결해야 한다는 결론에 이르게 됨을 알 수 있습니다. 작품에서는 "승상이 그럴듯하다 여기고 파경노를 불렀다."고 하여 이러한 결론을 진행시킵니다.

오|답|피|하|기

① 시간의 역전이 나타나지 않습니다.

② 서술자의 개입이 드러나지 않습니다.

③ 인물의 희화화가 드러나지 않습니다.

⑤ 현실의 사건만을 다루고 있습니다.

15 답 ②

작품에서 승상은 아이의 이름을 거울을 깨뜨린 노비라는 뜻으로 파경노라 짓고 노비로 거두어 들입니다. 즉, 깨뜨린 거울은 아이가 파경노라는 이름을 얻고 승상의 집안으로 들어가는 계기가 됩니다. 그런데 승상 부인이 파경노를 인정한 때는 파경노가 말을 먹이는 일을 할 때입니다. 물론 파경노는 이후 화초도 잘 기르게 되지만 승상 부인이 이를 보고 파경노를 인정한 부분은 없습니다. 화초 관련 내용은 파경노와 소저와의 이야기로 연결됩니다.

16 답 ⑤

| 조 : 조건 분석 |

〈보기〉를 참고하여 / 윗글을 감상한 내용으로 적절하지 않은 것은?

◎ 선택지는 〈보기〉+작품 내용으로 구성됩니다. 〈보기〉와의 일치 여부를 검토하되 작품 내용과도 맞는지 확인해야 합니다.

| 커 : 근거 축소 |

① 아이가 헌 옷으로 바꾸어 입고 거울 고치는 장사라 속이는 장면은 최치원이 치밀한 면모를 지닌 인물임을 보여 주는군.

〈보기〉 주인공은 문제 해결의 국면에서 치밀함, 기지, 당당함을 보인다.

◎ 작품에도 아이가 헌 옷으로 갈아입고 거울 고치는 장사라 속이는 장면이 등장합니다.

② 파경노에게 선관들이 몰려와 말먹이를 가져다 주는 장면은 최치원이 초월적 존재에게 도움을 받는 인물임을 보여 주는군.

〈보기〉 또한 초월적 존재의 도움을 받으면서도 이에 전적으로 의존하지 않고

◎ 작품에도 천상의 선관들이 구름처럼 몰려와 말 먹일 꼴을 다투어 파경노에게 주는 장면이 등장합니다.

③ 파경노가 기른 뒤로 화초가 시들지 않아 봉황이 날아드는 장면은 최치원이 신이한 능력을 지닌 인물임을 보여 주는군.

〈보기〉 자신이 지닌 신이한 능력을 발휘하여 개인의 문제와 국가의 과제를 직접 해결한다.

◎ 작품에도 동산의 화초가 조금도 시들지 않아 봉황이 날아드는 장면이 등장합니다.

④ 파경노가 노모를 핑계 삼아 말미를 얻는 장면은 최치원이 원하는 바를 얻기 위해 기지를 발휘하는 인물임을 보여 주는군.

〈보기〉 주인공은 문제 해결의 국면에서 치밀함, 기지, 당당함을 보인다.

◎ 작품에도 소저가 동산에 오지 못한다는 이야기를 듣고 파경노가 노모를 보고 온다고 꾀를 내는 장면이 등장합니다.

⑤ 파경노가 승상의 제안을 거절하는 장면은 최치원이 보상을 추구하기보다 스스로 국가의 과제를 해결하려는 당당한 인물임을 보여 주는군.

〈보기〉 주인공은 문제 해결의 국면에서 치밀함, 기지, 당당함을 보인다.

◎ 그런데 작품에서 파경노는 승상의 제안을 거절하고 시를 짓지 않겠다고 합니다. 이는 보상을 추구하지 않고 스스로 문제를 해결하려는 장면이 아니고, 당당한 모습이라고 볼 수도 없습니다. 파경노의 거절은 승상이 문제 해결의 보상으로 소저를 걸도록 만들기 위해서일 것입니다.

17~20

● **작품 관찰**

[앞부분의 줄거리] 해방 직후, 미군 소위의 통역을 맡아 부정 축재를 일삼던 방삼복은 고향에서 온 백 주사를 집으로 초대한다.

◎ 해방 뒤이므로 미군 소위의 통역을 맡은 방삼복이 권력을 가지고 부정 축재를 일삼았다는 사실을 알 수 있습니다.

"서 주사가 이거 두구 갑디다."

들고 올라온 각봉투 한 장을 남편에게 건네어 준다.

"어디?"

그러면서 받아 봉을 뜯는다. 소절수 한 장이 나온다. 액면 만 원짜리다.

미스터 방은 성을 벌컥 내면서

"겨우 둔 만 원야?"

하고 소절수를 다다미 바닥에다 홱 내던진다.

◎ 방삼복이 서 주사에게 만 원밖에 못 받아서 화가 났다는 사실을 알 수 있는데, 앞에서 제시된 내용과 결합해 보면 이 돈이 부정한 것임을 짐작할 수 있습니다. 참고로 '소절수'는 지금의 '수표'와 같은 것입니다.

"내가 알우?"

"우랄질 자식 어디 보자. 그래 전, 걸 십만 원에 불하 맡아다, 백만 원 하난 냉겨 먹을 테문서, 그래 겨우 둔 만 원야? 엠병헐 자식, ㉠ 내가 엠피헌테 말 한마디문, 전 어느 지경 갈지 모를 줄 모르구서."

"정종으루 가져와요?"

"내 말 한마디에, 죽을 눔이 살아나구, 살 눔이 죽구 허는 줄은 모르구서. 흥, 이 자식 경 좀 쳐 봐라……. 증종 따근허게 데와. 날두 산산허구 허니."

◎ 이 부분의 대화를 통해 앞에서 짐작한 내용이 사실임을 알 수 있습니다. 특히 방삼복은 엠피(미군 헌병)를 통해 다른 사람들에게 위력을 행사할 수 있는 인물인데, 이를 과시하는 듯한 발언을 합니다.

새로이 안주가 오고, 따끈한 정종으로 술이 몇 잔 더 오락가락 하고 나서였다.

백 주사는 마침내, **진작부터 벼르던 이야기**를 꺼내었다.

◎ 백 주사가 벼르던 이야기는 무엇일지 흥미가 생깁니다.

백 주사의 아들 ㉡ 백선봉은, 순사 임명장을 받아 쥐면서부터 시작하여 8·15 그 전날까지 칠 년 동안,(일제 시대 순사가 되어 광복 이전까지) 세 곳 주재소와 두 곳 경찰서를 전근하여 다니면서, 이백 석 추수의 토지와, 만 원짜리 저금통장과, 만 원어치가 넘는 옷이며 비단과, 역시 만 원어치가 넘는 여편네의 패물과를 장만하였다.(부정 축재를 했다는 이야기입니다.)

[A]〈**남들**은 주린 창자를 졸라맬 때 그의 광에는 옥 같은 정백미가 몇 가마니씩 쌓였고, 반년 일 년을 남들은 구경도 못 하는 고기와 생선이 끼니마다 상에 오르지 않는 날이 없었다.〉

[B]〈××경찰서의 경제계 주임으로 있던 마지막 이 년 동안은 더욱더 호화판이었었다. 8·15 그날 밤, **군중**이 그의 집을 습격하였을 때에 쏟아져 나온 물건이 쌀 말고도

광목 여섯 필

고무신 스물세 켤레

지카다비 여덟 켤레

빨랫비누 세 궤짝

양말 오십 타

정종 열세 병

설탕 한 부대〉

[C]〈이렇게 **있었더란다**. 만 원어치 여편네의 패물과, 만 원어치의 옷감이며 비단과, 만 원짜리 저금통장은 고만두고 말이었다.〉

◎ 백 주사의 아들은 일제 강점기 순사가 되어 엄청난 양의 재물을 모으게 됩니다. 그런데 일반적으로 순사가 돈을 많이 버는 직업은 아니므로 자신의 권력을 이용하여 부정한 방법으로 재물을 모았음을 짐작할 수 있습니다.

물건 하나 없이 죄다 빼앗기고, 집과 세간은 조각도 못 쓰게 산산 다 부수고, 백선봉은 팔이 부러지고, 첩은 머리가 절반이나 뽑히고, 겨우겨우 목숨만 살아, 본집으로 도망해 왔다.

◎ 위와 같은 이유로 광복 이후 민중들이 백선봉을 습격하였고, 백선봉은 겨우 목숨만 부지한 채 맨몸으로 도망쳐 나옵니다.

[D]〈일변 고을에서는, 백 주사가, 자식이 그런 짓을 해서 산 토지를 가지고, **동네 사람**한테 거만히 굴고, 작인들한테 팔 할 가까운 도지를 받고, 고리대금을 하고 하였대서, 백선봉이 도망해 와 눕는 그날 밤, 그의 본집인 백 주사네 집을 습격하였다.〉

[E]〈집과 세간 죄다 부수고, 백선봉이 보낸 통제 배급 물자 숱한 것 죄다 빼앗기고, **가족**들은 죽을 매를 맞고, 백선봉은 처가로, 백 주사는 서울로 각기 피신하여 목숨만 우선 보전하였다.〉

◎ 백 주사도 백선봉의 부정 축재로 호의호식하였는데 역시나 민중들의 습격으로 목숨만 보전할 수 있었습니다.

백 주사는 비싼 여관 밥을 사 먹으면서, 울적히 거리를 오락가락, 어떻게 하면 이 분풀이를 할까, ⓐ 어떻게 하면 빼앗긴 돈과 물건을 도로 다 찾을까 하고 궁리를 하는 것이나, 아무런 묘책도 없었다.

◎ 백 주사는 재산을 다시 되찾을 궁리를 하나 딱히 방법이 없는 상황입니다. 자신들의 잘못을 깨닫지 못한 모습입니다.

그러자 오늘은 우연히 이 미스터 방을 만났다. 종로를 지향 없이 거니는데, 지나가던 자동차가 스르르 멈추면서, 서양 사람과 같이 탔던 신사 양반 하나가 내려서더니, 어쩌다 눈이 마주치자

"아, 백 주사 아니신가요?"

하고 반기는 것이었었다.

◎ 백 주사가 빼앗긴 재산을 되찾을 방법이 딱히 없던 상황에서 미스터 방을 만나게 됩니다. 이는 어떤 계기가 될 수 있을지 흥미가 생깁니다.

자세히 보니, 무어 길바닥에서 신기료장수를 한다던 코삐뚤이 삼복이가 분명하였다.(예전에는 백 주사가 방삼복을 무시했는데)

"자네가, 저, 저, 방, 방……."

"네, 삼복입니다."

"아, 건데, 자네가……."

"허, 살 때가 됐답니다."

그러고는 ⓑ 내 집으루 갑시다, 하고 잡아끄는 대로 끌리어 온 것이었었다.(백 주사는 얼떨결에 방삼복과 함께 방삼복의 집으로 오게 됩니다.)

의표하며, 집하며, 식모에 침모에 계집 하인까지 부리면서 사는 것하며, 신수가 훤히 트여 가지고, 말도 제법 의젓하여진 것 같은 것이며, ⓒ 진소위 개천에서 용이 났다고 할 것인지.(방삼복이 잘사는 모습)

옛날의 영화가 꿈이 되고, 일조에 몰락하여 가뜩이나 초상집 개처럼 초라한 자기가, ⓓ 또 한 번 어깨가 옴츠러듦을 느끼지 아니치 못하였다.(몰락한 백 주사 자신과 비교하니 더욱 초라하게 느껴집니다.) 그런 데다 이 녀석이, 언제 적 저라고 무엄스럽게 굴어, 심히 불쾌하였고, 그래서 ⓔ 엔간히 자리를 털고 일어설 생각이 몇 번이나 나지 아니한 것도 아니었었다. 그러나 참았다.(굳이 참은 이유는 앞서 언급한, 재산을 되찾아 올 기회이기 때문이겠죠.)

보아하니 큰 세도를 부리는 것이 분명하였다. 잘만 하면 그 힘을 빌려, 분풀이와, 빼앗긴 재물을 도로 찾을 여망이 있을 듯 싶었다.

◎ 백 주사는 권력을 가진 방삼복을 우연히 만나게 되는데, 방삼복의 권력을 이용하여 자신의 분풀이를 하고 빼앗긴 재물을 되찾고자 합니다.

● 문제 분석 및 풀이

17 **답 ③**

방삼복은 백 주사와 함께 있던 중 그 자리에 없는 서 주사가 두고 간 돈을 확인한 뒤 액수가 적다고 비난하며 화를 냅니다. 그러면서 자신이 미군 헌병을 통하면 서 주사를 망하게 할 수도 있다는 식으로 위협하는 발언을 합니다.

오|답|피|하|기

① 자신의 업무를 떠넘기는 모습은 나타나지 않습니다.

② 이름을 묻는 질문 등에 대답하고 있습니다.

④ 동승자에게 백 주사를 소개한다든지 하는 식으로 자신의 인맥을 과시하고 있지 않습니다. 또한 어쩌다 눈이 마주쳐서 인사한 것이지 먼저 알은체를 했다고 볼 수 없습니다.

⑤ 말을 가로챘다고 할 수 없고 딱히 열등감도 드러나지 않습니다.

18 **답 ①**

각 시대에 따라 미국, 일본에 기대어 자신의 사익만을 추구하는 인물들의 부정적인 모습이 나타난다 할 수 있습니다.

오|답|피|하|기

③ ㉠에서는 타인의 권익을 침해할 수 있는 가능성을 가지고 위세를 부리는 모습이 드러나는 것이지, 그 자체로 타인의 권익을 침해했다고 할 수는

없습니다. 또한 ㉠, ㉡ 공통적으로 인물이 몰락하는 모습이 드러나 있지도 않습니다. ㉡ 이후에 백선봉이 몰락하는 모습이 제시되지만, 그러한 모습이 ㉡에 드러난다고 할 수는 없습니다.
⑤ ㉡에는 아직 추락한 권위라고 말할 부분이 없습니다.

19 **답 ③**

백 주사가 방삼복의 모습을 보고 고향 사람에 대한 자부심을 갖게 되었다고 할 수는 없습니다. 개천에서 용이 났다고 할 정도로 믿기지 않는다는 정도이고, 특히 ⓒ의 뒤에 이어지는 부분에서 '그런 데다 이 녀석이, 언제 적 저라고 무엄스럽게 굴어, 심히 불쾌하였고'라고 하는 백 주사의 생각을 보면, ⓒ는 고향 사람에 대한 자부심과는 거리가 멀다 할 수 있습니다.

20 **답 ⑤**

| **조 : 조건 분석** |

〈보기〉를 참고하여 / [A]~[E]를 감상한 내용으로 / 적절하지 않은 것은?

◎ 〈보기〉를 참고하는 문제이므로 각 선택지는 〈보기〉의 내용이 포함되어야 합니다. 예전 수능부터 계속 유지되고 있는 유형이므로 기계적으로 풀 수 있어야 하는데, 먼저 〈보기〉의 내용이 포함되어 있는지 검토하고 그다음 작품 내용과도 비교할 수 있어야 합니다.

| **커 : 근거 축소** |

⑤ [E] : 백 주사 '가족'의 몰락을 보여 주는 사건들을 백 주사의 시선으로 일관되게 초점화하여 그들에게 고통받았던 사람들의 편에 선 독자가 통쾌함을 느끼게 하고 있군.

◎ 〈보기〉에서 '서술자는 그 '이야기'를 서술자의 시선뿐 아니라 여러 인물들의 시선으로 초점화하여 서술함으로써 독자와 작중 인물 간의 거리를 조절한다.'라고 하였습니다. 그러므로 선택지의 '백 주사의 시선으로 일관되게 초점화'한다는 내용은 〈보기〉의 내용과 다릅니다. 또한 작품의 서술 방식과도 일치하지 않습니다.

오|답|피|하|기

① [A] : 백선봉의 풍요로운 생활을 '남들'의 굶주린 생활과 비교하여 서술함으로써 독자가 그를 비판적으로 보게 하고 있군.
③ [C] : '있었더란다'를 통해 누군가에게 들은 것처럼 전하면서도, 전하는 내용을 '군중'의 시선으로 초점화하여 독자가 '군중'의 입장에 서도록 유도하고 있군.
④ [D] : '동네 사람'의 시선으로 초점화하여 백 주사의 만행을 서술함으로써 백 주사가 습격의 빌미를 제공한 것처럼 독자가 느끼게 하고 있군.

◎ 〈보기〉 중 '서술자는 그 '이야기'를 서술자의 시선뿐 아니라 여러 인물들의 시선으로 초점화하여 서술함으로써 독자와 작중 인물 간의 거리를 조절한다.'라는 내용 및 '이때 독자는 백 주사와 그의 가족에게 고통받았던 사람들의 입장에 서서 그들을 비판적으로 보게 된다.'라는 내용이 포함되어 있고, 작품과 비교했을 때도 적절한 감상입니다.

② [B] : 부정하게 모은 많은 물건들을 하나씩 나열하여 습격 당시 현장의 들뜬 분위기를 환기함으로써 '군중'의 놀람과 분노를 독자에게 전하려 하고 있군.

◎ 〈보기〉에 '또한 세부 항목을 하나씩 나열하여 장면의 분위기를 고조하고 정서를 확장하는 서술 방법으로 독자에게 현장감을 전해 준다.'라는 내용이 포함되어 있고, 작품과 비교했을 때도 적절한 감상입니다.

www.saltybooks.com

Believe in yourself!

Remember Your Dream!

공부하느라 힘드시죠?
으라차차^^ 소리 한번 지르세요.
언제나 여러분의 성공을 기원할게요 *^^*

- 공부책 잘 만드는 쏠티북스가 -